U0943388

EDUCATIONAL ADMINISTRATION

THEORY, RESEARCH, AND PRACTICE (SEVENTH EDITION)

WAYNE K. HOY & CECIL G. MISKEL

教育管理学：
理论·研究·实践（第7版）

[美] 韦恩·K.霍伊　塞西尔·G.米斯克尔　著
范国睿　主译

教育科学出版社
·北　京·

教育部人文社会科学重点研究基地

华东师范大学基础教育改革与发展研究所研究成果

华东师范大学教育政策学博士点建设项目成果

献给阿妮塔（Anita）和休（Sue）

作者简介

韦恩·K. 霍伊(Wayne K. Hoy)，1959 年在洛克港州立学院（Lock Haven State College）获学士学位，1965 年在宾夕法尼亚州立大学（The Pennsylvania State University）获教育学博士学位。此后，在俄克拉何马州立大学（Oklahoma State University）从事教学工作多年，1968 年起，转任拉特格斯大学（Rutgers University），系该校杰出教授（distinguished professor），历任系主任、学术事务部副部长等职。1994 年，被选为俄亥俄州立大学（The Ohio State University）教育管理专业诺维斯·G. 福西特教席（Novice G. Fawcett Chair）教授。他的主要专业兴趣是管理学、组织社会学以及社会心理学等领域的理论与研究。

1973 年，他荣获拉特格斯大学林德贝克基金会（Lindback Foundation）杰出教学奖；1987 年，荣获拉特格斯大学教育研究生院校友专业研究奖（Alumni Award for Professional Research）；1991 年，荣获宾夕法尼亚州立大学教育优异奖(Excellence in Education Award)；1992 年，荣获东部教育研究协会研究贡献奖(Meritorious Research Award from the Eastern Educational Research Association)；1996 年，成为宾夕法尼亚州立大学杰出校友。曾任全国教育管理教授协会（The National Conference of Professors of Educational Administration，NCPEA）财务长(secretary-treasurer)，大学教育管理理事会（University Council for Educational Administration，UCEA）主席等职。2003 年 11 月，荣获罗阿尔德·坎贝尔教育管理学终身成就奖（Roald Campbell Lifetime Achievement Award in Education Administration）。

霍伊教授与维洛沃（D. J. Willower）和艾德尔（T. L. Eidell）合作出版了《学校与学生控制的意识形态》(*The School and Pupil Control Ideology*，1967)；与福赛思（Patrick Forsyth）合作出版了《有效监管：从理论到实践》（*Effective Supervision: Theory into Practice*，1986)；与塔特（C. J. Tarter）和科特坎普（R. Kottkamp）合作出版了《开放学校－健康学校：组织气氛测量》（*Open-Schools — Healthy School: Measuring Organization Climate*，1991)；与塔特合作出版了《解决实践问题的管理人员》(*Administrators Solving the Problems of Practice*，1995，2004)、《通向开放与健康学校之路》(*The Road to Open and Health Schools*，1997)；与萨博(D. Sabo）合作出版了《优质中学》（*Quality Middle Schools*，1998)；与其妻阿妮塔·伍尔福克·霍伊（Anita Woolfolk Hoy）合作出版了《教学领导：学习中心指南》(*Instructional Leadship: A Learning-Centered Guide*，2003)。他同时还是《教育管理杂志》（*Journal of Educational Administration*）与《学校领导与政策》（*Leadership and Policy in Schools*）两本杂志的编委。

塞西尔·G. 米斯克尔（Cecil G. Miskel）是密歇根大学（University of Michigan）教育管理与政策教授。1988—1998 年，任密歇根大学教育学院院长。1982—1983 年，任犹他大学（University of Utah）教育管理学系教授和系主任，1983—1988 年，任该校教育研究生院教授和院长。他在堪萨斯大学（University of Kansas）工作了 12 年，历任教育管理学助理教授、副教授、教授，此外还担任负责研究管理的副主任，负责研究、研究生教育以及公共服务的副主管。他在俄克拉何马的中学里担任过科学教师和校长，具有公立学校的工作经验。

米斯克尔教授拥有俄克拉何马大学科学教育本科学位，俄克拉何马州立大学理学硕士与教育学博士学位。他在学校组织、管理与政策等领域里带教研究生、指导学术研究。他最近的研究项目是解读州与国家层面的政策。他是《教育管理季刊》（*Educational Administration Quarterly*）杂志 1987 年卷和 1988 年卷的编辑，担任该杂志编委长达 9 年。由于在《教育管理季刊》第 16 卷与第 19 卷上发表的杰出论文，米斯克尔教授获得过威廉·戴维斯奖（William Davis Award）。除了作为《教育管理学：理论·研究·实践》（*Educational Administration: Theory, Research, and Practice*）一书第 7 版的合作者外，米斯克尔教授还发表了诸多学术性论著。霍伊教授与米斯克尔教授还共同编辑了《教育管理理论与研究》系列丛书（*Theory and Research in Educational Administration*, 2002, 2003, 2004）。

领导标准

以下是州主要学校官员理事会（Council of Chief State School Officers）制定的领导标准——通常被称为ISLLC标准。下页的表格呈示了本书的每个案例与领导标准的相关性。

州主要学校官员理事会

州际学校领导证书联盟（Interstate School Leaders Licensure Consortium，ISLLC）

州际学校领导证书联盟制定的学校领导标准：

学校领导是促进所有学生成功的人，其标准是

标准1：促进编制、清晰地表述、实施、服务于由学校共同体共享与支持的学习愿景。

标准2：倡导、发展并支持有益于学生学习和教师专业成长的学校文化和教学计划。

标准3：为营造一个安全、高效和有效的学习环境而确保组织的管理、运作以及资源。

标准4：与家庭和社区成员合作，对社区多样化的利益诉求和需要作出回应，整合各种社会资源。

标准5：做事诚实、公正并合乎伦理规范。

标准6：理解、回应并影响更大范围的政治、社会、经济、法律与文化背景。

在州主要学校官员理事会的网站www. ccsso. org上可以在线查阅这些标准的细节。我们在本书中以多种方式讨论了这些标准。本书的每一章及全书的最后都附有领导案例，从这些领导案例中可以发现理解和阐述所有标准的实践性练习。我们已经编制出一个矩阵，以确认每一个领导案例所说明的关键标准。所有案例都涉及多元标准；事实上，大部分案例都涉及四个或四个以上的标准。这些案例用事例说明了今天学校领导应具备的技能。同时，我们认为，成功需要一系列有关学校组织、社会系统、教与学、多元组织观，以及管理过程中的沟通、决策、领导方面的知识。当然，尽管这些案例用途众多，但是，我们认为，这些案例提供了将理论和研究用于解决实际问题的最好练习。这一矩阵可以指导教师和学生选择案例以说明每一条标准。

领导案例与领导标准*

领导案例	愿景	学生学习与(教师)专业发展	校内环境	社区合作	伦理	一般情境
草率的决定?(第 34 页)		×	×	×	×	×
合作学习(第 78 页)		×	×			×
西部高中的问题(第 120 页)	×	×	×	×		×
起死回生(第 159 页)		×	×			
令人惊讶的圣·克莱尔中学(第 198 页)		×	×	×	×	×
华盛顿中学的冲突(第 234 页)	×	×	×	×	×	×
一场阅读战(第 266 页)		×	×	×		×
一项责任更大的任命(第 295 页)	×	×	×			×
教师理事会(第 333 页)	×		×	×		×
普拉西多中学的丑闻(第 369 页)		×		×	×	×
学区领导和体制改革(第 406 页)	×	×	×	×	×	×
一封匿名信(第 426 页)		×	×	×	×	×
故意怠慢创造性人才?(第 428 页)	×	×	×	×	×	×
越界还是压服?(第 430 页)		×	×	×	×	×
引领变革,还是变革领导方式(第 433 页)	×	×	×	×	×	×
动机的挑战:督学在观察(第434 页)	×	×	×	×	×	×
家长的诉求(第 436 页)		×	×	×	×	×
城市高中的两难困境(第 438 页)	×	×	×	×	×	×
诉讼、宗教与政治(第 439 页)		×	×	×	×	×

* 表格中的页码为原书页码,中文版用边码注出。——译者注

目　　录

序　　言

在《教育管理学：理论·研究·实践》一书中，我们对教育管理的研究和实践作了两个假设：

1. 教育组织的许多知识是可以获得的，却往往被教授和管理者所忽略。
2. 在正确的理论和研究指导下，管理实践会变得更有系统、更理性、更有效。

因此，我们将总结并评论相关的知识，论证这些知识之于解决实际问题的作用。学校的开放-社会系统模式（open social-systems model of schools）提供了核心的概念框架，这一框架将教育管理者的理论与研究加以组织，并建立相互联系。

研究方法

- 我们的研究方法是实用主义的，我们选择那些非常有用的理论与研究，摒弃那些毫无用处的理论与研究。社会系统模式的核心由组织生活的四个关键要素——结构、个体、文化与政治构成，我们将分章阐述。这些要素相互作用，我们将在学校中的“学与教”一章中予以讨论。“环境”一章探讨了学校发展面临的种种机遇与限制①；“效能”一章考察了学校的成

① 参见本书第 7 章“学校的外部环境”。——译者注

果①。“决策”、“动机”、“沟通”和“领导”等主要管理过程仍然是有效管理的中心，我们将在相关章节分别予以分析②。我们在对教学、学习和领导的分析中融入了新的理论和当代研究。由于教育管理者的根本目的是解决实际问题，所以，我们在每一章的结束部分提供了有关领导的真实案例。我们相信，想充分利用本书内容的学生首先要理解内容（建构主义的观点），然后是记住这些内容（认知的观点），并应用和实践这些内容（行为主义的观点）——在第2章中我们阐述了这三种学习观。

第7版新增内容

- **新知识**。我们给管理者和未来的管理者带来的是最新的信息，所以，第7版增加了200多处新引文，并删减了200多处，但是我们也特别保留了这一领域一些重要人物的经典分析，这些重要人物包括马克斯·韦伯（Max Weber）、彼得·布劳（Peter Blau）、阿尔文·古尔德纳（Alvin Gouldner）、埃米塔伊·埃兹奥尼（Amitai Etzioni）、B. F. 斯金纳（B. F. Skinner）、伯纳德·韦纳（Bernard Weiner）、维果茨基（Vygotsky）、皮亚杰（Piaget）、亨利·明茨伯格（Henry Mintzberg）、约翰·杜威（John Dewey）、詹姆斯·马奇（James March）以及赫伯特·西蒙（Herbert Simon）等。
- **增加了学与教的内容**。第2章概括了有关学与教的最新理论与研究。极少有教育管理书籍探讨学校教育的这一核心功能。
- **重新阐述学校效能**。第8章对学校成绩、绩效责任制和改进，尤其是学校综合改革进行了详细的论述。第8章同时也对学校绩效责任制进行了广泛的探讨，包括日益流行的标准化、测验以及奖励与惩罚。
- **拓展的特征**。本版各章均有“理论联系实际”的应用性问题、“领导案例”（真实而又富有挑战性的实践问题）和“基本假设与原理”的简要概括。所有这些都是为了帮助学生巩固并运用他们所学习的知识。
- **教育领导案例集**。本书的结尾部分收集了8个案例。这些增加的案例为学生提供了额外的多种情形下的实践，以便将他们的知识用于实际中的领导挑战。

---

① 参见本书第8章“学校效能、绩效责任制与学校改进”。——译者注

② 参见本书第9章“学校中的决策”、第4章“学校中的个体”之“内在动机与外在动机”、第10章“学校中的沟通”以及第11章“学校领导”。——译者注

- **新增州主要学校官员理事会的各种标准（ISLLC 标准）**。本版的新颖之处还在于借助实际的管理案例说明如何解读这些标准。本书所有的领导案例在案例矩阵中都有所归纳，该矩阵根据所提出的标准对每一个案例进行了归类。

特　征

每一章都包括下面一些特征：

- **概览**（Preview）。在每一章的开始部分，学生会发现一个概览，这是对该章主要观点的简要概括。我们建议学生花点时间学习这一概览，它们经过深思熟虑，简短而简洁，是这一章的路线图。
- **理论联系实际**（Theory into Practice，TIP）。这一版所增加的这些练习是为了使本书更能联系实际、更方便读者的使用。学生在每一章都会遇到大量的"理论联系实际"、实践中的问题和应用性练习，这可以使学生检验自己对理论的理解，也会就应用理论解决当前的问题提出建议。
- **领导案例**（A Case for Leadership）。每一章都包括一个真实的案例，这些案例会对学生应用该章所涉及的各种观念与概念以及展示他们的领导创造力，提出挑战。
- **主要概念**（Key Concepts）。每一章的主要概念都用粗体字标明，学生可以花点时间自我检查以确信自己已经理解并能够界定它们。
- **基本假设与原理**（Key Assumptions and Principles）。本版的新颖之处还在于，在每一章的结束部分新增加了"基本假设与原理"，对这一章进行了极为重要的简要概括。

致　谢

许多教师就本书第 6 版提供了反馈意见，以帮助我们对本书进行修订，在此，谨致谢忱。他们是：

乔治·华盛顿大学（*George Washington University*）的约翰·巴特尔斯（John J. Battles）；

圣·罗斯学院（*The College of St. Rose*）的佩里·伯科威茨（Perry Berkowitz）；

小石城阿肯色大学（*University of Arkansas at Little Rock*）的沃尔特·基思·克里斯蒂（Walter Keith Christy）；

田纳西州立大学（*Tennessee State University*）的丹尼斯·P. 邓巴（Denise P. Dunbar）；

阿林顿得克萨斯大学（*University of Texas, Arlington*）的欧内斯特·约翰逊（Ernest Johnson）；

俄亥俄州立大学（*The Ohio State University*）的贾森·P. 南斯（Jason P. Nance）；

田纳西理工大学（*Tennessee Technological University*）的温斯顿·D. 皮克特（Winston D. Pickett）；

北卡罗来纳州立大学（*North Carolina State University*）的詹姆斯·辛登（James Sinden）；

田纳西州立大学的卡伦·L. 史蒂文斯（Karen L. Stevens）。

我们的同事和学生一直是各种观念与批评的重要源泉。我们非常感谢纽约大学（New York University）的特里·阿斯图托（Terry Astuto）、拉特格斯大学（Rutgers University）的詹姆斯·布利斯（James Bliss）、密歇根大学（University of Michigan）的埃里克·坎布恩（Eric Camburn）、简·科吉歇尔（Jane Coggshall）和戴维·K. 科恩（David K. Cohen）、威廉-玛丽学院（College of William and Mary）的迈克尔·迪保拉（Michael DiPaola）、密歇根大学的罗杰·戈达德（Roger Goddard）、俄克拉何马州立大学（Oklahoma State University）的帕特里克·福赛思（Patrick Forsyth）、夏威夷大学（University of Hawaii）的罗纳德·赫克（Ronald Heck）、忠南大学（Chungnam National University）的孙焕珠（Sam Hwan Joo）①、威廉-玛丽学院的梅甘·查奇曼-莫兰（Megan Tschannen-Moran）、加利福尼亚大学圣克鲁斯分校（University of California-Santa Cruz）的罗德尼·奥加瓦（Rodney Ogawa）、威斯康星大学密尔沃基分校（University of Wisconsin, Milwaukee）的盖尔·施奈德（Gail Schneider）、得克萨斯大学圣安东尼奥分校（University of Texas at San Antonio）的佩吉·史密斯（Page Smith）、美国研究所（American Institutes for Research）的门格利·桑（Mengli Song）、俄亥俄州立大学的斯科特·斯威特兰（Scott Sweetland）、圣·约翰大学（St. John's University）的塔特（C. J. Tarter）、密歇根大学的布赖恩·罗恩（Brian Rowan）、路易斯安那州立大学（Louisiana State University）的查尔斯·特德利（Charles Teddlie）、俄亥俄州立大学的辛西娅·乌赖恩（Cynthia Uline）、弗兰克·沃尔特（Frank Walter）和阿妮塔·伍尔福克·霍伊（Anita Woolfolk Hoy）。最后，我们要特别

① 忠南大学，韩国国立大学，位于大田市，建于1952年。“孙焕珠”为音译。——译者注

感谢我们的学生，是他们帮助我们使本书的阐释更加丰富多彩，他们的经验使各种理论有了坚实的基础。我们还要特别感谢艾琳·迈克马洪（Eileen McMahon）、托马斯·里德（Thomas Reed）、南希-内斯特·贝克（Nancy-Nestor Baker）、迈克尔·迪保拉、哈里·加林斯基（Harry Galinsky）和约翰·塔特（John Tarter），他们根据自己的学校经验为本书撰写了教育领导案例。

韦恩·K. 霍伊(Wayne K. Hoy)
塞西尔·G. 米斯克尔(Cecil G. Miskel)

第 1 章 1

作为社会系统的学校

虽然我们主要是致力于事实研究，但这并不是说我们不希望改善它；如果我们的研究只是纯理论性的，那么，这些研究便毫无价值。如果我们审慎地把理论问题与实践问题分开，这并不是要忽略实践问题；相反，这样才能在更好的层面上解决实践问题。

——**埃米尔·涂尔干（Emile Durkheim）**

《社会分工论》（*The Division of Labor in Society*）

概　览

1. 组织理论是一组相互关联的概念、定义和归纳，这些概念、定义和归纳系统地描述和解释了组织生活中的各种规则。
2. 理论的作用是解释现象、指导研究、形成新知并指导实践。
3. 理论以三种重要的方式指导实践：形成参考框架；提供一般的分析模型；指导反思性决策。
4. 组织思想与理论的演进可以被认为是运用了三个彼此对抗的系统观：理性的、自然的与开放的。
5. 理性系统观认为组织是一种正式工具，设计工具的目的是为了实现组织的目标；结构是最重要的特征。
6. 自然系统观认为组织是指向生存的典型的社会团体：人是最重要的方面。
7. 开放系统观有一种将理性要素与自然要素整合到同一框架中的潜力，它提供了一种更全面的看法。
8. 学校是具有五个重要要素，或者是具有五个重要子系统的开放的

社会系统：结构、个体、文化、
2 政治与教学。组织行为是这些要
素在教与学的情境中所发挥的相
互作用。

9. 教-学过程是学校社会系统的技术核心；它是一个复杂过程，可以从下面三个观点来认识：行为的、认知的和建构主义的。

10. 环境也是组织生活非常重要的方面；它不仅为系统提供资源，而且还会带来额外的制约与机会。

11. 我们就协调性作出假设：在其他所有情况相同的前提下，系统诸要素协调程度越高，系统越有效。

12. 我们的学校开放系统模式为组织分析与解决管理问题提供了一个概念基础。

对教育管理的系统研究像现代学校一样新；在美国农村，只有一间教室的学校是不需要专业化的管理者的。相对来说，对管理的研究以及组织与管理理论的发展是最近的事情。然而，在探讨教育管理观念之前，我们需要对组织理论的性质与意义有一个基本的了解。因此，在开篇第一章，我们要对理论与科学作出界定，并讨论理论、研究与实践之间的相互关系。

理　论

大多数对理论的怀疑都基于这样的假设：教育管理不可能成为一门科学。这是一种一直困扰所有社会科学的怀疑。另一方面，自然科学理论一直受人尊重，这不仅是因为自然科学必须是准确的描述，也因为它描述的是在实际应用中“发挥作用”的理想现象。

大多数人认为，科学家与事实打交道，而哲学家研究理论。确实，对包括教育管理者在内的大多数人来说，事实与理论泾渭分明；也就是说，事实是不证自明的真实存在，而理论是一种推测或想象。然而，教育管理理论与物理学、化学、生物学或心理学理论的作用是一样的，也就是说，理论提供的是一般性解释并指导研究。

理论与科学

所有科学的目的是理解我们生活并工作于其中的世界。科学家描述他们之所见，发现规律并形成理论（Babbie，1990）。组织科学试图描述和解释组织中的个体与群体的行为规律。组织科学家探求基本的原理，以提供一种关于组织生活的结构与运动变化的一般性理解（Miner，2002）。

一些研究者将科学看成是一组解释我们生活于其中的这个世界的静态的、相 3
互关联的原理。我们认为，**科学**（science）是一个一组相互关联的命题通过实验和观察而发展的动态过程，这些命题反过来又会进一步促进实验和观察（Conant，1951）。根据这种观点，科学的基本目的就是发现被称为*理论*（theories）的基本解释。善于思考的人努力去理解理论是如何产生的；然而，任何理论都不是终结的，因为，在任何时间都可以设计出一个更好的理论来。事实上，科学的基本优势之一是它是自我批判和自我修正的（Willower，1994，1996）。科学与理论的规范倾向于开放的心态、结果的公开交流以及非人格化评估标准（Zucker，1987）。

如同科学的终极目的一样，有关理论的界定多种多样。维洛沃（Willower，1975）提出过一个非常狭窄的定义：理论是“一系列相互联系、富有一致性、用于解释的归纳”（p. 78）。我们以克林格的研究（Kerlinger，1986）为依据，提出了一个关于教育管理理论的更加富于综合性的界定。**理论**是一组相互关联的系统描述和解释教育组织行为规律的概念、假设和归纳。

概念是构建理论的基本材料。概念是有着特定内涵的抽象术语。由于概念有着特定的内涵，所以，概念可以帮助我们就术语的意义达成一致，概念的抽象有利于归纳。**归纳**是表征两个或更多概念间关系的陈述。理论提供的是对现象的一般性解释；是一种连贯的、相互关联的关于事实、事件与所发生的行为的陈述（Sutton and Staw，1995）。本书的大多数概念、归纳和理论都属中间范围，也就是说，它们的使用范围是有限度的，而不是包罗万象的。它们试图归纳和解释在学校组织中所发现的某些一致性。

理论在本质上是笼统的和抽象的；严格说来，理论无所谓真假，而在于有用与否。理论有助于我们对事件作出准确的预测，帮助我们理解并影响人们的行为，在这个意义上讲，理论是有用的。艾伯特·爱因斯坦是迄今为止最伟大的理论家之一，他与因费尔德（Einstein and Infeld，1938）所说的下面一段话揭示了理论化（theorizing）的本质：

> 当我们努力理解现实的时候，我们有点像一个试着去了解一只密闭手表的结构的人。他看到了表面和走动的指针，甚至听到了它的滴答声，但却无法打开手表。如果他富有创意的话，他可以就他所观察到的一切，形成一些关于手表内里结构的想象画面。但是他也许永远无法确定他所构想的画面是否是他所观察到的一切的唯一解释。他永远也无法

> 将他的图画与手表的真正结构进行比较，他甚至无法想象如此比较会有什么意义（p. 31）。

4 理论与现实

现实是客观存在的，但是我们对现实的认识一直是难以捉摸而又不确定的。不同的人对于相同的认识经验常常会得出不同的结论，这不足为奇，因为他们持有不同的理论，这些理论会影响他们对事件的解释（Carey and Smith，1993）。我们的知识由我们的理论构成。然而，理论对事物的有效解释程度比理论的形式更为重要。最终，研究和理论是根据它们的效用来判断的（Griffiths，1988）。

运用组织分析理论反映实践似乎是必要的。开始学习教育管理的学生也许会问："这些理论和模型的确存在吗?"我们的看法与明茨伯格（Mintzberg，1989）的看法相同。本书用于描述组织的模型、理论和结构仅仅是书面的词语和图画，而非现实本身。真实的组织要比这些描述中的任何一个都复杂得多。事实上，我们的概念框架是简化了的组织，强调了组织的部分特征，忽略了另外一些特征。因此，它们会曲解现实。问题在于，如果不借助理论指导（如果不是显性理论，便是隐性理论），我们对许多领域都无法了解，这非常像一位旅行者由于没有地图而不能有效航行到未知领域。

通常，我们是在各种备择理论（alternative theories）之间而不是在现实和理论之间作出选择。明茨伯格（Mintzberg，1989）准确地描述了这种两难困境：

> 没有人能把现实装进大脑，人的头脑没有那么大。相反，我们拥有的是对现实的印象，这实际上是隐性理论。有时，显性（理论）的框架会补充这些隐性理论，以识别概念并将它们紧密联系。换句话说，隐性理论建立在被称为研究的系统调查基础之上，或至少建立在对经验的系统思考基础之上，并结合各种正式理论而形成。没有这些正式的辅助手段，我们很难理解一些现象。例如，人是如何形成有关核裂变的隐性理论的?（p. 259）

我们都运用理论来指导自己的行动。一些理论是隐性的，而另一些则是显性的；事实上，我们每个人许多隐含的想法是一些已被内化了的正式理论。根据约翰·梅纳德·凯恩斯（John Maynard Keynes）的看法，那些认为本身不受任何理论影响的实践管理者，通常都是某些无效理论的奴隶。好的理论和模式是存在的，如果我们在本书中做得比较好的话，这些好的理论和模式存在的地方，也就是有用知识的必然存在之处，这些有用的知识就在我们的心目中。现实并不在我们的头脑之中，但是，我们在运用、调整、提炼理论和模型的过程中，开始理解现实（Selznick，1992；Hoy，1996）。

理论与研究

研究与理论紧密相关。因此，在解释研究的目的和意义时，会反映出许多对
理论的误解和歧义。克林格（Kerlinger，1986：10）提出了一个正式的定义：
“科学研究乃是对有关自然现象的假想关系的假设性命题（hypothetical proposi-
tions）进行系统的、有控制的、经验性的以及批判性的调查研究。”这一定义表
明，研究不是以系统的和受控制的方式进行的对现实的观察，相反，它是以由经 5
验检验的假设为指导的。然后，这些检验结果由其他研究者进行批判分析。

偶然观察之后得出的结论是，自说自话的事实算不上科学研究。事实上，未经提炼的经验会歪曲事实，不会导致知识的系统发展。从假设和理论发展的角度看，为了表达日臻完善的假设，设计完善的调查和人种志研究有时是有用的起始点。然而，任何学科的知识最终要通过研究得以发展，而研究正是由源于理论的假设所指导的。简言之，由研究所得的事实并不像研究所提供的一般模式和解释那么重要。

假　设

假设是一个用以表明至少两个概念或变量之间关系的推断性表述。下面的两个例子就说明了这一点：

- 一所学校的教师集体效能越大，该校的数学成绩水平越高。
- 学校受到来自社区的外部压力越大，学业成绩水平越高。

我们可以对这些假设进行如下分析。第一，每一个假设都具体说明了至少两个变量之间的关系。第二，每一个假设都简洁明了地描述了这种关系。第三，每一个假设的概念可以通过经验加以检验。例如，第一个假设表达了教师集体效能和数学成绩之间的关系，这两个概念都可以作为变量加以测量。我们预测，集体效能高的学校，学生的数学成绩也比较高。这样的假设弥合了理论与研究之间的差距，而且提供了一种通过可观察的现实检验理论的方法；事实上，它们都由理论发展而来。例如，第一个假设来自第 4 章所讨论的效能理论。第二个假设源于第 5 章所提供的关于组织氛围的观念。

假设是研究者的偏见。如果假设是从理论推断而来，调查者就会期望假设可以得到资料的印证。对于任何研究领域中知识的发展，检验假设均必不可少。经验研究中对假设的支持表明了理论的解释作用。知识部分地取决于缺乏支持的理论和假设，这一事实不应引起失望。组织研究者的目标就是收集更多的资料并加以分析，以提炼各种解释并形成理论，检验我们的各种假设和理论。

所有学科知识的基本形式都是相似的；它由各种概念、归纳和理论组成，每
6 一种形式取决于其先前的形式（Willower，1963）。图 1.1 归纳了知识发展所必需的基本理论成分。该图表明，概念联结在一起形成了归纳，归纳反过来形成了对一种现象（一种理论）作出一般性解释的一组逻辑连贯的命题。理论通过由理论推导而来的假设的发展和检验而得以经验验证。研究结果为接受、拒绝、重制或提炼和阐述理论的基本归纳提供资料。之后，由于连续的经验支持和证据，归纳发展成解释现象的原理。在组织理论中，原理是为解释个体在组织中的作用和组织的结构与动态发展而发展起来的。理论既是科学研究的起点，也是科学研究的结果。一方面，理论是形成描述和预测可观察行为的假设的基础。另一方面，所有科学努力的最终目标是形成许多实质性的理论，即提供可靠的一般性解释。好的理论有助于我们理解和解决从一般到复杂的各类问题。

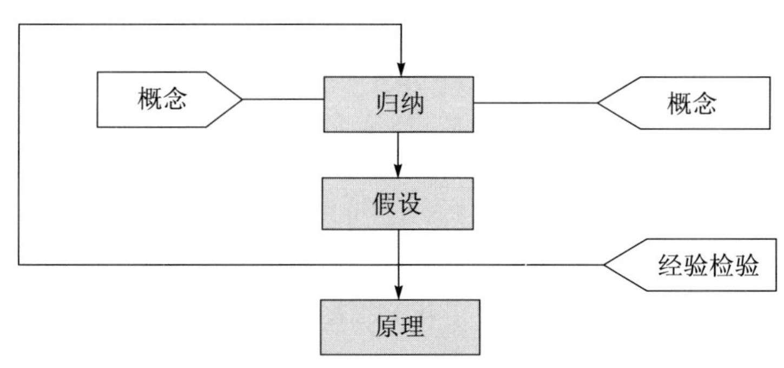

图 1.1　理论体系

理论与实践

理论至少在三个方面与实践直接相关。第一，理论为实践者提供一个参考的框架。第二，理论化的过程为对实际事件的分析提供了一般模式。第三，理论指导决策。

理论为实践者提供分析的工具，并提供所需要的参考框架，使他们集中而又
7 深刻地分析所面临的问题（Dewey，1933）。管理者如此武装自己，为的是可以

形成一些备选的解决实际问题的办法。然而，认为任何社会科学理论可以提供具体计划和即时的解决方案，这是错误的。理论不能直接立即用于解决实际问题。如同威廉·詹姆斯（James，1983）所说，人们所需要的是有一个起调节作用的善于创新的大脑，通过运用大脑的独创力与创造力，将理论应用于实践。反思性思维是无可替代的。

管理者们自认为，他们最重要的工作资质是运用概念的能力。然而，认为运用来自社会学或心理学的理论结构以识别问题的能力，可以自动地提供一个问题解决方案的观点，是错误的。提出问题是角色冲突的一个方面，例如，目标替代或认知过程本身并不能解决问题；然而，它或许可以对问题加以组织，以至形成一个合理的行动方案。

理论–实践关系超越了运用理论家的概念去识别问题的重要方面。科学方法为理论工作者和实践工作者提供了一种思考各种事件的方式、一种分析模式。的确，不管是关注理论的分析与发展、一项研究性调查、组织决策，还是在个人层面的问题解决，科学方法都是理性探究的具体体现。在杜威的《我们怎样思维》（*How We Think*）（Dewey，1933）一书中可以找到对这一方法的非常好的一般性阐述。这些过程包括确定问题，将问题概念化，以假设的形式提出各种归纳——这些假设给出了解决问题的答案，推演假设的结果与内涵，以及检验假设。

在实施和运用科学方法的时候，理论家、研究者和实践工作者确实会在具体的方式上存在一些差异。但是，这些差异是严密程度和抽象水平上的问题，而不是方法问题。理论家要比从事假设检验的研究者在更高层面上进行抽象和归纳。相反，实践者比研究者的抽象水平更低，这是因为实践者主要关注他们组织中的具体问题和事件。

同样，理论家和研究者通常要比实践工作者使用更严格的科学方法，并更注重推理。理论家通常在他们的命题前面加上“其他情况相同”的短语，而研究者试图控制除他们所研究的变量以外的其他所有变量。相反，实践工作者是在其他条件不等且所有变量都无法控制的世界中工作的。实践工作者受限于他们的职位、责任、权威以及他们当前所面临的问题。尽管他们并不放弃反思性方法，但是，他们不得不在运用科学方法时更具灵活性。例如，教育管理者很可能不如理
论家或研究者那样关心归纳——即他们的解决方案对其他地区的管理者的借鉴程 8
度。然而，理论家、研究者和有思想的实践工作者所运用的方法基本上是相同的，都是系统的和反思性的。

需要提及理论与实践之间的最后一层关系——理论指导管理决策。我们既可以将管理界定为是一门艺术（art），也可以将管理界定为应用知识解决管理问题和组织问题的科学（science）。阿瑟·布隆伯格（Blumberg，1984，1989）将其

称为一种工艺（craft）。这些界定表明管理者可以获得决策所需要的知识。然而，没有理论，知识就成为空中楼阁，因为，有意义的研究提供了预测理论的信息。不幸的是，教育管理中的理论和实践至多是小有收获。尽管如此，反思性管理者更愿意接受理论的指导——尽管理论本身是不完善的，而不愿受冲动或有争议的信念的偏见的影响。错误的信念和偏见永远不会消失，但是，它们会受到促进合理推理的心智习惯的检验（Gilovich，1991）。理论无法取代思想，但是，它们可以给决策和解决问题以指导。

管理理论确实影响实践。在过去的一个多世纪里，组织思想和理论的演进可以用多种方式来描述。我们将通过一系列系统观点来认识组织思想的历史。

系统观

系统概念在物理学和社会科学中都有着丰富的历史。艾尔弗雷德·N. 怀特海（Whitehead，1925）和乔治·C. 霍曼斯（Homans，1950）都注意到，对于科学来说，产生于环境的、有组织的整体思想或系统思想至关重要。

组织行为分析的重要发展之一是开放系统与封闭系统的区别。早期的学校系统分析（Getzels and Guba，1957）将组织看成是封闭系统，是与外部世界隔离的。人们根据组织内部的工作进行解释，很少甚至从不留意外部环境的限制。然而，今天，当代组织理论家很少认同这样的假设，即可以不考虑发生在组织外部的事件来理解组织。事实上，马歇尔·迈耶（Meyer，1978：18）认为：“从开放性观点来看，对于封闭系统来说，开放的问题是封闭的。”

尽管当代组织思想在现代社会科学中拥有一席之位，出现了三种相互竞争的系统观点，并且这些观点都还在继续发展，但是，每一种观点又都有共同之处。W. 理查德·斯科特（Scott，1987b，1992，1998）将它们称为理性系统观、自然系统观和开放系统观。尽管它们之间会有部分交叉、补充和矛盾，但这三种流
9 行的组织观点之间仍有差异。在早期的组织思想中，每一种观点都有自己的演进
史。下面主要根据斯科特的研究（Scott，1992，1998）详细讨论每一种系统观点。

理性系统：机械模型

理性系统观（rational-systems perspective）将组织看成是实现具体组织目标的正式工具。理性（rationality）是组织并实施一系列行动，以最大化的效率实

现预定目标的程度（Scott，1992）。理性方法最早起源于科学管理者的古典组织思想。

科学管理：起点

被视为**科学管理**（scientific management）运动之父的弗雷德里克·泰罗（Frederick Taylor）探究了在工业组织中让工人更有效地工作的方法。泰罗做过学徒工、车间管理员、技师、工长、设计主任，最后还做过总工程师，他的这些背景和经历强化了他的信仰，即个人可以被训练成为有效的机器。科学管理方法的关键是机器隐喻。

泰罗和他的助手认为，由于经济驱动和生理机能的限制，工人需要不断地加以引导。1911 年，泰罗在《科学管理》（*Scientific Management*）（Taylor，1947）中形成了他的思想。他的实验也支持他的管理理论。泰罗及其追随者——人力工程师（human engineers）——关注物质生产，他们开展**时间与动作研究**（time and motion studies），以探究工人的体能极限，并描述完成既定任务的最快方法（Barnes，1949：556–67）。他们相信，通过系统研究工作任务以及完成各种任务所需的时间，他们就能够决定完成任务的最有效方法。尽管泰罗研究只关注了狭窄的生理限制，忽视了心理变量和社会变量，但是，他论证了许多工作可以更有效地完成。他也帮助那些非熟练工人提高了生产率，使他们的收入增加到几乎等同于那些熟练工人的水平（Drucker，1968）。

而泰罗的人力工程师是从工人中提拔上来的，管理经理下调为管理人员。法约尔（Henri Fayol）和泰罗一样，采用科学方法进行管理。法约尔是法国的煤矿工程师，也是一名成功的管理者，后来教授管理学。根据法约尔（Urwick，1937：119）的研究，管理行为具有五方面的职能——计划（planning）、组织（organizing）、指挥（commading）、协调（coordinating）和控制（controlling）。久利克（Gulick，1937）后来将这些职能扩展为对该问题的回答：“行政主管的工作是什么？”他回答道：“POSDCoRB”，这就是他的七个管理程序的缩写：计划（planning）、组织（organizing）、人事（staffing）、指挥（directing）、协调（coordinating）、报告（reporting）和预算（budgeting）。

对管理者而言，**劳动分工**（division of labor）是组织的基本原则。由此，任
务越细化，专业化程度就越高，所以，工人就会更有效地完成任务。为了进行劳 10
动分工，先将任务分成小组工作，而后再将其整合成为部门工作。尽管分工的标准会引起需求冲突，劳动分工和劳动分工所必需的部门化都是管理的必要组成部分。此外，任务细分需要按程序操作，也就是工作的**标准化**（standardization）。

控制宽幅（span of control），或者说直接管理的工人数，是第二个原则。在

自上而下的细分中，每一个工作单元都需要接受监督并与其他工作单元相协调，此时，最有效的控制宽幅是 5—10 名下属。这一原则被广泛用于管理组织的构建。单个管理人员拥有自上而下的权力和权威，管理着根据这一第二原则构建起来的金字塔结构。

管理经理人的第三个操作原则是职位的**同质原理**（principle of homogeneity）。根据久利克（Gulick，1937）的观点，一个部门的职位可以以四种不同的方式分组：主要目的、主要过程、客户或场所。

- **主要目的**，使拥有共同目标的人都参与其中。
- **主要过程**，融合了那些具有类似技能和技术的人。
- **客户**或材料，将那些与类似顾客或者材料打交道的人组成一组。
- 以**场所**或地理区域为基础的组织，不考虑职能差异，将一起工作的人组织在一起。

以这四种方式组织起来的部门存在着明显的问题。例如，学校的健康活动应该归属教育部门还是健康部门？如何回答这一问题将改变服务的性质。根据四种方式中的任何一种进行部门的同质分组，并不能使得这些部门以其他方式同质化。“问题并不在于使用哪一个原则进行分组，”汤普森（Thompson，1967：57）观察指出，“而是优先运用哪一个原则。”

人力工程师和科学管理者都重视正式的或科层的组织。他们关注劳动分工、权力分配、每一个职位的专业化。他们严重忽略了工作时的个人特质与社会力量。可以比较贴切地称这种观点是一种“机械模式”，它暗含着人们可以像架桥或建设工程一样根据蓝图构建一个组织（Worthy，1950）。

正如罗尔德·坎贝尔及其同事（Campbell，et al.，1987）所详细阐述的，教育管理的发展与其他管理领域的发展并驾齐驱。与泰罗的科学管理者相似，尽管
11 缺乏人力工程师那样的严格性，诸如弗兰克林·博比特（Bobbit，1913）等早年学习教育管理的学生从工作分析的优点入手审视组织行为。他们观察管理者的工作，详细说明要完成的任务的每一个要素，决定完成每一项任务的更为有效的方法，向组织提出效率最大化的建议。雷蒙德·E. 卡拉汉（Callahan，1962）对学校以及 1910—1930 年间的“效率崇拜”的分析，从文献的角度很明显地说明了科学管理者对学校的影响。

然而，认为泰罗的科学管理已经过时却是不正确的。事实上，卡尼盖尔（Kanigel，1997）认为，泰罗制一直对现代组织的实际活动以及美国生活本身产生着影响。泰罗有关时间、秩序、生产力以及效率的研究成果，正转换成我们今

天所热衷的“电子记事簿”（electronic organizer）、移动电话、有声邮件、蜂鸣器，等等，所有这些都使我们保持生产率与高效率。今天，或许泰罗制在理论上可能有些过时，但是，没有几个人会否定泰罗制对美国社会的持久影响。不管怎样，泰罗制仍在继续。

当代理性系统：结构的观点

那些坚持理性系统观的人认为，组织行为是有目的的、受约束的并且合乎理性的。我们可以用这样一些术语来表述理性系统理论家所持有的理性系统的概念与内容：“效率”、“最优化”、“理性”、“设计”。此外，他们还强调组织系统中个人决策的局限性。因此，机会、局限、正式权威、规章制度、顺从与协调等概念代表着理性化的关键要素。当代理性系统理论家强调目标的具体化和形式化，这是因为，对于组织的理性化与效能而言，这些要素非常重要（Scott，1998）。

目标（goals）是指导组织行为的预期结果。具体目标指导决策，影响正式结构，细化任务，指导资源配置，管理设计决策。模糊的目标妨碍理性化，这是因为，没有清晰的目标，是不可能制定出可供选择的方案并作出理性决策的；因此，甚至当组织的一般目标不清晰时（教育往往是这样的），也是如此。日常的实际运作也受具体目标的指导。教育工作者也许会围绕进步教育与传统教育的优点一直争论不休，但是，针对诸如毕业需求、纪律政策和学校规章制度等问题，每个学校的意见都会相当一致。

形式化（formalization），或制度和工作规章（job codification）水平，是使组织理性化的另一特征。形式化产生了工作绩效标准与规章。制度制定之后，可以准确清晰地支配行为；根据可接受的行为准确界定工作；可以单单根据个人所作的贡献大小界定角色关系；有时，工作流程本身就已被清晰地予以界定。形式化是组织根据标准化和制度化而作出行为预测的工具。正如西蒙（Simon，1947：100）所强调的：“在具体情形下，通过每一位组织成员对其他成员的行为，形 12
成了组织和制度所容许的稳定期望。这种稳定期望是社会团体中对行为结果进行理性思考的重要前提。”

形式化也有助于组织以其他重要方式发挥理性功能（Scott，1992）。它形成了可见的组织关系结构，因此，为了改进绩效，管理者可以修正正式结构。目标管理（management by objectives，MBO），规划、项目和预算系统（planning，programming，and budgeting systems，PPBS），战略规划（strategic planning），绩效评审技术（performance evaluation and review techniques，PERT），等等，都是管理者促进理性决策而使用的技术工具的例子。正式结构也促进了基于事实的纪律和决策，而不是情感联系和感情。事实上，形式化在一定程度上既形成了成员之间的积极情感，也形成了消极情感。正如默顿（Merton，1957：100）所观察的："形式化促进了办公室工作人员之间的互动，尽管他们彼此间的私人态度并非如此（有可能是敌意的）。"此外，形式化使组织较少依赖个人。个人调动是程式化的，因此，经适当培训的个体被调动时，麻烦最小。形式化甚至也强调领导与创新的需要。沃林（Wolin，1960：383）认为："通过简化和程式化的步骤，组织可以消除对特殊人才的需求。组织需要的是普通人。"

对于那些致力于达成组织目标的人而言，理性化和形式化是其追求的标志。如何创建和设计可以有效地完成任务的结构？理性系统理论家提出了一系列指导性原则，包括：分工、专业化、标准化、形式化、权力等级体系、狭窄的控制幅度以及例外原则（the exception principle）。分工将任务细化成基本的组成部分，导致专业化。专业化反过来要求增加专业知识和任务的标准化，任务的标准化有助于更为有效、高效地完成例行任务。此外，形式化以规章体系的形式保证了标准的运作程序。然而，例外原则要求，在例外情形下，可处理优先事件，而不必循规蹈矩。最后，权力等级体系通过一致命令协调和控制管理行为，也就是说，自上而下的结构促使人们规训化地服从管理命令。正式组织非常重要，遵循先前的组织原则可以有效地进行组织设计的信念，同样重要。

或许理性系统观的最大缺点是组织的刚性观念。正如詹姆斯·马奇和赫伯特·西蒙（March and Simon，1958）所观察的，组织的结构与功能或许会受组
13 织外部事件的严重影响，也会受组织内部难以协调的事件的严重影响，而这些事件的结果是无法预知的。当前的一些评论也指出了它过分强调部分而不是整体的问题。例如，圣吉及其同事（Kofman and Senge，1993；Senge，1990）认为，过分关注组织的部分，并且相信组织的每一个部分的最优化等同于组织整体的最优化，是短视的。这是因为，它忽视了整体的重要性，造成了人为的区别，并且否定组织的系统功能。

理论联系实际

列举出你的学校中所拥有的正式权力高于教师的每一个人。他们每一个人的角色是什么？各自的头衔是什么？拥有多大的正式权力，又是如何行使这些权力的？请举出具体例子。描述你的学校的劳动分工和专业化情况。控制宽幅是大还是小？课程是灵活的还是固定的？教师在多大程度上可以独立作出决策？你如何描述你所在学校的正式组织的特征？

自然系统：有机模型

自然系统观（natural-systems perspective）关于组织的观点与理性系统观相反。自然系统观源于 20 世纪 30 年代的人际关系研究；它伴随着与科学管理者的互动而发展起来，同时也认识到了理性系统模型的不充分之处。

人际关系：起点

玛丽·帕克·福利特是人际关系运动的先锋。她写了一系列关于管理的人际方面的卓越论文，她认为，所有组织的基本问题是发展和维持各种动态的、和谐的关系。此外，福利特（Follett，1924：300）认为，冲突并不必然带来对立的无谓爆发，造成社会差异的正常过程正是各种财富的积累过程。尽管有福利特的研究，人际关系研究的发展通常可以追溯到在芝加哥西部电力公司（Western Electric Company）霍桑工厂所作的研究。这些研究是描述非正式群体的基本文献，而对这些非正式群体的研究又成为分析学校的基础。

霍桑研究（Hawthorne studies，参见 Roethlisberger and Dickson，1939）开始于三个有关照明的性质和数量与工业效率的关系的实验。第一个照明实验在三个部门中进行，在每一个部门中每隔一定时间提高照明的强度水平，结果令人困 14
惑，生产率的提高与光照的增强没有相关性，而照明减弱与生产下降也不相关。

在第二个实验中，一个测试组的照明强度改变，与保持照明强度恒定的控制组比较，发现两个组的生产率都确有提高，而且几乎相同。

最后，在第三个实验中，当测试组的灯光变暗而控制组保持恒定，两组的效率都提高了。而且，测试组的生产率一直在提高，直到工人因为灯光太暗，抱怨看不见他们所做的事情。

与实验的预期比较，实验结果既不简单也不清晰。有两个结论似乎业已证明：工人的工作产量并非首先取决于照明状况；实验中有太多的可变因素。这一发现令人吃惊，从而激起了更多的研究。

哈佛的两位教授——工业心理学家埃尔顿·梅奥（Elton Mayo）和社会心理学家弗里茨·罗特利斯伯格（Fritz Roethlisberger）继续研究工作的物理条件与生产率的关系。公司怀疑这其中包含心理因素和生理因素。从 1927 年至 1932 年，两位研究者作了一系列现在已成为社会科学经典研究的实验。结论几乎显而易见，工人的行为与正式的工作规范不吻合，出现了影响工作效绩的非正式组织。**非正式组织**（informal organization）是一种产生于组织内部、拥有非正式领导人的非官方的社会结构，它有非正式的规范，非正式的价值，非正式的情感，以及非正式的沟通方式。

研究者发现，人们一旦在一起工作以完成任务，就会发展非正式的互动模式，就会结成友谊，形成界限分明的群体。无论是上班时还是下班后，这些非正式的小圈子的互动方式都十分明确。比如，是这一个小圈子而非另一个，在工休时间参加某种游戏。比不同的互动方式更为重要的是，所产生的各种非正式规范支配着成员的行为、维系着群体的统一。工作做得太多，就会被骂成工作狂；工作做得太少，同样会以欺骗之名构成对非正式组织的严重冒犯。出现了不告密（no-squealing）的规范；群体成员不能说任何可能伤害同伴的话。形成的其他规范包括：做事不过分殷勤，不独断专行；希望成员是一个守规矩的人，而且不会为想要引人注目和成为领导人而聒噪和焦虑。

工作群体通过排斥、讥讽和谩骂给异己成员以压力，以强化对非正式规范的重视。要求服从的机制之一是一种尖锐响亮的声音——给上臂以迅速、坚利的一
15 击。这种尖锐声不是身体伤害，也不隐含此意，而是一种群体不愉悦的象征性手势。

群体中的许多行为都与正式组织的要求相反。工人并没有像被要求的那样，坚持自己的工作，而是经常换工作，进行非正式的竞赛活动，并相互帮助。群体会限制产量，群体规范要求将每天的工作控制在管理部门的要求之下，当然，也不会低到使管理部门无法接受的程度。大部分的工作在上午已经完成。熟练工人会早早地放慢速度，或者将他们已完成的工作少报，这样可以在生产效率低的日子有所补救。即使仍维持这一非正式的生产水平，也可能取得较高的生产效率。因为该群体保持着同样的工作节奏，而较高的产出却意味着较高的工资收入。所以，群体行为是群体规范的结果，而非经济驱动。霍桑试验首次对许多人力工程师和科学管理者的假设提出质疑，但是，很快，随后的研究进一步强调了非正式组织的重要性。

虽然这些发现是 20 世纪 30 年代的，但它们依然重要。但是，人际关系方法也并非没有批评者。埃米塔伊·埃兹奥尼（Etzioni，1964）认为，通过粉饰真实的工作情况，人际关系方法使组织生活的复杂性过分简单化了。组织中除了有共享的价值和利益，也有相互冲突的部分；它们既是使情感疏远的来源，也是令人得以满足的源头。工人的不满情绪可能仅仅是真实的潜在的利益冲突的征兆，也是对情况缺乏了解的征兆。简单地说，组织通常并不是一个“快乐的大家庭”。当代人际关系运动的批评家们（Clark et al.，1994；Scott，1998）也认为，对工人的关心并不可信；相反，这只是管理者用以操纵下属的一种工具或策略。然而，有一个结论是清楚的：由于强调雇员的动机、满意度以及群体士气，人际关系方法调和了科学管理者对组织结构的过分关注。

在许多关于民主管理的文献和规训中都可以明显看到霍桑研究对学校的影响。这一时期内涵模糊的口号是“民主”——民主管理、民主监督、民主决策

和民主教育。坎贝尔（Campbell，1971）注意到：强调人际关系和民主实践，通常意味着为应当寻求什么条件、个人在组织中应当如何表现等问题开出的一系列处方。假设的“管理原则”很多，但都不及成功的管理者的观察或大学教授的民主思想来得多。在 20 世纪 40 年代及 50 年代初，人们对作为一种民主方法的教育管理，夸夸其谈的多，不幸的是，研究和实践却相当少（Campbell，1971）。

当代自然系统：人力资源观 16

当理性系统的拥护者们将组织设想成为完成既定目标而精心设计的结构安排时，自然系统的拥护者则将组织看作是在特定环境中为了适应和生存而形成的社会群体。自然系统分析家普遍赞成这一看法：组织的特征表现为目标的具体化与形式化。但是，他们还在为其他特征的重要性而辩论。事实上，某些人坚持认为，正式目标与结构在组织中不会真正发挥多少作用（Scott，1998；也参见 Etzioni，1975；Perrow，1978）。

持自然系统观的人关注社会群体间的相似性。因此，组织，就像所有的社会群体一样，首先由基本的生存目标所驱动，而不是根据特定的制度明确设计出的目标来推动。古尔德纳（Gouldner，1959：405）抓住了自然系统模式的本质，他指出：“组织按照这种模式努力生存下去，并保持自身平衡，而且，即使在明确定下的目标已经成功达到以后，也会将这种努力持续下去。这种为了生存的努力有时也可能会导致对组织目标的忽视或扭曲。”这时，生存是高于一切的目标。从根本上讲，人们并没有将正式组织看成是达成具体目的的方式，而是将其看成个人满足自身需求的工具。人成了组织中宝贵的人力资源。

如同自然系统分析家通常不认为目标是组织的重要特征一样，他们也不认为正式结构在达成目标中起重要作用。尽管他们也承认正式结构的存在，但他们认为组织行为主要受改变了正式系统的非正式结构的调节。所以，持自然系统观的人强调非正式组织而不是正式组织，强调人而不是结构，强调人的需要而不是组织的要求。组织中的个体永远不仅仅是雇佣来的手，而是有头脑有心性的个体。他们带着自己的需求、信仰、价值观和动机进入组织。他们与其他人进行交流，并因而产生了非正式的规范、地位结构、权力关系、沟通网络以及工作安排（Scott，1992）。

总之，目标和结构没有使组织显得与众不同，事实上，组织的正式特征被更为一般性的特征掩盖了，如系统的生存欲求、个体的个性以及非正式关系等。理性系统观强调结构比个体重要，而自然系统观强调个体比结构重要。用本尼斯（Bennis，1959）的地道术语来说，理性系统关注的是“无人之结构”，而自然系统模式的非常明显的特征是一种“无组织之人”的取向。

至此，我们追溯组织思想的发展，即从最初的科学管理、人际关系到当代系统观——理性的和自然的观点（参见图 1. 2）。早期的系统观是封闭的，但它们
17 已经被开放的系统观所取代。现在，几乎人人都认为组织是开放系统，并认为它为组织生活中正式的、理性的要素与非正式的、自然的要素的相互融合提供了框架。下面，我们将转而讨论组织与学校的开放系统方法。

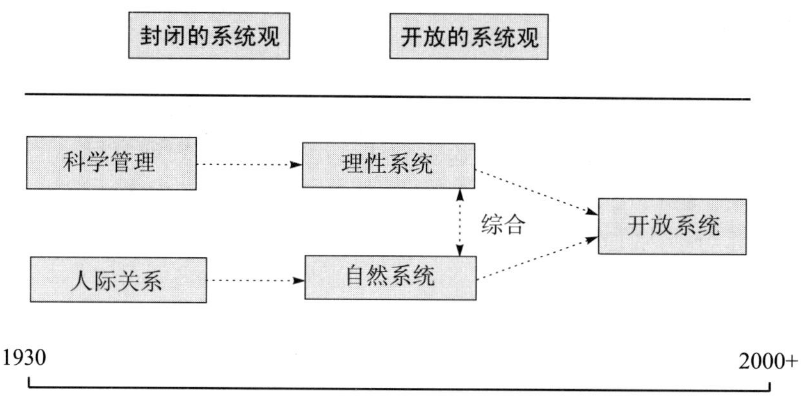

图 1. 2　组织思想的成长与发展

理论联系实际

列举出组织中拥有非正式权力但是缺乏正式权威的每一个人。为什么他们会有这样的权力？他们的权力从何而来？描述一下你的学校所存在的一些非正式规范。正式领导者与非正式领导者如何相处？举一些他们相互合作的例子。哪些教师群体属于小集团？该群体有没有竞争对手？非正式群体之间如何相处？具有正式权威的群体与仅仅具有非正式权威的群体之间相互冲突的程度如何？因何而产生冲突？请举出一些例子。

18 ## 开放系统：整合

开放系统观（open-systems perspective）是一种对认为组织行为可以独立于外部力量影响的不现实的假设的反应。事实上，来自外部环境中的竞争、资源及政

治影响都会对组织的内部运行产生作用。开放系统模型认为，组织不仅受环境的影响，而且依赖于环境。通常，组织很容易被描述成开放系统。组织从环境中获取原料，经过转化、加工，向环境输出产品（见图 1.3）。譬如，学校即是社会系统，它从环境中获取诸如劳动、学生和经费等资源，对所有这些输入的资源进行教育的转化处理，生产出了有文化、有教养的学生和毕业生。

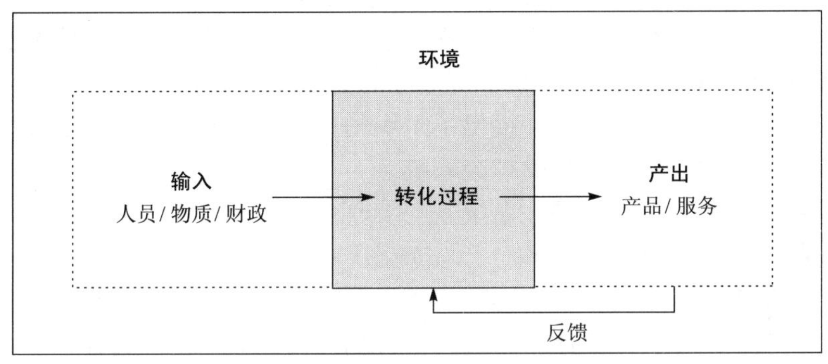

图 1.3　具有反馈环的开放系统

由于理性系统的方法，尤其是科学管理者忽视了个体需要与社会的关系，而自然系统的方法，尤其是人际关系学说的拥护者们则怀疑正式结构，因此，这两种系统观点都有局限性，都是不完整的。显然，无论是正式组织还是非正式组织，同组织结构和人员一样，对理解组织至关重要。开放系统方法提供了这样一种有利的视点。

切斯特 · I. 巴纳德（Barnard，1938）是最先将这两种观点结合起来考虑的人之一，在《经理人员的职能》（*Functions of the Executive*）一书中，他用这两种观点来分析组织生活。这本书是他在担任新泽西贝尔电话公司总裁时的作品，书中他提出了一种有关正式组织中的合作行为的综合性理论。巴纳德提出了最初的有关正式组织与非正式组织的定义，并令人信服地论证了两者之间必然存在的互动关系。巴纳德本人总结了他的这本书在结构性概念与动力学概念方面的贡献
(Barnard，1940)。他认为，重要的结构性概念包括个体、合作系统、正式组织、 19
复杂的正式组织以及非正式组织；他的重要的动力学概念有自由意愿、合作、沟通、权威、决策过程与动态平衡。

西蒙在《管理行为》（*Administrative Behavior*）（Simon，1947）中拓展了巴纳德的研究，他将组织平衡概念看做是正式的工作激励理论的核心。组织是一个交易系统，其中，各种工作诱因相互进行交易。雇员只有在认为诱惑大于劳动贡献时才会继续留在组织中。

尽管组织能为理性决策提供框架、信息和价值导向，但它收集处理信息、寻

找备择方案和预测结果的能力，都是有限的。所以，人们通过令人满意的途径而不是最优化的途径去解决问题。根据西蒙的观点，任何特定的问题都没有最佳的解决方案，但是，一些方案会比另外一些方案更令人满意（参见第9章）。

另一重要的组织理论是从韦伯（Weber，1947）的著作中发展而来的（参见第3章）。尽管韦伯的许多观点与科学管理者的观点一致，但是，韦伯关于科层制和权威的讨论，为当今的理论家们提供了一个新的理论起点：作为社会系统的组织与环境相互作用，并且依赖于环境。塔尔科特·帕森斯（Parsons，1960）强调了环境对组织的重要性，并提出了组织是一个开放系统的概念假设——组织是一个依赖环境并受环境影响的社会系统。

开放系统模型有可能将理性系统观与自然系统观综合起来。组织是复杂的、动态变化的。组织拥有正式结构，以实现各种具体目标，但是组织是由人组成的，这些组织中的人有着各自的特殊需求、利益和信念，这些需求、利益和信念往往与组织期望相冲突。因此，组织具有计划性与非计划性的特征、理性与非理性的特征，有正式结构与非正式结构。在某些组织中理性关系支配各种关系，在另外一些组织中，自然关系与社会关系占支配地位。然而，在所有的组织中，理性要素与自然要素共存于一个向环境开放的系统之中。

有些学者认为，当代组织要么是开放的、自然的系统，要么是开放的、理性的系统，它们都是为了适应不同的环境而形成的（Lawrence and Lorsch，1967）。我们认为，学校是一个受理性因素与自然因素制约的开放系统，这些理性因素与自然因素随环境力量的变化而变化；忽略理性要素或自然要素都是短视的。开放系统理论是本书探讨教育管理理论基础的总框架。尽管在我们的分析中也会涉及其他理论，但开放系统的观点是一个总的框架，它强调四个彼此互动且
20 影响组织行为的内在子系统，即：结构系统、文化系统、个体系统和政治系统。本章最后的表1.2对三种系统观的关键概念、假设和原理进行了归纳。

理论联系实际

在你的学校中，正式组织与非正式组织哪一个更重要？为什么？正式组织与非正式组织控制的范围各是什么？你在哪些方面适应了学校权力关系？如果你是校长的话，你将在哪些方面努力改善学校中的正式关系与非正式关系？你学校中谁一直保持沉默？为什么？最后，请分析你校校长的领导行为。她或他在何种程度上依靠正式组织或非正式组织来完成任务？两者的平衡点是什么？哪一个更重要？在你看来，两者平衡得好吗？是否需要改进？如何改进？

开放系统的主要特征

开放系统包括结构与过程，它是一个稳定而有弹性的动态系统，有着既紧密又松散的结构关系。作为一种角色与关系安排，组织是不稳定的。为了生存，组织必须适应，为了适应必须进行变革。组织与其环境间的互相依赖非常重要。这不同于理性系统观忽视环境；也不同于自然系统观视环境为敌人，“开放系统模型强调了组织与其周边的和渗透于其中的各种要素相互制约、相互关联的互惠关系。的确，环境甚至可以被看成是秩序本身的源泉”（Scott，1987b：91）。

人们就大多数社会系统的关键特征与程序达成了某些共识。我们通过提出、界定和讨论 9 个核心概念开始。开放系统是一组互相作用的要素，它获取来自外界的输入（inputs）资源，并将之转化，然后再将产品输出到环境之中。人、原材料、信息和金钱都是典型的组织输入。在转化过程（transformational process）中，这些输入要素转化为可称之为产出（outputs）的有价值的东西，随后，这些东西将被输回到环境中去。产出品通常指产品和服务，但它同时还可能包括员工的满意度和转化过程的其他副产品。对于学校而言，教室、书本、计算机、教材、教师和学生都是重要的输入品。在理想条件下，学生将被学校系统转化为有教养的毕业生，然后，他们进入一个 21
更为广阔的环境或社会。图 1.3 呈示了开放系统的三要素。

系统的反馈能力有利于推进“输入-转化-产出”（input-transformation-output）的循环反复模式。反馈（feedback）是系统赖以自我修正的信息。学校内部与外部建立起来的正式沟通结构——家长-教师协会（PTA）① 和各种各样的咨询委员会——与非正式的政治沟通为学校提供了反馈信息。但是，与机械系统不同，社会系统并非总是利用信息进行变革。当学校系统的高层管理者得到有关 SAT 分数②不断下降、毕业生在求职与选择大学时遇到越来越多的困难等信息

---

① PTA，即，Parent-Teacher Association，家长-教师协会。——译者注

② SAT，指学术水平测验考试（Scholastic Assessment Test），是美国大学考察世界各国申请攻读美国本科学位的高中生的逻辑思维能力、评判是否给予奖学金的重要标准和参照，主要测量对于大学学业成功十分重要的语言能力和数学能力。SAT 考试分为两部分，包括 SAT Ⅰ 推理测验（Reasoning Test）和 SAT Ⅱ 专项测验（Subject Tests）。SAT Ⅰ 考试由语文和数学两部分组成，考试时间为 3 小时，主要测验考生的语文、数学推理能力，各 800 分（最低分为 200），满分为 1600 分。语文部分主要考察考生的理解及分析句子的能力、领悟句子不同部分之间关系的能力、建立词汇间联系的能力（遣词造句），题型分为类比（analogies）、完成句子（sentence completions）和阅读（critical reading）三种；数学部分包括算术、代数、几何知识的考察，题型分为五选一、四选一和问答题三种。美国的大学要求学生申请时提供 SAT Ⅱ 成绩。SAT Ⅱ 是单科考试，考试时间为 1 小时，大部分为选择题，主要考察考生的数学、物理、化学、生物、外语（包括汉语、日语、德语、法语、西班牙语）等某一专业的知识，每科满分为 800 分。——译者注

时，他们可以利用这些信息鉴别系统中导致问题产生的各种要素，并采取种种校正行动。但是，并非所有的高层管理者都会选择行动。因此，尽管反馈机制提供了自我修正的机会，但潜在的可能未必总会兑现。

系统拥有边界（boundaries），也就是说，边界将系统与环境区别开来。开放系统的边界比封闭系统的边界模糊得多，但它们确实存在。家长是不是学校系统的一部分呢？有时候是。在某些学校，家长被视为学校的一部分，有些学校则不然。但是，无论把家长划定在学校范围之内或之外，学校一直在诸如家长会、社区服务项目和成人教育计划等边界拓展活动中充实自己实际的能量。

环境（environment）是指系统边界之外的一切事物，这些事物或影响系统内部成分的特性，或是被社会系统本身所改变（可参阅第 7 章关于外部环境的更为详细的考察）。对一所具体学校来说，地方政策、中央管理者、其他学校建筑和社区都是学校环境的重要特征。尽管组织环境通常被理解为组织的外部条件，当组织环境应用到诸如学校这样的开放系统时，要彻底把组织与其环境区分开来几乎是不可能的。然而，实践过程中，一些管理者却试图去控制学校的开放度。例如，只有适当的客人才被允许进入学校大楼，街上的行人则被阻挡在外，参访者在进入校长办公室之前要登记。

通过一系列校正机制维持系统各组成部分间的稳定状态的过程称为动态平衡（homeostasis）。用一个生物学上的类似情况可以解释这一概念：当生物从较暖的环境进入另一个较冷的环境中，动态平衡机制可能启动各种反应用以维持体温。类似的，在学校系统中，关键要素和活动应该受到保护以维持整个系统的稳定性。为了生存，系统向着稳定状态发展——平衡。但是，这种稳定状态并不是静止的。来自环境和流向环境的能量不断地输入和产出。尽管维持系统平衡的力量会遇到威胁和破坏系统的力量，系统仍呈现出动态的发展。导致系统失去平衡的
22 各种事件被累积起来，使系统趋向一种新的平衡态。正如管理者们非常清楚地认识到的那样，各种破坏性力量会打破这种平衡，从而产生一个暂时性的不稳定期。比如，一个社区团体可能会要求取消诸如性教育这样的课程。这会导致不平衡，但是，系统要么作出自我调整，要么与这种破坏性力量进行斗争，目的就是恢复系统平衡。

任何系统走向消亡——中止存在——的趋向被称为熵（entropy）。通过从环境中输入能量，开放系统可以克服熵。例如，通过适应不断变化的环境需求，组织可使自身保持在一个有利位置。州教育局对某一新项目施加的压力就是适应这种环境需求的典型结果，尽管这会使系统需要更多的税赋和资源。

等效原理（equifinality）表明：系统的起点不同，发展路径不同，但最终可以达到同样的目的。因此，不存在最佳组织路径，同样，也没有一个可以达到同

一目的的最好方法。例如，学校可以选择各种不同的方法（例如，发现学习、独立计划、互动技术等）以提高学生的批判性思维能力。

社会-系统模式：基本假设

社会系统是个普遍性概念。它可用于精心规划的社会组织，也可用于那些自然形成的组织。学校是一个社会互动的系统，它是通过将各种互动的个体整合在一起形成有机关系而组织起来的（Waller，1932）。作为一个社会系统，学校具有以下特性：各个部分相互依存，有明确界定的人员规模，有与其环境的区别，有复杂的社会关系网络以及自身的独特文化。像对待所有正式组织一样，将学校当作一个社会系统来分析，要考虑组织生活的各方面：既有计划性的，也有非计划性的，既有正式的，也有非正式的。

至此，关于系统的讨论，我们形成了几个隐性假设。现在，当我们将学校当作社会系统来研究时，让我们将各种假设弄清晰。我们从文献中已搜集了一些假设，这些假设基本来源于盖泽尔斯和古巴（Getzels and Guba，1957），盖泽尔斯、利普汉姆和坎贝尔（Getzels，Lipham and Campbell，1968），比德韦尔（Bidwell，1965）以及斯科特（Scott，1998，2003）的研究。

- 社会系统是开放系统。学校受社区价值观和社区资源的影响，受政治因素和历史因素的影响。
- 社会系统是由人组成的。人们根据他们的需要和角色行动。
- 社会系统包含相互依存的部分、特征和活动，它们源于系统，又对系统作出贡献。当某一部分受到影响，就会波及整个社会系统。例如，
  当校长碰到家长提出增加新课程的要求时，不仅是校长直接受到影 23
  响，教师和学生也同样受到影响。
- 社会系统是目标导向的。事实上，社会系统的目标常常是多重的。在学校里，学生的学习与控制是众多目标中的两个。学校系统的核心目标是使学生为成人角色作准备。
- 社会系统是结构化的。它需要不同的组成部分来履行不同职能并分配资源。学校系统有分工（如数学和科学教师）、专业化（如教师、辅导顾问和管理人员等）和科层制（如学区主管、校长、校长助理和教师等）。
- 社会系统是规范化的。正式的规章制度与非正式的规范共同规定了恰

当的行为。

- 社会系统允许制裁。通过奖惩强化行为规范。正式机制包括开除、停职、终止合同、规定任职期限和提拔；非正式的处理方式包括讽刺、孤立和奚落。
- 社会系统是政治性的；权力关系不可避免地渗透到社会关系之中。
- 社会系统拥有独特的文化，即一套影响行为的、共享的主导价值。
- 社会系统是观念的和相对的。社会系统的结构具有普遍性，适用于各种规模的社会组织。出于这样的目的，可以认为课堂是一个社会系统，出于另外的目的，可以将学校或者学区看成是一个社会系统。
- 所有的正式组织都是社会系统。但并非所有的社会系统都是正式组织。

上述假设表明，学校包含了许多影响组织行为的重要因素或子系统。

学校社会系统的关键因素

所有的社会系统都会以相当稳定的形式来完成某些活动与职能。例如：如果我们将社会本身看成是一个社会系统，那么，教育、保护、治理等社会日常事务和必要职能分别由教育、法律和政府等部门来完成。不管社会系统的性质如何，行为模式都变得合乎规则和日常化。

当某一目标的达成需要共同努力时，人们就通过组建特定的组织来协调活
24 动，并给其他为此目的而加入其中的个体以奖励。这一为达成某种目标而精心组建的组织就是**正式组织**（formal organization）。我们所关心的学校社会系统就是一个正式组织。

图 1.4 勾画出了社会系统的主要组成部分或子系统。正式组织中的行为除了受结构要素和个体要素的影响外，还要受到文化要素和政治要素的影响。人们根据为了完成组织目标而设计和组织的正式科层期望来界定**结构**（structure）。我们可以根据人们在工作角色中的需要、目标、信仰和认知理解力来考察**个体**（individual），个体为达成组织目标贡献了自己的力量和能力。**文化**（culture）是参与者共同的工作取向，它赋予组织以特有的认同感。**政治**（politics）是为了对抗其他控制系统而产生的非正式的权力关系。此外，系统中的所有这些要素与互动都要受来自**技术核心**（technical core）与**环境**（environment）的种种重要力量的制约；系统是开放的。最后，作为社会系统的正式组织，如果想生存和繁

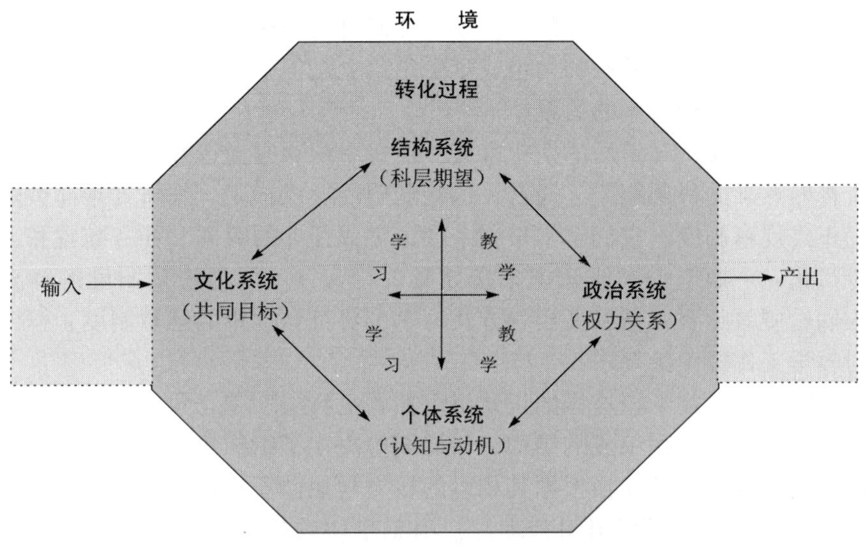

图 1.4　系统内部要素

荣，就必须解决诸如适应、目标达成、整合以及潜在问题等种种基本问题[①]。

我们所提出的正式组织模型考虑了所有这些因素。我们将从考察系统的内部要素开始，然后讨论环境和技术核心（教-学过程）对学校及其产出的影响。

结　构 25

科层期望是组织的正式需求与责任，它们是组织结构的关键构成。**科层角色**（bureaucratic roles）通过一系列期望而被确定，它们被整合进组织的各个部门和职位。在学校中，校长、教师、学生，每一个角色都很关键，都会被一整套的期望加以确认。科层期望具体规定了特定的角色或职位的恰当行为。譬如，教师有规划学生学习经验的义务，有鼓励学生利用有效的学习方式进行学习的责任。科层角色与科层期望是正式的行动蓝图，是组织对职位的要求。

某些正式期望严格而富有强制性，另外一些则比较有弹性。许多角色并未加以清晰地描述，这就是说，与大多数职位相关的期望十分宽泛。这种自由使得个性迥异的教师在没有不适当的压力和冲突的情况下完成同一个任务成为可能

① 我们的模型主要是对盖泽尔斯和古巴（Getzels and Guba，1957），阿博特（Abbott，1965b），莱维特、迪尔和艾林（Leavitt，Dill，and Eyring，1973），斯科特（Scott，1981，1987，1987b），明茨伯格（Mintzberg，1983a），纳德勒和塔什曼（Nadler and Tushman，1983，1989）以及利普汉姆（Lipham，1988）等学者研究的综合与拓展。

(Parsons and Shils，1951)。各种角色从系统中的其他角色那里获得自身的意义，在这个意义上讲，他们是互补的。例如，即使可能的话，在没有弄清师生关系的情况下，要界定学校中的教师角色或学生角色也是很困难的。同样，校长的角色也取决于他与教师和学生的关系。

从这一系列模糊与矛盾的期望来看，正式组织通常会选择一些与组织目标一致的有普遍意义的科层期望。通常，这些期望经形式加工、编辑处理而被采纳为组织的正式规章制度。它们常常被用来规定完成任务的时间、任务布置和工作描述。专门化——期望由专业知识来指导员工行为——成为规章制度的补充。因此，人们希望教师要以某种适当的方式行事，要符合学校的规章制度，符合专业知识对教学工作提出的要求。

简单说来，诸如学校这样的正式组织拥有由科层期望与角色、部门层级与职位、规章制度和专业化组成的结构。科层期望决定了组织角色；角色由职位与部门构成，而职位与部门又被根据其相应的权力与地位安排进正式权威层级。规章制度用来指导决策，提高组织合理性，由于个体的任务不同，还形成了劳动分工。有些结构会促进组织运行，有些则会妨碍组织运行，毫无疑问，一部分组织行为是由学校结构安排决定的。

个　体

社会单位是正式建立起来的这一事实并不意味着其成员的所有活动以及彼此
26 间的互动都严格遵守组织结构的要求——官方的蓝图。除了正式职位和详细的科层期望，每位成员都有自己的个人需要、信念以及对工作的认知性理解。

就像并非所有期望都与组织行为分析相关一样，并非每个人的需要都与组织绩效有关。那么，究竟是个体的哪些方面在决定个体组织行为上起最重要的作用？我们假设个体的认知包括几个重要方面：需要、目标、信念和认知。工作动机是员工在正式组织中最直接相关的单项需要。我们将在下文中对此进行详细分析，但是，我们现在将工作需要界定为激励工作行为的基本力量。

认知（cognition）是个体根据感觉、知识和被期望的行为等因素运用心理表征来理解工作。工人们往往不管工作的复杂性而努力创造有意义的、前后一贯的工作表现。他们通过监督和检查自己的行为来认识自己工作得怎样。他们的需要、个人的信仰、目标和先前的经验变成了构筑组织现实和解释他们的工作的基础。他们的动机和认知受诸如自我控制与能力、个人目标、对失败与成功的期望、工作动机等诸多信念的影响。简而言之，个体系统包括以下几个显著方面：个体需要、信仰、目标和对工作的认知取向。

虽然我们已经独立考察了组织结构（S）和个体（I）这两个因素的影响，

但行为（B）是组织成员的科层角色期望与相关的工作取向之间互动的函数（f）[$B = f(S \times I)$]。举例来说，对教职员的评价，既受学区政策的影响，也受校长个人需要的影响。规章制度表明，人们希望校长每隔一段时间就用特定的评价工具评价每一位教师。校长扮演了政策的代表。在评价会议上，每一位校长的行为都不一样，这或许是因为个体的认知与动机需要方面的差异。如果某管理人员强烈渴望来自教师的社会性接受，他便不会将评估当成评估，而是当成广交朋友的机会。但是，如果另外一位校长没有这种社会性接受的需要，他会依据条条框框作出评估分析。这两位校长都受到两方面因素的影响，但第一位更多地受个体需要的影响，第二位受科层角色期望的影响更大。

科层期望与个体工作需要之间的比例至少能部分地决定行为，而这一比例是随特定的组织类型、特定的工作、特定的人员而变化的。图 1.5 描绘了这种互动的一般性质。竖线 A 代表一种假定情境，在这种情境下，行为受科层结构的控制相对较大；竖线 B（右列）则表示行为主要受个体需要控制的情景。

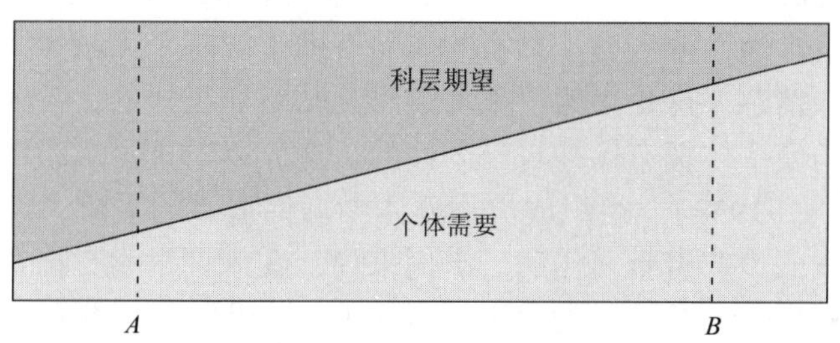

图 1.5　影响行为的科层要素与个体要素之间的互动

军事组织通常被认为是 A 线的代表——科层控制较多，而研究与开发组织 27
则被认为是 B 线的代表。大多数学校正好处于这两个极端之间。具有自由、开放观念的学校或蒙台梭利学校（Montessori Schools）① 更接近于 B 线，教会系统的学校通常被认为更接近于 A 线。在这种观念中，管理者与学生落在哪一边呢？

---

① 玛利亚·蒙台梭利（Maria Montessori，1870—1952），意大利著名幼儿教育家，创立了闻名于世的蒙台梭利教育体系。1907 年，她在罗马成立了第一所“儿童之家”（Casa dei Bambini）。由此开始，蒙台梭利进行了系统的教育实验，设计了一套教材和教具，提出了一系列的方法。在 1909 年出版《蒙台梭利方法》一书后，蒙台梭利开始在全世界产生影响。为了进一步传播自己的幼儿教育理论和方法，蒙台梭利在意大利国内和世界上许多国家开设了训练班，培养蒙台梭利学校的教师。1929 年 8 月，由蒙台梭利本人担任主席的国际蒙台梭利协会（Association Montessori Internationale）在荷兰成立。这个协会对蒙台梭利教育理论和方法在世界范围内的传播起了很大的促进作用。蒙台梭利一生撰写了许多重要著作，包括：《蒙台梭利方法》（1909），《高级蒙台梭利方法》（1912），《蒙台梭利手册》（1914），《童年的秘密》（1936），《发现儿童》（1948），《童年的致富》（1949），《有吸收力的心理》（1949）。——译者注

每个个体都是不同的，有些人具有自由精神，更趋向于 *B* 线，有些则更趋向于 *A* 线，具有科层取向。我们例子中的两位处理评估事务的校长，第一位有很强的社会接受欲望，比较接近 *B* 线，第二位更接近于 *A* 线。

文　化

当人们在一起工作时，科层角色要求与个体工作需要之间会产生一种动态变化的关系。组织形成了自己的独特文化。当组织成员互动时，就形成了共享的价值观、规范、信仰及思维方式。这些共同的取向形成了组织文化。文化将一个组织与另一个组织区分开来，并为成员提供了一种组织认同感（Hellriegel，Slocum，and Woodman，1992；Daft，1994）。在学校中，教师中的共享信念与非正式规范对其行为产生重要影响。文化提供给组织成员一种超越他们个人的信仰和价值观；个体属于远远大于他们自身的群体。当文化非常强大的时候，对群体的认同感与群体的影响力也会变得非常强大。

文化所呈现的是组织的非文字的情感部分（Daft，1994）。同伴之间尤其是朋友之间的感情沟通十分容易。共享的取向有助于维持个人诚实、自尊与归属等方面的凝聚力与情感。这是因为，很多组织互动是非正式的，个人化的，不为权
28 威所支配。它们使个体拥有保持自己个性的机会，以对抗科层组织对他们的遮蔽或侵害（Barnard，1938）。组织成员从群体中得到重要的报酬，而群体规范在指导他们的行为方面也起着重要作用。举例来说，在规训学生方面，教师们可能会接受非正式的程序而不是正式的规则；事实上，一些控制学生的监护性非正式规范正变成许多学校判断教学“有效性”的标准。好的控制等同于好的教学。

正式组织中的行为不仅受结构要素和个体要素的影响，也受到工作群体的危急价值与共同目标的影响。除了重要的群体规范、价值和信念以外，组织文化是影响组织行为的另一重要力量。

政　治

结构代表了学校社会系统的正式方面，而系统的人的方面则由个体来代表。文化是系统将正式因素与人的因素整合在一起并创造一套共享的信念体系的集合体。但是，正是组织的政治方面才造成了非正式权力关系，这些非正式权力关系常常抵制其他系统的合法控制。在结构、文化和个体系统界线范围内工作的组织成员常常直接对组织的普遍性需求作出贡献。结构提供了正式的权威，文化则催生非正式权威，而个体又把专业权威带到了组织中来。政治则恰恰相反，它是典型的非正式的，经常是秘密的，还常常是非法的。说它是非法的，是因为它常常被设计成牺牲组织利益换取个人或群体私利的工具。其结果是，绝大多数的政治

造成了组织内部的分裂、冲突，以及个体之间、群体之间的相互对立，并普遍造成了对组织的对抗（Mintzberg，1983a；Pfeffer，1992）。

然而，政治是组织生活中必不可少的组成部分。总有一些人为达成自己的个人目的而篡夺权力。它的极端表现是，人们可以把组织看成是“相互竞争的权力集团的集合，每个群体都试图根据自己的利益或被他们歪曲了的（组织的）利益形象来影响政策”（Strauss，1964：164）。权力的表现形式多种多样：政治策略和游戏规则、协商，以及冲突解决。组织成员不可避免地被迫参与政治的权力游戏。阿利森（Allison，1971：168）对此作了简要归纳：“权力……是交易优势和技能的不可捉摸的混合体，权力将利用这种交易优势……”。尽管政治手段在教育组织中是非正式的，与其他手段会不协调，并且这种不协调还会突出地表现出来，但是，毫无疑问，政治是影响组织行为的重要力量。

为理解组织生活，我们必须观察组织中正式的与非正式的、合法的与非法的权力形式。因此，结构、个体、文化、政治都是社会系统的关键要素；这些要素 29
可能成为个体认识组织行为的框架或视角，但是，要记住，组织行为是这些要素*互动*（interaction）的函数。

技术核心：教与学

所有组织都有与社会系统的重要使命密切相关的技术核心。在学校中，教-学过程就是组织核心。其他所有活动都位居教与学的基本使命之后，而教学使命则构成了学校中的管理决策。当个体的知识或行为发生稳步变化之后，学习就发生了；没有关于学习的最好解释，这是因为学习是一个复杂的认知过程。对取决于学的内容的教学来说，不同的学习理论具有不同的含义。管理不会在真空中发生——学习的行为观、认知观和建构主义观点为学校决策提供了框架（参见第 2 章）。

环　境

一般来说，环境是指组织外部的一切事物。但是，与物理系统不同，社会系统是开放的，因此，它的边界更加模糊，环境的影响更加深入。毫无疑问，环境对于学校的组织功能非常重要。它是系统的能量源，它为系统提供资源、价值观、技术、要求与历史，所有这些都为组织行为提供了约束和机会。

哪些环境特征可以明显约束学校行为呢？这里没有简单快捷的答案。影响学校结构与行为的环境要素既有宏观的也有具体的。从大的方面讲，社会、法律、经济、政治、人口统计和技术趋势都对学校有潜在的强有力影响，但这些一般性的环境力量造成的结果并不明晰。相反，利益相关的委托人和利益相关者，如家长、纳税人、工会、协调机构、大学和学院、州立法机关、教育协会等，对学校有更为直接的和即时的影响。但是，影响的结果同样不明确。

不确定性的程度、结构或组织的水平以及环境条件的匮乏程度，都决定着学校对环境因素的反应。学校决策者监督着环境信息，他们的感觉在很大程度上决定了学校未来的方向。像所有组织一样，学校试图降低环境的不确定性，并控制环境；因此，管理者常常凭借战略来使外界影响最小化。此外，如果环境中的群体和组织是被高度组织化的，那么，学校所面对的一大堆行之有效的需求和约束，其结果往往是妥协。最后，学校在环境中的竞争会形成多种资源联盟。如果
30 某种资源短缺，组织内部的结构和活动将会沿着促使获得这些资源的方向发展。

简言之，学校是受外界力量影响的开放系统。尽管人们已就环境的重要性达成基本共识，但其复杂性却使对它的分析变得十分困难。虽说这样，我们仍然要考察哪些要素单独发挥作用或与其他要素共同发挥作用，从而产生了学校必须应对的基本的外部环境需求、约束与机会。我们将在第 7 章对环境进行详尽分析。

产　出

可将一所学校视为由个体、结构、文化、政治等要素构成的整体。但是，组织行为并不单单是这些要素与环境力量的函数；而是这些要素互动产生的函数。因此，组织行为是这些要素的动态变化关系的结果。具体说来，行为是结构、个体、文化、政治诸要素在环境力量约束下互动的函数。为了理解和预测学校的行为，根据内在和谐的原则而考察这些要素间的六对互动关系十分有用。我们提出了一个**和谐原理**（congruence postulate）：如果其他条件相同，那么，系统的这些要素之间的一致性越强，系统效率越高[①]。举例来说，组织中的非正式规范与正式期望越一致，组织实现其正式目标的可能性越大。同样，个体的动机与科层期望的吻合性越好，绩效越高。表 1.1 列举了与每一对关键要素的一致性相关的重要问题。

绩效产出是目标达成的指标。绩效产出包括学业成绩、工作满意度、缺勤率以及全面绩效质量等指标。在任何情况下，行为的关键方面都是由系统的产出来界定的。模型假设，这些行为结果的有效成就是系统诸要素间一致性程度的函数。因此，组织效能就是指实际结果与预期结果之间的一致性程度。图 1.6 对这些关键要素、要素间的互动、环境的需求与限制以及行为结果等进行了归纳。

① 许多理论阐述提到这一假设。例如，盖泽尔斯和古巴（Getzels and Guba，1957）、埃兹奥尼（Etzioni，1975），以及纳德勒和塔什曼（Nadler and Tushman，1989）等人的研究。

表 1.1　关键要素间的和谐性

和谐关系	关键问题
个体↔ 结构	个体的工作需要在何种程度上提高了科层期望？
个体↔文化	在何种范围内组织文化的共同目标与个体的工作需要相一致？
个体↔政治	权力关系在何种程度上与个体的工作需要相冲突？
结构↔文化	科层期望在何种程度上强化文化系统的共同目标？
结构↔政治	权力关系在何种程度上破坏了科层期望？
政治↔文化	权力关系在何种程度上与文化的共同目标相冲突或是破坏了这种共同文化目标？

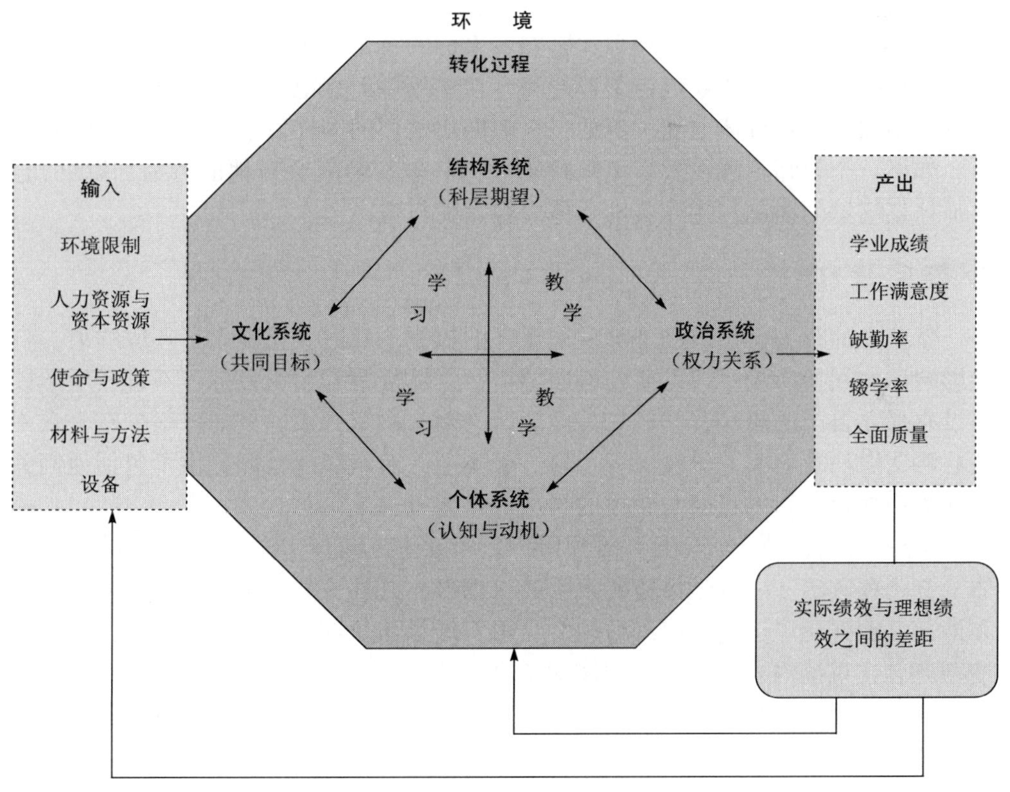

图 1.6　学校的社会-系统模型

内部反馈环

图 1.6 中的社会–系统模型也描绘了内部反馈机制与外部反馈机制。例如，正式的学校结构和非正式群体都试图影响个体行为（Abbott，1965b）。反馈可以让个体了解科层结构和非正式组织是如何看待他们的行为的。尽管科层制有正式的反馈机制，工作群体有非正式的反馈机制，但科层制与工作群体都有内部反馈环。

正式的学校组织对职位的正式界定，规定了该职位在科层制中的等级，并有
32 一套与之相关的行为预期。事实上，科层结构有一套已确立的激励模式，以确保行为的适当性。如果学校官僚层赞赏个体绩效，就会采取积极的奖励以强化他（她）的行为。如果人们认为某人的行为不尽如人意，就会减少积极刺激，增加消极刺激。

非正式群体也同样以这种方式影响着人们的行为。正如我们讨论过的霍桑研究所解释的那样，群体规范控制着行为。在学校中，规范存在于所有的非正式同伴群体中以及这些群体之间。例如，教师期望他们的同伴以适当的行为来控制学生。如果一个教师不能在教室里维持纪律，其他教师就会对他的行为加以惩罚：教师休息室里的讽刺与排斥会给个体以很大的打击。

外部反馈环

学校中的行为也可以受外部反馈循环的控制。社区文化提供了环境约束，直接影响那些间接影响个体需要的科层期望、群体规范和组织目标。不管一所学校有没有孤立自己的想法，学校总是向社区、州、国家开放。例如，很少有公众不关心将艾滋病教育引入学校课程一事。事实上，有组织的社团提供了包括他们关于艾滋病教育计划的目的与结果的想法等重要投入。

学校中的社会行为至少受四种组织内部要素或子系统的影响——结构、个体、文化和政治——教学情境所发生的一切事。此外，如图 1.6 所示，内部反馈和外部反馈强化了适当的组织行为。当事实结果与所期望的结果不符时，这种反馈循环会让系统内外的个体与群体知道这些情况。

通过反馈机制和提供行动内容的要素，社会–系统模型以一种动态变化的观点来认识学校。当我们考察学生、教师和管理者彼此的行为影响方式时，好的、坏的以及中性的事件不断出现，系统动态变化的本质甚至变得更为明显。系统分析往往关注作为一个整体的要素与活动是如何产生特定的结果的。科层制、亚群体和个体通过领导、决策与沟通而修正各种目标、表达价值观和行使权力，由于存在这些不确定性变量，就无法准确地预测这种动态变化的结果。

作为学习型组织的学校 33

至此，我们必须充分认识到，由于组织是复杂的社会关系网络的一部分，所以，组织生活也是复杂的。任何事件的完整意义都只有在系统背景下才能被理解，也就是说，通过关注系统整体而不是系统中的独立部分来理解。这种方法被称为“系统思考”（system thinking，Senge，1990），这种方法也非常适合考察作为社会系统的学校。

学校是担负教与学的任务的服务型组织。学校的最终目的是学生的学习。事实上，它的存在就是以这些行为为基础的。与其他类型的组织相比，学校更应该成为**学习型组织**（learning organization）。学校应该是这样一个地方：参与者不断地提高他们创造和实现目标的能力，各种新奇的想法会受到鼓励，集体精神得以培养，参与者学会如何共同学习，而组织本身也在不断地提高自身的创新与解决问题的能力（Senge，1990；Watkins and Marsick，1993）。学习型组织的完整定义应该是组织成员有共同追求的目的，对目的的价值有共同的评价，恰当地修正自己的行为，并持续不断地开发更为有效和高效地达成目标的方法（Leithwood and Louis，1998）。

自圣吉对学习型组织的艺术与实务的开拓性分析（Senge，1990）以来，尽管学习型组织的概念声名远扬；但是，长期以来，各类文献大都长于理论分析，而缺少实践研究，这种状况导致韦克和韦斯特利（Weick and Westley，1996）宣称我们“关注‘组织学习’甚至超过了其实质”（p. 40）。然而，经验研究刚刚在学校中出现（Ben-Peretz and Schonmann，1998；Leithwood，Jantzi，and Steinbach，1998，and Louis and Kruse，1998），而这对使学校成为学习型组织的令人注目的理论原理是一个强有力支持。

要成为有效的学习型组织，学校必须以适当的方式建构可持续地支持教与学（第 2 章）的结构（第 3 章），提高组织适应性；发展开放、合作、自我管理的组织文化与氛围（第 5 章）；吸引办事可靠、有效、并欢迎变革的个体（第 4 章）；阻止恶意的、非法的政治取代合法的学与教的活动（第 6 章）。变革型领导（第 11 章）、开放和持续的沟通（第 10 章）以及共同决策（第 9 章）都应该是能够提高学校组织学习的机制。人们所面临的挑战是创建不仅能对当前问题
（第 7 章），而且可以对新的和正在出现的学校效能问题作出有效反应（第 8 章） 34
的学校。

领 导 案 例

草率的决定？

设想你是印第安诺拉学区（Indianola School District）的总监。印第安诺拉镇是位于中西部某大型城市以南10英里处的一个偏远社区。小镇有30 000人，原来的大多数居民是蓝领和白领工人，随着年轻的专业人员的迁入，社区居民变得更加专业化和多样化。你在浏览早报的时候，看到了下面这件事：

在印第安诺拉，一位八年级学生在被指控用有毒的常青藤作为武器攻击教师后，被学校勒令在家休学7天。在橡树街中学（Oak Street Middle School），14岁的安杰拉·金（Angela Kim）在她的同学告发了她的行为后，向她的父母和学校承认了自己用有毒的常青藤擦了琼斯（Tom Jones）老师坐的椅子。安杰拉·金的母亲说，安杰拉·金不喜欢琼斯老师，她控告琼斯因为自己是亚裔而另眼相看。这一家人是韩国人。

琼斯老师并没有什么鲁莽行为，但中学校长克里斯·史密斯（Chris Smith）说，地区法律把武器定义为：枪、刀、危险的物品，或化学品等。在不需向中心办公室上报的情况下，校长最多可以勒令学生回家休学7天，而实际上校长已于上周四这样做了。校长解释说："如果你做了什么伤害别人的事，并且是故意的，那就是错的。"

今天，安杰拉·金的父亲霍普·金（Hop Kim）见了校长，请求校长重新考虑强制休学的事。金先生说，他女儿早在前几年就向他抱怨过。"她说，琼斯老师不像对待其他学生一样叫她的名字、对待她，"金先生说，"我跟她说，可能是她和老师之间有误会。我批评过她。我告诉她，应该尊重自己的老师，应该把更多的注意力放在课堂上，而不是个人冲突上。"但是，"我现在不能确定。可能是学校气氛有问题。校长怎么可以强制我女儿在家休学？我女儿是个好学生——她从来不惹麻烦，在没有和家长谈话之前，学校怎么可以采取如此激烈的措施呢？"

金先生强调，他并没有寻求新闻媒体的关注，他的朋友弗雷德·赖斯（Fred Reiss）注意到了这件事，并把它报告给了《新闻报》。赖斯是印第安诺拉社区的居民，是一位律师，他说，学校对安杰拉·金的惩罚是过激的，他鼓励金先生反对这一决定。他相信，这一惩罚是对整个国家前段时间发生的一系列事件的反应，包括科罗拉多州科伦拜恩高中（Columbine High School）的枪击案。

"关于在学校中持有武器的问题并没有足够的可信度，"赖斯说，"学生带了花生、树叶就应该受到惩罚吗？我们必须有适合这些错事的惩罚。"

安杰拉·金的家人说，安杰拉·金在学校附近收集了树叶，这是因为教师和同学们侵扰她。事实上，"教师并没有做任何事情来阻止其他同学嘲笑她。她是个非常好的孩子，"金太太说，"她在学校的拼写比赛中得过冠军，她从来不惹麻烦。"她之所以这样做仅仅是因为她认为教师侮辱了她。父母承认她的行为是错的，但他们说，他们现在为女儿的安全和心理健康担心，因为这件事被不恰当地夸大了。"我们搬到印第安诺拉，是因为我们相信这是一个适合我们的孩子成长的地方，但是，现在我们发现学校并不支持不同种族和肤色的人。"史密斯校长承认安杰拉·金并不是一个问题学生，但他坚持认为她所犯的错误是严重的，并坚持强制 7 天休学的决定。校长说："在这所学校里，我们无法容忍暴力。"

当谈到教师的责任和学生的种族问题时，校长以"无根据捏造"为由简单地拒绝了有关指控。安杰拉·金会得到学校布置的家庭作业，根据地区法规，她的作业只被认可 60% 的信任度。金先生说，事情正在失去控制，他谴责校长和教师没有树立一个好的榜样，"这是美国，"他说，"每个人都应该受到公正对待并受到尊重。"

- 你作为学校总监，会干预此事吗？
- 在开会之前，你是否需要先和校长接触，还是"袖手旁观"？
- 此案例说明该学校的结构和程序如何？学区政策、学校文化、师生关系又如何？
- 考察一下新闻媒体和学校之间的关系，新闻界的做法公正吗？
- 种族问题是不是一个问题？
- 学校能像一个学习型组织一样从这个事件中学到有益的东西吗？怎么学？

概要与推荐阅读材料 35

理论并不单单是理想化的思辨，也不是"常识"。因为事实自己并不会讲话，所以需要一个框架赋予事实以更多的含义。就像理论为自然科学和其他社会科学提供了框架与功能一样，组织理论也提供了框架与功能：它提供了与各种信息相关的解释系统。此外，理论为经验研究提供了指导；它创造了新知识；它也能为行动提供很好的理性指导。通过研究，理论得以改进，当理论根据研究发现应用于个体行动时，又会转化为实践。这种应用既不是简单的，也不是机械的；它需要一个富于创造力的头脑。

通过考察理性的、自然的、开放的三种系统理论，我们追溯了组织理论与思想的历史。首先，理性-系统观把组织看成为实现组织目标而设计的正式工具；结构是最重要的特征。自然-系统观把组织看成一个典型的为了生存的社会群体：人是其中最重要的方面。最后，开放-系统观将理性要素与自然要素整合到同一框架内，提供了一个更为全面的观点。

我们的社会-系统模型关注组织生活的理性方面与自然方面。我们运用当代的理论与研究详细描述了该模型的各个组成部分：组织结构、个体、氛围与文化、政策、教与学、环境与效能。此外，人们用关键的管理过程去影响各种社会系统要素间的互动。各种重要的知识阐明了学校组织中的决策、沟通与领导。随后的每一章
36 将考察这些支持社会系统模式和管理过程的主要理论与研究的实质性细节。本书注重实用、多元化和实证分析：我们试图选择最好的理论（传统的和非传统的）、框架与研究，来帮助管理者理解和解释组织秩序与变革的复杂性质。

所有学生都应该读一读两种关于社会系统的经典分析：盖泽尔斯和古巴（Getzels and Guba，1957）将学校看成是社会系统的观点，卡茨和卡恩（Katz and Kahn，1966）为开放-系统理论的发展所做的先驱性工作。圣吉的《第五项修炼》（*The Fifth Discipline*）（Senge，1990）是一本十分流行的著作，它努力运用系统思维构建学习型组织。斯科特（Scott，1992）关于系统观的综合性解释令人费解，但值得一读。最后，格林菲尔德和里宾斯（Greenfield and Ribbins，1993）对一般组织理论和具体的社会-系统理论都作了批判性分析。

我们建议阅读几种关于组织理论在实践和研究中的效用问题的富有洞察力的著作（DiMaggio，1995；Sutton and Staw，1995；Weick，1995；1999）。卡拉斯和斯默西奇（Calas and Smircich ，1997）出版了一套关于后现代管理理论的饶有趣味的读物。另外一些学者也对组织理论的演进进行了系统考察（Burrell and Morgan，1980；Gross and Etzioni，1985；Miner，2002；Scott，1988；Clark et al.，1994）。摩根（Morgan，1986，1997）提出了一种灵活的审视组织的备选方法。他用隐喻描绘组织形象，这一形象代表了部分相当重要的组织事实。当代组织理论也并非没有面临批判（Greenfield and Ribbins，1993；English，1998，2003；Foster，1986；Maxey，1995）。最后，霍伊等人（Hoy，Astuto，and Forsyth，1994）和唐莫耶等人（Donmoyer，Scheurich and Imber，1994）的两种著作试图阐明教

育管理知识。最近关于科学管理的影响的历史性评价，请阅读《最佳路径》（*The One Best Way*, Kanigel, 1997）。

与教育管理研究相关的杂志很多。与管理理论和研究相关的两本教育学杂志是《教育管理季刊》（*Educational Administration Quarterly*）和《教育管理杂志》（*Journal of Educational Administration*）。《计划与变革》（*Planning and Changing*）、《学校领导杂志》（*The Journal of School Leadership*）以及《加拿大管理者》（*The Canadian Administrator*）是关于研究和理论在教育管理实践中的应用的杂志。最后，许多管理学杂志发表了一些来自管理学各个领域的重要论文，这些杂志包括：《管理学术杂志》（*Academy of Management Journal*）、《管理学术评论》（*Academy of Management Review*）、《管理科学季刊》（*Administrative Science Quarterly*）、《管理调查杂志》（*Journal of Management Inquiry*）、《组织行为和人类决策过程》（*Organizational Behavior and Human Decision Processes*）、《组织科学》（*Organizational Science*）和《人事心理学》（*Personnel Psychology*）。

基本假设与原理 37

历史来源 ——→ 当代系统理论观点

科学管理 ——→ 理性系统观

科学管理	理性系统观	
（关注：组织目标）	（关注：正式组织、理性化和效率）	
（时间范围：1900—1930）	（时间范围：当代）	
先驱	**基本概念**	**基本假设与原理**
泰罗（Taylor）	• 目标	1. 组织的存在主要是为了实现组织目标。
法约尔（Fayol）	• 劳动分工	2. 分工导致专业化。
久利克（Gulick）	• 专业化	3. 专业化提升专业知识。
厄威克（Urwick）	• 标准化	4. 任务的标准化产生效率。
韦伯（Weber）	• 形式化	5. 各种活动的形式化有助于提高效率。
	• 权力的等级体系	6. 等级体系促进规训化顺从。
	• 窄幅的控制跨度	7. 狭窄的控制幅度有助于监管。
	• 控制	8. 对于提高效率而言，管理控制至关重要。
	• 理性化	9. 理性化决策促进效率的提高。
	• 正式组织	10. 设计正式组织可以使效率最大化。

人际关系 ——→ 自然系统观

（关注：个体需要）（关注：非正式组织、组织文化和自然形成的群体）

（时间范围：1930—1960）（时间范围：当代）

先驱	基本概念	基本假设与原理
福利特（Follet）	• 生存	1. 组织主要是社会团体的适应与生存。
梅奥（Mayo）	• 需要	2. 个体需要是组织绩效的重要动因。
罗特利斯伯格（Rothlisberger）	• 个体	3. 在实现效能上，个体比结构更重要。
麦克格雷（McGregor）	• 社会结构	4. 个体基于兴趣而自发组织起来。
	• 非正式规范	5. 非正式规范和程序往往比正式的更重要。
	• 授权	6. 共同决策可以提升效能。
	• 宽幅的控制跨度	7. 宽泛的控制幅度可以促进教师自治与效能。
	• 文化	8. 组织文化可以协调结构影响。
	• 团队	9. 团队作业是组织成功的关键。
	• 非正式组织	10. 非正式结构比正式结构更重要。

社会科学 ——→ 开放系统观

（关注：融合）（关注：相互依赖、融合与权变）

（时间范围：1960—目前）（时间范围：当代）

先驱	基本概念	基本假设与原理
韦伯（Weber）	• 组织与环境的相互依赖	1. 所有组织都是与环境相互作用的开放系统。
巴纳德（Barnard）	• 融合	2. 组织行为是组织结构和个人需要相互作用的函数。
西蒙（Simon）	组织目标与人的需要	3. 所有组织都有理性特征与自然特征。
帕森斯（Parsons）	理性特征与自然特征	4. 组织需要松散结合与牢固结合以获得成功。
韦克（Weick）	牢固结合与松散结合	5. 政治渗透于组织生活。
卡茨和卡恩（Katz & Kahn）	计划性活动与非计划性活动	6. 组织有相互作用的两面：正式的与非正式的。
	正式的观点与非正式观点	7. 没有最好的组织、激励、决策、领导与沟通的方式；这些过程的效果依情形而变。
	• 权变理论	

第 2 章 39

技术核心：学与教[①]

知识并不是现实的复制品。要认识一事物、一事件，并不是简单地看看它，然后做一个心理拷贝或映象就行。要认识这一事物，就必须作用于它。认识是对事物的改进和转化，是对这一转化过程的理解，其结果是对事物的建构方式的理解。

——让·皮亚杰（Jean Piaget）

《发展与学习》（*Development and learning*）

概　览

1. 学与教是所有学校的技术核心。
2. 当经验在某人的知识或行为中发生了稳固变化时，便产生了学习。
3. 有三种普遍的学习观——行为主义的、认知主义的、建构主义的——任何一种都有助于我们认识学与教。
4. 许多学生将负强化与惩罚混为一团；其实，强化会巩固行为，但惩罚会抑制或削弱行为。
5. 学习目标、掌握学习和直接教学（通常包括复习、呈示、有指导的练习、检查理解状况、独立练习）都是行为学习观的应用。
6. 关于学习的认知解释强调了先前知识在集中注意力、感知新信息、帮助记忆方面的重要性。
7. 信息加工是关于记忆的认知理论，它描述的是信息是如何被收集、加工并长期储存（以故事情

① 本章由 W. K. 霍伊（Wayne K. Hoy）与 A. W. 霍伊（Anita Woolfolk Hoy）合写。

节、影片、图象和图表的形式储存）和检索的。

8. 诸如画线、做突出标识和画图表等学习策略都是认知方法的运用。

9. 建构主义者根据知识的个体建构与社会建构来解释学习。对知识
40 的判断更多的是根据它的效用，而不是知识的准确性。

10. 建构主义分为三个流派——理性建构主义、辩证建构主义和激进建构主义。

11. 情境学习强调这样的理念：学习特指具体情境中的学习，并且难以迁移。

12. 建构主义的应用特征包括复杂的现实生活任务、社会互动、责任分担、内容的多重表述以及以学生为中心的教学。

13. 建构主义理论有三种前景很好的应用：探究性学习或基于问题的学习，认识学徒制，合作学习。

塔尔科特·帕森斯（Talcott Parsons，1960）是第一位提出组织有三种不同的结构层次——技术层、管理层和制度层——的学者。技术层或者说**技术核心**（technical core）是生产组织的实际“产品”的组织活动系统；在学校中，课堂中的教与学就是典型的例子。下一个层次是管理系统，负责管理组织的内部事务，协调组织与环境间的关系。最后，处于顶层的是制度层，其职能是沟通组织与环境，保证组织在更广阔的社会背景中的合法性。以学校为例，教育董事会是制度层主要的正式机构，其职能是保证学校活动之于社区的合法性。帕森斯（Parsons，1960）提出，在各个层次交汇于直线型权威关系的每一节点，都会有质的裂变。尽管本书在讨论管理问题时将管理层看做是重要核心，但是，其他两个层次也很重要，因为它们使得学校与其学生、学校与公民之间的沟通关系更加清晰。

正如制度层注意到环境的组织约束一样（参见第7章），技术层强调了教与学在管理决策中的重要意义。就学校而言，技术的功能体现在教与学的过程之中，这是所有教育组织的核心与灵魂。如果我们不考察学校的技术核心——教与学的过程，我们对作为一个社会系统的学校的分析就会误入歧途，因为它促成了很多必须作出的管理决策（Rowan，1998；Rowan，Raudenbush and Cheong，1993）。

学习：定义

每当听到“学习”这个词，我们当中许多人都会想起自己在学校里为考试
而学习，或学习驾驶，或学习唱一首新歌，或掌握一个新的计算机程序。我们学
习各种学科、技能以及适应各种社会情境的恰当行为。显然，学习并不仅仅限于 41
学校，但是，归根结底，学习是学校教育的真正目的。从广义来看，**学习**是经验
在某人的知识或行为上带来一种稳定变化时发生的。这种变化可能是有意的，也
可能是无意的，但足以证明，由于经验是个体与他或她所处的环境的互动，学习
的变化必然出现。因成熟而引起的变化，如长高或头发掉光之类，并非学习的特
例。同样，因为疾病、疲劳或短期的体力丧失而产生的暂时性变化，也不属于学
习，尽管人们无疑正在学习如何处理这类问题（Hill，2002）。

这里，我们将学习定义为一种个体在知识或行为上的变化。尽管大部分研究学习的专家会同意这种一般性的看法，但是，还是有一部分人会倾向于强调行为和其他方面的知识。我们的立场是，学习是一个复杂的认知过程，没有关于学习的最佳诠释。实质上，不同的学习理论依据自身的研究对象提出了一些或多或少有益的解释。我们强调三种普遍的学习理论，每一种都侧重于一个方面：

- **行为主义**学习理论强调在行为、技能和习惯上的可观察的变化。
- **认知主义**学习理论强调诸如思考、记忆、创造和问题解决等内在心智活动。
- **建构主义**学习理论专注于个体如何理解事件与活动，因此，学习被视为知识的建构。

对于教学而言，上述三种理论观点中任意一种的应用都有着不同的意义。因此，我们关于学习的讨论，也将提供一种关于教学的分析。

行为主义学习观

现代关于学习的行为取向始于斯金纳（Skinner）及其追随者的研究，斯金纳等人强调前因与后果在改变行为上的重要性。学习被定义为一种与心智或内在思维过程几乎没有任何实质关系的经验所引起的行为变化。行为仅仅是个体在既

定环境中的所作所为。行为被看成是一块夹在两种环境影响中的三明治：一面是前因，在行为之前，另一面是后果，在行为之后（Skinner，1950）。这种关系可以简单地表示为前因-行为-后果，或 A－B－C。行为发生了，一个特定的后果就转化成下一个 ABC 序列的前因。这样，行为就随前因、后果或两者兼而有之的变化而变化。早期的行为研究主要集中在结果或后果上。

42 结　果

根据行为主义学习观，行为结果在很大程度上决定了该行为是否会重复发生。尤其是，这种结果的类型与时效会增强或减弱个体重复该行为的倾向性。这样，就会有两种后果——一种是强化（增强）行为，另一种是惩罚（减弱）行为。

强　化

强化的一般意义是奖励，但是，学习理论中的强化有特定含义。强化物（reinforcer）就是增强其后续行为的一种结果；因此，根据这一定义，强化增加了一个既定行为发生的频率或持续时间。下面的图示表现了这一过程：

结果　　　　**效果**

行为——→强化物——→增强的行为

研究表明，对饥饿中的动物而言，食物几乎肯定是一种强有力的强化物，但是，对人而言，是否会起同样的作用呢？正如人们所设想的，对人来说，事情往往会更复杂。我们不知道为什么一件事会成为个体的强化物；实际上，有很多彼此竞胜的理论解释了为什么强化会作用于人。例如，一些心理学家认为，强化可以满足需要。其他学者则认为，强化能减少焦虑或刺激大脑的部分区域（Rachlin，1991）。后果的强化程度很可能依赖于个体对事件的看法和事件对个体的意义。例如，因为课堂上的不当行为而被例行送往校长办公室的学生，可能会因这类行为而得以强化。可能正是这一结果（被送到办公室）的某些方面成了对他们的强化，尽管这并不是教师所希望的。也许这种行为引起了学生的注意，或者在学生中间赢得了地位。行为学家认为，对学生来说，异常行为不断重复，也就成了某种形式的强化。

让我们更仔细地考察强化。强化有两种类型——正强化与负强化。当一种行为产生了一个新的刺激或动力时，就发生了**正强化**（positive reinforcement）。例如，穿一件很酷的夹克衫会给学生带来赞扬和许多恭维。然而，在课堂上“跌倒

或摔倒”会招致嘲笑。当然，如果这种“笨拙的角色”在同学们的嘲笑与欢呼
中反复出现，教师往往会将这种行为解释为一种“引人注意”的方式。这种解
释是行为主义的。通过假设注意是对学生的正强化物，教师在用正强化原理解释 43
行为。对学生来说，这种行为得到了强化，尽管在教师看来，这种事实上并不是
正强化。对所有教师而言，对不恰当行为的正强化是一个潜在的问题，因为，教
师们经常不自觉地强化学生的不当行为。简言之，当一个结果通过提供额外刺激
而强化了一种行为时，就产生了正强化。

相反，当通过消除（减去）一种刺激来取得行为强化或增强的后果时，**负强化**（negative reinforcement）随之产生。当采取某种行动来中止或避免一种消极的或令人厌恶的情境时，这种行为很可能会被重复，因为个体已学会了如何避免消极的或令人不舒服的事情。例如，汽车制造者已在汽车里安装了带有蜂鸣器的安全带，一插入钥匙发动引擎，就会响起一阵令人烦躁的蜂鸣声，而你一接触安全带蜂鸣声就停止。这样，你就很可能会重复“系好安全带”的动作（行为得以强化），因为这样的动作消除了烦躁（减少了消极刺激）。换句话说，就是通过减少消极的或令人不愉快的刺激而使行为得以强化。看一看一位总在抱怨教师并坚持要更换教师的家长。作为校长，为减少这种反复的抱怨，你会选择更换教师。你已经解决了这种家长带来的、令人厌烦的情况，假如没什么进一步的消极结果，你很有可能会重复这种行为，以平息其他家长类似的抱怨。减少消极刺激（这里是不断抱怨的家长）就强化了你的行为。负强化的“负”并不一定意味着被强化的行为是不好的。而是说某些东西被从强化行为的情形中减去。从数字的角度来看正与负，正强化就是在行为之后加上某些强化该行为的东西，而负强化就是在行为之后减去某些强化该行为的东西。

顺便提一下，斯金纳并没有阐述为什么强化物会加强行为。他认为讨论诸如意义、习惯、需要或紧张等“想象中的概念”没有任何用处。斯金纳简要描述了某些结果之后增加特定的操作性行为的倾向性（Hill，2002；Skinner，1953，1989）。

惩　罚

负强化常常与惩罚相混淆。如果你知道其中的区别，那你比大多数人知道得
多。强化，无论积极的还是消极的，总是在加强行为。**惩罚**（punishment）意味
着减弱或压制行为，也就是说，受到惩罚的行为在未来的类似情况下重复发生的
可能性很小。但是，要记住，行为减少的效果即是惩罚的结果。不同的人对惩罚
有不同的理解。对一些学生来说，暂被停学是惩罚，对另外一些学生来说却不 44
是。惩罚的过程可以简单地表示为：

	结果	效果
行为 ——→	惩罚 ——→	减弱或减少的行为

同强化一样，行为主义理论中也有两种类型的惩罚：Ⅰ型和Ⅱ型。两个符号都没有特别的意义，所以，我们可以把Ⅰ型称为**直接惩罚**（direct punishment），在要压制或减弱的行为出现之后运用的刺激即为直接惩罚。当教师采取课后留校、额外作业和打低分来惩罚学生时，他就是在运用直接惩罚。第二种惩罚（Ⅱ型）是**剥夺式惩罚**（removal punishment），因一种刺激被去除而导致惩罚行为。例如，当家长或教师撤销学生的特权时，他们就使用了剥夺式惩罚：他们移除了人们所期望拥有的事物。这样，直接惩罚是为减缓或中止行为而增加了什么，而剥夺式惩罚则是为减少或减弱行为而减少或去除某些东西。图 2. 1 总结了强化与惩罚的互动过程。

	行为受到支持	行为受到抑制
引入刺激	**正强化** • 高分 • 荣誉称号 • 表扬信	**直接惩罚** • 课后留校 • 低分数 • 额外作业
去除刺激	**负强化** • 免除考试 • 免于上课 • 免于家务	**剥夺式惩罚** • 停止驾驶一周 • 禁止本周踢足球 • 禁止本周约会

强化与惩罚常常被混淆。

记住：
强化总是鼓励或加强行为。
惩罚是抑制或削弱行为。

图 2. 1　强化与惩罚的类型

前　因

前因（antecedents）就是先于行为发生的事件。它们会提供有关哪些行为
45 会导致积极后果而哪些则会导致消极结果的信息（A →B →C）。富有理解力

的人学会区分各种不同情形，也就是说，他们学会了解读前因。预算成功以后，或是当地报纸发表了有关学校的积极报道以后，校长应该在何时申请更多资源去购买新的课程材料？站在大厅里的校长是一个前因性的暗示，它帮助学生判断“在大厅里奔跑”甚至“在厕所里偷偷吸烟”可能会有的结果。人们往往是在对他们的行为如何受影响的过程未予全面思考的情况下对这样的前因暗示作出反应的。不过，人们可以有意识地利用以各种形式的暗示呈现出来的前因。

暗示（cueing）能提供一个先于特定行为的前因刺激。在准备某一于特定时间必须发生而又容易被遗忘的行为时，尤为有用。暗示提供了特定情境下哪些行为可被强化或被惩罚的相关信息。一辆停在立交桥下或仅仅沿着高速公路行驶的警车，为超速的后果提供了一个即时的暗示。

教师和校长经常在事后纠正学生。例如，他们会说，“我真不敢相信你会……”当然，问题是不当的行为已经发生。学生的选择不多，要么承诺不再犯，要么更努力一些，要么作出更富有挑衅性的回应：“别管我。”这些反应没有一种是特别有效的，但是，它们提供了一个客观的暗示，这有助于避免与学生的负面对峙。例如，对教师和校长来说，只要将注意力转向体育运动就有可能引导学生的体育精神。而且，当学生经暗示后表现恰当时，教师就无须再采取惩罚措施来强化学生的行为。

提示（prompting）是一种附加在第一次暗示后的暗示。有时，人们需要额外的帮助以对暗示作出适当的回应。贝克尔及其同事（Becker et al.，1975）提出了两条运用暗示与提示的原则：

- 在你作出提示之前，确认你希望其成为一种暗示的环境刺激，这样，学生将学会对暗示作出回应，而不只是对提示作出回应。
- 尽可能减少提示；不要使学生依赖它。

在同伴教学（peer tutoring）中，当学生结对学习时，为学生提供一份检查单或“任务单”，这就是提示的例子之一。当学生学习这一流程时，清单被逐步收回。当学生已经完全掌握了这些流程以后，就不再需要任何书面的或口头的提示了。学生们已经知道如何对共同学习的暗示作出适当回应；他们已经学会了如何以同伴教学的方式学习。教师应该继续监督这一过程，表扬做得好的，纠正错误的。现在，教师的角色就是指导学生改进他们的辅导技巧。

46 行为主义方法的教学应用

富有经验的和专家型的教师会充分运用行为主义理论。他们谨慎而又娴熟地将强化和惩罚的基本原则应用于他们的教学和班级管理中。在举例说明行为主义理论对教与学的贡献之前，我们先概括一下几个指导性原则：

- 给予明确且系统的表扬，但仅在值得表扬时。
- 辨识真实的成绩。
- 基于个体的能力和局限设定表扬的标准。
- 将学生的成功归因于努力和能力以培养信心。
- 以学生认为有价值的方式来确认积极行为。
- 当学生学习新材料或新技能时给予大量强化。
- 设定清晰具体的目标以明晰要强化的内容。
- 运用暗示以帮助产生新的行为。
- 提供大量的强化物，供学生从中选择。
- 努力构建可以使用消极强化而不是惩罚的情境。
- 使惩罚适合不当行为（Woolfolk，2004）。

学习目标、掌握学习和直接教学都是行为理论应用于课堂教学的具体例子。当目标是学习新行为或明确的信息时，当学习是连续的或事实性知识时，这些方法尤为有效。

学习目标

制定目标的方式多种多样；然而，所有这些方式都假设，第一步是决定在学生身上应发生何种变化——教的目标是什么。**教学目标**（instructional objective）是关于教师对学生的教育目的的一种清晰明确的描述。

罗伯特·马杰（Robert Mager）已开发出一种可能最富影响力的制定行为目标的体系。他认为，目标应该描述学生将要做些什么来表现他们的成绩，以及教师如何了解学生在何时是成功的（Mager，1975）。根据马杰的观点，一个好的目标应该包括以下三个部分：

1. 目标应描述预期的学生行为——学生必须做什么？

2. 目标应罗列出行为发生的各种条件——如何确认或检验这一行为？
3. 目标要给出行为的可接受的绩效标准——学生做得怎么样？

马杰认为，假如有了如此表述清晰的目标，学生通常就能够自学了。 47

目标有用吗？也许是的，但是，只有在特定条件下才会有用。首先，在诸如演讲、看电影和项目研究等结构松散的活动中，目标能更成功地推动学习。而在诸如程序教学等结构化活动中，目标的作用似乎就不大了。其次，如果学习材料和活动本身的信息意义不明显，教学目标会吸引学生的注意力，并因此而提高成绩（Duchastel，1979）。

最近许多关于教学目标的研究都倾向于支持将具体目标与宽泛目标相结合的方法。此前，詹姆斯·波帕姆（Popham，2002）支持非常具体的目标，他提出了如下建议：

> 努力为你自己的课堂提出半打左右真正显著的、宽泛的但可以测量的教学目标。对你来说，零散的、过于具体的目标太多，将没有任何价值，因为，如果一直处于正常状态，你将很快地抛弃它们。另一方面，少量在知识方面易于控制的、宽泛的但又可测量的目标，不仅有助于改善你的教学，而且将有助于你解决评价内容方面的问题（pp. 98-99）。

如今，大部分学区仍要求教师完成包括学习目标在内的教案（lesson plans）。良好的学习目标是那些目标和步骤都予以清楚说明的目标，它有益于学习并能提高学习效能。不仅是课堂里的学生要用到目标，管理者也要用目标来衡量不同的成功的水平。目标管理与目标设定（Locke and Latham，1990）是组织运用行为理论提高绩效的尝试。我们将在第 4 章一并讨论。

当目标与达成目标的方法都十分清晰时，学生会如何进行学习？掌握学习的方法符合行为原理。

掌握学习

掌握学习（mastery learning）所依据的假设是：给予足够的时间和适当的指导，大部分学生都能掌握学习目标（Bloom，1968；Guskey and Gates，1986）。在运用掌握方法时，教师须将要学习的材料划分成一个个小的学习单元。每一个单元都包括几个要掌握的具体目标。“掌握”通常意味着在进行某种测量时取得 80%—90% 的分数。教师告诉学生学习目标和每一目标的成功标准。没有达到应掌握的最低水平或达到了这一最低水平但还想进一步提高（这样就提高了分数）

的学生可以重新学习这一单元。当他们认为已经准备好的时候，就参加该单元的另一套测验。掌握学习向人们提出的挑战是，为那些第一次没有取得成功的学生提供适当的帮助。

当教学集中在作为后续学习基础的关键概念或技巧上时，掌握学习最为有
48 用。例如，在数学学习中，一些学生如果在掌握基础知识以前就学习比较复杂的问题，会落后得越来越远。假如他们不懂分数，而这时他们已在学习分数的除法，他们就会掉队。当学生得到额外的时间和帮助时——尤其是通过课外集中指导，或课内同伴互助，或小组成员间合作学习（Kulik，Kulik，and Bangert-Drowns，1990；Shuell，1996）等形式，掌握学习会很成功。

在实践中，掌握学习并未如某些支持者所期望的那样消除学生间的成就差异。它让学生按自己的进度学习，一些学生能学到更多的东西，对一个单元的理解比其他人更深刻。一些人会充分利用这一学习机会更加努力地学习，但另外一些人会感到沮丧，而不是因为有机会重新开始而备受鼓励（Grabe and Latta，1981）。其他的行为主义方法比掌握学习更强调以教师为中心。直接教学便是其中之一。在目标与成功之路都很清晰的时候，这种方法最为有效。

直接教学

本节所描述的直接教学过程适合一些具体情境，因为它们是从一种普通的探究方式演变而来的。通过将那些其学生学得比期望得多的教师，与那些学生的表现达到预期或平均水平的教师进行比较，研究者对直接教学模式进行了详尽阐述。研究者集中关注了现行的美国课堂教学实践。通常，人们将教学效能定义为全班或全校的标准测验分数的平均增值。因此，这样的结果是针对较大的群体的，但未必针对群体中的每一个人。例如，即使群体的平均成绩提高了，但某些学生的成绩却在下降（Brophy and Good，1986；Good，1996；Shuell，1996）。

下面所描述的直接教学模式运用于**基本技能**（basic skills）——结构清晰的知识与必要的技巧，例如科学事实、数学计算、阅读词汇以及语法规则——的教学效果最佳（Rosenshine and Stevens，1986）。这些技能包括的任务有，能够循序渐进地传授以及根据标准测验进行测试。请注意，对于帮助学生创造性地写作、解决复杂问题或情感成熟来说，下面所描述的教学方法并不一定合适。

心理学家已经证明了一种与行为主义理论一致的、可以促进学生学习的直接教学方法。巴拉克・罗森夏因（Barak Rosenshine）称之为**直接教学**（1979）或外显教学（explicit teaching）（1988），而汤姆・古德（Good，1983）则使用"积极教学（active teaching）"这一术语来指称同一种方法。韦纳特和赫姆基（Weinert and Helmke，1995）对直接教学作了如下描述：

> (a) 教师的课堂管理尤有成效，学生的干扰行为的频率十分低。
> (b) 教师强烈关注学习，花大量时间集中教学，以激发和促进学生的 49
> 学习活动。(c) 教师确信，通过认真选择合适的任务，清晰地呈示教
> 材信息和问题解决策略，持续不断地诊断每一位学生的学习进步与学习
> 困难，以及通过矫正性教学提供有效的帮助，等等，能使尽可能多的学
> 生取得良好的学习进步（p. 138）。

那么，教师又如何将这些告诫付之于行动呢？

罗森夏因的六种教学功能

以有效教学研究为基础，罗森夏因及其同事（Rosenshine，1988；Rosenshine and Stevens，1986）一直强调教学的六种功能。他们提出了一个教授基本技能的框架：

1. **复习和检查前一天学习的功课。**必要时，重新讲授。
2. **呈示新材料。**小步子教学，辅之以许多实例和反例。
3. **提供指导性练习。**向学生提问，提出实践性问题，聆听错误的想法。必要时，重新讲授。持续地指导练习，直到学生能正确回答出80%的问题。
4. **针对学生的答案给予反馈与纠正。**必要时，重新讲授。
5. **提供独立练习。**促使学生将新学的内容独立应用于课堂练习、合作学习或家庭作业。独立练习的成功率应该在95%左右。这就意味着学生必须通过展示和指导性练习来作好充分准备，而分配的任务难度也不应太大。对学生而言，重点在于不断练习直到技巧娴熟且达到自动化水平，这样，学生也就有了信心。
6. **每周每月都进行复习。**巩固学习，包括布置一些复习任务作为家庭作业。反复检测，并重新讲授测验中遗漏的材料。

以上六项功能不应是盲目遵循的步骤，但都是有效教学方法的重要要素。例如，反馈、复习或重讲，在必要时都应进行，而且要与学生的能力相匹配。尽管直接教学有多种模式，但大多数都涉及以上所讲的诸要素。亨特的掌握教学法（Hunter，1982）以及古德、格鲁斯和埃布迈耶的《密苏里数学》（*Missouri Math*）（Good，Grouws and Ebmeier，1983）是直接教学方法的其他范例。

对直接教学的批判

批评者认为，直接教学限于低层次目标，是以传统教学模式为基础的，它忽
50 视创新思维，不利于学生的独立思考和行动。一些批评者甚至认为直接教学依据的是错误的学习理论。教师将教学材料分割成小的片段，将这些小片段一一清晰地展现给学生，加以强化或纠正错误，以此将正确的理解从教师传递给学生。按照这种说法，学生被视为等待填充知识的“空容器”，而不是积极的知识建构者（Anderson，1989；Berg and Clough，1991）。

但是，有足够的证据表明，直接教学能帮助学生积极地而非消极地学习。尤其是对青少年和缺乏经验的初学者而言，缺乏教师指导与教学的学生学习会导致学生知识的不系统。没有指导，学生建构起的理解有时会是不完整的和有误解的（Weinert and Helmke，1995）。深刻理解和灵活运用——无论是舞蹈还是解决数学问题抑或阅读——都需要熟练的行为表现和大量的具有反馈机制的练习（Anderson，Reder，and Simon，1995）。具有建构性反馈机制的指导性练习和独立性练习是直接教学模式的关键。当需要学习具体的技能和与行为时，与行为学习理论相一致的教学方法具有重要意义。

理论联系实际

确认你希望改变的学校情境。思考一下那些其行为变化有助于改进情境的参与者（学生、家长或者教师）。现在，确认一下，对于他们目前的行为而言，那些可能成为强化物的东西——他们以这样的方式行事，想要实现的预期结果是什么？或者说，他们想要规避的不愉快结果是什么？换句话说，你能在行动中辨识出哪些是正强化、哪些是负强化吗？

认知主义学习观

认知主义的观点最早可以追溯到古希腊的哲学家们，他们讨论了知识本质、理性价值和心智内容（Hernshaw，1987）。然而，在20世纪早期和中期行为主义繁荣时，认知科学并没有受到重视。直到第二次世界大战结束，当计算机革命和语言理解取得突破之后，才出现了认知研究。越来越多的证据表明，人们所做的
51 不只是对强化和惩罚作出简单反应。例如，个体计划他们的反应，运用系统来帮

助记忆，以及以有意义和独特的方式来组织材料（Miller，Galanter，and Pribram，1960；Shuell，1986）。随着人们逐渐认识到学习是一种积极的心智过程，认知心理学家开始研究人们如何思维、学习概念和解决问题（例如，Ausubel，1963；Bruner，Goodnow，and Austin，1956）。

对概念学习和问题解决的兴趣很快就被如何呈现知识以及如何回忆知识的困惑所取代。记忆和遗忘是 20 世纪 70 年代和 80 年代认知心理学研究的主要课题。认知科学主要研究记忆的信息加工模式。今天，除了信息加工模式以外，还有其他记忆模式，因此，许多认知理论家重新关注学习、思维与问题解决。

知识与学习

当代认知理论提出，学习过程中最重要的因素之一是学习者带着什么东西进入到学习情境中来。我们的已有知识大体上决定了我们会注意、感知、学习、记忆和遗忘的对象（Ashcraft，2002；Greeno，Collins，and Resnick，1996；Resnick，1981；Shuell，1986）。因此，知识既是方法也是目的，它不只是先前的学习成果，它也指导新的学习。

雷希特和莱斯利（Recht and Leslie，1988）阐明了知识在理解与记忆新信息方面的重要意义。在他们的研究中，他们鉴别了哪些初中生的阅读非常棒，哪些非常差，还对学生的棒球知识进行了测试。结果证明，棒球知识与阅读能力没有什么联系。接着，他们将学生分成四组：阅读能力强/棒球知识多；阅读能力强/棒球知识少；阅读能力差/棒球知识多；阅读能力差/棒球知识少。让所有学生阅读一段描写棒球比赛的文章，并以多种方式进行检验，以考察他们对所阅读文章的理解与记忆水平。

结果证明：对于新的学习而言，知识的力量就像一幅脚手架。了解棒球但阅读能力差的学生记忆的内容比不了解棒球但阅读能力强的学生多，几乎与那些既了解棒球阅读能力又强的学生一样多。对棒球知识一无所知阅读能力又差的学生对所读作品的记忆最少。在理解与记忆问题上，好的知识基础比好的学习策略更为重要，但是，丰富的知识加上好的策略效果更佳。

认知观点承认有不同类型的知识——普适性知识与专门化知识：

- **普适性知识**（general knowledge），应用于各种情形。例如：有关如何阅读或使用文字处理软件的通用知识适用于很多情境。
- **专门化知识**（domain-specific knowledge），与具体任务或学科有关。例如，知道一场棒球比赛有九局，这就是棒球领域中的专门知识。

52 另一种知识分类方式将知识分为陈述性的、程序性的和条件性的（Paris and Cuningham，1996；Paris，Lipson，and Wixson，1983）：

- **陈述性知识**（declarative knowledge）是“可以被陈述的知识，通常是通过演讲、书籍、著述、口头交流、盲文、手语、数学符号以及其他方式，用语言来表达的知识”（Farnaham，Diggory，1994：468）。
- **程序性知识**（procedural knowledge）是指“知道如何”做事的知识，例如：懂得怎样做分数除法或检查空调——在这些活动中，程序性知识得以展示。
- **条件性知识**（conditional knowledge）是“知道什么时候以及为什么”运用陈述性知识和程序性知识。

陈述性知识是知道是些什么事。程序性知识的范围较广。你可以知道非常具体的事实（平均每个大脑拥有一千亿多个神经元），或是常识（如一些树木秋天会落叶），或是个人的偏好（我讨厌豌豆），或是个人经历（你的第一次约会都发生了什么），或是一些规则（为了使分数相加，要换算每一个分数，使分母相同，然后分子相加，并保持分母相同）。陈述性知识的小单元可以构成庞大的知识体系；例如，强化和惩罚的原理可以构成行为学习理论（Gagné，Yekovich，and Yekovich，1993）。

复述分数加法的规则体现了陈述性知识——学生能陈述这些规则。但学生必须演示这些知识才能表明自己掌握了相关的程序性知识。面对分数的相加，学生必须正确地完成解题步骤。当学生和教师解出了一个方程式或正确地翻译了一篇法语文章，他们就展示了程序性知识。

条件性知识是“知道什么时候和为什么”运用陈述性知识和程序性知识。在各种类型的数学问题中，需要运用条件性知识以知道何时运用这个公式而非那个公式，例如，何时计算面积和何时计算体积。需要运用条件性知识以知道何时仔细阅读课文，何时略而不读。条件性知识常常成为完成任务的绊脚石，因为它需要正确地使用事实知识与程序知识。学生通常知道事实，并能运用这些程序，但是不能在适当的时间运用。表 2. 1 对知识的两大系统进行了归纳和总结。运用知识的时候，你需要记住它们。但是，人们是怎样记住知识的呢？我们对记忆又知道多少呢？

信息加工模式

信息加工模式是一种关于记忆结构与过程的认知观点。这种模式的基础是人

表 2.1　六种知识的分类及举例 53

	普适性知识	专门化知识
陈述性知识	银行营业时间 高速公路上的安全规则	莎士比亚的《哈姆雷特》的行数 教育领导的定义
程序性知识	怎样使用电脑 怎样驾驶汽车	怎样解二元方程 怎样编写 C⁺⁺程序
条件性知识	何时放弃一种方法，并尝试另一种方法 何时略读何时精读	何时运用体积公式 在网球比赛中何时拦网

脑与电脑的相似性。它包括三个存储系统：感觉记忆、工作记忆（也叫短时记忆）、长时记忆。

- **感觉记忆**（sensory memory）是一个支持系统，暂时维持刺激以便进行知觉分析（Bruning，Schraw，and Ronning，1995）。
- **工作记忆**（working memory）或叫短时记忆，在最高为 20 秒的一段时间内接收 5—9 个字节（bits）的信息，这段时间足以进行信息处理。信息经过编码并由知觉系统决定哪些将被工作记忆接收。
- **长时记忆**（long-term memory）将大量信息长期存储。要对信息进行语言或图像编码。

在长时记忆中，一些信息被存储起来并以映象（images）和图式（schemas）的方式相互关联，映象和图式是一种数据结构，便于我们再现大量的复杂信息，进行推论和理解新信息。

信息被激活便可从长时记忆中提取出来，这就是说，一个记忆激活了另一些相关信息。当你思考某些事物时，就启动了一个记忆去激活另一记忆。记忆就是重组，形成正确的、部分正确的甚至不正确的回忆。准确地提取部分地依赖于这
些信息最初是如何获得的。图 2.2 对信息加工系统进行了归纳。让我们对这一系 54
统进行更深入的了解。

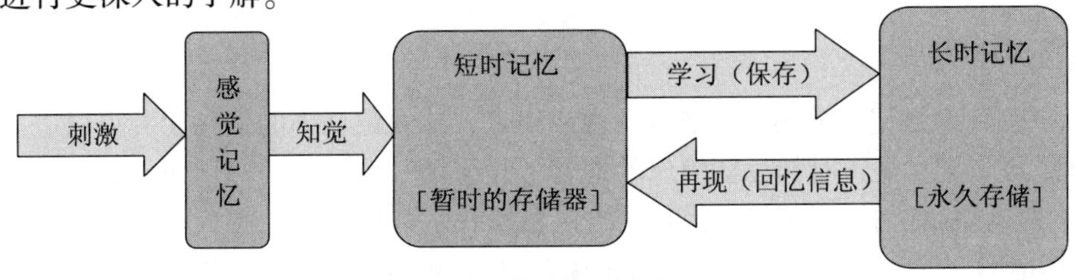

图 2.2　信息加工系统

感觉记忆

感觉记忆是记忆系统的开始，它暂时保存刺激以便进行知觉分析。通过感官，我们赋予所接受的基本信息以意义，这就叫**知觉**（perception）。意义是在目标事实和我们已有知识基础上建构起来的。例如符号“I”，如果问这是什么字母，你会说“I”；如果问这是什么数字，你会说“一”。实际上，这是同一个符号。但是，对它的知觉——它的意义——却因情境而变化，你的推测既可以是数字也可以是字母。对儿童来说，如果没有感知数字或者字母的知识，这个记号可能就毫无意义了（Smith，1975）。除了注意具体特征以外，为了较快地认识这一模式，我们要用现有的有关情境的知识来理解。

生活当中，我们不可能同时感知色彩、运动、声音、气味、温度等所有变化。所以，我们会关注某些刺激而忽视其他的；我们会从各种可能性中选择那些我们将要处理的。但是，注意力也是有限的资源，因为我们在特定时间内只能关注一项技能要求高的任务（Ashcraft，2002）。例如，如果你是第一次学习开车，特别是在学习操作变速挡的时候，在那个时间，你不可能一边听音乐一边开车。但是，经过一段时间的练习，你能一边听音乐，欣赏音乐，一边开车，没有任何困难。如果交通情况很复杂，你可能就要关掉收音机了。很多最初需要注意和专心的操作，通过练习可以变成自动化行为，然而，自动化是有限度的，我们不可能完全自动化，我们操作的自动化程度或多或少地取决于我们已有的练习量（Anderson，1995）。当全部注意力处于临界状态时，我们必须阻隔其他刺激。

注意是学习的第一步。学生不能加工处理那些他们没有认识和感知的事物。教室里有很多因素会影响学生的注意力。开始上课时，戏剧表演和活动能吸引学
55 生的注意力。教师如要开始上一堂关于空气压力的科学课，可以先抽掉一个加仑罐的空气，直到它瘪掉。还有很多其他的方法可以帮助学生集中注意力，如亮丽的色彩、下画线、书面语与口语中的强调部分，任意指派学生回答问题、让学生惊讶、问一些令人疑惑的问题，设计一些富有挑战性的两难问题、改革教学任务与方法，或者改变音调、光线和步调等。集中学生的注意力只是成功的一半——让他们关注任务，同样很重要。

工作记忆

一旦刺激被记录下来并转换成图像或声音，感觉记忆中的信息便可得以进一步处理。工作记忆是暂时储存新信息的地方，并与长时记忆中的知识建立起联系。有时，工作记忆也叫短时记忆，但是，当信息模式从强调储存转换成重视加工，就用“工作记忆”这一术语取代了“短时记忆”。从某种意义上说，工作记忆就像电脑屏

幕——它的内容是被激活的信息——那些你即时思考的东西，是你的意识。

容量与内容

工作记忆的容量有限。在实验情境下，工作记忆的容量仅限于一次存放 5—9 条单独的新条目（有意义的信息组块）（Miller，1956）。例如：如果你从信息库中获得一个电话号码，你可以一直记住它直至拨完。如果得到两个新的电话号码（14 位），大多数人就会觉得很困难了。我们不能回忆这么多新信息，是因为我们并没有将它们存储在工作记忆中。在每天的活动中，我们同时要把握的信息超过 9 个字节。当你拨刚查过的 7 位数电话号码时，你要让另外一些事也“留在你的大脑中”——你的记忆中，比如你要打电话给谁，为什么打电话。你并不需要注意这些事，因为它们并不是新知识；实际上，像拨电话一样，这些操作已经自动化了。但是，想象一下，如果你在国外，你要尝试用一个不熟悉的电话系统——就会觉得要记住电话号码很麻烦，因为你同时要学会使用这一电话系统。

有些理论家认为：工作记忆的限度不仅在于它所能存储的信息的字节数量，
而且还在于我们在 1.5 秒内能够复述的信息量（Baddeley，1986）。7 位数的电话
号码正是这一极限。但是，最近的理论认为，我们有两个工作记忆系统——一个
为以语言为基础的信息服务，另一个为非语言的、空间的、视觉的信息服务
（Baddeley，1986；Jurden，1995）。有一点很清楚，信息存储在工作记忆中的时 56
间是短暂的，大概是 5—20 秒。也许你会认为一个上限为 20 秒的记忆系统没有
多大用处。再仔细想想，如果没有这个短时记忆系统，也许当你读到句子的后半
部分时，早就忘了前半部分了。至少可以说，你理解句子就很困难了。

在工作记忆中保存信息

工作记忆是很脆弱的。它必须保持被激活的状态，不然信息就会丢失。要让信息在工作记忆中保持被激活的状态超过 20 秒，许多人都需要运用具体的记忆策略。复述是选择之一。

有两种类型的**复述**(rehearsal)（Craik and Lockhart，1972）策略——维持型复述与精制型复述。维持型复述（maintenance rehearsal）是指重复你头脑中的信息。只要你重复这一信息，它就能保持在工作记忆中。这种复述有助于保持某些东西，就像你要使用的电话号码一样，用完过后就忘记了。精制型复述（elaborative rehearsal）是把你要记住的信息与你已知的东西——储存在长时记忆中的信息——联系起来。例如，你遇到一位家长，刚好他的名字与你们校长助理的名字相同，你就不必再重复他们的名字以求记住，你只要建立正确的联系。精制型复述不仅能改进工作记忆，而且有助于信息从短时记忆进入长时记忆。

单元组合(chunking) 策略常被用于克服工作记忆的容量限度。工作记忆的局限是信息字节的数量而不是每一个字节的大小。如果你能把单个字节的信息组合成有意义的几个单元，那么，你就可以记忆更多的信息，例如，你要记住这六个数字1、5、1、8、2和0，把它们组合成三个单元，每个单元两个字节（15、18、20），或是组合成两个单元（151，820），那就很容易了。如果你能作出这些改变的话，一次要记住的仅仅是两个单元到三个单元的信息，而不是六个单元的信息。

长时记忆

工作记忆中存储的是被暂时激活的信息，就像别人给你让你拨打的一个电话号码一样。长时记忆存储的是你已获得的信息，例如，你已经知道的电话号码。

长时记忆的容量与保持时间

信息可以很快地进入工作记忆，但要把它存储在长时记忆中（记住它）就要花些努力了。工作记忆的容量是有限的，但长时记忆的容量实质是没有限度
57 的。我们大部分人从未逼近过长时记忆的容量，而信息一旦安全地进入了长时记忆，它就能无限期地保留于其中。理论上讲，我们想要记住多少东西，我们就能够记住多少，挑战在于回忆，就是当我们需要时能够找到正确的信息。寻找信息需要时间和努力，因为，我们需要从长时记忆的巨大信息库中去寻找，而信息被使用的次数越少，就越难被找到。

长时记忆的内容

大多数认知理论家把长时记忆分为三类：情境记忆、程序记忆与语义记忆。情境记忆（episodic memory）是指将信息与特殊的时间和地点，特别是与你自己生活中的重大事件结合起来记忆。情境记忆使事物很有条理，它将对话中的细节，如笑话、闲话或电影里的情节等，一并存储起来。程序记忆（procedural memory）就是记住怎样做事。学习某一程序——如何做学校预算、如何打高尔夫球以及如何主持学校委员会会议——可能要花些时间，但当你学会以后，这些知识将会被长久地记住。程序记忆是以条件陈述来呈现的，比如，如果要发生A，就要做B。举例来说，“如果我想要减少创新的阻力，那么，每位参与者都要参与决策”。或者，“要提高学生的成绩，就要把注意力集中在学习任务上”。人们不需要陈述所有这些条件性规则，只要将其付诸实践。经历的实践性程序越多，行动就越自动化（Ashcraft，2002）。语义记忆（semantic memory）是一种意义记忆，它记忆的是普通的概念、原理以及它们之间的联系。有两种重要的语义记忆存储方式：映象与图式。让我们逐一考察。

映象（images）是信息的结构与表象在视觉感知基础上的再现（Ashcraft，2002）。我们要构建一个事物的映象，就要努力记住或者创造它的物理特征与空间结构。例如，我们要知道一所特定的学校有多少个窗户，很多人就会“在他们内心的眼睛里”构画学校的映象，以此来计算窗户的数量（Mendell，1971）。映象在许多实践决策中非常有用，办公室的书桌放得好不好，怎样开车到下一所学校。映象也有助于抽象推理。像范曼（Feynman）① 和爱因斯坦（Einstein）这样的物理学家的事迹表明，形成映象可以对复杂的新问题进行推理（Gagné，Yekovich，and Yekovich，1993；Feynman，1985）。

图式（schemas，有时叫 schemata）是组织大量信息的抽象的知识结构。图式是理解事件、概念或技能的模型或指导。图 2.3 归纳了我对强化所做的简要图式，是一种常带有偏好的有关强化知识的描述；它告诉你一个范畴的典型特征是什么，告诉你人们期望做些什么。图式是一种模型，具体说明对象或情境的“标准”关系。当我们将该图式应用于具体情境时，模型的“缝隙”里充满着具体的信息。图式是个别化的。例如，关于共同决策，教师与校长有着完全不同的 58
图式——谁作出怎样的学校决策、什么时候、在什么地方以及如何作出决策。在第 9 章，我们为参与决策者设计了一种理想的图式（图 9.5）；它详细说明了何时让教师参与，在每一种情况下如何让他们参与，过程的结构，以及校长根据情境而扮演的不同角色。

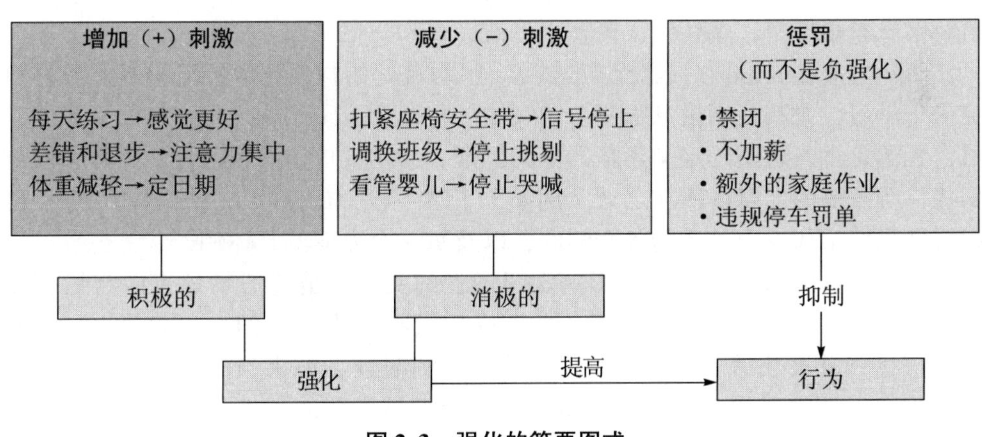

图 2.3　强化的简要图式

① 范曼（Richard P. Feynman，1918—1988），美国著名物理学家，1965 年诺贝尔物理奖得主，提出了范曼图、范曼规则和重正化的计算方法，这些是研究量子电动力学和粒子物理学不可缺少的工具。——译者注

在长时记忆中存储和检索信息

人们怎样永久地“保存”信息？即怎样创建语义的、情境的和程序的记忆？我们怎样才能最有效地利用实质上能量无限的学习和记忆？你最初的学习——你开始处理信息的方式——似乎影响了你的记忆。当你在进行理解时，如果你将新材料与早已储存在长时记忆中的信息联系起来，你就会很容易地记住它们。理解后重组、组织、情境都有助于这样的整合。

精加工（elaboration）是通过建立与既存知识的联系赋予新信息以意义。换言之，我们运用我们的图式，像重新界定我们的已有知识一样，为其建构新的意义。通常，理解后重组是自然发生的。例如，关于某教师的先前经验的新信息激活了我们关于这位教师的已有认识，从而使我们对他有更多、更全面的了解。

首次习得的信息经过精加工后，就容易回忆，因为，精加工是一种复述形式，这种形式使被激活的材料有足够长的时间存储在工作记忆中，足以提高长时
59 记忆中永久存储的可能。另外，理解后重组也可以为已有知识建立更多的联系。信息相互联系的组块越多，找到原始组块的路径就越多。简言之，你就有很多“手柄”或复述线索来辨识和“找出”你想要找的信息（Schunk，2000）。精加工的新信息的个别化程度越高，越是“使这些信息变成自己的东西”，知识的理解性记忆越强。通过要求学生用自己的语言描述信息和举例子等方法，我们可以帮助学生重组知识。当然，如果学生通过建立不正确的联系并形成错误解释来重组新信息，很不幸，这些错误概念也将被储存和记忆。

组织（organization）也会改进学习。组织良好的材料比未经组织的零散材料更易于学习，尤其是当信息很复杂的时候。将概念置于结构之中，有助于你的学习，无论是学习通用的定义还是具体的例证。结构就像是一位向导，引导你回到那些你所需要的信息的所在之处。例如，了解了权力的基本方面（第7章），可以帮助我们记住权力关系的各个侧面，以及每一个方面的具体例子。

情境（context）是另一个影响学习过程的要素。情境的物理方面与情感方面——地点、我们对某一特定日子的感受以及哪些人和我们在一起等——连同其他信息一并被获得。当你要记住一些信息的时候，如果当前的情境与原先的情境相似，那将对你有所帮助。所以，在与考试类似的条件下为准备考试而学习，将会提高考试成绩。当然，你不可能经常回到你曾学习某些知识的地方，但是，你可以描绘那一场景，当时的时间以及你的同伴，你可以经常刺激你的记忆。

克雷克和洛克哈特（Craik and Lockhart，1972）认为，信息在我们记忆中停留的时间长度，是由我们分析信息的方法以及该信息与其他信息的整合程度决定

的；信息加工得越完备，记住它们的机会越多。例如，如果要求你根据狗的毛色来对有关狗的图画进行分类，你后来可能再也记不起这些图画；但是，如果你被问及你散步时追你的每一只狗的样子，你可能会记起很多画面，因为你注意了画面的细节，狗的那些与危险相关联的特征，如此等等。

从长时记忆中的检索信息

当我们需要长时记忆中的信息时，就要进行搜索。有时，搜索是有意识的，比如你看到一张熟悉的面孔，就会搜索他的名字；有些时候，搜索是自动化的，比如你打电话。长时记忆就像一个巨大的货仓，里面有不计其数的应需之用的工具和供应物。这个货仓（长时记忆）又大又满，因此，想要找到你的所需之物通常是十分困难的。而工作台（工作记忆）又十分小，每一样东西都准备随时派上用场。但是，当信息互相干扰时，工作台会十分杂乱，那些供应物（信息组块）会丢失，减少，或被覆盖（Gagné，1985）。

尽管长时记忆的网络是巨大的，但特定时间内被激活的区域却很有限——这 60
就是工作记忆中正被使用的信息。在这个网络中，信息随着激活的展开而被检索。当我们在考虑某一特殊概念时，其他相关的信息同时被激活，并通过网络传播开来（Anderson，1993；Gagné，Yekovich，and Yekovich，1993）。例如，如果你想，“我今天需要给苏姗一次补考”，相关信息就是“我需要变化一下考试题目”，“我落后于预定计划了”，“当我去学校前，我需要将汽车预热”。信息的激活从“补考”传到“给汽车预热”，由于空间有限，最初的想法便从工作记忆中消失了。

长时记忆中的信息仍然是有用的，尽管你没有思考过它。如果激活传播开来，并没有“找到”所需要的信息，我们仍旧可以运用逻辑、线索予以重构，可以用其他知识来填补缺失部分。遗憾的是，有时，重构的记忆并不正确，如巴特利特（Bartlett，F. C.）① 于 1932 年进行的一系列有关记忆故事的著名研究。在英格兰的剑桥大学，他向学生读了一些他们不熟悉的有关美洲土著人的复杂故事。然后，过了一段时间，他让学生们回忆故事。他们回忆的故事通常都比较简短，并且用他们自己文化中的概念和语言加以重构。例如，很多学生将猎取海豹记成了“垂钓之旅”，后者与他们的经验和图式更加吻合。

---

① 巴特利特（Sir Frederic Charles Bartlett，1886—1969），英国心理学家。曾任剑桥实验心理室主任、剑桥大学实验心理学教授，创建英国医学研究院应用心理学研究室。主要贡献是有关记忆的实验研究和思维活动指向性的研究，曾提出图式理论。著有《心理学与原始文化》（1923）、《记忆：一项实验的与社会的心理学研究》（1932）、《思维：一项实验的与社会的心理学研究》（1958）等。——译者注

遗忘与长时记忆

信息从工作记忆上消失是真正的丢失，再也找不回来。但是，有时，在长时记忆中丢失的知识还可以通过一些正确的线索将其找回。直到最近几年，许多心理学家才相信，从来没有什么信息从长时记忆中丢失过。但是，有研究对这种观念提出质疑（Schwartz and Reisberge，1991）。表面上看来，信息通过两条途径从长时记忆中丢失：时间的推移和干扰。例如，一项有趣的研究发现，一个人在最后一次西班牙语课程结束后的三年时间里，对西班牙语/英语词汇的记忆持续下降，然后这一水平保持了25年；接下来的25年则又开始下降。神经连接如同肌肉一样，如果不用就会萎缩（Anderson，1995）。此外，新的记忆也许会干扰、取代或混淆旧有记忆，而旧有记忆也会干扰对新材料的记忆。

但是，长时记忆的效果是显著的。森布和埃利斯（Semb and Ellis，1994）在对他们的研究进行全面分析以后，得出了这样的结论："与人们通常的想法不同的是，学生记住了课堂上教的大多数知识"（p. 279）。那些旨在激励学生全身心投入和提高学生最初学习水平的教学策略（例如，经常性的复习和测验，精加工后的反馈，高标准，掌握学习，以及积极参与学习计划），都与长时记忆有关。

61 为什么一些人学习和记忆要比另一些人更好？对于那些坚持信息加工观点的人来说，部分答案就在于信息是如何被加工的。我们已经讨论过维持型复述、精制型复述、组织以及精加工。这些过程有时叫做**元认知技能**（metacognitive skills），因为我们可以有意识地运用这些过程来调节认知。

元认知与规则

元认知（metacognition）是一种个人对于自己的认知过程及其如何运作的认识（Meichenbaum，Burland，Gruson，and Camron，1985）。每个人都会使用已有的知识来监控和调节自己的认知过程，即个人的推理、理解、解决问题、学习等。由于每个人在元认知的知识和技能上存在个别差异，因此，在如何有效地学习上也会存在差异（Brown，Branford，Ferrara，and Campione 1983；Morris，1990）。

规划、监控和评价是三项最重要的认知技能（Brown，1987；Nelson，1996）。规划（planning）是指决定一项任务所需的时间、运用的策略、如何开始、所需收集的资料、运作步骤、省略的部分、重点所在，如此等等。监控（monitoring）是指个体对于正在着手进行的工作的认识。所作所为是否有意义？速度是否过快？是否有足够的把握？评价（evaluation）是对思维与学习的结果作出判断。我是否应该改变策略？需要帮助吗？现在放弃吗？正在着手的报告

（建议、预算、表格、范例、行动计划、监管报告等）是完成还是需要作进一步的完善？许多规划、监控和评价过程并非是有意识地进行的，尤其对成人和专家而言。它们变成了一种自动化的行为；事实上，专家们常常很难解释自己的认知过程（Schraw and Moshman，1995）。所幸的是，元认知技能是可以传授的，因此，它们是教学的重要基础。

认知主义方法的教学应用

经验丰富的教师和专家型教师不仅会很好地运用行为理论，他们也会在教学过程中融入有效的认知方法。在我们举例阐述认知理论对于教与学的贡献之前，我们对一些指导性原则总结如下：

- 牢记知觉与注意力是灵活的，但是有限的。
- 确保吸引住学生的注意力。
- 运用先前的知识指导知觉与注意。
- 帮助学生将精力集中在最重要的信息上。
- 帮助学生在新信息与已有知识之间建立起联系。
- 认识到资源与资料的有限性会阻碍学习。
- 帮助学生根据意义组块组织信息。
- 为学生提供运用口头故事与视觉映象的机会。 62
- 对知识进行复习与重复。
- 以有组织的清晰的方式呈示信息。
- 重在理解，切勿死记硬背。
- 确保学生掌握所需的陈述性知识，以理解新信息。
- 帮助学生学会管理自己的学习资源，了解自己的认知技能，从而有意识地加以运用，监控理解过程——即学会自我调节。（Bruning，Schraw and Ronning，1995；Woolfolk，2004）

认知理论最为重要的应用在于教学生如何运用学习策略与方法来学习和记忆。学习策略是达成学习目标的整体性计划，是全面的学习计划；学习方法则是更具体的弥补计划的技术（Derry，1989）。譬如，当你阅读本章时，你的全面的学习策略可以包括以下学习方法：利用记忆术记住关键术语、通读全文了解文章结构，然后针对可能提出的问题写下尝试性答案。下面让我们更为详细地探讨一些有用的策略——采用下画线、做突出标识、记笔记、画直观图以及运用记忆术等。

大多数教师将告诉你，他们想要学生“学会如何学习”。多年的研究表明，运用好的学习策略将有助于学生的学习，并且这些策略是可以讲授的（Hamman et al.，2000）。但是，你被教会了“如何学习”吗？在上高中甚至大学以前，很少直接教授有效的和复杂的学习策略和学习技巧，因此，学生在实践中几乎没有运用过这些策略。相反，早期的对学生的研究通常会发现，学生是独自重复和死记硬背地学习，因此，他们对这些策略非常熟悉。不幸的是，某些教师也认为，记忆就是学习（Hofer and Pintrich，1997；Woolfolk Hoy and Murphy，2001）。这或许可以解释为什么许多学生喜欢闪存卡（flash cards）和死记硬背——他们不知道还有其他学习方法（Gardner，1990；Willoughby et al.，1999）。

下画线或突出标识

如果你和大多数人一样，会在课本上的关键词语下面画线或对其做上突出标识。那么，这个时候，你会将这些词语涂成黄色还是粉红色？你读书时会列提纲或是做笔记吗？下画线和突出标识可能是大学生中最常用的两种策略。但是，很少有学生懂得下画线或突出标识的最佳方法，因此，许多学生采用的学习策略效果不佳也就不足为奇了。你曾经有多少次是在事实上整页都已被做上突出标识的文章里寻找信息？

大部分学生的下画线或突出标识都做得过多。通常，画出较少的字数效果更佳，而且选择性十分重要。研究表明，当学生对可以画线的内容进行限制时
63 (如每段只允许画出一句)，学习效果就提高了（Snowman，1984）。除了学会选择，如果学生在画线或作笔记时，能主动将书本知识用自己的话表达出来，这将有助于提高学习效果。阅读时不要只停留在书面文字上，要将所读内容与自己知道的其他事物联系起来，展开联想。以图示和图画来表示文中的各种关联，通过图解能帮你找出未发现的联系，还可以对你正在努力学习的知识进行综合。最后，找出材料的结构并据此画线（Irwin，1991；Kiewra，1998）。

记笔记

当你坐在教室里拼命地跟着教授的进度记笔记时，你可能会想这一切是否有用。答案是肯定的，因为，记笔记至少有两个重要功能。首先，记笔记集中了注意力，且有助于对知识进行编码，这样就更可能形成长时记忆。你用自己的语言记录关键思想——即对知识进行转化，联系，精加工，组织——可以帮助你深入学习。即使学生考试前不复习笔记，仅仅记下笔记似乎也有助于学习。和许多事

情一样，记笔记也是一种需要反复训练的技能，比如学生必须注意记笔记时不要耽误听讲和对所讲内容的理解（Van Meter，Yokoi，and Pressley，1994）。其次，笔记为学生提供了一份可以复习回顾的“永久”记录。利用笔记学习的学生，尤其是那些记笔记时能抓住中心思想、概念和关联的学生，考试时往往表现更佳（Kiewra，1985，1989）。

研究（Van Meter，Yokoi and Pressly，1994）表明，当学生用笔记记下重要概念时，理解的效果最佳。在课程学习过程中，熟练的学生会根据自己的使用意图来记笔记。另外，他们在测验或完成作业以后会对记笔记的策略进行调整。他们用自己的符号标出难学的材料，通过各种咨询渠道（包括请教同学）查漏补缺，只有当教师要求时，他们才会逐字逐句地做课堂记录。总之，优秀的学生都有一套如何记笔记和使用笔记的策略。

视觉工具

要有效地利用下画线和记笔记的方法，就必须对所学内容的结构与组织有所理解。在这方面，画直观图的策略非常有用（Van Meter，2001）。采用概念地图（concept map）、图示或图表等图形化的组织者（graphic organizers）比仅仅列出文本提纲更为有效（Robinson and Kiewra，1995）。例如，安布鲁斯特和安德森（Armbruster and Anderson，1981）教会学生用图示法来表示文本中各种观点之间的关系这一专门技巧后，发现他们学习进步了。通过记录各观点间的因果关系、
进行比较和对照，并举出例子，以此来图示相互关系，可以加强记忆。比如，当 64
学生们比较彼此的“图解”并讨论存在的差异时，就会有所帮助。其他的有效方法还包括能体现各种观点或概念的重叠关系的维恩图（Venn diagrams），以及展示各种观点如何相互衍生的树状图。例如，在进行决策时，树状图非常有用（参见第9章）。

记忆术

记忆术（mnemonics）是增强记忆力的系统方法。许多记忆术都要运用想象力（Levin，1985；McCormick and Levin，1987）。譬如，为记住杂货采购单，你可以联想上面的每一件物品放在家中一个特定的容易记住的位置，可能是一串挂在厨房里的香蕉、一盒放在冰箱里的牛奶、一只放在炉子上的火鸡等。这些位置是帮助你记忆的中介。因此，每当你需要记住一张单子时，你可以使用相同的中介（位置），但要将记忆对象换成新单子上的。

首字母缩略语（acronyms）可以帮人长时间地记住信息。首字母缩略语是缩写词的一种，它由每个单词或词组的第一个字母组成，比如AASA是美国学校管

理协会（American Association of School Administrators）的缩写，POSDCoRB（Planning，Organizing，Staffing，Directing，Coordinating，Reporting，and Budgeting，即计划、组织、人事、指挥、协调、报告和预算）是用来记忆七项管理职能的缩写词。另一种方法是用每个单词或条目的第一个字母来构成词组或句子。譬如，“How do I cause regularity?”这个问题就是记住官僚作风基本特征的很好提示——*H*ierarchy，*D*ivision of labor，*I*mpersonality，*C*areer orientation，and *R*ules and regulations（等级制、劳动分工、非人格化、职业取向、规章制度）。另一种方法是，将需要记忆的所有内容组织成韵律和谐的句子，就像用“i before e except after c”① 来帮助拼写某些单词。

关键词记忆法是在教学中运用最为广泛的系统记忆方法。莱文及其同事（Jones，Levin，and Beitzel，2000）使用记忆术（3 个 Rs）来教授关键词记忆法：

- 用更为熟悉和具体的关键词对要学习的词汇术语重新编码（recode）——这是关键词。
- 通过句子将关键词与词汇术语的定义联系（relate）起来。
- 检索（retrieve）所希望的定义。

例如，要记住意思是老妇人的英语单词“carlin”，你不妨将“carlin”重新编码为更熟悉的关键词“car”（汽车）。然后，造一个句子，如“老妇人正在开车”。当要求你解释“carlin”的意思时，你就会想起关键词“car”，就会想起关于汽车和老妇人的句子及其意思（Jones，Levin，and Beitzel，2000）。

65 以认知学习观尤其是信息加工的观点为基础的教学策略，都强调学习时的注意力、复述（练习）、学习中精加工的重要性，并且通过培育和改进学生的元认知过程，教给学生更好的控制学习的方法。

总之，信息加工方法将人的头脑看成是符号加工系统。这一系统将感觉记忆转化为符号结构（命题、映象或者图式），然后加工（复述或精加工）那些符号结构，这样，知识就可以被记忆或检索。外部世界被看成是输入资源，但是，各种感觉一旦被感知到并进入短时记忆，人们就认为，重要的工作就在“大脑内部”发生了（Schunk，2000；Vera and Simon，1993）。建构主义的观点对这种看法提出了挑战。

---

① 这里指英文单词的拼写规则，指的是字母“i”除了放在“c”后，还可以放在“e”前面，如“cigar”、“chief”等。——译者注

理论联系实际

你们学校的课程是如何帮助学生形成学习策略与学习课程内容的？例如，为了提高水平测试成绩，你的学生是否开发了计划策略、记忆策略或监控策略？这些策略是如何作为课程的一部分被传授的？

建构主义学习观

大多数人使用“建构主义”（contrutivism）一词，强调的是“学习者在个体和社会活动中的意义与学习的重要性”（Bruning，Schraw，and Ronning，1999，p. 215）。除了约翰·杜威的教育哲学，建构主义观点还以皮亚杰（Piaget）、维果茨基（Vygotsky）、格式塔心理学家、巴特利特以及布鲁纳（Bruner）的研究为基础。这里仅提这几位倡导者。建构主义学习理论并非只有一种，有科学教育与数学教育的建构主义方法，教育心理学与教育人类学中的建构主义，以及基于计算机教学的建构主义方法。一些建构主义理论家，如维果茨基，强调共同知识与知识的社会建构；而其他一些人，如皮亚杰，则认为社会力量并不怎么重要。

建构主义的类型

几乎所有的认知科学理论都包括某种类型的建构主义，因为这些理论假定，个体阐释他们在具体情境下的经验的时候，是在建构他们自己的认知结构（Palinscar，1998）。但是，尽管许多心理学家和教育工作者都运用“建构主义”这 66
一术语，但其意义往往大相径庭（Marshall，1996；McCaslin and Hickey，2001；Philips，1997）。可以将建构主义观点归结为两类加以讨论：心理建构主义与社会建构主义（Palincsar，1998；Phillips，1997）。

心理建构主义/个体建构主义

心理建构主义者对个体的知识、信念、自我概念或同一性感兴趣，因此，他们有时又被称为个体建构主义者。他们关注人们的内在心理生活，以及个体如何建构他们的认知或情感结构与策略（Phillips，1997）。例如，皮亚杰提出了所有人都会经历的一系列认知阶段。每一个阶段的思维都建立在先前阶段的基础之上，并与之融为一体，从而变得组织程度更高、适应性更强，并且与具体事物的联系更少。皮亚杰描述了个体是如何形成图式（schemes）的——图式是思维的基本组成材料。图式是行动或思想的组织化系统，该系统使我们可以在心理上反映或“思考”现实世界中的物体或事件。图式或许很小而且很具体，例如，麦管吮吸的图式，或识别玫瑰的图式。有些图式可能很大而且更具普遍性——如饮酒图式，或植物分类图式。

图式的应用过程有二。*同化*（assimilation），指的是通过运用现存图式努力理解新事物——将新事物融入我们已知事物之中。有时，我们也许为了使新信息融入已有知识而不得不曲解新信息。例如，许多儿童第一次看到臭鼬，将它叫成“kitty”（小猫）。在认识动物的时候，他们努力使新经验符合现存的图式。当我们必须改变现有思维方式以适应新情况的时候，就产生了*顺应*（accommodation）。我们调整我们的思维以适应新信息，而不是调整信息使之适应我们的思维。当儿童把认识臭鼬的图式加入到认识动物的其他系统中时，儿童就表现出顺应。当图式发挥作用（同化）的时候，人们通过运用现有图式来适应日益复杂的环境，当需要了解新事物的时候（顺应），他们通过修正或增加图式来适应环境。

皮亚杰的心理建构主义观点很少关注“正确的”描述，却对个体建构出来的意义倍感兴趣。皮亚杰对不能从环境中直接获得的一般知识——如守恒（conservation）和可逆性（reversibility）——的逻辑和构建特别感兴趣（Miller，2002）。这些知识来自对我们的认识与思想的反思与协调，而不是对外部现实的描摹。皮亚杰将社会环境看成是发展中的重要因素，但他并不认为社会互动是思维变革的重要机制（Moshman，1997）。

皮亚杰并没有提出过具体的教育建议。他更感兴趣的是理解儿童的思维。然而，他确实发表过一些有关教育哲学的看法。他认为，教育的主要目标应该是帮
67 助儿童学会如何学习，而教育应该“塑造”而不是“填充”学生的大脑（Piaget，1969，p. 70）。尽管皮亚杰没有以其思想为基础设计教育方案，但是其他许多人都提出过这样的方案。例如，全国少儿教育协会（National Association for the Education of Young Children）出版了发展适当教育的指南，其中就包括皮亚杰的成果（Bredekamp and Copple，1997）。

一些教育和发展心理学家一直将皮亚杰的建构主义称为强调个体的意义建构的**“第一波建构主义”**（first wave constructivism）或“独奏”（solo）的建构主义（DeCorte，Greer，and Verschaffel，1996；Parris，Byrnes，and Paris，2001）。**“第二波建构主义”**（second wave constructivism）将思维与学习置于社会情境与文化实践的背景之中。维果茨基的理论是第二波建构主义的代表。

维果茨基的社会建构主义

维果茨基（Lev Semenovich Vygotsky），俄国心理学家，50 多年前死于肺结

核，年仅 38 岁[1]。但他生前发表了 100 多部（篇）书籍和文章。维果茨基认为，知识是在社会中建构起来的，也就是说，知识是在参与者的共同努力与建构基础上建构起来的。因此，不同文化背景下的发展进程有所不同。社会互动、文化工具和各种活动构成了个体的发展与学习。

维果茨基认为，**文化工具**（cultural tools），包括物质工具［如印刷机、直尺和算盘，以及目前新增的工具，如个人数码助理（PDAs）、计算机和互联网］和符号工具［数字和数学系统、布莱叶盲文（Braille）[2] 与符号语言（sign language）、地图、艺术品、符号与编码，以及语言］，在认知发展过程中起着非常重要的作用。例如，在文化仅仅提供罗马数字来表示数量时，某些数学思维方式——从长除法（long division）到微积分——就会很困难，甚至不可能。但是，如果一个数字系统有零、分数、正值与负值、大量的数字，那么，这一切都会成为可能。数字系统是一种支持思维、学习和认知发展的文化工具。这一符号系统是由成人通过正式的、非正式的互动与教学传递给儿童的。

维果茨基强调，所有的高级心智过程，如推理与问题解决，是通过语言、标识与符号等心理工具来调节或在这些心理工具的帮助下实现的。在日常活动中，成人将这些工具教给了儿童，儿童将其内化。因此，心理工具可以帮助学生促进他们的发展（Karpov and Haywood，1998）。这一过程大致是这样的：儿童与成人或更为能干的同伴一起活动，他们交流思想、思考和表达各种概念的方式——例如，画地图就是一种表达空间和地点的方式。儿童内化了这些在合作中形成的思想。因此，通过由其文化和群体中更为能干的成员提供给他的恰当的或 68
“属于自己”的行为方式与思维方式，儿童的知识、思想、态度与价值得以发展。

激进建构主义

近年来，随着美国教育中的后现代主义思想与批判的兴起，激进建构主义日益盛行；事实上，它也被视为后现代主义的一种（Moshman，1997）。激进建构主义者认为，尽管存在着经验影响思维、思维影响知识这一事实，但是，知识并非是外部世界的反映。所有知识都是在社会中构建的，而且，更为重要的是，一些人比另外一些人拥有更大的界定知识内容的权力。这种观点鼓励通过合作以理

① 列夫·谢苗诺维奇·维果茨基（Лев Семёнович Выготский，1896—1934），苏联卓越的心理学家，主要研究儿童发展与教育心理，着重探讨思维和语言、儿童学习与发展的关系问题。代表作有《思维和语言》（1962）、《社会智力》（1978）等。——译者注

② 布莱叶盲文，供盲人阅读和书写用的 6 点制凸点符号，以其创制者 19 世纪法国盲童学校教师路易斯·布莱叶（Louis Braille）而得名。——译者注

解多元化知识，而且，常常向传统知识体系提出挑战（Gergen，1997）。将任何信念评价或解释成比其他信念更好或更差的做法，都是毫无根据的（Derry，1992，Garrison，1995）。

这种观点的局限在于它被推向极端的相对主义，由于所有的知识与信念都是建构起来的，所以，它们都是平等的。这种思维方式给教育工作者带来了难题。首先，教师有一种专业责任，强调某些诸如诚实与正义这样的价值，而抑制另外一些价值，如固执等。并非所有信念皆平等。作为教师，我们会要求学生努力学习。由于所有的理解之物都一样好，学习将不能提高学生的理解力，正如戴维·莫什曼（David Moshman，1997）所言："我们不妨让学生继续相信他们所相信的一切。"（p. 230）其次，有一些知识，如计数与一对一的通信，并不是建构性的，但却普遍存在。懂得与人通信是人类生活的一部分（Greay，1995；Schunk，2000）。我们同意那些批评激进建构主义观点的学者和研究者的看法（Chandler，1997；Moshman，1997；Phillips，1997）。

有关建构主义的这些不同观点引发了一些普遍性问题，也包括在这些问题的答案上的分歧。这些问题可能永远也无法圆满解决，但不同的理论支持不同的观点。

知识是如何建构的？

不同的建构主义观点分歧的焦点在于知识是如何建构的。莫什曼（Moshman，1982）描述了三种解释：

1. **外部世界的现实性与真实性指导知识建构**。通过建构准确反映"事物的真实面貌"的心理表征，个体**重新建构**了外部现实。信息加工理论持这种知识观（Cobb and Bowers，1999）。
2. **内在过程，如皮亚杰的组织、同化和顺应等，指导知识建构**。新知识是从旧知识中抽象出来的。知识并不是现实世界的反映，相反，知识是随认知活动而成长与发展起来的抽象观念。知识没有真假；随着人的不断发展，知识的内在一致性与条理性不断增强。

69 3. **外部因素与内部因素共同指导知识建构**。知识因内部因素（认知因素）和外部因素（环境因素与社会因素）的**相互作用**而增加。维果茨基认为，认知发展就是占有和恰当地使用诸如语言这样的文化工具，他的这一描述与这种观点一致（Bruning，Schraw，and Ronning，1999）。表 2.2 归纳了这三种有关"知识是如何建构的"的普遍性解释。

表 2.2　知识是如何建构的 70

什么指导知识形成？	关于学习与知识的假设	代表理论
外部世界	知识因建构对外部世界的表征而获得。直接教学、反馈和解释影响学习。知识是对外部世界“真实面貌”的准确反映。	信息加工
内在过程	知识通过转化、组织和重新组织先前知识而建构。知识并不是外部世界的反映。探索和发现比教学更重要。	皮亚杰
外部因素与内部因素共同作用	知识是以社会互动和经验为基础建构起来的。知识反映外部世界，通过文化、语言、信仰、与他人的互动、直接教学以及模仿进行排列，并受这些因素的影响。有指导的发现、教学模式、训练以及个体先前的知识、信念和思维都影响学习。	维果茨基

知识：情境性的还是普适性的？

许多建构主义者面临的第二个问题是，知识是内在的、普适的、可迁移的，还是受一定建构时空限制的。强调知识的社会建构与情境性学习的心理学家肯定了维果茨基的观点，认为学习具有内在的社会性，根植于特定的文化情境（Cobb and Bowers，1999）。一定时空条件下正确的知识——例如在哥伦布时代以前地球是扁的这一“事实”，在另一时空条件下，却是错误的。对于特定的实践群体而言，某些独特思想或许有用，如 15 世纪的航海术，但是，离开这一情境就没有用了。新知识发挥多大的作用，部分地取决于新的观点与当前可接受的实践之间的相融性。过了一段时间，当前的实践或许会受到质疑，甚至被推翻，但是，在这些重要变化没有出现以前，当前的实践将构成被认为有价值的知识。

情境学习（situated learning）强调，真实的世界并不像学校中的学习，它更像师徒制，新手在专家的指导下进行模仿，逐步承担起越来越多的责任，直到能够独立行事为止。对于那些认同情境学习观点的人来说，这种观点解释了发生在工厂里、餐桌旁、高中礼堂、街上的玩伴之间、办公室以及操场上的学习。

情境学习常常被称为“文化适应”（enculturation），或是采纳特定群体的规范、行为、技能、信仰、语言和态度。这一群体可能是一群数学家、玩伴、作家、八年级的同学，或足球运动员，任何群体都有独特的思维方式与做事方式。知识并非个体的认知结构，而是群体随着时间推进的创造。该群体的实践活动——他们的互动方式、做事方式以及所创造的各种工具，构成了该群体的知识。学习意味着变得更能参与那些实践，更会使用工具，更能展现作为群体成员的认同性（Derry，

1992；Garrison，1995；Greeno，Collins and Resnick，1996；Rogoff，1998）。

就最基本的水平而言，情境学习断言，我们已学习的内容与学习它的情境是相连的（Anderson，Reder and Simon，1996，p. 5）。因此，有些人会说，在学校学习计算可以帮助学生在学校做更多的计算题，但对支票结算没有什么帮助，因为所学技能只适用于学校这一当时的学习情境（Lave，1997；Lave and Wenger，1991）。但是，有些知识与技能似乎可以应用于超越当时学习背景的情境中去，
71 比如，你会运用自己的能力查看并计算所得税，即使高中课程中并无所得税方面的知识（Anderson，Reder and Simon，1996）。因此，学校情境中的学习并不是唯一的，也不是无关紧要的（Brieter，1997）。

大部分建构主义观点着眼于教学。许多新的教学标准，如全国数学教师理事会（National Council of Teachers of Mathematics）的《学校数学课程与评价标准》（*Curriculum and Evaluation Standards for School Mathematics*）和美国科学促进协会（American Association for the Advancement of Science，AAAS）的《科学素养基准》（*Benchmarks for Science Literacy*），都是以建构主义的假设与方法编制的。许多学校的改革与重构努力都是将建构主义观点运用于教学、课堂学习以及整个学校组织的尝试。

建构主义方法的教学应用

专业型教师除了采用合理的行为主义理论与认知主义理论以外，也采用好的建构主义理论。在我们举例阐述建构主义方法对于教与学的贡献以前，我们总结了一些富有指导意义的原则：

- 开发获取与评价信息的多元策略。
- 通过分类、分析、预测与创造等过程将任务结构化。
- 组织激发知识构建的教学。
- 除了采用可操作的、互动式的以及物质的资源以外，使用原始资料与最初的资源。
- 营造思考与问题解决的环境。
- 鼓励学生与教师和其他同学对话。
- 运用训练与支架（scaffolding）促进学生的理解。
- 鼓励并支持学生的主动与自治。
- 制定开放的与宽容的课堂互动基本规则。

- 改变教学策略，坚持以学生的思想与反应作为课堂的驱动力。
- 将激起学生发现作为教学的首要使命。（Bruning，Schraw，and Ronning，1995；Brooks and Brooks，1993）

“虽然建构主义理论有几个流派，但是，大部分学者都认为，建构主义方法把让学生自己努力去理解教学内容置于教学的中心，极大地改变了教学的重心”（Prawat，1992：357）。下面，让我们详细地分析一下大部分建构主义者关于教学的某些基本特点。

建构主义者认为，不应该给学生以基本技能训练和简单的、虚假的问题，相反，应该用学生们可以在教室以外的世界里找到的复杂情境与“模糊”问题向学生提出挑战。此类问题应该根植于**真实的任务**（authentic tasks）与活动，这类 72
情境是学生今后应用他们之所学解决现实世界问题时要面对的（Brown，1990；Needles and Knapp，1994）。

许多建构主义者与维果茨基持相同的观点，认为高级心智活动是通过社会互动完成的。因此，学习时的相互协作至关重要。语言发展与超媒体集团（Language Development and Hypermedia Group）建议[①]，教学的一个主要目标是发展学生在尊重他人社会地位的同时建立并维护自己地位的能力，该目标要求交流——学生们必须与他人对话。

当学生只面对一种教学内容呈示方式——一种模式、一种类比或一种理解复杂内容的方法时，他们往往会过于简单化地想把这种方法用于所有情境。理查德·斯皮罗及其同事（Richard Spiro et al.，1991）建议，在不同的时间、不同的情境下，出于不同的目的，从不同观念出发，重新学习相同的内容，是引导学生掌握高深知识（advanced knowledge）的关键。这并不是一种全新的观点。许多年前，杰罗姆·布鲁纳（Bruner，1996）就描述了螺旋式课程的优点，在低年级介绍所有学科的基本结构——“重要概念”，在随后的教学中以越来越复杂的形式重新学习这些主题。

我们所作的假设、我们的信仰与经验构成了我们之所“知”。不同的假设与经验导致不同的结论。建构主义者强调理解知识的建构方式的重要性，以便学生对塑造自己思维的影响因素有所认识。然后，他们就能在尊重他人意见的同时，以自我批评的方式选择、经营并维护自己的地位。

建构主义方法应用于教学的实例有三，即探究性学习与基于问题的学习、认

① 超媒体（hypermedia）是一种包含文字（text）、影像（movie）、图片（image）、动画（animation）、声音（audio）等图文声光的文件。——译者注

知学徒制[①]以及合作学习，它们与建构主义的指导性原则相一致。

探究性学习与基于问题的学习

杜威于1910年首先描述了他的**探究性学习**（inquiry learning）的基本过程。尽管后人对他的策略进行了多次修正，但其形式通常包括：教师提出一个令人困惑的事件、疑问或问题，而学生则提供以下要素（Pasch et al.，1991）：

- 形成解释问题的假设。
- 收集检验假设的数据。
- 得出结论。
- 反思最初的问题，思考解决问题所需的过程。

有时，教师提出一个难题，学生会提出简单的疑问，以此收集信息、检验自己的假设，教师监督学生的思考并进行指导。请看帕施及其同事（Pasch et al.，1991）提供的例证：

73

1. 在向学生说明了质疑的基本规则后，教师轻轻地朝一片 $8\frac{1}{2}\times 11$ 英寸大小的纸上方吹气，纸被掀了起来。于是，她问学生，纸被掀起来的原因是什么。
2. 学生提问，以获取更多的信息，并离析相关变量。教师只回答“是”或“否”。学生问温度是否重要（否），纸是否特制的（否），气压是否与此现象相关？（是）。进一步提问。
3. 学生形成并检验其中的因果关系。在这个例子中，他们问，是否是纸上方的气流运动将纸掀了起来（是），还有，是否气流运动越快纸上方产生的气压越低（是）。然后，他们用其他材料，如薄塑料，检验自己的想法。
4. 学生形成了概括（假设）：“如果物体上部的气流运动快于物体底层的气流运动，物体上方的气压降低，物体就会升起来。”在此后的课上，通过进一步的试验，学生拓展了在物理定律与规律方面的知识。
5. 教师引导学生一起讨论他们的分析和思考过程。哪些是关键变量？它们是如何决定其中的因果关系的？

---

① cognitive apprenticeships，又译“认知学艺模型”。——译者注

探究方法与有指导的发现学习（guided discovery learning）的方法很相似，两种方法都要求充分的准备、组织和监控，以确保学生全身心地投入并接受挑战（Pasch et al.，1991）。

计算机与视频技术有助于探究性学习与基于问题的学习。譬如，范德比尔特大学的认知与技术小组（Cognition and Techology Group at Vanderbilt University，CTGV，1990，1993），为五、六年级的学生开发了一种基于录像带的学习环境。《贾斯珀·伍德伯里历险记》（*The Adventures of Jasper Woodbury*）① 系列，用复杂的情境向学生提出挑战，要求学生在这种复杂情境下发现问题，设置目标（包括子目标），要求他们运用数学、科学、历史以及文学知识来解决问题。这些情境相当复杂和逼真，可以运用故事中蕴涵的信息来解决。在一次历险中，贾斯珀乘一艘小摩托艇向雪松港（Cedar Creek）进发，要去检查一艘他想买下的旧巡洋舰。一路上他必须查看地图、使用航海无线电通信、检查燃料、处理巡洋舰维修等问题，并最终买下这艘巡洋舰。购买以后，他必须决定日落前是否有足够的燃料和时间将新买的巡洋舰开回家。

范德比尔特大学的研究小组称他们的基于问题的学习方法是锚定式教学（anchored instruction）。他们的锚就是丰富、逼真、富于挑战性的情境，它是设定目标、计划并运用数学工具的动因。其目标在于发展有用的、灵活的知识。最初的调查表明，年龄小的四年级学生和年龄大些的高中生都能应对历险（CT-GV，1990）。学生结成小组来解决问题，甚至那些技能有限的小组成员也能发挥 74
自己的作用，因为他们能注意到录像带中的关键信息，有时能提出创造性的方法来应对复杂情境。

对探究性学习与基于问题的学习的研究

探究法（inquiry methods）与发现法相似，它们面临一些共同的问题，因此，必须仔细地计划和组织探究，尤其是对于那些缺乏知识背景与解决问题所需技能的学生、准备不充分的学生来说，更是如此。一些研究表明，对于能力比较差的学生来说，发现法没有什么效果，甚至有害（Corno and Snow，1986；Slavin，Karweit，and Madden，1989）。特德·布雷德曼（Ted Bredderman，1983）对科学教学中 57 个基于活动的学习案例与许多传统的方法进行了比较分析，结论是：

---

① 《贾斯珀·伍德伯里历险记》，简称 The Jasper Series，是范德比尔特大学自行开发的电影教材，为了方便检索，将之压缩制成影碟，用计算机操作。此教材是一系列冒险故事，以一个名叫贾斯珀·伍德伯里的年轻人及其朋友所经历的冒险故事衍生出待解决的问题，作为整个教材学习目标之伏笔，每个教材的长度大约 15—20 分钟，在故事的结尾，贾斯珀会面临问题的挑战，并希望学生能帮忙协助解决问题，学生看完后，可以经由小组合作讨论之方式去解决问题。——译者注

在理解科学方法与创造性方面，基于活动的方法要优于基于内容的传统方法，但是，在学习科学内容方面，两者相差无几。

1993年，一家医学院对基于问题的教学进行了类似的比较研究。通过基于问题的教学，学生在诸如问题形成、推理等临床技能上学习效果更好，但是，在学习基本的科学知识方面较差，而且感到对科学知之甚少（Albanese and Mitchell，1993）。一些自我调节能力较好的学生要比其他运用基于问题的方法进行学习的学生获益更多（Evensen，Salisbury-Glennon，and Glenn，2001）。最好的方法或许是在以内容为中心的教学与探究法或基于问题的方法之间寻求一种平衡（Arends，2000）。

例如，伊娃·托特（Eva Toth）、戴维·克拉赫（David Klahr）和陈哲（音译，Zhe Chen，2000）检验了一种平衡方法，指导四年级学生在科学学科中使用控制变量策略来设计良好的实验。这一方法包含三个步骤：（1）学生在小组中进行探索性实验，确认使球在斜面上继续下滑的各种变量；（2）教师引导讨论，解释控制变量策略，并且示范有关实验设计的思考；（3）学生设计实验，进行应用性实验，以分离使球进一步下滑的各种变量。将探究、讨论、解释和示范结合起来，可以成功地帮助学生理解概念。

认知学徒制

学徒制（apprenticeship）是一种有效的教育形式，通过与师傅（有时与其他学徒）一起工作，新学徒可以学到许多技能、手艺和工艺。这种方式为何有效？因为学徒过程信息丰富，有知识渊博的专家来引导、示范、纠正你，让你模仿并且时刻激励你。学习者的成绩要求是真才实学，随着学习者变得越来越有竞争力，其成绩要求也越来越复杂（Collins，Brown，and Holum，1991）。

柯林斯及其同事（Collins et al.，1989）认为，在学校里所学的知识与技能通常与学校以外的世界关系不大。为了解决这一问题，学校有时候会采取类似于
75 师徒制的方式，当然，其形式不像学雕刻或铺砖块那么简单。学校里的师徒制的重点放在认知目标上，比如阅读理解或解决数学问题，或给学生提供应用专业技能的实习机会。大部分认知师徒制模式都具有以下六个特点：

- 学生观察专家（通常是教师）对任务的示范。
- 通过训练和指导，学生获得支持——包括提示、反馈、示范和提醒。
- 教师提供概念支架——提要、解释、笔记、定义、公式、程序，如此等等，然后，随着学生的逐步胜任与熟练，可以逐渐减少。
- 学生不断地清晰表达所学的知识——用自己的话来表达所理解的

内容。

- 学生反思自己的进步，将自己目前要解决的问题与专家的表现以及自己原先的表现进行比较。
- 学生探索将所学知识付诸应用的新方法——那些未在教师指导下实践过的方法。

合作学习

在美国教育史上，协作（collaboration）与合作学习（cooperative learning）由来已久。20 世纪早期，杜威就批评过教育竞争，敦促教育工作者把学校建成进行民主化学习的社区，他的思想在当时赢得了人们的认可。但是，到了 20 世纪四五十年代，随着竞争的日益激烈，合作之风每况愈下。20 世纪 60 年代，出现了再一次的摇摆——重新回到了个别学习与合作学习的结构之中，其中的部分原因是受了人民关注公民权利和种族关系的刺激（Webb and Palincsar，1996）。

今天，发展中的建构主义学习观激发了对协作与合作学习的兴趣。建构主义教学的两大关键特点是复杂的、真实生活的学习环境以及社会互动。随着教育者的注意力转向真实情境下的学习，“大家的学习兴趣极大提高，详细阐述、理解、解释、论辩等成为小组活动必不可少的组成部分，在小组里，学习得到了其他人的支持”（Webb and Palincsar，1996：844）。戴维和约翰逊（David and Johnson，1999）列举了界定真正的合作学习小组的五个要素：

- 面对面互动
- 积极的相互依赖
- 个人责任
- 合作技能
- 小组进程

学生的*面对面互动*（interact face-to-face）是聚集在一起的，而不是散布于整个房间的。小组成员体验着*积极的相互依赖*（positive interdependence）——他们需要互相支持、解释和指导。尽管他们一起工作，互相帮助，但是，小组成员 76
最后必须独立学习——他们承担着学习的*个人责任*（individually accountable），常常要通过个别化考试或其他评估。对于有效地发挥小组作用来说，*合作技能*（collaborative skills）是必须的。通常，诸如提供建设性反馈、达成共识、吸收小组成员等技能，必须在小组完成一项学习任务之前进行传授并付储实践训练。最后，小组成员要监督小组进程(group processes) 与各种关系，以确保小组有效运作，掌握小组的动态发展。他们会花时间问："我们是如何作为一个小组来工作的？每一个人都在一起工作吗？"让我们来考察几种流行的合作学习技术。

切块拼图法

作为合作学习的形式之一，切块拼图法（Jigsaw）强调高度的相互依赖性。将小组学习的材料分给每位成员，各位成员就成为自己这一部分学习内容的"专家"。他们互相切磋，彼此依赖，每个人的贡献都很重要。最新的切块拼图法，即切块拼图法 II，增加了专家会议（expert meetings），会上持相同材料的学生一起讨论，以确保自己理解了这部分内容，然后计划如何将这些内容教给自己的小组成员。专家会议后，学生回到自己的小组开始传授自己的知识。最后，学生们分别参加对所有学习内容的个别化测验，并为自己所在的学习小组赢得积分。团队工作的目标可以是得奖，也可以仅仅为了得到大家的认可（Slavin，1995）。

脚本式合作

唐纳德·丹塞雷（Donald Dansereau）及其同事开创了一种结对学习的方法，称为脚本式合作（scripted cooperation）。学生们共同完成某项学习任务——阅读节选的课文，解决数学难题，或修改作文草稿。譬如，两人一起阅读一段文章，然后其中一人进行口头小结，另一人则对这一小结进行评论，指出遗漏或错误之处。接着两人一起提炼、改进所总结的内容——画出关联图、直观图，运用记忆术，找出与已有知识的联系，进行举例、类比，等等。在阅读、评论下一段落时，两人进行角色互换，就这样轮流下去直到完成学习任务（Dansereau，1985；O'Donnell and O'Kelly，1994）。

还有其他许多形式的合作学习。卡根（Kagan，1994）和斯莱文（Slavin，1995）撰写了大量的有关合作学习的著作，开发提炼了各种各样的形式。不论形式如何，小组学习的关键在于学生相互交流的质量。解释性的谈话比纯粹描述性的谈话更有用，因为它分析讨论了各种解释、论据、原因与备择方案。教师是主要的引导者，他们在合作学习中发挥着重要作用。好的教师会用一些思想和备择方案激发学生讨论，促进、激励学生进行思考（Palincsar，1998）。表 2.3 对本章所讨论的学习观进行了总结。

表 2.3　四种学习观 77

	行为主义 **斯金纳** （Skinner）	认知主义 **安德森** （Anderson）	个体建构主义 **皮亚杰** （Piaget）	社会建构主义 **维果茨基** （Vygotsky）
知识	获得固定不变的知识。	获得固定不变的知识。	不断变化的知识，个体在社会世界中建构的知识，但是，某些理解明显优于其他的理解。	通过社会建构知识；知识反映外部世界，受文化、语言、信仰、与他人的互动的影响，并通过这些要素进行分类。
学习	获得事实、技能和概念。 通过解释、论证、指导实践而得以实现。	获得事实、技能、概念与策略。 通过有效地应用各种策略得以实现。	积极地建构和已有知识的重构。 通过多种与已有知识建立相互联系的机会而得以实现。	合作建构从社会角度界定的知识与价值。 通过社会建构的机会而得以实现。
教学	传递——告知。	传递——指向更准确、更完整的信息的指导。	激发和指导学生趋向更完整的理解。	教师和学生共同建构知识。
教师角色	监督——纠正错误观察。	指导——示范有效策略，纠正错误观念。	指导者和促进者——倾听学生的观点与思考并给予指导。	指导者、促进者与伙伴——倾听社会建构的知识，帮助建构知识。
同学角色	不重要。	不重要，但能促进信息加工。	不重要，但能激发和提出问题。	知识建构过程的一部分。
学生角色	信息的接收者，积极参与实践。	信息加工者，策略应用者。	积极的知识建构者，积极的思考者和解释者。	知识的积极的共同的建构者、积极的社会参与者。
教学方法举例	学习目标；直接教学。	可视工具——各种图表；记忆策略。	观念变革教学；纯粹的发现学习。	认知学徒制；交互式教学。 78

理论联系实际

思考你所教学科的一个重要概念（生态环境、观点、叙述语气、交互决定论、前者/后者、财产分配、民主……）。现在设计一堂讲授这一概念的课，要反映皮亚杰的个体建构主义思想，设计另一堂能例证维果茨基的社会建构主义的课。你的课程设计反映出的这两种观点的主要区别在哪里？

领导案例

合作学习：有效的实践还是社会实验？

这是你担任杰克逊中学（Jackson Middle School）校长的第二个年头。对你来说，第一年是进行重大调整的一年，因为你刚刚直接从教师升任校长，大部分精力都集中在维持学校的正常运转上，但是，今年不同了。你计划要开始提高杰克逊中学学习较差学生的成绩。你开始采用比较谨慎的方式，让三位六年级教师志愿在课堂上运用合作学习方法。这些教师去年夏天已在大学里进修了两门有关合作学习的课程，现在，他们进行这一教学创新已有两个月了，正享受着这一挑战带来的乐趣并且相信他们的努力会有成效。

你刚接到阿妮塔·罗德里格斯（Anita Rodriquez）博士的电话，你感到非常难过。罗德里格斯博士是你的学区督学。她一直很支持你，事实上，是她说服你出任校长一职的。但是，这次电话交谈却令人烦恼。督学说她和另外几位委员会成员都接到了家长关于“合作学习实验”的电话。她的语气还是支持你的，但她最后在电话中说，她只想让你知道，有人对你的新的合作学习实验提出反对意见，你应该作好准备面对可能出现的麻烦。

事实上，许多家长都对你抱怨过合作学习方案，但你把这当成新方案推行过程中必然遇到的阻力而未予重视。比如，一位家长抱怨说，合作学习只不过是又一种流行一时的教育方法，她希望自己的孩子学习基础知识。她小时候在教区学校读书，对那种一板一眼的教育非常赞赏。她总结道：“学习可不是闹着玩——它是严肃而艰巨的任务。”你尽量说服她，说她儿子能学会而且可能会体会到学习过程中的乐趣，但她一言不发地走了，似乎仍然怀疑合作学习的好处。还有一位家长警告说，学校是在她女儿身上做“实验”，在看过合作学习方案的一些资料并了解了相关目的之后，家长离开时恢复了对学校和自己女儿的信心，你觉得自己的处理很成功。当进一步反思与家长的这些交流时，你意识到可能目前存在的阻力比你原先想象的要多得

多，显然，督学以及委员会都在抱怨了。你对这一方案非常执著，希望支持 79
这三位正在进行教学创新的志愿教师。

你决定把家长的反应直接告诉教师们。放学后，你召集这三位教师开会，要一起讨论遇到的阻力，评估一下方案的进程。这次会议让你大吃一惊。教师们处理的消极抱怨比你知道的要多得多，但他们依然豪情满怀，对这个方案很执著。他们相信自己已经扭转了局面，因为大部分学生都真正体会到了团队合作的乐趣，并且，学生的成绩，尤其是反应较慢的学生的成绩都有了明显进步。那么，家长们对这个方案有何不满之处呢？

- 该方案拖累了我的孩子，她很聪明，不需要帮助。
- 我不喜欢你拿我的孩子作实验。
- 是竞争，而不是合作，才使我们的国家变得如此伟大。商业的世界就是弱肉强食的世界。
- 我孩子的成绩肯定会下降，因为学习小组的其他成员拖了她的后腿。
- 学生们没有努力学习，而是在玩游戏，这是浪费时间。
- 我的儿子承担了小组的所有工作，这不公平。
- 我花了所有的业余时间敦促我女儿去加入同学们的小组学习活动。
- 我儿子自己学得很好，他不喜欢小组学习。
- 我儿子那一组的学生对他不好，他们排斥他，他现在讨厌学校。

你们都认为有太多的家长未能正确地认识合作学习，因此，不仅需要告诉他们这个新方案所遵循的基本原理，而且还要告诉他们课堂上所采用的其他学习策略。最后，在这几位合作学习教师的帮助下，你同意在下一次家长教师会上准备一个简短的演讲。该演讲将回顾这一新的合作学习方案，一一列举该方案所遭到的批评，并且运用来自行为主义、认知主义和建构主义的观点的学习与教学原理，支持学校的教学方案。目的在于教育家长，以减少他们的担忧。

你是学校的校长，因此，如何准备这个演讲该由你自己做主。快行动吧。

概 要

教–学功能是学校的技术核心。虽然理论家关于学习的定义众说纷纭，大部分人还是认为，当人的经验使他的知识或行为发生了变化时，学习也就发生了。没有最佳的教学方式，也没有对于学习的最好诠释。不同学习理论提供的解释好与不好，取决于它们所要解释的内容。行为主义、认知主义以及建构主义三种学习观对教师和教育管理者尤其有用。

行为主义学习观强调外部事件在改变可观察的行为中的作用——前因与结
80 果。能够增加行为的结果被称为强化物，而惩罚则抑制或削弱行为。确立学习目标就是行为主义方法在教学上的运用。学习目标具体说明了学习的结果，使最终目标或学生行为都很清晰。目标明确时，学生和教师才更有可能去实现目标。掌握学习是另一种行为主义学习方法。教师将学习内容细分成一个个小的学习单元，并且每个单元都包含要掌握的具体目标。直接教学法与行为主义原理相吻合，适于向学习小组或全班传授外显信息。直接教学法的步骤包括复习前一天的内容，呈示新材料，指导学生实践，给予学生反馈与校正，布置独立完成的练习（或家庭作业），每周和每月复习一次。

认知主义学习观强调大脑主动感知外部世界。知识是认知主义观点中的核心力量。个体的先前知识会影响他（或她）将会注意、认识、理解、记忆和遗忘的内容。知识可能是常识或专业知识，可能是陈述性知识、程序性知识或条件性知识。但知识必须被人记住才会有用。信息加工理论是一种颇具影响力的认知理论。这一模式描述了知识是如何从感觉记忆（包含大量临时性的感觉与图像）转化为工作记忆（信息被精加工并与已有知识建立联系），再转化为长时记忆（在此知识可以长期储存，存储时间取决于该知识的掌握水平，取决于它与其他知识的关联程度）。人们掌握和记忆知识的能力各不相同，这在一定程度上取决于他们的认知能力，即他们规划、监控和调节自己思维的能力。认知观点在教学上的应用很广，包括做突出标识、运用记忆术、发挥想象力以及其他有助于组织和精加工学习材料的学习策略。

今天，以皮亚杰、布鲁纳、杜威和维果茨基的研究为基础的建构主义学习观与教学观的重要性正日益加强。建构主义方法的精髓在于把学生的个人努力置于教学中心。一般来说，建构主义假设知识是人们创造和建构起来的，而不是外部环境的内化，但是，建构主义方法多种多样，其中有三种，分别是个体建构主义、激进建构主义和社会建构主义。个体建构主义强调个体通过运用图式等心智

表征建构外部现实的方式。激进建构主义反对知识是对外部世界的反映的观点，
主张知识主要是由人际互动以及文化与意识形态的约束构成的。社会建构主义持
中庸立场，认为知识是通过内部因素（认知）与外部因素（环境、文化、社会）
的互动而发展起来的。建构主义认为，不应给学生以剥离的、简化了的问题和基
本技能训练，而应该让他们应对复杂的情境和“模糊的”、结构混乱的问题。探 81
究学习是建构主义的一项重要应用。采用这种方法时，先由教师提出一个疑难问
题，再由学生提问，以收集信息、形成假设并进行检验，在此过程中，教师监督
学生的思维，并对他们进行指导。认知学徒制是建构主义的另一应用。知识渊博
的专家在激发学生完成现实生活任务的同时，对学生进行指导、示范、激励并纠
正其错误。最后，合作学习也是建构主义在教学中的应用方式，在合作学习中，
让学生以小组形式合作解决复杂的现实生活问题。

基本假设与原理

1. 如果一种行为的频率或强度正得以维持或增加，那么，该行为正受到强化。
2. 如果某种行动可以让你逃避或避免某种不好的情境，当你再次面临这种情境时，很有可能会重复该行为。
3. 当前的思考表明，有一些重要的、宽泛的但又可以测量的教学目标，要比有非常具体的或非常一般的目标更好。
4. 当要学习的材料是外显的、事实性的并且层次化的，直接教学非常有效。
5. 如果你掌握了条件性知识（知道什么时候以及为什么运用你的知识），那么，你就可以更有效地利用陈述性知识（知道是什么）和程序性知识（知道怎样做）。许多儿童和成人缺少条件性知识。
6. 当工作记忆超负荷时，信息就会丢失。
7. 如果信息被很好地加以组织、精加工（与你所知的其他事物相联系），并且是在有意义的环境中学习，那么，信息就很容易被记住。
8. 学习策略需要清晰地予以传授，并且在各种各样的情境中广泛练习。
9. “建构主义”这一术语有许多不同的意义，这取决于知识建构过程中理论家强调的是社会文化因素还是个体因素。
10. 探究性学习以皮亚杰的认知发展理论为基础，该理论强调个体对知识的发现和创造。这些方法对于那些准备不充分的学生来说未必有用。
11. 基于问题的学习强调了维果茨基对文化背景下的真实活动的关注。这些方法用于理解学习过程要比用于理解基本的学习内容更合适。

82

第3章

学校结构

每一项有组织的人类活动——从陶壶的制作到人类登上月球——都提出了两个基本的且相互对立的要求：为完成不同任务而进行的劳动分工，为完成该活动而将这些任务予以统合协调。可以简单地将组织结构定义为针对不同任务而进行的劳动分工方式，以及随后要进行的各种协调工作的总和。

——**亨利·明茨伯格（Henry Mintzberg）**

《组织的结构化》（*The Structuring of Organizations*）

概　览

1. 古典韦伯主义科层制的五个基本组织特征是：劳动分工、非人格化取向、权威等级体系、规章制度以及职业取向。
2. 韦伯模式因为下列原因而受到批评：功能障碍的后果、忽视非正式组织、内部矛盾和性别歧视。
3. 各种规则对组织参与者既有积极影响也有消极影响；管理者须对这两方面都予以考虑。
4. 授权的与专制的科层体制是两种截然相反的组织结构类型，一种富有成效，另一种则相反。
5. 组织的科层性与专业性整合成学校组织的四种结构类型：韦伯型、权威型、专业型及混合型。
6. 没有最好的组织方法。构建富有成效的组织结构要求该结构与组织目标、环境、技术、人员和战略相匹配。

7. 设计一个富有成效的组织结构时，要平衡一些由既要秩序又要自由这一基本的组织两难问题导致的相互抵触的力量。
8. 组织对工作的监督与控制是通过相互协调、直接监管、工作标准化、产品标准化以及技能标准化来完成的。
9. 组织结构的关键要素是战略顶层、中间层、操作核心、支持人员以及技术结构。
10. 学校结构类型繁多。一些是简单结构；一些是机械的科层结构；少数是专业的科层结构；大多数是混合型的。然而，对某些学校而言，（讨论）结构是没有关联的——它们是政治性的（组织）。
11. 各种结构要素或紧密或松散地结合在一起。这两种情况都既有积
极影响又有消极影响，而且在学 83
校中都存在。
12. 对在组织中工作的专业人员来说，冲突的根源在于由科层结构与专业人员共同运行的社会控制系统。
13. 组织通过建立松散结构、发展互利的权威结构或参与社会化等来调和组织冲突。

我们可以在正式的学校组织中发现作为社会系统的学校的结构要素。马克斯·韦伯（Max Weber）关于科层制的经典分析（1947），是我们讨论学校组织结构的良好开端，因为它是当代大多数研究的理论基础（例如，Hall，1991，2002；Perrow，1986；Bolman and Deal，1997，2003；Scott，1998，2003；Hoy and Sweetland，2000，2001）。

韦伯的科层制模式

包括学校在内的几乎所有现代组织都具有韦伯所列举的特征：劳动分工与专业化、非人格化取向、权威等级、规章制度以及职业取向。

劳动分工与专业化

根据韦伯的观点，**劳动分工与专业化**（division of labor and specialization）是“人们以某种固定的方式，将科层制支配下的组织结构所要求的种种正常活动变成正式职责”（Gerth and Mills，1946：196）。对单个人来说，大多数组织的任务过于复杂以致难以独立完成，因此，各种职位间的劳动分工可以提高效率。例

如，在学校中，为了达成教育目的，劳动分工是最基本的。分工基于两个标准，一是水平的——初级教育与中等教育，二是学科的——数学、科学，以及其他诸如阅读、双语教学和特殊教育等方面的专业活动，等等。

效率的提高是因为由劳动分工而产生的专业化，反过来，专业化又使职员知识化，并成为完成所规定职责方面的专家。这种分工促使组织以技术资格为依据雇用员工。由此，劳动分工与专业化使学校成员更加专业化。

84 非人格化取向

韦伯（Weber，1947：331）认为，科层制的工作氛围应该体现**非人格化取向**（impersonal orientation），“形式主义的非人格化精神的优势，‘sine ira et studio’（‘无示好恶’），没有怨恨或激情，也因此没有影响力或积极性。”人们常常期望科层组织的职员以事实为依据而不是凭感觉作出决策。管理者和教师所表现出的非人格化取向确保了待遇平等，并促进了合理性的发展。

权威等级

科层制中的官员是垂直分布的，也就是说，“每一位下层官员都受控于其上级的监管”（Weber，1947：330），这就产生了**权威等级**（hierarchy of authority）。科层制的特征可以用组织图清晰地表现出来，主管位于组织图的最上层，助理、主任、校长、教师、学生依次位于较低层级。

等级制或许是现代组织中最普遍的特征。几乎毫无例外，较大的组织都形成了结构严密的上下级关系，目的是保证对上级指令的规训化服从（disciplined compliance），而对完成各种任务和发挥组织功能而言，这种服从是十分必要的。

规章制度

韦伯（Weber，1947：330）断言，每一科层体系都有一个**规章制度**（rules and regulations）系统，一个“通常都是根据一定目的建立起来的抽象的规则系统。此外，管理法规的实施体现在这些规则在具体案例的应用上”。规则系统包括每一个职位固有的权利和义务，同时规则系统也有助于等级体系中各种活动的协调。当人事有变动的时候，系统也保证了组织运作的连续性。这样，规章制度就确保了每一职员行动的统一性与稳定性。

职业取向

因为科层组织中的雇佣建立在技术资格基础之上，所以，职员们会认为他们的工作就是一种职业。韦伯（Weber，1947：334）坚持认为，任何时候都有这样的**职业取向**（career orientation），“这是一个依据资历、成就或两者兼而有之的晋升体系。晋升取决于主管的判断。”为了培养对组织的忠诚，一定要避免任意解雇或拒绝晋升有特殊技能的人。雇员们期望主管能作出公平的决定，这样，他们才会感到受到了保护。通过这些办法，科层制也使这种保护制度化了。

效　率 85

按韦伯（Weber，1947：337）观点，科层制使理性决策与管理效率（efficiency）最大化：“通常的经验表明，从纯粹的技术观点来看，真正的科层型管理组织……能够获得最大程度的管理效率。”劳动分工和专业化造就了专家，而非人格化取向的专家会依据事实在技术上作出正确、合理的决策。一旦作出合理决策，权威等级体系就会保证对指令的规训化服从，并遵从规章制度，形成一个协调优良的执行系统，保证组织运行的统一性与稳定性。最后，职业取向激励雇员对组织忠诚，鼓励额外的努力。这些特征的功能发挥可以使管理效率最大化，因为，富有责任感的专家作出理性的决策，而这一理性决策是以循规蹈矩的方式进行并予以协调的。

理想类型

尽管韦伯的科层制概念是一种**理想类型**（ideal type），在现实世界中可能存在，也可能不存在，但是，科层制确实凸显或者强调了现实组织的基本趋势：

- 劳动分工（专业化）
- 非人格化
- 权威等级（集权）
- 规章制度（形式化）
- 职业取向

对分析问题的目的而言，这一理想类型非常有用。就像阿尔温·古尔德纳（Gouldner，1950）所解释的，这种理想类型可以给我们以指导，帮助我们决定怎么把正式组织科层化。某些组织比其他组织在结构上更具科层化特征。一个特定的组织可能具有某一科层化特征，而其他的科层化特征则不明显。作为一种概念框架，这种模式提出了如何组建不同类型的正式科层组织的重要问题。例如：在哪些条件下科层制与效率最大化有关？在哪些条件下，这样的安排会阻滞效率？

对韦伯科层制模式的批判

韦伯科层模式的许多方面一直备受批判。首先，批判韦伯忽视其模式的功能障碍特性。其次，批判科层模式忽视非正式组织。再次，韦伯没有解决模式中各
86 要素潜在的内在矛盾。最后，女性主义者指责这个模式有性别偏见。下面，我们将对这些批判逐一进行分析。

模式的功能与功能障碍

韦伯科层模式的作用就在于运用能够提高效率和促进实现目标的原则。然而，也存在着功能障碍（dysfunctions）或消极后果的可能，对此，韦伯很少关注。根据可能存在的功能发挥与功能障碍两种情况，让我们分析以上科层制的每一个特征或原则。

尽管劳动分工与专业化能产生专业知识，但同时也会导致枯燥。文献充分表明，枯燥会使生产力降低，这还促成了一些关于使员工工作生活更有趣的方式的研究，如第1章所讨论的霍桑研究。确实，许多高度科层化且经历了极端劳动分工所产生的负面结果的组织，正通过增加员工责任来缓解枯燥。

非人格化或许有助于决策的理性化，但是，非人格化会使人在互动过程中拿人不当人（nonpersons），从而处于相当单调的氛围中，导致士气低下。低下的士气反过来会降低组织效率。

权威等级体系确实会促进协调，但是，它往往会有损沟通。科层制的两个主要的功能障碍是：沟通失真与沟通障碍。等级体系中的每一层级都会产生潜在的沟通障碍，这是因为下属都不愿去交流那些可能会在他们上司看来不利于他们的事情。事实上，可能会有这样一种倾向，即只交流那些令他们看起来优秀，或他们认为上司愿意听的事情（Blau and Scott，2003）。

一方面，规章制度有助于持续发展、协调、稳定和统一。另一方面，它们往往会造成组织僵化与目标错置（goal displacement）。职员们可能变得太循规蹈矩以至于忘了规章制度只是达到目的的手段，而不是目的本身。规训化的等级顺从，特别是遵守规章制度，往往导致僵化而缺乏调适能力。这样的形式主义也许会被夸大，以致统一性干扰了目标达成。在这种情况下，科层化声名狼藉的繁文缛节特征显而易见（Merton，1957）。

职业取向是健康的，它可以使员工产生忠诚感，并激发员工作出最大的努力。然而，晋升的依据是员工的资历和所取得的成就，而这两者并不是和谐一致

的。例如，高成就人士的快速晋升常常会引起那些忠诚、努力工作但缺乏生产力或创造力的资深员工的不满。

韦伯的理想模式没有恰当地指出科层制特征所潜在的功能障碍结果。例如，默 87
顿是最先提出下列观点的作者之一：为维持可靠性与效率而进行结构性安排——规则、规训化服从、等级职业、非人格化决策——可能“也会导致对严格遵守规章制度过度关注，从而引发胆小怕事、保守主义与技术主义”（Merton，1957：199）。表 3.1 概括了韦伯模式的某些功能与功能障碍。现在的问题是：在何种条件下，每一特征会产生功能性结果而非功能障碍的后果？不管人们对这一问题作出什么样的回答，这一模式都不失为一种有独到价值的分析工具，对科学研究也有指导作用。

规则的功能与功能障碍

为了说明这种模式的分析价值与研究价值，我们着重探讨古尔德纳的组织规则（Gouldner，1954）。大规模的正式组织都有一套系统的规章制度，以规范组织行为，几乎无一例外。例如，大多数学区都有详细的政策说明书。规则是普遍存在的，因为它起着重要作用。

组织规则具有解释（explication）功能——就是说，规则以简明清楚的术语来说明下属的具体职责。规则可以避免重复例行的程序；此外，规则不是草率的言语命令，规则不会模棱两可，规则一定经过深思熟虑。可见，规则是一种指导角色表现（role performance）的沟通体系。

表 3.1　韦伯模式的功能与功能障碍

科层化特征	功能障碍	功能
劳动分工	枯燥	专业知识
非人格化取向	缺乏士气	理性化
权威等级体系	沟通障碍	规训化服从与协调
规章制度	僵化与目标错置	连续性与一致性
职业取向	成就与资历之间的冲突	动机

规则的第二个功能是检视（screen）——就是说，规则在管理者与其下属之 88
间起着缓冲器的作用。规则带有一种平等主义的感觉，因为它们对待每一个人都是平等的。管理者拒绝其下属的请求，其依据是规则适用于每一个人，上级、下级都一样，都不能违背这一原则。因此，下属的愤愤不平被重新导向非人格化的规章制度。正如古尔德纳阐明的那样（Gouldner，1954），非人格化的规章制度支持领导者不用强制力就可以使个人权威合法化；相反，他们允许下属在不违背

其个人平等观念的情况下接受命令。

组织规则可以使惩罚制度合法化（legitimize punishment）。当下属事先得到有关哪些行为会受到惩罚以及惩罚的性质如何等清晰明确的警告后，惩罚就被合法化了。就像古尔德纳指出的那样（Gouldner，1954），在我们的文化中有一种根深蒂固的感觉，惩罚只针对那些明知故犯者；对事后才知的人，惩罚不予追究。实际上，规则不只是使管理惩罚合法化，而且使之非人格化。

规则也起着一种讨价还价（bargaining）或“回旋余地（leeway）”的作用。用正式规则作为一种交涉工具，可以保证上下级间的非正式合作。通过不强化某种规则和规定，人们可以通过表示对下属的善意来提升自己的权威地位。某人的权威地位能通过在下属中声誉的发展不断提高。规则是有用的，因为它们对哪些可舍弃或哪些可利用作出了规范。

至此我们讨论了规则的功能性结果，相应地，规则也会产生一些功能障碍的后果。通过阐释人们可接受的、最低水平的行为，规则强化了冷漠，并使之延续下去。一些职员保持着这种冷漠，因为他们知道，要保证自己的安全，被要求得越少越好。当冷漠成为敌意的导火索时，这种情形就成了“组织破坏”（organizational sabotage）。当规则的文字与规则的特定目的相背时，就会产生“组织破坏”（Gouldner，1954）。

尽管规则是通过下级来检视上级，保护也有可能变成功能障碍。**目标错置**随之产生，意思是说，在这样的情境中，规则成了目的本身。通过运用规则来作重要决定，管理者可能集中关注规则取向的重要性，而这往往以牺牲更为重要的目标为代价。

另一功能障碍的结果由检视而生，规则的惩罚功能是守法主义。当规则与惩罚盛行时，下属可以采取十分遵守规章制度的态度。实际上，他们就变成了“费城律师”（Philadelphia lawyers）①，乐于并能依靠技术打赢官司。一种极端的表现形式是，在任何没有被规则覆盖到的地区，他们可能以守法作为不作为的借口。当被问及为什么不去完成一项合理的任务时，他（她）常常轻描淡写地回答道：“没有任何规定让我必须那么做。”至少可以这样说，这种极端的守法主义在学校里形成了不良的风气。

89 规则的“回旋余地”作用——不是强迫人们为了非正式的合作而交流——表明：过于温和永远都有危险。从古尔德纳的工厂研究所描述的放任类型中可以看到这类许可的典型案例，在那里，即便有强制实施的规则，也极为有限；尽管上下级

① “Philadelphia lawyers”，美国口语，指非常精明的律师，尤指擅长词令和善耍手段的律师，其意与汉语中的“绍兴师爷”相近。——译者注

关系良好，但工作效率会受到损害。表3.2总结了规则的功能与功能障碍。

表3.2　科层制规则的双向性质

功能		功能障碍
解释	←→	冷漠强化
检视	←→	目标错置
惩罚合法化	←→	守法主义
回旋余地	←→	纵容

学校管理者已经意识到人们能够避免规则的功能障碍的后果，但难以找到解决问题的途径。例如，通过利用科层规则的检视功能，管理者可以获得并保留一些操控组织的能力。他们预料到那些普遍的非人格化规则是好的，因为它们指明了方向，且没有造成地位差别。因此，运用科层制规则可以维持控制，但是，可能会产生无法预料的后果。因为，科层制规则提供了有关最低限度的可接受的标准的信息（解释功能），无法预料的后果或许就是将最低限度变成了最大限度（保持冷漠及目标错置的功能障碍），以及使为实现目标成就而采取的实际行动与理想的行为之间的差距变得显而易见，令人无法接受，并因此促成严密监督。简言之，由于科层化规则的制度化原本所寻求的平衡态被打破，反而需要更严密的控制。

因此，尽管规则被用于缓和某些紧张状态，但它们也可能引起另一些紧张状态。事实上，规则可以使那些人们想要消除的紧张气氛永存。例如，严密的监督会产生高透明度的权利关系和高度的人际关系紧张；然而，用于缓解紧张的规则的使用可能无意中会使额外的严密管理的需要长存。因此，循环重新开始。低动机和低角色表现的主要问题并不是靠更多的规则来解决的①。

教育管理者必须学会如何预料并避免科层制规则的不良后果。他们一定会 90
问：怎样才能使规则的功能性结果最大化，而使规则的功能障碍最小化？古尔德纳（Gouldner，1954）的研究提供了一些指导。他认为，那些以惩罚为中心的规则极有可能引起不良后果。无论是工人还是管理者发起制定的以惩罚为中心的规则（punishment-centered rules），都不会是双方共同达成的规则，却都会强迫另一方去遵守。当规则被破坏时，必然导致一方对另一方的惩罚，从而造成紧张与冲突。

① 使用规章制度取得控制权会带来的预期的和非预期的结果，这就是古尔德纳模式。更详细的描述参见马奇和西蒙的著作（March and Simon，1993）。

另一方面，**代议规则**（representative rules）是由工人与管理者双方共同发起制定并遵守的。尽管这些规则由管理部门强制实施而为员工所遵守，但其结果是他们受到了教育，因为人们将规则遭受破坏的原因解释为缺乏信息。代议规则不大可能引起功能障碍，这是因为这些规则是共同发起制定的，而且普遍得到相关各方的支持。因此，与**以惩罚为中心的规则**不同，代议规则最可能产生令人期盼的功能性结果，不会有太多的无意造成的功能障碍后果。

理论联系实际

举出三个你学校中有用的规则。它们为什么有所帮助？找出三个在解决学校问题时带来一些麻烦的规则。为什么它们会起到妨碍作用？如果你是一名校长，你会用什么样的指导方针来制定学校规则？

忽视非正式组织

韦伯的组织模式也因忽视非正式结构而受到批评。**非正式组织**（informal organization）是一种人际关系系统，是在所有的正式组织中自发形成的。它是一种不包含在组织图或正式蓝图中的系统。它是一种由员工在其工作场所互动时的需要而衍生的自然秩序与结构化。它包括结构的、规范的以及行为的等方面；就是说，它包括非正式结构、非正式规范与非正式的领导方式（Scott，1992）。学校中的教师、管理者和学生不可避免地会形成他们自己的非正式的地位系统、权力网络、沟通以及工作安排和结构。

非正式组织的发展

当人们在组织中互动时，对行为产生重要影响的非正式关系网随之形成。正
91 式的与非正式的角色、规范、价值与领导都塑造着个人行为。非正式关系包含这样一些互动模式，如沟通、合作与竞争。当个人发现他们自己在一起组成了非正式组织时，非正式互动就不可避免地形成了。人们会互相谈论一些个人问题和社会问题。结果，一些人被人喜欢，另一些人则不然。通常，人们会寻找他们喜欢的人并与之继续互动，而避免与那些他们不喜欢的人继续来往。这些非正式的社会性沟通造成了群体成员间人际关系上的差异。更为重要的是，它使得群体的非正式地位结构界限分明。

因此，成员在群体中的地位，取决于他与其他人互动的频率、持续时间与特

征，以及群体中其他人对他的尊重程度。结果，一些群体成员被积极地挑选出来，而另一些人则被忽略了；一些人受到赞扬，另一些人却没有；一些人成了领导，另一些人却成了追随者；并且，尽管少数人被孤立起来，但大多数人作为群体成员被整合在一起。

非正式互动产生了亚群体。群体结构中形成了派系，一些群体比其他群体有更高的地位、权力和重要性。各派系的地位是通过亚群体的声望在大群体中体现出来的。简言之，个体与群体间的互动模式的差异以及由此表现出来的地位结构特征，确定了非正式组织的社会结构。

除了社会结构外，规范取向（normative orientation）也指导着人们的行为。当个体参与社会互动时，就会产生有关所希望的和可接受的行为的共同观念。共同的价值观界定了事情的理想状态，社会规范描述了个体在不同情境下应该做些什么，以及偏离这些期望所可能出现的后果。规范有两个重要特征：关于适当行为的共识以及实现期望的机制。有时，规范与价值之间的区别是一个令人困惑的问题。但是，一般来说，价值规定了人类行为的目的，社会规范为追求那些目的提供了合法的清晰明确的手段（Blau and Scott，2003）。最后，除了用人们共享的和期望的普遍价值与规范整合群体以外，个体由于在群体中的角色与地位的差异，也会有各种不同期望。“大牌明星”与“群众演员”的角色明显不同；领导与追随者的角色也大不一样。简言之，社会结构与群体的规范取向是非正式组织的主要组成部分。

一个假设中的学校实例

设想一所新学校的情形，学区总监雇用了一位新校长。新校长又雇用了一批新的教职员工，他们彼此互不认识。第一年开始的时候，我们仅仅是通过学校的正式要求和他们的工作将每一个人集合在一起。然而，专业人员很快就会变得比
由每一个个体构成的总人数还要多。随着所有参与者的互动，员工的行为不仅由 92
学校的正式期望所决定，而且也受自然而然形成的非正式组织的影响。

当学校刚开办的时候，教师与行政人员一起工作，一起开会，一起吃饭，一起在休息室交流，一起规划学校的活动。教师的关系部分地是由学校的物质结构（如教师休息室、教师餐厅、图书馆、教室布置）、工作的技术方面（如部门结构、团队教学、课外责任）以及诸如学区总监与校长的领导风格等社会性因素决定的。学校教师最初的关系可通过正式的活动与互动来考察。教师需要保持他们的工作。为了实现学校目标，需要建立正式的系统。这样的正式组织由为实现学校目标而开发和实施的权威等级、劳动分工、正式的规章制度、非人格化及正式的沟通结构等组成。

最初的正式关系确立之后，会产生许多结果。新的情感培养起来了，这种情感不同于由工作动机激发的、首先将教师凝聚在一起的情感。这种新的情感就是对学校中的其他教师和群体喜欢或不喜欢。一些教师会非常受欢迎和尊敬；他们的同事会经常向他们征询建议，并与之结伴而行。这样的情感与行为是个体和群体中形成非正式等级的基础。此外，还会有一些新的非正式活动，其中一些活动是对正式组织的直接回应。员工不能通过正式结构对政策产生影响，但他们可以在非正式的活动、谈话与发挥主动性方面得到满足。学校中新的互动形式使他们表现得淋漓尽致——例如，小群体的联合、非正式沟通网页、以非正式领导为中心的纪律网络以及各种教师群体间的地位结构。一些非正式群体要比其他群体更有声望和实力。

除了形成非正式的社会结构，还会出现非正式的共享价值与信念——规范取向。员工将规定他们理想和恰当的行为。例如，他们理想的学校是一所具备这样一些特征的学校：努力工作，掌握基础知识，学术取向，以及积极的师生关系。为了实现这一目的，就形成了一些指导教师行为的规范：几乎从不发放礼堂通行证；布置大量有意义的家庭作业；维持富有秩序而又勤奋好学的课堂；随时为学生提供额外帮助。如果教师违反这些规范，他们将失去同事的尊重，并受到社会制裁。他们也许会发现自己被同事蔑视和孤立。教师也会承担一些具体的非正式角色；非正式
93 的教师发言人也许会是与校长之间的强势的联络人；另一位教师也许会在教师会议上对学校政策大批特批；而另外会有教师为员工组织一些社会性活动；有的教师总是制造一些滑稽搞笑的事进行调节，尤其是在事件很紧张的时候。

因此，非正式组织产生于正式组织，并对其作出反应。群体规范的发展、小群体的分化以及个体与亚群体之间的等级关系直接取决于正式结构，间接地取决于学校环境。因此，我们可以从学校正式系统开始，并且认为，非正式组织持续不断地从正式组织中产生出来，持续不断地对正式组织产生影响。正式系统与非正式系统糅合在一起；毕竟，它们还属于同一个组织。当然，对其进行区分还是有用的，因为它提醒人们关注学校组织生活的动态变化本质，以及学校中持续不断的精加工、分化（differentiation）与反馈过程。图 3.1 归纳了非正式组织的动态变化特征以及它与正式组织的相互作用。

非正式组织对正式组织的影响可能是建设性的，也可能是破坏性的。例如，霍桑研究（参见第 1 章）表明，非正式组织限制了生产。然而，也有证据表明，非正式组织是科层组织有效运作的建设性力量，它还是科层组织的一种变革机制。切斯特·巴纳德在其对组织的经典理论分析中（Barnard，1938）认为，非正式组织至少有三个关键作用：是一种有效的沟通工具，是一种形成凝聚力的手段，是维护个体诚实的工具。

94 在诸如学校这样的组织中，正式沟通系统通常都是不充分的，而且不可避免

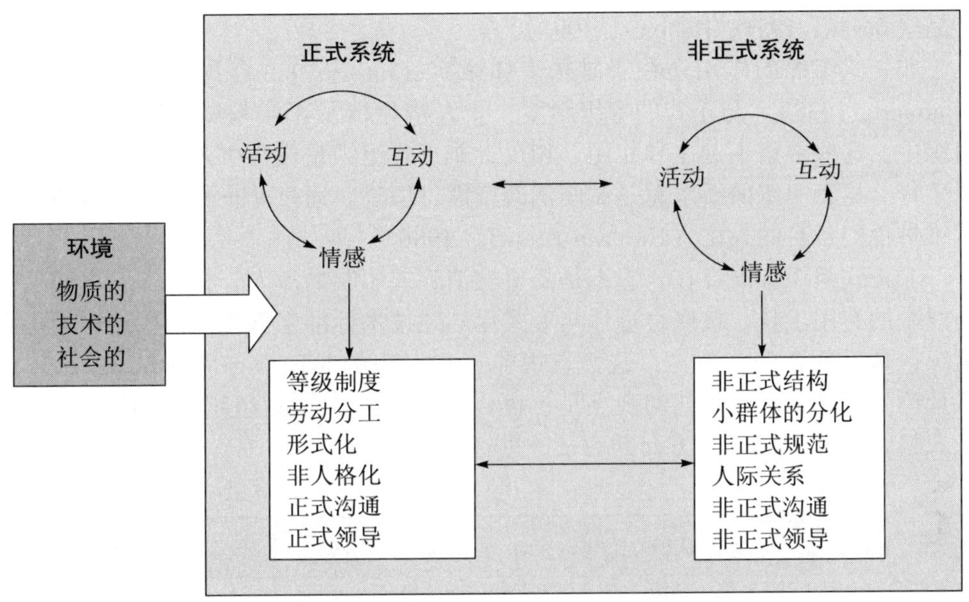

图3.1 正式组织与非正式组织的要素

地需要非正式沟通系统加以补充；事实上，不管如何精心安排正式沟通系统（Iannaconne，1962；Hoy and Forsyth，1986；Robbins，1991），所有组织都存在非正式沟通系统——即所谓小道消息（grapevines），并且，在富有成效的组织中发挥着建设性的作用（Peters and Waterman，1982）。非正式结构提供了一个回避正式规定的规则与程序的渠道。在正式的框架里有一些问题得不到有效解决，不能进行有效沟通，就会产生许多压力问题；非正式结构承担着外加的重要作用。正式沟通必须通过“命令链”来传输，这往往是一个漫长的过程。通常，围绕官方的沟通渠道的小道消息也能准确地反映出解决关键问题所需要的信息（Page，1946；Peter and Waterman，1982）。有见识的、富于灵活性的管理人员会利用这些小道消息，从而避免那些只会照本宣科的人造成的科层化挫折。作为一种沟通工具，小道消息常常提供了一种有效的机制。实际上，一般来说，就完成许多重要的组织目标而言，非正式组织是一个重要的工具。

非正式组织也能提高凝聚力。社会关系的形式常常强调友谊、合作与群体的保存。非正式群体是自发地、根据共同的兴趣与友谊而产生的。它通过一些简单的事件呈现出来，如共用教室、喜欢某些同事、分享午餐时间、合伙用车、相同的计划时间，以及其他一些偶然性活动。这些情况以及与之相伴相生的种种社会关系能提供社会黏合剂，能通过形成一种热情友好的气氛而将教师团结起来，这种气氛足以让成员感到他们是属于这一群体的；凝聚力和团结是非正式群体的副产品（Boyan，1951；Robbins，1991）。

非正式组织的作用还在于维护个体诚实（integrity）、自我尊重和人格独立（Barnard，1938）。与正式的等级制度、非人格化以及正式权威不同，在非正式组织中，这些要素不起主导作用。相反，非正式组织是成员个人的个别化需要的派生物。尽管组织的要求总是试图消磨个性，但是，通过非正式组织，教师们可以维护他们各自的人格（Hoy and Forsyth，1986）。

非正式组织客观存在。它不是需要被消除或压制的敌人；相反，它可能是提高效率的有用工具。按照合理性与形式化的纯技术标准来管理像学校这样的正式组织，是不理智的，因为，这会忽视非正式组织的非理性方面（Blau，1956）。从理论的观点上看，我们的观点是，可以运用学校中正式组织（理性的）与非正式组织（非理性）两方面的力量改进管理实践。

95

理论联系实际

谁是你学校的非正式领导？为什么这些人是领导？他们与校长相处得怎样？描述一下你学校中的小道消息。有哪些重要的小派别？这些小派别如何相处？你如何描述你学校中的非正式组织？你在哪些方面适应这种非正式组织？

科层模式的双重结构

韦伯模式经常受到批评的另一个方面，是某些科层化组织原则之间的自相矛盾。根据韦伯的观点，他的理想模式的所有特征在逻辑上是一致的，并且这些特征相互作用以实现组织效率的最大化。然而，理论分析与经验分析都表明，在组织发挥作用的现实世界中，这些特征远远不是如此一致且容易整合为一体的。

塔尔科特·帕森斯（Parsons，1947）和古尔德纳（Gouldner，1954）对科层制的指导原则到底是建立在技术能力与知识基础上的权威，还是建立在合法权力和纪律基础上的权威表示质疑。韦伯（Weber，1947：339）强调："科层管理在本质上是以知识为基础实施控制的。"另一方面，他又写到："纪律的内容一贯是理性化的，在方法上是可以训练的，严格执行被奉为标准的程序，其中，所有的个人批评被无条件地悬置，人们所能做的就是坚定地始终不渝地执行命令。"（Gerth and Mills，1946：196）。因此，除了专业知识，韦伯还强调了纪律的重要性。科层管理主要是建立在专业知识基础上，还是建立在伴有指令的规训化服从基础上呢？除非有人承认，建立在“技术能力和专业知识”上的权威与建立在“等级职位上的任职”权威之间不会有冲突。矛盾与冲突的种子存在于这两种权威基础之中，这两种权威基础都是韦伯模式所必不可少的。事实上，古尔德纳（Gouldner，1954）和康斯特斯（Constas，1958）都认为，韦伯的描述所隐含的可能不是一种类型的科层主义，而是两种，许多经验研究都支持这一结论（Stinchcombe，1959；Udy，1959）。

同样，布劳和斯科特（Blau and Scoot，2003）对韦伯模式的双重性质的分析也让他们得出了这样的结论：韦伯没有对科层原则与专业化原则加以区分。他们同样认为，科层纪律和专业知识是可供选择的应对不确定性的方法。纪律使不确定性的范围缩小，而专业知识提供应对不确定性的知识。问题的关键似乎是，专业人员 96
往往是科层组织的雇员；因此，那些可供选择的理性方法通常是混用的，并且会导致紧张和冲突。学校校长是一个典型的例子。他或她的权威是来自科层职位还是专业知识？很明显，是两者的混合，而这种混合似乎造成了一定程度的冲突。

女性主义者关于科层制的评论

女性主义者常常以一种远远超出一般性指责的重要方式批评科层组织，认为，在现代组织中，有能力的妇女并没有享受公平待遇或补偿（Scott，1992，1998）。例如，乔安妮·马丁（Joanne Martin）认为（Martin，1990b；Martin and Knopoff，1999），尽管韦伯在其对以专业知识为基础的管理进行描述时，分析了科层制的性别中立与普遍性等重要特征，但是，妇女仍处于不利地位。强调全日制工作和以接受广泛培训作为就业资格，这就阻碍了那些通常面临工作要求与家庭责任冲突的妇女。妇女常常缺乏平等的参加培训计划的途径，有关科层制的讨论往往也忽略了工作与家庭责任之间的相互依赖。将工作看成是公共的、男性的事，而将家庭看成是私人的、女性的事（Bose，Feldberg and Sokoloff，1987；Martin，1990a）。因此，科层制的性别偏见不仅体现在科层职位的指定与晋升标准的应用上，而且体现这些标准的选择上（Scott，1992）。

女性主义者也认为，科层结构使男性统治系统长久保存下去。作为女性主义者，弗格森（Ferguson，1984）认为，科层制明显强调权威、规则、规章及理性，这些再造了家长式控制。科层制强调的是男性的德行与价值观。斯科特（Scott，1992：325）解释说：“不平等、等级制、非人格化等，使组织结构化的原则贬抑了另一种备选的组织建构方法，那就是将平等主义与个人主义融合在一起的更能体现女性价值观的方法。”与此一脉相承的是，弗格森（Ferguson，1984）认为，科层控制通过“女性化”（feminizing）参与者，通过把她们变得更不能决断、更有依赖性，侵害了社会生活；事实上，结构使得女性成为支持性角色，这些结构将女性的特征看成是从属性的，而将男性特征看成是支配性的。男性的独立、理性与竞争特征是科层制主要的制度性特征，而依赖、情感与合作等更多体现女性化特征的方面被视为组织的从属性特征。成就的标志——竞争与独立——与女性风格孕育出来的富于情感表现力的行为完全不同（Gilligan，1982；Ferguson，1984）。事实上，女性常常受到科层制的压抑与贬低，这造成了对妇女的压制。科层制是不关心人的制度，但是，它再造了父权制，强化了控制模式（Clark et al.，1994）。

97 女性主义批评家也对科层观念提出了挑战。科层观念认为，对于实现重要目标而言，对权威等级模式的优先控制是必须的。事实上，他们认为，科层制通常阻碍了组织群体与个体成员的成长（Denhardt and Perkins，1976）。另外，人们通常为劳动等级分工是发展专业知识与提高效率的结构性工具所作的辩护，看起来更像是一种隐藏等级控制功能的伪装。当沟通越来越模糊而科层控制的支配地位被伪装起来时，所有的工人，特别是女性，都会被孤立、疏远并失去个性。激进的女性主义者很清晰地认识到了这一点，他们正致力于推进**反科层结构**（antibureaucratic structure），这种结构：

- 群体是去中心化的。
- 个人的，面对面的关系取代了非人格化的规章制度。
- 关系是平等的，而不是等级制的。
- 共享而不是隐藏技能与信息。（Ferguson，1984）

学校的正式结构

学校是与科层组织有诸多相同特征的正式组织。例如，马克斯·阿博特（Abbott，1965a：45）就运用了本章开始时曾阐述过的韦伯模式的特征，他得出了这样的结论："正如我们所知，可以准确地将今天的学校组织……描述为高度发展的科层制。同样，学校体现出了许多这样的特征，并且运用了军队、工业组织和政府机构等可与之比拟的许多策略。"科层模式成为许多学校管理者采用的管理模式之一，这或许可以解释人们为什么用这一模式来分析学校行为（Abbott，1956a；Miles，1965；Firestone and Herriott，1981；Abbott and Caracheo，1988；Corwin and Borman，1988）。

科层制的基本假设是，每一位下属的技术性专业知识都不及他或她的上级。这一假设当然不适用于学校，也不适用于其他专业组织。相反，比起那些在组织中拥有很高地位的管理人员来说，专业人员往往更有能力，技术性专业知识水平更高。因此，在学校中发现教师与管理人员之间的紧张气氛，没有什么值得惊讶的。

与讨论学校是科层制还是非科层制相比，根据韦伯模式的重要组成部分来考察科层化程度，或许更为有用。这是一种区分组织结构类型的方法。理查德·H. 霍尔（Hall，1962，1987，1991）、韦恩·K. 霍伊和斯科特·R. 斯威特兰（Hoy and Sweetland，2000，2001）以及亨利·明茨伯格（Mintzberg，1979，1989）等人都是对结构进行过系统考察的理论家和研究者。

霍尔论科层制结构 98

霍尔（Hall，1962）开发的组织量表（organizational inventory）是最早试图系统测量科层化水平的成果之一，该量表测量了科层结构的 6 个核心特征：（1）权威等级；（2）专业化；（3）在职人员（例如那些承担组织角色的人）的规则；（4）程序性规范；（5）非人格化；（6）技术能力。随后，D. A. 麦凯（MacKay，1964）在研究学校科层制过程中，运用和修正了这一组织量表。他运用学校组织量表（school organizational inventory，SOI）来测量学校科层形式，问卷同样是根据这 6 个方面的结构设计的。

已有许多关于学校科层特征之间相互关系的实证研究（Kolesar，1967；Isherwood and Hoy，1973；Abbott and Caracheo，1988）。研究表明，与其说学校是完全一体化的科层模式，还不如说它是具有两种相对区别的模式的理性组织。权威等级、在职人员的规则、程序性规范和非人格化倾向在一起共同变化着，专业化与技术能力也同样在一起共同变化着。然而，具有这两组特征的群体既相互独立，又彼此关联。

组织类型

像在其他类型的组织中一样，在学校中，韦伯的理想模式的组成部分未必能形成一系列有内在关联的变量。相反，却很有可能成为不同类型的特征明显的理性组织。表 3. 3 对此进行了概括。

在表 3. 3 中，我们将第一系列的特征叫做“科层的”，将第二系列叫做“专业的”。这一区分再次引起了我们对两方面的关注：其一是以技术能力与专业知识为基础的权威与以拥有等级职位为基础的权威之间的潜在冲突；其二是专业化与科层化之间潜在的不相容性。将科层模式（bureaucratic pattern）与专业模式（professional pattern）放在单一科层模式（model of bureaucracy）中，似乎模糊了

表 3.3　学校情境中两种类型的理性组织

组织特征	组织模式
权威等级 在职人员的规则 程序性规范 非人格化	科层的
技术能力 专业化	专业的

99 各学校间的重要区别。事实上，只有将理性组织与管理区别开来，才有可能探讨两者的融合问题。例如，如图 3.2 中所示，如果将每一种模式一分为二，那么，就可能有四种组织类型。

韦伯式学校结构是一种专业化和科层化相互补充的结构形式，这两者水平都很高。这种模式与韦伯所描述的理想类型很相似，因此我们将其称为**韦伯结构**（Weberian structure）。

权威结构（authoritarian structure）则是在牺牲专业性的同时强调科层权威。权威是建立在职位和等级制度基础上。规训化地服从于规则、规章和指示，是其运作的基本原则。权力是集权的，并且自上而下流动。规则与程序被非人格化地应用。上级总是拥有最终的发言权。此外，晋升到管理职位的人通常是那些忠于组织、忠于上级领导的人。这种权威结构在许多方面都与古尔德纳（Gouldner，1954）所描述的以惩罚为中心的科层制相似。

		专业模式	
		高	低
科层模式	高	韦伯结构	权威结构
	低	专业结构	混乱结构

图 3.2　学校组织结构的类型

专业结构（professional structure）是由专业人员作出重要决策的结构。这一群体的成员被认为是拥有专业知识、有能力作出重要组织决策的专业人员。规则与程序的作用是指导，而不是必须严格执行的划一的形式。特殊情况也可能是规则而不是什么例外。在组织决策过程中，教师的权力较大。简而言之，只有那些拥有知识与专业技能的人才能作出决策。我们将这种类型的学校结构称为专业结构。

最后，**混乱结构**（chaotic structure）是一种科层化水平与专业化水平都很低的组织结构；因此，其典型特征是每天的运行过程中都会充满着混乱与冲突。不协调、矛盾以及效能低下可能遍及这种混乱结构。毫无疑问，强大的压力会促使它向其他结构形式转变。

这种分类向人们展示了四种完全不同的潜在的学校结构，对教师与学生可能 100
同样会产生完全不同的结果。比如，亨利·科莱萨（Kolesar，1967）发现，权威结构学校里的学生的权力失落感明显高于专业结构学校。杰弗里·伊舍伍德与韦恩·K. 霍伊（Isherwood and Hoy，1973）发现，这两种类型的学校里的教师当中也存在着同样现象。总之，权威结构学校里的教师的权力失落感（a sense of powerlessness）要明显高于专业结构学校。但是，权威结构学校中的组织取向与社会取向的教师（那些分别认同组织、家庭与朋友的价值观和目标的人）的权力失落感要低于专业取向的教师。很明显，个体的工作取向缓解了组织结构与疏离感之间的关系。组织取向的教师或许并没有被权威结构与程序所疏远，事实上，他们可能相当满意。杰拉德·H. 莫勒和 W. W. 查特斯（Moeller and Charters，1966）发现，高度科层化系统中的教师要比科层化程度低的系统中的教师更有权力感，这也支持了上述推测。

学校组织结构类型会影响学生成绩，这也是事实。研究（Mackay，1964；B. Anderson，1971；Mackinnon and Bown，1994）证明了这种可能性：高度科层化的结构对学生学业成就与创新会有消极影响。最后，不断有证据表明，专业化（专业模式）与集权化（科层模式）之间有那么一点儿关系，却还是消极的（Hage，1980；Corwin and Herriott，1988；Hall，1991）[①]。

学校结构变革

将学校结构分成四种类型的做法似乎是有用的；事实上，这种分类是学校发展理论的基础。混乱结构毫无效能可言，需要迅速采取行动。教育委员会面临着内外双重的巨大压力，要使现有的这种混乱局面变得富有秩序。典型的反应是有

---

① 由 D. S. 皮尤及其同事在英国伯明翰的阿斯顿大学（University of Aston）所作的阿斯顿研究（Pugh，et al.，1968，1969，1976）是一项有关科层制的综合研究，该研究通过访谈量表而不是问卷调查来测评工作组织的结构。加拿大的研究者（Newberry，1971；Kelsey，1973；Holdaway，et al.，1975；Sackney，1976）在阿尔伯塔大学（University of Alberta）的研究、美国的研究人员（Sousa and Hoy，1981；Guidette，1982；Haymond，1982）在拉特格斯大学对教育组织的研究，也都使用了这项技术。不管研究策略如何，有关学校中的科层结构的研究，结果极为一致。

“新的领导”。新的领导会毫无疑问地转向严格的科层程序与权威程序，以维持秩序。就是说，混乱结构可能会转向权威结构。

权威结构是机械的。权力与权威几乎完全依靠严格的组织结构；管理者单方面进行决策，希望教师不加疑问地执行命令。人际关系是典型的正式的、非人格化的和垂直的关系。由科层权威所支持的一系列清晰的、正式的目标指导着组织行为。教学是通过管理上强制执行日程、规则与程序来协调的。预期的冲突是适度的——低于混乱结构中的冲突，高于韦伯结构与专业结构中的冲突。可预测的学校效能也是适度的，其环境是支持性的、稳定的、简单化的。

学校结构发展的下一个逻辑阶段则走向韦伯结构。在这一结构中，集权化力
101 量与专业力量达到平衡。等级、规则、程序、非人格化等科层特征与教师的技术能力和专业化相互补充。管理人员与教师根据共同的利益和共同的目标共同决策。教师与管理人员之间很少有冲突，但组织中各组成部分之间的联系的紧密度适中。简言之，组织的正式特征与非正式特征融为一体。可预测的学校效能较高，这样的结构在简单而又稳定的环境中能最有效地发挥作用。

大多数人宁要秩序不要混乱；因此，相对来说，从混乱结构转向权威结构比较自然。然而，要使学校从权威结构转向韦伯结构或专业结构，面临的挑战就非常严峻。我们自己的经验和研究（Isherwood and Hoy，1973；Firestone and Herriott，1982；Hoy，Blazovsky，and Newland，1983；Abbott and Carecheo，1988；Hoy and Sweetland，2000，2001）表明，许多学校基本上保持着权威结构模式；学校结构是自上而下的，而且并没有转向韦伯结构或专业结构的意向。此外，外部环境力量影响学校结构。在过去的十年间，当教育面临着向教师授权（Goldring and Chen，1992）、校本管理（Malen，Ogawa，and Kranz，1990；Malen and Ogawa，1992）、分权化（Brown，1990；Hill and Bonan，1991；Bimber，1993）以及学校的普遍重建（David，Purkey，and White，1990；Clune and White，1990）等改革压力的时候，也就面临着转向更为专业化的结构的压力；但是，自从《不让一个孩子掉队法》（*No Child Left Behind*）出台以后，要求加强集权的强大的抵制力量已经使这些力量有所减弱。因此，现在的朝向是集权化、标准化和绩效责任，而不是分权、专业判断与自治。

作为一种职业，教学变得更为专业化。一些学校的结构从韦伯结构转向专业结构。专业结构是松散的、流动的和非正式的。教师专业人员控制决策；事实上，教师群体是权力的主要源泉。管理人员服从于教师，在这个意义上说，管理人员的主要职责是为教师服务，推进教-学过程。整合学校各项活动的重担落于教师专业人员身上。专业结构是复杂的组织，组织中有高度专业化的人员、多元目标、高度的教师自治，以及水平的而非垂直的关系。最后，这种组织的效能几

乎毫无例外地取决于专业知识、责任和教师的服务。在稳定的、复杂的环境中，专业组织具有高效能的潜力，专业组织的可信度在于它的专业人员。

我们提出了一个学校发展模式，在这一模式中，学校逐渐从混乱结构走向权威结构，到韦伯结构，再转变为专业结构（参见图 3.3）。但这一演变过程并非 102
必然如此。事实上，我们怀疑，在不远的将来，学校要转变为专业结构，甚至是韦伯结构，都很困难。此外，由于环境变得混乱不堪，许多学校很有可能会倒退回原来的混乱结构。请记住，四种结构类型都是理想化的类型；大多数学校都处在这些类型的变化之中。然而，对于学校管理者和学习学校组织的学生来说，当他们分析并努力变革学校结构、向教师授权的时候，这种框架应该是有用的。接下来我们要讨论如何将形式化（formalization）与集权化（centralization）结合起来，以形成学校结构。

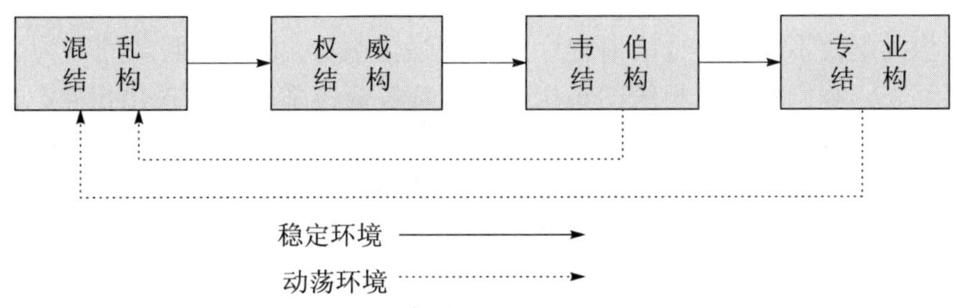

图 3.3　预测的学校结构演变

霍伊和斯威特兰论结构

科层制会使个体的参与者疏离，但这仅仅是一面之词。也有研究表明，科层制能提高工人的满意度（Michaels et al.，1988），激发创新（Damanpour，1991；Craig，1995），减少角色冲突（Senatra，1980），并减少疏离感（Jackson and Schuler，1985）。的确，组织研究描述了关于科层制结果的两种相互冲突的观点。消极的观点认为，科层制导致疏远，产生不满意，遏制创造性，并消解员工的热情；而积极的观点则认为，科层制提供所需要的指导，澄清责任，降低角色压力，帮助个体体验成就感，并且更有效地工作（Adler and Borys，1996）。我们如何才能折中这两种观点呢？

当保罗·阿德勒和布赖恩·博里斯（Adler and Borys，1996）将形式化解释为一种组织技术，并认定形式化的两种类型是促进（enabling）与阻滞（coercive）时，他们提供了一种可能的解决方案。根据韦伯的观点，形式化是规则、制度、程序和指导的书面化程度。促进型形式化和阻滞型形式化的观念与古尔德纳（Gouldner，1954）的代议规则和以惩罚为中心的规则相比，并无不同。霍伊和斯威特兰（Hoy and Sweetland，2000，2001）根据阿德勒和博里斯（Adler and Borys，1966）的促进型形式化与阻滞型形式化来考察学校结构。

让我们首先来界定形式化的两种类型。*促进型形式化*（enabling formalization）是一组有助于成员更有效地处理各种难以回避的问题的程序。规则与程序
103 的设计并不能保证工作顺利进行；事实上，它们也不可能做到。相反，人们需要的是一系列富于灵活性的指导纲要或最好的实践经验，这可以使人更有效地处理所发生的各种突发事件。例如，规则一直不起作用，直到各种资料积累到足以构成对问题解决的刺激时，才会有所促进，而不再是抑制。另一方面，自动阻止与教师的谈话是一种惩罚，这能促进学生的提高。*强制型形式化*（coercive formalization）是一组惩罚、试图迫使不情愿的下属服从的程序。规则和程序取代了责任，但并非责任的补充。与让富有责任感的职员不断地参加组织学习、接触最好的实践指导纲要不同，设计阻滞程序是为了强化顺从，根除不服从的行为。

接下来，我们要讨论组织的集权化或权威等级体系。与形式化相似，也存在两种类型的权威结构。*促进型集权化*（enabling centralization）帮助职员解决问题，而不是妨碍他们的工作；它是灵活的、合作的，而不是僵硬的 、独裁的和控制的。管理人员运用他们的权力帮助教师，设计能够促进教与学的结构。促进型等级体系是权威的混合物，教师感到自信，能够在他们的专业角色中运用他们的权力。*阻滞型集权化*（hindering centralization）指的是一种妨碍而不是帮助参与者解决问题和完成工作的等级体系与管理。在这样的结构中，等级体系阻滞了创新，管理者运用他们的权力与权威去控制和约束教师。

学校中的形式化（规则、制度与程序系统）与集权化（权威等级体系）之间的关系十分密切，这不足为奇；就是说，当规则与程序是促进型的，等级关系也会是促进型的，反之亦然。因此，可以将学校结构描述为一个从促进到阻滞的连续统一体（continuum）。

促进型学校结构（enabling school structure）是一种帮助型的而不是阻滞型的等级体系，是一个指导问题解决而不是惩罚失败的规则与制度体系。在促进型学校结构中，校长与教师在维持各自不同角色的同时，可以超越公认的权威界限合作共事。同样，对于问题解决而言，规章制度是富有弹性的指导，而不会限制问题的解决。在这样的结构中，等级体系与规则是支持教师的机制，而不是提升校长权力的工具。

相反，**阻滞型学校结构**（hindering school structure）是一种阻止的等级体系，是阻滞型的规则与制度体系。等级体系的基本目标是使教师规训化地服从。因此，教师的行为受到封闭式的管理与严格控制。等级体系与规则一直都是被用于

赢得控制与整齐划一。结构一直被用于确保那些不情愿的、不称职的和缺乏责任感的教师完成管理者指定的任务。校长的权力得以加强，但教师的工作被削弱了。

这两类学校结构的特征形成了鲜明对比。促进型结构要求双向沟通，将问题 104
看成是学习的机会，支持差异，鼓励信任、合作、开放、共同解决问题与创新。阻滞型结构的典型特征则是自上而下，单向沟通，视问题为限制，被迫达成共识，不信任，控制与惩罚。开发促进型策略的过程就是参与的过程，解决问题的过程。也就是说，教师与校长以彼此满意的方式共同寻找解决问题的策略。信任是组织的核心，改进是组织的目标。阻滞型结构有许多不同的策略，其中之一便是管理决策的控制与强制执行。校长的目的是监视、控制和惩罚没有完成任务的教师。很简单，校长不信任教师；结果，整个过程充满着怀疑、控制与惩罚。

促进型学校的管理是发现帮助教师取得成功的方法，而不是监视教师的行为以确保服从。我们根据校长的行为来看一个具体的促进型结构的例子。

> 为了让学生的水平测试分数超过州平均分，学校里人人都有巨大的压力。我们发现，校长对教师实施的是开放政策。她关心教师，尊重他们的专业判断。她不愿意告诉教师应该如何提高分数。相反，她是一位和教师一起处理这一难题的同事。通过与教师们长时间的共同努力的工作，她证明了自己对广大教师的责任和解决问题的责任。她的支持性行为的标志之一是，教师们知道，每个星期六从上午九点到下午，他们总能在校长办公室找到校长。星期六，教师们在学校里没有什么压力，但是，每个人都知道校长在工作，而且准备打电话或者亲自与教师谈话。她做到了。没有秘密，没有学生在场，没有指导顾问，没有其他的管理人员，只有校长每个星期六在学校。这个例子的重要价值是显而易见的。校长为她自己制定的行为标准高于她为教师制定的标准。教师们为此而尊重她（Hoy and Sweetland，2001）①。

学校中的研究（Hoy and Sweetland，2000，2002；Hoy，2003；Sinden，Hoy，and Sweetland，2003；Sinden，Hoy，and Sweetland，出版中）开始表明，学校结构存在着巨大差异，这不足为奇，促进型结构通常可以提高管理效能，促进学校运作。这项研究所呈示的图景是，促进型结构的学校里充满着信任——教职员工信任校长，信任同事，教职员工对学校有一种责任。校长和教师的心态是开放的，彼

---

① 其他的制定规则与形成结构的具体例子，参见霍伊的研究（Hoy，2003）。

此坦诚。另一方面，阻滞型结构的特征是教师有一种权力失落感，角色冲突，依赖于规则与等级制度。阻滞型结构中的教师逃避冲突，躲在规则后面寻求安全，表现出对校长的不折不扣地服从。此外，当教师服从阻滞型规则的时候，他们很有可能采取防御性行动，通过各种方式隐藏真相，让上级满意，逃避冲突和惩罚。

105 总之，教师所体验的促进型学校结构与阻滞型学校结构有着不同的特点，它们是通过不同的过程形成的，在教-学情境中也会有不同的后果（参见表3.4）。此外，对结构概念的这一提炼，对于解释那些有关科层结构对参与者的影响的相互冲突的发现，提供了潜在的可能，也就是说，正是这种结构（阻滞结构）而不是全部结构解释了科层制的消极影响。促进型学校结构产生积极的结果；而阻滞型学校结构导致消极后果。总之，促进型学校结构是功能性的，阻滞型学校结构则是功能障碍型的①。

表3.4　学校结构的两种类型：促进与阻滞

	促进结构	**阻滞结构**
形式化	促进灵活的规则与程序	强制执行严格的规则与程序
	将问题看成是学习机会	将问题看成是限制
	价值差异	整齐划一的要求
	鼓励亲密	惩罚错误
	培养信任	产生怀疑
集权化	促进问题解决	要求服从
	促进合作	信奉控制
	鼓励开放	培养不信任
	保护教师	惩罚教师
	鼓励创新	不鼓励变革
	寻求合作	规则的专制统治
过　程	参与决策	单边决策
	解决问题	强制实施
情　境	教师信任	教师不信任
	真理和真相	隐藏真相和欺骗
	凝聚力	冲突
	教师的权力感	教师的权力失落感

① 注意：如同一些家长会让他们的孩子做出破坏性的事一样，构建学校结构可能会得出错误的目标。构建结构既不是灵丹妙药，也不能代替适当的目标、技术与专业知识。参见霍伊的研究（Hoy，2003）。

明茨伯格论结构

亨利·明茨伯格（Mintzberg，1979，1980，1981，1983a，1983b，1989）提供了另一套更具综合性的概念框架来考察组织机构。他简单地将结构描述为组织根据任务进行劳动分工并促使员工相互协调的方式。组织用于监督与控制工作的主要方式有五种基本的**协调机制**（coordinating mechanisms）：相互调节、直接监管、工作过程的标准化、产出标准化以及工人技能的标准化。这些机制把组织黏合在一起。

协调机制 106

相互调节（mutual adjustment）是通过简单的非正式沟通过程进行的协调。工人们通过非正式的讨论与调节调整他们工作的努力程度。相互调节是直接的、基础性的；无论是在最简单的组织中，还是在很复杂的组织中，都十分必要。

直接监管（direct supervision）是通过个人命令进行的协调。个体对于监管与控制其他人的工作负有责任。随着组织规模的扩张，相互调节越来越不奏效，而直接监管却变得更为必要。然而，当工作活动变得越来越复杂时，不管是相互调节还是直接监管，都不够充分。因此，工作需要标准化；通过将各工作部门融入精心计划的工作方案，使各部门的协调得以实现。有三种实现组织标准化的基本方法：工作进程标准化、产出标准化以及技能标准化。

工作标准化（standardization of work ）是通过计划工作内容或将其具体化来实现的。编制如何写教案的书面指南即是一例。指南将编写教案的过程一步步地描述得十分清晰。

产出标准化（standardization of output）是对工作成果、产品的基本方面或要列举的工作绩效的具体描述。例如，人们不会告诉出租车司机行车路线，而只是告诉他目的地。与此相似，只是告知教师学生在某一既定领域应当达到的基本水平；至于达到这一水平的手段则留给了教师。工作成果描述得很细致，人们希望员工能够达到这一标准。

技能标准化（standardization of skills）是一种间接控制工作的协调机制。这里具体规定了为了开展工作所需要进行的培训，以便使技能与知识标准化。培训为工人们提供了合作的基础，也提供了完成任务的工作模式。明茨伯格观察指出，麻醉师与外科医生在手术室相遇，通常几乎没有什么沟通，但他们凭借各自所受的培训，都准确地知道该做些什么。他们的标准化技能构成了他们之间的相互协调的绝大部分。

理论联系实际

思考一下你的学校。举出一个遵循以下协调机制的具体例子：相互调节、直接监管、工作标准化、产出标准化和技能标准化。其中哪一种协调方法在你学校里最普遍？或是一种也没有？对所有的协调性实践进行评价。如果能够变革的话，你会做些什么？为什么？

107 **主要构成**

不管规模大小，大多数组织都在使用这五种协调方法，尽管如此，每一个组织都会专攻其一，这一现象已对组织的基本结构产生了重要影响。明茨伯格也界定了组织的五个主要构成部分（参见图 3.4）。它们是组织结构的重要方面，每一个方面都发挥着关键性的作用。

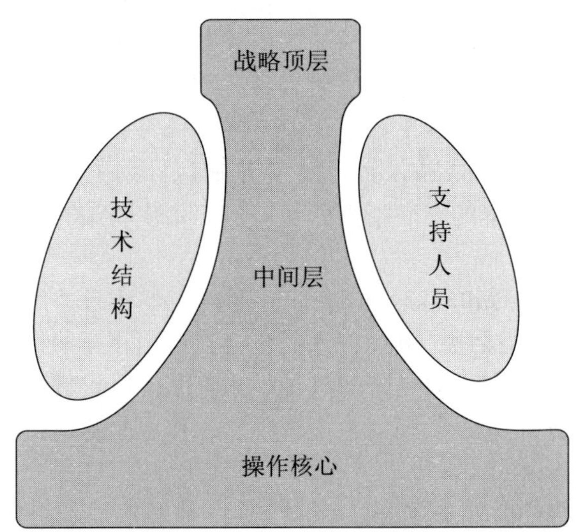

图 3.4　组织的五个基本部分

资料来源：亨利·明茨伯格：《组织的结构化》（*The Structing of Organizations*）（Englewood Cliffs，NJ：Prentice Hall，1979），第 20 页。

操作核心（operating core）包括那些从事基础工作——与产品的生产与服务直接相关的各种活动——的人员。这一部分是组织的核心，创造了最为重要的输出。在学校中，教师是操作核心，教与学是输出。

组织的管理部分有三个。首先是**战略顶层**（strategic apex），包括高层管理者（主管和助手），他们主要负责保证组织有效地完成组织使命。这些管理者通过正式权威结构组建**中间层**（middle line），从而将战略层与操作核心联系起来。在学校系统中，校长是中层管理者。任何主要依靠直接监管进行控制和协调的组织必定有一个庞大的中间层。**技术结构**（techno-structure）是负责规划工作的管理人员，包括制定其他人的工作标准，以及运用分析技术以帮助组织适应环境的分析人员。这些分析人员从事设计、规划和培训，但不直接做管理工作。课程协
调人和教学督导常常是学校技术结构的成员，他们的职责是帮助教师设计、规划 108
教学，并为在职的专业人员的成长发展提供机会。

最后，第五个部分——**支持人员**（support staff），它由一些专门的部门组成，在一线工作人员以外为组织提供支持。例如，在学校中，我们发现，基建部门、维修部门、食堂及财务部门，都不属于操作核心的范畴，但它们的存在间接地为学校提供了支持。

将组织的这五个主要构成部分与五种协调机制结合起来，就构成了五种组织结构的基础：

- **简单结构**（simple structure）：战略顶层是关键部门，核心的协调机制是直接监管。
- **机械科层制**（machine bureaucracy）：技术结构是关键部门，核心的协调机制是工作过程的标准化。
- **专业科层制**（professional bureaucracy）：操作核心是关键部门，核心的协调机制是技能标准化。
- **分部化形式**（divisionalized form）：中间层是关键部门，核心的协调机制是产出标准化。
- **临时组织**（Adhocracy）：支持人员是关键部门，核心的协调机制是相互调节[①]。

我们将主要讨论学校中最有可能出现的各种形式。

---

① 在最初的五种组织结构基础上，最近，明茨伯格（Mintzberg，1989）又增加了了两种——宣教组织（missionary organization）与政治组织（political orgainzation）。有时，无论是思想体系还是政治体系都会不断发展，从而超越标准化结构而创建自己的结构。如果组织的思想体系（文化）变得强势，那么，组织结构将以它为中心来建构，明茨伯格将其称为宣教组织。如果政治体系变得强大起来，控制了整个组织，这种结构就属于政治组织。但是，政治体系（第 6 章）和思想体系（第 5 章）都是标准化规范的组成部分，它们都在五大传统结构之上。

明茨伯格的观点运用于学校

明茨伯格描述的结构是抽象化的理想，但是，这一对比较复杂的结构的简约化处理在有关学校的分析中应用广泛。学校体验到这些结构背后的基本力量：高层管理集权化的力量、技术结构的形式化力量，教师的专业化力量①。一旦哪一种力量占主导地位，学校就可能会趋向于明茨伯格的理想化结构中的某一种。就是说，形式化力量使组织转为机械科层制；集权化力量产生简单结构；专业化力量导致专业科层制。然而，随着《不让一个孩子掉队法》的出台，出现了国家使学校集权化、形式化与标准化的力量。很明显，任何一种力量并不总是占主导地位，各种基本过程或许能在平衡中共存。接下来，我们将讨论许多学校的结构性构造。

简单结构　是一种由高层主管直接进行协调的组织，这种组织几乎没有中间层，只有为数不多的战略顶层。它是高度集权化的**简单结构**。在这样的组织中，几乎没有什么需要详细说明的——几乎没有技术结构，几乎没有支持人员，很少有劳动分工和专业化，只有一个很小的管理层。

109 由于决策集中在高层管理者手中，战略顶层是组织的关键。简单结构不需要标准化。这是因为事情一发生就可以被解决掉；参与者之间是一种松散的、非正式的工作关系。因此，沟通是非正式的，但主要是高层管理者与其他人的沟通。名称说明了一切——结构是简单的。

通常，新的组织开始时是简单的，在发展过程中，它们的管理结构会变得复杂起来，但许多小的组织仍保留简单结构。非正式沟通是有效的，由处于战略顶层的那一个人进行协调。简单结构可能会发生变化。例如，*独裁组织*（autocratic organization）是一种简单结构，高层管理者通过命令掌握权力和规则，发号施令。而*魅力组织*（charismatic organization）则不同，领导有相同的权力，但权力并不是本来就有的，而是追随者赋予领导人的。简单结构的主要优势是它的灵活性；只要有一个人必须做事就行。

简单结构是有利的，因为，许多学校，尤其是较小的小学学区，都采用这一结构。独裁的、有时又有些魅力的校长，用铁腕政策管理学校。尽管有些教师乐于在小型的、人际亲密的学校中工作，在这样的学校里，魅力型校长管理着学校，但也有一些人认为，简单结构是高度限制与独裁的。这样的结构高度依赖高层管理者的专业知识、想象力和精力。主管在，组织便得以运行下去。在这些高

---

① 明茨伯格（Mintzberg，1979）也分析了中层管理人员相互扯皮（Balkanize）的力量和支持人员的相互合作的力量。在学校里，这种现象并不明显，但在分部化结构与临时组织中却很突出。

度集权化的结构中，所有的重大决策由高层管理者作出，正式权威沿着自上而下的单一方向流动。在管理过程中，简单结构的学校会面临许多特别困难的问题，随着学校的发展，越来越缺乏直接监管人员。相对来说，简单结构是持久性的，或者说，可以在组织的发展与完善中维持一段时间。明茨伯格（Mintzberg，1979，1989）将依靠各种形式的标准化加以协调的组织结构界定为科层组织。在明茨伯格关于学校结构的论述中，简单结构是唯一的非科层化结构，它的结构是有机的。

机械科层制　像一台完整的、被控制的机器一样协调性好、运作标准化的组织，是**机械科层制**组织。这种结构的工作过程是常规的和标准的。事实上，工作标准化是首要的协调机制，技术结构是结构的主要构成部分，因为它包含了进行标准化工作的分析人员。在这些组织中，高度集权化是由相当的形式化来支持的：规章制度渗透在整个结构之中；正式沟通在所有层面中居主导地位；决策是根据权威等级链而逐级作出。

这就是韦伯的科层结构——标准化的责任、技术资格、正式的沟通渠道、规
章制度和权威等级体系。这是一个根据精确性、速度、清晰度、连续性、统一 110
性、隶属性以及效率进行调整的结构。机械科层制充满了控制，控制意识是自上而下地发展起来的。正如明茨伯格（Mintzberg，1979：321）所明确指出的那样：“机械科层制的问题并不是要形成一个人们可以谈论冲突的开放氛围，而是要形成一个封闭的、严格控制的、保证工作顺利完成的氛围。”

许多权力掌握在战略顶层的管理者手中。事实上，只有那些技术结构中的分析人员才能与高层管理者分享权力，这是因为，他们的角色是使组织的工作程序标准化。当按部就班地工作的时候，机械结构效果最好。就是说，当简单与重复组合在一起的时候，人们就可以更准确地、持续不断地完成任务（Mintzgberg，1979）。

有一些学校或学区是机械科层制；通常都是大一些的学区，这些学区都有一个精致的技术结构以使工作标准化，或是州里有全州范围的精致技术结构。通过一系列广泛的规则、程序和工作描述使行为标准化。此外，权力高度集中于结构顶层；权威呈下延式流动。尽管许多学校有这样的装饰①，但是，从纯粹意义上讲，大多数学校并非机械科层制，因为，这些学校缺乏复杂的管理结构，缺乏较大的中间层，缺乏精致的技术结构。事实上，许多公立学校介于简单结构与机械科层制之间——即明茨伯格所说的简单科层制。

---

① 指形同虚设的结构。——译者注

专业科层制　可以根据“行为的可预定性或可预测性程度，实际上是行为的标准化程度”来界定的科层结构（Mintzberg，1979：86）。因此，组织可能是没有集权化的科层体系。**专业科层制**即是这样一种允许分权化和标准化同时存在的结构。这些组织将技能标准化作为主要的协调机制；操作核心是组织的关键部分；专业化是重要的过程。所有这些结构是依靠那些进行实际运作的专业人员的知识与技能而有效地发挥作用的。

专业科层制的协调是通过专业人员在培训中掌握的技能标准化而间接进行的。因此，发现这些组织中的人际关系比机械科层制或简单科层制中的人际关系更为松散，就不足为奇了。但是，如果我们的学校想要更有成效的话，学校专业人员之间的团队作用与合作就非常重要了（Tschannen-Moran，et al.，2000；Marks and Printy，2003）。学校结构松散有利于组织的专业基础；然而，对产品（毕业生）的统一要求，学生们以一种有序的程序从一个年级升到另一个年级、从一个学校升到高一级学校的要求，学生接受学校教育的长期性，都要求各种活
111 动的标准化，因此，也就要求学校组织具有科层制基础（Mintzberg，1979）。

相对来说，专业科层制的管理结构是扁平化的。它不需要一个复杂的等级体制进行控制和调节，也不需要一个技术结构设计工作标准。在某种意义上说，专业人员自我控制，制定自己的工作标准。专业科层制的标准在很大程度上源于自身结构以外，那些专业人员所属的自治协会。这些协会制定通用的标准，由大学进行传授，由专业组织使用。正如前面我们曾提到的，组织权威的来源有两个。机械科层制与简单科层制依赖于职位的权威或官方的权威，而专业科层制建立在知识与专业技术的权威基础上。

专业科层制是分权化的，大部分权力掌握在处于操作核心层的专业人员手中。工作过于复杂，不能由管理者直接监督，也不能由分析人员制定标准，因此，专业人员享有很大权力，决定他们做什么和如何做。专业人员与当事人关系密切，与同事的关系却很松散。对于每一个专业人员来说，根据个人战略来思考要比根据整体的组织策略来思考更有意义。某些学校具有专业科层制的特征——有熟练的操作核心、标准化的工作技能、专业规范与专业自治、专业协会、结构松散以及扁平化的管理结构。这些学校配备的教师非常有能力，受过良好的培训，他们控制着自己的工作，并寻求对影响他们的那些决策的集体控制。

我们认为，某些规模小的小学是简单结构；它们是集权化的，但又是非正式结构。主要管理人员不受规章制度的约束，在非正式的氛围中下达强制命令（常常是独裁的）。有些学校是机械科层制，通常，在一些大型的学区可以发现这类学校，这些学区拥有复杂的技术结构，试图使工作标准化，或者有覆盖全州范围的复杂技术结构。一系列涉及面非常广的规则、程序和工作描述使行为形式

化。此外，权力高度集中于结构的顶层；权威向下流动。也有一些学校属于专业科层制。它们的教师非常有能力，受过良好教育，监管自己的工作，参与团队作业，与人合作，与同事分享教学领导（Tschannen-Moran, et al.，2000；Marks and Printy，2003）。专业人员之间的结构是分权的、民主的。尽管一些学校符合这三种结构中的某一种，但大多数学校属于我们已经描述过的这三种“理想类型”的混合变体。

简单科层制　**简单科层制**（simple bureaucracy）具有简单结构和机械科层制两方面的基本特征：高度集权化与高度科层化。但它又是一个相对扁平的管理结构。尽管如此，控制仍然是主要的困扰。因此，这样的组织会遇到我们分析韦伯 112
模式时曾讨论过的科层制的大部分功能障碍特征。只要社会对学校的要求是控制、绩效责任、标准化的教育成果以及廉价的服务，那么，简单科层结构将会是一种普遍的学校结构。

尽管简单科层制中存在高度集权化与高度形式化，但专业化却很有限。费尔斯通和赫里奥特（Firestone and Herriott，1981，1982）认为，这样的学校结构是理性科层制，他们的研究结果表明，许多小学，或者说大多数小学，都是简单科层制，由一系列达成共识的目标指导着内部行为。校长的权力与权威占主导地位。教学与课程是标准化的。教师由校长直接监督。教师的活动大部分由校长控制，由包括固定规则、标准程序及管理程序这样的复杂体制进行协调。

政治组织　**政治组织**（political organization）与权力有关而与结构无关。政治通常体现在所有的传统组织上，但它有时会变得非常强大有力，以至于形成自己的结构。事实上，政治控制着组织的主要过程。在这种情况下，权力的实践形式是非法的，缺乏基本的协调方式，缺乏独立的关键性组织部门，没有明确的分权形式，所有的一切都依赖于非正式的权力与政治，归结为个人问题的解决（Mintzberg，1989）。

权力扩散开来，成为占支配地位的力量时，协调与正式结构就变得无足轻重；事实上，政治是通过造成混乱来进行协调的。谈判、结盟以及政治博弈是理解这种结构的组织生活的关键。的确，政治活动取代了在传统结构中可以看到的合法的影响体系。我们将在第 6 章中详细地讨论权力与政治。

通常，政治组织中的冲突比较严重，这对谈判与结盟都构成了压力。然而，对于学校来说，政治组织是一种功能障碍的结构，因为它妨碍学习与教学。太多的精力与活动都花在博弈、谈判与政治阴谋上。教与学变成了次要的事情。学校一次又一次地参与政治，有时候也就真的发展成了政治组织，但是，由于这种结构本身毫无效能可言，因此，在学校中，这类结构往往昙花一现。

在所有这些结构中，长期以来，我们所期盼的学校是专业模式。但是，一些证据（Firestone and Herriott，1981，1982；Hoy，Blazovsky，and Newland，1983）
113 表明，大多数学校并非专业组织。此外，要使学校戏剧般地变成明茨伯格所谓的专业科层制，是不太可能的事；然而，如果学校与教学变得更加富于专业性，走向准专业科层制或专业科层制，不仅可能，而且大有希望。

在这种情况下，影响具体的学校结构的因素很多。例如，学校的举办时间与规模就可能影响学校结构。随着学校办学时间的延长和学校规模的扩大，非正式关系和直接监管很有可能被形式化和科层控制所取代。如果认定技术体系是复杂的（例如，认为教学是要求个性化、多元化以及不断变革的策略的复杂过程），那么，就需要高度专业化的人员，并要求决策分权化。另一方面，如果技术体系是常规性的（例如，认为教学是提供标准化、简单化的最低限度技能的常规过程），那么，就可以通过科层程序规范技术体系。此外，组织越是由外部控制，就越有可能集权化和科层化。需要再度考虑到《不让一个孩子掉队法》的影响。明茨伯格认为，外部控制组织的最有效方式有两种，要么让权力最大的决策者承担责任，要么像通常所做的那样，通过规章制度落实具体标准。

当学区越来越面临州教育部门提出的绩效责任、最低限度基本技能、毕业考试以及其他无数的绩效目标等要求时，所造成的影响，更多的是更加形式化、更加集权化、专业化程度越来越低，以及州用以规范和控制学校的更为完善的技术结构。另一方面，学校改革者对科层控制的消极影响仍然感到痛心，他们要求重新设计学校结构，以使他们能够聘用有能力和有经验的教师（Darling-Hammond，1985；Darling-Hammond and Wise，1985；McNeil，1986，1988a，1988b；Elmore，1988；Wise，1988；Prestine，1991；Ouchi，2003）；这样，就会越来越远离形式化，走向更大程度的分权化与更高程度的专业化。

松散耦合的观点

一些理论与研究向视学校为科层结构的观念提出了挑战。研究者对种种关于组织结构和过程与组织目标之间的关系的理性假设提出了质疑。特伦斯·E. 迪尔和林恩·E. 切洛蒂（Deal and Celotti，1980）认为，正式组织和学校管理对课堂中的教学方法并没有什么重大影响。同样，詹姆斯·G. 马奇和约翰·P. 奥尔森（March and Olsen，1976）认为，教育组织处于“有组织的无政府状态”

(organized anarchies)①。卡尔 · E. 韦克（Weick，1976）和霍华德 · E. 奥尔德里奇（Aldrich，1979）认为，组织的各种要素或子系统经常松散地联系在一起，114
并且认为教育组织是松散耦合系统的最好例证。最后，约翰 · 迈耶及其助手（Meyer and Rowan，1977，1978；Rowan，1982；Meyer and Scott，1983）提出了用以描述学校的松散耦合的制度性解释，断言科层结构与教学没有什么联系（参见第 7 章）。简言之，学校被看成是目标模糊不清、技术不明确、参与者不断流动、各种活动不协调、各种结构性要素松散联系、结构对结果几乎没有什么影响的组织。类似的分析就叫做**松散耦合观点**（loose coupling perspective）②，这对于标准化的科层理论也是有益的补充。

40 多年前，查尔斯 · 比德韦尔（Bidwell，1965）分析了学校组织的结构松散问题。他指出，为了应对学生能力日复一日的变化问题，教师应该拥有专业判断的自由。学校中不能否认专业自治（professional autonomy）。教师在教室里独立工作，相对来说，不受同事和管理人员的监督，并且拥有对其学生的广泛的自由决定权。这一结果就构成了学校内部的松散结构。同样，结构松散也存在于教育系统中的各学校单元之间。每一所学校的管理人员和教师都在课程、教学方法和教师遴选等方面享有广泛的自由决定权。例如，即使教育系统招聘了教师，但是，如果没有校长们的赞同，教师仍不会被安排到具体的学校中去。

学校的结构松散支持了组织的专业基础，然而，产品的统一性要求，学生们在一个有序过程中从一个年级升到另一个年级、从一所学校升到另一所学校的需求，以及学生接受教育的长期性，都要求有一系列常规性活动，因此，也就构成了学校组织的科层基础。因此，比德韦尔（Bidwell，1965）把学校描绘成一个与众不同的科层制与松散结构的混合体。

研究松散耦合的理论家（Weick，1976；Aldrich，1979）和制度理论家（Meyer，1978；Meyer and Rowan，1977，1978；Rowan，1982）集中关注的是组织行为与成果的无关性。韦克（Weick，1976）对松散耦合概念进行了最为彻底的分析。他认为，**松散耦合**“是各种相互联合事件的反映，但是，每一个事件也都在保持自身的独特性，也存在着某些物质或逻辑上的分离”（Weick，1976：5）。松散耦合意味着相互依赖程度最低的诸因素之间的不紧密或不频繁的联系；因此，援引松散耦合这一短语是为了说明情境的变化。

---

① 又译做“有组织的混乱状态”、“制度化的失序状态”。——译者注

② “coupling”，指两个（多个）实体的行为之间的某种强关联，译作“耦合”；下文中提到“decouple”，是指将这种强关联去掉，就是耦合的解脱，译作“脱耦”，“退耦”，“去耦”。——译者注

大多数组织关注的是谁做工作以及工作的成效如何。韦克（Weick，1976）指出，学校对工作的进展情况控制不严密。教学活动的监督不经常进行，甚至教学评价通常也是很草率的。根据这些情况，可以通过诸如雇佣、鉴定及日程安排等活动，对工作人员的努力程度进行严密的组织控制。

迈耶和罗恩（Meyer and Rowan，1977，1978）进一步验证了韦克的理论。他们认为，教育工作者通常将组织结构从教育活动及其结果中脱耦（decouple）
115 出来，并诉之于一种**信任的逻辑**（logic of confidence）。他们认为，学校基本上是社会的人事认证机构。标准化的课程和有一定资格的教师培养出标准化的学生，然后，根据所认定的教育背景，在经济和社会分层系统中，给这些学生分配适当的位置。诸如小学教师、英语教师、校长、四年级学生或大学预科生等仪式性分类，为结构紧密的教育组织奠定了基础。学校通过遵守更广泛的社会中的法律与规范标准，赢得了社会的支持与合法性。对教学活动的控制少之又少，因为严密的监督和严格的评估会暴露教学计划的一些基本缺陷，并导致不确定性。证明抽象的仪式性分类的统一性，要比评估教－学过程的效能容易得多。因此，学校将仪式性结构从教学活动中脱耦出来，并通过信奉一种美好的信念假设来支撑这种脱耦（Okeafor and Teddlie，1989）。社会对教育委员会成员抱有信心，这些成员反过来也信任教师。学校行政人员被认定为专业人员，贯穿这一过程的持久信念支持了这种多元的信任交流。

对学校中松散耦合的存在、耦合程度与耦合模式的经验支持是混合性的。另一方面，许多研究将学校描绘成高度集权与高度形式化的组织；事实上，新泽西的中学最典型的特征之一便是非常严格的权威等级（Hoy，Newland and Blazovsky，1977；Hoy，Newland and Blazovsky，1980，1983）。中学教师坚持认为，他们几乎在做每一件事情之前，都要得到批准和支持。即使是一件小事，也要根据上级的最后答复行事（Hoy，Newland and Blazovsky，1977）。

另一方面，迈耶和罗恩（Meyer and Rowan，1978）以及其他人（Abramowitz and Tenenbaum，1978；Deal and Celotti，1980；Meyer，1978）所描述的学校图景则明显不同。这些研究者将学校描绘成教学工作基本不受组织结构控制的松散耦合系统。当教师们抱怨他们几乎在做每一件事情之前都必须得到批准和支持的时候，他们就会排斥教学活动。尽管这似乎令人难以置信，但教师工作毕竟与众不同，他们的专业判断力敏锐，课堂教学的专业自主权很大，以至于认为监管问题只是学校和课堂常规管理范围以内的事。

威廉·费尔斯通及其同事（Firestone and Herriott，1981，1982；Firestone and Wilson，1985；Herriott and Firestone，1984）进行的几项有关学校组织形象的研究，具体考察了截然不同的学校结构。他们的研究表明，学校可以分成两类：理性科层制，以及无政府主义的或松散耦合的系统。根据目标共识、权威等级、集权化、形式化以及教师自治的限度等特征来看，小学更有可能是理性科层制。相反，中学更有可能是松散耦合系统，教师拥有更多的自治，但几乎没有什么目标共识，集权化程度较低。 116

科层制与松散耦合系统之间的本质区别可能会令人产生误解（Boyd，2002；Corwin and Borman，1988；Meyer，2002；Orton and Weick，1990；Rowan，2002），并可能成为目标达成的障碍。大多数小学的结构比中学更为紧凑，但这只是一个程度问题。中学里，常规性任务与功能是以科层形式组织起来的。事实上，霍伊及其同事（Hoy，Blazovsky and Newland，1983）所作的一项对公立中学与社会福利机构的比较研究发现，与社会福利机构相比，学校的形式化与集权化特征更明显。没有任何一个福利机构如集权化与形式化水平最低的中学那样，具有如此严密的等级控制或规则强化。R. M. 英格索尔（Ingersoll，1993：108）在对有关松散耦合的文献进行综合评析的基础上，得出这样的结论："那些松散耦合的观点为学校组织提供的是一种不完整的并且有缺陷的看法。"从韦伯科层制观点来看，一再令人惊奇的是组织通常表现为结构松散；而从韦克的耦合观点来看，一再令人惊奇的是组织通常表现为紧密的耦合（Orton and Weick，1990）。当然，学校是紧密结构与松散结构相结合的复杂组织。

通过分析，我们得出这样的结论，学校中可能至少有两类基本组织：一类是负有制度与管理职能的科层组织，包括协调与社区的关系、贯彻法律、管理内部事务、获得和分配必需的资源，协调师生关系；一类是专业组织，负责实际的教与学的技术过程[1]。科层组织是典型的紧密联系而又具有凝聚力的结构，有时太过于严格，妨碍了适应，并造成了教师间的疏离。专业组织是更为松散的结构。教师对教学过程具有广泛的专业判断权，有时太过于独立，会造成冲突、困惑与协调等问题，降低生产力，并影响效能[2]。学校受到其环境影响；学校是开放系统。随着社会变革力量的改变，使组织联系更加紧密或松散的压力也在变化。显然，管理者需要了解组织，要敏感地意识到紧密与松散耦合两方面的消极后果。总之，公立学校是科层要素与专业要素明显地结合在一起的组织。现在，我们将更为详细地探讨这一主题。

---

① 帕森斯（Parsons，1967）详细阐述了学校中的制度、管理与技术功能。

② 有关校长与教师不同控制区域的深刻讨论，参见洛尔蒂的著作（Lortie，1969）。

专业性与科层制的冲突

正式组织雇用的专业人员和准专业人员导致了专业价值和科层期望之间的基
117 本冲突。虽然在专业原则与科层原则之间有很多相似之处，但由于两者确实存在差别，潜在的矛盾依然存在（Blau and Scott，2003）。表 3.5 概括了两者之间主要的相似性与差异性。

表 3.5　专业取向与科层取向的基本特征：相似性与差异性

专业取向	**科层取向**
技术专家	技术专家
目标观点	目标观点
非人格化和公正的方法	非人格化和公正的方法
服务于顾客	服务于顾客
冲突的主要来源	
同行评价小组①	等级取向
决策自主	规训化服从
自定控制标准	服从于组织

人们期望科层人员与专业人员都拥有专业领域中的技术专业知识，坚持客观的观点，客观地、公正地行事。然而，人们希望专业人员以最有利于客户的方式工作，希望科层人员以最有利于组织的方式工作。这种存在于顾客利益与组织利益之间的明显冲突，对许多正式组织都提出了问题。但对于如学校、社会工作机构以及医院等服务性组织来说，这可能不是主要问题。服务性组织主要关注的不是商业利益，它的主要受益人是顾客。对于服务性组织来说，科层人员与专业人员的主要目标是一致的——为顾客服务。

专业-科层冲突（professional-bureaucratic conflict）的最重要来源是应用科层制与专业化的社会控制系统。专业人员试图控制工作中的决策。他们所受的教育就是内化伦理准则，并指导自己的行动，而且，他们的同事也支持这样的行为准则。专业人员基本上会对他们的专业负责，但是，与此同时，他们的同事却可能会指责他们。另一方面，科层组织中的控制并不掌握在同事的手中；纪律主要是

① 原文为“colleague-oriented reference group”，可直译为“同事取向的参照小组”。——译者注

由权威阶层制定的。正如布劳和斯科特（Blau and Scott，2003：63）所解释的那样："对于专业人员来说，绩效是由来自上级的命令所控制的，而不是由自定的标准、同伴的监督所控制的。"

然而，各种不同的专业群体之间存在相当大的差别，他们的专业领域差别亦
是如此。例如，小学与中学教师的专业面相对较窄，而物理学家和科学家们则明 118
显地拥有广泛的权威（Scott，1981）。专业行为的根本基础是专业知识；而科层行为的最终辩护却是它与组织规章制度的一致性以及上级的同意。这一点就成了组织和专业之间的矛盾冲突——"专业知识和自治"与"科层纪律和控制"之间的冲突——的主要来源。

尽管如此，斯科特（Scott，1981，1987b，1992）认为，虽然专业原则与科层原则之间存在着某些冲突，但是，并非这两者之间的所有方面都不相容。通常情况下，两者都是实现理性行为的备择途径——两者的取向是相容的，但是，科层人员与专业人员的人际关系可能比较紧张。教师讨厌来自于管理层的干涉与指挥，并且希望参与学校管理。当然，可以用不同的方法来解决这些冲突。在某些组织中，发生了一些重要的结构变化。而在其他组织中，许多专业人员已经形成了与其科层化组织的要求相协调的倾向。

学校中的专业取向与科层取向

教学是否是真正的专业尚有争议。然而，很少有人会认为，教师比蓝领工人和白领工人更接近于一种职业连续体的专业性目的，也很少有人会认为，教师比医师或律师更远离专业角色。然而，教学理论与知识的增长、对教师教育要求的逐渐提高、教师对学生幸福的责任感、强大的专业协会以及越来越强烈的教师自治要求，所有这些，都为把教学作为一种专业奠定了基础。教学专业化要求的背后，是对提高地位和拥有更多的工作控制权的渴望——不仅是为了拥有更多的责任，也是为了获得更多的权威或权力。多年以来，教师们认为，他们拥有专业义务，如放学以后留下来帮助学生；现在，他们在要求诸如选择同事这样的专业权力。

正如我们在前面曾讨论过的，科层组织的特征并不完全与专业工作群体相容。学校中的很多冲突源于科层原理与专业原理之间的较为普遍性的冲突，这些发现并不令人惊讶。例如，罗纳德 · G. 科温（Corwin，1965）研究了学校中的教师冲突，发现几乎有一半的冲突事件都涉及到与管理者作对的教师。专业取向程度越高，冲突事件越多。同样，迪保拉和霍伊（DiPaola and Hoy，1994）在一项有关教师的研究中发现，专业取向与教师的进取精神有关。

很少有教师能够摆脱口头的或书面的"专业主义"这样的训词。一些管理 119

者使用“专业主义”这一术语就像是为学校或为某一既定的决策寻求支持的呼吁。例如，某校作了一个薪酬奖励计划的决定，随后，所有教师都会收到一张写有他们薪水多少的秘密纸条，上面还有附言：“薪水是一件机密的私人化的事情。这是你的专业义务，不要与其他教师讨论你的薪水。”可以预言，许多教育管理者都认为，“专业”教师对他们的管理和组织都十分忠诚，也就是说，这样的“专业”教师具有科层取向。

学校的科层化与教师的日益专业化之间可能会有持续不断的冲突。在教学中，与控制教师有关的直接冲突问题，就是教材、教学程序与方法的选择以及课程的改革与发展；然而，潜在的问题既不是教学问题，也不是学校组织问题，而是专业知识和自治与科层纪律和控制之间的冲突。

只要学校的基本科层结构倾向于权威，教师权威将仍是造成紧张的一个重要来源。如果学校的组织结构变得更加专业化，那么，化解冲突和紧张的机会将会大大增加。实际上，教师的双重取向（本土化与全球化）或许是一条通则而不是例外。在专业组织结构中，教师越来越多地承担更多的组织责任与专业责任。一些研究证明了这样的观念：如果学校能够扩大教师的专业自治权，那么，教师的科层取向与专业态度就未必会产生冲突（Marjoribanks，1977；DiPaola and Hoy，1994）。

其他几项与教师取向有关的研究也与此相关。爱德华·库尔曼和韦恩·K.霍伊（Kuhlman and Hoy，1974）曾研究过新教师的科层社会化。他们所感兴趣的是，新教师在专业取向与科层取向方面的变化程度，这是学校组织对新教师初级社会化影响的结果。他们的结论是，当新教师被社会化的时候，可能出现双重角色取向。然而，新教师在其从教的第一年，不会变得更加专业化，也不会变得更加科层化。相反，中学教师在第一年就会很明显地表现出较多的科层化取向和较少的专业化取向。相对而言，小学教师的取向比较稳定，尽管作为一个群体，他们比中学教师更具科层化倾向。双重取向来自最初的教学经验以及双重取向可以提高专业效能与组织效能的假设，并没有得以验证。此外，哈罗德·威伦斯基（Wilensky，1964）有关在许多组织中科层文化与专业文化相互渗透的观点，在中学研究中也未得到证实。

大多数中学的科层社会化力量看起来很强大。大多数学校几乎一开始就立即
120 将新教师塑造成所希望的角色，以维持稳定、鼓励协调以及促进对组织的忠诚；事实上，社会化过程是从做实习教师开始的。看起来，实习教师的实际教学体验结果明显地表现出更多的科层化取向（Hoy and Rees，1977）。类似的有关社会化力量及其结果的报道，也见于其他前景看好的职业，尤其是社会工作（E-noch，1989）。

总之，一些研究将学校描绘成主要由专业人员和准专业人员组成的服务型组织。学校组织的结构基本上是带有权威特点的科层制。作为一个群体，教师变得更加专业化，更加富有进取精神；然而，科层结构尤其是中学阶段的科层结构，在使新教师社会化以适应科层组织方面，似乎非常有效，但这往往要以牺牲专业性为代价。因此，学校环境里就包含了一些相互对抗的力量。人们希望管理者和教师能共同努力，使学校组织多一些专业性，少一些权威性。在这样的组织中，教师们对专业和学校都有高度的责任感，而双重取向也就似乎越来越流行了。[①]

领　导　案　例

西部高中的问题

你已经被任命为西部高级中学（West High School）的新校长。这所学校有 1150 名学生，85 名教师，1 名副校长，4 名秘书和 2 名指导顾问。西部高中是东海岸两所中等规模的高级中学之一。学区对教育的支持处于中等水平，其生均支出在全州的排名百分位已降至 48%。你曾在该学区以北 75 英里的学区担任一名高中教师兼副校长。当机会来临时，你提出了申请，并且被录用了，你十分迫切地要在首次担任校长的学校里做好工作。这份工作是一次晋升，也使自己的工资有所提高。此外，这也使你在州立大学完成你的博士课程学习大为方便——尽管这一学习进展比较缓慢。

西部高中的前任校长在任时很受欢迎，他是在那儿工作了 30 年后才退休的。大多数老教师都很喜欢他的谦逊风格。事实上，他的这种风格更应该说是纵容。只要不在学校里生事，他允许教师们做他们自己想做的任何事。通常，社区对此无动于衷。偶尔可能会有气愤的市民打电话来质问，为什么上学时间老师会在银行或咖啡店里。他的教师给他一个昵称——好人“老鲍勃”（Old Bob）。他总是替他们掩护，说他们在忙学校里的事。鲍勃在学校里待了很长时间，以至于社区里的许多家长曾是他刚担任校长时的学生，那时他的昵称是“成熟鲍勃”（Mellow Bob）。虽然他在西部高中总是这个样子，很少有人把他当领导看，但大多数人都会满意他这个样子。为什么要打

① 卡尔森（Carlson，1962）从本土化与全球化的角度对主管之于管理者行为的影响的研究与分析令人倍感兴趣。霍伊和阿霍（Hoy and Aho，1973）、甘兹和霍伊（Ganz and Hoy，1977）分别对中小学校长进行了相同的研究。参见古尔德纳（Gouldner，1955）对本土化与全球化视野进行的经典研究。

破平静成为人们谈论变革时的经常的借口？老鲍勃在学校里一帆风顺，高高兴兴地做着校长。他有一位副校长皮特·马歇尔（Pete Marshall）。当鲍勃需要的时候，他总是为他化解冲突，他总是忠心耿耿，且知道如何去处理所遇到的各种问题。

121 但是，事事无常，全州范围的测验暴露出西部高中在教学上的不足。学生在校内外都遇到了很多麻烦。事实上，学生正在失控——扰乱课堂秩序、打架、旷课及退学的比例不断上升。家长们正考虑让他们的孩子转学去本地区的另一所高中——东部高中。东部高中的学生学习成绩更好一些，而且学校也比较干净，环境更有秩序。东部高中的管理全靠命令，有时它对学生和教师都很苛刻。但是，与西部高中的松散相比，许多家长更倾向于东部高中严厉的纪律。然而，只要不出现危机，老鲍勃和大多数教师就很高兴了。

两年前，学区雇用了一位新总监丽贝卡·戈德堡（Rebecca Goldberg），从此刮起了改革之风。丽贝卡和老鲍勃马上成为对手。丽贝卡认为，学区里应有一所比较好的学校，在全州测试中得到较高的分数，有更多的家长参与，有新的课程计划，辍学人数减少。两年来的种种干涉使老鲍勃无法忍受。在将近62岁时，他便与他的朋友说再见，退休了。他断然拒绝了屈从于新总监。老鲍勃的教师们是忠诚的，当老鲍勃决定退休、计划结束职业生涯时，他们很震惊而且很担心，毕竟他对教师们很友好。他反对科层化的规章制度，因为那些规章制度限制了教师的活动。他奖励那些忠诚的教师，对他们采取不干涉政策。他从不摆架子，他只是“男生中的一员”——这句话曾惹怒了一些年青的女教师。然而，没人去做冒犯老鲍勃的事，因为他很慈祥。无论何时，当他们需要袒护时，都能依仗老鲍勃。老鲍勃与前任总监关系很好，他们有长达20年的友谊。而鲍勃也是从那时起就开始了这种纵容和对教师善意疏忽。没有谁记得某一个新教师何时不再任教。事实上，要在西部高中执教，就要结交认识老鲍勃的人，通常，鲍勃雇用的人，总监和委员会也会赞成。而这情形在两年前就不复存在了。委员会雇用了丽贝卡·戈德堡，这位新总监的想法不同，她的目标是变革和改进这一地区。一些人说老鲍勃被排除在外了。无论起因如何，老鲍勃离开了，并留下了他精心挑选的教师队伍。

皮特·马歇尔担任鲍勃的助理已有10年了，人们私下里都认为他将接
122 替老鲍勃的位子。令人大为震惊的是学校委员会竟决定从校外雇用一名继任者。委员会选你的理由是，你设想中的学校是一个学术水平高、教育与严格管理并存的地方。教育委员会要你当校长，是因为他们喜欢你富于创新的观

念与精力。因此，委员会和总监给予你变革的权力。学校刚刚开学的前一个月你才到任，如今，你已工作了近两个月。你非常相信能改变一切。但是，这一切进行得并不如你预先所想象的那样顺利。你继续雇用这一批忠诚的教职员，但不幸的是，他们忠诚于老鲍勃和副校长。看起来，在每一件事上你都会遭到反对。在这所学校里，几乎没有做事的程序，教师做他们想做的事，其结果是几近混乱。无论你对教师提出什么问题，总会得到相同的回应："我们总是这样的"。当你提出一些使事情有所改进的变革建议时，他们的回答一般都是"老鲍勃才不会那样做呢"。

副校长皮特只是旁观，没有太大的帮助。实际上，你知道他正在暗中破坏。就在上星期你路过他的办公室，无意间听到他正在和某位家长通电话，说你一般都不在学校。这就使得事情很难办。你努力想赢得皮特的支持，和他一起工作，因为你知道他没有得到这份工作是多么失望。或许你应该建议总监将皮特·马歇尔调到东部高中去。来自学生和教师的问题已经够多了，你实在没有精力来防备来自副手的背后暗箭。这是一所紧密团结的学校，但是，很不幸，你是个局外人。委员会和总监期待着结果和变化，但你却四处碰壁。教师们对你在专业发展会议上对即将到来的新学期的安排感到愤慨。他们反对一切变革的尝试。你不能指望得到助手的支持，因为你根本不相信他。甚至你的秘书（老鲍勃的秘书）也靠不住，她也总是把老鲍勃理想化了。你已听腻了"令人尊敬的老鲍勃如何如何"这样的话，一听到就烦。你知道不应该这样。你怀疑有关你的前任的谈话只是抵制你的领导的信号。你觉得很恼怒，感到有必要作一些重大变革。虽然刚开学只有一个月，但必须做些什么。你现在是负责人。你已从委员会和总监那里得到了支持。你必须行动，但你需要帮助，需要制订一个计划。当你打电话与总监预约时，你发誓今天就是改变西部高中的开始之日。你认为没有多少时间来作行动计划，你也相信总监会同情你所处的困境。

- 你是否应该问一下调离皮特·马歇尔的事？
- 你怎样才能找到一位支持你的秘书？
- 你怎样运用职位的权力来进行变革？
- 现在是在学校里进行一些单方面变革的时候吗？还是要进行自上而下的变革呢？
- 现在是制定规则、制度以及程序体系的时候吗？如何制定？
- 现在是进行重大重组的时候吗？
- 在这种情形下，民主是不是不现实的梦想？

这些是你向总监提交变革计划之前必须回答的问题。你是校长，总监支持你，但你的下属却不支持你；你的上级期待着改进；学校需要变革；而你则需要计划。

概要与推荐阅读材料

几乎所有组织都有马克斯·韦伯在其科层理论中所描述的明显的科层特征——劳动分工、专业化、非人格化、权威等级体系、规章制度以及职业取向。韦伯模式受到批评，是因为它没有充分注意每个组成部分可能面临的功能障碍后果，忽视了非正式组织的重要性，忽略了规训化服从与专业知识之间的冲突，具有性别偏见，存在着某些内在病理。此外，后现代主义者对科层制基本结构的不适宜与压制性提出了挑战。尽管如此，韦伯的观点为考察学校结构提供了坚实的概念基础，因为大多数学校都具有许多科层特征。

123 我们已经考察了当代的三种组织结构观点。首先，我们运用霍尔的分析，开发了学校组织结构的四种类型——韦伯结构、权威结构、专业结构与混乱结构。这些结构都各不相同，而且会对学生和教师产生不同的影响。接着，我们运用这一分类，勾勒了一种学校结构发展理论。第二，霍伊和斯威特兰提出了一种促进-阻滞连续统一体用以考察学校结构，他们认为，对于解释结构的积极影响与消极影响而言，起重要作用的是结构的类型而不是结构的数量。第三，明茨伯格对组织结构进行了综合分析。他简单地将结构描述为组织根据任务进行劳动分工并促使员工相互协调的方式。当用这一框架研究学校的时候，就形成了除学校的政治模式以外许多当代的学校结构。该框架为分析许多论述学校结构的文献奠定了基础。

除了科层理论与结构理论以外，松散耦合的观点也非常有用。该框架对科层理论的许多假设提出了挑战，它将学校描述成一个科层制与松散结构明显地融合在一起的组织，其中，制度结构与教学活动相分离。学校中科层要素与专业要素相互冲突的本质特征，为学校结构和个体教师提出了适应还是变革的挑战。

我们建议所有研究者阅读马奇和西蒙经典分析——《组织》（*Organizations*）（March and Simon，1958，1993）。该书论述的是等级结构与理性决策。该书第2版序言是对过去35年来这两位20世纪最杰出的组织理论家的研究进行的富有吸引力的反思。对那些着迷于科层制的建构的学生来说，可以从阅读韦伯的书开始（Weber，1947）。在《明茨伯格论管理》（*Mintzberg on Management*）一书（Mintzberg, 1989）中，明茨伯格对当代组织结构的分析可读性强，内容广泛。博尔曼和迪尔（Bolman and Deal, 2003）则提供了有关组织结构的另一种现代分析。学习组织学的学生都不应错过弗格森的《反对科层制的女权主义案例》（*The Feminist Case against Bureaucracy*）（Ferguson, 1984）。那些对后现代的精彩分析感兴趣的同学，应该读读赫希霍恩的《重新使用权威：后现代组织中的领导与服从》（*Reworking Authority: Leading and Following in the Post-Modern Organization*）（Hirschhorn, 1997）。最后，有关天主教学校的研究（Coleman, 1990; Bryk, Lee and Holland, 1993）为论证组织结构如何影响学校达成组织目标的能力提供了某些强有力的证据。

基本假设与原理

1. 包括学校在内，几乎所有的组织都有等级结构。
2. 劳动分工促进专业化，专业化反过来又形成专业知识。
3. 非正式组织是正式组织的另一面；每一个正式组织都有自发形成的非正 124
   式结构。
4. 组织结构会产生积极后果，也会产生消极后果。管理的挑战就是实现积极后果，避免消极后果。
5. 组织结构的类型（促进型还是阻滞型、紧密型还是松散耦合型）和组织结构的数量（高耸的还是扁平的，集权的还是分权的）同等重要。
6. 不存在最好的结构。合理的结构取决于人、任务、目标、技术与环境。
7. 组织面临控制与协调问题，也面临激发创造性与变革的问题。
8. 紧密耦合可以提高组织效率与绩效责任。但是松散耦合也可以促进创造性与专业化。
9. 所有组织都面临秩序与自由的矛盾。没有最终的解决方案，只有为追求恰当的平衡而进行的不懈努力。
10. 结构观依赖于理性与信心：恰当的结构安排可以使问题减少到最低程度。

126

第 4 章

学校中的个体

在组织的各种运行机制中，没有什么比关于个体效能的信念更为重要或更为普遍的。除非人们相信，他们的行为能够取得期望之效果，否则，他们将难以产生行为之动机。

——艾伯特·班杜拉（Albert Bandura）

《自我效能：控制之训练》（*Self-Efficacy*：*The Exercise of Control*）

要学会你想知道的东西不是一件很难的事情。

——一位匿名的城市学生

华盛顿特区

概　览

1. 学校中的个体被他们的需要、目标和信念所激发。
2. 马斯洛的需要层级理论包含五种最基本的需要，并且按照一定的优势等级排列：生理需要、安全需要、归属需要、尊重需要和自我实现需要。
3. 赫茨伯格的保健-激励理论假定有两类截然不同的需要从而使人感到满意与不满意。
4. 成就感和自治需要也是激励诸多个体的强大力量。
5. 目标设置理论认为，当个体接受一些具体的、现实的、富有挑战性的目标时，动机非常强烈，尤其是当所取得的进步得以及时反馈的情况下。
6. 归因理论认为，当导致结果的原

因被理解为内在的、可变的和可控的时候，动机特别强烈。

7. 公正理论认为，当个体相信自己被公平对待时，也就是当他们认为已经获得的报酬恰当，分配公平，而且自己受到尊重的时候，就会努力工作。

8. 期望理论认为，如果额外的努力改善人们的表现，好的表现被注意并得到奖励，而且这种奖励为他们所看重时，那么，个体就会努力工作。

9. 自我效能通过如下途径激发动机：判定个体自我确定的目标，判定个体所付出努力的多少，判定个体面临困难时所坚持时间的长短以及判定个体承受失败的能力。

10. 内在动机与外在动机是两种不同的激发个体的策略。

当管理者分析他们的组织时，往往会将注意力集中到组织结构对个体的损害 127
上。但是，组织存在的目的既是为了实现组织的目标，也是为了满足人们的需要。忽略学校社会系统中的结构要素或个体要素都是短视的或片面的。正如我们在前面部分所看到的那样（参见第 1 章），学生、教师、行政管理人员都有各自的需要，从而形成各自的个人取向和对自我角色的认知。那么，对决定个体在学校中的工作和其他行为最有帮助的要素有哪些？哪些个人性格特征最能激发他们在学校里的表现？对这些问题可以从多方面来回答，因为个体是十分复杂的，同时需要从多角度和多学科来考察人类的行为。我们认为，考察作为学校社会系统中的个体的学生、教师和管理人员的有效方法是，审视他们的需要、目标、信仰和动机。

需　要

尽管人们在学校中扮演不同的角色、拥有不同的职位，但他们不仅仅是缺乏特殊需要的角色扮演者。事实上，人的需要与动机正是决定个体组织行为的关键因素。组织中的个体通常会在完成工作的过程中关注自我需要的满足。父母关注孩子的需要，政治家关注选民的需要，教师关注学生的需要，而大多数学校领导者则关注教师的需要。个体需要在组织中的重要性是毋庸置疑的。人们拥有不同的个人需要，这些需要塑造着他们的行为。只要可能，大多数个体都会努力使自己的组织角色个性化，这就意味着，给那些人们所期待的角色贴上他们自己的标签，从而使行为与需要一致。扮演相同角色的个体的行为差异很大，其原因在于每个人都有自己的风格。如教师有不同的风格，学生有不同的风格，行政管理人员也有不同的风格。

埃德温·A. 洛克（Locke，1991）观察到，我们在日常谈话中会不经意地提到需要，但是，从生物学角度来看，需要是有机体维持生存与健康的必要条件。更正式地说，**需要**（needs）指的是内在的不平衡状态，这种不平衡状态会促使个体采取某些行动以达到内部平衡（Steers and Porter，1991）。或者正如克里斯托弗·霍奇金森（Hodgkinson，1991：94）所言："需要背后的理念是某种事物中的矛盾或不为人喜欢的不平衡状态。需要所暗示的是一种紧张状态和失衡状态，并且提供了一种行为矫正的动力。"因此，目标导向行为的最终目的就在于满足需要或减轻不平衡。需要这一概念从最基本的层面解释了为什么生命有机体会进行各种各样的活动，同时它也是判断一项具体活动健康与否的标准。

128 需要层级

人类心理学家亚伯拉罕·马斯洛（Maslow，1970）创造了一种有趣的人类需要理论（theory of human needs）；事实上，他的需要理论模式已经成为最广为讨论和最有影响的人类动机理论。这一模式主要源于马斯洛作为一个临床心理学家的经验，而不是源于系统的研究（Campbell and Pritchard，1976；Steers and Porter，1983）。他的理论提出了一个**需要层级**（need hierarchy）——将人类天生的、内在的需要按照一定的顺序排列（Kanfer，1990）。

五种基本需要根据一定的等级层次排列（在图4.1中予以标识和阐述），构成了马斯洛模式的基础（Maslow，1970）：

129
- 第一层是**生理需要**，包括人类最基本的生理功能，例如饥饿和干渴。
- 第二层是**安全需要**，来源于对祥和、稳步发展和稳定的社会的需要。
- 第三层是**归属、爱和社会需要**，这些需要在现代社会中尤为重要。马斯洛认为，对社会的不适应来源于这些需要无法得到满足。例如，他认为，一些青年反叛者的行为源于归属某一团体的迫切需要。
- 第四层是**尊重的需要**，反映了人们期望得到他人高度重视的要求。成就、能力、社会地位和被承认都能够满足这种需要。
- 最后，马斯洛坚持认为，不满意和不安定仍会产生，除非人们在从事他最适合的事情，也就是说，满足了他们对**自我实现**的需要——第五层需要。**自我实现**是一个争议颇多的话题。**自我实现**的一个简单定义是：个体想要成为某种人，实现生活的目标，实现他或她的个体价值的需要（Campbell and Pritchard，1976）。马斯洛把自我实现看做是一个过程，而不是一种终止状态。个体总是持续地处于一个越来越接近于他的独特才能的过程之中（Cherrington，1991）。

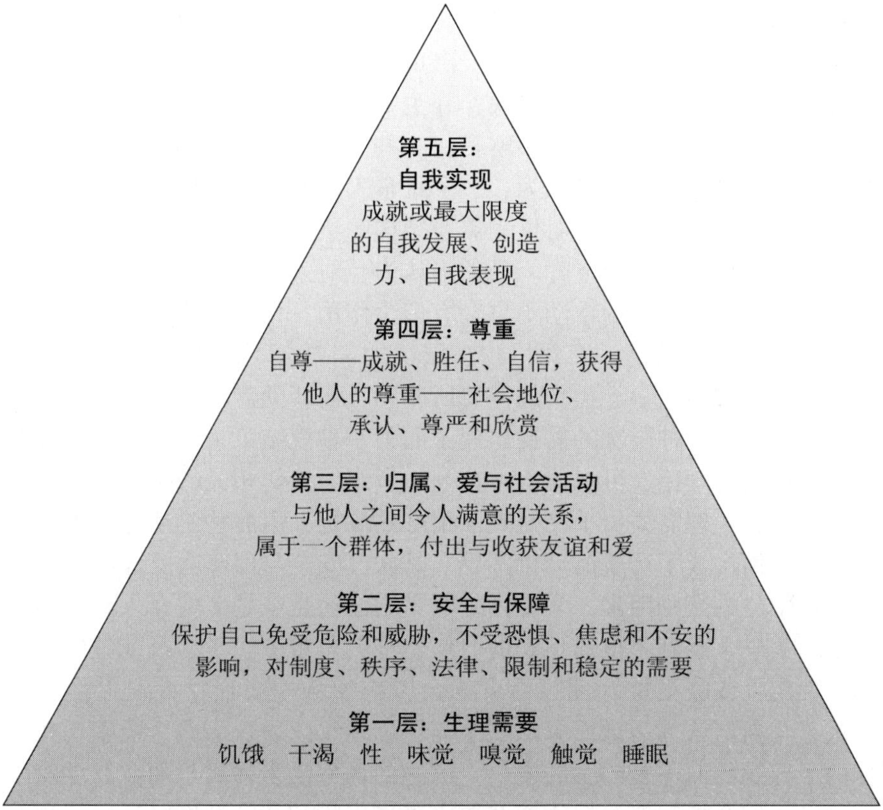

第五层：
自我实现
成就或最大限度
的自我发展、创造
力、自我表现

第四层：尊重
自尊——成就、胜任、自信，获得
他人的尊重——社会地位、
承认、尊严和欣赏

第三层：归属、爱与社会活动
与他人之间令人满意的关系，
属于一个群体，付出与收获友谊和爱

第二层：安全与保障
保护自己免受危险和威胁，不受恐惧、焦虑和不安的
影响，对制度、秩序、法律、限制和稳定的需要

第一层：生理需要
饥饿　干渴　性　味觉　嗅觉　触觉　睡眠

图 4.1　马斯洛的需要层级理论

马斯洛的各种需要之间是互相关联的，而且是按照对个体生存的紧迫性、重要性来排列的。如果一种需要对生存的影响越重要，那么，它就越会被排在其他需要的前面，并要求得到满足。这种规则构成了马斯洛理论的基本假设：*当较低层次的需要得到满足时，较高层次的需要就会被激活*。因此，马斯洛认为，当一个人连面包也没有的时候，他仅仅需要一片面包。但是，当他已经有了很多面包的时候，其他一些更高层次的需要就会产生。这时候，它们又会在他的需要中占据主宰地位；当它们被满足之后，再被新的需要所取代。新的需要得到满足，其重要性下降，又会提升下一层次需要的重要性——这个过程不断循环，直到最高

层级的需要得以满足。因此，个体行为就会被满足当时最紧迫需要的努力所推动（Lawler，1973）。

高层次的需要的相继产生会受到限制，因为，较低层次的需要永远不会得到完全的满足。而且，如果个体不能在某个时间内满足某一层次的需要，这些需要就会成为强大的动机。一种完全满足了的需要并非是一种有效的动机。因此，满足概念就与剥夺一样重要。马斯洛推论说，满意将人们从一种需要的主宰中释放出来，从而允许另一种较高水平的需要出现。相反，如果一个较低层次的需要仍然没被满足，那么，它就会再度出现，并主宰行为。

130 对马斯洛理论的一种常见的误解是：一种需要必须被完全满足，然后才会出现另一层次的需要。而马斯洛认为，一个正常人，通常仅仅只要满足他们所有基本需要中的一部分就够了。而对这一需要结构的更切合实际的描述是：随着需要层次的增长，满意度会不断下降。马斯洛认为，对大部分人来说，前三个层次通常会被满足，从而对行为的推动不再会有多少作用。尽管如此，尊重和自我实现的需要很少会被完全满足。因此，较高层次的需要会不断地激励他们。换句话说，大部分行为被不止一个层次的需要所驱动，而新的需要不会以一个接一个的顺序出现，不会是一种层次的需要出现了而另一种就结束了（Pinder，1984）。

根据马斯洛的理论，可以得出一些与教育组织工作相关的结论。首先，对教育者而言，尽管生理需要似乎已得到了很好的满足，但有些学生却被剥夺了最基本的需要，因而构成了严重的动机问题。其次，安全与保障需要理所当然地成为学校员工和学生的激励因素。学校内外的暴力已经越来越多地介入到许多学生的生活中来。当学生感到恐惧或不安的时候，他们很难专注于学习或教学上。持续的雇用不确定性或歧视性管理行为可能会影响到从一般管理者到主管中的每个人。再次，马斯洛认为，试图寻求安全与保障不仅仅表现于此，还表现在人们通常更偏向于熟悉的而不是陌生的事物、已知的而不是未知的事物。在学校里，有安全需要的人们会抵制变革，他们会要求工作保障和伤害补偿、退休计划等，以满足他们的需要。

归属需要导致个体寻求与同事、同龄人、上级和下级间的人际关系。对教育者来说，朋友关系、非正式群体、专业会员、学校成员等都满足了这种需要。尊重和社会地位的需要，使得教育者去寻求控制、自治、他人的尊重及尊重他人和专业能力。最后，自我实现的需要是使教育者达到他们所能够成为的最好状态。然而，这种需要不如其他需要那么明显，因为，许多人仍在关注低层次的需要。尽管如此，马斯洛（Maslow，1965）明确提倡，像学校这样的组织应该提供能够满足最高需要的条件。因为，自我实现的学生、教师、管理者是最好的实践者。

因此，马斯洛的需要层级理论建立在三个基本假设基础上（Cherrington，1991）：

- 个体需要是普遍的，而且按一定层级排列。
- 个体专注于他们没有实现的需要。
- 低层次需要充分满足后才会感知并追求高层次需要。

马斯洛理论受欢迎的原因之一是它直觉上吸引人，但是，为检验这一理论而 131
设计的研究所取得的成果是多样化的（Baron，1998）。并没有明确的证据表明，人类需要明显地分为五类，或者这些需要可以以任何具体的层次结构予以排列。事实上，许多研究结论都不能支持这一理论；其他研究的支持度也有限（Miner，1980；Steers and Porter，1983；Landy and Becker，1987；Cherrington，1991）。从 1980 年以来发表的三项研究来看，其中一项彻底推翻了这一理论（Rauschenberger，Schmitt，and Hunter，1980），另外两项也只有适度的支持（Betz，1984；Lefkowitz，Somers，and Weinberg，1984）。

在教育情境中，一项由弗朗西斯 · M. 特拉斯蒂和托马斯 · J. 塞尔乔瓦尼（Trusty and Sergiovanni，1966）合作的早期研究表明，对于专业教育者而言，这一理论最大的不足是自尊与自我实现需要的满足。在最近的一项调查研究中，玛丽 · 贝丝 · G. 安德森和爱德华 · E. 伊万尼基（Anderson and Iwanicki，1984）的发现证实了特拉斯蒂和塞尔乔瓦尼的结论。然而，随后的研究表明，相对来说，缺乏安全需要的比例大幅增长。特拉斯蒂和塞尔乔瓦尼还发现，与教师相比，管理者的尊重需要欠缺较少，而自我实现需要的欠缺较多。作者认为，教师缺乏自尊表明他们缺乏最大的需要源泉。同样，格雷斯 · B. 奇泽姆及其同事（Chisolm et al.，1980）进行的一项研究表明，与教师相比，管理者的五个亚层次需要欠缺较少，这五个亚层次分别是安全、社交、尊重、自治和自我实现。

简而言之，我们应该认识到，这种有趣的人类需要分析看上去是吸引人的，但在考察和解释行为方面却难以得到证实。这并不意味着这一理论是错误的，而只是说目前这一理论尚缺乏支持（Miner，2002）。

需要与员工满意

赫茨伯格及其同事（Herzberg，Mausner，and Snyderman，1959）以其著名的对工程师和会计师的研究为基础，发展了一种动机理论和工作满意（job satisfaction）理论。他们根据研究结果得出结论，某些因素之所以能激起积极的工作态度（动机），是因为它们潜在地满足了个体的自我实现需要。或者用赫茨伯格的术语来说，促进了心理成长（psychological growth）。相反，另一组单独的因素——保健因素，则与生理、安全和社交需要相关。马斯洛从心理角度关注人的一般需要，而赫茨伯格（Herzberg，1982）则是从工作如何影响基本需要的角度来关注人的心理的。

上述理论被称做激励-保健理论（motivation-hygiene theory）或双因素理论（two-factor theory，或 dual-factor theory），或者简单地说成是赫茨伯格理论（Herzberg's theory），这一理论已被行政管理人员与决策者广为接受。赫茨伯格及其同事发现了一些积极因素，例如成就、（对成就的）认可、工作本身具有挑
132 战性、责任和晋升。还有一些消极事件，例如与上级和同事之间的相互关系、技术监管、公司政策和管理、工作环境、工资和个体生活。他们认为，某些因素会提升工人对工作的满意度，但是没有这些要素并不必然导致对工作不满意。这一理论以下面几个假设为前提：

- 有两类不同的因素用于解释工作的满意与不满意。
- 激励因素倾向于产生满足感，而保健因素往往造成不满。
- 工作的满意与不满意并不对立，而是独立的、不同的范畴。

因此，激励-保健理论假定，当某种被称为**激励因素**（例如成就、认可、工作本身、责任和进步）的需要得到满足时，会提高满意度。但是，当激励因素没有得到满足的时候，只会产生极小的不满。相反，当**保健因素**（如个体之间的关系、监管、政策和管理、工作环境、工资和个体生活）没能得到满足，则会出现消极的态度，对工作产生不满。保健因素的满足仅仅会产生极小的工作满意度。例如，限制使用学校复印机复印试卷，很可能会引起不满，但允许使用也不会带来较高的工作满意度。工作满意度更有可能源于自主、责任和工作本身的挑战。总之，激励因素往往会产生工作满意，而保健因素往往造成不满。为什么那些导致不满的“保健”因素在提升满意度方面相对不太重要呢？打个医学上的比喻：尽管保健在预防严重传染时非常重要，但是，仅仅通过保健通常并不能保证健康。正如仅仅依靠保健因素并不能获得高水平的满足一样。

迈纳（Miner，2002）发现五种激励因素在概念与经验上彼此相关。当这些因素同时发生作用时，个体的个人成长与自我实现的基本需要将会得到满足，从而产生积极的情感，个体绩效也会提高。适当提供保健因素可以消除不满，并把绩效提高到某一程度。但是，保健因素不能像激励因素那样创造出积极情感和优异绩效。

133 虽然赫茨伯格的理论颇有争议，但它对工作激励和设计仍产生了很大影响。

斯蒂尔斯和波特（Steers and Porter，1991）认为，赫茨伯格值得人们信赖，他使人们关注通过激励进一步理解在工作组织中所扮演的角色的需要，从而填补了 20 世纪 50 年代后期的研究空白。他用系统的方法和易于理解的语言，提出了一个易于掌握的理论。这一理论以一定经验为基础，向行政管理人员提出了具体的行动建议。平德（Pinder，1984）为这一模式提供了更有力的支持。他认为，赫茨伯格的工作设计思想具有相当的真实性与可行性，并且具有实质性依据。

简言之，当管理者努力设计并丰富教学工作，使教学工作本身富有挑战性和趣味性，并努力消除那些很有可能导致不满的因素的时候，管理者应该意识到这两类因素。激励因素和保健因素都很重要，但各有各的作用。参见表 4.1。有一点需要说明：这两类因素并非像理论上所说的那样各自孤立。例如，工资不仅仅是导致不满的因素，对于另外一些人来说它也是激励因素（Miner，2002）。记住那些招致不满意的事物与产生满意的事物有所不同——这是有益的。

表 4.1　赫茨伯格的保健-激励理论

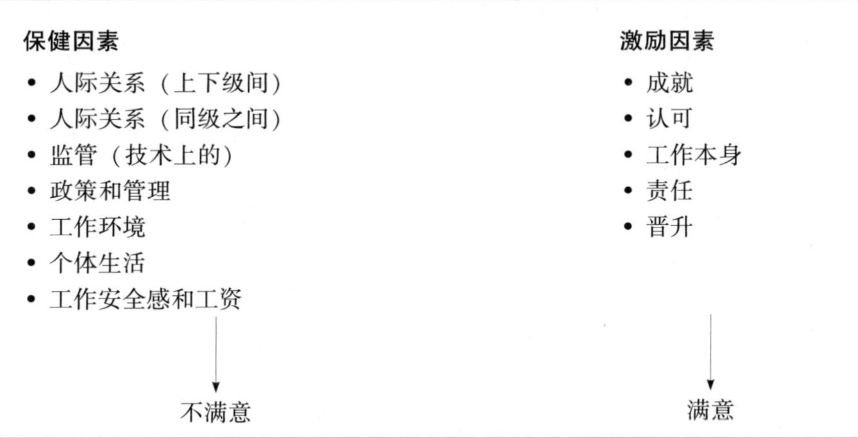

保健因素	激励因素
• 人际关系（上下级间）	• 成就
• 人际关系（同级之间）	• 认可
• 监管（技术上的）	• 工作本身
• 政策和管理	• 责任
• 工作环境	• 晋升
• 个体生活	
• 工作安全感和工资	
↓	↓
不满意	满意

成就需要

戴维·C. 麦克莱兰（McClelland，1961，1965，1985）的**成就动机理论**（achievement motivation theory）通常被称为需要成就理论（need achievement theory）或 *n*-成就理论（*n*-achievement theory）[①]。成就需要指的是完成艰巨的任务、

① 根据坎贝尔、邓尼特、劳勒和韦克的著作（Campbell，Dunnette，Lawler，and Weick，1970），麦克莱兰试图提炼和研究默里（Murray，H. A.）所编制的动机列表中的一系列动机。三种动机引起人们的高度关注——成就需要、权力需要和归属需要。成就动机最为引人关注，并形成了期望成就动机理论。限于讨论的目的，我们将讨论范围限定在这一理论的价值部分。

攻克难题和超过他人的需要。个体努力工作是为了在某一领域取得成功，而不是为了其他的奖励，在这种情况下，人们会认为个体具有高水平的成就需要。与马斯洛的固定层级和内在需要相比，麦克莱兰的理论认为，动机是可以习得的，并
134 且按照对人类行为的潜在影响力依次排列，但又因人而异。伴随着成长，人们学会把各种积极或消极的情感与各种事物联系起来，因此，当人们把高标准的努力与积极结果联系在一起的时候，就形成了成功的价值观念（Pinder，1984）。对个体来说，成就以动机的最高层级为导向，只需要一点点成功的信号就能够激发对快乐的期望。这样，为成功而努力的可能性就会大大增加。在这种情况下，较弱的动机就会让步于成功，继而在影响行为过程中承担次要的角色（Miner，1980）。

麦克莱兰（McClelland，1961，1985）假设，成就动机很高的人有三个重要特征：

- 第一，他们拥有**强烈的个体责任感**，更喜欢独立工作而不是与人合作。如果工作需要合作，他们往往会根据能力而不是友谊来选择合作者。高成就需要的个体喜欢那些需要他们承担个体责任和获得个体荣誉的工作（Miner，1980）。例如，他们更喜欢根据绩效来计算工资的制度（Turban and Keon，1993）。
- 第二，高成就需要的个体倾向于设定**适当难度的目标**，冒适度的风险。如果工作太难，那么，成功的机会和获得满足感的机会就较小。容易的工作表示每个人都可以做，这样就没有什么成就感。获得较大成就的人通常会计算风险和选择那些会使他们感觉有一点紧张的工作环境，但不能太紧张（Miner，1980，2002）。
- 第三，高成就需要的个体**对绩效的反馈很看重**，想要知道自己做得有多好，而且急于获得有关结果的信息，无论是成功还是失败（Cherrington，1991）。如果一个个体不能从失败中看到成功的话，那么，成就感对他就毫无激励作用。

高成就需要的个体的特点是一心专注于完成任务（Cherrington，1991）。因此，在学校中，成就需要是非常重要的激励因素。因为，那些一心一意全神贯注的学生、教师和管理者，常常是成功的。麦克莱兰从他的研究中得出结论：获得
135 成功的激励因素有很大的部分取决于个体幼年时期的经历及其家长的影响。如果让孩子们在幼年时期就知道他们的行为会影响成功以及知道如何认识优异的绩效，孩子们长大后竞胜的愿望会更强烈（Schunk，2000）。

然而，其他的理论家把成就动机视为一系列信念与价值观，这些信念和价值观为近期的成功和失败的经验所影响、为当前环境中任务的难度和已有动机所左右。因此，一位教师或许在代数课上动机很高，因为她的课堂教学非常顺利，但她在几何课上的动机却很低，因为学生对此不感兴趣还常常制造麻烦（Stipek，1993）。

满足教师或学生已有的成就需要是一回事，培养那些本来就没有什么成就需要的教师或学生却面临非常严峻的挑战。麦克莱兰（McClelland，1965）提出了某些证据，以说明旨在培养成就需要的培训项目可以培养成人前所没有的创新行为（entrepreneurial behavior）。因此，教育和培训是改变动机的一般性策略之一（Katzell and Thompson，1990）。培养成就动机的尝试应当体现以下特征：

- 创建个体能够成功的环境。
- 重点确立合理且可以实现的目标。
- 相信个体对工作绩效的责任感。
- 为工作绩效提供清晰的反馈。

在学校以及其他环境中，通过培训，可以用有关未来成功的有益结果激发成就动机。当成就动机被确立而非降低之时，得以增长的是成就需要，而不是对完成任务的满足感（Wood and Wood，1999）。但是，需要指出的是，麦克莱兰的大部分研究是针对男孩和男人（boys and men）而言的，因此，目前，他的理论仅局限于男性（males）；事实上，将此理论推广到女性中的尝试鲜有成功（Pinder，1984）。

自主需要

自主（autonomy）或自我决定（self-determination）的需要是指我们自己可以决定做什么以及如何做。换句话说，我们希望独立行事，而不是在外界压力或奖励下做事（Deci and Ryan，1985；Deci，Vallerand，Pelletier，and Ryan，1991；Ryan and Deci，2000）。人们希望对自己的行为负责。事实上，波特（Porter，1961）认为，思想上和行为上的独立性以及自主是人的基本需要。人们拒绝在外部压力下做事，尤其是在规则、规章、秩序和最后期限的压力下工作，因为，这些外部压力干扰了他们的自主需要。有时，人们为了能够保持自主，甚至会拒绝别人的帮助（deCharms，1976，1983）。

理查德·德查姆斯（Richard deCharms，1976，1983）用“原创者”（origins）和“马前卒”（pawns）作比喻来区分自我做主与他人做主的差异。“原创者”认为

136 自己是行动的主人。马前卒将自己看成是参与一项受他人控制的游戏，并且觉得自己无权决定自己的行动。当人们是马前卒的时候，游戏变成工作，休闲变成义务，而内在动机变成了外在动机（Lepper and Greene，1978）。例如，作为一名校长，你或许有这样的经历，决定让教师参与决策，仅仅因为你的动机受到督学的压抑——督学坚持要推行设计完善的情境管理（sited-based management）计划。你成为原创者的机会被试图控制你的科层体系所阻碍。你对上面所说的情境管理毫无兴趣。这是因为你的自我决定感为人所践踏。事实上，教师对校长所实施的自上而下的管理很有可能会有同样的感受（Woolfolk，1998，2004）。

德查姆斯对学生的研究使他得出了这样的结论：学生几乎都不是由他们的内在动机控制的，同时，他们也没有权力控制自己的行为。他们常常是马前卒而不是原创者。而教师和学校管理者也有同样的感觉，甚至更为强烈，觉得自己只是一个马前卒而不能自主。他们对工作没有兴趣，也没有什么责任感。个体自主性可以通过活动和培训得到提高。例如：自己确立现实的目标，自己制定达成目标的计划，自己对自己的行为负责，并且树立自信心（Woolfolk，1998，2004）。某些研究成果表明：人在拥有较大自主权的时候更加自信、自尊，对自己的表现也有更高的要求（deCharms，1976；Ryan and Grolnick，1986）。通过鼓励个体自主决策，计划自己的行动路线，并且对自己的结果负责，可以增进他们的自主与自我决定需要。这似乎表明，如同我们成长、发展、成熟一样，自主需要变得越来越重要。

成就、自主、社会交往、自尊和自我实现等需要，是一些关键需要，这些关键需要激励着教师和管理者，并影响着他们对组织角色的认知与理解。此外，目标是影响个体行为的又一驱动力。

理论联系实际

我们已经讨论了员工对安全、尊重、自我实现、自主、满意和成就的需要。请举一些例子来说明，在你们学校中哪些需要最重要。解释一下为什么这些需要最重要，并讨论校长用以帮助教师实现这些需要以及使教师工作效率更高的各种方法。

目 标 137

目标（goals）是个体希望达到的未来状况。假设你在为一场重要的考试作准备，你是否告诉自己在读几页书、背完笔记、解决一些问题和完成几套练习试卷之后才会休息？如果你是一个认真的学生，你很可能为准备完成这样的重要事情而制定了一系列类似的目标。大多数人为自己确立各种具体目标，这是因为目标有助于消除“现在的你”（where you are）与“未来的你”（where you want to be）之间的差距。目标设置对我很有帮助。我成功地撰写本书的原因就在于，我为自己设置了现实的写作目标。例如，我每天至少写一页，每天坚持，直到写完你正在读的这本书。

目标是个体希望实现的目的或结果。目标确定个体可以接受的绩效水平或行动方向。根据个体动机，目标是属于个人的，尽管目标往往是根据周围信息建构起来的（Ford，1992）。例如，教师通常会接受其他教师共享的目标或者接受学校制定的目标。洛克和莱瑟姆（Locke and Latham，1990）指出了目标的两个重要方面——目标内容与目标强度。

目标内容（goal content）是指所寻求的从具体到抽象、变化多样的目的或结果（object or result）。例如，你决定两个月内减肥 10 磅、考试得 A、实施一门新课程、运用一些改进了的教学技能，这些就是具体目标。较为抽象的目标或许包括高成就或更强的自尊。目标内容因人而异，这种变化不仅表现在内容的具体化上，而且表现在时间（短期还是长期）、难度（容易还是艰难）以及数量（少还是多）等方面。

目标强度（goal intensity）是形成目标所要求的努力、个人赋予目标的重要性以及对目标的承诺（commitment）。承诺是个体认为目标重要性的程度，是实现目标的决心，是面对困难和障碍而能坚持的决心。提高承诺的因素是使人们相信，目标是可能实现的，是重要的，并且是适当的（Latham and Lock，1991）。承诺影响并调整着对于目标的努力，因为重要目标更有可能被接受，引发热情参与，促进持久性行动（Miner，1980，2002）。如果没有对目标的承诺，目标就不会发挥作用，这几乎是不言自明的（Locke，Latham，and Erez，1988；Latham，Winters，and Locke，1994）。

目标设置理论

将目标作为动机的重要方面的历史渊源可以追溯到 20 世纪初期，尽管如此，138

人们通常认为埃德温·A. 洛克及其助手加里·P. 莱瑟姆（Locke，1968；Locke and Latham，1984，1990；Latham，2000）创立了现代**目标设置理论**(goal-setting theory)①。事实上，刚一开始，目标设置理论并不是以理论的形态出现的，而是由一项有趣的研究引发了对相关阐释的探讨，因而产生了著名的目标设置理论(Baron，1998)。这一研究结果简单、明了，并且观点非常鲜明。让我们从理论上来阐释这一研究的细节。

莱瑟姆和鲍尔兹（Latham and Baldes，1975）对一群在锯木厂附近运输木料的伐木工人进行了观察。在研究开始之前，工人将大木头放到卡车上，只装了卡车容量的60%，这种浪费是惊人的，因为大卡车的行程非常远——每公里需要好几加仑燃料，而不是每加仑燃料能跑好几公里。为了改变这种状况，莱瑟姆和鲍尔兹召集工人进行讨论，以解决问题。与此同时，他们确立了一个具体目标：将原木运到锯木厂之前，工人要将所有卡车装载到卡车容量的94%。结果发生了什么呢？工人的绩效水平戏剧般地提高了，并且这一绩效得以保持。事实上，甚至在后来7年的追踪研究中，工人们仍然是将卡车几乎装满。这是因为，目标被工人接受了，而现在这一目标已成为他们工作中的常规部分了（Baron，1998)。

为什么目标常常能提高我们的绩效表现？洛克和莱瑟姆（Locke and Latham，1990）认为，成功的目标绩效需要满足四个条件：

- 目标必须是**具体的**。
- 目标必须**富有挑战性**。
- 目标必须是**可以实现的**。
- 最后，个体必须**全心投入**到实现这些目标之中。

研究结果（Mento，Locke，and Klein，1992；Wright，et al.，1994；Latham，2000；Locke and Latham，2002）表明，当这四个条件得到满足的时候，目标设置是一种提高动机与绩效表现的有效方式。

目标设置理论何以如此有效呢？该理论的基本假设是，实现目标的意图是激发行为的重要动力。目标指导个体的心理和生理行为。洛克和莱瑟姆（Locke and Latham，1990）用四种目标机制来解释目标对行为的积极影响。首先，目标增进了对即时任务的关注；也就是说，它们通过帮助人们找到问题的焦点而影响选择。其次，目标促进了对各种活动的努力；目标帮助人们从事与目标相关的各

① 又译做“目标设定理论”。——译者注

种活动，而忽略其他活动。第三，目标延长了持久性。因为一旦目标清晰，就几乎没有什么诱惑值得放弃目标。一旦一个人决定了一个目标，这三个机制就变得相对自动化了。最后，目标设置通过形成具体的任务策略——如完成任务的方式——来激发和提高动机与绩效。任务策略是个体为实现目标而形成的有意识的、经过深思熟虑的计划。注意、努力和毅力是目标设置自动化的结果，而构建目标策略是有意识的、审慎的和创新的结果。

作为一种有效的激励力量，信息反馈也在目标设置过程中发挥着重要作用。 139
为了获得激励，个体需要准确了解“目前状态”与“未来状态”之间的差距。反馈有助于个体评估他们的进步。如果他们感觉差距很大，他们才会付出更大的努力，甚至尝试运用另一策略。当反馈发挥作用时，个体的自信心、分析性思维和绩效表现就会有提高的趋势（Bandura，1993）。

一系列控制良好的实验证实了洛克的观点。大部分实验对象是大学生，这些学生在短期内完成一些相对简单的任务。因为，理论最初依赖于在封闭的、人为控制的环境中所取得的证据。理论的支持者下一步就要试图回答下列问题：在一个缺乏实验效果、不易达成一致目标的自然组织情境中，只是靠设置具体的、富有难度的目标能否提高员工的绩效？的确，研究证据表明，对于改进诸如学校这样的组织中的成员的行为而言，目标设置理论是有效的（Latham and Yukl，1975；Locke and Latham，1990；Pinder，1998）。

值得注意的是，由目标理论推出的三个推论也得到实质性的研究支持（Locke and Latham，1990）。第一，*难以实现的目标如果被人接受，将会产生比易于实现的目标更高水平的绩效表现*。人们对此现象的解释是，难以实现的目标比易于实现的目标更能激起更大努力和持久性，前提是要接受这一难以实现的目标。同样，与易于实现的目标相比，难以实现的目标能在更高绩效水平上使人产生满足感。

第二，*与诸如“尽最大努力”等模糊目标或甚至根本没有目标相比，具体目标能产生更高水平的绩效表现*。一般目标在本质上是模糊的、不明确的，人们在评价自己的绩效时往往得益于这些模糊的标准，常假设自己已经达到了“尽最大努力”的标准。然而，从目标设置理论的观点来看，一个具体的、有难度的目标能够使人明晰有效绩效的构成因素（Latham and Locke，1991）。最近的一项针对小学生教学辅导的研究结果强调，与质量目标相比，数量目标更为重要（Audia et al.，1996）。数量目标（如在特定时间内制造 5 件产品），而不是质量目标（如制造出没有任何缺陷的产品），更能激发参与者运用可以增加产量的任务策略（task strategy）。我们再次看到，具体目标比一般目标更为有效。

第三个推论是一个有争议的推论，即关于目标、责任与绩效的来源的推论。

目标设置的方法有三种：个体选择他们自己的目标、人们共同设置的目标以及由他人指定的目标。由于研究结论有争议，洛克和莱瑟姆（Locke and Latham，1990）设计了一个周密的研究项目，以检测参与者在目标设置中投入与绩效表
140 现方面的效果。结果表明，由他人指定的目标的激励效果与共同设置的目标一样，都能激发人们产生较高的目标责任与绩效表现。同样，与以其他方法设置的目标相比，自我设置的目标不能持续地激发人们形成更为有效的目标责任，或提高绩效表现。有效激励的关键因素似乎在于目标是否被个体认可，而不管个体有无自己原先的目标。如果目标贴近实际、难度适中且富于价值，通常更能为人们接受并认同（Erez and Zidon，1984）。

总之，目标设置理论表明，具体的、富有挑战性的、可达成的目标能够而且经常能够激发动机，因为，这样的目标能让人构建起具体的策略以实现目标，并在实现目标的过程中集中精神、加倍努力、持之以恒。在此过程中，对所取得的进步的反馈能强化人们的注意力、努力和毅力，或为修正或变革策略提供信息，使之发挥更大效用（参见图 4.2）。有关目标设置理论的有效性的证据不胜枚举（Locke and Latham，1990；Baron，1998；Pinder，1998；Latham，2000；Locke and Latham，2002）。下面，我们转而讨论信念是如何激励和影响行为的。

理论联系实际

你刚刚受雇成为一名拥有 20 名教师的小学校的校长。这是你第一次做校长，而且你想获得成功。你想为自己确立什么样的目标呢？写出两个短期目标（工作第一个月可以完成的）和两个长期目标（工作第一年可以实现的）。描述一下你为什么选择这些目标以及你为什么要致力于实现这些目标？确保这些目标是具体的、现实的、富有挑战性的并且是可以实现的。你如何获得反馈信息来评估你的进步呢？

信　念

个体也依据信念行事。**信念**（beliefs）是一种对于世界的普遍性理解与概括；它们是个体所认为的真理性东西。信念是对理性或事业等客观事物的典型评估。信念常与区别于现实存在状态的理想画面相联系，常与诸如学校规章制度的

公平性等“应该是什么”的评价联系在一起。它们常常与记忆中的情景或事件联系在一起，例如，学校规章制度的不公平性可能与学校里发生的不幸事件联系在一起（Nespor，1987）。 141

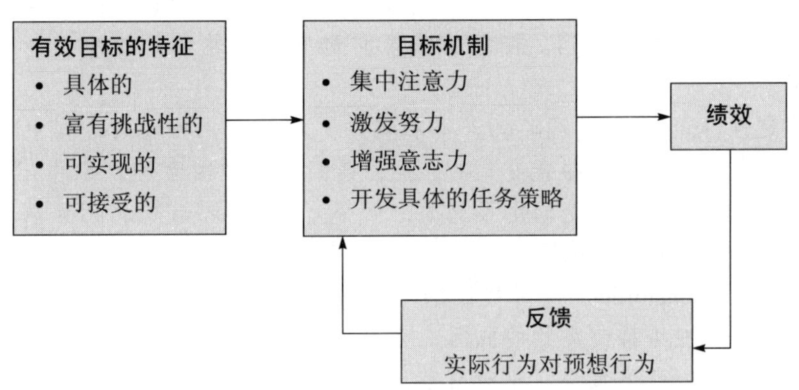

图 4.2　目标设置理论

信念在激励个体行为方面起着核心作用。有关因果关系、公平、理智、行为结果以及控制自己命运的能力等个体信念，是影响我们行为的一些关键信念。我们将解释信念所产生的激励作用。

关于因果关系的信念：归因理论

人们遇到发生在自己或他人身上的事情时，就会问为什么，然后对事情的缘由进行推理或归因。例如，学生会问：为什么我在期末考试中没有及格？是我不努力吗？还是我不够聪明以至于不能理解学习材料？基于这样的观察和疑问，伯纳德·韦纳（Weiner，1972，1985，1986，1992，1994a，1994b）运用归因概念来构建激励模式。实质上，**归因理论**（attribution theory）是个体对过去的行为所作的原因解释，特别是与成功的努力和期望有关的原因。归因理论家认为，个体自然而然地会寻求事件发生的原因，当结果非常重要或无法预料时，尤其如此（Stipek，1993）。人们将成功与失败归因于诸如能力、运气、努力、状态、兴趣和不公正的程序等。人们归因时，就是在寻求或创设关于事件内容以及事件发生原因的信念。一旦形成这一解释并被人接受，个体便能够经常运用它来更好地改造自己与环境。

因果关系的维度

韦纳（Weiner，1985，1986，1992，1994a，1994b，2000）认为，绝大多数

导致个体成功或失败的原因都可以被归结为**因果关系的三个维度**——归因源（locus）、稳定性（stability）和责任（responsibility）。

142 • **归因源**(locus)（内在的与外在的）指的是原因之所在。能力和努力是最普遍的内在原因。任务的难度和运气则是最常见的外在决定性因素。

• **稳定性**(stability)（稳定的与不稳定的）用来断定在整个过程中哪些原因是不变的，哪些是变化的。能力是稳定的，因为人们普遍认为个体某一方面的天赋是固定不变的，而努力则是不稳定的，因为在不同情况下人们花的工夫不同。

• **责任**(responsibility)（可控制的与不可控制的）指的是个人的责任，即，个人能否控制事物的成因。努力是可以控制的，因为个体应当对自己的努力程度负责。相对而言，人们普遍认为，能力和运气是超乎于人们的控制的（Weiner，1986，2000；Kanfer，1990；Graham，1991）。

对动机而言，这三个维度的每一方面都具有非常重要的意义，因为它们关系到人们对成功与失败的情感反应。例如，内在的或是外在的归因与自我感觉有着紧密联系。如果成功或失败由内在原因所致，那么，成功往往可以使人产生自豪感，而失败将会降低自我评价。稳定性因素则与那些暗示未来期望的感情有联系。例如，稳定的失败因素将产生绝望、冷漠、自暴自弃的情感。而与责任因素相关的则是那些包括内疚、羞愧、遗憾、愤怒在内的社会情感。当失败的原因是由于缺乏努力，由于我们能够控制但没有设法为我们的行动尽责时，我们就会感到内疚；相反，成功时，我们就会感到自豪。遗憾或愤怒则是由于诸如能力或任务难度等不可控制的因素导致了个体失败。而这样的成功仅仅能引发人们的幸运感或感激之情。还有，控制我们自己的命运的感受往往与选择更难的任务、更勤奋地工作以及不懈的坚持有关（Schunk，2000；Weiner，1994a，2000）。

当我们将情感反应与这三种归因维度联系起来时，就会发现结果的产生有着内在的和不稳定的因素，同时也在人们的责任与选择范围内（Kanfer，1990）。例如，当新教师鼓励学生参与课堂活动的计划失败而又将此归咎于自己准备不足时，绩效不佳对自尊造成的伤害和羞愧感就会小一些。如果他们感到原因是内在的、不稳定的并且是可以控制的——也就是说，是在他们的控制能力范围内的，他们就会对未来的成功产生乐观情绪。然而，如果经验丰富的教师鼓励学生参与课堂的活动计划屡遭失败，他们很可能会将这归结为自己能力不强，也就是说，原因是内在的，稳定的和不可控制的。这些教师就会认为，他们还会失败，没有希望，自我评价低，甚至羞愧难当。他们的课堂表现动机会变得很低。导致失败的原因，取决于这三个维度的结合。

韦纳（Weiner，1994a）认为，当失败归因于能力不强时，动机顺序为： 143

失败→缺乏能力→不可控制→不负责任→难堪→绩效下降

而当失败归因于努力不够时，动机顺序则为：

失败→努力不够→可以控制→承担责任→内疚→参与→绩效提高

对归因理论的某些批评认为，归因理论只不过是一些常识罢了（Graham，1991）。例如，我们同情残疾人，而讨厌那些因懒惰而不愿劳动的人。还有，我们能力很强的时候，会期待再次成功。有人认为，归因理论是我们共同的思维方式的一部分，这种思维方式是关于社会生活世界的，而不是关于科学知识的。归因理论家则强调，尽管如此，我们的一个重要目标是要将我们所知道的常识系统化，并将其置于一个与各种社会现象相关联的概念框架中去。一直以来，许多研究结果都支持归因机制，并且有效地预测了未来绩效（Miner，1980，2002；Weiner，1986，1994a，1994b，2000；Kanfer，1990）。

可以根据下列问题来归纳归因理论的核心思想：

- 因果关系问题：产生此结果的原因是什么？
- 归因源问题：原因是内在的（能力、努力）还是外在的（任务难度、运气）？
- 稳定性问题：这些原因是不变的还是变化的？
- 责任或可控性问题：我是否可以控制这些原因？

当学生、教师、行政管理人员认识到这些结果的原因是内在的、可变化的并且在他们的控制范围内时，他们就会备受激励。

关于能力的信念

影响动机与行为的某些最重要的归因就是关于能力的信念。当我们审视这些信念时，就会明白为什么有人会设置一些不合适的、没有激励作用的目标；为什么有的教师会放弃，而有的学生会采取自挫的策略（self-defeating strategies）。

成人对能力有两种普遍的看法——稳定的能力与增长的能力（Dweck，1999，2000）。持**能力稳定观**（stable view of ability）（有时也叫做整体观）的人认为，能力是稳定的、不可控制的。也就是说，是一种不可改变的个体特征
144 （Dweck and Bempechat，1983）。因此，有的人比其他人能力强，并且这种能力水平是固定的。然而，持**能力渐进观**（incremental view of ability）的人则认为，能力是不稳定的、可控制的，是一个不断扩张的知识与技能库。因此，持能力渐进观的人相信，通过努力工作，坚持不懈和认真研究，能增进实践知识，也能提高能力。

几乎每个孩子都相信能力渐进观（Nicholls and Miller，1984）。例如，在小学低年级，大多数学生相信，努力等同于智力。聪明人努力尝试，而努力又使你更聪明。所以，如果做得不好，就是你不够聪明，因为你努力不够。如果做得出色，你肯定是个聪明的、努力工作的人（Stipek，1993，2002）。然而，到了12岁左右，学生开始区分努力和能力之间的差异。学生开始相信，一些人没有努力就可取得成功，这些人是聪明人。在这一点上，有关能力的信念开始对动机产生影响（Anderman and Maehr，1994）。

持能力稳定观的人倾向于制定绩效目标。他们寻找那些看起来不错，并能保护他们的自尊的环境。他们总是做些不花多少力气而且不用冒失败风险的事，因为，对他们来说，努力工作却以失败告终是能力低下的表现，而且，这是对自信心与能力感的灾难性的打击。这样的人宁可不尝试也不要失败；事实上，如果你不尝试，没有人会责怪你笨。但是，当你失败了，原因就显而易见了——要么是你没准备好，要么是努力不够。所以，不尝试或不准备成了保护自己免遭失败或不显得笨拙的一种策略。我们都有过与那些对C等或及格成绩很满意的学生在一起的经历。有时，“刚及格”是一种不显得笨的保护性策略，那些竭力想得到A而最终却得了C的学生将冒感觉自己能力不足的风险。所以，当及格是安全的时候，为何还要尝试并冒蒙受羞辱的风险呢？这样的策略确实保护了一个人的自尊，但他们的学习不会有什么长进。

相比之下，持能力渐进观的人倾向于确定学习目标，并寻找可以使他们学习进步的因素，因为，进步能证明他们的能力增长。对这些人来说，不管是成人还是孩子，失败并不可怕；它只是表明还有更多的工作需要改进。能力并没有为失败所威胁；事实上，失败常常被看成是更加努力学习的挑战（Woolfolk，1998，2004）。持能力渐进观的人最有可能面临富有挑战性的目标，并且，正如我们所看到的，这些目标是有效的激励因素。

简言之，个体的能力信念在学生、教师和管理者的动机与绩效中起着举足轻重的作用。那些相信自己的能力能够提高的人更有可能确立中等强度的、富有挑

战性的目标，并且更关注近期要完成的任务。相反，那些认为能力是天生固定不变的人则往往制定过易或过难的目标，因为他们更在乎自己在别人心目中的形象，他们希望看上去体面，避免任何有损自己形象的事。事实上，他们往往将加倍努力看成是能力低下。

关于公平的信念：公正理论和程序正义 145

与我们这个社会中的大多数人一样，学生、教师和管理人员十分关注基础公平（basic fairness）的问题。我们认识一些工作量极少的教师，他们总是迟到，安排极少的测验，从不志愿做任何事，放学后立刻回家，避免参加任何会议，将自己的工作托付给别人去做。可以想象，新来的年轻教师的苦恼，他们长时间地工作，放学跑很远的路去辅导学生，认真准备每一堂课，辅导课外活动。这时，他们发现，他们那些装模作样的同事，只做一半的事，却拿着双倍的工资。

一些理论家（Greenberg，1993a；Tyler，1994）将这种发生在工作场所中的基础不公平（basic unfairness）称为不公正（inequity），它带给我们的是有关动机的另一种视角，即**公正理论**（equity theory）。公正理论关注被感知的公平——个体对于他们是否受到公平对待的信念。人们所感知到的资源配置程序上的公平，被称为程序正义（procedural justice）（Greenberg，1997，2000），它是公正理论的重要概念。个体如何判断自己是否受到公平待遇呢？公正理论认为，作出这样的判断的关键机制是社会比较。我们将自己的境况与他人比较。用技术性的术语来说，我们将我们的投入（我们所付出的一切）与产出（我们所得到的一切）比和他人的投入与产出比进行比较（Kulik and Ambrose，1992）。我们不会任意选择一个人与自己比较，而是选择在许多方面与自己相似的人进行比较。在上面的例子中，将年轻教师与年长的教师进行比较，有两点值得注意。年轻教师与老教师扮演的角色相同，不过，老教师资历更深。如果与经验和年龄相近的人进行比较，不公正感会更大（参见图 4.3）。在上面的例子中，由于老教师经验比较丰富，某些差异的合理性可能会被认同。

公正理论认为：如果所比较的对象的投入与产出比相近，我们会认为是公平的。然而，如果明显不同，我们就会认为不公平，此时，就会产生不公平感。不公平很恼人，我们要设法消除它。不公平的潜在结果是动机下降。巴伦（Baron，1998）解释说，公平感会干扰工作动机，而个体则试图用以下三种方法减少不公平感：

- 他们努力扩大成果——寻求扩大收益，如增加工资或其他奖励。
- 他们试图离开——辞职并寻找另一份工作。

• 他们减少投入——工作不努力。

146

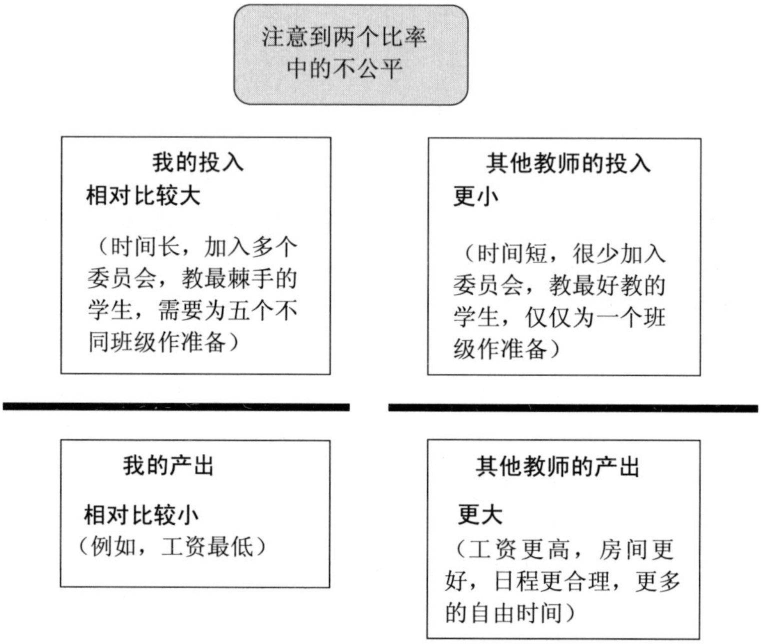

注意到两个比率中的不公平

我的投入 相对比较大（时间长，加入多个委员会，教最棘手的学生，需要为五个不同班级作准备）	其他教师的投入 更小（时间短，很少加入委员会，教最好教的学生，仅仅为一个班级作准备）
我的产出 相对比较小（例如，工资最低）	其他教师的产出 更大（工资更高，房间更好，日程更合理，更多的自由时间）

图 4.3　不公平举例

对那些认为得到的太少即所得比应得要少的人而言，最后一条策略是司空见惯的。他们与那些认为自己被公平对待的人相比较，常常偷工减料（Harder，1992）。降低绩效并非是降低动机的唯一表现。例如，有些人会通过偷窃等秘密行动获取额外好处，以平衡得失（Greenberg and Scott，1995；Greenberg，1993b）。

对于这一理论，应注意三点。第一，个体对失败的判断是主观的；这些判断都是以旁观者的眼光进行的。个体确实在作比较并作出公平的判断。第二，个体对所得少于应得比所得多于应得更为敏感（Greenberg，1993a）。人们往往认为，所得多于应得比所得少于应得更为合理。第三，对于许多人而言，公平和正义是非常重要的激励力量。简言之，当学生、教师或管理者认为他们受到了不公平对待，他们的绩效动机往往会明显下降，并且，他们可能会通过欺骗或其他有问题的做法来“平衡分数”（even the score）。因此，除了伦理的原因外，还有非常重要的实践原因，以确保使公平成为学校和其他工作组织的标准运营程序（Baron，1998）。事实上，格林伯格（Greenberg，2000）断言，公平程序与实践提高了组织绩效的可接受性。

关于结果的信念：期望理论 147

期望理论（expectancy theory）是有关激发人们工作动机的最可靠、最有效的解释之一。尽管期望模式在心理学中有着很长的历史，但是，这一理论是弗罗姆（Vroom，1964）和其他学者（Graen，1963；Galbraith and Cummings，1967；Porter and Lawler，1968）在 20 世纪 60 年代根据工作环境加以推广和修正的。事实上，弗罗姆（Vroom，1964）用他的期望理论公式激发了人们对这一理论的探索。他的模式得以发展，被用于预测对工作、任务及努力程度的选择，从而产生最大的可以看得见的利益（Kanfer，1990）。从 20 世纪 60 年代末到 80 年代初，期望理论的文献十分流行，表明该理论在组织动机研究中居核心地位。尽管出版物有所减少，但人们一直在运用这一理论（Miller and Grush，1988）。期望理论阐述了关于组织中的个体的复杂观点。然而，期望理论的基本假设、概念和结论则极易辨识和理解。

期望理论（expectancy theory）建立在两个基本前提之上。首先，个体通过自己的能力来思考、推理和预测未来事件，以对自己在组织中的行为作出决策。动机是一种有意识的认知过程。人们主观地对他们的行为结果或个人收益的预期价值作出评估，然后才选择如何去做。第二，个体的价值和态度与诸如角色期望和学校文化等环境要素互动，以影响行为。第二个假设并不仅限于期望理论，事实上，在第 1 章中我们就曾作为社会系统理论的结论提出过。

期望理论用三个基本概念——期望值、工具性、效价——构筑了上述假设。

期望值（expectancy）是个体相信努力工作会改进绩效表现的程度。期望值的问题是：如果我努力工作，我会成功吗？例如，如果教师认为加倍努力很可能会提高学生学业成就的话，他们的期望水平就会很高。如果学生特别相信他们能设计、实施一个科学项目，那么，他们的期望值就很高。

工具性（instrumentality）是人们觉察到优良绩效表现受到关注和奖励的可能性。当个体觉察到绩效与奖励之间联系紧密时，工具性价值就很高。工具性问题是：如果我成功了，我会得到什么？如果教师认为，他们班上学生的学业成绩高可以使公众认可他的教学能力，那么，工具性就高。同样，如果学生觉察到成功地设计和实施一个科学项目可以丰富他们的科学知识，那么，工具性就高。

效价（valence）是所感知的价值或奖励的诱惑。效价概念与价值概念比较 148
相似，也就是说，人们以自己的方式思考或相信什么对他们的幸福更有益或更重要。这是一种一个人对某一具体奖励的渴望力量。效价问题是：我如何看待努力之后的所得？对于教育工作者来说，诸如竞争、自主、认可、成功和创造性等体验，都是有价值的工作结果，可产生高水平的满足。

总之，当个体相信下面这些信条的时候，可以以某种方式激发最大的行为动机：

- 他或她有能力实现所期望的水平（高期望值）。
- 行为将会带来预期的结果和奖励（高工具性）。
- 这些成果具有积极的个人价值（高效价）。

当面临行为选择时，个体在整个过程中要思考下面三个问题：

- 期望值问题：我能够通过努力完成这份工作吗？
- 工具性问题：如果我达到预期水平，结果会怎样？
- 效价问题：这些结果对我有什么意义？

然后，个体决定以某种方式行事，看起来，这种方式会带来产生预期结果的最佳机会（Nadler and Lawler，1977）。换句话说，个体思考种种备择方案，权衡成本与收益，选择成效最大的行动路线（Landy and Becker，1987）。

图4.4对期望理论进行了归纳。需要注意的是，动机是期望值、工具性与效价三者相互作用的函数。这种相互作用表明，如果三个要素中的任一要素接近于零的话，动机将不会很强。例如，我认为，即便我努力工作，仍然没有改进绩效表现的可能性，那么，无论我所期望的结果与奖励多么重要，动机都是很低的。同样，即使我相信通过努力工作能实现目标，但是，我认为我的绩效表现不会受奖励或奖励无足轻重，那么，我的动机也仍然会降低。我们来举个具体的例子。为了鼓励教师承担新的课程计划，就必须让教师相信，加倍努力就可以实现目标。此外，要让他们相信，新计划的结果将被关注和认可，最后，奖励也要物有所值——在这一例子中就是学生在标准化测验中会表现得更好。

几位研究者（Heneman and Schwab，1972；Mitchell，1974；Campbell and Pritchard，1976）曾系统地评析了期望动机理论的研究文献，他们的结论是相似的。期望模式中的动机力量与各种环境下的工作满意度、努力水平以及绩效表现呈正相关。尽管从统计学的角度来看，动机强度与努力和绩效的自变量等级之间的关系高度一致，但这种关系远非原本预期的那么紧密。换言之，在努力与绩效表现上，期望动机是一个重要因素，但是，环境中的其他因素也发挥着相当重要的作用。事实上，期望理论在预测工作选择上的表现比在工作努力或工作绩效上的表现更为显著（Kanfer，1990）。最近以来的研究也继续为这一理论提供了佐证（Tubbs，Boehne，and Dahl，1993；Van Erde and Thierry，1996）。

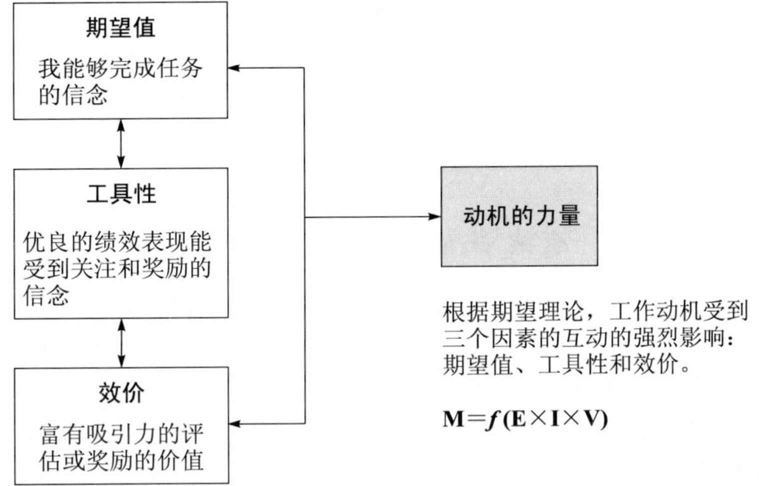

图 4.4　期望理论

以期望理论为依据对教育组织进行的调查取得了相似的结果。理查德·T. 莫迪（Mowday，1978）发现，在试图对学区的各种决策产生影响方面，具有高期望动机的校长要比低期望动机的校长更加积极主动。在一项考察学校结构与教师动机相互关系的研究中，H. 斯科特·赫里克（Herrick，1973）发现，期望动机力量与集权和科层化之间存在显著的负相关。因此，在高度集权化与科层化的学校中，教师期望动机低下。

在一项关于中学教师的研究中，塞西尔·米斯克尔、琼·德弗兰以及凯·威 150
尔科克斯（Miskel，DeFrain，and Wilcox，1980）阐明了动机强度与工作满意度和所期望的工作绩效之间的关系。对两个小组的教师而言，动机强度与工作满意度和所期望的工作绩效都有显著相关。同样，米斯克尔及其同事戴维·麦克唐纳以及苏珊·布卢姆（Miskel，McDonald，and Bloom，1983）发现，教师的期望动机与教师的工作满意度、学生对学校的态度以及所期望的学校效能之间呈显著相关。罗伯特·科特坎普和约翰·A. 马尔赫恩（Kottkamp and Mulhern，1987）发现，期望与开放的学校氛围以及人本主义的学生控制观呈正相关。琳达·L. 格雷厄姆（Graham，1980）发现，可以用期望理论预测各种活动的满意度与参与度以及学生的学业成绩。

总之，期望理论已在教育界和商业界引发了大量的调查研究，而调查结果大都支持这一理论。平德（Pinder，1984，1998）的结论是，这一理论是激发工作行为的合理而有效的模式，对此抱以乐观态度是有根有据的。从文献研究中可以得出如下结论：

- 期望理论可以有效地预测工作满意度。
- 期望理论可以预测工作绩效，但不如预测满意度效果好。
- 期望理论可以证明，一旦意识到努力工作可以带来所期望的结果，人们就会努力工作。

关于效能的信念：自我效能理论

在自我认识与自我控制的诸方面，个人效能或许是日常生活中最具影响力的。**自我效能**（self-efficacy）是一个人对他（或她）自己组织与实施一系列达到一定绩效水平所需要的行动的能力的判断（Bandura，1986，1991，1997）。换言之，这是一种个体对他（或她）所感知到的完成某项任务的能力的综合评判。例如，某数学教师相信他（或她）可以成功地教十二年级学生的微积分，这种信念就是一种效能评判。同样，具有高度自我效能感的校长可能会相信，他们可以对学生学业成绩产生积极影响，或者说，他们可以强化学校中的学术性学习。请注意，归因理论关注的是过去，而自我效能观代表的是对未来可能达到的某种绩效水平的期望。

通过为自己设定目标、决定自己的努力程度、面对困难坚持不懈以及在失败中东山再起的能力，自我效能信念有助于动机的激发（Wood and Bandura，1989；
151 Bandura，1993，2000）。人们对自己的能力越自信，所付出的努力就越大、越持久。人们总是力求避免承担超越自身能力的重任，总是寻找那些自认为力所能及的事情。高度自我效能感会影响工作成就。这种高度自我效能感的结果是愿意接受和坚持使命，选择任务与情景，关注解决问题的策略，降低恐惧和焦虑，积极向上的情感经历，而这些都会影响绩效和成果（Stipek，1993）。因此，拥有相同技能但个人自我效能水平不同的人可能会有不同的绩效水平，因为，他们在不断变化的环境中运用、组合、排列自身技能的方式不同（Gist and Mitchell，1992）。

自我效能的发展

自我效能期望来源广泛，包括工作绩效反馈、先前的经历以及社会影响等。然而，人们假设，自我效能主要源于四种经验：获得性经验、模仿性经验、口头说服和生理觉醒（physiological arousal）①。

---

① 班杜拉的自我效能理论包括四个方面，分别是："mastery experience"、"vicarious experiences"、"social persuasion" 以及 "physiological and emotional states"（Bandura，1994）。其中，"mastery experience" 的译法多样，如"掌控经验"、"精熟经验"，也有学者意译为"个人过去的成功经验"，将"vicarious experiences"译为"他人的成功经验"。——译者注

获得性经验（mastery experience）是最为重要的自我效能来源。在完成任务过程中，成功与失败的绩效表现（如各种实际经验）都会对自我效能产生重要影响。接二连三的成功可以提高自我效能的感受性；连续的失败则会导致自我怀疑，降低自我效能，尤其是过早地失败且没有反映出努力不够或已排除外界影响的时候。在逐步增长技能、提高应对能力（coping abilities）以及展现任务绩效的过程中，效能感就会被激发出来。

模仿性经验与替代性经验（modeling and vicarious experience）通过两大过程影响我们对自我效能的感知。第一，提供知识。观察一位专家完成任务的过程，它向人们传递着在不同情境中完成类似任务的有效策略。第二，人们部分地运用社会比较来评价自己的能力。看到或设想某个与自己类似的人成功地完成了一项任务，个体对自我效能的信心就会增强。通过观察他人的示范行为，个体会确信，如果他人可以，自己也至少能通过努力实现一些改进。在个体只有有限的完成任务的经验的情况下，对他们来说，模仿性经验最具影响力。

口头说服（verbal persuasion）被广泛用于告诫人们，要相信自己有能力完成他们想要完成的任务。单单是社会性说服（social persuasion）对于持续提高自我效能的作用有限，但是，假如这种激励性评价具有现实基础，它能够促进人们的成功绩效表现。口头说服能促进自我效能，而人们总是努力去争取成功，在此意义上说，口头说服能够促进技能的发展（Bandura，1986，Gist，1987；Wood and Nandura，1989）。

人们通常片面地根据他们的生理与情感状态（physiological and affective states）评判自己的能力。个体基于兴奋和热情等积极唤起（arousal）因素以及恐惧、疲劳、压力和焦虑等消极因素来评判预期的绩效表现。平常的身体状况、人格因素（A型）和情绪等都可以激发唤起水平（Gist，1987）。因此，对个体来说，改善自我效能的另一方法便是改善身体状况和减少压力（Wood and Bandura，1989）。

吉斯特和米切尔（Gist and Mitchell，1992）认为，通过任务情境和归因分析 152
可以协调这四种类型的经验与自我效能之间的关系。以经验为基础，对这几种情境因素都要有所考虑。根据任务要求、人力资源和学校组织情况进行情境分析，就可以推断在哪些方面可以取得成功。例如，在准备教十二年级微积分时，教师就应该对学生的数学能力和动机水平，诸如书本、校外辅导、计算机支持等可用的教学资源，以及强调学生学业成就的环境等，一一确认。从以往的类似情境中获得的归因分析，可能会影响效能评判。是哪些因素促成了以往的成功？从教十二年级的微积分一例中可知，教师早年的实际经验，新的模仿性经验，校长和同事对自己的说服，以及他（她）自己的身体状况，将会通过地点、稳定性和可控制性等方面一一加以筛选。吉斯特和米切尔认为，情境与归因的分析会得出关于自我效能的综合性判断。

在一般的组织与管理文献中，有关自我效能的经验研究取得了一致的结果。自我效能与诸如生产力、对困难任务的处理、职业选择、学习和成绩以及对新技术的适应性等和工作相关的绩效联系在一起（Gist and Mitchell，1992）。在教育情境中，类似的结果也显而易见。学校中的自我效能研究往往集中在一两个领域或一两种方法上。第一类研究以各种不同的动机与成就指标检测了学生与教师的自我效能结果。总的结论是，自我效能与学生的学业成绩（Armor et al.，1976）、课程成绩（Pintrich and Garcia，1991）、学生动机（Midgley，Feldlaufer，and Eccles，1989）、教师的创新（Berman et al.，1977；Smylie，1988）、督学对教师能力的评估（Trentham，Silvern and Brogdon，1985）以及教师的课堂管理策略（Ashton and Webb，1986）等因素呈正相关。此外，实验研究得出了同样的发现，变革中的自我效能信念可以促使人们更好地应用认知策略，提高数学、阅读与写作任务方面的学业成就水平（Schunk，1991）。

总之，自我效能是影响许多行为与绩效结果的重要动机因素。自我效能通过各种经验而习得，是动态发展的；随着人们获得新信息与新经验，自我效能不断发生变化。尚未解决的问题包括：可以将自我效能与绩效表现提高到什么程度，自我效能的弹性有多大（Gist and Mitchell，1992）。我们得出以下四点结论：

- 对自身能力有较强信心的人，较易取得成功，他们的努力也更持久。
153 - 个体往往回避超出他们能力的工作或情境。
- 个体寻求从事他们认为自己有能力应对的各种活动。
- 个体是通过获得性经验、模仿、说服以及生理觉醒等发展自我效能的。

教师的自我效能

在过去20年间，教师效能的建设是从罗特（Rotter，1966）的控制点理论（locus of control theory）和班杜拉（Bandura，1977，1986，1997）的社会认知理论（social cognitive theory）发展起来的。然而，在一些学者和研究人员中，教师效能的意义也引起了相当大的争议，造成了某些混乱（Ashton et al.，1982；Gibson and Dembo，1984；Guskey，1987；Guskey and Passaro，1994；Pajares，1996，1997；Tschannen-Moran，Woolfolk，Hoy，and Hoy，1998）。

兰德公司（Rand Corporation）的研究人员根据罗特（Rotter，1966）的理论观点，研究了阅读的教学效能，首次将教师效能看成是教师坚信他们能够控制行为强化的程度。那些相信他们能够影响学生学业成绩和学习动机（内部控制点）

的教师，要比那些认为外部力量无法克服的教师更为有效。另一方面，新近的、有价值的理论和研究的概念架构都是从班杜拉（Bandura，1977）的研究发展而来的。班杜拉将教师效能定义为一种自我效能的形式——人们建构他们能够很好地完成任务的信念的认知过程之结果。这些自我效能的信念影响着人们的努力程度、面对困难的坚忍不拔的毅力、在失败中重新崛起的能力，以及人们历经严峻环境时所承受的压力（Bandura，1977）。这两种源自两种理论观点、彼此分离而又纠缠不清的概念框架的存在，给教师效能的性质带来诸多混淆。但是，在行为预测上，感知性自我效能理论要比控制点理论更有效（Bandura，1977；Tschannen-Moran，Woolfolk Hoy，and Hoy，1998）。

感知性教学效能模型

为了解决教师效能的概念性混淆，同时进行大量的实质性研究，梅甘·查奇南-莫兰、阿妮塔·伍尔福克·霍伊、韦恩·K. 霍伊等人（Tschannen-Moran，Hoy，and Hoy，1998）开发了一种整合的教师效能模型。**教师效能**（teacher efficacy）*是教师对他（她）组织和实施一系列活动以在特定情境中成功地完成具体教学任务的能力的信念*。与社会认知理论（Bandura，1986，1997）一样，对效能信息四大来源的归因分析和解释说明了效能信念的主要影响因素：获得性经验、替代性（模仿性）经验、口头说服和生理觉醒。对信息的解释与认知过程 154 来说，这四大来源都很重要。

教师效能与具体情境联系在一起；教师们不会感到所有教学情境的效能都一样。教师们会感受到在特定背景下对某些学生教授特定内容的效能，但是，他们也常常会感到，不同情况下的效能或多或少会有差异。甚至从一堂课（class period）到另一堂课，教师的效能水平也会发生变化（Ross，Cousins，and Gadalla，1996；Raudenbush，Rowen，and Cheong，1992）。因此，在进行效能评价过程中，要考虑教学任务与教学情境，以及评估教师与任务要求相关的优势与不足。

在分析教学任务与教学情境时，要对造成教学困难或限制的相对重要的因素与对促进学习的可用资源的评估进行权衡。在评估教学能力的自我感知时，教师将诸如技能、知识、策略或个性特点等个人能力与特定教学环境下的个人弱点与责任进行权衡，以评判个人能力。这两个方面的相互联系，就构成了对完成眼前教学任务的自我效能的评定。图 4.5 对这一模式进行了归纳。

使得教师效能不断提高的因素之一是教师效能的循环性质。如图 4.5 所示，对工作的精熟产生了新的获得性经验，获得性经验又为逐步形成未来的效能信念提供信息（反馈）。效能越高，越努力，毅力越持久，越能产生更好的绩效，反 155 过来又带来更高的效能。这种循环也是事实。低效能导致努力降低和轻易放弃，

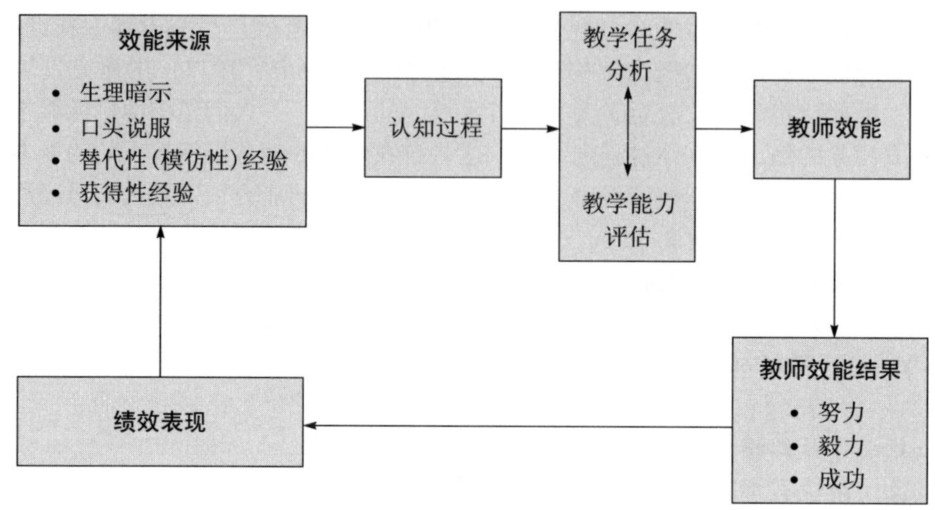

图 4.5　教师感知性效能模型

资料来源：引自 Tschannen-Moran, Woolfolk Hoy, and Hoy, 1998.

进而导致较差的教学结果，并导致消极衰减的效能。因此，教师以其受自身效能感影响的工作努力与毅力水平完成教学绩效，完成之后，这种教学绩效又变成未来效能信念的源泉。一段时间过后，这一过程固化为一组相对持久的效能信念。

教师效能模型既有理论意义又有实践价值。教学能力的自我感知（包括对内部资源及其局限性的评估）和关于具体教学情境中的任务要求的信念（包括对教师以外的各种资源及其局限性的评估），都对教师效能以及源于效能信念的各种结果产生影响。一旦固化，关于教学任务和个人教学能力评估的信念很可能会保持不变，除非突然出现“令人信服的证据”，使人们对其进行重新评价（Bandura, 1997）。因此，帮助教师在其职业生涯早期就形成强烈的效能信念将长期受益。

在过去的 20 年间，研究人员一直在教师效能与教师提高学生学业成绩的行为之间建立较紧密的联系（Allinder, 1994; Ashton and Webb, 1986; Gibson and Dembo, 1984; Hoy and Woolfolk, 1990; Hoy and Woolfolk, 1993; Tschannen-Moran, Woolfolk Hoy, and Hoy, 1998; Woolfolk and Hoy, 1990; Woolfork, Rosoff and Hoy, 1990）。教学上的成功、努力和毅力，取决于教师相信他（她）有能力组织并实施教学活动的程度，这种教学活动能够促进特定情境中的成功学习。因此，对教师而言，存在着两个关键性的效能问题：

- 教学任务问题：眼前的教学任务有多困难，我能完成吗？
- 教学能力问题：我是否具备特定的任务与情境所需的技能和知识？

对这两个问题的肯定回答表明了教师强烈的效能感。最后，我们对迄今讨论过的理论的关键动机特征进行归纳，参见表 4. 2。

表 4. 2　如何激发需要、目标和信念之总结 156

需要理论

认为，当出现下列情况时，人们会努力工作

- 低层次需要得到满足——如生理需要、安全需要和归属需要。
- 高层次需要面临挑战——如自尊的需要与自我实现的需要。

激励-保健理论

认为

- 没有得到满足的低层次需要会导致对工作的不满。
- 高层次需要的满足会产生对工作的满意。

目标设置理论

认为，当出现下列情况时，人们会努力工作

- 他们具有现实的、具体的和富有挑战性的目标。
- 他们对目标负责。
- 他们可得到有关目标进展的反馈信息。

归因理论

认为，当人们相信成功的原因是下列因素时，他们会努力工作

- 内在的——归因于能力和努力。
- 不固定的——例如，不同情况下的努力水平不同。
- 可控制的——成功的原因可通过努力工作、运用适当的策略等得以控制。

公正理论

认为，当人们受到公平对待时，他们会努力工作，并且

- 他们得到了他们应该得到的报酬。
- 公平地分配报酬。
- 他们受到尊重和礼遇。

期望理论

认为，当出现下列情况时，人们会努力工作

- 他们相信额外的努力会改善绩效。
- 优良的绩效表现会被关注并受到奖励。
- 奖励是有价值的。

自我效能理论

认为，当出现下列情况时，人们会努力工作

- 他们相信他们具有获得成功的能力。
- 他们认为任务并非特别困难。
- 他们有完成类似任务的成功经验。
- 他们有成功的榜样。

理论联系实际

教师强烈的自我效能感有助于学生更有效地学习。班杜拉认为，自我效能的主要来源是获得性经验、模仿、口头说服和心理及情感状态。假设你是一所学校的校长，你招聘了一位有才华的青年教师。问题在于，她比较焦虑，而且不相信自己有能力帮助学生学习。制定一个计划来提高这位新教师的自我效能感。在计划中，一定要说明你准备如何与这位新教师一起工作，取得成功，以及成功的原因。

---

157 内在动机与外在动机

我们已经看到，需要、信念和目标是动机的非常重要方面。一般认为，**动机**（motivation）是激励、引导和维持行为的一种内在状态。研究动机的心理学家强调五个基本方面：选择性（choice）、主动性（initiation）、强度（intensity）、持久性（persistence）以及反应性（reaction）（Graham and Weiner，1996）[①]。现在，我们转向考察动机理论的两个重要特性——内在动机与外在动机。我们都知道激发动机意味着什么——即积极地完成任务。我们也知道，即使这项任务不能引起我们的兴趣，我们仍会千方百计地努力工作。是什么激发、指导我们的行为呢？一些解释说，动机是个体的、内在的，取决于需要、兴趣、好奇心和愉悦。另一些解释则与刺激、报酬、压力、惩罚等外在的和环境的因素联系在一起。我们所关注的**工作动机**（work motivation）是“一种既源于个体生命存在又超乎于个体存在，能够激发与工作有关的行为，决定行为的形式、方向、强度和时间的积极力量”（Pinder，1984：8）。管理人员面临的挑战是，培养能积极投入教与学，善于接受新思想和新方法，对学生负责，并能在其整个教学生涯中不断变革的教师。

---

① 格雷厄姆和韦纳认为“动机”是用以检视个体的行为选择性（choice of behavior，个体为什么选择该行为）、行为潜伏性（latency of behavior，该行为潜伏多久）、行为强度（intensity of behavior，该行为的强度多大）、行为持久性（persistence of behavior，该行为能坚持多久）以及认知与情感反应性（cognitions and emotional reaction，从事该行为时个体的认知及情绪反应）等内在状态（Graham & Weiner，1996），其中的“行为潜伏性”与本书作者在这里所表述的“主动性”（initiation）有异。——译者注

源于兴趣与好奇心等因素的动机被称为**内在动机**（intrinsic motivation）（Woolfolk，1998，2004）。当我们追求个人兴趣并运用我们的能力的时候，内在动机就成为一种寻求和接受挑战的自然倾向（Deci and Ryan，1985；Reeve，1996）。由于活动本身就是有价值的，所以，不需要惩罚和奖励。简言之，当我们不在外力强制下做任何事的时候，内在动机就成了我们做事的刺激物（Raffini，1996）。相反，**外在动机**（extrinsic motivation）是以奖励和惩罚为基础的。我们是为了赢得一个好分数、获得更多好处、得到提拔或免受委屈而做事。我们所感兴趣的并不是活动本身，而是这项活动能够给我们带来些什么。外在动机是一种行为主义动机观，因为，它是根据奖励和惩罚来解释动机和行为的。外在动机激发我们在某种鼓励或制约之下做事。

内在动机与外在动机的主要差异是个体的行为理由。是专注于内（内在动机）还是专注于外（外在动机）？如果一个人基于个人偏好自由选择行动，那么，原因是内生的，动机也是内在的。将内在动机与外在动机两分的做法太过简单化了，人们的许多行为既有内在动机又有外在动机。例如，为了赢得一个好分数而开始学习，这是一个外在动机，但如果有了好奇心的话，这种动机也许就会变成内在动机。此外，有些人会选择去做他们并非特别喜欢的事情，因为，他们知道这些活动对于实现诸如赢得督学的认可等有价值的目标而言至关重要。而在后面这个例子中，个体已将外在动机内化了，其动机介于两者之间，也就是说，个体自由选择对外部因素的回应。尽管这两种动机在某些方面可以相互融合 158
（两分变成了连续统一体），但是，将其区分成内在动机与外在动机还是十分有用的，可以帮助我们理解学校中的动机结构的基础。表 4.3 归纳了一些用以判断教师和管理人员的工作动机水平的看起来非常重要的动机要素。

表 4.3　优化工作动机关键要素之总结

	工作动机的最确切特征	**降低工作动机的特征**
需要	工作满足了高层次需要	工作满足了低层次需要
	具体的	一般的
目标类型	现实的、富有挑战性的目标	非常困难的或非常容易的目标
归因	成功与失败归因于可以控制的努力和能力	成功与失败归因于不可控的因素
成就动机	获得成就的动机	规避失败的动机
参与类型	与任务有关：关注工作的完成	与自我有关：关注自己在他人眼中的形象

续表

	工作动机的最确切特征	降低工作动机的特征
公正信念	公平和礼遇	受到不公平待遇，没有受到尊重
能力信念	增长观：通过努力工作和增加的知识与技能可以提高能力的观点	稳定观：能力是稳定的，是一种内在特质的观点
自我效能	自我效能高	自我效能低
动机来源	内在的：工作本身的性质是富于挑战性的、饶有兴趣的和令人愉悦的	外在的：诸如奖励、社会压力和惩罚等环境因素

159 领导案例

起死回生

你担任塞缪尔·德威特（Samuel Dewitt）地区普罗克特小学（Proctor Elementary School）校长已有两年了。普罗克特小学是一所市内小学，包括一到五年级，有25位教师，其中6位男教师，19位女教师。学生来源多样，大约60%的学生是美籍非洲人，15%是西班牙人，还有大约25%是白种人。随着更多的西班牙学生入学，白人学生数量迅速下降。教职员工的组成也迅速地转变为更年轻的教师。事实上，只有8%的教师超过55岁。这并不是说这些年轻教师缺乏经验，其实，他们大多都有至少5年的教龄。

在你做校长的第一年，就一直在招聘新教师，并努力获得教职员工的支持。你成功地雇用了4位新教师，他们都很年轻，热情而有才华。你的校长助理尼克·雅巴（Nikkel Jabar）是你的得力助手。她负责制定规章制度，召开家长会，规划教师的专业发展，并且干得很好。你有一个出色的团队。

在普罗克特小学，教学并不是一件很容易的事情。许多学生来自单亲家庭，家境比较贫困。学生的缺勤率很高，家长很少参与学校的各种活动。许多学生仅仅做学校不希望他们做的事情。他们宁愿看电视、玩电子游戏或仅仅是闲逛。一旦学生在学校，如何激发这些学生的学习动机也是一个挑战。学校为那些提前半个小时到校的学生提供免费的早餐，但是，每天只有大约30名的学生到校吃“免费早餐”。

普罗克特小学的大多数教师都献身于他们的教学工作。一些人认为，他们努力工作是因为工作本身有趣。有 5 位老教师感到精疲力竭。尽管他们还没有到退休年龄，但每天都在谈论退休的事情。他们发现为某一天他们所谓的“教有所失”（teaching and losing）作准备是很困难的。甚至有几位抱怨每天早上起床、为学校工作作准备比较麻烦；这纯粹是乏味的工作。你很同情这些教师，但是你关心的是他们的态度不要影响到年轻教师。总的说来，学校教师们相处得很好，而且这种感觉在不断增长：尽管学生的学业分数不是很高，但是他们能够为学生做到最好。

你既不相信也不愿意接受这样的结论：学校应该做好学校能够做的事情。昨天，州熟练水平测验结果公布出来了，普罗克特小学四年级水平考试分数下降到第四名。与去年的 35% 相比较，今年只有 33% 的学生通过了水平考试。持续增长的压力来自州政府、中心办公室和社区，他们希望学校能够做得更好，你和尼克都认为，学校能够做得更好，并将真正地做得更好。你不必参加下周将召开的学区管理人员会议，你知道扭转分数下降的局面是一个挑战。你如何激发、支持并鼓舞你的 4 位新教师呢？你如何与那些即将退休的教师相处呢？你如何才能扭转学校早餐计划的状况呢？你需要制订一个计划来激发教师和学生。不妨考虑下面一些可能性：

- 制订一个计划以增进教师的效能。哪些教师应该参加？你如何运用效能的 4 个资源来制订计划？
- 你能够运用目标设置理论来激发教师和学生吗？应该设置什么样的合理目标？谁来设置？你如何支持教师实现这些目标？
- 制订一个应对感觉精疲力竭的教师的计划。你如何改变他们的工作环境以使工作更有趣？外在奖励是一个好的办法吗？
- 学生和教师的安全、社会交往和自我实现的需要有哪些？你如何来回答这些问题并采取行动加以改进？
- 有没有一种使考试结果只是信息而不是惩罚的分析方法呢？你能够运用考试结果来制定弥补不足并加以干预的策略吗？
- 与你的助理一起制订一个现实的计划以激发教师和学生。不要试图马上着手做所有的事情。从本章中选取一两种动机理论，并说明在接下来的 3 个月中，你将如何运用并实施这些理论。思考一下，在这个案例中，哪一种理论最有用？为什么？

160 概要与推荐阅读材料

个体是所有社会系统的关键要素。学生、教师和管理人员都有各自的需要、目标和信念，并形成他们自己的个体取向以及对他们的角色的理性理解。正如结构有助于塑造学校中的行为一样，个体的需要、目标和信念同样如此。马斯洛描述了从生理到自我实现的激发行为的基本需要层级。赫茨伯格区分了这些需要之间的差异，并提出了导致工人满意和不满意的因素。成就和自主的需要是另外两个非常重要的激发个体动机的因素。

个体目标和目标设置是个体动机非常重要的内容。当目标为个体所接受并且是具体的、富有挑战性、可以实现的时候，尤其如此。同样，信念也是非常重要的动机因素。如果管理者、教师和学生相信成功主要是来自努力和能力，相信实现成功的原因是可以控制的，认为额外的努力可以改进绩效，好的绩效能够被关注并受到奖励，奖励是有价值的，并且他们一直受到公平对待并受到领导的尊重，那么，他们就很有可能努力工作。此外，高效的表现与自我效能密切相关。信念就是个体有能力组织和实施一系列行动的能力，这些行动可以取得人们所要求的预期绩效。来自活动自身的兴趣与挑战的动机是内在动机，而外在动机则以奖励和惩罚为基础。尽管两种动机有激发作用，但通常内在动机更有效。

有关动机的经典研究是马斯洛（Maslow，1970）的《动机与个性》（*Motivation and Personality*）。最近的关于动机的理论分析与研究，可以参考坎费尔（Kanfer，1990）透彻而又全面的评论。也可以看洛克最新编辑出版的有关动机与组织行为的读物（Locke，2000）、斯蒂尔斯和波特（Steers and Porter，1991）编的论文选集为我们提供了一系列的价值纷呈的模式，很有启发意义。最后，对于所有研究动机的学生来说，有两本书是必须读的：洛克和莱瑟姆的《目标设
161 置理论与任务绩效》（*A Theory of Goal Setting and Task Performance*）（Locke and Latham，1990）和班杜拉的《自我效能：控制训练》（*Self-Efficacy*：*The Exercise of Control*）（Bandura，1997）。洛克和莱瑟姆提供了目标设置理论的细节以及广泛的文献评论。班杜拉的书对 20 多年来的自我效能理论与研究进行了归纳，是一本指南性的书。当然，目标设置理论和自我效能理论是当代动机研究的最重要的理论。可以翻一翻《应用心理学杂志》（*Journal of Applied Psychology*）和《管理学术评论》（*Academy of Management Review*），这两本杂志常常会发表一些有关工作动机的文章。

基本假设与原理

1. 当低层次的安全需要得到满足，并且因工作挑战而产生更高层次需要时，个体就会努力工作。
2. 如果个体具有完成一项任务所必需的知识和技能，那么，具体的、富有挑战性的和可以实现的目标就会带来成功。
3. 如果人们接受了难以实现的目标，那么，难以实现的目标比易于实现的目标更能激起更高层次的绩效水平。
4. 当个体认为可以控制获得成功的要素的时候，他们就会努力工作。
5. 程序公正可以提高组织结果的可接受性。
6. 当个体相信通过额外努力可以获得他们所预期的成果时，他们的动机就会增强。
7. 自我效能信念决定了承担什么样的挑战性目标、如何付出更大程度的努力、坚持时间的长短；因此，完成一项任务的强烈胜任感会促进成功。
8. 为了避免失败而产生的动机通常会妨碍成功，而成就动机则是获得成功的强大推动力。
9. 在完成简单任务的时候，焦虑有助于提高绩效，但会妨碍完成复杂任务的绩效。
10. 人们会努力工作，去解决对个体有意义的问题，也就是说，问题饶有兴趣、富有挑战性且令人愉悦。

163

第 5 章

学校中的文化与氛围

不能仅仅根据对群体中每一成员的个性的了解来预测该群体的行为。各种各样的社会进程都会进行干预……群体形成了一种“心态”、一种“氛围”。在组织背景下，我们来讨论一种“风格”，一种“文化”，一种“特性”。

——**亨利·明茨伯格（Henry Mintzberg）**

《组织内外之权力》（*Power In and Around Organizations*）

概　览

1. 组织文化与组织氛围是当代审视学校特征的两个视角：它们既相互竞争，又相互补充。
2. 组织文化通过处于不同抽象层面的规范、共同价值观和基本假设而表现出来。
3. 强势的组织文化可以促进或阻碍组织效能，不同的文化是根据环境的制约而发挥作用的。
4. 可以通过分析象征符号、人造器物、礼节、仪式、偶像、英雄人物、典故、礼制和传说等，对学校文化进行解释。
5. 在组织中，通常，最重要的不是发生了什么事，而是该事件意味着什么。
6. 学校具有明显的效能文化、信任文化和控制文化。
7. 学校的效能文化与信任文化可以提高学生学业成绩，而人本主义的控制文化可以促进学生社会情感的发展。

8. 相对而言，组织氛围是一种持久的学校品质，表现为教师对组织行为的集体感知。

9. 可以根据一系列观点来审视学校氛围；其中有两种比较有价值的观点：开放的行为与健康的人际关系。

10. 每一种组织氛围的观点都可以通过运用恰当的调查工具进行可靠的测量。

11. 学校的开放与健康，与一系列重要的组织成果相关，这些成果包括对学校效能和学生学业成绩的感知。

12. 没有快捷而又简便的方法可以用来改变学校的文化与氛围，但是，长期的规划要比短期的狂热 164
更有可能实现变革。

13. 有三种相互补充的组织变革策略：临床的观点、以成长为中心的方法和规范变革计划。

组织行为并非正式期望、个体需要与动机的简单函数，这些要素之间的关系是动态的。组织成员赋予组织许多独特的价值观、需要、目标和信念，这些个别化特征调节着组织生活的理性方面。此外，集体认同感的产生，有助于将个体的简单集合转变为组织的独特“个性”。

在分析和研究的时候，这种对工作场所的内生性感受，被贴上了包括“组织特性”、“社会环境”、“气氛”、“意识形态”、“氛围”、“文化”、“应急系统”（emergent system）和“信息系统”等各种各样的标签。我们对组织内部环境的分析将集中在组织文化和组织氛围这两个相关联的概念上。每一概念都显示了组织的自然的、自发的和人性化的一面，都说明组织整体大于其部分之和，都试图揭示指导组织行为的共同意义和潜规则①。

组织文化

对工作群体文化的关注并不是最近的事。如我们所知，20 世纪 30、40 年代，埃尔顿·梅奥（Mayo，1945）和切斯特·巴纳德（Barnard，1938）在描述非正式组织的性质与功能时，都强调团队规范、情感、价值观与沟通的重要性。菲利普·塞尔兹尼克（Selznick，1957）将组织看成一种制度而不是理性组织，

① 非正式组织是根据社会结构和工作群体的文化来描述组织本质的又一概念。参见第 3 章关于非正式组织的讨论。

这样就拓宽了对组织生活的分析。根据塞尔兹尼克（Selznick，1957：14）的观点，制度“浸润着超越技术要求的价值观”。这种价值观浸润使组织产生了一种独特的身份（distinctive identity）；它界定了组织特征。塞尔兹尼克（Selznick，1957）进一步分析道：

> 无论什么时候，作为人而非技术人员的个体都会依附于某一组织或某种行为方式而存在，其结果表明，这是为了实现自我利益的手段。从效忠于组织的个体来看，组织已从一个消费性工具转变成让个体满意的有价值的源泉。在制度化（institutionalization）比较完善的地方，各种独特的观点、习惯和其他义务被统一起来，组织生活的各个方面丰富多彩，对社会融合的追求超越了正式的合作与命令（p. 14）。

165 的确，塞尔兹尼克关于组织即一种具有独特竞争力与组织特性的制度的阐述，为当代关于组织即文化的分析奠定了基础（Peters and Waterman，1982）。

组织文化试图对有关组织的感觉、理解、气氛、特征或形象等进行探讨。它囊括了许多早期的有关非正式组织、规范、价值观、意识形态和应急系统等的观念。“组织文化”（organizational culture）这一术语在20世纪80年代许多论述成功的商业企业的畅销书中十分流行（Peters and Waterman，1982；Deal and Kennedy 1982；Ouchi，1981）。这些分析的基本主题是，高效能组织拥有强势的、独特的企业文化，执行领导（executive leadership）的主要作用是营造组织文化。

组织文化的定义

文化概念复杂而又混乱。自人类学产生以来，尚未形成一个完整的文化定义；相反，我们却发现了许多种不同类型的定义，因此，组织文化有着多种定义，也就不足为奇了。请看下列定义：

- 威廉·大内[①]（Ouchi，1981：41）将组织文化定义为“借以将组织的潜在价值观和信念传递给组织成员的符号、礼仪、典故”。
- 亨利·明茨伯格（Minzberg，1989：98）将文化看成是组织的意识形

---

① 威廉·大内（William G. Ouchi），美国日裔学者，斯坦福大学企业管理硕士，芝加哥大学企业管理博士，加州大学洛杉矶分校的管理学教授。自1973年起研究日本企业管理，经过调查比较日美两国管理的经验，提出Z理论（Theory Z），并于1981年出版《Z理论》一书，其研究内容为人与企业、人与工作的关系。——译者注

态，或“与其他组织相区别并将某种生活浸润到组织结构框架内的组织传统与信念”。

- 斯蒂芬·罗宾斯（Robbins，1998：595）把组织文化界定为“为组织成员所共享的、使组织和其他组织区分开来的意义系统”。
- 然而，埃德加·沙因（Schein，1992，1999）认为，组织文化应保留“更深层次的基本假设、价值观和信念”，这些因素为组织成员所共享，并认为是能保证组织不断取得成功的当然因素。

我们一般将**组织文化**（organizational culture）定义为一种保持组织完整、使组织有着独特身份的共享取向系统。但是，在共享取向——规范、价值观、哲学、观点、信念、期望、态度、典故或礼仪——这一问题上，还存在着实质性分歧。另一问题是，如何确定组织成员共享取向的强度，组织是有一种基本的文化还是有多种文化？此外，在有关哪一种文化是有意识的、显性的或哪一种文化是无意识的、内隐的这一方面，也存在着不同程度的分歧。

组织文化的层次 166

从不同角度理解文化是阐释组织文化定义的方法之一。如表 5.1 所示，文化表现为规范、共享价值和基本假设三种不同层次的深度和抽象水平。

作为共享规范的文化

太具体的东西，人们会说是肤浅的。当行为规范被视为文化的基本要素时，就形成了文化观（参见图 5.1）。**规范**（norms）通常是隐藏在经验表面背后的未予言明的、非正式的期望，规范直接影响行为。相对于各种价值观与默会假设（tacit assumptions）而言，规范更能看得见摸得着；规范经常提供一种清晰的方法以帮助人们理解组织生活的文化方面。此外，如果我们关心组织行为的变革，那么，认识和理解文化规范将会十分重要。艾伦和克拉夫特（Allen and Kraft，1982）的观点颇为中肯：

> 规范是普遍现象。规范是必要的、需要坚持的，但也是很容易改变的。正因为它们可以轻而易举地被改变，也就为有兴趣变革的人们提供了诸多机会。不管规模大小，任何群体，只要把自身看成是一个文化实体，都可以制定自己的规范，从而形成帮助组织实现目标的积极方面，修正或摒弃组织的消极方面。（pp. 7 – 8）

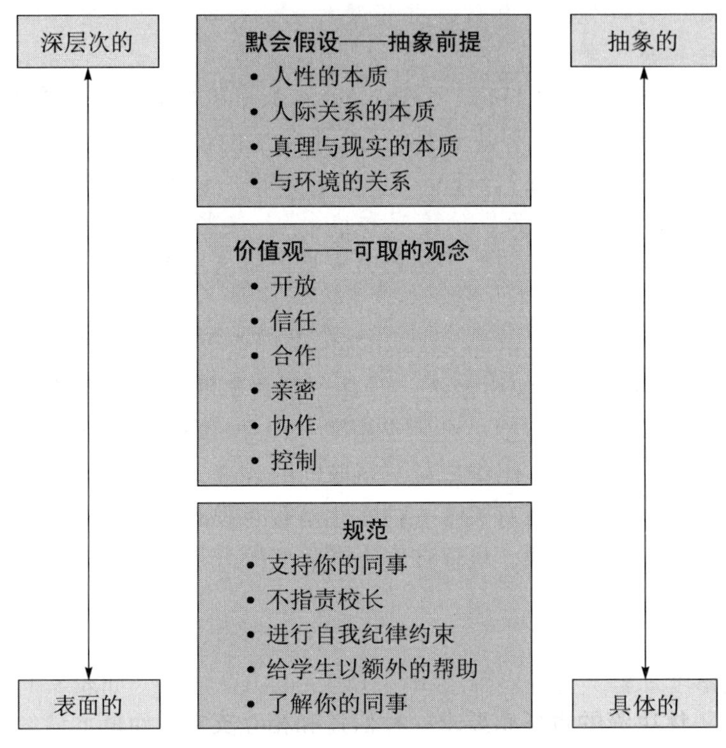

图 5.1　文化的层次

规范也通过故事和仪式在成员间交流，为明晰组织观念提供各种可见的或潜
167 在的例证。有时也会编造一些故事以强化组织的基本规范。在来自家长和上级部门的巨大压力之下，备受教师支持的校长成为学校文化中凝聚力与忠诚的象征；这是一个必须对新教师多次复述的故事。教师们很快就掌握了这些规范：“不要到校外传播流言飞语”、“支持你的同事”、“支持你的校长”。规范决定着人们的衣着打扮和谈话方式，组织成员应对权威、矛盾和压力的方式，平衡自身利益与组织利益的方式。规范包括如下例子：不要捣乱，不要当着学生和家长的面批评你的同事，所有男士都要打领带，进行自我纪律约束，下课铃响之前不要让学生离开教室，经常更换公告栏。正如第 1 章所提到的，鼓励可以强化规范，当人们遵守规范时，他就会得到相应的奖励和鼓励，当人们违背组织规范时，就会被惩罚。简言之，工作群体规范界定了组织文化的主要方面。

作为共同信念与价值观的文化

在中等抽象水平上，文化被界定为一组共同的信念与价值观。**价值观**（values）是可取的信念。它们是潜在的文化假设的反映，存在于下一层次的分析之中。价值观通常界定组织成员在组织中做什么会取得成功。当我们要求人们解释为什么他们用这种方式处理问题时，我们开始发现组织的核心价值观。共享价值观规定着组织的基本特性，赋予组织以身份感。如果组织成员清楚他们组织的独特身份，而且知道他们所坚持的标准，他们就会更乐于作出某些决策，以支持这些标准。他们也会更愿意成为组织的一部分，组织生活也因此而具有重要意义。

威廉·大内（Ouchi，1981）对成功的日本公司的研究，是当代最早的有关企业文化的分析之一。大内认为，在日本和美国，高效能的公司之所以取得成功，是独特的企业文化的作用，其特征是拥有亲密、信任、合作、团队精神和平等主义等共同价值观，这些价值观维护了公司的内在统一性。这些组织的成功之处在于，把对人的管理和对技术的管理区分开来。他用 Z 理论来标识美国组织的文化价值观。

Z 理论型的组织具有促进这种独特文化的一系列特性（参见表 5.1）。长期 168
雇用的机会给雇员以安全感，并能培养员工对组织的敬业态度。随着员工发挥不同的作用和承担不同的角色，缓慢的职位升迁为员工拓宽经验和多种职业生涯创造了更多的机会。这就有效地培养了针对公司发展的特别技能，并促进了员工的职业发展。参与决策和集体决策要求合作与协作，要求公开交流和强化的价值观。个人对集体决策的责任感要求一种信任和相互支持的氛围。最后，对整体人格的考虑是工作关系固有的一部分；这种工作关系倾向于非正式的，它强调的是完整的人格而不仅仅是个体在工作中的角色。这种整体论的观点促成了平等主义的氛围，构成了一个人们为了共同目标而不是依赖正式的等级体系而进行合作的平等社区。因此，Z 组织理论的建构与运作，促进了亲密、信任、合作、平等主义的基本价值观，这些文化的**核心价值观**（core values）是为大多数组织成员接受和共享的主导价值观，影响着组织生活的每一个方面。

表 5.1　Z 组织理论与文化

组织特征		核心价值观
1. 长期雇用	→	组织承诺
2. 缓慢升迁	→	职业取向
3. 参与决策	→	合作与协作
4. 个人对群体决策的责任	→	信任与群体忠诚
5. 整体取向	→	平等主义

其他一些对成功公司的研究（Deal and Kennedy，1982；Peters and Waterman，1982）也认为，浓厚的组织文化在增进组织效能方面具有重要作用。迪尔和肯尼迪（Deal and Kennedy，1982）认为，成功的组织具有某些共同的文化特性。他们认为，成功组织具有以下文化特征：

- 拥有广泛共享的组织哲学。
- 关注个体，个体比正式规则与政策更重要。
- 以典礼和仪式营造组织的认同感。
- 充分理解非正式规则和特例。
- 坚信职员的所作所为对其他人很重要。

因此，共享的信息与思想得以鼓励。

在**强势文化**（strong cultures）中，信念和价值观受到热情支持和广泛认同，
并且指导着组织行为。人们试图总结出一组决定组织成功的特定价值观，但尚未
169 予以证实。昨天导致成功的因素未必能促进今天或明天的成功（Aupperle，Acar
and Booth，1986；Hitt and Ireland，1987）。实际上，在一个急剧变革的时代，强
势文化可能是一种障碍，因为组织文化如此根深蒂固，以至于它可能会阻碍对新
的制约因素的适应。汉森（Hanson，2003）发现，在许多方面，文化与效能的
联系和结构与效能的联系是一样的。文化和结构都可以通过诸如僵化、冲突和隐
性议程等因素，使系统停滞或对系统进行干扰，从而削弱效果。

作为默会假设的文化

在最深层次，文化集中表现为默会假设。当组织成员共处世界一隅并分享彼此的世界观时，文化已经存在。也就是说，当组织尝试应对外部适应与内部整合等问题时，它已经创造、发现或发展了一种基本假设模式。这种模式运行良好，非常有效，并被传授给新成员以作为感知、思考、处理相关问题的正确方式。由于假设可以反复发挥作用，也就变成了最基本的东西，以至于被认为是理所当然的，无法对质，无法辩驳，因此也就强烈抵制变革。从这一角度看，理解组织文化的关键是对组织成员共享的默会假设作出解释，并且发现这些假设是如何联系在一起、形成一种文化模式或范式的。

默会假设（Tacit assumptions）是关于人际关系的本质、人性、真理、现实与环境的抽象假设（Dyer，1985）。例如，人的本性基本上是善的、恶的还是中性的？如何最终确认真理——它是被揭示的还是被发现的？组织成员间是一种什么样的假设关系——等级制的、合作的还是个人主义的？当组织形成了连续一贯

的基本假设模式时，它便拥有了强势文化。

我们可以考察两种强势的但截然相反的学校文化。第一所学校具有强势、独特的文化，其前提假设由沙因（Schein，1985）提出：

- 真理最终源于教师本身。
- 教师是负责的、积极的，有能力根据学生的根本利益进行自我管理并作出决策。
- 真理通过辩论而确定，辩论往往导致冲突，各种思想在开放的讨论中得以检验。
- 教师组成一个大家庭，他们相互接纳、相互尊重、相互照顾。

这些核心假设提升了诸如个人主义、自治、开放、专业主义和知识权威等共享价 170
值观。

相反，第二所学校则以如下假设为指导：

- 真理最终来自有经验的教师和管理人员。
- 大部分教师承担学校义务，并忠于学校（他们是好“士兵”）。
- 学校中的各种关系基本上是等级制的。
- 教师们尊重彼此所拥有的课堂自主权。
- 教师们组成相互照顾的大家庭。

在这样的学校里，核心假设产生了诸如尊重权威、尊重领地、避免冲突等价值观。

没有什么简单的方法可以揭示人们的价值观与行为背后的基本假设模式。沙因（Schein，1992，1999）开发了一整套用以解释组织文化的程序。这是一种综合运用人类学与临床技术的方法，涉及一系列偶发事件，以及调查者与生活在组织之中、拥有各种动机并体现组织文化的被调查者之间的共同探讨。这种共同的探讨通常包括旨在探索组织历史、关键事件、组织结构、典故、故事和仪式的广泛的数据收集活动。沙因（Schein，1992，1999）没有将问卷调查作为辨识默会假设的工具。他认为，这样的工具至多仅能测量出群体成员所支持的部分价值观。然而，越来越多的研究者（O'Reilly，Chatman，and Caldwell，1991；Chatman and Jehn，1994；Cameron and Quinn，1999）都在使用量化工具评估文化的共享价值观。

文化的功能

尽管不存在最好的文化，但强势文化仍能提高凝聚力、忠诚与义务感，减少组织成员与组织的疏离感（Mowday，Porter，and Steers，1982）。此外，罗宾斯（Robbins，1991）归纳了组织文化的一系列重要功能：

- 文化具有厘清组织边界的功能，它使组织形成不同于其他组织的特点。
- 文化产生了组织认同感。
- 文化促进了团体忠诚的发展。
- 文化提高了社会系统的稳定性。
- 文化是组织间的社会黏合剂，文化提供适当的行为标准。

文化引导和形成组织成员的态度和行为。然而，强势文化可能是有效的，也可能是无效的，也就是说，它可能增进效能，也可能削弱效能。记住这一点非常重要。

171 文化的共同要素

任何组织文化，其核心都是一套共享价值观。大量有关商业公司的研究（O'Reilly，Chatman，and Caldwell，1991；Chatman and Jehn，1994）表明，大多数组织的文化主要由 7 种基本要素构成：

1. **创新**(innovation)：人们期望雇员进行创造和承担风险的程度。
2. **稳定性**(stability)：各种活动稳定在某一状态而不予变革的程度。
3. **关注细节**(attention to detail)：关注精确度与细节的程度。
4. **结果取向**(outcome orientation)：管理对结果的强调程度。
5. **人本取向**(people orientation)：管理决策对个体的敏感度。
6. **团队取向**(team orientation)：强调合作与团队作业的程度。
7. **进取**(aggressiveness)：期望雇员竞争而不是悠闲舒适的程度。

大多数组织文化都可以通过运用这些要素来描述主导价值观而予以界定。然而，沙因（Schein，1999）提出了三点警告。第一，文化是深层次的而不是表面化的，因此，如果你自以为能操纵它，那么，你很可能会失败。第二，文化是宽泛的，因为它是由有关组织日常生活的信念和假设构成的，因此，如果文化是成功的，面临的主要挑战便是对文化的阐释。第三，文化是稳定的，因为它赋予生活以意义，并使生活可预测，结果，人们很难改变它。

学校文化

尽管组织文化在教育分析中一直是一个颇为流行的概念，但是，近期有关学校文化的大多数讨论仍然停留在分析性、哲理性和言辞矫饰上，实证性成果较少（参见 Cusick，1987；Marion，2002）。借助有关企业文化研究（Ouchi，1981；Deal and Kennedy，1982；Peters and Waterman，1982）和有效学校研究（Brookover et al.，1978；Rutter et al.，1979；Clark，Lotto，and Astuto，1984）的成果，对有效学校文化进行理想的描述，并非难事。例如，特伦斯·迪尔（Deal，1985）认为，有效学校具有体现下列特征的强势文化：

1. 共享价值观和“我们如何把事情做好”的共识。
2. 校长是体现核心价值观的英雄。 172
3. 特有的仪式体现广泛的共同信念。
4. 员工是情境中的主角。
5. 文化适应与文化创新的仪式。
6. 庆祝和变革核心价值观的重要仪式。
7. 创新与传统以及自治与控制之间的平衡。
8. 文化仪式中的广泛参与。

将一所学校变成有效学校的核心价值观是什么？学校的一切为了学生；进行教学实验；教与学是合作的过程；与学生保持紧密联系；努力取得优异的学业；要求高且具有现实性的绩效；行为开放，多元沟通；信任同事；专业化，等等。这些是核心价值观还是空洞的口号？如果这些信念被共享并付诸实施，那么，这些口号就可以形成强势的学校文化。然而，不幸的是，几乎没有任何直接考察有效学校制度文化的系统研究。

有必要从人类学和社会学的角度来研究学校文化。为此，必须运用定性研究来详细描述学校文化的基本假设和共同价值观。教育研究者必须把学校看成一个整体，分析学校的实践、信念和其他文化要素是如何与社会结构相联系并赋予社会生活以意义的。要理解文化，就必须沉浸于人们赋予世界以意义的复杂符号群之中。在这一方面，盖特兹（Geertz，1973）声称：

> 我相信马克斯·韦伯的观点，人好像一个动物悬在自织的特殊的网中。我把文化也假定为这样的网。因此，对文化的分析并不是旨在发现规律的实验科学；而是探求意义的解释科学。后面我将以社会性的表述来阐释其表面的神秘性（p. 5）。

威廉·费尔斯通和布鲁斯·威尔逊（Firestone and Wilson，1985）为人们着手研究学校的组织文化提供了一个有用的框架。他们认为，可以通过研究文化的内容、文化的表述以及主要的沟通形式，来分析学校文化。

通常，用以表示文化的各种符号有助于人们辨识重要的文化主题。有三种符号系统用以沟通学校文化的内容：故事、偶像和礼制。

- **故事**(stories) 是基于真实事件的叙事，通常又是事实与虚构的结合。
- **典故**(myths) 是各种传递无法用事实证明但又无可置疑的信念的故事。
- **传说**(legends) 是用虚构的细节进行复述和详细描述的各种故事。

例如，在来自学生家长和上级部门的巨大压力下，备受教师支持的校长成了
173 学校文化中的凝聚力与忠诚的象征。这个故事对新教师多次重复，经过人为的加工与润饰，就被赋予了特别的意义。故事通常讲述的是成为组织缩影的组织主角，人们由此可以洞察组织的核心价值观。偶像与礼制也很重要。

- **偶像**（icons）是用以交流文化的物质性的人造器物（理念、格言和奖品）。
- **礼制**（rituals）是组织中重要的标志性的例行仪式与惯例。

贾尼丝·拜尔和哈里森·特赖斯（Beyer and Trice，1987）认为，过渡（passage）、降级（degradation）、增进（enhancement）和融合（integration）等四种仪式是用以发展和维持组织文化的例行仪式。表5.2包括了学校里这四种仪式的例子及可能的结果。大多数学校文化的构成基础是与集会、教师会议、运动竞赛、社区活动、自助餐、报告卡、奖励与奖品、课程计划以及学校的一般装饰等有关的人造器物、礼节、礼制、仪式。

表 5.2　学校典礼、仪式与结果示例

类　型	示　例	可能的结果
过渡的仪式①	实习教学 新教师面对棘手的班级 午餐值日 退休	促进向新角色的转化； 社会化
降级的仪式	消极评价 公开批评	削弱能力 重申适当行为
增进的仪式	议会奖（Assembly recognition） 　年度教师 　团体辩论赛 　足球赛	增进能力 促进适当行为
融合的仪式	假日聚会 咖啡会 教师闲聊	鼓励加强群体联系的共同经验

在学校文化分析中，对非正式沟通系统的考察也很重要。沟通系统本身就构成了一种文化网络（Bantz，1993；Mohan，1993）。正如迪尔和肯尼迪（Deal and Kennedy，1982）所观察的那样，说谎话的人、刺探他人秘密的人、牧师、善搞阴谋的小集团、拨弄是非的人，等等，构成了学校中交流基本组织价值观的隐性的权力等级。**典故编造者**(mythmakers) 是传播组织典故的人，在非正式沟 174
通中起着很重要的作用。对组织典故本身以及这些典故的产生过程的认识是全面理解文化的重要因素。

组织文化研究常常试图通过隐喻的方式来揭示文化的本质。例如，下面便是用以描述学校文化的隐喻：

- **学园**(academy)：学校主要是学习的地方，校长是教与学的能手。
- **监狱**(prison)：学校是一个监管机构，学生需要控制和纪律约束，校长是监管人。
- **俱乐部**(club)：学校是一个社会俱乐部，学校里的每个人都过得很愉快，校长是社会指导者。

① "rite of passage"，为人生进入一个重要阶段而举行的仪式，如出生、结婚、死亡等。也指人生重大转折事件。——译者注

- 社区(community)：学校是一个养育环境，人们在学校中相互学习、相互支持，校长是社区领导。
- 工厂(factory)：学校是一条生产装配线，能生产出规格良好的学生机器，校长是工头。

同样，迪尔与怀斯（Deal and Wise，1983）用工厂、丛林、寺庙等隐喻来描述学校，而将校长描绘成CEO、驯狮者和宗教领袖。

学校文化研究

费尔斯通和路易斯（Firestone and Louis，1999）对有关学校文化的文献进行分析后得出这样的结论：当代高质量的学校文化研究成果很少。尽管有许多关于企业文化的分析，以及将这些结论应用于公立学校的推论，但是，很少有教育研究者将这些成果直接在学校中进行验证。研究学校文化时，必须研究几个重要的理论问题与实践问题。我们认为，费尔斯通和威尔逊（Firestone and Wilson，1985）以及迪尔（Deal，1985）等人提出的概念性框架对于分析学校文化是有用的。而贝茨（Bates，1987）则认为，这一框架将组织文化与管理文化等同起来，使文化的本质内涵变得狭窄了。这种观点会导致大多数学校是拥有一种文化还是拥有多种亚文化这一更具普遍性的问题。期望学校拥有一种独特的或单一的文化不太现实，但是，这一问题最终是一个经验性问题。

文化是否能够或是否应该被有意识地加以管理成为论争的热点问题。大多数研究学校文化的早期文献直接指向变革与学校改进，假设对于文化的理解是提高学校效能的前提（Deal，1985；Metz，1986；Rossman，Corbett，and Firstone，1988；Deal and Peterson，1990）。文化变革的成功及其对效能的影响都是值得探
175 讨的课题。一种观点认为，组织文化的层次与数量影响着文化变革的进程，例如，规范的变革比共享价值观或默会假设的变革的可能性更大。其他的观点则认为，任何变革都是困难的，都存在着伦理上的两难。例如，沙因（Schein，1985）强调指出，组织文化的大部分代表着组织成员学习应对焦虑的方式。因此，文化变革等于要求人们屈服于他们的社会防卫（social defenses）。根据沙因的观点，文化变革成了一个伦理问题。同样，贝茨（Bates，1987）认为，维护强势文化是根据管理者的利益进行的文化分析。对管理者有益，对工人未必有益（Hoy，1990）。

从文化角度分析学校，要注意学校中的社会互动的符号本质（Bolman and Deal，1997，2003；Cuningham and Gresso，1993）。事实上，李·博尔曼和特伦斯·迪尔（Bolman and Deal，2003）将文化看成是认识组织的“符号结构”(symbolic frame)。他们认为，这种结构的基础是以下有关组织与行为本质的非

常规性假设：

- 在组织中最重要的不是发生了什么事件，而是**它们意味着什么**，意义比事实更重要。
- 然而，事件与意义往往并不明晰，因为，同样的事件，对不同的人有着不同的意义。个体用不同的图式来解释他们的经验。意义是难以捉摸的，有时是难以共享的。
- 由于事件通常是模糊不清的或不确定的，很难知道究竟发生了什么、为什么会发生以及下一步将会发生什么。解释是困难的。
- 事件越模糊不清，越不确定，就越难以运用理性方法进行组织分析。理性显然是有局限性的。
- 面对模糊不清和不确定，人们编造了一些符号和故事来解释疑惑，帮助理解。故事创造了清晰。
- 因此，对许多组织事件而言，它们的重要性在于它们表达了什么，而不是它们产生了什么；长期形成的典故、典礼、仪式和传说，彰显了人们所寻求的意义。

从关于组织文化的文献研究中得出的结论是显而易见的：学校中所发生的诸多事件都必须在学校文化背景下进行解释；通常，人们的所言所行不如其象征的意义重要。

我们将通过考察三种类型的学校文化，来分析文化。这三种文化，每一种都描
绘了学校中为教师所共享的各种信念。拥有体现效能与信任的强势文化的学校，提高 176
了学生的学业成绩水平；而拥有监管型文化的学校，阻碍了学生的社会情感发展。

效能文化

教师和管理者对于才干和能力的共同信念是学校文化的重要组成部分。**教师集体效能**（collective teacher efficacy）是学校中教师共同的感知，即作为一个整体的教师的努力，会对学生产生积极影响。班杜拉（Bandura，1993，1997）认为，从组织观点来看，教师集体效能是非常重要的学校特征，因为它有助于理解学校对学生成绩的不同影响。在集体层面，效能文化是一组信念或社会感知，这些信念或感知在实践中受到强化而非削弱，并赋予学校以独特的身份。

集体效能的来源　像个体一样，组织也要学习（Cohen and Sproull，1996）。事实上，组织的学习过程与个体的学习过程相似（Cook and Yanon，1996）。学

校的一切行动都是为了实现教育目标。例如，一所学校的主要工作是为了提高学生的学业成绩，其他工作则是为了提高家长参与学校活动的频率与质量。组织功能的发挥取决于知识、替代性学习（vicarious learning）、自我反思和自我管理等因素。例如，一所学校通过实施在相邻地区有效的课程改革来对学生学业成绩的下降采取措施。这是学校进行自我管理的过程，该过程最终通过其成员的替代性学习来实现。尽管我们必须认识到，组织行为通过个体行为来实现，但是此例说明了在组织层面上替代性学习和自我管理的重要性。如我们所看到的那样，自我效能信息的四个重要来源是获得性经验（mastery experience）、替代性经验（vicarious experience）、社会说服（social persuasion）和情感把握[①]（emotional mastery）。正如这些因素对个体而言非常重要一样，这些资源对于教师集体效能的发展也同样起着不可替代的作用。

对组织而言，获得性经验非常重要。教师作为一个群体同样会体验成功和失败。成功有助于增强教师的集体效能感；失败则容易使人气馁，甚至一蹶不振。然而，如果成功是经常性的而且轻而易举地获得的话，失败就很容易导致泄气。集体效能感的增强要求持续努力并克服困难的体验。的确，组织通过体验进行学习，相应地也就很可能成功地实现组织目标（Huber，1996；Levitt and March，1996）。

当然，直接经验（direct experience）并不是教师集体效能的唯一信息来源。教师也会听到其同事以及其他学校的成功事迹。同样，有关有效学校的研究描述了示范性学校（exemplary school）的某些特征。替代性经验与模仿（modeling）是教师个人效能的有效来源，对教师集体效能也有促进作用。组织通过观察其他组织而学习（Huber，1996）。

177 口头说服是强化组织信念的另一种方式，这种信念使他们有能力实现他们所追求的目标。教师可以通过谈话、研讨、专业发展活动以及成绩的反馈等使自身发生变化。事实上，教师的凝聚力越强，教师作为一个整体被正确的舆论说服的可能性越大。然而，仅仅靠口头说服不大可能产生强大的变革力量，但如果更多的成功模式和积极的直接经验相结合，就会影响集体效能的发挥。口头说服有助于奋发向上和持之以恒等品质的培养，这两者都有助于解决问题。

组织呈现种种情感状态（affective states）。正如个体面对种种压力一样，组织也是如此。高效能组织能够承担各种压力和危机，并持续有效地发挥作用。事实上，组织也在不断学习如何适应和应对各种混乱力量。低效能的组织面临此类问题时，则会出现手足无措、功能失调，而这往往会强化组织走向失败的倾向。这

① 又译为“情感控制”。——译者注

样的低效能组织常常还不能正确对待环境中的激励因素——有时过分、有时不足或干脆无动于衷。组织的情感状态在很大程度上取决于如何理解和应对挑战。

集体效能的形式　尽管四个信息来源是发挥集体效能的关键，但是，加工和解释信息同样非常重要。当教师教学的时候，他们也在对其任务执行情况进行评估，我们将该过程称为教学任务分析。这样的任务分析可以在两个层面展开——个体层面与学校层面。在学校层面，从这一分析可推断出学校所面临的教学挑战，也就是说，学校何以走向成功。当然，这需要教师综合考虑以下各种因素，如学生的能力和动机、可以使用的教学材料、社区的制约、学校体育设施的质量，以及学校普遍存在的对于应对学生家庭及学校中的种种不利情景的能力的乐观态度等。教师要分析使学校走向成功所需要的手段、需要克服的各种障碍和限制以及可以利用的资源。然后，教师们结合教师教学能力评估进行教学任务分析；事实上，教师根据特定学校的教学任务，对其同事的教学能力作出明确的评判。在学校层面，教学能力分析有助于教师对教学技巧、方法、培训和专业知识进行推断。教学能力评价包括了教师对学校中所有儿童获得成功的能力的信念。因为，任务分析与能力分析是同时进行的，将教师集体效能的这两个方面分解开来无疑是很困难的。当教师集体效能形成之时，这两个方面便相互影响。

总之，对四个信息来源——即获得性经验、替代性经验、社会说服和情感状态的分析和解释，被认为是对教师集体效能产生重要影响的因素。在这些过程 178
中，组织主要强调两个相互关联的领域：教学任务和教学能力。组织根据能否成功地教学生来对这两个方面进行评估。这些评估的相互作用构成了一所学校的教师集体效能。教师集体效能高的结果是，接受富有挑战性的目标、组织努力程度高和持续的优良绩效。反之亦然，即集体效能低导致努力程度更低、容易放弃和低绩效。教师集体效能的过程和构成与教师个体效能相似，如图5.2所示。绩效水平向组织提供反馈，提供进一步提高教师集体效能的新信息。然而，关于教学任务和教学能力的信念很可能会保持不变，除非发生重大变化，这是因为，这些信念一旦确立，学校效能文化就会成为要求实质性变革的相对稳定的品质。相对而言，要描述一所学校的集体效能是比较容易的，因为戈达德及其同事（Goddard，Hoy，and Woolfolk Hoy，2000；Goddard，2002a）已经开发了几个有效而又可靠的工具来测量学校效能文化。集体效能量表（Collective Efficacy Scale，CE Scale）、它的相关特征以及评分指导等信息都可以在网址 www. coe. ohio. state. edu/whoy 上查到。

集体效能：某些研究发现

支持集体效能在学生学业成绩方面的重要性的研究十分有限，但都一直在进

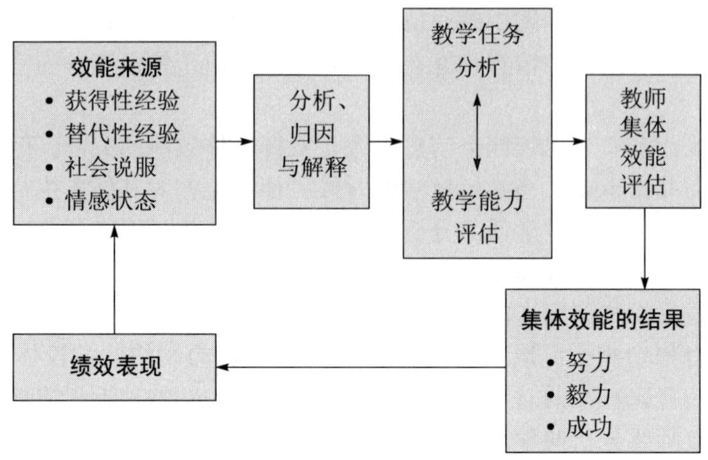

图 5.2　集体效能模式

179 行着。班杜拉（Bandura，1993）在其颇有影响的对教师集体效能和学生学业成绩的研究中，第一次揭示出了两个重要发现：（1）学生学业成绩（累积为学校水平）非常重要，与集体效能呈正相关；（2）集体效能对学生学业成绩的影响要比学生社会经济地位（累积为学校水平）对学业成绩的影响大。随后的研究支持了这些发现。罗杰·戈达德及其同事（Goddard，Hoy，and Woolfolk Hoy，2000）的发现也有力地支持了这一模式，再次确认了教师集体效能对促进学生获得更高学业成绩的重要作用。此后的研究发现，教师集体效能是一种提高学生学业成绩的积极因素，甚至是控制学生社会经济地位的积极因素，这一发现在小学与中学的研究中都获得了支持（Goddard，Hoy，and Woolfolk Hoy，2000；Goddard，Sweetland，and Hoy，2000；Goddard，2001；Goddard，2002b；Hoy，and LoGerfo，2003）。简言之，强有力的学校效能文化促使学生获得更高的学业成绩，因为，在某种程度上，强有力的学校效能文化使人们接受可以带来优良绩效的富有挑战性的目标、巨大的组织努力以及坚忍不拔的毅力等。班杜拉（Bandura，1997）认为，由于学校使教师面临种种独特的挑战，包括公共绩效责任、共同承担学生学业方面的责任以及最低限度的工作环境控制，等等，因此，要形成高水平的教师集体效能，虽然可能，但困难重重。

信任文化

另一种学校文化观是根据教师的信任即教师集体的共同信念来进行描述的。信任有点儿像空气，在不需要的时候，没有人能够感觉到它的存在。但是，在学校中，信任非常重要，这是因为，信任有助于促进合作（Tschannen-Moran，2001），增进开放（Hoffmam，Sabo，Bliss，and Hoy，1994），提高群体凝聚力（Zand，1997），以及改进学生的学业成绩（Goddard，Tschannen-Moran，and Hoy，2001；Hoy，2002；Bryk and Schneider，2002）。人人都渴望信任和被信任。但是，信任包括很多方面。

信任关系建立在相互依赖的基础上，就是说，一个人，如果不依赖他人就无法获得自己的利益（Rousseau，Sitkin，Burt，and Camerer，1998）。毫无疑问，由于相互依赖的程度高，学校中的许多社会关系都有信任之需要。例如，教师依赖校长，但校长也依赖教师。教师与学生以及教师与家长的关系也是如此。但是，相互依赖的关系也有弱点，这是信任的一个常见特征（Baier，1986；Bigley and Pearce，1998；Coleman，1990；Mayer，Davis，and Schoorman，1995；Mishra，1996）。个体凭着直觉知晓该信任什么——这意味着在相信他人不会伤害自己的前提下而对他人不设防——但是信任在许多方面是非常复杂的。

除了不设防以外，信任还有其他五种常见特征：仁慈、可靠、称职、诚实和 180
开放（Hoy and Tschannen-Moran，1999；Hoy and Tschannen-Moran，2003；Tschannen-Moran and Hoy，2000）。对学校教师的信任的研究（Hoy and Tschannen-Moran，2003）表明，信任的所有特征共同发生变化，并且形成一种和谐一致的学校信任观。换句话说，当教师对校长的信任程度比较高的时候，教师便相信校长与他们之间的关系是仁慈的、可靠的、称职的、诚实的和开放的。因此，**教师信任**（faculty trust）是教师在认为其他群体的成员是仁慈的、可靠的、称职的、诚实的、开放的等观念基础上，乐于对这些成员不设防。

信任体现在与他人的关系之中，并通过向他人学习而具体化。教师信任所涉及到的四个对象对学校组织信任文化的创建十分有利。教师信任学生、信任校长、信任家长以及彼此间的相互信任程度，为形成学校信任的基本图景奠定了基础。然而，事实上，在对学生与家长的信任方面，教师并没有什么区别。对学生的信任就是对家长的信任，反之亦然（Hoy and Tschannen-Moran，2003）。因此，可以通过考察教师对学生、家长、校长和同事的信任程度来描绘信任文化。

这三类信任对象倾向于彼此间保持适度而又积极的关系，以至于对某一对象的信任会影响对其他对象的信任。然而，教师一方面对校长和同事高度信任，另一方面却不怎么信任学生和家长；或者，对同事高度信任，对校长却不怎么信任。这都是可能的。当然，通过考察教师对校长、同事、学生和家长的信任，仍可获得有关学校中的集体信任的美好画卷。

教师对三类对象的高度信任是学校**信任文化**（culture of trust）的最初形式。首先，教师信任校长。他们相信校长的所作所为始终是最符合他们的利益的，并且，校长是开放的、诚实的，能够胜任工作的。其次，教师也同样相信同事，认为在其与同事的互动过程中，同事也是有能力的、开放的、诚实的、可信赖的，教师们学会了与同事相互依靠，相互信任，即使是在最困难的时候，同事也不会背叛他们的信任。再次，作为一个整体，教师信任学生与家长，相信学生是有能力的学习者，相信家长和学生对他们所说的话，相信他们可以一直依赖家长和学生，也同样相信家长和学生都是诚实的、开放的和可以信赖的。简言之，学校中浓郁的组织信任文化就是教师相信校长、同事互相信任、教师信任学生和家长，所有群体能够合作共事。

学校中的教师信任可以通过综合性 T 量表（Omnibus T-Scale）[①] 进行测量。这一包含 26 个项目的量表，对小学、初中和高中都适用，用以测量教师对校长、
181 同事、学生和家长这三类信任对象的信任情况。该量表包含三个子量表，其中的每一个都可以根据以上所讨论的所有方面对教师信任进行测量。此外，每一测量结果都是十分可靠的，都能够佐证教师信任的建构与可预测的有效性（Hoy and Tschannen-Moran，2003）。读者可以在下面的网址中找到完整的 T 量表：www. coe. ohio. state. edu/whoy。霍伊与查奇南-莫兰已经出版了有关量表编制与测量的技术细节的著作（Tschannen-Moran and Hoy，2003）。

教师信任：一些研究证据

人们一直将信任视为包括学校在内的许多组织的人际关系中的一个非常重要的因素。大约 40 年前，利克特（Likert，1967）认为，信任是组织生活中相互影响过程中的一个非常重要的方面。最近，托马斯·塞尔乔瓦尼（Sergiovanni，1992）也认为，对于学校校长的道德领导而言，信任是必须的；而韦恩·霍伊及其同事的研究（Hoy，Tarter，and Kottkamp，1991；Hoy and Sabo，1998；Hoy，Smith，and Sweetland，2002b）也证实了信任对于中小学校长领导的重要性。其他当代的组织研究学者（Bennis，1989；Ouchi，1981；Zand，1997）也得出了同样的结论，即，信任是各种各样的组织环境中成功领导的重要特征。组织成员对其领导的信任程度决定了他们对其领导贡献自己的才智、承担相应责任的程度（Zand，1997）。领导者所面临的挑战显而易见：培养你的下属的忠诚与信任。如同我们所看到的那样，如果学校中的人际关系是开放而又健康的，那么，教师很可能就会不仅信任他们的领导，而且信任他们的同事、学生和家长。

然而，最近的一些研究证据（Hoy，Smith，and Sweetland，2002a；Geist and Hoy，2003）表明，那些促使教师信任校长的因素，不同于那些促使教师信任同事的因素，也不同于那些促使教师信任学生与家长的因素。教师对校长产生信任

---

① 参见 http：//www. coe. ohio-state. edu/whoy/Omnibus%20Form. pdf——译者注

的前提是，校长的行为是适度的、得到广泛支持的和以集体利益为本的。教师对同事的信任并非基于校长的专业化行为，而是基于教师自身的专业化行为、同事之间的相互支持以及彼此间形成的团结与亲密关系。教师对家长和学生的信任更多的是学校的学术性取向的函数。当教师追求卓越的学业成绩时，有可能会相应地强调对学生和家长的信任。因此，教师对家长和学生的信任似乎是学校学术性取向的必须条件。相反，学校对学术性的重视，也提高了教师对家长和学生的信任。

一系列颇有应用价值的研究表明，教师对学生及其家长的信任与学生的学业成绩显著相关。许多独立的研究同样证明了信任与学生学业成绩之间的这一重要关系，甚至是在为了学校的社会经济地位而对学生加以控制的情况下，亦是如此
（Bryk and Schneider，2002；Goddard，Tschannen-Moran and Hoy，2001；Hoy， 182
2002）。越来越多的证据表明，教师、家长、学生之间的信任有助于提高和改进学生学业成绩。这是一个非常重要的发现，因为，尽管变革教师、家长和学生之间的信任关系并非易事，但要比改变家长的社会经济地位更具有可操作性。

控制文化

学校文化概念的另一层含义是有关教师与校长共同控制学生的重要信念。威拉德·沃勒（Waller，1932）在一项首次将学校作为社会系统加以系统研究的研究中，注意到学校文化的结构与规范两个层面对于学生控制（pupil control）的重要性。事实上，大多数视学校为社会系统的研究，都阐述了对抗性的学生亚文化、参与者的冲突以及学生层面的各种问题（Gordon，1957；Coleman，1961；Willower and Jones，1967）。唐纳德·J. 维洛沃和罗纳德·G. 琼斯（Willower and Jones，1967）将学生控制描述为学校社会系统中的“首要主题”（dominant motif），也是赋予教师–教师关系模式和教师–校长关系模式以意义的综合主题。

控制是所有组织都会面临的问题。理查德·O. 卡尔森（Carlson，1964）通过分析客户与服务性组织的关系指出，公立学校是服务性组织的典型，控制可能是最为棘手的问题。公立学校、监狱和公立精神病院，都是服务性组织，无法选择客户，而客户必须参与这些组织（在法律意义上）。这些组织都会遇到这样一些顾客，他们对组织的服务不抱什么希望，或根本没有任何期望，这一因素强调了客户控制问题。但我们必须特别注意到，当我们将公立学校与监狱和公立精神病院进行比较的时候，必须注意它们之间的重要差别。例如，监狱和公立精神病院是“全权组织”（total institutions）（Goffman，1957），而学校则不是。此外，学校通常很少运用高压措施。总之，尽管控制可能是所有群体生活的一个非常重要的组成部分，而且，对于服务性组织而言，控制尤为重要，但是，服务性组织中的客户是无法选择的，客户的参与是强制性的。

理论与实践的综合考察得出了相同的结论：学生控制是学校生活的中心。根据这一显著特点，可以用这一概念来区分学校类型。唐纳德·J. 维洛沃、特里·I. 艾德尔和霍伊（Willower，Eidell，and Hoy，1967）在宾夕法尼亚州立大学进行的研究提出了学生控制概念，为这一观点奠定了基础①。宾夕法尼亚州立大学的研究者们提出了一个从监管文化到人本文化的学生控制连续统一体（pupil control continuum）假设。下面对这两种类型进行简要归纳。

监管文化（custodial culture）模式是传统型学校，是一种刻板的、高度控制的环境，维持秩序是其主要任务。根据学生的表现、行为以及家长的社会地位，将学生分成不同的类别。那些持有监管取向的教师，将学校看成是严格的学生-
183 教师地位等级的专制组织（autocratic organization）。权力与沟通都是单向度的，自上而下的。学生必须毫无异议地接受教师的决定。教师不会努力去理解学生的行为，相反，会将学生的不端行为看成是一个人的公开冒犯。他们认为，学生没有责任感，缺乏纪律观念，必须通过惩罚性制裁加以控制。非人格化、冷嘲热讽和令人警觉的不信任感充斥着监管型学校的氛围。

人本文化（humanistic culture）模式是将学校看成教育性社区，在那里，学生通过合作化的互动和体验进行学习。这种模式从心理学和社会学的角度来审视学习与行为。自我约束取代了严格的教师控制。人本主义取向形成了学生与教师双向沟通的民主氛围，并提高了自我决断力。“人本主义取向”这一术语由埃里克·弗罗姆（Fromm，1948）提出，用于表征社会心理感觉；它强调个体的重要性，以及创设一种满足学生需要的氛围的重要性。

为了根据监管-人本连续统一体（custodial-humanistic continuum）测量一所学校的学生-控制取向，维洛沃、艾德尔和霍伊（Willower，Eidell，and Hoy，1967：47-48）开发了学生-控制意识（Pupil-Control Ideology，PCI）量表。该量表包括20个题目，每一个题目都有从非常不同意到非常同意共5个等级的反应类型。PCI的可靠性和有效性得到了许多研究的支持（Hoy，1967，1968，2002；Hoy and Woolfolk，1989，1990）。可以通过学校专业人员的个人取向测量学生-控制取向；这是一种有关学校取向形态的推断，它提供了学校中学生-控制取向的监管主义（或人本主义）文化的指标。PCI量表及其评分指南，可参见网站www. coe. ohio. state. edu/whoy。

---

① 这些研究的绝大多数都可以在学生控制研究档案（Pupil Control Studies Archives）中找到。这些资料收藏于宾夕法尼亚州立大学（The Pennsylvania State University）Pattee图书馆，University Park，PA，16802。

学生控制：某些研究发现

占主流的教师信念提供了认识学校文化的又一视角，该视角聚焦于控制学生的共享信念上，并且，业已证明是对学校校风或印象（the tone or feeling of the school）以及学生行为的最有效的预测（Hoy，2002）。

阿普尔伯里和霍伊（Appleberry and Hoy，1969）、霍伊和克洛弗（Hoy and Clover，1986）等人发现，学校中人本主义的学生-控制取向与开放的学校组织氛围显著相关。霍伊和阿普尔伯里（Hoy and Appleberry，1970）根据他们的学校氛围结构量表对学生控制最人本化的学校与最为监管式的学校进行了比较。与那些人本化学生-控制取向的学校相比，监管式学生-控制取向的学校，教师参与程度不高，道德水平低，受校长的监管更严格。一所学校的学生-控制取向与学校生活的许多重要方面相关。

让我们根据研究成果来探讨学校特征的一般图景。监管式学校比人本化学校 184
更让学生有疏离感（Hoy，1972），而人本化学校则有健康的社会氛围，从而使学生更加成熟的自我意象得以发展（Diebert and Hoy，1977）。此外，学生对人本化学校氛围的感知还与诸如学生的动机、问题解决、对学习的认真态度（Lunenburg，1983），以及对学校生活质量的积极知觉等因素（Lunenburg and Schmidt，1989）呈正相关。越是监管型学校氛围，学生恶意破坏的可能性越大，暴力事件越多，学校越不容易办下去（Finkelstein，1998），并且，越妨碍学校结构的形成（Hoy，2001）。

以上证据表明，对公立学校而言，它们需要的是少一些监管，多一些人本精神，因为学校疏离感越少，满意度越大，学生的成绩越好。然而，要进行人本化取向的变革，说起来容易，做起来难，而且往往难以成功，但是，仍须继续努力。

理论联系实际

在你所在的学校，对 6 位或更多的教师进行访谈，根据大多数教师共享的核心价值观，尝试确定你们学校的文化特点。根据创新、稳定性、对细节的关注度、结果取向、人本取向、团队取向、进取、信任、控制及其他价值观和信念，描述教师们共享的价值观与信念。描绘一下新教师的入职仪式与融合仪式。根据学校的优势与不足评估学校文化。根据学生的学业成绩和发展，说明学校文化是如何发挥作用的。

组织氛围

尽管当前“组织文化”（organizational culture）这一术语十分流行，但是，越来越多的研究在关注组织氛围（organizational climate）这一概念，直到最近，大多数组织理论家使用这一概念来描述对学校的整体感受或氛围。与文化研究不同，组织氛围研究从一开始就与相关测量工具的开发过程联系在一起（Pace and Stern，1958；Halpin and Croft，1963；Denison，1996；Hoy，1997）。氛围一词源于社会心理学和工业心理学等学科，而不是人类学和社会学。

185

组织氛围的定义

从一开始，氛围（climate）就被当成描述持续的组织生活质量的一般性概念。雷纳托·塔盖里（Taguiri，1968：23）指出，“如同个人特征的独特结构形成个性一样，生态、环境、社会系统和文化等因素的持续特性的独特结构形成了一种氛围。”

吉尔默（Gilmer，1966：57）将组织氛围定义为“与其他组织区别开来、影响组织中人的行为的那些特征”。乔治·利特温和罗伯特·斯特林格（Litwin and Stringer，1968：1）介绍了他们对氛围定义的理解，即氛围是“以生活和工作于某环境中的人们的集体感知为基础，对人们的行为产生影响的一系列可测量的工作环境特征”。多年以来，人们已就组织氛围的基本特征达成共识。马歇尔·普尔（Poole，1985）将这些共识概括如下：

- 组织氛围关注的是较大的单元；它描述整个组织或其中的主要亚单元的品质特征。
- 组织氛围重在描述组织特征，而不是对其进行评价或表征其情感反应。
- 组织氛围源于对组织及其成员而言非常重要的日常性组织实践。
- 组织氛围对其成员的行为和态度产生影响。

学校氛围是一个描述教师对一般的学校工作环境的感知的较宽泛的术语。正式组织、非正式组织、参与者的个性和组织领导等因素均对其产生影响。简言之，学校的**组织氛围**就是一所学校区别于其他学校、对每一位学校成员的行为产生影响的一系列内在特征。具体说来，**学校氛围**（school climate）是学校中为成员所体验到的、影响成员行为的、以成员的集体行为感知为基础的、相对持久的学校环境特性。将组织氛围定义为一系列内在特征，在某些方面与早期关于个性的描述十分类似。事实上，可以大致将学校氛围看做是学校的个性——也就是说，组织氛围犹如个体的个性。

因为学校氛围对组织行为有较大影响，也因为管理者对于形成学校“个性”具有重要的、积极的影响，所以，描述和分析学校氛围就十分重要。人们可以从许多不同的观点来考察氛围（参见 Anderson，1982；Miskel and Ogawa，1988）。现在，我们通过开放与健康两个视角来审视学校氛围。每一个视角都为学生和实 186
践中的管理者提供了一套有价值的理论参考与测量工具，以便分析、理解、描述和变革学校工作环境。

开放的组织氛围

或许关于学校组织氛围的最为著名的概念化研究与测量是安德鲁·W. 哈尔平和唐·B. 克罗夫特（Halpin and Croft，1962）对小学的开拓性研究。由于他们感觉学校之间有着明显的不同，而且士气（morale）概念并没有提供一个充分的解释，所以，他们开始研究学校组织氛围这一维度。在对一系列因素进行分析研究后，他们开发了一个描述问卷，即组织氛围描述问卷（Organizational Climate Description Questionnaire，OCDQ），用以测量教师-教师互动和教师-校长互动的重要方面。他们通过要求学校教师选择某些行为在学校中发生的频率来描述他们的同事和校长的行为，比如，“校长想方设法帮助教师”以及“日常工作干扰教学”。表 5.3 是从组织氛围描述问卷的最新版本中抽取的样题。

表 5.3　组织氛围描述问卷（OCDQ-RE）样题

说明：下面的句子是对你的学校的表述。请根据你们学校的特征符合每一表述的程度，圈出最合适的答案。

RO = 很少发生；SO = 有时发生；O = 经常发生；VFO = 非常频繁地发生

1. 教师愉快并充满活力地完成工作	RO	SO	O	VFO
2. 教师的亲密朋友也是这所学校的教师	RO	SO	O	VFO
3. 教工大会毫无用处	RO	SO	O	VFO
4. 校长尽力帮助教师	RO	SO	O	VFO
5. 校长采用高压手段进行管理	RO	SO	O	VFO
6. 放学后教师立即离开学校	RO	SO	O	VFO
7. 教师邀请同事到家里做客	RO	SO	O	VFO
8. 校长采纳建设性的批评意见	RO	SO	O	VFO

完整的工具与评分细节，可参见霍伊与塔特的著作（Hoy and Tarter，1997b）或网址：www. coe. ohio-state. edu/whoy

187 当前，OCDQ 有三种版本，分别适应于小学、初中和高中。比如，OCDQ-RE 是从六个方面来界定小学氛围的；其中三个方面描述了校长与教师互动过程中的开放程度，另外三方面描述了同事之间互动过程中的开放程度。表 5.4 界定了由 OCDQ-RE 进行测量的六个维度。所有用来测量氛围的工具（小学的、初中的、高中的）提供了有效、可靠的手段，用以描述教师和管理者在学校中的行为开放度(openness in the behavior，Hoy，Tarter，and Kottkamp，1991；Hoy and Tarter，1997a；Hoy and Tarter，1997b)[①]。OCDQ 工具、评分指导和解释都可以从网上下载，网址是：www. coe. ohio-state. edu/whoy。

表 5.4　OCDQ-RE 问卷维度

校长的支持性行为(supportive principal behavior)——反映出对教师的基本关心。校长倾听并敞开心扉接受教师的建议。经常诚恳地表扬教师，对教师的批评是建设性的。

校长的指令性行为(directive principal behavior)——要求严格的、封闭式的监管。校长对所有教师和学校的所有活动都采取封闭的恒定的控制，而且事无巨细。

校长的限制性行为(restrictive principal behavior)——妨碍而不是促进教师的工作。校长以文字工作、委员会要求、例行义务和繁忙的工作等增加教师负担。

教师的合作行为(collegial teacher behavior)——支持教师之间开放的和专业化的互动。教师充满热情，接受并尊重同事的专业能力。

教师的亲密行为(intimate teacher behavior)——反映了教师之间的强大的、富有凝聚力的社会支持网络。教师彼此很了解，是亲密的朋友，定期一起参加社会活动。

教师的疏离行为(disengaged teacher behavior)——不能专注于专业活动，不了解专业活动。教师只是随意打发时间。教师的行为是消极的，对同事横加指责。

开放氛围（open climate）的显著特征是教师之间以及教师与校长之间的合作与尊重。校长善于倾听并敞开心扉接受教师的建议，经常给予真诚的赞美，尊重教师的专业能力（高支持）。校长也给教师以表现的自由，不进行严格审查（低指令）。同时，校长表现出促进型的领导行为，避免科层化的事无巨细（低限制）。同样，教师的行为支持同事间的开放和专业化互动（高合作）。教师彼此了解，是亲密的朋友（高亲密）。他们合作，并投身于工作（低疏离）。简言之，校长和教师的行为是开放的、真诚的。

① 用以计算开放指数（openness indices）的具体细节可以在霍伊、塔特和科特坎普的著作（Hoy，Tarter and Kottkamp，1991）中找到。我们在本书中只讨论 OCDQ 的小学版，但其余版本的详细介绍可以在下列地方找到。初中版参见 Kottkamp，Mulhern，and Hoy（1987）；Hoy，Tarter and Kottkamp（1991）；Hoy and Tarter（1997b）。高中版参见 Hoy，Hoffman，Sabo，and Bliss（1994）；Hoy and Tarter（1997a）；Hoy and Sabo（1998）。

封闭氛围（closed climate）几乎是开放氛围的对立面。校长和教师似乎仅仅是装样子而已，校长强调日常琐事和一些不必要的繁忙工作（高限制），教师作最低限度的回应，几乎没有责任感（高疏离）。从控制、严格（高指令）以及缺乏同情心、冷漠和反应迟钝（低支持）可以进一步看出校长的领导是无效的。这些不恰当的策略不仅仅造成了挫折和冷漠，而且使成员不管是作为朋友还是专业人员都彼此怀疑，缺乏相互尊重（低亲密和低合作）。封闭氛围中的校长表现为缺乏支持、不灵活、妨碍和控制。教师表现为分裂、不宽容、冷漠以及缺乏敬业精神。图 5.3 显示了开放和封闭这两种对立的学校组织氛围。恰当地使用 OCDQ 可以判断你所在学校的氛围的开放程度。 188

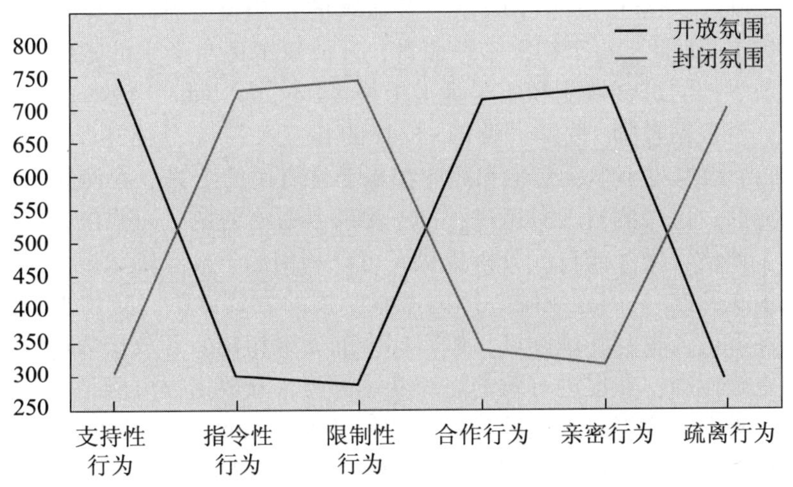

图 5.3　开放与封闭的小学氛围折线图

OCDQ：某些研究发现

相对而言，小学、初中和高中的 OCDQ 修订版是新近开发出来的。不过，与此相应的系统化研究才刚刚起步。比如，我们知道，最初的 OCDQ 的开放度指标与新的、重新修订过的用于测量开放度的子测验显著相关。而且，氛围的开放度与教师和校长的开放的、可信的行为呈正相关（Hoy，Hoffman，Sabo，and Bliss，1994；Hoy and Sweetland，2001）。因此，可以预见，新的测量是可重复的，并将进一步修正早期的研究结果。

早期的 OCDQ 研究结果表明，学校的开放氛围与所预测的学校情感氛围关系紧密。与封闭性氛围的学校相比，在拥有开放氛围的学校里，学生对学校及其成员几乎没有什么疏离感（Hartley and Hoy，1972）。正如人们所怀疑的那样，考察校长特质与学校氛围相互关系的研究表明，与封闭性学校相比，开放性学校 189

往往有一位强势的校长，他比较自信，善于自我保护，乐观，善于交际，足智多谋（Anderson，1964）。而且，在开放性学校里，教师在校长的领导下，对自己与学校效能也充满信心（Andrews，1965）。这样的校长拥有高度忠诚的、令人满意的教师（Kanner，1974）。

最近运用新的氛围测量工具所作的诸多研究（Tarter and Hoy，1988；Reiss，1994；Reiss and Hoy，1998）也同样表明，与封闭氛围相比，开放性学校氛围的特征是高忠诚与高信任，员工既信任校长，也信任同事。与封闭性学校的校长相比，开放性学校中的校长承担着更多的学校责任，即对学校的认同和参与（Tarter，Hoy，and Kottkamp，1990）。此外，氛围的开放度与教师的决策参与（Barnes，1994）和学校效能等均存在着显著的正相关（Hoy，Tarter，and Kottkamp，1991），而且，对于初级中学而言，开放氛围还与学生的数学、阅读和写作成绩以及学校的综合效能和质量呈正相关（Hoy and Sabo，1998）。

总之，就根据教师-教师、教师-校长的相互关系综合描述学校氛围而言，OCDQ 的三个版本对小学、初中和高中都是非常有用的工具。在测量学校氛围的重要特征方面，每一测量工具所进行的子测验都是有效的、可靠的。这些测验结果为研究、评估、服务或自我分析提供了可以利用的学校氛围状况。此外，开放指数提供了在开放-封闭连续统一体内考察学校的方式方法。哈尔平和克罗夫特认为，与许多进入教育管理领域、假冒标准的要素相比，开放指数或许是衡量学校效能的更好标准。在促进有效的组织变革方面，开放指数可能是一个重要的条件。同样，对于那些想要改进教学效能的校长而言，如果首先创造一种开放的、信任的学校氛围，成功的可能性更大（Hoy and Forsyth，1987）。尽管有关学校效能的构成内容仍然存在诸多争议（参见第 8 章），毫无疑问，OCDQ 提供了一套用于诊断和规范的非常有用的测量量表。

健康的组织氛围

审视学校氛围的另一视角是学校的**组织健康**（organizational health）（Hoy and Feldman，1987；Hoy，Tarter，and Kottkamp，1991；Hoy and Sabo，1998）。组织的积极健康思想并不是什么新东西，它促使人们关注那些促进组织成长与发展的因素，以及那些阻止健康的组织运作的各种因素（Miles，1969）。具有健康组织氛围的学校，由于能够充分利用学校资源，努力实现学校目标，因而能够成
190 功地应对环境。可以用七个具体的互动模式来界定中学的组织健康（Hoy and Feldman，1987，1999）。这些关键要素满足了社会系统的基本需求，代表了学校内部的三个层面的责任与控制。

制度(institutional) 层面将组织与其所处的环境联系在一起。对学校而言，

合法性与社区支持非常重要。管理人员和教师需要支持，以便在没有学校以外的个人与群体的不恰当的压力与干扰的情况下，以和谐的方式履行各自的职能。可以依据学校的完整性对这一层面进行考察。就是说，制度的完整性反应了学校适应和应对其环境以保持教育计划良好运行的能力。制度上的整合可使学校免于社区和家长的不合理要求。

管理(managerial) 层面对于组织内部的运行情况进行调节和控制。管理过程是与教学有着本质区别的管理功能发挥过程。校长是学校的主要管理人员。他们必须设法赢得教师的忠诚与信任，激发教师的工作动机，并且合作共事。管理层面有四个关键方面需要强调，即校长的影响力、关怀、主动结构（initiating structure）和资源支持。影响力是校长影响上级决策的能力。关怀是指校长的行为是开放的、友善的、支持性的，而主动结构则是校长清晰地界定工作期望、绩效标准与行为程序的行为。最后，资源支持是校长为教师提供他们所需要的所有教学材料与设施的水平。

在学校中，技术(technical) 功能的发挥体现在教-学过程中，并且由教师直接负责。受过教育的学生是学校的产品，并且整个技术子系统包括了与有效的学与教相关的各种问题。士气与对学术性的强调是技术层面的两个关键要素。士气是热情、自信和弥漫于员工中的成就感。另一方面，对学术性的强调是学校对学生成绩的要求。表5.5从责任层面出发，对组织健康的七个维度作了界定与归纳。

需要特别指出的是，**健康组织**（healthy organization）指的是在技术层面、管理层面和制度层面处于和谐状态的组织。当组织集中精力完成其使命的时候，它不仅能满足自身需求，而且能够成功地应对外部的各种破坏性力量。

健康学校（healthy school）能免遭社区和家长的不合理压力。学校董事会成功地抵制各种既得利益集团试图影响政策的所有努力。健康学校的校长采取的是动态的领导，即兼顾任务取向和人际取向的领导。这样的行为受到教师的支持，规定了明确的方向，并保持较高绩效标准。而且，校长除了拥有独立思考和行动的能力，还能对他或她的上级产生影响。健康学校的教师投身于教和学。他们为学生规定较高但能够达到的目标；他们保持较高的绩效标准；学习环境有序而又严肃。学生努力学习学术性内容，动机很强，尊重其他学业优异的学生。教室设施和教学材料方便可用。最后，在健康学校里，教师们互相友爱，互相信任，对工作充满热情，并且以校为荣。

不健康学校（unhealthy school）易受外部破坏性力量的冲击。教师和管理者被来自家长和社区集团的不合理要求所困扰，被公众心血来潮的念头所冲击。校长不具备领导能力，没有明确的方向，对教师不关心、不支持，对上级几乎没有影响力。教师士气低下，对同事、对工作都没有好感。教师群体中充满着冷漠、猜疑和戒备。最后，学校追求学业卓越的压力有限，大家都只是在“消磨时间”。

191 **表 5.5　组织健康指标的维度和样例**

制度层面

制度的完整性(Institutional Integrity)——学校不受社区狭隘的既得权益的影响，能够妥善应对外界的破坏性力量。

样例：
- 学校免受社区和家长的不合理要求。
- 学校对外界压力的毫无防备。*

管理层面

校长的影响力(Principal Influence)——指校长影响上级行为的能力。有影响力的校长可以为了教师的利益而成功地与督学合作。

样例：
- 校长可以从上级那里得到他或她想要的东西。
- 校长受上级干扰。*

关怀(Consideration)——校长的行为是友好的、支持性的、开放的和合作的。

样例：
- 校长关注教职员工的个人福利。
- 校长是友好的、可接近的。

主动结构(Initiating Structure)——校长的行为是任务取向和成就取向的。校长使自己的期望十分明晰，并坚持绩效标准。

样例：
- 校长让员工了解自己对他们的期望。
- 校长明确界定绩效标准。

资源支持(Resource Support)——指这样一种学校情形：有足够的教室设施、教学材料便于使用，额外的设施也容易得到。

样例：
- 如果需要的话，可以使用额外的设施。
- 为教师提供足够的教学材料。

技术层面

士气(Morale)——指的是教师之间的信任、自信、热情与友好。教师彼此感觉良好，同时，教师对他们的工作有一种成就感。

样例：
- 同一学校的教师彼此喜欢。
- 教师的士气高昂。

对学术性的强调(Academin Emphasis)——指学校对学业成绩的要求。为学生规定的学业目标很高，但可以实现。学习环境有序而又严肃。教师相信学生的能力足以实现学业目标；学生努力学习并重视学业成绩。

样例：
- 学校规定较高的学业成绩标准。
- 学生尊重成绩优异者。

* 该项目逆向得分。

一所学校的组织健康情况可以用组织健康指标（Organizational Health Index，OHI）进行测量。例如，中学使用的OHI是一个包含44个项目的描述性问卷，有7个子测验，除了测量学校的总体健康水平以外，还测量每一个基本的维度。与OCDQ一样，OHI由学校的专业人员实施。目前，OHI有3个有效的、可靠的修订版本——每一种都对应一种类型的学校。图5.4是3所学校的健康折线图。学校A代表了具有相对健康氛围的学校；所有的健康指数都在平均值以上。相反，学校C是低于所有健康指数的平均值。学校B是一所普通学校——所有指标都与平均值持平。所有的OHI工具、评分指导和解释都可以在线获得。 192

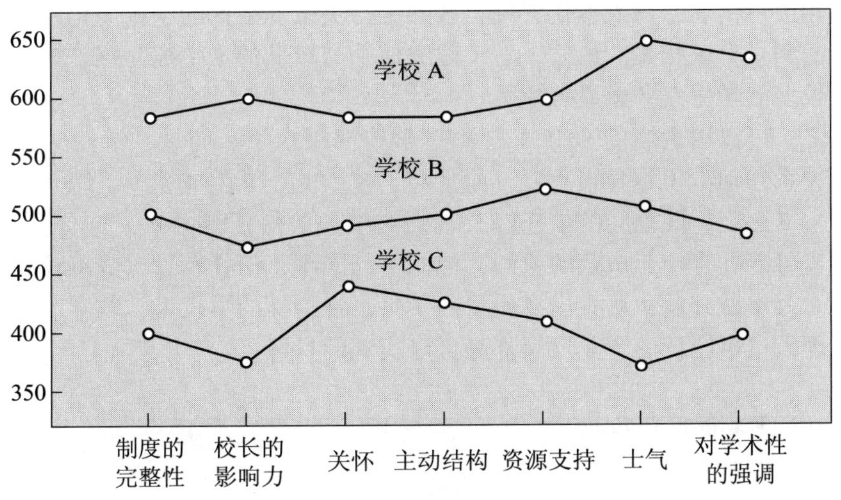

图5.4 三所学校的健康折线图 193

OHI：某些研究发现

OHI是一种测量学校氛围的有用工具，有小学、初中和高中3个版本。该工具用于测量学校组织健康状况的主要维度。而且，其理论基础与有效学校的诸多特征相一致。此外，一项对台湾某中学的研究验证了OHI跨文化的稳定性（Liao，1994）。

使用OHI进行研究的结果是鼓舞人心的。曾有人指出，组织氛围越健康，教师对校长、同事和组织本身的信任程度越高（Tarter and Hoy，1988；Hoy，Tarter，and Wiskowskie，1992；Smith，Hoy，and Sweetland，2001）。毫无疑问，学校开放与学校健康之间彼此相关；健康学校拥有较高的信任，较强的团队精神（esprit）和较低的疏离感（Hoy and Tarter，1990）。简言之，开放的学校趋于健康，健康的学校趋于开放。健康也与教师对学校承担的组织义务相关；健康的学校有更多的乐于奉献的教师（Tarter，Hoy，and Bliss，1989；Tarter，Hoy，and Kottkamp，1990）。

研究结果同时也表明组织健康与学生绩效呈正相关；一般说来，学校氛围越健康，高中生的数学与阅读测验成绩越高（Hoy and Tarter，1990）。具体而言，一所中学，越是强调学术性，学生的数学、阅读与写作标准化测验成绩越高（Hoy and Hannum，1997；Hoy，Hannum，and Tschannen-Moran，1998；Hoy and Sabo，1998；Goddard，Sweetland，and Hoy，2000）。一项对小学教师的研究也证实，健康的学校氛围有助于形成教师效能，并且，对学生的学习产生积极影响（Hoy and Woolfolk，1993）。我们自己的研究也证明，学校健康与其他重要的学校变量相关。例如，与人本化管理、教师参与决策、浓郁的学校文化以及各种学校效能的测量呈正相关。最后，学校健康似乎与较低的学生疏离感、较低的辍学率以及较多的学生义务感显著相关。

总之，可以用适当的 OHI 工具测量学校健康水平。而且，学校生活中健康的人际关系互动不仅本身很重要，而且对学校效能、学生成绩、组织义务、教师的人本主义态度、同事间的信任以及教师对校长的信任等因素，具有可预测性。
194 健康学校可能拥有十分敬业的教师，他们信任同事，信任校长，坚持较高的学术标准，为人坦诚开放，培育出高质量的学生。在这样的学校里，教学改进以及教师和管理人员可持续的专业发展都是可以实现的目标。

理论联系实际

在组织氛围的开放（OCDQ）与健康（OHI）中择其一，你是如何看待这一理论观点的？为什么你认为这一理论观点是有用的？根据这一理论观点，考察你们学校的氛围，你认为它有哪些优势和不足？接下来，根据这一测量工具对学校氛围打分，绘制一张学校氛围折线图，并对图上标识的数据作出解释说明。将你所在的学校与一般学校进行比较。你认为，对你们学校来说，这些结果意味着什么？你的校长认同这些结果吗？最后，讨论你所在学校氛围的优势和不足。然后，仔细阅读本书接下来有关学校氛围变革的章节，假如你被任命为校长，制订一份改进学校组织氛围的计划。

学校文化与氛围的变革

学校变革是一个复杂问题，我们对此所知甚少，更别提解决问题的答案了。然而，有两点是清楚的，那就是，不存在快捷而简单的变革学校文化或氛围的方法，而且，长期的系统的变革可能要比一时的跟风更有效。

下面介绍三种基本的变革策略。艾伦·布朗（Brown，1965）开发了临床策略和以成长为中心的策略，拉尔夫·基尔曼（Kilmann，1984）成功实施了一套变革组织规范文化的程序。这三种策略各有优势，不能相互替代，可以同时运用。事实上，对于有效的变革而言，三者都是必不可少的。临床策略侧重于学校亚群体间相互关系的研究；以成长为中心的策略关注学校内部的个体发展；而规范程序则被用于变革组织规范。三种变革策略中的每一种都可能给管理者的实践以指导。下面，我们将作简要评析。

临床策略 195

群体之间和人与人之间的互动能促进变革。应用**临床策略**（clinical strategy）进行变革，可以按照以下步骤进行。

1. **获得组织知识**（gaining knowledge of the organization）：该策略从全面了解学校组织的动态发展开始。当然，这些情况可以通过仔细观察、分析和研究等途径来了解。一位有洞察力的校长可凭经验对学校有大体的了解，但是，深入系统的分析则会更具启发性，也更有价值。在正式开始这一研究之前，他（她）必须了解学校生活的重要方面，包括教师的基本规范与价值观。OCDQ、OHI 和 PCI 等测量工具所提供的理论观点，对于全面了解学校会有实质性的帮助。
2. **诊断**（diagnosis）：诊断是临床策略的第二步。源于各种理论的观点与概念为诊断种种潜在的疑难问题提供了思路。士气低下、高度疏离、监管主义、沟通不畅、单边决策及较低的学术期望等，都是标识这些疑难问题的概念。实践者心目中对这些概念进行界定的清晰程度，以及这些概念在较宽泛的视角中的组合水平，都会影响诊断的有效性。
3. **预测**（prognosis）：第三步，“临床医生”对情境的严重性作出判断，并开发一套可操作的改善情境的优先序列。
4. **解决方案**（prescription）：恰当的行动方案常常是隐性的。假设在学生–控制取向上学校气氛过于偏重监管，那么，如何才能改善这种情境呢？我们可以用一批更为“人本化”的年轻教师来代替“监管型”教师。然而，研究表明，新教师的学生控制观念会变得更具“监管性”，因为他们被教师亚文化同化了（Hoy，1967，1968，1969；Hoy and Woolfolk，1989），在这种文化中好的教学等同于严密控制。仅仅更换一批监管型老师，而不改变教师关于学生控制的基本规范，效果不会很明显，甚至根本没有效果。改变基本的教师规范需要较为复杂的策略（参见下文）。这一策略的第一步就是要消除教师以及管理者对 PCI 的忽视，就是说，要消除教育者在学生控制观上的共同错觉。教师通常认为，校长的学生控制观比他们的更具监管性，相反，校长则认为，教师的学生控制观比他们自己所汇报的更具监管性（Packard and Willower，1972）。如果要将更为人本化的观点付诸实践，必须将这些错误观点一扫而光。换言之，开始时制定一套解决问题的方案似乎很容易，但是，经验表明，许多学校问题的解决方案过于简单，而且常常是不相干的。如果管理者要
196 成功地变革学校氛围与文化的话，他们必须变革教师亚文化的规范和价值观，以及教职员和管理者各种共享的基本假设。

5. **评估**（evaluation）：临床策略的最后一步就是对所开“处方”的实施情况及其成功与否进行评价。因为社会系统中有计划的变革常常是滞后的，所以，需要持续不断的监督与评价。

以成长为中心的策略

很简单，**以成长为中心的策略**（growth-centered strategy）就是接受一系列有关学校成员发展的假设，并将这些假设作为管理决策的基础。假设如下：

1. **变革是健康的学校组织的特性**。校长应该将组织及组织氛围看成是不断变化的。
2. **变革具有方向性**。变革可能是积极的或消极的，也可能是进步的或退步的。
3. **变革应该包含进步**。变革应该促使组织向着其目标前进。当然，并非所有的变革都代表着进步，但校长的立足点应该是进步取向的。
4. **教师要有足够的潜能适应变革带来的发展与进步**。在学校运行过程中，校长总是给教师以更多的自由和责任。

如果将这些基本假设作为成长性政策，并遵照行事，将会增加专业发展的机会。从这一观点出发，管理者应该扫除专业发展道路上的障碍，而不是压制人的发展。最后，这一策略应该有助于形成一种相互信任的氛围，促成教师与管理人员之间的尊重。

临床策略和以成长为中心的策略在假设上并不矛盾，虽然它们针对组织与个人两个不同的侧重点。聪明的管理者会同时利用这两个策略来变革学校氛围。

规范–变革策略

大多数组织成员都能罗列出他们所在的工作群体所通行的各种规范，甚至就更为有效地提高工作效率和士气提出一些新规范（Kilmann，Saxton，and Serpa，1985）。用于明示各种实际规范的方式方法有很多，但是，参与者一般都不愿意详细说明这些规范，除非他们确信，这些信息不会被用来对付他们或他们所在的组织。因此，要明确一个组织的重要规范，让回答者匿名和为他们保密是非常重要的。

基尔曼及其同事（Kilmann，1985）成功地利用工作坊中的小群体引出了很 197
多规范。他认为，只要用一点点刺激和启示让成员们兴奋起来，他们很快就会罗列出很多规范；事实上，他们甚至可以罗列出很多以前没有正式提出过或很少讨论到的规范。

主导性规范描绘了组织的“生存方式”。实际上，规范的陈述常常以“在这里”开头。诸如“在这里，要勇于承认错误，只要你不再犯”。组织的核心规范经常与控制、支持、创新、社会关系、奖酬、冲突和优异标准等重要领域联系在一起。在开始确认学校规范的时候，可以要求教师根据“在这里”的表述形式列出他们对学校的看法。例如，可以要求他们完成下列句子：

1. 在一次重要的教师会议结束时，每个人________________。
2. 在这里，奖酬的真正基础是________________。
3. 在这里，学生控制________________。
4. 在这里，决策是通过________________完成的。
5. 在这里，承担风险在于________________。
6. 在这里，不同的意见是通过________________处理的。
7. 在这里，学业成就标准________________。
8. 在这里，我们通过________________应对各种问题。

基尔曼（Kilmann，1984）建议，落实**规范–变革策略**（norm-changing strategy）包括以下五个步骤：

- **明晰规范**（surface norms）。教师常常是在情景中确认指导他们态度和行为的规范。
- **阐明新的方向**（articulate new directions）。教师讨论学校的发展方向，认定取得进步所必需的新方向。
- **建立新的规范**（eatablish new norms）。教师们确认一套他们认为将会推动组织进步和成功的新规范。
- **识别文化差距**（identify culture gaps）。教师考察实际规范（第一步）和所期望的规范（第三步）之间的差距。这一差距就是文化差距；差距越大，既存规范功能障碍的可能性就越大。
- **弥合文化差距**（close the gaps）。列举新规范的结果常常是，许多群体成员接受新的和所期望的规范（Kilmann，1984）。但是，同一群体的教师必须就所期望的规范将取代旧规范、变革要接受监督、变革需要强制执行等达成一致。接着，教师会议就会被用来强化新规范、阻止向旧规范和旧实践倒退。

198 约翰·迈纳（Miner，1998）注意到，对于确认和变革组织文化的消极方面而言，这一过程特别有用。例如，第一个步骤中暴露出的消极规范就可以由第三个步骤中确定的更理想的规范来取代。例如：

- **从**：不要捣乱；不要主动去做分外之事；不要与他人分享信息；不要向你的同事和上司说他们不想听的话。
- **到**：用新观点进行实验；在别人需要的时候帮助他们；和你的同事坦诚交流；坚持弄清楚问题所在。

迈纳（Miner，1998）认为，这种文化变革的策略，在明确文化的功能障碍方面，要比在带来某种真正的变革方面更为有用。沙因（Schein，1985）则认为，这一过程至多只能触及到文化的表层。虽然如此，对于帮助教师群体获得有关他们工作环境的具体信息、编制变革计划而言，基尔曼的五步法似乎是一种有用的工具。这一过程，连同临床策略与以成长为中心的策略，为教师和管理者提供了变革学校特征的具体技巧和步骤。

领导案例

令人惊讶的圣·克莱尔中学

你担任圣·克莱尔中学（St. Clair Middle School）校长已经一年多了。圣·克莱尔中学是位于东汉普顿（East Hampton）的 3 所中学之一，东汉普顿是位于中西部一个拥有 30 000 人口的中等小镇。你的中学（5—8 年级）有 20 名教师和 600 多名学生。你相信这是一所拥有好教师的好学校，当然，仍然有需要改善的地方。你一到这个学校，就努力去了解老师。这是你在奥拉（Aura）的一所中学当了 7 年教师以后第一次做学校管理者。奥拉是一个与东汉普顿很相似的社区，在东汉普顿以西 100 英里远的地方。你对新的职位感觉良好，并且相信自己已经被大家接受为圣·克莱尔中学的校长。

你认为应该进行合作管理（collegial administration），并与教师共同决策；毕竟，你认为，教育应该包括学生、教师、管理者和家长的共同努力。“我做得怎么样?”你想知道。感觉一切不错，但你是不是在欺骗自己？你觉得不是的，但还是决定通过教师的眼睛来得到一个更为客观的看法。

你计划在下一次教师会议上发放组织健康问卷（OHI），只需要 10 分钟就能完成这份无记名问卷，你很快就能得到分数。你决定自己也填写一张问卷，并把自己对学校氛围的感觉和教师们的感觉作一个比较。

类别	教师感觉	你的感觉	199
制度的完整性	480（略低于平均分）	600（高分）	
合作型领导	509（平均分）	680（非常高分）	
校长的影响力	520（平均分以上）	580（高分）	
资源支持	600（高分）	720（非常高分）	
教师关系	600（高分）	660（非常高分）	
对学术性的强调	590（高分）	680（非常高分）	
综合性学校健康	549（平均分以上）	653（非常高分）	

你是正确的，教师看起来乐意去回答这份问卷；只需要 10 分钟，也没有人抱怨。但你仍然对结果非常吃惊。可能用“吃惊”这个词还不合适，用“沮丧”更为恰当。很显然，你对学校氛围的感觉比教师们要乐观得多。这份数据告诉你一些需要反思的地方。

- 这里是否出了什么问题？如果是，问题是什么？
- 你将如何告诉教师们调查数据？或者说你是否愿意告诉他们？
- 为什么你和教师们最大的差距是出现在制度的完整性与合作型领导上？
- 接下来你将怎么做？
- 你是否应该使用以成长为中心的策略或临床策略？
- 你需要一个计划，但这是一个什么样的计划呢？

概要与推荐阅读材料

本章用了两个既相互关联又相互交叉的观点来分析学校特性。组织文化和组织氛围都超出了组织生活的正式方面与个人方面。每一个概念都与组织的自然的、自发的和人的方面有关，人们作了许多努力，试图揭示影响行为的共享意义和未予言明的规则。

组织文化就是一组共享取向，这组取向将某一单位团结起来，并赋予它特定的身份。可以根据共同的假设、共同的信念与价值观或共同的规范来界定组织文化。我们讨论了三种类型的学校文化：效能文化、信任文化和控制文化。

200 组织氛围是指学校成员共享的行为观念，而不是信念或价值观；氛围是一组将学校区别开来并对学校内部的人的行为产生影响的内在行为特征。我们考察了两个学校氛围概念：开放与健康。教师间的互动可以被描述为一个从开放到封闭的连续统一体，而且可以用适当的组织氛围描述调查表（OCDQ）来测量。考察组织氛围的另一观点是学校组织健康，即学校在努力完成使命的过程中应对外界破坏性因素的同时，能够在多大程度上满足学校的基本需要。可以用适当的组织健康调查表（OHI）来测量学校健康；现有三种相互独立而又可靠的组织健康调查表（OHI），分别适用于小学、初中和高中。

本章还包括三大策略，实践者可以运用它们来变革学校的某些特性。临床策略侧重于处理亚群体之间的关系；以成长为中心的策略强调的是学校内个体发展的特性；而群体程序则提供了变革组织规范的策略。

埃德加·沙因的著作《组织文化与领导》（*Organizational Culture and Leadership*，Schein，1992）是对组织文化进行最为综合化的分析的著作之一。最近

《组织文化再造》（*Reframing Organizational Culture*）文集从不同角度审视文化，为读者提供了文化研究的案例，同时包括许多批判、评论和说明（Frost et al.，1991）。对那些对企业文化有兴趣的读者来说，彼得斯和沃特曼（Peters and Waterman，1982）以及大内（Ouchi，1981）的早期作品很值得一读，它们为我们讨论文化问题提供了一个很好的背景。

学生们要研究学校组织氛围，可以从学习安德鲁·哈尔平和唐·克罗夫特（Haplin and Croft，1963）的开拓性研究《学校组织氛围》（*The Organizational Climate of School*）开始。最近有两本书，《开放学校-健康学校》（*Open Schools/Healthy Schools*）（Hoy，Tarter，and Kottkamp，1991）和《优质中学》（*Quality Middle Schools*）（Hoy and Sabo，1998），概述了20年来的学校氛围研究。后两本书给研究者提供了六个研究学校氛围的有效的、可靠的工具，并为实践者提供了诊断问题和分析学校氛围的方法。在书中，工具、规范、评分指导、结果分析以及变革策略等都一一详细列出。

基本假设与原理

1. 学校有独特的文化、核心价值观和信念，它们使组织成员具有组织使命感和身份认同感。
2. 强势文化可能是好的，也可能是不好的，因为强势文化可以促进效能，也可以妨碍效能。
3. 文化唤起人们关注组织的符号性质，通常情况下，说的或做的并不如它们所象征的更为重要。
4. 学校效能文化和信任文化促进学生学业成绩。 201
5. 学生控制的监管文化阻碍学生的社会情感发展。
6. 一所学校的组织氛围是教职员工对组织参与者的重要行为的感知。
7. 组织氛围的开放度与教职员工的忠诚、信任和敬业呈正相关。
8. 组织氛围的健康度与成员互动的开放程度及学校效能呈正相关。
9. 高度重视学术性的学校氛围可以提升学校效能和学生学业成绩。
10. 变革学校文化或学校氛围通常是一个困难的、持续的和长期的过程。

202

第 6 章

学校中的权力与政治

政治现实主义者认为：世界是权力政治的竞技场，权力政治主要来源于对现时的自我利益的感知，而道德却是利己行为和自我利益的修饰之词。这不是一个天使的世界，却又是一个天使的世界，在这里人们谈论的是道德原则，却按权力原则行事。

——**索尔·阿林斯基**（Saul Alinsky）

《**激进分子之规则**》（*Rules of Radicals*）

由于我的想法是要对询问者说一些实际的有用的事情，因此，我认为，恰当之举是说明事物的本来面目，而不是想象中的那样。

——**尼科洛·马基雅弗利**（Niccolo Machiavelli）

《**王子**》（*The Prince*）

概　览

1. 权力是一个宽泛的概念，包括用以确保顺从的各种合法的与不合法的方式。
2. 权力不仅可以分为合法的与不合法的，而且可以分为正式的与非正式的，因此，基本的组织权力有四种：两种合法的权力——正式的与非正式的；及两种不合法的权力——强制的与政治的。
3. 合法的权力更易促进敬业与服从，而不合法的权力则会导致冲突与疏离。
4. 组织是以权力和政治为核心的政治竞技场。
5. 个体与群体的联盟决定着组织权

力分配。

6. 外部联盟可能是占优势地位的、分散的，也可能是处于被动地位的，外部联盟影响着内部联盟。
7. 内部联盟是个人化的、科层化的、意识形态的、专业化的或政治化的，内部联盟影响着权力分配。
8. 权力常常关注划界而不是发现组织现实。
9. 权力与政治是组织生活的现实存在，而且经常削弱理性。
10. 尽管政治手段是不合法的，但其结果未必如此。它可以是残酷的和破坏性的，也可以是体谅的和建设性的。
11. 逢迎、人际网络建构、信息管理、印象管理、建立联盟和找替罪羊是组织成员为获得优势地位而使用的一般政治手段。
12. 运用政治博弈是为了抵制权威、反击对权威的抵抗、建设权力基础、击败竞争对手并进行组织变革。
13. 可以通过竞争、合作、顺应、妥协或规避等策略成功地解决冲突，而所有这些都要视具体情况 203
而定。

所有社会组织都对成员进行控制，但是，对于正式组织而言，控制问题尤为重要。组织控制的本质是权力。**权力**(power) 的经典定义是，使他人做你想要他们做的事，或者如韦伯所说（Weber，1947：152)，“在社会生活中，一个人即使遇到其他人的抵制，仍能有机会实现自己意愿的能力。”对于我们的研究目的而言，权力是一个一般性的、综合性的术语。它包括完全强制性的控制，以及以非威胁性的说服与建议为基础的控制。权威（authority）的范围比权力狭窄。韦伯（Weber，1947：324）将权威定义为，“从某特定源头获得的某些具体命令(或所有命令）为某一特定群体的成员所服从的可能性。”韦伯敏锐地指出，权威并不包括对他人行使权力或施加影响的每一种方式。他认为，自愿服从的程度与合法命令联系在一起。

组织由合法的权力机构所创建并受其控制。权力机构通过设置目标、规划结构、雇用和管理员工、监督员工行为，以确保员工行为与组织目标的一致性。那些官方的权力机构控制着各个行政职位的合法权力，但它们也不过是诸多组织权力方式中的一个竞争者而已（Bolman and Deal，2003)。接下来，我们先考察合法的权力形式，再转而讨论非法的权力形式。

权威的源泉：合法权力

权威关系是学校生活的重要组成部分。如学生-教师、教师-管理者或下属-上级等诸多关系的基础都是权威。不幸的是，许多人认为，权威与权威主义是一回事。然而，情况并非如此，我们需要对权威这一理论概念予以清晰界定。

204 与某些流行的观念不同，学校权威的行使通常不涉及强制性。赫伯特·A. 西蒙（Simon，1957a：126－27）指出，权威与其他形式的影响或权力不同，下属“将自己选择各种备择方案的批判能力暂时搁置起来，而将接受命令或信号的正式标准作为选择的基础。”因此，对于学校中的上下属关系而言，有两种权威标准非常重要：（1）对合法命令的自愿服从；（2）决策时将自己的标准搁置一边，接受组织命令。

彼得·布劳与W. 理查德·斯科特（Blau and Scott，1962，2003）认为，必须增加第三种标准，以便将权威与其他社会控制形式区别开来。他们认为，将社会控制的作用界定成合法的，就形成了价值取向，而这种取向只会在群体环境中形成。权威因群体共享的价值观而具有合法性（Suchman，1995）。布劳和斯科特认为，权威关系的基本特征是下属自愿放弃自己的决策标准，服从上级的指令。这种自愿主要迫于社会集体（教师和学生）规范所产生的社会限制，而不是主要根据上级（管理者）行使的权力。这种社会限制通常并非是强制性权力或其他形式的社会影响的典型。这样，学校中的权威关系就有三个基本特征：（1）下属的自愿服从；（2）下属在接受指令之前就放弃自己的决策标准；（3）权力关系因群体规范而合法化。

当学校中的共同信念（规范）使权力的运用变成“正确的与合适的”的时候，权威就产生了。韦伯（Weber，1947）根据合法性所要求的条件，区分出三种类型的权威——魅力权威、传统权威与合法权威。

魅力权威（charismatic authority）源于对杰出的个人——他依靠个人信用或示范性素养等品行成为领导者——的虔敬。魅力权威常常是非理性的，情感性的或情绪性的，主要依靠领导者的个人素质与个性特征。魅力领导的权威主要来源于领导者非凡的个人感染力，也来自群体内部所形成的共同价值取向，这种价值取向形成了对领导者个人的强烈的规范性承诺（normative commitment）[①] 和认同

① 规范性承诺是指受长期形成的社会责任感和社会规范的约束，成员为了尽自己的责任而留在组织内。持有高水平规范性承诺的成员感觉到他们应该留在这个组织内。其影响因素主要有对组织承诺的规范要求、成员的个性特征、所接受的教育类型等。——译者注

感。因此，学生可能会因为教师个人某种令人敬畏的“神秘性”（mystique）而遵守课堂指令。

传统权威（traditional authority）源于以往人们行使权威时所建立起来的神圣信念。人们服从于传统的神圣的权力职位，拥有这一职位的人承袭了因传统惯例而形成的权威。例如，在学校中，学生们能够接受和服从教师的权威地位，因为，在他们之前，他们的父母、祖父母们都是这样做的。

合法权威（legal authority）建立在通过正式且正确的程序而颁布的法律之上。人们并不是服从于某个人或某一职位上的人，而是服从于规定了服从于谁及
在多大程度服从于谁的法律。因此，合法权威只限于法律赋予这一职位的权限范 205
围之内。在学校里，人们服从于管理组织运行的非个人化原则。

其他学者和组织理论学家已经拓展了这些权威的基本概念。罗伯特·皮博迪（Peabody，1962）将正式权威的基础（合法性与职位）、功能性权威的基础（能力与个人技能或人际关系技能）区分开来，而布劳和斯科特（Blau and Scott，1962，2003；Scott，2003）仅仅依据权力的合法性来源将权威关系描述为正式权威或非正式权威。

正式权威（formal authority）由组织授予，并根据职位、规则和制度合法地建立起来。雇员在加入某一组织时，就接受了权威关系，因为，他们同意在一定的条件范围内接受上级的指令。组织有指挥权，而雇员有服从的义务（March and Simon，1958）。那么，正式权威的基础就存在于组织与雇员之间达成的合法协议。

功能性权威（functional authority）有多种来源，包括能力权威与个人权威。尽管韦伯认为能力权威是科层制度下合法的理性范式的一部分，然而，能力并非总受制于职位的局限。在一个正式组织中，不管是什么样的具体职位，技术能力总是合法的控制与指令的源泉。对专业人士而言，这一事实的确造成了两难与冲突。

非正式权威（informal authority）是合法性控制的另一个源泉，源于个体的个人行为与品质。不管正式职位如何，某些组织成员都会形成忠诚的规范，都能得到他们的同事的支持。这些非正式的规范给他们的权力以支持，并使之合法化，从而形成了非正式权威。

学校中的权威与管理行为

权威是学校生活的基本特征，因为它为管理者、教师和学生的合法控制奠定了基础。控制的基本源泉是赋予职位而不是担任该职位的具体的个人以正式权威（Merton，1957）。当管理者、教师和学生进入到学校组织后，他们便接受了正式

的权威关系。他们在一定的条件范围内服从于针对学校公务问题而下达的指令。简言之，学校成员达成协议，他们承诺将遵守命令（Commons，1924）。

由于被正式认可，正式权威得以巩固和支持，但正式权威也受到某种程度的限制。切斯特·巴纳德（Barnard，1938）指出，科层组织有一个“冷漠区”（zone of indifference）[①]，在“冷漠区”里，下属，包括管理者和专业教师在内，毫无异议地接受命令。或许正是由于“冷漠区”的存在，才会使人们对最低绩效水准感到满意，但是，这似乎并不能使组织有效运营。正式权威促使人们最低
206 程度地服从命令遵守纪律，但它并不鼓励员工努力进取、承担责任或发挥主观能动性（Blau and Scott，1962，2003；Kotter，1985）。因此，对于所有的管理者，尤其是像校长这样处于第一线的生产线主管（line supervisor）[②] 而言，面临的最大挑战是，超越正式职位权威的狭隘限制，发现扩大影响专业人员的方法。

霍伊和威廉斯（Hoy and Williams，1971）以及霍伊和里斯（Hoy and Rees，1974）详细地阐述了这些观点，并进行了实证研究。他们推断说，许多学校的管理者仅仅拥有权力和职位所赋予的权威。从某种意义上讲，他们是毫无生气的科层人员，而不是领导人。巴纳德（Barnard，1938）认为，主管只有将领导权威与职位权威结合起来，才能有效地使下属接受科层“冷漠区”以外的指令。事实上，同时拥有正式权威与非正式权威，是区分正式领导与办事员（officers）和非正式领导的重要标志。图 6.1 说明了这些关系。

		正式权威	
		是	否
非正式权威	是	正式领导	非正式领导
	否	办事员	追随者

图 6.1　权威的分类

学校管理者如何才能扩大他们的权威的基础，并提高其领导地位呢？其实，非正式组织是经常被忽略的重要权威来源。当合法协议与职位使正式权威合法化时，工作群体中就会形成使非正式权威合法化的共同价值观和情感。特别是，非正式权威源于群体成员对上级命令的忠诚（Blau and Scott，1962，2003）。而下属对上级的忠诚的重要性是显而易见的。在扩大权威基础这一点上，赢得下属忠

① 又译为“无差异区”、“无差异带”、“冷漠地带”、“质量不敏感区域”等。——译者注

② 又译为“线长”。——译者注

诚的管理者似乎具有明显优势。

尽管权威的校长行为与教师对校长的忠诚很可能不一致，某些管理者用以
拓展对下属的正式权威的策略之一就是控制（Blau and Scott，1962，2003）。例
如，权威的管理者试图通过正式的认可或以认可来威胁等手段加强控制，然而，
他们的这种做法又势必在某种程度上削弱了自己的权威。下属，尤其是专业人
员，不愿人们经常提及他们对上级的依赖，尤其是在平等的文化氛围中。运用控 207
制和严密监督这一策略，权威的管理者不太可能轻而易举地赢得专业人员的忠诚
和支持。布劳（Blau，1955）巧妙地将这种现象称之为“科层权威的两难困境”
（dilemma of bureaucratic authority）。这种两难依赖于对权力的认可，但它又往往
频繁地为认可所削弱。事实上，非权威的和支持性的领导者或许会采用相反的策
略 ——为下属提供服务和帮助。使用正式权威提供特别的关切、服务与支持，
就有可能培养下属的社会责任感，建立与下属的亲善关系。其结果是促进下属的
忠诚感与非正式权威的培养。

说一千道一万，学校监管的本质应集中在帮助（而不是指挥）教师改进他们的教学。在封闭的环境中工作的教师不容易被注意。教师们常常强烈呼吁要专业自主，严密的监管很容易被看成是对专业自主的侵犯。而且，教师非常看重基于专业能力的权威——远甚于诸如社会工作者等类似的专业群体（Peabody，1962）。因此，许多研究表明，在学校中，权威型校长并不能成功地赢得教师的信任和忠诚，而支持型校长的成功率很高，这并不令人惊奇（Hoy and Rees，1974；Isaacson，1983；Mullins，1983；Hoffman et al.，1994；Reiss，1994；Reiss and Hoy，1998）。对教师实行严格的权威的控制并不能形成非正式权威，而支持性和帮助性的管理却能做到这一点。

情感超然（emotional detachment）和等级自主（hierarchical independence）是校长-教师关系的另外两个重要特征。情感超然是管理者在困难环境中保持沉着、冷静、镇定的能力。等级自主是管理者在其与教师互动时从上级那里获得自治的程度。校长处在中间层——一边是更高一级的管理者，另一边是专业教师。校长的工作效能取决于两方面的支持，然而，校长也很可能成为两大群体冲突压力的目标。因此，对校长来说，要赢得教师的社会支持，在下属面前的情感超然和在上级面前的独立自主都非常重要。事实上，许多研究业已表明这两者的重要性。就形成教师对校长的忠诚而言，情感超然尤为重要（Hoy and Williams，1971；Hoy and Rees，1974；Isaacson，1983；Mullins，1983）。

同样，等级影响（hierarchical influence）是管理者的另一个重要特征，这些管理者很可能融入权威领导下的非正式教师群体。管理者有能力并且愿意根据教师的利益，对其上级施加影响，这些管理者受到教师的尊重和爱戴，因此，他们

也就赢得了教师们的信任、支持和忠诚（Isaacson，1983；Mullins，1983）。

最后，在行政管理过程中，校长处理与教师之间的关系的正直性（authen-
208 ticity）是一个关键因素，它能使校长赢得教师的忠诚和非正式权威。领导的正直性是一个难以捉摸的概念。人们轻轻松松地谈论着真实的、现实的和正直的行为，但要下一个清晰的定义却是另一码事。根据亨德森与霍伊（Henderson and Hoy，1983；Hoy and Henderson，1983）等人的著作，校长的正直性被界定为，教师将他们的校长描绘成勇于为自己的行为承担责任、不被人操纵、证明自己当之无愧的程度。相反，人们认为，不正直的校长往往推卸责任，为自己的不成功抱怨他人和环境，操纵教师，隐形于其正式职位背后。正如人们所期望的，领导的正直性与高度的信任感和教师的忠诚度等显著相关（Hoffman，1983）。

这些实证研究的含义似乎很清晰。如果教育管理者要成功地培育非正式权威，那么，他们就需要以促进教师忠诚的方式来行事。在这一点上，权威主义的行为注定要失败。相反，需要管理者是支持性的、独立的，用他们的影响来帮助教师。此外，即使处于困难境地，管理行为也需要是温和的、冷静的和体谅的。或许，最重要的是，校长的行为应该是正直的，校长要让人觉得他愿意共同承担过失，不操纵教师，不受科层角色要求的束缚（Blau and Scott，1962，2003；Hoffman，1993；Reiss，1994；Reiss and Hoy，1998）。

权力的来源

尽管权威意味着合法性，但是，并非所有的权力都是合法的。个人、群体或组织都可以行使权力。例如，一个部门或群体拥有权力，这表明，它有能力影响其他个体或群体的行为，或许可以影响到人事决策和财政预算。同样，个人拥有权力，表明这个人可以成功地使他人服从命令或接受建议。领导者拥有权力，他们可以让其他人服从他们的指令。正如我们所看到的，不管是不是一位领导，大多数管理者都拥有权力，仅仅因为他们代表组织，拥有组织权力。但是，管理者可以通过个人资源或组织资源获取权力。当权者影响着他人的行为。约翰·R. P. 弗伦奇和伯特伦·H. 雷文（French and Raven，1968）的先驱性著作是最早尝试分析权力来源的著述之一。他们主要研究的是人际关系权力的基础，这使他们由此提出了五种类型的权力——奖赏权力、强制权力、合法权力、参照权力和专家权力。他们的人际关系权力类型可以扩展到组织层面。

奖赏权力（reward power）是管理者通过奖励他们所期望的行为而影响下属的能力。这种权力的影响取决于奖酬的吸引力以及一个人可以控制奖酬的确定性程度。例如，如果校长控制着教学任务的分配，或教学创新发展基金的分配，或者说，校长可以免除教师从事日常打扫卫生的任务，那么，校长在学校中就拥有奖赏教师的权力。教师或许会服从校长的要求，因为服从可以得到奖赏。然而， 209
重要的是，奖赏要与服从相联系，并且其影响意图①是恰当的、合乎伦理的。菲利普·卡西克（Cusick，1981）描述了一位校长试图通过管理日程安排、额外增加任务和掌握尚未分配的资源等来运用奖赏权力。校长所控制的仅仅是大多数教师所渴望的事情。校长可以用一段自由时间、令人满意的班级、双倍的午餐时间、一个重要岗位或支持一项新的活动等，奖励一位部门主任。

强制权力（coercive power）是管理者通过惩罚不合要求的行为而影响下属的能力。强制权力的影响取决于惩罚的严厉性以及惩罚难以避免的可能性。惩罚的形式有多种——正式的训斥、令人不愉快的工作安排、严密的监管、严格执行规章制度、不加薪或解雇。惩罚不会没有负面效应。公开斥责经常提早离校的教师，会使他们经常缺席，拒绝额外帮助学生（除非合同中有专门的规定），逃避几乎所有的重要工作。非常有趣的是，同一种关系，在一种情形下或许被看成是奖赏权力，另一种情形下却可能被认为是强制权力。例如，如果教师由于害怕惩罚而服从于校长，这就是强制权力；但是，其他教师却是由于期望得到未来的奖赏而服从，这就是奖赏权力。

合法权力（legitimate power）是管理者仅仅因为拥有正式职位而影响下属行为的能力。下属承认管理者具有发号施令的权力，并且，他们有服从的义务。每一位管理者都被组织授予了特定责任范围内的决策权。这一责任范围界定了管理者拥有合法权力的活动。撤消任命，就等于解除了管理者的责任，同时也就削弱了他（她）的合法权力。当管理者的指令被下属毫无异议地接受时，他们就落入了下属的“冷漠区”。在雇员与组织签约之前，这种秩序就已存在，并且被雇员认为是一种合法的义务。例如，教师期望准时计算和上交每个记分期的成绩。然而，在这个范围以外，合法权力迅速削弱。对校长而言，坚持迅速计算并上交成绩是一码事儿，要求教师更改成绩则是另外一码事儿。很明显，第一个要求的合法性是清晰的，而第二个要求就不是了。因此，要求教师服从第二个要求是靠不住的。

参照权力（referent power）② 是管理者以下属对管理者的喜好和认同为基础而具有的影响下属行为的能力。拥有参照权力的人是令人钦佩和值得尊敬的，是人们仿效的榜样。参照权力源于个人的超凡个性与人际技巧。例如，如果年轻教 210
师认同校长，就会模仿经验更为丰富的校长的行为举止或领导风格。不仅个人拥

① 指奖赏，将奖赏作为一种影响力量。——译者注

② 又译为“认同权力”、“参考权力”等。——译者注

有参照权力，群体也会拥有参照权力。积极的参照群体（reference group）的成员能提供参照权力的源泉。参照权力不仅仅存在于组织的正式权力拥有者手中，不仅校长有参照权力，教师也有参照权力。事实上，任何非常富有吸引力的个体，他们在赢得同事的尊重、信任与忠诚的同时，都有可能拥有这样的权力。

专家权力（expert power）是管理者以专业知识和技能为基础影响下属行为的能力。下属受到影响，是因为他们相信，管理者所掌握的信息和专业知识是相关的和有帮助的，而且是他们自己所不具备的。与认同权力一样，专家权力富于个人化特征，并不是依靠正式的权力职位而获得的。然而，专家权力的范围要比认同权力狭窄得多。有用知识决定了对专家权力的限制。新的管理者在获取专家权力时会有一个时间差，这是因为，下属需要一定的时间来了解和接受专业知识。在我们愿意接受推行新的实践和程序之前，新校长必须证明，他知道如何运用技巧行使管理职能。

可以将这五种权力归纳为两大类——组织权力与个人权力。奖赏权力、强制权力与合法权力受制于组织职位。职位越高，权力的潜力越大。相反，参照权力与专家权力更多地依靠管理者诸如性格、领导风格、知识和人际技巧等个性品质。简言之，某些权力更多依靠组织控制，而另外一些权力则更多地取决于个人特征。

权力的管理应用

任何管理者的大部分时间都是以“权力取向”行为为指导的，就是说，“主要是指导开发和利用人际关系，使他人在某种程度上愿意服从自己的意愿”（Kotter，1978：27）。管理者拥有我们刚刚讨论过的各种类型的权力，并对其进行不同的组合。此外，管理者运用某种权力的方式可能会妨碍或促进运用其他类型的权力的有效性（Pfeffer，1992）。

奖赏权力很可能会产生积极的情感，并促进认同权力的发展，但是，强制权力往往具有相反的效果（Huber，1981）。此外，在下属眼里，具有专业才能的管理者会拥有更多的法定权力。事实上，专家权力可能是最稳定的权力形式。在一项研究中，组织奖励结构的变革强化了强制权力，削弱了管理者的奖赏权力、合法权力和参照权力，但是，专家权力却保持稳定（Greene and Podsakoff，1981）。

表 6.1　下属对权力的可能回应 211

权力类型	下属对权力的可能回应		
	信　奉	简单服从	抵　制
参照的	XXX	XX	X
专家的	XXX	XX	X
合法的	XX	XXX	X
奖赏的	XX	XXX	X
强制的	X	XX	XXX

XXX—非常可能。

XX—不太可能。

X—最不可能。

为了使管理者拥有并且更好地运用这五种权力，盖里·尤克尔（Yukl，2002）提出了一些指导性意见。对于管理者而言，重要的是要考虑行使这些权力可能带来的各种结果。表 6.1 根据信奉、简单服从和抵制等方面，概括了行使每一种形式的权力可能引发的结果。例如，使用参照权力最有可能产生信奉，其次是简单服从，最不可能导致抵制和疏离感。信奉最有可能是行使参照权力和专家权力产生的后果；合法权力和奖赏权力最有可能造成简单服从；而强制权力很有可能导致抵抗，并最终产生疏离感。埃兹奥尼（Etzioni，1975）根据他对组织权力使用结果的分析也得出了相似的结论。

参照权力取决于个人对管理者的忠诚，并且，这种忠诚能在一个相当长的时期内持续增长。形成对上级的忠诚是一个社会交换过程，当管理者显示出对下属的关心、信任和慈爱时，会得到进一步发展。这种接受和信任会促成对上级的友善与认同感，反过来又会促进更高程度的忠诚与虔敬。如果管理者选择那些对他们最有可能认同的下属，经常使用个人感召力，并且树立恰当的角色行为榜样——就是说，以身垂范，那么，认同权力最为有效。

专业知识本身通常并不足以保证下属的虔敬。成功地使用专家权力，要求下属认可管理者的知识，认识到这些专业知识是有用的。因此，管理者必须通过保持可信度、信息畅通、行为果断、了解下属的渴求、避免威胁下属的自尊等手段，令人信服地表现自己的才智。简言之，管理者必须提升专业才智的形象，然后，以其知识彰显其专业才智的作用。 212

人们通过合法权力行使权威。合法权力要求可以通过命令、指令、指示或教导来表达。管理者的要求可能会导致服从、简单服从、抵制或疏离，这取决于要求的性质与方式。如果管理者清晰而有礼貌地提出要求，并解释提出这些要求的原因，想下属之所想，并且依惯例使用合法权力，那么，几乎不大可能产生抵制和疏离（Yukl，2002，1994）。

使用奖赏权力是一种常用的使下属服从组织规则或领导者的特殊要求的管理策略。奖赏要么是外显的，要么是内隐的，但重要的是，它要视对管理指令的服从情况而定。如果管理者的要求切实可行，激励富有吸引力，奖励来源可靠，要求恰当且符合伦理规范，服从行为可以被证实，那么，服从就最有可能产生。使用奖赏权力存在着某些危险。下属可能会将奖赏权力视为操纵，这是一种造成下属抵制和敌视的普遍原因。此外，经常使用奖赏权力，会使人们单单根据经济学术语来界定管理关系。因此，下属可能会变得根据实在的利益而斤斤计较。然而，当管理者用奖励来表达他对一项完成得很好的工作很满意时，奖励就可能变成日益扩大的认同权力的来源。以一种可接受的方式持续不断地给人以重复性刺激，渐渐地，这就越来越受到获奖者的欢迎（French and Raven，1968）。

大多数富有成效的管理者尽量避免使用强制权力，因为它通常会销蚀认同权力，并在下属间造成敌意、疏远和侵犯等感受。旷工、欺骗、故意破坏、偷窃、怠工以及罢工等，都是常见的对过度强制的反应。当要处理纪律方面的问题时，或者要阻止诸如偷窃、故意破坏、违反规则、打架以及不遵守法定指令等对组织的破坏性行为时，经常要考虑行使强制权力（Yukl，2002）。为了更有效果，需要告知下属违反了规则会受到怎样的惩罚。如果没有潜在的疏离感，也就不存在强制问题。因此，必须及时地、持续不断地、公平地维护纪律。管理者必须维持信誉、保持冷静、避免表现出敌意，并且施以经慎重考虑的、恰如其分的惩罚。对管理者而言，有三条准则比较有用：

- 避免使用强制权力以免造成疏离。
- 使用组织权力来发展个人权力。
- 使用个人权力激发和生成虔敬。

不能认为权力是对下属的限制性力量。**授权**（empowerment）是管理者与他人分享权力，帮助他人使用权力，以建设性方式作出对他们本人及工作产生影响
213 的决策的过程（Schermerhorn，Hunt，and Osborn，1994；Hardy and Leiba-O'Sullivan，1998；Leuch，Wall，and Jackson，2003）。很久以来，管理者和改革家一直在努力向教师授权（Conley and Bacharach，1990；Gaziel，2002；Pugh and Zhau，2003；Rice and Schneider，1994；Marks and Louis，1997，1999；Rinehart，Short，and Johnson，1997；Rinehart，Short，Short，and Eckley，1998）。授权逐

渐演变成了共同决策（Hoy and Tarter，2004）、授权、团队工作（Dee，Henkin，and Duemer，2003；Lally and Scaife，1995）以及情境管理（site-based management）（参见第 9 章）。不应将权力看做是管理者的事，在富有合作性的组织中，每个人都愈加认识到权力是被分享之物（Lugg and Boyd，1993）。当教师被授权时，校长就不再像老板那样驱使他们（行使强制权力），而更像是一位促进者，运用他们的知识和专业技能（专家权力）指导教师团队。校长越来越不大可能依靠其职位（法定权力）来指导教师；事实上，作为被授权的教师，专业技能将成为教师与校长权力关系中最为重要的因素。最后，有证据开始表明，在课程方面向教师授权，有助于提高学生学业成绩（Sweetland and Hoy，2000a）。

明茨伯格的权力观

亨利·明茨伯格（Mintzberg，1983a）提出了另一种分析组织内外权力的方式。在他看来，组织权力来源于对一种*资源*、*技术技能*或*知识*的控制。然而，一般来说，作为一种权力基础，资源、技能或知识对组织功能的发挥十分重要；它们总是短缺的，一定不可轻而易举地被取代。换言之，组织必需的东西，只有少数几个人可以提供。例如，主要负责教师任期的校长拥有资源权。善于处理人际关系的副校长妥善平息了家长、学生和教师的愤怒情绪，他就拥有了权力。而教师在学校中自行理解了强制推行新课程的各种要素，他也就拥有了权力。

权力的第四个普遍性基础源于*法定特权*（legal prerogatives），它赋予某些个体以强制性选择的专有特权。校董事会具有法定权力来聘任和解雇校长和教师，通过州的法律，他们被赋予这样的权力。反过来，州法律要求管理者经常性地评价非终身制教师（nontenured teacher）的能力。此外，管理者还被赋予向雇员发布指令的权力，这些指令经受着赋予教师和教师协会以权力的其他法定特权的考验。

最后，权力经常会转移到那些*接近*掌权者的人的手里。许多校长的秘书拥有
权力，这是因为他们接近并能影响行使权力的人。同样，董事会主席、督学或校 214
长的朋友们也会经常改变组织决策进程。

明茨伯格也提出了四种内部权力体系（internal power systems），即权威系统、意识形态系统、专家系统和政治系统，这是控制组织生活的基本源泉。权威系统有助于实现组织确定的各种正式目标；当组织生成自己的文化时，意识形态系统有助于实现非正式目标。当专业人员接受专业培训的各种标准时，专业知识

就控制着专业人员的行为。这三个控制系统通常有助于满足组织需要，也就是说，它们是合法的。但是，那些拥有权力的人也有个人需求。在努力满足较大范围的组织需要过程中，个体发现他们拥有自行决断权（discretion），而这种自行决断权又打开了通向政治权力之门。因此，政治权力体系的表现并不为正式权威、思想意识或专业知识所认可。事实上，政治权力体系通常是分裂的、偏狭的、不合法的。

权威系统(system of authority）是通过合法渠道获得的正式权力。这里有两大控制子系统：个人的与科层的。人们通过发布命令、设定决策前提、评价决策和配置资源进行个人控制(personal control)。这四种个人控制方式赋予管理者相当大的权力，以确定决策方向，指导教师行为。另一方面，科层控制(bureaucratic control）在于设定非个人化的标准，在宽泛的范围内引导教师的普遍性行为，例如，要求教师每天坐班、在学校自助餐厅值日（cafeteria duty)、为学生评分以及布置家庭作业等。

思想意识系统（system of ideology）是教师对学校以及对学校与其他群体间的关系的非正式认同。根据我们在本书中曾讨论过的氛围与文化的含义（参见第5章)，工作群体的特征是捕捉思想意识系统的本质。氛围的开放性与学校文化的基本价值观为学校权力与控制提供了丰富的资源。

专家系统（system of expertise）是专家或专业人员之间为解决组织所面临的严重突发事件而进行的相互作用。面对复杂的教与学的任务，学校雇用了各类专业人员（例如，教师、咨询师、心理学家和行政管理人员等），以实现学校的基本目标。专业决策所需要的自治常常会与正式权威系统相冲突，这或许是专业人员在科层结构中工作所不可避免的结果（参见第3章)。当教师变得越来越专业化时，就可能要求更多的自主与权力，赋予这种权力会以牺牲正式权威系统为代价。

215 **政治系统**（system of politics）是组织政治的网络，它缺乏其他三种权力系统那样的合法性。它也缺乏其他系统所有的共识与秩序。该系统缺乏一致性，也不会为了共同利益组合在一起。可以将这一系统描述成一套掌权者玩弄的政治博弈。这种博弈与合法系统共存，要么与合法的控制系统相对抗，要么取而代之。

学校管理者必须对这些系统的影响有所认识，必须知道如何认识和利用这些系统。显然，权威系统是学校管理者的出发点。他们的职位被赋予权力，但是，这一职位的个人控制与科层控制通常不足以激励教师更加努力地工作，或者创造性地为学校和学生服务。对于学校管理者而言，危险在于过于依赖权威系统。这样做会制约对学校的虔敬，也会产生在教师们中间造成抵制与疏离的风险。

明茨伯格所谓的思想意识系统与其他学者所说的学校文化或氛围十分相似(参见第5章)。组织的思想意识能使组织成员产生使命感。诸如校长这样的一线管理者是推动思想意识发展的关键人物。目标是要在教师和学生们中间营造一种有关学校特色的信念，也就是有关学校的独特身份或独特文化的信念。我们已经讨论了校长接近非正式组织、培育忠诚与信任、扩大他们的权限范围的某些方法。然而，非正式权威是另外一种形式的开始，而非终结。最终，校长必须超越耳提面命般的个人忠诚，激发教师认同学校、忠诚于学校、以成为学校一员而自豪的组织承诺。当然，强势的思想意识的结果是权力的重新分配，也就是说，权力在教育工作者中间更加均衡地分配。

虽然权威系统与思想意识系统促进了协作与服从，但这远远不够。当工作复杂的时候，就需要专家和专业人员，随之而来的是他们以专业考虑而不是权威或思想意识为基础，要求决策自治。管理者的权力需要与专业人员分享。当教学作为一种职业变得越来越专业化时，向教师授权可能变得更加现实，而不仅仅是一种口号，越来越多的学校将趋向专业科层化的组织结构发展（参见第 3 章）。

我们对明茨伯格的权力系统的讨论，会使学校管理者对这一问题更加清晰：他们必须准备分权。那些不肯放权的管理者可能会成为学生和教师不满、疏离和敌对的牺牲品。此外，在学校中，控制系统的缺乏则可能为更具秘密性质的非正式权力——即政治权力，这是我们在本章后面拟讨论的主题——打开方便之门。这一节，我们为那些卓有成效的管理者归纳了四条规则：

- 拓展你的权威系统；对领导者而言，只有正式权威是不够的。 216
- 走进思想意识系统；组织文化和非正式组织是权力的另一来源。
- 走进专家系统；同教师共同分享权力；向教师授权。
- 熟悉和理解政治系统；对它加以限定。

权力观的比较与综合

我们对权威和权力的分析，包含了大量的理论性观点（参见表 6.2）。我们可以根据权力是合法的或非法的、正式的或非正式的程度，对这些观点加以比较。根据定义，只有三种形式的权威是合法权力。相反，权力观除了包括合法控制与非法控制，还包括正式权力与非正式权力，但是，没有一个框架像综合考虑四种权力那样进行综合分析；因此，我们建议进行综合。弗伦奇和雷文（French 217
and Raven，1968）的类型学提供了一个典型的人际权力分析，而明茨伯格（Mintzberg，1983a）主要分析了组织权力，他提出了四种影响系统，以探究组织内外的权力结构。然而，只有明茨伯格的论述考虑到了非法的权力和非正式的权力——内在的政治系统。我们建议的权力关系综合分析框架，包括正式权威与非正式权威（合法的权力）、强制权力与政治权力（非法的）。参见图6.2。

表6.2 权力与权威来源的比较

	皮博迪 (Peabody, 1962)	布劳和斯科特 (Blau and Scott, 1962)	韦伯 (Weber, 1947)	弗伦奇和雷文 (French and Raven, 1968)	明茨伯格 (Mintzberg, 1983a)
合法的正式权力	正式权威	正式权威	科层权威	奖赏权力与合法权力	权威系统
合法的非正式权力	功能性权威	非正式权威	魅力权威与传统权威	参照权力与专家权力	思想意识系统和专家系统
非法的正式权力				强制权力	
非法的非正式权力					政治系统＊

＊ 权力可以是合法的，但通常并非如此。

在分析权力的时候，结构的观点关注权威——职位或职务的合法的、正式的权力（参见第3章）。文化的观点强调组织文化的合法的、非正式的权力（参见第5章）。个体的观点强调权力生成过程中专业技能与知识的合法的、非正式的作用（参见第4章）。而政治观点则关注组织内在的非法的、非正式的权力。

权力、理性与合理化

权力常常将理性（rationality）与合理化（rationalization）之间的差异弄得模糊不清：

- **理性**是运用证据和推理进行决策。
- **合理化**是在作出决策后努力使该决策看起来合理。

以合理化假冒理性是行使权力的一种基本策略。康德（Kant，1974）最先指出，权力的拥有破坏了推理的自由使用。许多人已经体验到如何从上级（督学、教务长或校长）那里得到关于“真理”的解释。权力之所以成为一种界定现实的 218
方式，是因为掌握权力的人为了达到自己的目的而颠覆了真理（Sweetland and Hoy，2000b）。弗莱伯耶格（Flyvbjerg，1998）根据他对政治与权力的深入的案例研究，提出了一种对我们的分析有帮助的批判性权力理论。

		权力来源	
		正式的	非正式的
权力的合法性	合法的	正式权威	非正式权威
	非法的	强制权力	政治权力*

* 权力可以是合法的，但通常并非如此。

图 6.2　权力关系的综合

由于上级对知识作了具体说明，因此，权力常常可以界定现实。掌握权力的人可以解释证据，有时会重复解释证据。尼采（Nietzsche，1968）说得好：“解释本身是成为主宰万物的手段，征服万物并赋予其新的意义。”（p. 342）当校长或督学进行解释的时候，他们希望教师们洗耳恭听，心悦诚服。权力是理性的一部分，这是因为理性为权力所渗透。简言之，与理性的论争相比，合理化和行使权力常常是更有强制力的策略。这并不足奇，当强势的参与者需要得到支持的时候，占优势的是合理化，而不是理性。

然而，在实践世界，很难区分理性与合理化，因为合理化为理性所遮蔽。尽管理性更合法、更容易被接受、更隐蔽而免于公共检查，但是，权力与合理化占据优势地位。合理化的外表未必不诚实，因为许多个体和组织相信他们自己的合理化。自我欺骗或许是权力意志的一部分（Nietzsche，1968）。许多管理者都坚信他们自己的合理化，他们使自己确信他们的合理化的优点与理性，这并不令人惊奇。

马基雅弗利断言：“我们必须区分两种人，一种人为了实现自己的目的将自己的观点强加于人，另一种人则只是说服他人，在第二种情况下，他们总是不幸的。”（Machiavelli，1984：51－52）这是些硬邦邦的话，但是，权力确实能让领导者界定事实；权力越大的人，越不需要去发现事实，因为强势的领导者能够成功地运用他们的权力建构他们想要的事实。事实上，领导者不愿意提出理性观点或文献资料，这种不愿意或许正是他或她行使权力的标志。

在很大程度上，政治和管理中的稳定性权力关系要比对抗性关系更为普遍，因为对抗要付出很多艰辛和额外努力。在大多数情况下，人们会积极地规避对抗，一旦发生这种情况，也会很快转变成稳定性权力关系（Flyvbjerg，1998）。由于冲突与对抗显而易见，可以激起组织兴奋，所以，它容易引起人们的注意，也会招致谣言和影射。然而，大多数管理者喜欢和谐与稳定，而不喜欢对抗与不稳定，他们努力规避冲突，以赢得一个相对和谐的稳定平衡环境。

在当代的所有组织中，权力的行使都是强势的、积极的。权力与政治都不可避免。事实上，开放、对立冲突都几乎不涉及竞争。知识和理性无足轻重，权力胜于知识。“真理是战争的第一受害者”这句谚语在组织中得以印证。例如，弗
219 莱伯耶格（Flyvbjerg，1998）发现：“行使赤裸裸的权力要比任何对客观现实、事实材料、知识或理性的呼吁，甚至是对有关这些方面的虚假修饰的呼吁，都更为有效，也就是说，合理化也许可以使赤裸裸的权力合法化。”（p. 232）

理性思考在稳定的权力关系环境中确实可以发挥一定作用。尽管稳定性并不能保证合理性，但是，在稳定的权力关系中，合理性比较普遍，这是因为，与在敌对性、对抗性环境中相比，管理者更愿意接受理性争论。当学校管理者与教师及教师工会的关系没有处于敌对状态时，学校管理者更有可能倾听各种意见。也就是说，在非对抗性环境中，理性权力更为有效，也更常见。

简而言之，我们不能回避这样的事实：许多组织行为是不合理的，并且，权力常常破坏理性。尽管培根（Bacon，1597）的名言“知识就是力量”是正确的，但也存在“权力即知识”的情况。弗莱伯耶格关于权力与理性的观点提出了许多饶有兴趣的问题。例如：

- 理性是否是一种脆弱的权力形式，以至于建立在理性基础上的组织终将失败？
- 强调理性确实会使我们忽视政治与权力在学校中的作用吗？
- 强调民主会不会使学校参与者更易受当权者的操纵呢？
- 对于解决学校问题而言，单靠民主与理性是不是还不够？

让我们回到马基雅弗利（Machiavelli，1984：91）关于权力的危险性与现实性的警告上来：“一个人为了应该做什么而忽视了实际之所为，那么，他就是在学习自杀的方法。”我们需要观察并认识真实的组织生活，这样，我们才能有机会朝着我们相信它应该是什么的方向前进，因此，不能忽略权力与政治。

理论联系实际

描述你学校中的掌权者。他们的权力源于何处？谁拥有非正式权力？他们为什么有这样的权力？这些掌权者是如何相处的？你学校中的对抗与敌意程度如何？评估一下你学校的理性与合理化水平。哪一个是主流？为什么？教师们对权力的分配是冷嘲热讽还是持乐观态度？试作解释。

组织权力与政治① 220

政治（politics）是指个体或群体行为具有“非正式性、狭隘性与分裂性特征，以及技术层面上的非法性特征（这是最为重要的）——既没有被正式的权威和人们所接受的意识形态所认可，也没有为专业知识所证实”（Mintzberg，1983a：172）。虽然存在强势的个体，但是，组织的政治舞台由**个体联盟**（coalitions of individuals）组成——这些群体彼此进行较量，以决定权力分配（Cyert and March，1963）。尽管将个体整合在一起的所有努力都需要组织目标的支持，但是，每一个人都有各自的需要。不可避免地，他们会尽最大努力去满足自己的比较狭隘的需要，在这个过程中，他们会与拥有类似抱负的其他个体结成联盟。这样的利益群体多种多样；例如，除了组织内部利益与外部利益以外，他们还代表了部门利益、专业利益、性别利益和种族利益。此外，联盟中间还会有关于价值、信念、知识和洞察力等方面的差异。这些差异是相对稳定的、渐变的，是许多紧张与冲突的源头。许多重要的组织决策都涉及稀缺资源的配置问题。因此，最为关键的问题就变成了：每一个联盟怎样机关算尽、用足权力以获取资源？（Bolman and Deal，2003）

外部联盟

学校的重要外部影响源包括形形色色的群体，例如：教师联合会、工会、家长-教师协会、纳税人群体、州教育行政部门、学院与大学联合体、专业组织、媒体和其他有组织的特殊利益群体（参见第7章）。大多数外部影响群体都试图让学校各项活动体现他们的利益，并运用外部权力对学校的各项活动施加影响。

① 本节大部分内容借鉴了明茨伯格关于权力的分析（Mintzberg，1983a）。

当然，问题在于，当它们从外部影响学校的正式决策结构时，就要想到如何实现它们所期望的目标。明茨伯格（Mintzberg，1983a）认为，外部联盟对组织的影响千变万化，他提出了一个三种外部联盟的连续统一体：支配型、松散型与被动型。

支配型外部联盟（dominated external coalition）由一个单独的强势的影响源或一组行为一致的外部影响源组成。在这种情况下，外部联盟非常强大，以至于它不仅支配内部联盟，而且也支配教育委员会和督学。实际上，委员会和督学只是外部联盟的工具。例如，有时，一个社区的“回到基础”（back to basics）问题可以变得十分普遍，以至于有组织的外部影响团体会一致努力，不仅支配课程变革，而且，如果课程变革不具有挑战性的话，还要支配学校的基本政策和各项活动。

支配型联盟也会面临挑战；事实上，在其他群体与个人联合起来并采取行动
221 之前，这似乎只是个时间早晚问题。如果没有支配型外部权力联盟，组织的权力系统就会以其固有的方式进行变革。当外部联盟在独立的、富有竞争力的外部个体或群体影响源之间发生分化时，组织就会试图对各种冲突性压力作出回应，并朝着不同方向推动。

松散型外部联盟（divided external coalition）是在出现了几个（通常是两三个）不同的影响源的时候产生的，这样，相互冲突的群体之间的影响就会大致平衡。例如，学区的平衡可以是保守的与进步的两大外部联盟之间的平衡。课程和教学计划常常成为这些联盟彼此竞争所要控制的“战场”。这种权力斗争在教育委员会中也有所反映，而且，不可避免地会影响到学校内部联盟。事实上，明茨伯格（Mintzberg，1983a）声称，一个松散的外部联盟不仅会影响到委员会的政治斗争结果，也会影响内部联盟的政治斗争结果。

被动型外部联盟（passive external coalition），当许多外部影响群体持续膨胀，以至每一个群体的权力都有所分散并受到制约的时候，就形成了被动型外部联盟。外部联盟是消极被动的，权力集中在组织内部。对于那些大型的、分散的群体来说，冷淡是一种自然的策略（Olsen，1965，1968）。当影响源是分散的和被动的时候，外部环境就相对比较稳定和平静；许多管理者都喜欢这样一种环境。

内部联盟

就像组织要受外部联盟的影响一样，组织也受由于某些共同原因而联合在一起的群体即内部联盟的影响。外部联盟塑造了内部联盟，支配型外部联盟往往会削弱内部联盟；松散型外部联盟会使内部联盟政治化；被动型外部联盟则会为内部联盟提供发展机会。但是，不管是哪种类型的外部联盟，都要通过内部联盟的努力而对组织产生作用。有五种主要的内部联盟——个人化联盟、科层制联盟、意识形态联盟、专业联盟和政治联盟（Mintzberg，1983a）。

个人化内部联盟（personalized internal coalition），即这样一种联盟：权力集中于权威等级体系中的首席执行官身上，他统治着内部联盟。例如，在这种情况下，督学控制着学校的重要决策与职能。内部成员之间不存在政治性博弈。

科层内部联盟（bureaucratic internal coalition），权力为正式权威系统所控制，但是，科层联盟的核心是科层控制——规则、规章制度和程序。尽管科层控制往往会制约政治，但仍会产生政治博弈，例如，当校长们努力建构自己的绝对控制权并尽量扩大自己学校的预算的时候，学校之间、员工之间或校长之间就会产生政治博弈，而这往往是以牺牲学区中的其他学校的利益为代价的。

思想意识内部联盟（ideological internal coalition），有时，思想意识内部联盟 222
控制着组织；思想意识系统的影响广泛而又深入。例如，如果一所学校的文化足够强大并自成一统，教师就不只是简单地接受目标，而且会将其当成自己的目标予以积极追求。管理者似乎可以拥有很大的权力，因为他或她体现了文化，但是，事实上，持共同信念的每一个人也都在分享着权力。权力共享与平等主义盛行（Sergiovanni，1992），同时，内部政治由于强大的共同信念而备受限制。

专业内部联盟（professional internal coalition），专家系统支配着组织。受过高级培训的专家——专业人员——将许多权力交给了培训过他们的组织和协会（Mintzberg，1983a）。由于权威系统与专家系统之间存在冲突，即我们在第 3 章里曾讨论过的专业-科层冲突，因此，这其中的政治斗争通常是货真价实的。这种情形下的内部专业联盟就是花色品种齐全的政治博弈竞技场，不过，专家还会控制着政治局面。

政治内部联盟（politicized internal coalition），权力依靠政治。对抗性政治博弈支配着组织，要么取代法定权力，要么将其逐出组织之外。然而，不管是否是政治性组织，所有的组织都在进行政治博弈，学校也不例外。

理论联系实际

描述一下你学校中的权力联盟。哪一类教师群体执掌权力？这些教师群体为什么会拥有权力？他们的权力来自组织、工会、非正式组织、文化还是专业知识？他们如何行使权力？哪一类教师群体占优势？为什么？外部联盟影响内部联盟的程度如何？谁是你学校的内部联盟的领导？学校中的联盟使得组织生活变得更好还是更糟糕？试作解释。

权力博弈

权力很重要，权力是组织的重要组成部分，权力影响着组织成员的行为。赫希曼（Hirschman，1970）在他的经典著作《退出、话语权与忠诚》（*Exit*，*Voice*，*and Loyalty*）中认为，任何系统的参与者都有三种基本选择：

- 离开；另谋他就——退出。
- 留下来并积极参与；试图对系统进行变革——话语权。
- 留下来并如人们所期望的那样有所贡献；成为一名忠实的成员——忠诚。

223 离开组织的那些成员，中止了对组织的影响；那些忠诚的人也不会选择作为积极的影响力量参与组织生活；只有那些选择留下并且大胆发表意见的人，才会成为权力博弈中的参与者。然而，只是接近权力是不够的。权力博弈者必须有参与博弈的愿望，这意味着他们必须乐于花精力去取得成功，如果需要，他们必须有战略上和战术上的行动技巧。权力是一种难以捉摸的经多边磋商的利益混合体，人们自愿地、巧妙地去争取那些通过讨价还价才能得来的利益（Allison，1971）。

政治是组织生活的真相。明茨伯格（Mintzberg，1983a，1983b）认为，内部政治通常是秘密的、不合法的，因为，它往往被设计成有益于个体或群体，而常常以牺牲组织利益为代价，因此，最为常见的政治结果是分裂与冲突。冲突未必是坏事，事实上，它有时会唤起人们关注合法的控制系统所存在的问题。然而，切记，政治通常不为正式权威、思想意识或专业知识所认可；事实上，正是由于缺乏其他影响系统，或者说其他影响系统比较薄弱，或者希望抵抗或利用其他控制系统，才会产生政治。尽管政治缺乏合法性，像所有权力形式一样，政治能够解决重要的组织问题（Mintzberg，1983a）：

- 政治确保最能干的组织成员走上领导岗位。
- 政治确保问题的所有方面得到讨论；权威系统、思想意识系统，有时甚至是专家系统，都仅仅趋向于促进某一方面。
- 人们常常需要用政治来促进为正式组织所妨碍的变革。
- 政治能缓和决策执行；管理者为了实施他们的决策而进行政治博弈。

无法保证那些执掌权力的人会理性地或公正地行使权力，但是，权力与政治并非总是损人的或破坏性的。政治是一种实现崇高目标的工具（Bolman and Deal, 2003）。

正式系统通常是一个具有高度组织性的结构。乔治·斯特劳斯（Strauss, 1964）观察指出，政治系统由许多彼此竞争的权力群体组成，每一群体都会为了自己的利益，或者至少是根据自己对组织利益的歪曲想象，而试图影响组织政策。成功的政治要求组织成员去协商，谈判，角逐职位，运用大量的政治博弈、战略与策略，去影响组织的目标与决策。我们已经注意到，这些政治手段能够与其他更为合法的权力形式共存，武装自己以反对合法权力，或者取代那些弱势的合法控制系统。根据这一点，我们将转而讨论其他三个重要主题——政治策略、政治博弈和冲突管理。

政治策略 224

所有组织成员都能参与组织政治。事实上，似乎不管级别和职位高低，每个人都是政治博弈的参与者。因此，我们将转而讨论一套为所有层次的职员普遍使用的政治策略（Vecchio, 1998）。

逢迎（ingratiating）是一种惯于通过关切、献殷勤和施恩等获取另一个人好感的策略。它建立在社会学家所谓的“互惠规范”（norm of reciprocity）基础之上，是一种遍布美国社会的规范。帮助一位同事或上级，受惠者会感到必须予以回赠，或者对这种积极的行为加以补偿。教师往往试图通过在自己职责之外帮助他人而赢得校长和同事的好感和恩惠。丹尼尔·格里菲思及其同事（Griffithset al., 1965）在一项有关纽约市教师流动的研究中，描述了教师如何使用这种策略而成为管理者。许多教师从事一些在他人看来很麻烦的志愿性工作，例如，负责管理学生午餐，管理每年一度的户外活动日，担任实习教师的学校协调人，担任学校田径队教练等。这些工作都没有报酬，但却赢得了教师们的好感，引起了上级的关注，并往往可以使教师们赢得诸如副校长、执行主席等更为重要的职位。

人际网络建构（networking）是与富有影响力的人建立联系的过程。这样的人可能处在重要的职位上，也可能不在，但他们经常能获得有用的信息。那些与教师工会代表或校长关系密切、友好的人，往往能获得重要信息。同样，那些与董事会主席的配偶联系密切的教师，或与督学有间接联系的教师，或者认识工会主席的教师，都有可能获得有价值的内部信息。

信息管理（information management）是想要控制他人或巩固自己地位的人所使用的一种策略。尽管重要信息本身是有用的，但是，无论是在正式组织里还是在非正式组织里，用来发布信息的技术也能提高一个人的地位。当信息影响非常巨大时，发布信息不仅对自己有利，还能挫败他人的雄心。信息管理的关键首先是得到至关重要的信息（网络），然后熟练地利用它，当一个人“真的知道”发生了什么的时候，将事情告诉其他人，这种方法可以提高他人对自己的信赖，树立自己的威信。那些拥有获得重要信息的网络的教师，通常都是学校政治生活的主要参与者。他们细心地呵护和管理这些知识，这通常可以提高他们作为学校政治博弈中的重要参与者的地位。

印象管理（impression management）是大多数人有时用以塑造良好形象的简单策略。这种策略包括衣着得体，举止适当，注重绩效，尽可能维护声誉，给人留下深刻印象等。关键是要塑造一种形象，也就是在其他人看来，你是一位知识渊博、表达清晰、判断力强、思想敏锐、善于社交的人。

225 **联盟建构**（coalition building）是个体为了实现共同目标而组合在一起的过程。教师们经常加入到反对政策提议、抵制变革倡导或者发动变革的各种力量之列。课程变革的成功常常取决于教师联盟的支持或反对。单独的个体的影响效果要比群体小得多；如果相对无权无势的群体结成联盟，就会变得强大起来。那些有效地组织内部联盟的教师常常是学校中的政治权力博弈者。

抛出替罪羊（scapegoating）就是当事情脱离正轨或变得更糟糕时责备和攻击他人。当学生的州水平测验分数不高的时候，校长经常会责备教师；教师也试图寻找其他人加以指责，如管理者、学校董事会、家长或其他教师。揭别人短处是所有组织的通病，学校也不例外。寻找一个“替罪羊”可以让政治敏锐的人有机会转移注意力，并且通过由他人承担责任使自己得以“脱身”。

强化不可或缺性（increasing indispensability）是一种个体或群体使自己在组织中变得不可或缺的策略。聪明的管理者往往发展专业化的技能，从而使他们在组织运营过程中十分重要且不可缺少。例如，他们专攻那些要求有诸如计算机和财政等专业知识的关键领域。因此，他们的目标是使组织依赖于他们的知识和技能。此外，他们也不急于解释他们的所作所为，不急于使其他人有所准备。这些人不断地根据人们的要求去解决问题，他们在解决问题上的成功又进一步提高了他们的地位与价值。表 6.3 归纳了人们通常采用的策略。

有些策略是自然的与合法的；而另外一些策略就不够光明磊落甚至不合法了。当策略是建立在不诚实、欺骗和信息失真基础上的时候，就很难证明它是有
226 道德基础的。罗伯特·韦基奥（Vecchio，1988）认为，出于自我保护，一个人会熟悉这样一些上不了台面的政治策略，如抛出“替罪羊”、通过散布谣言制造冲突、排斥对手参加重要会议、许下虚伪的诺言等。尽管政治策略是组织生活的真相，但是，并非所有真相都是合法的（Cox，1982）。此外，大量常见的不智

表 6.3　政治策略之归纳

政治战略	目　　的
逢迎	通过施恩获得好感
人际网络建构	通过扩大影响力而获得影响
信息管理	出于自身利益而操纵信息
印象管理	塑造一个积极的外在形象
联盟建构	与他人联合以实现目标
抛出“替罪羊”	将对不良结果的指责转嫁于人
提高必不可少性	使自己成为组织必不可少的人

之举都是代价高昂的政治性错误：

- 违抗命令。
- 当众失态。
- 对上级频繁说“不”。
- 挑战人们所珍视的信念（Vecchio，1998）。

政治博弈

较全面地描述组织政治的方式之一就是，将组织政治设想成一场由组织参与者演绎的政治博弈（political games）。博弈是复杂的，根据规则制定的各种策略，错综复杂而又难于捉摸。一些规则是明确的，另外一些规则却是内隐的；一些规则非常清晰，另外一些规则却模糊不清；一些规则是稳定的，另外一些规则却处于不断变化之中。但是，事实上，正是所有这些规则对博弈予以限定。首先，规则规定了职位、获得这些职位的途径，规定了每一职位的权力及行动路线。其次，规则对决策范围以及可接受的行动予以限制。最后，规则对诸如谈判、联盟、说服、欺骗、吓唬和威胁等行为予以认可，同时又认定其他行为是非法的、不道德的或不恰当的（Allison，1971）。

明茨伯格（Mintzberg，1983a）认定，组织成员参与的博弈有五种：抵制权威博弈、反抵制博弈、建立权力基础博弈、击败对手博弈以及组织变革博弈。我们将根据明茨伯格的研究对这些博弈逐一进行讨论。

叛乱博弈（insurgency games）通常用来抵制正式权威，从抵制到怠工，直至反叛。命令一旦发布，在执行中会有所差异。这是因为，无法保证人们一字不差地执行命令。接到命令的人可以根据自己的目的行动。对那些备受支持的决策，人们不是一字不差地执行，而是贯彻其精神。而对那些得不到支持的决策来说，艾利森（Allison，1971：173）认为，人们可以“灵活地执行，拖延时间，局限于做表面文章但绝不是遵照其精神办事，甚至不服从决策”。

处于组织结构底层的参与者几乎没有控制组织的权力。因此，他们有时试图通过欺骗、怠工或操纵正式结构来进行控制（Mechanic，1962）。作为专业人员的教师可以而且能够抵制正式的管理行为。要求教师每天放学后在学校待 15 分钟以帮助学生学习的规定，很容易就被所有留下来只是准确地待满 15 分钟的教师给破坏了。就是说，可以按照规定的字面意思去做，但是却不能体现规定的精
227 神。如果学校风气（参见第 5 章）不健康，那么，发生叛乱极有可能只是更具地方性的问题的征兆，而不是这一特定问题本身的征兆。然而，管理者往往更多地用权威抵制权威。例如，当规定被忽视或被破坏以后，管理者通常的反应是进一步制定规则，并运用更严密的监管措施来强制执行，以及惩罚那些没有遵照执行的人。这种努力的结果通常都是失败的，因为它没有触及问题的根源，解决的只是表面问题。因此，如果管理者想要成功地处理叛乱的话，他们必须使用更多的政治技巧，以及管理职位所赋予他们的权力和权威，去“说服，好言相劝，与肇事者谈判，以满足他们的需要”（Mintzberg，1983a：193）。他们最终要与关键人物达成交易，进行非正式处理。

巩固权力博弈（power-building games），参与者用以巩固权力基础。在管理过程中，上级、同僚或下属都可以运用。赞助性博弈（sponsorship game）是其中最简单的一种，在这种博弈中，下属使他或她自己隶属于上级，并且表示以绝对的忠诚作为一系列行为的交换。例如，将来有可能当校长的年轻教师，有时会试图谋求一位富有影响力的副校长或校长的赞助。罗萨贝思·M. 坎特（Kanter，1977）指出，这样的赞助者给他们的被保护人提供三种重要服务：赞助者在各种会议上为了被保护人而唇枪舌剑，坚决支持被保护人；使被保护人能够获得各种信息，使其绕开各种正式渠道；赞助者向被保护人传递一种具有反思力（reflective power）的信号。当然，这种赞助性博弈也要付出代价。当赞助者垮台时，被保护人也很危险，如果这位年轻教师反对赞助者或没有表示适当的顺从的话，也会面临很大的危险。赞助是一种脆弱的权力方法，然而，它实质上是一种组织中各个层次的人都经常使用的权力博弈。如果校长、校长助理、教师和秘书发现了一位赞助者，他们就会运用这一技巧，并且愿意为分享权力而提供回报。

在同事中间也可以运用权力基础博弈。这时，它就变成了建立联盟博弈（alliance-building game）。明茨伯格（Mintzberg，1983a）是这样描述这一过程的：要么是一个人为了自己所关注的事情而寻找支持者，要么是一群人为了所关注的问题而寻找一位非正式领导，该领导可以有效地代表他们的利益，而且使他们能够集结在他的周围。这样，就形成了一个利益群体的核心。某些利益群体会随着

问题的解决而消失，其他群体则因为他们还有许多共同问题而坚持下来。他们成为一个个小的派系。各个利益群体和派系依靠他们自身的力量往往没有能力在解决自身问题过程中获胜。因此，他们会争取其他利益群体和派系的帮助，以扩大他们的权力基础，这样，就形成了联盟。群体因诱惑、威胁和诱骗而加入联盟。坎特（Kanter，1977：185）指出，“同等地位的联盟通常是通过直接的互惠互利开展工作的。在低水平上交易信息，在高水平上常常围绕一个优秀的职员或工作岗位而讨价还价，进行交易。”联盟继续扩张，直到没有人愿意加入，或者直到它统领或融入一个富有竞争力的联盟。随着时间的推移，问题解决了，消失了，成员也逐渐发生了变化，但是，联盟总有一些基本稳定的成员。

建立帝国博弈（empire-building game）通常是中层管理者通过聚集下属和其 228
他群体来巩固自己权力基础的尝试。建立帝国是争夺地盘。在大多数学校系统中，建立帝国博弈是作为一种预算博弈（budget game）而展开的。校长们希望不是按比例分配全部预算。当校长们为稀缺资源而竞争时，他们中间就会发生竞争和争斗。他们希望拥有更多的教师、更多的教辅人员、更多的电脑、更多的空间，希望比他的竞争对手拥有更多东西。博弈目标很简单：为你的学校争取尽可能多的资源。博弈策略相当清晰：人之所求总比所需多，因此，人之所求总会被削减。所有合乎理性的观点都突出地支持大额预算，而压制小额预算；每年都要将全部预算花掉，尽管有些浪费。实际上，一些管理者喜欢用“财政赤字”来表明他们所分配到的资源不够。这是一种危险的策略，可能会面临财政审计。

专业知识是巩固权力的另一基础。那些已经掌握组织所需要的技能和专业知识的专业人员通常使用*专业知识博弈*（expertise game）。他们将自己的专业知识发挥到极致，以雄心勃勃地进行权力博弈。他们强调自己的才能的独特性与重要性，强调组织没有能力将自己替换掉。同时，他们通过鼓励任何使自己的技能与才智合理化的尝试，来努力维持这种技能与才智的独特性。有时，老教师会维护自己作为一名真正杰出的教师在学区内的声誉。这样的教师不仅依靠自己的专业知识，而且通过构建联盟和赞助性博弈，来拓展自己的权力基础边界。此外，那些具有卓越的管理才能与领导才能的校长，以权力为基础，进行建立联盟博弈、建立帝国博弈以及赞助性博弈。的确，那些在建立强大的权力基础方面取得成功的校长，会成为竞争力最强的督学候选人。

建立帝国博弈的最后一步是*耍威风*（lording），那些拥有合法权力的人在他们的下属头上的“作威作福”，以非法的方式利用下属。权力有限的个体会努力去玩弄逞威风的把戏。坎特（Kanter，1977：189）认为，“当一个人行使权力受挫、受阻时，或者当他们在更大范围中感到无权时，他们往往会将自己的权力需求集中到那些哪怕是仅有一点点权威可以控制的人身上。”当教师由于受到强大的科层控制和权威型校长的监管而倍感沮丧时，他们或许会将这种控制转嫁到学生身上，当他们指挥学生的时候，就能显示出他们也可以行使权力。同样，如果校长被督学管得死死的，他或许也会在教师面前逞威风。尽管这样的行为会给参与者一种控制他人的权力感，但是，无论如何也不能建立起真正坚实的权力基础。

竞争博弈（rival games）就是击败竞争者。直线幕僚博弈（line and staff game）是拥有正式权威的中层管理者（middle-line managers）与拥有专门化的专业知识的幕僚之间的典型冲突。学校里经常发生的冲突便是学校校长与学区课程
229 协调人（curriculum coordinator）之间的冲突。课程协调人直接向督学报告，校长也是如此。在一定意义上，他们是同样的博弈者。博弈的目标是控制学校行为。课程协调人是专家，但校长拥有正式权威。博弈成了直线式正式权威与非正式的专业权威之间的对抗。冲突升级，就成了变革问题。人事问题是变革与改进的关注焦点。课程协调人想变革课程，但是变革往往会引起冲突和混乱。校长是直线管理者，要对组织的顺利运转负责任。校长关心的是组织的相对稳定。这是一场不分胜负的战争。督学很可能被卷入其中，但是，当这场博弈中的每一方都形成了各自的立场并动用政治联盟的时候，通常都不会有简单的解决办法。

当有两个或只有两个主要的联盟彼此竞争的时候，就会出现竞争阵营博弈（rival-camps game）。这是非常残酷的博弈，双方都全力以赴，最终只有赢家和输家。博弈可以在两个人、两个单位或稳定与变革两股力量之间展开。例如，人们所倡导的变革可以将组织分成两部分——保守派（Old Guard）与激进派（New Guard）。通常，博弈是以一方取胜、组织继续前进而告终。但是，有时没有哪个群体能赢得决定性胜利。学校常常不得不在传统的教授基本技能目标与进步的社会和情感发展目标之间进行平衡。因此，有时，当平衡由一种方式转化为另一种方式时，战役仍在继续。

设计**变革博弈**（change games）的目的是为了变革组织及其实践。候选战略博弈（strategic-candidates game）可以由组织中的任何一个人实施。个体或群体运用合法的权威系统提出一个建议或一项计划——“候选战略”，就是在进行这种博弈。那些成功地发动了一场重要变革的人在组织中获得了更多的权力。因为许多战略决策是以非结构化的方式作出的，所以，他们采用一些政治性的小动作①，邀请支持他们事业——他们的候选变革战略——的不同的联盟和派别（Mintzberg，Raisinghani，and Theoret，1976）。候选战略博弈融合了其他大多数博弈的要素。明茨伯格（Mintzberg，1983a）将这一过程描述如下：

---

① “gamesmanship”，比赛中使用的虽不光彩但并不犯规的方法。——译者注

> 提出候选战略往往是为了建立帝国，他们常常要求建立联盟；博弈过程中，常常在直线幕僚之间或竞争阵营之间冒出竞争对手。在这种博弈中，常常向那些没有专业知识的人炫耀专业知识，在那些没有权威的人面前大耍权威；有时，叛乱作为副产品而产生（原文如此[①]），并且被反制。资本预算常常变成了提出候选战略的工具，赞助者常常是博弈成功的关键（p. 206）。

在所有组织当中，吹口哨博弈（whistle-blowing game）越来越普遍。吹口哨
博弈是通过运用针对某些异常行为的内部信息来进行的，人们认为这些行为违反
了重要的规范或法律。参与者向外界权威部门通报这种不正当行为即是吹口哨。
由于通风报信者绕开了合法的控制渠道，而且易受报复，因此，他们通常试图保
持秘密接触。例如，报纸上报道了某一事件，却往往来源不明。吹口哨常常是引 230
起组织变革的戏剧性事件。但是，这是一种高风险的博弈，吹口哨者通常不能赢
得人们的尊重。

所有博弈中最为刺激的或许是青年土耳其党人博弈（Young Turks Game）[②]。赌金很高；其目标并不仅仅是变革或是推翻权威的变革，而是“从根本上进行变革，以至于使法定权力受到质疑”（Mintzberg，1983：210）。通过寻求推翻组织使命、使主要的组织专业知识更新换代、更替组织的基本意识形态或推翻组织领导，“青年土耳其党人”的挑战给了组织以致命一击。这是重大的叛乱，后果非常严重。课程改革是学校中进行“青年土耳其党人”博弈的领域之一。在结成了联盟和面临激烈斗争的情况下，教师、职员和管理者发现他们自己处在两大竞争阵营中的一边，他们要么“赞成”变革，要么“反对”变革。如果既存的合法权力屈服于“青年土耳其党人”，保守派将再也不能得到同样的权威了。的确，组织永远不会一成不变，很可能会由“青年土耳其党人”接任领导。另一方面，如果“青年土耳其党人”失败了，他们也将长期处于弱势地位。他们往往会逃离组织，有时会在组织内部形成不同的派别。这通常会是一场全赢或全输的博弈——要么全赢，要么彻底失败。

表6.4归纳了明茨伯格的政治博弈体系。目前，几乎还没有考察各种政治博弈之间的关系的研究文献，但是，大量的有关非教育性组织的研究探讨了通常的

① “sic”，拉丁文“原文如此”。放于括号中，表示前面所引的文字虽有错误或疑问，却是原文。——译者注

② “Young Turks”，青年土耳其党，是活跃于20世纪初期的土耳其改革者或民族主义政党的成员。泛指一群年轻、有干劲、富创造力、激进的人。——译者注

政治博弈的各种细节问题（Kanter，1977；Zald and Berger，1978）。毫无疑问，学校组织中存在着大量的博弈现象。然而，政治系统通常与不占统治地位的合法的权威手段共生共存。用明茨伯格的话来说（Mintzberg，1983a：217）：“在这里，政治系统似乎是由许多和缓的政治博弈组成的，其中一些博弈利用了比较合法的影响系统，在这一过程中，巩固了这些合法的影响系统，另外一些博弈就会削弱这些系统，但是，料想不到的是，政治仍然是次要的力量。”

理论联系实际

描述并解释你的组织所采用的政治策略与博弈。为了赢得优势或自我保护，你在学校中成功地使用过哪些策略？你发现你学校中的重要的政治博弈是什么？你是一个旁观者还是一个参与者？在你的学校中，什么样的博弈或策略起着重要的作用？根据你学校的情况，讨论一下好政治与坏政治的限度，并说明理由。你的校长是如何认识学校中的政治的？他（她）是政治的牺牲品还是娴熟的博弈高手？试加以解释。

231 **表 6.4　政治博弈之归纳**

博　弈	目　的	主要的博弈者
叛乱	抵制权威	管理者、教师、职员
反制叛乱	反制对权威的抵抗	管理者
赞助	巩固权力基础	向上流动的管理者和教师
建立联盟	巩固权力基础	管理者、教师
建立帝国	巩固权力基础	管理者
预算	巩固权力基础	管理者
专业知识	巩固权力基础	管理者、教师
耍威风	巩固权力基础	管理者、教师
直线对幕僚	击败对手	管理者、职员
竞争阵营	击败对手	管理者、教师
候选战略	产生变革	管理者、教师
吹口哨	产生变革	管理者、教师、职员
青年土耳其党人	产生变革	管理者、教师

冲突管理

由于权力与组织政治不可避免地会产生冲突，因此，我们将以简要讨论冲突及其管理来结束我们对权力的分析。我们急于补充的是，所有冲突都既不是坏事，也不是毁灭性的。冲突可能是积极变革的源泉。一些学者甚至认为，冲突是真正的参与、授权与民主所必不可少的（Tjosvold，1997）。此外，可以用冲突来平衡权力，改进沟通，建构管理分歧的基础（Putman，1997）。最适用的分类是将冲突区分为两类：认知的与情感的（DeDreu，1997；DiPaola and Hoy，2001；Uline，Tschannen-Moran，and Perez，2003）。认知冲突与眼前的任务、政策和资源有关，而情感冲突集中在社会性情感、价值观和群体认同上。研究（DeDreu，1997）表明，与情感冲突相比，认知冲突更有助于解决问题，减少对抗性行为。此外，对抗性行为常涉及情感问题，使解决问题水平降低。很明显，情感冲突充满潜在的消极后果，比认知冲突更难管理。然而，有效的冲突管理的关键之一是生成建设性冲突，同时避免和抑制破坏性冲突。也就是说，可以将解决冲突作为积极变革的创造性力量，而不是必然的、有待控制的邪恶力量。接下来，我们将 232
转而讨论一个以建设性方式进行冲突管理的有效模型。

托马斯（Thomas，1976）提供了一个用以考察五种**冲突管理模式**（conflict-management styles）的有效的分类模型。他认定，有两个基本维度的行为会导致冲突：努力满足组织需求（管理者的组织需求）和努力满足他人需求（组织成员的个体需求）。满足管理者的组织需求的努力可以用果断与非果断之间的连续统一体来衡量；而满足个体需求的努力可以归纳为从不合作到合作。图 6. 3 呈示由此所产生的五种类型的冲突管理模式。

规避型（avoiding style），既不果断，也不合作。管理者忽视冲突，希望这些冲突自生自灭。问题只是悬而不决。当人们要顾及这些问题时，就会用老办法压制冲突，以暗箱操作的方式避免对抗。管理者往往求助于科层规则来解决冲突。

妥协型（compromising style），是一种组织需要与个体需要之间的平衡。这种类型的焦点是协商、寻找中间地带、妥协、寻求双方都满意或都能接受的方案。

竞争型（competitive style），运用这一模式会产生输-赢格局。管理者果断行事，采用非合作的方式解决冲突。毫无疑问，竞争导致对抗，在这种情况下，常常是以牺牲他人利益为代价，以实现自己的目标。行使权力是要实现降服——取得胜利。

顺应型（accommodating style），不够果断，但有合作性。管理者屈服于下属

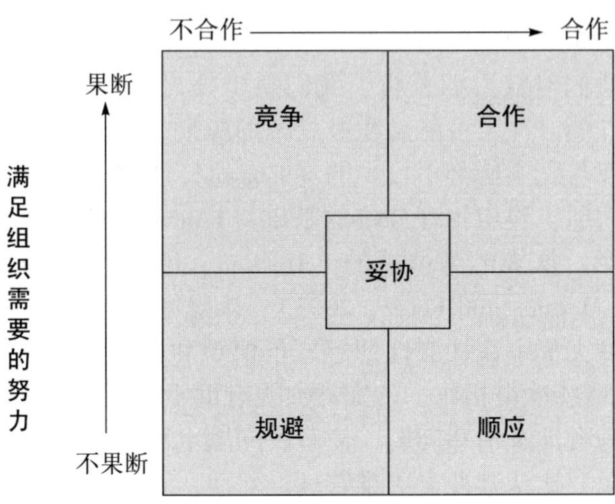

图 6.3　冲突管理的类型

的要求，是一种谦恭的、依从的方法。

合作型（collaborating style），果断，具有合作性。这是一种解决问题的办法。
233 人们将问题和冲突看成是一种挑战。能够正确地面对分歧，并能实现观念与信息的共享。大家齐心协力，共同寻求整合性的问题解决方案，使每个人都成为赢家。

托马斯（Thomas，1977）指出，每一种类型的有效性依情境而定。事实上，托马斯根据从一些首席执行官那里收集到的资料，将五种冲突管理类型与恰当的情境进行了搭配：

竞争

- 当必须进行快速的、决定性的行动的时候——如紧急情况。
- 当面临的重要问题要求采取非常规的行动的时候——如削减支出。
- 当问题对于组织的福利至关重要的时候。
- 与待人不公者抗衡的时候。

合作

- 当双方的问题都非常重要，以至于只有整合性方法才能为双方所接受，而且妥协不能令人满意的时候。

• 当目标是学习的时候。
• 当根据每个人的不同观点提出整合性意见的时候。
• 当共识与承诺都非常重要的时候。
• 当消解妨碍交往的不良情感的时候。

妥协

• 当目标都很重要，但还不至于闹分裂的时候。
• 当双方处于“冷战”状态的时候。
• 当为了暂时解决复杂问题的时候。
• 当时间紧迫，需要加快行动步伐的时候。
• 当合作或竞争策略都告失败的时候。

规避

• 当问题很琐碎的时候。
• 当问题的解决得不偿失的时候。
• 当为了息事宁人的时候。
• 当必须获得更多信息的时候。
• 当其他人可以更有效地解决问题的时候。
• 当问题只是一些征兆而未触及根本的时候。

顺应

• 当你发现自己犯了错误的时候。
• 当问题对其他人更重要的时候。
• 当为了更重要的事情而建立良好信誉的时候。
• 当失败不可避免需要将损失降到最低的时候。
• 当和谐与稳定尤为重要的时候。
• 当为了给下属从错误中吸取教训的机会的时候。

如许多事情一样，冲突管理同样没有最好的办法。更确切地说，成功的冲突 234
管理可能需要使管理模式与具体情境紧密结合，这一主题将回应我们关于领导的讨论（参见第 11 章）。

领 导 案 例

华盛顿中学的冲突①

多年以来，华盛顿中学（Washington High School）一直是一所安静的、传统的学校。学校位于中西部的一个田园般的城郊社区。居民们以该校优良的校风及在读学生优异的学业成绩而自豪。但这是根据法院判定创建校车接送学生制度以前的事，该制度使得大量的非洲裔美国学生进入这所中学读书。居民们还记得，在这个安静的、迷人的社区里，一切都是稳定的、牧歌般的，但那已经是15年前的事情了。现在，社区已经被默特罗市（Metro City）的工业化浪潮所包围，校车接送学生制度改变了学生的构成，从几乎全是白人学生到现在大约有25%的非洲裔学生。而变革又导致种族紧张。

在美国集结部队参加海湾战争的时候，华盛顿中学（WHS）的种族紧张达到了顶峰。起因是华盛顿中学一年一度的才智表演。基于爱国热情和对“大兵入侵海湾”的忧虑，7名非洲裔美国学生发起了他们的才智表演。他们用一张大纸复制了美国国旗，踏过国旗，将国旗撕成碎片，将碎片揉皱，扔向观众。他们高举着非洲人国民大会的旗帜②，在舞台上游行示威。观众开始骚乱。一些人起身离开以示抗议，另外一些人开始争辩和尖叫。一些人在抗议，另一些人却在欢呼。现场极度混乱。

人群的呼喊声越来越大，出现了打砸现象。事态很快就失去了控制。的确，校长助理认为这将会是一场骚乱。被这突如其来的事件惊呆了，校长助理跳到舞台上宣布，才智表演结束了。这一举动激起了更大的敌意和骚乱。最后，秩序有所恢复，管理人员决定继续余下的表演，因为“并没有造成真正的伤害”。

在华盛顿中学的校长看来，举办才智表演的非洲裔美国学生违反了学校的规定，根据学校政策，他们的错误行为应该受到惩罚。学校政策明确规定：不得进行任何未经授权的活动。事实上，在表演得到批准之前，学生们每人都收到了一份才智表演规则。显然，这些非洲裔学生知道他们在舞台上

① 该案例基于一个真实的事件（Larson，1997）。在分析了作为一名校长应该做的事情之后，我们强烈建议你去读一读拉森（Larson）教授对该案例及其后果所作的社会政治分析。

② “African National Congress”，简称ANC，又译为“非洲种族议会”或者“非洲民族议会”，我国通译为“非洲人国民大会”，简称“非国大”。1912年，由于反对《原居民土地法》而建立。目的是为了反对人种主义，拥护黑人的权利。——译者注

的抗议违反了学校规则。尽管校长和其他 3 位副校长认为，白人学生和黑人学生之间有一些关系紧张，但是，他们认为，这件事情很明显是一个错误行为，学生违反了学校政策，他们应该受到惩罚。学校政策规定得非常清楚，在学校资助的活动中，任何未经批准的学生活动都被要求“自动停课 3 天”。因此，管理团队（校长和 3 位校长助理）一致同意，7 位学生应该停课 3 天，并遵照执行。

但是，事情远没有结束。学生的抗议和种族冲突很快扩大升级。停课加剧了种族紧张。黑人和白人学生分离成为两大群体，并不断互相骚扰。白人 235
学生开始穿用美国国旗做的衣服，黑人学生穿用“非国大”的旗帜做的衣服。学生们不断地交流对种族问题的看法。篮球队队长，一位白人学生，开始集资，要将“黑人小孩送回非洲”。成群的学生在大厅里走来走去，不给对方的学生一点空间通过。

校长们知道，他们控制局面的能力有限。但是，他们坚持认为，对学生在才智表演上的抗议行为的处理决定是正确的。很明显，学生违反了学校政策，他们因此就应该受到惩罚。但是，影响并没有消失。学校的教师们大都支持管理者的行为。但是，越来越多的教师对过去几天里发生的事感到担忧。冲突演变成了政治问题。教师和学生都在寻求支持。现在，非洲裔的社区领导也想对才智表演的事表示抗议。当地一位非洲裔激进牧师要求和校长一起召开会议，讨论黑人学生的“伤害补偿”问题。

- 眼前的问题是什么？长期的问题是什么？
- 这是种族问题？还是政治问题？社会问题？
- 校长应如何应对这种情形？
- 校长应该制订一个与非洲裔牧师见面的日程安排吗？如果这样做的话，这个议事日程该安排些什么内容呢？
- 制订一个接下来几周内要采取的行动计划。制订下一年度的行动计划。

概要与推荐阅读材料

权力是组织生活的基本组成部分。权力可以是合法的，为下属心甘情愿地接受；权力也有可能是强制的、非法的和抵抗性的。我们的分析是从考察合法权力——权威开始的。韦伯以合法性来源为基础，认定有三种类型的权威：魅力权威、传统权威和合法权威。皮博迪（Peabody）通过区别正式权威的基础（合法性与职位）与功能性权威的基础（能力与个人技能或人际关系技能），扩展了权威的概念。最后，布劳和斯科特将权威分成正式的与非正式的，简化了组织的合法权力基础。

接着，我们运用了弗伦奇和雷文（French and Raven）的人际关系权力基础——奖赏权力、强制权力、合法权力、参照权力和专家权力——进行分析，并将这一框架扩展到组织层面。在另一类权力形式中，明茨伯格提出了另一种权力观，并描述了四大权力系统：权威系统、思想意识系统、专家系统和政治系统。简言之，存在着四种基本的组织权力：两种合法权力——正式权威与非正式权威，以及两种非法权力——强制的和政治的。

236 有关权力的重要观点表明，权力通过陈述理性和知识来界定现实。权力可以以对自己有利的方式重新解释证据。我们不能回避这样的事实：权力既是理性的，又是非理性的，权力与政治可以削弱理性。

政治是组织生活的真相。尽管存在强势个体，但是组织的政治领域是由个体与群体的联盟组成的。他们讨价还价以决定资源配置。外部联盟与内部联盟影响着组织政治。政治策略是政治博弈系统的基础，这种博弈包括抵制权威、反制对权威的抵抗、巩固权力基础、击败竞争对手以及变革组织。政治系统通常与更合法的不占统治地位的影响系统共生共存。由于权力与政治常常导致冲突，所以，我们的分析以冲突管理模型作为结尾。

所有学习管理的学生应当读一读马基雅弗利（Niccolo Machiavelli）的代表作《王子》（*The Prince*）。博尔曼和迪尔（Bolman and Deal，2003）在他们的《组织重构》（*Reframing Organiztions*）一书中对组织的政治框架进行了非常好的阐述。有两种对组织权力的综合分析，分别是埃兹奥尼的《复杂组织的比较分析》（*A Comparative Analysis of Complex Organizations*）（Etzioni，1975）和明茨伯格的《组织内外之权力》（*Power in and around Organizations*）（Mintzberg，1983a）。埃兹奥尼使用权力的概念创造了综合性的组织理论。明茨伯格发展了组织中的权力和政治理论。在我们看来，明茨伯格的权力与政治观是最为综合的观点。对组织感兴趣的人都不应错过它。最后，坎特在她的《公司中的男人和女人》（*Men and Women of the Corporation*）（Kanter，1977）一书中，深刻分析了组织政治，弗莱伯耶格在他的《理性与权力：实践中的民主》（*Rationality and Power：Democracy in Practice*）（Flyvbjerg，1998）一书中以一种批判的和后现代的方法描述了权力。

基本假设与原理

1. 权威是一种合法权力，它来自于正式组织（正式权威）、非正式组织（非正式权威）、专业知识（功能权威）和卓越的个人贡献（魅力权威）。
2. 强制权力容易使下属疏远，并产生抵制和敌意。
3. 参照权力和专家权力可以使下属信奉。
4. 组织政治经常会功能失调，这是因为决策是根据个体需求而不是组织需求作出的。
5. 权力难免会模糊理性与合理化之间的区别，理性是牺牲品。
6. 组织政治易受外部联盟与内部联盟的影响。 237
7. 组织中的权力与政治是不可避免的，组织成员有三种基本选择——他们可以留下来并积极参与（话语权）、留下来并如人们所期望的那样作出贡献（忠诚）或者离开（退出）。
8. 在组织政治博弈中获得成功要求成员为了职位而谈判，诱骗，参与多种形式的博弈，采取多种战略与策略。
9. 组织冲突可能是建设性的，也可能是破坏性的。
10. 没有最好的冲突管理方式；成功取决于正确的解决方案与具体情境的有机结合。

238

第 7 章

学校的外部环境

显然，组织拓展并非随意增加部门，而是部分地取决于组织环境的各种条件。

——布雷恩·罗恩（Brain Rowan）

“组织结构与制度环境：公立学校的案例”（*Organization Structure and the Institutional Environment: the Case of Public Schools*）

概　览

1. 学校是开放系统，依靠与环境要素的交流得以生存。
2. 各种环境要素来自不同的社会层面，影响着学校的运作。
3. 分析了两种普通的环境理论——任务理论与制度理论。
4. 任务理论包括信息论与资源-依赖论，它将任务环境定义为与目标设置、效能和生存等有着潜在关联的外部环境的诸方面。
5. 信息论将外部环境视为决策者的信息源。
6. 资源-依赖论将环境看做是获取稀有资源（如财政、人力、信息和知识、产品和服务）以支持学校的技术过程的场所。
7. 与任务理论不同，制度理论假设，环境促使学校遵循具有强大约束力的规则和要求，这些规则和要求是由法律、社会、职业以及政治环境强加的。
8. 制度理论认为学校的结构和运作反映了社会中已经制度化了的规范、价值观念和思想意识。这一理论的核心是，学校制度环境的形式压力大于实质压力。
9. 学校组织运用内部策略与外部策略使外部环境对组织内部因素的影响最小化。

开放系统的概念（参见第 1 章）凸显了组织及其所处环境的脆弱性和相互 239
依赖的问题。外部环境很重要，因为它们影响了组织的输入、内部结构与运作过程以及产出；因此，我们必须对组织的内外进行全面考察才可以解释学校的内部行为。的确，较大范围的社会、文化、经济、人口统计、政治和技术等发展趋势对学校和学区的内部运作都会产生影响。

鉴于人们将学校组织视为一个大的领域或环境的组成部分，可以认为，更大环境中所发生的任何事都可能对学校产生影响，反之亦然。比如，计算机与信息技术的革命性发展在各个学区激起了活动与变革旋风，他们会千方百计地购买新技术，并应用于管理与教学过程。几年前在科罗拉多州利特尔顿发生的极端学校暴力事件引起了媒体和政治领导人的关注，为了远离暴力事件，学校未雨绸缪，雇请保安、安装武器探测器。类似的政府行动，如 2001 年的《不让一个孩子掉队法》要求学校执行新的课程标准、考试政策，在某些地方，甚至开始实施学校选择（school choice）。即使有这些生动的案例和人们长期以来对外部环境重要性的强调，教育者通常还是低估学校与环境的紧密关系，以及学校受环境影响的程度（Scott and Meyer，1991）。事实上，斯科特（Scott，2003）强调，作为开放系统，所有组织都不完整，都要依靠与环境中的其他组织进行交流才能生存下去。

如图 7.1 所示，多元的环境影响来自社会的不同层面，并对学校运作产生作用。技术和信息的发展、政治结构和法律规范模式、社会条件、文化价值观、经济与市场因素、人口以及人口统计特征都对学校结构及其运作产生影响。在特定的地域内，诸多利益群体在影响教育实践方面都扮演着关键角色——如学生家长、纳税人协会、商业组织、立法机构和认证机构，都对学校政策产生影响。

管理人员通常将工作重点放在当地环境要素的监督与规划上，往往不会意识到更大的社会范围内的环境要素不仅对学校，而且对学校所处的当地环境都有着潜在的影响。不断变化的人口统计特征——如年龄、性别、民族以及人口的种族分布——都有可能对所有的美国学校的变革产生实质性的巨大影响。比如，提高在教育上处境不利儿童的入学率与巩固率，对提高教育成就（educational attainment）具有重要意义（Pallas，Natriello，and McDill，1989）。这些学生所在的学校历来就没有有效的教学方法。学业成绩低下、居高不下的缺勤率与辍学率都是没受过良好教育的标志。如果不对学校和其他组织的教育孩子的方法进行根本性 240
变革，那么，学校效能与学校压力问题都会增多。人口统计的趋势表明，学校外部环境的不确定性与重要性与日俱增。

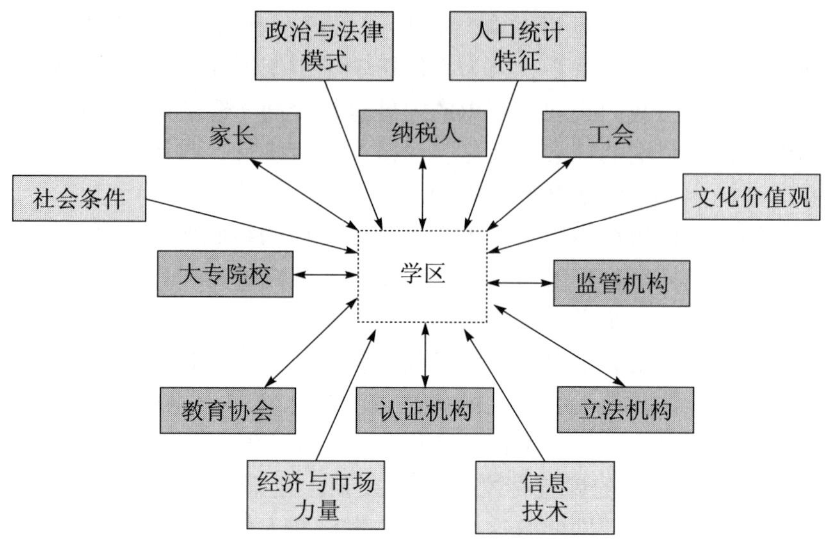

图 7.1　经筛选的学区外部影响与支持者

任务环境与制度环境

根据威廉·R. 迪尔（Dill，1958）的观点，**任务环境**（task environment）——包括所有可能影响目标设置与达成的环境因素——是理解组织外部影响的有用概念。任务环境理论的基本假设是：创立组织是为了在社会中履行某些功能并实现目标。任务环境的特征强调：诸如学校这样的组织是生产性系统——它们把输入
241 转化成产出，这样，就需要材料和能源的输入，需要以资源来交换产品的市场或买家。因此，组织并不是自给自足，它必须与外部环境进行交换，从而获得生存所必需的信息与其他资源。有效的学校管理者设计富有成效的工作要求、协调技术过程，确保学校的产出有充足的资源供应与市场（Scott，2003）。信息论与资源–依赖论是任务–环境理论中最著名的例子。

制度理论提供了一种理解外部环境的备择方法。这一理论较少强调任务目标、效能和效率。相反，它的基本假设是，当学校结构及其运行过程反映社会中已经制度化了的规范、价值观和思想意识时，组织的生存机会最多（Rowan，1993）。接下来，我们将讨论信息论、资源–依赖论以及制度理论，并将这些理论运用于学校情境。

理论联系实际

评价学校的外部影响与支持者

对于学校管理者来说，理解已经存在的和正在生成的环境影响非常重要。思考一个城市学区并回答下面问题。

- 在州、国家和国际层面上对学区教育规划有潜在影响的趋势有哪些？
- 学区面临哪些地方性问题？哪些群体正在试图使这些问题成为学区的重要问题？

信息论

信息论（information perspective）认为，外部环境是决策者用来维持或改变组织内部结构及运作的信息源（如期望目标和绩效水平）。在这一理论框架内，**外部环境**（external environment）被定义为组织内参与者获知的有关外部因素的信息。决策者所获知的信息将外部环境与组织参与者所采取的行动联系起来（Aldrich and Mindlin，1978）。这一假设解释说，之所以进行组织变革，是因为决策者所获知的外部环境信息发生了变化（Koberg and Ungson，1987）。比如，242
督学从州教育官员那里获知的关于本州需要实施的新课程架构的信息，决定着该学区要花费多少努力来改变教学计划。

尽管管理人员与教师的行动是以对环境的感知为基础的，但是，对于特定的人或学校情境而言，这样的感知不大可能完全是特异反应（idiosyncratic）（Aldrich and Pfeffer，1976）。各种社会进程的融合形成了相似的感知。比如，聘用有相似背景的教育工作者、效仿其他学校的教学计划、遵守职业规范和政府条令等，都将促使人们去开发一种具有普遍性的感知环境信息的参考框架。

环境的不确定性

人们对信息理论的主要关注点是它的不确定性。当外部环境的既存条件使组织决策者由于无法获得足够信息而不能作出准确预测时，就表明存在**环境的不确**

定性（environmental uncertainty）（Milliken，1987；McCabe and Dutton，1993）。不确定性的程度由组织决策者已掌握的关于环境变化趋势的信息种类、清晰度和数量决定。这样，当不确定性水平提高时，至少会有五种问题情境呈现在管理者面前。

- 因为缺乏知识和技能而难以理解来自环境的信息。
- 对可能产生的结果之偏好变得不够确定①。
- 备选的行动方案及其结果变得越来越不可预测且充满风险。
- 策略与战术变得比较难以沟通和实施。
- 某项决策的潜在结果尚不可预知。

信息架构（information framework）集中在决策者对环境的感知以及他们如何使用信息调整组织内部结构与运作上。例如，当组织面对不确定的环境时，他们经常能通过增加结构弹性来维持或提高效率（Dill，1958；Lawrence and Lorch，1967）。在学校组织中，教育者经常通过设立特别部门或制定特别计划来应对环境的不确定性。随着越来越多的团体对教育产生兴趣，将会建立许多特别的机构，这些机构涉及公共信息、政府关系、社区参与、特殊教育、信息技术、商业伙伴关系等，这些特别机构会对学校组织的活动进行监控，向主要教育行政官员报告所获知的有关学校组织目标和行为的相关信息，并参与这些机构之间的信息
243 交换，以赢得他们的支持。这其中的思想是，学校要适于营造环境的适切性——换言之，学校组织要使其结构及其运作与所感知到的外部环境相适应（Miller，1992；Pennings，1992）。

总之，信息观强调将目标的达成建立在对外部环境的感知基础上，因为学校是产生人们所希望的社会信息的主要来源。在环境感知基础上，学校领导将努力变革学校。如果环境变得越来越不确定，学校组织就会变得越来越具有灵活性和有机性——也就是没有那么正规化和集权化。

资源–依赖论

与信息论不同，**资源–依赖论**（resource-dependence perspective）将环境视为

---

① 指偏好不确定性（preference uncertainty）。——译者注

实现组织任务和组织运作而获取稀缺资源的场所。有四种典型的环境资源：财政、人力（比如，学生、教师、管理人员、学校的志愿者和董事会成员）、信息和知识（比如，研发成果和评估方案）以及产品和服务（比如，教材和分数测验服务）（Aldrich，1972；Benson，1975）。组织与环境资源既相互竞争又共生共存。

人们通常将环境资源理解为**短缺**（scarcity）与**充裕**（munificence）的连续统一体——即环境提供资源以支持组织稳定与持续发展的程度或能力。相对充裕的环境资源是充分的组织输入的最终决定因素。如果资源充裕，那么，组织生存就比较容易，就有可能追求广泛的任务目标（Castrogiovanni，1991）。比如，处于富裕地区的学区，资产评估水平较高，可以以较少的税收项目（tax levies）征得相对较多的税收收入（tax revenues）。在资源充裕的环境中，学区可能提供范围广泛的课程和课外课程（extracurricular）计划。在资源有限或稀缺的条件下，小群体之间就会进行零–和博弈（zero-sum game）[①]，他们会更加关注群体间的资源竞争，而不顾组织的整体利益。如果学校的资源枯竭，就会局限于基本的学校课程，而为了能够保留下来，课外课程就要参与竞争。

人们将**依赖性**（dependence）定义为在环境中对资源的需求程度和资源的可用程度（如短缺或充裕）。对教育领域而言，依赖性与学校对为其他组织所控制的资源的需求度呈正相关，而与学校从其他组织获得资源的能力呈负相关。也就是说，如果学校得不到为其他组织所控制的资源，又无法在别处获取这些资源以 244
实现目标，那么，它们就得依赖于其他组织。反过来，资源供应者由于提供了资源，也就获得了对学校的控制权。有了这种控制权，供应资源的组织就会通过两种方式来控制学校——决定学校是否能得到它们所需要的资源，决定学校是否能够按照他们所希望的方式使用资源（Froosman，1999）。资源竞争的主要后果是使环境中的各个组织彼此间形成了依赖。请注意，依赖性是组织之间互相联系的属性，而不是各个组织彼此孤立的属性（Aldrich and Mindlin，1978；Sutcliffe，1994）。可以推断，对资源的依赖性越大，组织之间的相互沟通就越多（Van de Ven and Ferry，1980）。

学校财政问题可以说明依赖性概念。随着当地财政税收和联邦拨款的下降，学校急需从州立法机关获得额外的拨款。因为它们的大部分预算来自州财政，所以，学校对州政府的依赖就大大增强。州政府管理学校的权力相应就会加大，州立法机关和教育部门就能支配学区的教育改革——如课程标准和测验

① 即一方所得必定意味另一方的等量损失，与之相应的是“non-zero-sum game”，意为“非零–和博弈”，即一方得分，另一方的分值不变。——译者注

项目。

资源-依赖论的主要支持者（Pfeffer，1982，1997；Pfeffer and Salancik，1979）认为，该理论的基本前提是如果组织不能在其内部开拓自给自足的资源，那么，它们就必须与环境要素进行交换以获取所需资源。在资源交换的过程中，外部机构不仅会消费组织产品，而且也会对组织行为或变革提出要求。换言之，组织在某种程度上失去了自治而受制于与其他组织相互依赖的关系网。比如，在学校受过教育和培训的个体把自己的力量贡献给了社会，而社会也要求学校开设特别的教育项目。因此，这里的基本假设是，人们将组织变革解释为彼此竞争的组织获得并控制关键资源的能力（Koberg and Ungson，1987）。因此，组织为了获取资源就会越来越依赖环境，它们表现出更具灵活性和适应性的结构，这些结构往往是非正规的、非标准化的以及非集权化的。依赖外部资源因素经常促进组织间的联系，如合资项目和吸收（cooptation）①（Aiken and Hage，1968；Aldrich and Mindlin，1978）。

因为所有组织对环境都有依赖性，所以，对组织行为的外部控制成为可能，制约也不可避免。如果组织对外部环境的需求没有反应，那么，组织就不能发展壮大，甚至根本不可能生存下去。因此，环境-依赖论强调，只有适应环境，组
245 织才能提高生存几率（Sscott，2003）。但是，环境需求往往相互冲突，因此，如果组织只是对每一环境需求作出回应，组织并不能兴旺发达，甚至不能生存。学校决策者面临的挑战是，判定学校能够且必须适应各种不同环境需求的程度，判断这些反应对其组织的意义。

总之，依据资源-依赖论，学校通过向外部环境提供有价值的产品和服务来交换其任务结构与运作所需的一系列资源。由于更加依赖环境，学校的内部控制正在减弱，而外部控制却不断强化。其结果是，学校变得更具适应性，灵活性增大，官僚风气减少。整合资源-依赖论与信息理论的观点，管理者面临的重要问题是："在不增强依赖性的前提下，如何降低环境的不确定性？"（Wood and Gray，1991：141）。

---

① 塞尔兹尼克（Selznick，P.）曾在其著作中对"吸收"（cooptation）加以分析。在他看来，在组织社会学里，吸收概念是指为了避免外部影响对组织的稳定或者存在的威胁，而在组织的领导或者决策结构中吸收新成分的过程。吸收分为正式吸收与非正式吸收，正式吸收与非正式吸收的区别在于吸收是否导致了组织内部正式制度的变化。参见 Selznick，P.（1966），*TVA and the Grass Roots*，New York：Harper & Row.——译者注

理论联系实际

将任务环境观点应用于学校

思考一下你目前所在的学区或招生区域。

- 如何界定信息环境的确定性水平？从考虑以下要素入手：学区或区域的社会结构、种族结构与经济结构的稳定性与多样性，教育问题的类型与产生的几率，影响各种利益团体向学校输送信息的利益大小，各种利益团体间矛盾冲突的程度。
- 学区和学校是如何依赖当地环境的？要考虑诸如财富、资金来源、治理结构和市场等因素（如特许学校，毕业生的就业机会）。
- 学校或学区所面临的不确定性或依赖性高吗？

信息与资源环境管理

在任务环境理论中，不确定性和依赖性是学校组织面临的最大挑战。这两大环境因素威胁和制约着教育者的自主权，推动着学校内部结构的变革和运作。因此，学校管理者经常试图将外部影响降低到最小化，并承担着管理学校外部环境的关键角色（Pfeffer，1976）。教育者试图采取各种各样的措施以控制资源，避免成为依附者，同时使其他人依赖于自己，以应对不确定性。试图减少环境的不
确定性与依赖性的方法有二，即组织内部应对策略与组织间的应对策略。这两套 246
策略通过增强确定性、获取额外的资源以保护组织内部主要运行程序免受环境因素的影响。在详细阐述这些策略之前，我们提请读者注意两点。学校的外部环境变化剧烈；通过精心设计与认真执行的策略能对环境稍加控制，但这种控制往往会转瞬即逝（Gross and Etzioni，1985）。

组织内部的应对策略

任务环境观试图把技术限制强加给像学校这样的组织。作为回应，组织竭力使其技术核心和其他生产过程与外部影响分离开来。缓冲、规划与预测、跨越组织边界以及调整内部运作是广泛应用于学校组织的应对策略。

缓冲(Buffering) 这一隔离策略建立在这样的假设基础上：如果技术核心（比如学校的教学）不受外部不确定因素和依赖性的影响，那么，效率就能最大化。**缓冲**是运用结构和程序来隔离或包围内部活动，并消解环境因素的干扰。缓冲在组织与环境之间创建了一个保护层（Miner，Amburgey，and Stearns，1990；Pennings，1992）。因此，学校就会建立特定的部门、职能和程序以应对来自环境因素的各种不确定性和对环境的依赖性。就会建立诸如采购、计划、人力资源、课程和设备等部门，以使教师与学校环境因素隔离。这些部门在环境与学校之间交换材料、服务、信息、资金和其他资源。此外，福斯克与约翰逊（Fauske and Johnson，2002）认为，校长在处理家长投诉教师的事例中扮演了重要的缓冲角色，使学校和校长自身在社区中免受威胁。缓冲的目的就是使技术核心尽量接近于封闭系统，从而提高效率（Daft，1989）。

规划与预测(planning and forecasting) 在高度不稳定和依赖性强的环境中，缓冲策略可能无法为教学规划提供足够的保护。在这种条件下，学校组织可能会努力通过**规划与预测策略**控制环境的波动。这些策略可以预测环境变化并采取措施来削弱其负面影响。在这种情况下，经常需要建立一个独立的规划部门。在不确定性和依赖性较强的条件下，规划制定人员必须鉴别出重要的环境因素、分析
247 其他组织的潜在行动与反应。规划必须涉及各个层面，并且形成不同的文本方案。随着各种条件的持续变化，规划必须及时更新。从某种程度上讲，如果教育者能够准确地预测环境的变化，他们就有机会降低不确定性（Robbins，1983）。

跨越组织边界(spanning organizational boundaries) **边界的跨越**产生了跨越边界并使学校与外部环境要素联系起来的内部任务。这也是应对环境不确定性与依赖性的重要策略。边界跨越的功能主要有两类：探测外部环境变化的信息，使组织融入外部环境（Aldrich and Herker，1977）。

就探测功能（detection function）而言，边界的作用集中体现为在环境与学校之间的信息传递。边界跨越可以监察环境中可能导致剧烈变化和具有长期发展趋势的事件，并将该信息传递给决策者（Daft，1989）。通过鉴别新技术的发展、课程革新、规章条令和投资方式，边界跨越可以为学校提供制定规划和调整方案的各种资料。与缓冲相比，边界跨越的目标就是使学校这一开放系统与其环境协调一致。学校中有许多人（如督学、校长等）都发挥着缓冲与边界跨越的作用。学校中其他起边界跨越作用的人员包括公共信息、政府关系、研究、评估和开发部门的管理人员。

就呈现功能（representation function）而言，边界跨越者把信息从组织内部

传送到外部环境，其主旨是影响其他人对组织的认识。学校常常设立公共信息部门，其目的是将信息传递给重要的利益相关者。地区的其他机构也发挥着同样的作用。比如，以吸引纳税资助者（tax-paying patrons）为主的社区教育与成人教育计划，就是为学生提供高质量教学的例证。商业和法律部门也可以让立法机构了解学校的需要或对政治问题的看法。同样，教育委员会和学校咨询委员会以高度公开的方式将赞助者对学校的关心公示于众——尽管他们不总是有机会这样做，从而将学校与周围的赞助者联系起来。这样，越来越多的妇女、少数民族团体成员和学生被提名加入各种咨询委员会（Aldrich and Herker，1977）。提升学校的良好形象能够降低不确定因素和学校对各种环境因素的依赖性。因此，边界跨越者在组织间关系中发挥了重要作用（Friedman and Podolny，1992），并且受组织中的重要决策者的深刻影响（At-Twaijri and Montanari，1987）。

调整内部运作(adjusting internal operations)　信息论和资源-依赖论建议用结 248
构权变方法（structural contingency approach）来解决组织设计问题（Aldrich and Mindlin，1978；Pennings，1992）。组织设计方式在某种程度上取决于组织环境。换句话说，世界上不存在组织学校的最佳方式。相反，最有效的学校结构能进行自我调整以适应其重要的环境要素。

不同类型的组织结构在不同环境中的效能不同（Burns and Stalker，1961），汤姆·伯恩斯和 G. M. 斯托克是第一批得出此结论的研究人员。他们发现，处于动态变革环境中的结构类型与处于稳定环境中的结构类型不同。当外部环境稳定时，组织内部则是“机械的”或高度官僚化的，其特征包括正规的规章制度、标准化的运作程序和集权化决策等；人与人之间的关系非常正式，非人性化，刚性化，界限分明。机械的、过分依赖于程序化行为的组织能卓有成效地完成常规性工作，但是，对于那些不熟悉的事件反应却比较迟缓。

在高度不稳定的环境中，组织内部是“有机的”和非正式的，表现出缺乏规则、没有统一的运作程序、分权化决策等特点；人与人之间的关系是非正式的、人性化的、柔性的，界限模糊的。伯恩斯和斯托克并没有得出这样的结论：机械的运行模式比有机的运行模式差，而是认为最有效的结构能进行自我调整以适应环境要求——在稳定环境中是机械设计模式，在非稳定环境中是有机设计模式。丹尼·米勒（Miller，1992）发现，相当多的人支持权变模式或环境适应模式。

信息论提出了结构权变方法，资源-依赖论也提出了这一方法。根据资源-依赖论，环境并未对生存提出严格要求。这样，就有可能出现各种各样的可能的行为与组织结构；因此，指导决策与确定组织结构的标准就变得不仅重要而且问题重重。内部权力差异十分重要，因为没有一个最佳的能使组织与环境契合的结构或措施。相反，人们可以采用一系列调整性的选择与策略。在与外部支持者的需求的互动过程中，许多内部利益相关者的影响决定了组织的反应。资源–依赖论凸显了环境因素在推动和限制组织决策与行动方面的重要性，同时，为那些在熟悉的或不熟悉的情境下进行策略选择的组织成员留有余地。换言之，资源–依赖论认为，尽管环境影响很重要，但是，环境的制约因素并未将可行的组织结构减少到只有一种形式。相反，各种内部结构与措施总是与组织的生存协调一致。这
249 就意味着，虽然组织有生存目标，但生存并不意味只有一种或有限的几种结构形式（Aldrich and Pfeffer，1976）。

在应用权变研究成果时，有一点值得注意：为了适应和变革环境，通过展开积极的选择过程与搜寻程序，学校间会产生结构与过程的变化。博伊德（Boyd，1976）认为，学校既不是一面面它们所服务的社区的镜子（mirror images），也不是一座座完全被隔离的、为那些两耳不闻窗外事、一心只为自己服务的职业教育工作者所控制的堡垒。在很大程度上说，学校组织可以打造与自身能力相适应的环境。

组织间的应对策略

我们已经描述了学校组织进行内部调整以适应外部环境的方法。学校也可以对外拓展，改变环境。马奇（March，1981）甚至说，学校组织在某种程度上创造了环境。学校应对外部环境的策略有两种：建立有利的联系与塑造环境要素。关于怎样努力控制环境，有一点需记住：要具备某些组织化特征和抵抗能力（Katz and Kahn，1978）。

建立有利的联系（establishing favorable linkages）　学校组织控制环境的方法之一就是与其他组织建立联系（Gross and Etzioni，1985）。组织与组织之间的联系十分重要，因为这能增强组织实力，减少不确定因素，保证重要资源的合理配置，提高组织运作能力，保护组织免受环境不确定因素和资源匮乏所产生的不利影响（Stearns，Hoffman，and Heide，1987）。另外，通过加强沟通、分享信息以及学习灵活的策略，可以强化与其他组织的联系，可以提高组织的适应性，促进组织创新（Goes and Park，1997；Kraatz，1998）。组织间的联系通常是在复杂的网络中进行的，这些网络试图规范信息流向，减少不确定因素。人们认为，基本的社会进程是某种形式的社会交流。通过交流信息、人员、资金、设备和其他所需物品，组织间建立了联系。简而言之，交流资源是为了控制环境。

在商业组织中，备受青睐的减少竞争与依赖的机制是合并。如果原材料的来源不确定，买断供货方就能摆脱对外部因素的依赖。虽然教育组织不能依靠合并，但也可以与其他组织合资。学校与其他的商业组织、基金会、大学、联邦及

州政府形成伙伴关系（partnerships），共同承担大型的革新与研究项目的风险和费
用。当前，商业组织与学校组织之间的合资项目的例子有：通过启动新型美国学校
创新计划（New American Schools initiative）；开创和推行综合学校改革；推进一系 250
列学校与工作相联系的项目；促进特许学校的建立和发展。合资项目的数量是反映
组织对环境影响程度的最好指标（Boje and Whetten，1981）。最近人们越来越重视
市场变革模式（market models of change），如特许学校，公立学区可以与家长群体
建立广泛的联系，以建立它们自己的特许学校，以此方法减少由非学区集团创办的
特许学校的数量。

吸收（cooptation）是建立有利联系的策略之一。吸收是将重要的环境部门的领导人吸收到学校组织的决策机构中来。当有影响力的市民被选为教育委员会或咨询委员会成员时，就实现了吸收。普费弗（Pfeffer，1997）指出，当不能直接进行这种吸收时，就要发展与他人的有利联系，并通过他们来产生影响，有时，这也是一种有效的策略。然而，有关通过咨询委员会来扩大学校组织影响力的证据纷繁复杂。有些研究对此给予肯定（Pfeffer，1972），有些则不然（Boje and Whetten，1981）。

塑造环境要素（shaping environmental elements）　参与政治活动是学区与其他利益集团塑造环境要素的主要方法。学校官员与花钱聘请的说客运用各种各样的办法来增进学校利益，他们向当地的、州的及联邦政府的政策制定者阐述自己的观点（Kollman，1998）。鲍姆加特纳和利奇（Baumgartner and Leech，1998）描述了 12 种**影响策略**（influence tactics），如表 7.1 所示。诸如电子邮件、互联网搜索引擎、网络及计算机化的传真机等现代信息技术，都大大加强了这些影响的迫切性与普遍性。使用这些意在影响公共政策的策略就是游说（lobbying）。

表 7.1　利益集团的影响策略

• 在立法机构或听证会上作证	• 提交研究结果
• 与立法人员和其他官员直接接触	• 监督和影响官员的任命与偏好
• 与立法人员和政府官员进行非正式的接触	• 起草法规和规章，在各种委员会任职
• 形成选民的影响	• 吸引大众媒介
• 诉讼	• 选择与支持政策同盟
• 抗议和示威	• 结成同盟

教育工作者与其他利益集团并不是要控制教育政策的结果，而是试图通过积极的或消极的方式频繁地影响教育政策的制定过程（Heinzetal.，1993）。**利益**

集团（interest groups）不但会推动和提倡与他们利益相关的问题和议事项目，而且会努力阻挠对他们不利的备选方案。例如，公立学校会百般阻挠州或联邦政府
251 对私立学校的支持。它们已展开强大的游说攻势，反对诸如学费税信贷（tuition tax credits）、学校选择与教育券等创新计划。

资源共享（pooling resources）是与塑造外部环境有关的策略。教育协会通常具有专业的或政治的使命。这些协会包括家长-教师协会（Parent-Teacher Association）、全国教育协会（National Education Association）、全美教师联合会（American Federation of Teachers）、美国学校管理人员协会（American Association of School Administration）、全美私立教育理事会（Council for American Private Education）、特殊儿童理事会（Council of Exceptional Children）及州主要学校官员理事会（Council of Chief State School Officers）。如果要写下全部协会的名单，那将会很长。另外，每一个团体在政策环境中不会是孤立无援的。他们会积极寻求联盟支持，让人感觉到自己的意见的力量。通过资源共享，教育者或教育组织能够花钱让人去开展诸如游说立法人员、影响新的规章制度、推动教育方案及开拓公共关系等活动。

卡佩尔和博伊德（Karper and Boyd，1988）描述了在不确定性与日俱增的情况下，结盟与游说活动是如何加剧的。20 世纪 80 年代中期，宾夕法尼亚州的教育利益集团通过扩大游说队伍，促使其专业化、精练化，以及组建庞大的同盟从而最大限度地增强自身力量等方法，来应对富有挑战性的环境。正如信息论所认为的那样，研究结果表明，利益集团认为，他们必须增加他们拥有的和可以分享的信息量。反过来，对信息的需求促使游说人员更加专业与精练。这一群体的研究能力大大增强，他们从事政策分析，并运用更先进的技术。

蒂姆·L. 马佐尼和贝蒂·马伦（Mazzoni and Malen，1985）详细描述了制定教育政策的一次成功尝试。他们分析了一系列案例，这些案例都是有关怎样动员选民去影响州政府的教育政策的。实质上，一个由明尼苏达州天主教协会（Minnesota Catholic Conference）和教育自由公民协会（Citizens for Educational Freedom）组成的联盟想让立法机关向私立学校家长作出税收让步。联盟通过选民和游说战术可以说服立法机关签发一揽子税收让步方案。联盟不断地使这一问题提上立法机关的议事日程，加强与那些富有同情心的立法人员的沟通，以使他们通过联盟所提出的议案。最重要的是，联盟动员了那些基层选民，让他们对立法议员施压，从而影响他们的选票。马佐尼和马伦的结论是，发动选民这一政治策略对政策问题有着极其重要的影响。

这一做法的意义在于，学校组织不是外部环境的简单、被动的工具。内部应对策略与外部应对策略都可以用来缓解环境影响，并可改变其要求。教育管理人员可以从组织结构、方案和运作等方面来应对学校组织环境。

252

理论联系实际

管理任务环境

2001 年《不让一个孩子掉队法》的主要目的是强化学校的任务环境。其中有对地方学校的新规定，包括新的课程标准、新增的考试、对教师的新要求和有关择校的规定。然而，来自国家教育部的充满矛盾的信息和来自许多教育团体的反对声音，为地方学校执行政策和开展实践带来了诸多不确定性。当信息通过州教育办公室传达到学区的时候，已经变得面目全非。如果你所在的学区依赖《不让一个孩子掉队法》的联邦拨款，你将急需清除环境的不确定性。

- 对你而言，环境的哪些方面是最重要的（例如，影响政策和规章，澄清对地方执行政策的要求）?
- 你将使用什么样的策略来减少不确定性?
- 有其他的获得资源和减少对联邦政府依赖的方法吗?

制度理论

虽然组织的任务环境的要素都建立在物质与资源基础上，但是，从本质上而言，制度环境的主要因素都具有符号性与文化性特征（Scott，2003）。而且，**制度理论**（institutional perspective）已成为理解制度及其环境的主要方法（Mizruchi and Fein，1999）。罗恩（Rowan，1993）将其描述成当今组织理论的最重要组成部分。人们认为，制度理论起源于菲利普·塞尔兹尼克（Selznick，1949，1957）的著作。他的思想被迈耶和罗恩（Meyer and Rowan，1977）注入了新的活力，并加以更详细地阐述，从而形成了一个“新”的制度理论。自 20 世纪 70 年代以来，越来越多的学者对制度理论倍感兴趣，提出了许多有价值的关于学校的理论观点与实践观点。

根据罗恩和米斯克尔（Rowan and Miskel，1999）的观点，制度理论的目的就是解释有组织的社会环境是如何产生的，它们是怎样影响社会行为的。从本质上看，各种社会成员——个体、管理者、教师、利益集团及学校——都可以纳入有组织的社会环境中，他们在环境中制定各种规则、制度、规范，以及限制和规范各种社会行为与行动情景的规定。实际上，人们会发现，各种社会系统（如社会性组织、个体组织和小团体）都有制度安排；都有规定性的、规范性的、
253 认知性的基础（Scott，2001）；都有以稳定的和重复再现的方式发生的各种活动与功能。

制度可以是正规的，但也可以不是。有的制度以正规的、书面的行为规范为基础——如法律、宪法、标准的运作程序等——这些规范由社会的强制力强制执行。其他制度可以容忍那些非正式的规范和价值——即人们强烈认为有义务使这些规范和价值经由社会化达到内化。另外一些人则坚持认知图式（cognitive schema）——即那种对情境的相对默念的、想当然的、类似于规则的理解。这些东西被普遍认为是制度，例如婚姻、家庭、选举、握手、正式组织、学校、求学、教学、教学职业、教员任期、学校校长、工会及学校教育（Rowan and Miske，1999）。为了捕捉制度结构的多样性特点，彼得·埃布尔（Abell，1995）将**制度**（institution）界定为一套或多或少有些约定俗成的规则，这些规定包含着或决定了一些群体的行为。斯科特（Scott，2001：48）的解释更为清晰："制度的构成包括文化-认知的、规范的以及制度的要素，以及与之相联系的活动与资源，它使社会生活趋于稳固并富有意义。"

杰普森（Jepperson，1991）进一步阐述说，所有组织同时运用受到某些限制的管理工具进行授权与控制。所有制度都是由程序与规章构成的框架，这些程序与规章规定了人们的身份以及这种身份的活动方式。例如，人们认为，作为一种制度，学校是经包装的社会技术，拥有在社会情境中进行合作和开展工作的规章与规程。这样，制度就在人们习以为常的环境中展现了普遍性行为和标准化活动。学校被视为一种理所当然的制度，在此意义上，学校被当做社会环境中的固化制度，被解释为在此环境中履行某种功能的制度。

制度环境（institutional environment）以精心制定的规章与要求为特征，任何团体如果想获得支持与合法地位，都必须遵守这些规章与要求。在现代社会中，环境要求（如规章、规范、价值观和思想意识）在形式上都是合理的，这种合理性的主要源头在于政府机构与专业人员。州或联邦应对教育问题的立法机构与执行机构都喜欢制定集权化的政策，作出科层化安排，只容许地方的实际工作者拥有有限的自主权。专业人员及其协会则喜欢那些松散的、更加分权化的结构，以使地方的教育工作者拥有最大限度的处置权。然而，不管来源如何，那些遵守制度规章、信仰和思想意识的组织会得到回报（Meyer and Rowan，1977；DiMaggio and Powell，1991；Scott，1995；Scott and Meyer，1991）。

事实上，人们常常用"合理性典故"来讨论制度及其环境。典故是人们普遍

持有的看法，不能加以客观验证。但它们是真实的，因为人们对此深信不疑。当典故采取一种科层的或专业的规则形式，而这些规则又详细指明了实现某种特定 254
目标所必需的程序时，它就被变得合理化了（Scott，1992）。这样，**“合理性典故”**（rationalized myths）就是一些详细指明了实现目标的具体程序的规则，这些规则是以人们假设的或想当然地认为真实的信念为基础的。例如，利用心理测验和等级体系将学生分为不同的班级就是一个合理性典故。这种诊断方式是合理的，因为它们提供了评估智力与情感过程的程序。这些是典故，因为它们的使用很大程度上取决于专业协会、认证机构和基金部门的认可（D'Aunno，Sutton and Price，1991）。

观念基础

制度理论和任务–环境论很相似。制度理论和任务–环境论都强调组织–环境关系，而不是内部影响。然而，任务–环境论强调任务或技术环境，强调从外部环境中获取信息与资源。相比之下，制度理论鼓励遵守一系列强有力的规章和要求。这些规章和要求都是组织的法律、社会、专业和政治情境强加的（Fennell and Alexander，1987）。任务–环境论和制度理论都提倡“合理”的组织形式。

技术环境强调的是合理性，这种合理性包括了一系列使那些用以产生令人满意的和预想的结果的手段与目的相匹配的规定上。迈耶、斯科特与迪尔（Meyer，Scott，and Deal，1992）断言，按照技术论观点，学校是效率特别低下的组织。学校没有足够的技术能确切地生产出人们所期望的和可测量的产品，也不能充分地控制其运作过程，特别是那些与教学、学习有关的过程。相比之下，制度环境可以将“基本原理”强制为合理性。也就是说，制度合理性可以提供一种解释，从而使以往的行为可理解、可接受、看上去是负责任的。

最新的制度理论已经超越了制度性规章总是与组织效率相冲突的简单断言（Rowan and Miskel，1999）。因此，不能将任务环境与制度环境看做是互相排斥的，因为它们可以而且确实已经共生共存。换言之，技术与制度两大要素并非水火不容，而是环境变化的两个独立方面或相互联系的统一体。学校是在制度相对强大而技术薄弱的环境中运作的（Powell，1991；Scott，2003；Scott and Meyer，1991）。其结果是，学校受到褒奖往往是因为它们遵守了专业标准与法律要求，而不是因为它们的产品质量。目前，人们越来越强调课程框架与测验方案之间的相互关联，任务环境的相关力量可能会随之得以加强，并且向学校施加压力，以满足最低限度的产出标准（Scott，2003）。制度理论中的重要思想还包括一致 255
性、多样性和稳定性。

一致性与制度环境

制度理论强调，组织是受环境强烈影响的开放系统。另外，组织有效运作的最终决定力量不是要取得更大绩效的理性压力，而是与传统信念相一致的社会性压力（Scott，1992）。因此，制度理论的一个基本前提是组织结构与运作反映在社会中得以制度化的准则、价值和思想意识。组织必须遵循制度化的规章、程序才能获得合法性——也就是说，组织要获得文化上的支持。换言之，制度的一致性促成了组织的显著成功与长期生存，这些组织不会受到一致性可能给技术生产力带来的任何影响。通过设计适应制度环境要求的正规结构，组织向人们表明，它是根据集体的价值意图、以适当的形式行事（Meyer and Rowan，1977；Rowan，1993）。教育工作者对这一命题颇为认可，因为，缺乏显著的技术优势与不能在竞争市场中运作的组织——即公立学校系统——尤其可能采纳制度化成分，并与制度环境保持一致（DiMaggio，1998）。

同样，保罗·J. 迪马乔和沃特·F. 鲍威尔（DiMaggio and Powell，1983，1991）一致认为，制度环境中的组织变革使得组织与组织之间更加趋同，却没有使它们变得更有效率。同一制度环境中的组织变得越来越雷同。例如，在某一特定国家的公立学校往往很相似，它们的建筑物和教学法都很类似，教室都是为一位教师和一群学生而设计的，他们参与教与学的过程的方式也很相似。迪马乔和鲍威尔阐述了促进制度一致性的三种机制。

强制的一致性（coercive conformity）起源于政治影响与合法性问题。组织根据政府机构制定的规章制度运行，产生了相同的结构与程序，这时就形成了强制的一致性（Rowan and Miskel，1999）。促进学校变革的普遍的显而易见的强制性措施或政策手段包括政府法令与激励。例如，按照联邦和州的法规，学校可以雇用特殊教育教师去教有特殊需求的儿童，开发课程材料以达到标准和大纲的要求，对学生进行符合政府标准的成就测验。强制性力量可能会变成隐性的、非正式的和微妙的力量，如当某位学校委员会成员认为读音识字法是阅读教学的唯一方法时（Hanson，2001）。

256 强制性政策带来的主要问题往往是增加执行的费用，而不能取得预期的效率与效果。例如，迈耶、斯科特与斯特朗（Meyer，Scott，and Strang，1987）认为，学区对通过满足联邦法律的参与要求以获得资金援助倍感兴趣。然而联邦对学校投入的增加使得学区管理者大量增加而不是州或地方收入的大量增加。另一个强制性一致的生动事例是学校的合并（两所或更多的学校合并成一所）。在1938年到1980年之间，美国因合并而减少的学校数超过10万所。斯特朗（Strang，1987）推断说，这些合并实际上深受制度环境变化的影响，也就是说，政策制定者有关合理的学校规模与结构的观念发生了变化。这些研究都说明，强制的一致性具有有意的和无意的影响。

模仿的一致性（imitative conformity）源于为了降低不确定性而采用其他组织的标准。这一过程与迈耶和罗恩（Meyer and Rowan，1977）的“合理性典故”概念很相似。在这一概念中，组织模仿其他成功的或有声望的组织。换言之，当像学校这样的组织技术力量薄弱、目标模糊时，它们就可能模仿其他看起来比较合法的或成功的组织。马克·汉森（Hanson，2001）观察到，教育顾问、专业协会和处于职位升迁中的管理者都特别推崇模仿。

罗德尼·T. 奥加瓦（Rodney T. Ogawa，1992）举了一个模仿过程的例子：一所学校采用新的结构来提高效率。如果人们认为这种结构的效率高，其他学校也许就会随之模仿。有时，这些学校采纳了这一结构，但并不是出于提高效率的技术目的，而是为了通过模仿成功的组织，达到获取公众合法支持的制度目的。一个具体的例证便是，一些城市学区采纳了校本管理模式，这一理念的目的是解决诸如学术成就低下和财政预算紧张等问题。当这些“创新”的学区获得成功的消息传开以后，其他学校也不加批判地采纳了这一革新模式，尽管它们并不存在被模仿学校所遇到的一些问题。马伦（Malen，1993）也得出过类似的结论：校本管理与寓美德于创新的信念紧密联系在一起，而且这一信念又能帮助学区维持作为一个进步系统的好名声。

规范的一致性（normative conformity）当为那些历经社会化进程、受过要遵守专业标准的教育的人在组织间传播这种专业规范时，就产生了规范的一致性（Rowan and Miskel，1999）。在学校组织内产生一致性的进程中，专业化的两个方面都很重要。第一方面取决于正规教育和认知性知识。专业人员学到了标准化的实践方法和有关恰当行为的规范性准则。第二方面是由于专业网络与协会的发展与精心运作跨越了组织间的鸿沟，使新模式能快速扩散。例如，教师和管理者的协会或工会促进了专业人员之间的信息交流，为人们提供了可以通过教育加以 257
复制的政策与实践。

罗恩（Rowan，1982）的著作记录了三种职业融入加利福尼亚学区结构的过程，以说明规范的一致性如何产生新的教育规划。他描绘了健康、心理、课程服务和职业等如何在州政府机构、立法机构和专业团体的规则与意识形态的影响下得以建立并日益制度化，然后融入当地的学区结构之中的。早在 1909 年，立法机构就通过法案，允许学校人员对学生进行身体检查。最初的检查目的是防止传染性疾病的传播。在法案通过后，一些改革派参与到制度建设中来。结果，到 1935 年，《学校规范》（*School Code*）要求每年都要进行身体检查。罗恩推断说，通过支持一个职业退出或进入制度环境，学区既可以增加一个职业，又可以减少一个职业。

通过这些一致性措施，学校产生了相似的结构与服务，并开始彼此相像，学校趋于雷同（Ogawa，1992）。事实上，一致性压力可能致使全美公立学校有惊人的相似。迈耶、斯科特和迪尔（Meyer，Scott，and Deal，1992）发现，学校竭尽全力地保住它们作为学校的合法地位。它们通过遵守专业的具体规定与法律条文以寻求得到认证承认。它们雇用持证教师，然后将经仔细分级的学生交给他们。学生根据分数分类，这些分数被赋予了全国通行的标准化内涵。最后，教师和学生使用标准化的教学大纲，这一大纲也是根据科学、英语及数学的分类标准编写的。换言之，学校必须遵守社会为学校制定的准则并受这些准则的约束；人们希望学校能反映更广泛的社会目标、价值与文化（Bacharach and Mundell，1993）。

教育的多样性与制度环境的多元化

即使能形成有关一致性的强大环境压力，K-12[1]教育领域中的多样性（educational diversity）也还相当明显。与许多高度集权的国家的教育体制相比，美国学校的制度环境更为复杂，层次更多。例如，美国教育的显著特征是分权财政、州和地方控制学校。联邦政府只有宪法所赋予的有限的教育控制权，它试图建立某些权威，但大都未能成功。随着近年来《不让一个孩子掉队法》的实施，联邦的作用在不断扩大，但仍被局限在教育财政和指导横跨几个联邦机构的具体教
258 育项目上。因此，就联邦而言，在美国公立教育的制度环境中出现了无实质权威的财政集权，并且，地方、州、国家之间的联系趋向松散、迂回和间接。迈耶（Meyer，1992）称这种方式为*碎片式集权*（fragmented centralization）。美国学校在多重压力下运转。这些压力来自家长、社区集团、地方政府、联邦和州政府的许多机构以及社会各个层面的专业集团与特殊利益集团（Meyer，Scott，and Strang，1987）。

许多政策制定者、公民、家长及教育工作者可能都没有意识到 K-12 教育领域中所存在的多样性，也没有对此加以重视。在考察全美的 K-12 教育时，他们主要看到的是普遍性的公立学校体制。然而，日臻完善的私立学校、职业学校、日托学校及可供选择的其他学校等子系统与公立的 K-12 教育系统共生共存或作为一个子系统存在于其中。事实上，随着人们对市场取向的教育的坚持与持续高涨的呼吁（例如，公立学校与私立学校的选择、备择学校和教育券计划），似乎表明越来越多的人对私立学校与备择学校（alternative schools）兴趣日增。在多样性与促进各种子系统的发展问题上需要注意的一点是：不同的制度环境不但可以存

---

① K-12，从幼儿园（Kindergarten）到 12 年级，指基础教育阶段。——译者注

在于 K-12 教育系统中的每一个子系统，而且会产生不同的教育结构和过程。

罗恩（Rowan，1993）断言，最有力的论据是，每一个子系统都有相对独特的制度环境。他同时建议，由于有制度优势，公立学校可以拥有更为宽泛的使命，更容易为合理性力量所感染。相反，私立学校的任务范围比较狭窄，不会面临公立学校所承受的各种压力。这样，一个合理的假设是：相对于公立学校，私立学校具有不同的制度环境，所以反映不同的结构与运作——例如，较小的办学规模、较少的官僚主义、很少或根本没有涉足职业教育、较少的课程资源、相互学习与支持性环境，以及不同的管理安排。安东尼 · S. 布雷克、瓦莱丽 · E. 李和彼得 · B. 霍兰（Bryk，Lee，and Holland，1993）在其著作中对这一假设给予了实证支持。

稳定性与制度环境

在人们普遍相信环境不稳定性日益增加的情况下，迈耶和罗恩（Meyer and Rowan，1977）提出了这样的理论：制度环境趋向于稳定内部与外部的关系。他们认为，集权化的政府、专业协会和组织间的联盟会规定标准化的运作程序和稳定性。环境要求、学校的输入产出特点和技术运作程序都被纳入制度化的意义与控制中。正是这种一致性而不是绩效才使学校获得支持。例如，不管学校是否培养教育学生，人们仍然会为学校作贡献、向学校捐款，这些支持性行为已经变得自动化了。另外，迈耶和罗恩坚持认为，制度环境缓冲了各种动荡因素对组织的困扰，使一致性关系（conformance relationship）保持稳定。随着一致性的增多，259
变革也更加趋缓。事实上，组织间普遍存在的群体一致性会造成近乎垄断的局面，它确保像学校和专业协会这样的组织顾客盈门。由此，美国的学区几乎处于垄断地位，处于高度稳定状态。学校取得这一合法性的代价是必须服从涉及面更为宽泛的规章制度，包括学生的分级、学生与教师的认证、官方化的课程内容。反过来，学区受开展教育活动的各种规章制度的保护，并且受制度化类型与强迫性的限制。

然而，内部环境也能促进学校组织变革。汉森（Hanson，2001）假定，环境的变迁、先前状态的衰退和冲突都能加剧这种变革。显著的环境变迁与冲突或许真的正在发生。公民、政策制定者和商业代表对备择学校的要求不断高涨，并强调技术绩效，这一切均说明，先前的制度一致性开始受到质疑。在本章的后半部分，我们将回过头来讨论这种可能性。

有关制度理论的评价

相比之下，在学校组织-环境关系问题上，制度理论为我们提供了与信息论和资源–依赖论根本不同的观点。学校依靠制度化的规则和思想意识维持这种一致性，在控制和协调教学过程与结果方面几乎不花什么努力。这当中所传递的信息是形式重于实质（Ingersoll，1993）。

对制度理论的批评是，这一理论泛泛地强调一致性过程，从而贬抑活跃的组织的作用，抵制组织与环境的关系（Goodstein，1994）。过于关注一致性过程将会使理论兴趣偏离对环境的解释，从而使制度化遭受质疑，或被认为是不完整。诸如学校这样的组织在应对制度压力时有多重选择。比如，学区应对州的政策动议的方法很多（Firestone，Rosenblum，Bader and Massell，1991）。不管怎样，对制度理论的批评是，它将组织看成是消极的行动者，仅能简单地适应环境，这意味着这一重要领域仍需在理论上不断完善，并加以实践检验。

相当一些研究确证了制度理论的真知灼见。相当长一段时间以来，制度理论在美国和全世界得以发展壮大，被人们用来规范教育组织使之标准化（Rowan and Miskel，1999）。换言之，这些支持制度理论的基本假设的研究认为，组织结构要与制度环境的动向相匹配。然而，制度理论最重要的贡献或许是为人们提供
260 了有关组织环境的备择概念。迈耶和罗恩（Meyer and Rowan，1997）的文章呼吁，要注意环境中为人所忽视的一个方面：诸如信仰、规则和角色等制度化的或象征性的要素可能会影响组织形式，而不用依赖于资源流动和技术要求。

制度环境治理

斯科特（Scott，1992）指出，各类组织应对环境的技术层面（如信息和资源）的方式与应对环境的制度层面的方式有着明显的区别。大多数技术环境间的联系靠的是信息与资源交换。尽管某些与制度环境间的联系也包含着资源交换，尤其是信息交换，但是，制度理论认为，组织是由其所处环境的要素构成的。因为，制度环境与依赖技术或以资源为基础的环境大为不同，而且，就制度理论的新近发展看来，人们对组织与制度环境之间究竟是如何联系的知之甚少（Scott，1992）。治理制度环境的基本的、普遍的措施是，使学校组织因合法的声誉而受褒奖（Elsbach and Sutton，1992）。由于有了信息模式和资源–依赖模式，在制度环境治理过程中，缓冲策略与跨越边界策略似乎是卓有成效的。

缓冲策略

根据我们此前的讨论，缓冲（buffers）是隔离或包围内部活动、消解环境干扰的结构与运作。缓冲必须在组织和环境间建立保护层。缓冲能解决的主要问题是技术效率与制度规则两种压力之间的冲突。从制度理论的视角来看，退耦（decoupling）和管理形象是缓冲学校组织与其环境关系的两种方法。

退耦　迈耶与罗恩（Meyer and Rowan，1977）认为，出于效率目的设计的组织会理想化地努力保持组织结构与其技术活动之间的紧密联系。制度化组织间的紧密联系给公众一个效率低下、矛盾重重的印象。其结果是，制度化环境中运营的组织试图将其制度结构与技术结构和技术活动分离（decouple）开来。**退耦**是有意地放松对运行过程的适当控制（Ingersoll，1993）。退耦将组织分为两部分：一部分主要是与制度环境相联系，另一部分则产生了技术活动。因此，技术部分要面向它的技术核心而背离环境，而制度部分则背离技术核心，以便集中关注与其制度环境的一致性（Meyer，Scott，and Deal，1992）。

退耦型学校组织的特点十分明显。例如，开展的各种活动超出了管理者的权 261
限，专业主义得以积极鼓励。所制定的目标比较模糊，技术目的取代了绝对目的（categorical end）——也就是说，学校只生产学生，而不进行学术性学习（Meyer and Rowan，1977）。组织退耦的原因很多。退耦可以掩盖或缓冲不一致性、不合理性以及较差的任务绩效——这些问题可能会破坏公众对组织的信任。而且，退耦型组织可以融合和展现各种结构性要素，这些结构性要素符合制度化规范，并能保持一定的活动自主性。在矛盾与冲突的环境中，退耦是一种格外有作用的策略（Scott，1992）。

形象管理　这种策略包括印象管理（impression management），从而以储蓄背书（garner endorsement）的方式展现结构或行为（Elsbach and Sutton，1992）①。形象管理充分利用符号策略（symbolic categories）与代码规则（coding rules）。符号策略与认知图式相似（参见第 4 章），是为了对那些由组织处理的事物与人物进行选择、确认、分类和做标记。代码规则是制度框架的实质，他们将那些采用运作标准或当然程序行事的人与事区分开来（Scott，1992）。例如，迈耶和罗恩（Meyer and Rowan，1977）指出，用成本分析法来论证学校项目是一种制度规范，这样，即使项目失败了，也可以作出合理解释。那些计划遭受失败的管理者们可以向其他管理人员、教师、教育委员会和公众证明，计划程序是审慎的，他们的决策是合理的。因此，制度化实践和形象管理都有助于证实他们行为的合理性，并向选民展示一个正面形象。这类象征性活动能产生共同的意义与价值，这反过来又导致学校组织的责任、支持与合法性（Ogawa，1992）。

---

①　背书（endorsement）是转让票据权利的重要方式，是指在票据背面或粘单上记载有关事项并签章的票据行为。其法律特征在于：权利转移效力，即背书成立后，票据上的一切权利包括付款请求权、追索权和背书全权等由背书人转移给被背书人；权利担保效力，即背书后背书人对转让的票据负担保责任，背书人成为票据债务人；权利证明效力，即持票人所持汇票的背书，只要具有连续性法律就推定其为正当的票据权利人。——译者注

跨越边界策略

在本章的前面部分，我们已将边界跨越或沟通（bridging）定义为造就各种内部角色以跨越组织边界、使学校组织与外部环境因素相联系的种种活动。迈耶和罗恩（Meyer and Rowan，1977）、迪马乔和鲍威尔（DiMaggio and Powell，1991）、斯科特（Scott，1992）等人建议，将一致性作为制度环境中跨越边界策略的核心。通过将制度规则、信念和思想意识融入到它们自己的结构中，组织变得更加具有同质性（homogeneous），从而赢得合法性。斯科特提出了三种用以治理制度环境的沟通策略。

范畴一致性（categorical conformity）　根据斯科特（Scott，1992）的观点，
262 这是一种应用广泛且具有普遍性的策略。范畴一致性是一个使制度性规则变得理所当然地与众不同并奠定组织结构基础的基本过程。这种与众不同便是共同的认知图式的很好例证。认识结构变成了我们的语言的组成部分，并为人们广泛认同。迈耶和罗恩（Meyer and Rowan，1978）将其看成是仪式性分类系统。这一系统有着复杂的教师分类规则——例如，小学教师或中学教师，每一类都有着自身的具体规范与资格要求。同样，学生也是根据年级、能力水平和完成的科目而被分类。标准化范畴与仪式性分类不仅涉及教育者和学生，而且还包括课程专题与学校（如备择学校与传统学校）。那些融合了人们所共同的认知信念体系——即展现范畴一致性——的学校，可以增进其合法性，提高资源配置能力。

结构一致性（structural conformity）　有时，制度环境会将非常具体的结构要求当作接受与支持的条件强加给学校（Scott，1992）。外部指令使学校实施新的项目。在过去30多年中，许多特殊教育项目——如那些为有严重学习困难而且明显迟钝的学生以及那些存在着听觉、视觉和其他损伤的学生组织的项目，被纳入教育组织中，以满足各种法律条文、管理规则的要求，赢得家长的信任。利用各种安排，学校开发在制度环境中满足人们的特殊需要的结构。行政管理人员知道实情——成功来自于符合制度一致性的需要而不是教学效率（Rowan，1981）。如前所述，当面临不确定性时，学校通常能如愿以偿地借鉴或模仿成功的结构模式。因此，通过选择或强制手段，学校时常将结构一致性作为一种环境适应机制（Scott，1992）。

程序一致性（procedural conformity）　迈耶和罗恩（Meyer and Rowan，1977）认为，尽管学校缺乏对技术性活动的协调与控制，但学校并没有处于无政府状态。日复一日的活动仍有序进行。实际上，制度环境迫使学校以特定的方式开展

各种活动。学校组织能够回应那些说明某些程序类型的具体步骤的合理性典故。例如，学校严格控制诸如雇用拥有资格证书的教师、学生分班和重大事务安排等程序（Meyer and Rowan，1978）。形成稳固的学校形式和使学校在制度环境合法运作的方法是遵守具体程序。学校利用社会所接受的程序去开展有争议的活动，便可以维护既合理又合法的形象（Scott，1992）。

总之，学校制度环境治理的实际方法一直没有什么进展。对于开发学校制度环境治理的具体策略而言，前面阐述过的缓冲策略与跨越边界策略似乎为人们提供了一些真知灼见。

理论联系实际 263

制度环境治理

2001 年《不让一个孩子掉队法》的主要目的是强化学校的任务环境，它的许多新规则将丰富学校的制度环境。要充分考虑可能提出的对课程标准、额外测验的要求，对教师的新要求，对学校选择的规定。需要对下列问题作出回应：

- 根据强制一致性、模仿一致性以及规范一致性等方面，这一法案可能怎样影响初等学校和中等学校？
- 你预计法律将对 K–12 教育环境的多样性与稳定性产生哪些影响？
- 假设你是一位学校督学，你将采取什么样的管理策略以应对必须进行的学区变革？
- 该法案特别强调哪一种类型的环境——任务型还是制度型？

决策与教育环境变革

多层次的政府规章制度，专业协会的规范，公众对学校应该是什么样、应该做些什么的一致认识，都为 K–12 教育系统提供了相对稳定的制度环境。然而，自 20 世纪 80 年代早期以来，盛行的制度论假设、退耦的结构与过程、合理性典故等，都已受到强烈而又持续的挑战。因为担心世界市场的经济竞争、种族与社会经济群体间的成绩差别，政策制定者、商业人士和许多市民都要求学校重视教学、学习和学业成绩。教育改革应具有长期性、迫切性和多样性的呼声表明公众对教育的认同感正在下降，表明制度环境开始不稳定。特别是，K–12 教育系统开始进行的系统化改革与竞争性市场运动，反映出学校环境正从主要是制度型环境转变为任务型或技术型。

系统化改革（systemic reform）（参见第8章有关这一概念的广泛讨论）是一种旨在使学校以整合的、合作的和富有凝聚力的方式实现清晰界定的教育结果的综合改革项目（Fuhrman，Elmore，and Massell，1993）。系统改革首先要确定富有前
264 瞻性的课程内容、核心的学术性课程的成就标准，并将目标与项目评估紧密联系起来。课程内容、成就标准与评估程序的结合，形成了用以监控K–12学校的效率与效果的绩效责任体系（accountability system）。从环境理论的观点来看，K–12教育的系统化改革的可能结果是，扩大任务环境的影响，减少制度环境的影响。

正像奥加瓦（Ogawa，1994，2002，2003）对校本管理和标准化课程的研究所表明的那样，系统化改革的关键在于，当前的改革是否提高了技术效率与效果，还是引发了社会争议，抑或强化了政府的标准化管理与专业控制。假如系统化改革者的目标得以实现，必然会使技术环境成为学校的主要形式，必然强化绩效责任、效率与效果三者之间的联系。假如向技术环境的转型尚未启动，系统化改革的努力将可能产生新的、浓重的合理性典故，并进一步使公立K–12教育的环境制度化。此外，面对公众日益强烈的改革呼声，依赖合理性典故会导致公立教育垄断的破裂，使K–12教育进入竞争市场。

约翰·E. 查布和特里·M. 莫（Chubb and Moe，1990）在论辩过程中明确指出，完善美国学校的最佳方法是让它们在竞争市场上自由成长。**竞争性市场**（competitive marker）指的是人们选择他们认为最适合自己的教育需求的学校和教育类型。自由市场的支持者认为，竞争性力量能产生比垄断结果更好的教育服务，并能激发强大的学校改革动力。在竞争市场中，家长和学生将选择他们认为最有效率和效果最好的公立或私立学校。假如消费者们对结果不满意，他们会马上离开，这也就向教育者发出了体现学校水平的清晰信号。如果没有这种反馈，对改进的刺激只能处于低水平，并使垄断政治的冷漠占据上风（Boyd and Walberg，1990）。建立健全竞争性教育市场的方法包括：使家长能够选择，建立公立的与私立的备择学校，创办特许学校（charter school），提供政府发放的用于学生教育支出的学券和奖学金。

克里斯托弗·武宾斯基（Lubienski，2003：401）断言："选择与竞争能引发学校创新，这种潜在的力量已成共识。"就市场选择而言，大多数支持者极力吹捧特许学校可能带来的好处。例如，2003年底用Google搜索"特许学校"，
265 有将近300万个结果。与其他市场化改革相似，特许学校的基本思想是将学校从纷繁复杂的规则中解放出来，鼓励教育者自由地实验新的组织设计与教学策略。这些创新将提高学业成就，为家长提供更多的选择，找到教育学生的新方法，尤

其是发现对那些教育上处境不利的学生的方法。近来两项有关特许学校的详尽研究使人们对特许学校的功效倍增疑虑。虽然特许学校在组织与管理结构上进行了改革，但其课程和教学却没有进行实质性的创新（Lubienski，2003）。虽然特许学校的目标是提高学业成绩，但其改革结果并不清晰——与传统的公立学校相比，特许学校的学业成绩并没有特别明显的提高或下降。但是，相对而言，特许学校的学生家长的满意度大大高于公立学校的学生家长（Gill，Timpane，Ross，and Brewer，2001）。基于这些研究，对"市场将推动教育改革、提高学业成绩"这一假设的支持就很有限，但是，情况也可能很快就会发生变化。目前，特许学校运动还处于发展的初级阶段，许多热情有力的支持者可能会继续坚持下去。

系统化改革也是如此，竞争性市场策略的基本原理就是将技术环境置于制度环境之前。竞争性市场的支持者假设，家长和学生将选择有较高学业目标、有优秀的教师和管理者、有富有启发性的教学材料、效率高、效果好以及较强的绩效责任系统的学校。尽管受市场驱动的学校建立在相对广泛的基础上，然而，制度环境的压力也将削弱学校强化技术环境的动力。例如，受市场驱动的学校已经证明了模仿的一致性，并将发展它们自己的合理性典故，这些学校将在已被政府机构和专业协会制度化了的环境里运作，将受到K-12垄断教育的支持者的强烈抵制。

简言之，我们赞同罗恩和米斯克尔（Rowan and Miskel，1999）的结论。过去30多年间由专业协会、政府机构、私立组织共同建立起来的制度将提高学校建立技术环境的紧迫性。这加强了包括教育能力模式（model of educational productivity）与检验学校教育成果的技术能力在内的技术环境。结果，学校比过去面临着更强烈的技术绩效需求，而对学校制度一致性的要求却并未下降。因此，学校正面临着根本性的转型，即从以制度环境为主到制度与技术并重，这将会对学校运作方式产生重大影响。

领　导　案　例 266

一场阅读战

你近7年来一直担任古德林小学（Goodlion Elementary）校长。这所学校有K-5年级学生720名。你的员工包括32名教师、6名教辅人员、1名校长助理和两位秘书。学校的开支占到州生均拨款的75%。古德林小学是市区西南部以招收中产阶级子女为主的6所学校之一。家长往往倾向于向上层社会流动，并对孩子的成绩寄予较高期望。你在担任古德林小学校长之前，做了10

年小学五年级教师，并在本学区内做了1年的校长助理。你在作为一名教师和校长助理的任期内，获得了硕士学位，并进修了教育管理、课程论与哲学等其他高级研究生课程。你特别喜欢约翰·杜威的思想。作为一名教师和研究生，你为自己是成功的、有进取心的教育者而感到自豪。在教学与课堂管理过程中，你采用的是基于项目的方法（project-based methods）和其他的建构主义方法。你的校长、同事、学区管理者和家长都认为你是模范教师。当面临机遇时，你积极争取，并被聘为古德林小学校长。你渴望与教师们共同建立一所学校，并在这里进行最好的建构主义的教与学的实践。

4年之后，古德林小学的早期阅读项目最能体现整体语言方法的特色。你特别引以为自豪的是，你的学校有浓厚的文化氛围，因为学校里有很多大声读书的孩子，有就一些现实问题展开的口头讨论，有对学生的阅读与写作的指导，有新发明的拼字法，有对已筛选书目的阅读。在这种环境下，孩子们能自然地学会阅读。这项活动减少了对基础读本和成绩测验的依赖。语音教学是隐含的，包含在真正丰富的文学作品之中。从你的观察和来自教师的报告来看，虽然有的学生似乎有些阅读困难，但孩子们受到激励，阅读兴趣高涨。你自认为，你成功地促使学生、教师和你本人再次结成联盟。孩子们拥有自我指导学习的权力；教师拥有了不受你以及基础读本的干扰而指导教学的权力。从你和教师们的视角来看，这种新的阅读方法就是读，持续不断地读，精细化地读，这种方法或多或少地被认为是理所当然的。

这种新的阅读项目正在开展之时，州里的政治环境发生了翻天覆地的变化。一位温和的保守派当选州长。核心的施政纲领是从系统化改革模式倒退到基本的教育模式。州长计划的主要内容是高标准和高风险测验（high-stakes tests）。在你担任校长的第7个年头的秋天，即阅读项目全面展开的第3年，本州对所有公立学校的学生进行了新的全州测验。测验结果表明，古德林小学仅有50%的通过率。

你认为，标准化测验并不是学生学习和学校绩效的有效指标，所以，你对结果并不特别关心。你自己确信，你的质性测验已经使学生们受到阅读鼓励，喜欢在学校阅读，而且，所达到的理解水平不是量化测验所能测量出来的。你的肯定结论因教师们对整体语言项目的满意与支持而得到强化。

你看到大都市报头版上关于测验结果的报道，发现本地区所有学校的测验分数都排列在上，并且在区内分等级，你不禁有些退缩。更有甚者，州长网站上贴出了一份成绩报告单，罗列了全州分数的排名表。古德林小学在本

地区6所小学中排名第5，州长给了个C等。你振作精神，准备应对家长强烈要 267
求就低分给予解释的电话。你对一些家长谴责你在整体语言项目中伤害了孩子而感到吃惊。受当地商会和房地产经纪人协会的唆使，家长们迅速组织起来，并要求督学和教育委员会根据以下原则对古德林小学的阅读项目进行整改：在幼儿园直接进行语音语义感知能力教学，系统地讲解每个发音拼读的关系；确切地向孩子们展示怎样读出单词；平衡而不是混淆阅读理解与解码教学之间的关系。如果你同意这些原则，你的进步的阅读项目就土崩瓦解了。

- 在你没意识到潜在问题时，问题是怎样出现的？
- 哪些人是古德林小学的委托人或利益相关者？
- 古德林小学的环境的不稳定性是否增加了？在哪些方面增加了？
- 是否能用信息观来理解这一事件的发生方式？
- 通过满足或不理睬家长的要求，你能获得或丧失哪些资源？
- 可以用什么策略来限制家长的影响？
- 可以用什么策略使对教师的影响最小化？
- 可以用制度理论来解释这场论争吗？
- 现在是不是重新评估你的阅读项目的时机？
- 现在是不是消除制度化阅读项目的时机？它是不是已经制度化了？

概要与推荐阅读材料

开放系统理论高度概括了学校组织及其环境的脆弱性和相互依赖性。外部环境十分重要，因为它可以影响组织内部结构与过程。在这一章里，我们阐述了三种环境观。前两种——信息论和资源-依赖论——主要与外部环境的任务要素或技术要素有关，这些要素与目标的设置、目标的实现、组织效能与组织生存有着潜在的相关性。这些模式强调，创办学校就是为了执行某种类型的任务而且要实现目标。信息论认为，环境是组织决策者使用的信息来源。资源-依赖论假设，组织内部不可能产生所需的资源，而资源来自于环境。相对而言，第三种观点——制度理论——认为，环境鼓励学校服从组织的法律、社会、专业和政治环 268
境所强加的强有力的规则与要求。制度理论的本质是学校所面临的环境压力形式重于实质。不管怎样，技术环境与制度环境共生共存；学校在制度环境方面的作用比较强，在技术环境方面的作用则比较弱。目前，为推进系统化改革和竞争性市场改革，处境困难的业内人士与政策制定者可能更加关注任务环境。从制度环境向技术环境的转型可能会摧毁合理性典故，并使学校发生翻天覆地的变化，这种转型将受到制度力量的猛烈反击。

因为外部环境能威胁组织的自治与效能，管理者经常要尽力减少其对学校内部运行过程的影响。他们的策略可以分为内部应对策略与组织间的应对策略。内部应对策略包括缓冲技术核心、规划与预测、调整内部运作、与环境期望保持一致以及跨越组织边界。组织之间的策略包括与重要的外部选区建立有利的关系，通过政治行为塑造环境要素。通过这些策略，管理者在某种程度上控制了学校环境。

为了进行更深入的探讨，应该参考一大批经典文献——比如，埃默里和特里斯特（Emery and Trist，1965）、汤普森（Thompson，1967）、劳伦斯和洛尔施（Lawrence and Lorsch，1967），特里伯里（Terreberry，1968）等人的著作。为了理解资源-依赖论，要阅读普费弗（Pfeffer，1972，1981，1982）的著作。如果要更广泛地理解，要读普费弗和萨兰西克（Pfeffer and Salancik，1978）的著作。要阅读有关利益集团与影响进程的文献，我们建议您读一读鲍姆加特纳和利奇（Baumgartner and Leech，1998）以及科尔曼（Kollman，1998）的作品。理解制度理论的最好资源是迈耶和斯科特（Meyer and Scott，1983）、鲍威尔和迪马乔（Powell and DiMaggio，1991）等人的选集。后者包括了迈耶和罗恩（Meyer and Rowan，1977）的经典文章，以及迪马乔和鲍威尔（DiMaggio and Powell，1983）的经典作品的新版本。斯科特（Scott，2001）提供了综合性的理解。在教育方面，罗恩（Rowan，1981，1983，1993）、罗恩与米斯科尔（Rowan and Miskel，1999）、奥加瓦（Ogawa，1994）、汉森（Hanson，2001）和马伦（Malen，1993）的著作具有独到价值。虽然这些学术著作对这三种模式都进行了说明，但是，理论开发与研究最为活跃的当属制度理论。查布和莫（Chubb and Moe，1990）、王与瓦尔贝格（Wang and Walberg，2001）、武宾斯基（Lubienski，2003）等人提供了有关竞争性市场和特许学校的相关资源。

基本假设与原理

1. 当学校面临不确定的环境或是变得越来越独立时，组织结构的灵活性有助于它们维持和提高其产出的数量与质量。

2. 为减少不确定性、增加资源和赢得合法性，学校会尽力调整其结构与运 269
作，使之与环境要素相一致。
3. 因为学校组织不可能内生维持自我生存所必需的资源，它们必须在与环境要素的交换中获得必要的资源。
4. 管理者必须在管理学校内部结构与运作的同时，管理外部环境。
5. 学校组织在制度环境中被褒奖，主要是因为它们与专业标准和法律要求保持一致，而不是因为它们的成果质量。
6. 任务环境与制度环境代表了两个独立的统一体，它们共同运作，并可能争夺统治地位。
7. 公立学校与私立学校的制度环境不同，这反映在它们的办学规模变化、科层化水平、课程内容以及治理类型上。
8. 因为正影响着学校内部的运作与结果，所以，任务环境似乎比制度环境更占统治地位。

270 # 第 8 章

学校效能、绩效责任制与学校改进

学校工作变得越来越复杂，要求越来越高；而学校组织在很大程度上是静态的、刚性的……导致这种情况的直接原因是一种简单而又强势的观念主宰着有关学校的政策话语：即学校应让学生达到较高的、普遍的学业成就标准，而学校及其教育者有责任保证学生——所有学生——能够达到这些标准。

——**理查德·F. 埃尔莫尔（Richard F. Elmore）**

《跨越标准与成绩之间的鸿沟》（*Bridging the Gap between Standards and Achievement*）

概　览

1. 开放的社会-系统模式提供了考察学校效能、绩效责任和学校改进的指导性框架。
2. 为了建设有效学校，教育工作者必须应对一系列不断变化的挑战。
3. 20 世纪 80 年代对学校高绩效水平（尤其是以学生成绩为依据）以及高绩效责任的要求不断增强，对今天的教育政策与实践仍有持续不断的影响。
4. 组织应达到的理想状态是：给人以方向指引与目标激励，降低参与者的不确定性，达到评估标准。
5. 绩效结果既包括每一项产业的质量，也包括学校为学生、教育工作者和其他成员提供的服务与产出的数量。
6. 输入-产出或生产-功能的研究验证了教育资源或输入是如何转变成教育成果的。

7. 输入–转化–产出研究或有效学校研究将一系列输入和内部转化过程与产出结果联系起来，这些产出包括学生标准化测验成绩。
8. 20 世纪 90 年代，以标准、测验和结果为基本组成要素的学校绩效责任体系变得日益普及。
9. 为了提高组织效能，满足绩效责任要求，教育工作者开始推行基于标准的和综合化的学校改革。 271

在第 1 章中，我们用输入、转化和产出成分设计了一个有关学校组织的开放的社会–系统框架。本章将广泛应用图 1. 6 首次提出的指导性框架，并将其重新调整为图 8. 1。在第 2—6 章，我们详细分析了五种内部转化因素：学与教、学校结构、个体、文化与氛围、权力与政治。而且，由学生、教师和管理者的绩效
结果构成了学校的产出，它们要接受质与量两方面的评估。在第 7 章，我们在分 272
析学校外部环境的重要成分时，特别强调任务的完成。根据广义的开放系统理论，学校的产出是五种内部转化要素因外部环境力量的塑造与制约而互动的函数。我们可以进一步用一个和谐假设（congruence hypothesis）来将这一结论具体

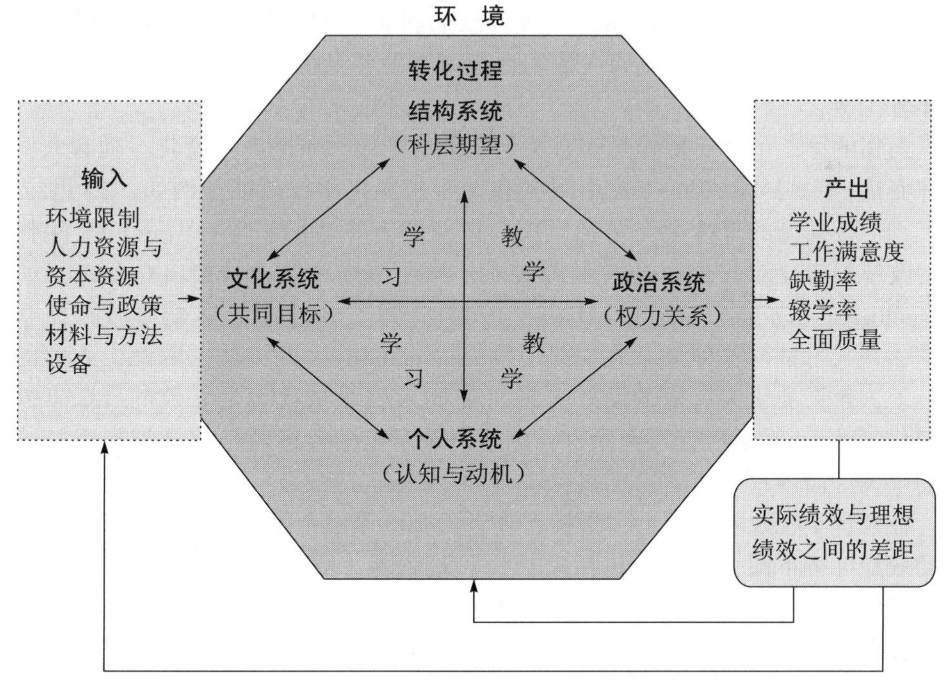

图 8. 1　学校的社会系统模式

化：当其他要素相同时，转化要素越和谐，系统的效率越高。显然，组织效能是开放系统理论中具有整合性的关键概念，不断地对学校领导者提出高难度的实践性考验。

学校效能：对管理实践的挑战

长期以来，学校管理者就已认识到，对他们的实践而言，组织效能是一个持久而又重要的挑战。例如，教育工作者和公众都认为，尽管各个学校的学生情况差不多，但不同学校所能达到的成功水平不尽相同。家长在掌握了处于变化中的准确而又完整的信息后，就会决定选择哪一所学校，例如，他们知道林恩·切尼小学（Lynn Cheney Elementary）强调基本技能，并且拥有较高的学业期望与标准，而约翰·杜威小学（John Dewey Elementary）有高质量的激发学生动机和培养学生动手能力的教学方法。由于人们有各种不同的理解与选择，所以，他们经常对学校效能提出质疑。管理人员通过提供一系列信息来回应这一挑战，向人们表明，他们的学校是卓有成效的，并且向人们暗示，他们每个人都在有效地工作。教育工作者相信，学校办公室对公众的报告说明了他们的业绩与创新性实践。为了展示这些质量与成果，他们也邀请赞助者参观艺术展、音乐会、科技展和体育比赛。

面临的第二个重要挑战是，有关组织效能的定义不断发生变化。随着人们的喜好变化，人们会以新的方式用限制和期望来界定学校效能。例如，20 世纪 70 年代，学校强调的是社会与情感发展，以及所有学生的平等，但是，80 年代早期的改革报告显示，公众开始强调效能、学业成绩和就业技能（Cuban，1990；Wimpelberg，Teddlie，and Stringfield，1989）。到了 90 年代，人们继续关注学业成绩，并大力推行各种保证绩效责任（accountability）的方法。因此，人们的喜好变了，今天被认为有效的绩效表现可能明天就会被认为是无效的（Cameron，1984）。所以，对学校管理者而言，创建有效学校的目标就是使学校变成持续有效的学校，而不只是使学校现在有效（Zammuto，1982）。

在处理学校效能问题上，学校管理者面临的第三个复杂要素是众多利益相关者的效能标准不同，这些人包括家长、管理人员、学生、教师、学校委员会成
273 员、商业人士、政策制定者、新闻媒体、纳税人等。例如，管理人员和教育委员会成员喜欢强调输入的资源与学校效能的结构指标，如各种设施及其使用、大量的财政资源以及人工的投入。从某种程度上讲，这些资源至关重要，因为它们都

是管理者控制的要素。相反，教师更喜欢强调教育过程。他们认为，必须根据质量、教学方法的适当性、积极的课堂气氛以及教师与学生之间和学生与学生之间的关系等要素来考察效能问题。然而，学生、纳税人和政治家则更喜欢测量结果与效能。他们往往根据学业成绩和生均成本来评估学校。

总之，学校管理者面临着三个基本挑战：

- 如何证明他们的系统是有效的？
- 当定义发生变化时，如何继续证明这种有效性？
- 如何使持不同效能观的利益相关者满意？

20 世纪 80 年代，尽管学校管理者努力证明学校在高水平上运作，但是，人们对学校效能与绩效责任制的兴趣仍在持续增长。《国家处于危急之中》（*A Nation at Risk*）（National Commission on Excellence in Education，1983）的报告明确指出了美国国民，尤其是商业官员和政策制定者心目中的学校绩效问题。公众逐渐清晰地认识到，世界经济的发展越来越趋于激烈竞争、相互依存和知识驱动；而美国学校的学业成绩水平不具有国际竞争力；美国的社会人口统计状况正在发生根本性变化，如人口老龄化的出现和多元文化公民阶层的形成。雅各布 · E. 亚当斯和迈克尔 · W. 基斯特（Adams and Kirst，1999）认为，国家教育优异委员会（National Commission on Excellence in Education）为学校和公众拓展了“卓越”的定义。为了降低国家危机，学校需要为所有学生设立高期望与高目标，帮助学生努力实现这些目标，公众需要为学校变革提供足够的支持和稳定的环境。换言之，该委员会要求，学校必须有较高的效能水平和强有力的绩效责任体系，为此，要“让教育工作者和遴选出来的官员担当起实现这些变革所必需的领导责任”（p. 32）。

《国家处于危急之中》引发了全国性的改革浪潮。例如，为了遵循该委员会的要求，许多州改变了对高中毕业生的要求，延长了学日与学年，创立了新的教师专业发展途径，为毕业生设置了竞争性测验，为不同成就水平的学生设立各种文凭。这场爆发于 20 世纪 80 年代的改革运动被称为教育改革的“第一次浪潮”。80 年代末，改革发生了实质性变化，标志着第二次浪潮的开始（Vinovskis，1999）。1989 年，全国管理者协会（National Governors' Association）和 274
后来的乔治 · H. 布什总统在夏洛茨维尔教育峰会（Charlottesville Education Summit）上举行会谈。会议的重要结果是确立了六大国家教育目标，后来又被《1994 年美国教育法案》（*Educate America Act* 1994）（P. L. 103–227）所确立的 2000 年教育目标扩展为八个。表 8. 1 列出了这八个目标。

表 8.1　国家教育目标

目标 1：准备学习——所有美国儿童入学时都乐于学习。

目标 2：学校毕业率——中学毕业率至少提高到 90%。

目标 3：学业成绩和公民身份——所有学生在 4、8 和 12 年级毕业时，业已证明有能力在包括英语、数学、科学、外语、公民与政府、经济、艺术、历史、地理等学科方面能应对挑战，美国的每一所学校都要确保学生学会用好自己的才智，以为他们成为富有责任感的公民、持续学习以及在我们国家的现代经济中谋取富有成效的职业，作好准备。

目标 4：教师教育和专业发展——国家的教学力量将获得不断提升他们的专业技能的项目，有机会获得教学所必需的知识与技能，并为培养下一世纪的所有美国学生作好准备。

目标 5：数学和科学——美国学生的数学和科学成绩将领先于世界。

目标 6：成人教育和终身学习——每个成年美国人都能读书识字，并掌握在全球经济竞争中必需的知识与技能，履行其公民身份所赋予的权利与责任。

目标 7：安全、有秩序和远离酒精及毒品的学校——每一所美国学校都将远离毒品、暴力和非法武器、酒精，提供一个秩序井然的学习环境。

目标 8：家长的参与——每所学校都将增加家长参与机会，使家长参与促进儿童的社会发展、情感发展与学业长进，从而促进伙伴关系的形成。

20 世纪 80 年代的改革使公众关注学业成绩，但是，这些新的策略受到了强烈批评。原因是这些策略不够完整、缺乏关联性、几乎没有变革教学内容与教学方法、未能让教师参与其中、与学习和学业成绩直接相关的因素太少（Fuhrman，Elmore，and Massell，1993；Simth and O'Day，1991；Vinovskis，1999）。
275 为了克服这些缺点，90 年代，开始了所谓的第三次学校改革浪潮。这就是著名的"系统化改革"（systemic reform），它试图以两个占主导地位的主题将前面几次改革浪潮统一起来：将许多学校要素同时进行综合化变革，围绕一系列清晰的结果进行政策整合与协调（Fuhrman，Elmore，and Massell，1993）。在第三次学校改革浪潮的推动下，人们对学校绩效的高度关注日益增长并持续至今。诸如"绩效责任制"、"学业成绩"、"绩效标准"、"评估"、"高风险测验"（high-stakes test）、"教师质量"和"学生辍学率"等词汇已经融入教育者、政策制定者、商业领导人和公众的话语之中。而且，系统化的、全校性的改革成为学校改进的主流。所有这些观点与社会-系统的思想框架是和谐一致的，我们将运用这一框架来讨论组织与学校效能的主要观点与相关研究。

理论联系实际

运用图 8.1 所呈示的观点，思考你目前所在的学校或你所了解的学区。你所在系统的效能是如何决定的？学校效能概念是怎样动态变化的？也就是说，在过去的 10 年间，效能概念在何种意义上发生了变化？你所在的学校能使公众确信学校运转状况良好吗？你所在的学区能比得上其他学区吗？证据是什么？如果你是学区的督学，请设计一个你可能开发出来的将学区的教育质量或学区正在采取的提高系统效能的具体步骤告知公众的五步计划。

社会系统与学校效能

质疑学校有效还是无效这一全球性问题，其价值是有限的。效能不是单方面的事。例如，效能指标可以追溯到开放-系统循环的每一阶段——输入（人力资源与财力资源）、转化（内部运作与结构）和产出（效绩结果）。实际上，人们曾经将每一个输入变量、转化变量和产出变量都看成是组织效能指标。结果，社会-系统模式可以为我们理解学校效能、评价提高学校效能所必需的行动提供理论指导。我们将开放-系统循环的每一步骤作为一种效能指标加以分类考察，并以此来说明这一观点。

输入标准 276

学校的输入（见图 8.1）包括影响组织效能的环境要素。输入可以是货币的也可以是非货币的。货币资源通常指税收类的财富、金钱或用金钱购买的物品（Cohen，Raudenbush，and Ball，2003），还包括学校员工和管理人员所拥有的正式资格、图书、图书馆、教学技术和各种体育设施。非货币性输入包括州和地方的教育政策与标准、政治结构、组织安排、家长的支持以及学生的能力。输入标准既不是人们所完成的工作的数量，也不是指其质量，而是为该系统的转化过程与绩效结果所设定的限制或能力。换言之，输入标准极大地影响了学校在起始阶段的能力与潜在的绩效。迄今为止，学校认证模型（school accreditation model）还主要依赖输入指标；也就是说，在好的学校，学历高、经验丰富的教师比例高，支持者多，生师比率低，拥有藏书丰富的图书馆，以及装备良好的现代化建筑。

绩效结果

人们认为，传统的组织绩效与目标达成度相关。与第4章中界定的个人目标类似，人们仅仅根据组织试图达到的目标的理想状态来设定组织目标。目标为人们指明了方向，激励人们前进，减少了参与者的不确定性，代表了评价组织的标准。斯科特（Scott，2003）指出，“人们用目标来评价组织活动，并为这些活动提供激励，指明方向。”（p. 353）在定义组织效能标准时，目标及相关的达成度不可或缺。

在当前的教育政策环境中，目标表现在判定学校所产出的绩效结果的数量与质量标准上。绩效结果包括学校为学生、教育工作者和其他成员提供的服务的数量，也包括每一项产出的质量。根据社会–系统观点，重要的产出包括：在学生层面有学业成绩、创造力、自信、理想、期望以及入学率、毕业率和辍学率；在教师层面有工作满意度、旷课率和工作变化；在管理人员层面有工作满意度、预算平衡以及对学校的忠诚；在社会层面则有对学校效能的理解。从目标或绩效结果的视角来看，如果学校的活动结果达到或超越了这些目标，那么，学校就是卓有成效的。

然而，目标模式或结果模式中通常为人所忽视的因素在于，诸如学校这样的复杂性组织的目标是多样化的和相互冲突的（Hall，2002）。表面上看来，期望
277 教育工作者维护学校安全和环境秩序的目标与发展相互信任的价值观、团队忠诚和关爱学生的目标并不协调。同样，过于强调标准和高风险成就测验与维护教育者的工作满意度、激发教育者的内在兴趣的结果也彼此冲突。功利主义、人文主义和组织效能理论强调工作满意度的重要性，认为工作满意度是组织效能的一部分（Spector，1997）。早期的人际关系支持者认为，心情愉快的工人能积极工作，工作效率高。20世纪60年代到70年代，人们普遍关心工作生活的质量，建议对人要公正对待和尊重（U. S. Department of Health，Education and Welfare，1973）。工作满意度至少能部分地成为人们受到善待的标志，并能反映出学校组织是如何良好运转的。

学校所发挥的作用远远大于提高学业成就，因为仅仅关注学业成就无法解释更宽泛领域中的学校积极表现。尽管如此，诸多家长、市民、政策制定者和学者还是倾向于将学校的作用狭隘地限定为实现所期望的学业成就上；他们认为，学校效能就等于标准测验所测量到的学业水平。在他们看来，考试分数体现着学校的内在价值，在标准测验中获得高分数的学校理所当然地成为有效学校。而且，作为一种增值结果，学业成就的提高丰富了学校效能的内涵（Heck，2000）。彼得·莫蒂默（Mortimore，1998）根据对增值之说的推理，认为，有效学校就是

使学生获得比入学时的期望分数更高的学校。因此，学校效能的定义遂之产生，即指学业成就所达到的水平和所经历的改变。换言之，有效学校必须向人们证明其取得了较高的测验分数以及所有学生有实际的进步。这种观点之所以能够大行其道，是因为政策制定者在他们制定政策时将增值标准包含在内。例如，根据2001 年通过的《不让一个孩子掉队法》（P. L. 107-110），接受援助的学校必须证明在校学生“每学年都取得一定进步”（adequate yearly progress，AYP）；也就是说，学生每学年的学业成绩都要有一定的提高。此外，政策制定者似乎正在依靠输入–产出程序来预测和比较各个学校的绩效结果。

“输入–产出”研究

“输入–产出”研究（“生产–功能”研究）解释了教育资源或教育输入是怎样变成教育绩效结果的（Rice，2002）。此研究假设学校的绩效结果与生均支出、教师特征、师生比、学生和家庭特征等输入直接相关，而这种绩效结果就是
学业测验的分数（Monk and Plecki，1999）。换言之，此研究的目的是预测测验 278
分数之类的结果，而不是解释这种结果是怎样产生的。因此，该研究仅仅利用输入来预测产出，忽视了系统内在的转化过程。

20 世纪 60 年代中期，“输入–产出”研究（“生产–功能”研究）获得了广泛认可。在此期间，詹姆斯 · S. 科尔曼（James S. Coleman）及其同事进行了颇具影响的研究，对“输入–产出”研究进行反思。这一研究虽然名为《教育机会均等》（*Equality of Educational Opportunity*）（1966），却以《科尔曼报告》而广为人知。该报告对美国公立教育进行了最为广泛的调查。令人吃惊的发现是，当家庭背景变量可以控制时，学校的输入或能力指标与测验分数的相关度有限。学校图书馆、教师的教育与经验、支出水平、实验设施、体育馆和其他常规性资源之间的差异与学生成绩差异的相关度较弱（Cohn，Raudenbush，and Ball，2003）。相反，学生入学前的家庭背景要比学校的能力特征更为重要。根据布雷恩 · 罗恩、理查德 · 科伦蒂和罗伯特 · J. 米勒（Rowan，Correnti，and Miller，2002）等人最近的研究，这一结论有待商榷。他们发现，学生进入幼儿园时，他们的成绩水平与诸如家庭规模、家庭结构以及社会经济地位等家庭环境因素适度相关。在学生入学以前，这些家庭条件显然给学生提供了不同的学习机会。然而，一旦学生进入小学，家庭背景对学生成绩的影响明显减弱，学生成绩的提高在很大程度上要受学校和课堂教学的影响。换言之，家庭背景与小学生起始阶段的成绩水平的相关度远远高于与以后每年所获成绩的相关度。尽管，在家学习极为重要。

自《科尔曼报告》以来，人们又进行了大量的“输入–产出”研究（“生产–功能”研究）。作为该理论的有力支持者，埃里克 · A. 哈努谢克（Hanushek，1981；1989；1997）认为，教育的“生产–功能”研究已经产生了令人吃惊的一致性结果，即学校输入的变化与学生成绩的变化并不具有系统化的联系。而且，学校是低效组织，因为学校资源与学生成绩之间不具有强烈而持续的相关度。最近，哈努谢克（Hanushek，2003）坚定地指出：“班额变小了、教师质量提高了、学校输入也增加了。但是，不幸的是，几乎没什么证据表明，学生的成绩会伴随着学校资源输入的增加而产生一些重要变化。”（p. F67）简而言之，哈努谢克认为，“生产–功能”研究普遍发现，几乎还没有什么证据来支持增加学校输入将提高学生学习成绩这一观点。

一些学者，如戴维·H. 蒙克和玛格丽特·L. 普莱斯基（Monk and Plecki，1999）等，对“生产–功能”研究提出了批评。他们认为，该研究缺乏一个令
279 人信服的理论框架，无法对结论进行预测、描述和阐释。其他一些学者，如艾伦·B. 克鲁格（Krueger，2003）、拉里·赫奇斯、理查德·莱恩和罗布·格林沃尔德（Hedges，Laine，and Greenwald，1994）等，对“生产–功能”研究的方法、结论和意义进行了强烈反驳。赫奇斯及其同事重新分析了哈努谢克提供的资料，发现学校输入对学生成绩所产生的影响要比哈努谢克的结论更为相关和积极。在接下来的研究中，格林沃尔德、赫奇斯和莱恩（Greenwald，Hedges，and Laine，1996）对三种输入之于学生绩效所产生的影响进行了评估，这三种输入包括支出（生均成本、教师工资），教师背景特征或质量指标（能力、教育与经验）以及规模（班级、学校、学区）。他们断定，通常情况下，学校输入与学生成绩呈系统相关，这两者之间的关系甚为重要。尤其是，较高的学业成绩与较高的生均支出、较小的班级和学校规模，以及教师质量相关。J. D. 芬恩和查尔斯·M. 阿基利斯（Finn and Achilles，1999）的班级规模研究为此提供了充分的证据。他们对田纳西州 STAR 计划（Tennessee's Project STAR）［学生/教师的成绩比率研究（Student/Teacher Achievement Ratio Study）］的研究结论表明，从幼儿园到小学三年级的学生，尤其是少数民族学生和市区内的学生，小班学生的学业成绩要好于常态班的学生的成绩。哈努谢克（Hanushek，2003）则回应说，成绩方面的实际增量很小，一个有局限性、有缺陷的实验不足以促进政策的改变，因为，这种政策变化每年将耗费数十亿美元。

尽管像哈努谢克（Hanushek，2003）这样的“生产–功能”研究的支持者承认，学校与教师的不同导致了学生学业成绩的重要而又富有差异的变化；但是，学校对学生的影响并不一致，学校的努力程度不同，其绩效结果也不尽相同。史蒂文·T. 博塞特（Bossert，1988）认为，显然，“输入–产出”研究没有考虑学生如何利用可获得的学校资源或学校如何向学生提供教学服务。在与博塞特类似

的推断的基础上，出现了新的研究，即“输入–转化–产出”研究，用以解释家庭、学校和内部系统因素是如何影响学校绩效结果的。

转化的标准

转化的标准是使输入转化为产出的内在运作与结构的数量、质量和一致性（参见图 8.1）。例如，转化的标准包括课程的结构与内容、健康的人际氛围、学生与教师的动机水平、教师与管理者的领导能力、教学的质量与数量，以及对诸如测验次数、教学评估、教学技术的使用和员工评价等的质量控制过程。

各种转化要素同步发挥作用的重要性已被和谐假设所证实。该理论认为，和
谐的结构与过程可以提高绩效。换句话说，为了让学校效能最大化，教与学的内 280
在要素、科层期望、团队文化、政治期望及个体需要等，都必须协调，才能实现预期的绩效目标。内在要素的和谐提高了系统从环境中获取所需资源的能力（Yuchtman and Seashore，1967），增强了转化要素内容的能力，最终提高了系统的生存能力。这些推论将学校的内部结构、过程与绩效产出的质量有机地联系起来，如同所有组织一样。

因此，对教育管理者而言，维持和谐非常重要，因为冲突妨碍了系统获取所需资源以支持内部行动和最终达到目标的能力。然而，如果哈努谢克从“生产–功能”研究中得出的结论被人们接受，那么，建立一个额外的资源库以提供更多的教师、更好的设备、新课程和促进成员发展将变得极为困难。由于意识到了这一点，并且想提高学生尤其是低收入家庭子女和少数民族学生的学业成绩，研究者们在 20 世纪 70 年代中期展开了“输入–转化–产出”研究（Cuban，1984；Reynolds and Teddlie，2000）。

“输入–转化–产出”研究

系统论视角下的“输入–转化–产出”研究，不仅考虑了输入，而且将课堂实践（教学方法、课堂组织、学习的机会、学习时间）、学校氛围或文化、组织运行以及政治关系等转化过程与包括学生的标准化考试成绩在内的各种产出联系起来。这些通用的方法已经被赋予了各种名称，包括过程–结果研究、系统研究、组织研究，但普遍使用的名称仍是有效学校研究。

工作满意度（job satisfaction）　输入和转化变量与工作满意度相关，这些变量包括：集权化，氛围与文化，工作自主性，工资和其他利益，挑战和多元化，以及员工年龄、性别、受教育情况、动机、能力、时代特征和对幸福的倾向性。

例如，当学校的具体结构或科层机构与工作满意度相关时，就会产生复杂局面。由于结构因素强化了专业人员间的不同地位，如权威和集权的等级，满意度就会降低。但是，明确的分工和平等的学校策略等因素将产生高层次的满意度（Miskel，Fevurly，and Stewart，1979）。然而，角色冲突与角色混淆是影响工作满意度的最大消极因素（Thompson，McNamara，and Hoyle，1997）。就教育工作者的工作而言，有五个工作特征——自主、反馈、多元技能、任务认同和任务的重要性——与工作满意度呈正相关（Hackman and Oldham，1980）。工作动机与工作满意度持续相关（Miskel，DeFrain，and Wilcox，1980；Miskel，McDonald，and
281 Bloom，1983）。同样，学校的组织氛围越具开放性和参与性，教师的满意度就越高（Miskel，Fevurly，and Steward，1979）。然而，诸如性别和年龄等一些个体变量与工作满意度的相关性有限（Thompson，McNamara，and Hoyle，1997）。总而言之，随着这些结论被广泛应用于研究和管理实践，人们对工作满意度的兴趣不断提高。

学业成绩(academic achievement)　在将学生学业成绩视为绩效结果方面，通常被认为是有效学校研究的“过程-结果”研究，列举了提高学生标准化测验分数的一些关键性学校因素。经由罗纳德·埃德蒙兹（Edmonds，1979）的推广，大多数教育者对五因素有效学校模式已经非常熟悉。它包括：

- 强有力的校长领导，尤其是在教学方面。
- 教师对学生成绩的高期望。
- 对基本技能的强调。
- 有序的环境。
- 经常对学生进行系统化评价。

许多学者从这一研究中得出类似结论。如表 8.2 所示，亚普·谢仑斯与罗·博斯克（Scheerens and Bosker，1997）、S. C. 普奇与马歇尔·S. 史密斯（Purkey
282 and Smith，1983）比埃德蒙兹列举了更多的学校因素。所列举的这些转化因素在相当大的程度上是互相交叉的，例如教学领导、高期望、有序的氛围、课程、教学和评价过程。根据从这些研究中提炼出来的共同观点，有效学校的特征包括：对高质量课程的共识，经验丰富、自主发展、善于合作的教师，清晰的目标和很高的成绩期望，鼓励教与学的健康学校氛围，员工发展计划，对成功的奖励，家长参与，以及校长与教师强有力的教学领导等。

表 8.2　有效学校模式的两组因素

史密斯与普奇 (Smith and Purkey)	谢仑斯与博斯克 (Scheerens and Bosker)
• 教学领导	• 教育领导
• 有计划、有目的的课程	• 课程质量/学习机会
• 清晰的目标与高期望	• 成绩取向
• 完成任务的时间	• 有效的学习时间
• 对学业成功的认同	• 反馈与强化
• 有秩序的氛围	• 课堂氛围
• 共同体的感受	• 学校氛围
• 家长的支持和参与	• 家长参与
• 学校情境管理	• 独立学习
• 员工发展	• 可评价的潜能
• 员工的稳定性	• 一致性与凝聚力
• 团队合作计划	• 结构性教学
• 直接支持	• 适应性教学

有效学校研究对 20 世纪 80 年代的学校实践产生了巨大影响。古德和布罗菲（Good and Brophy，1986）、斯特德曼（Stedman，1987）对大量的学校改进计划作出总结——例如，密尔沃基（Milwaukee）的 RISE 计划、纽约市的学校改进计划（School Improvement Project）——这些计划都是以上述研究为基础的。其他计划已开始在亚特兰大、芝加哥明尼阿波利斯、匹兹堡、圣迭戈、圣路易斯和华盛顿特区以及一些小的学区里推行（Cuban，1984）。然而，这些努力产生了综合的结果。根据古德和布罗菲所言，RISE 计划取得了一些成功。学生的测验分数提高了一个层次，尤其是一些学校的数学分数。斯特德曼举了一个具有批判性的例子。在实施 RISE 计划的学校里，尽管有些学校学生的数学分数确实提高了，但是大多数学校的学生在阅读方面依然做得比较差。而且，那些学校经常依靠教学生应付考试获得成功。丘班（Cuban，1983，1984）告诫人们，草率实施有效学校的倡导者所提倡的变革，会使学校产生严重的问题和无法预计的后果。

20 世纪 90 年代，查尔斯 · 特德利和戴维 · 雷诺兹（Teddlie and Reynolds，2000）指出，人们在理解与解释有效学校方面，在理论与经验层面都取得了实质性的进展。随即出现的理论模式补充说明了输入与转化过程的特征，分析了它们在学校中的相互作用，以及它们与结果的关系在不同背景下的差异。而且，情境的概念也得以扩展。所研究的有效学校的情境不仅包括城市学校，而且包括在农村、城市、市郊各个社会阶层的社区中获得各个层面的支持的公立和私立小学、初中和完全中学。目前的有效学校模式与研究不仅关注学校在不同情景下为不同学生服务，而且强调不同情景下的学业成绩的提高与学校改进。

的确，作为一套交互重叠的变量，学校效能开始被概念化。谢仑斯和博斯克（Scheerens and Bosker，1997）对这些模式作了一番评论。例如，如我们所知，学校要为各方面差异很大的学生提供服务，这些差异包括：入学时的受教育程度不同、家庭结构不同、社会和经济地位不同等。如上文讨论的那样，莫蒂默（Mortimore，1998）认为，效能模式和研究在比较各个学校对学业成绩和学生发
283 展所产生的影响的同时，必须关注学生入学时的初始差异。罗纳德·H. 赫克（Heck，2000）在一项增值测验模式的研究中发现，拥有高质量教育环境的学校（校长领导、高期望、经常监督学生的进步与氛围）能取得比期望更高的成绩。同样，罗恩及其同事（Rowan et al.，2002）列举了各种与学业成绩变化相关的学校转化因素。例如，他们发现，学生所在班级对其成绩的提高有所影响，教师效能随所教学科（阅读或数学）的不同而有所差异；在小学阶段，学生是分派给高效能教师还是低效能教师，往往是随机的而非计划的。关于教学过程，他们发现，学业成绩与整个班级情境的积极性教学和教学内容等两大因素均存在着适度的正相关。

研究者们已经详细地阐述了转化过程并对其如何促进学习作了解释。例如，学校的教学质量取决于教师对学业成绩的期望以及在课堂中如何应用知识（如教材、课程、教学法）与技能（如教学呈现方式、课堂管理和成绩评定）等因素。戴维·K. 科恩、史蒂文·W. 劳登布什、德博拉·L. 鲍尔（Cohen，Raudenbush，and Ball，2003）认为，教学的关键因素在于师生针对学习内容的互动和彼此之间产生的相互依赖。在假设具有互惠关系的前提下，他们预言，教师效能在一定程度上依赖于他们如何充分利用学生的想法和主动性，而学生效能在一定程度上依赖于他们如何能很好地完成教师布置的任务以及利用教师的反馈。

韦恩·霍伊（Wayne Hoy）及其同事也对学校的转化特征进行了集中分析，并以这些转化特征来解释学业成绩。就是说，除去社会经济地位，有哪些学校内在特征可以对良好学业成绩作出解释？他们的研究表明，有三种类型的学校文化和氛围与良好的学业成绩相关：家长信任教师的文化（Goddard，Tschannen-Moran，and Hoy，2001），强调学术性的氛围（Goddard，Sweetland，and Hoy，2000），集体效能的文化（Goddard，Hoy，and LoGerfo，2003）。需要指出的是，

这些研究试图将社会经济地位（一种输入因素）作为一种控制变量，然后将文化和氛围（转化因素）与学业成绩（一种产出的绩效因素）联系起来。尽管强势的、积极的校长领导对学校效能产生的影响极为重要，但他们对学校效能的影响并非如早期研究者埃德蒙兹（Edmonds，1979）所描述的那样直接。

校长和教师的影响

人们通常认为，校长是学校效能的关键因素。然而，校长与学生学业成绩之 284
间的联系并非如有效学校计划的支持者所宣称的那样明显。例如，古德和布罗菲（Good and Brophy，1986）认为，几乎所有关于有效学校的研究都对校长领导的重要性持支持态度，而关于领导行为和领导实践对学业成绩产生影响的研究并不多。博塞特（Bossert，1988）的语气更为强烈，他认为，有效学校研究试图恢复那种科层制理想，他们声称，建构有效学校离不开校长的强势领导。然而，这些研究对获得成功需要建构的过程和需要创新的结构却只字未提。博塞特发现，管理有效学校的校长需具备四种典型特征：强调目标与结果、权力与强势决策、有效管理、娴熟的人际关系技巧。同样，菲利普·哈林格和赫克（Hallinger and Heck，1996，1998；Heck，2000）发现，校长领导对学生学业成绩的影响是显而易见的，不过，这种影响是间接的，而且，只有在校长对那些直接与学生成绩相关的学校内部结构、过程及愿景实施控制时才会产生。尽管如此，哈林格和赫克坚持认为，只是因为校长的影响由其他学校因素来调节，并不会削弱校长对学校效能贡献的重要性。

威廉·L. 桑德斯（Sanders，1998）认为，“影响学生……学业成绩提高的最大因素在于每位教师在课堂上的不同教学效能”（p. 27）。珍妮弗·金·赖斯（Rice，2003）对桑德斯的意见持肯定态度。赖斯在对近来的文献进行研究的基础上，声称“教师质量至关重要，实际上它是学校中影响学生学业成绩的最重要因素”（p. v）。赫克（Heck，2000）发现，获得比期望值更好的学业成绩的学校，其教师创设了强调学业成绩和对学生学习寄予深切期望的课堂环境。如同人们所预料的那样，教师与校长的不同之处在于，他们通过各种课堂活动直接影响学生学习。

从上述对诸多组织效能的概念和研究方法的评论中，我们可以清楚地看到，教育研究者、教育实践者和教育政策制定者应该具有渊博的知识，以筹划提升学校效能的方案。我们同意罗恩、科伦蒂和米勒（Rowan，Correnti，and Miller，2002）的观点，即提升学校效能的良好途径是通过教学干预减少课堂之间的差异，创设积极的教学环境。20 世纪 90 年代，教育政策制定者开始制定反映上述观点的政策，教育实践者开始进行反映上述观点的实践。首先采取的政策包括采用旨在提高学校效能的复杂的绩效责任方法以及系统的综合学校教育改革模式。作为一种具有现代性的思潮，教育绩效责任制包括更具实用性与系统性的促进学校成功与改进的方法，而不是一些在组织效能的目标与资源模式方面的相对抽象的概念。

285 

理论联系实际

你刚刚被任命为本校校长。你如何判断该学校的效能？你将采用什么标准？你至少要考虑三个标准：输入、转化和绩效。你将强调哪套标准，为什么？在确定好你的效能标准后，你要准备一个简要的幻灯片介绍你所讨论的学校效能，介绍你所选择的决定你们学校效能水平的标准，介绍你如何测量每项标准？你将在由督学出席的员工会议上进行讲解。

绩效责任制与教育改革

史密斯和奥戴（Smith and O'Day，1991）认为，20 世纪 80 年代的改革洪流对绩效结果的影响很有限，他们谴责碎片式的、复杂而多层次的政策系统阻碍了成功学校的发展与维持。为了减少对学校的束缚，提高学校效能，他们呼唤凝练的、系统的学校改革。在其颇具影响力的“系统的学校改革”（“Systemic School Reform”）一文中，他们通过考察环境、输入、转化和绩效结果等一系列重要变量，对学校绩效责任制的建立与改进进行了周密论证。该理论模式的重要组成部分包括：支持目标的统一愿景、由课程框架构成的教学指导方案以及与高质量评估工具相一致的标准。要强化绩效责任制，需要通过强势的州级领导，重构灵活适应地方特点的管理结构，安排和协调学校层面的课程与教材、教师在职专业发展以及按州的标准与测量方式进行的教师职前教育。一些倡导者认为，通过推进特许学校和教育券，也可以加强绩效责任制系统。从本质上讲，绩效责任制基于如下三个原则：

- 学校应为高标准的绩效负责。
- 学校应得到帮助，以提高实施已改进了的教育的能力。
- 学校应提升其绩效结果的数量和质量，尤其在学生成绩方面。

这些观点是由史密斯和奥戴提出的，政策制定者和教育实践者已经设计并广泛应用了他们所谓用以推进绩效责任制和教育变革的系统化的或标准本位的方法。

绩效责任制 286

绩效责任制变革源于社区和通过地方学校委员进行的家长控制（Carnoy and Loeb，2002）。实际上，20 世纪 90 年代，美国 50 个州都兴起了标准本位的绩效责任体系（standards-based accountability systems）以促进学校和学区的发展。埃尔莫尔（Elmore，2002a）认为，绩效责任制的强大驱动力来自于这样的基本社会信仰，即学校应该说明对学生学习所作出的贡献以及他们是如何改进内部转化过程的。教育绩效责任制背后的驱动力及其所依据的理论简单明了，但其实践却具有高度的技术性、合法性和政治性。因此，绩效责任制表现为不同的类型。例如，亚当斯和基斯特（Adams and Kirst，1999）描述了六种绩效责任制模式：科层模式、法律模式、专业模式、政治模式、道德模式和标志（marker）模式。然而，从本书的目的出发，我们采纳埃尔莫尔（Elmore，2002a）提出的教育绩效责任制的主导模式，即使学生、学校和学区为学业成绩负责的模式。

20 世纪 90 年代，绩效责任制主要在州的层面展开，它通过分析学校的相关资料来关注学校的绩效结果（Fuhrman，1999）。绩效责任制计划大体上包括三个部分：

- 鉴别要学习的学科知识与技能的标准。
- 与标准相一致的测验。
- 标识不同目标达成水平的结果。

绩效责任制的倡导者宣称，上述三个部分与教育过程的其他因素相互协调，为学校产出数量的增加和质量的提高规定了所必需的一致性标准和指导性原则。马丁·卡诺伊和苏珊娜·洛布（Carnoy and Loeb，2002）对此假设持支持态度。他们发现，在国家教育进步评估（National Assessment Educational Progress ）测验中，实施高效绩效责任制的州，学生数学成绩表现优异。此外，海伦·F. 拉德和阿纳尔多·泽利（Ladd and Zelli，2002）发现，北卡罗来纳州的绩效责任计划得到校长们的有力支持。60% 的校长对此计划给予全面肯定；80% 的校长认为，学校层面的绩效标准得当；超过 70% 的校长认为，使标准与测验保持一致，并采用学校绩效增值测量的措施，不失为一种好办法。不过，相对而言，校长没有将州测验视为测量学生掌握课程情况的良好措施，同时，也不喜欢将校长从低绩效学校调出的制裁性措施。校长还说，绩效责任计划已基本上改变了他们的行为。例如，他们更加强调为考试而作准备，他们鼓励教师教授考试技巧，增加数学和阅读经费，花额外的时间与教师们在一起。

287 2001 年，联邦政府出台的《不让一个孩子掉队法》对绩效责任制运动产生了强大动力。它对各州提出如下要求：其一，编制和执行阅读/语言艺术标准、数学标准和科学标准；其二，依据这些标准进行年度评估；其三，对连续低绩效的学校进行制裁。不过，要采取基于标准的方式对教师教学和学生学习产生实质上的影响，仅仅落实上述三项工作远远不够，还需要做其他更为复杂的工作。例如，绩效责任制的支持者要求各州建立新的教学框架、编制新的课程和进行新的评估，要求教育者的教学更加符合公众的要求（Cohen，1996）。简·G. 科吉歇尔（Coggshall，2004）认为，所要做的工作包括：使教育系统内处于不同层次的人获得新知识，改进与创新追踪学生成绩变化的技术能力，交流校内与校际之间的实用做法，协调某些不确定技术环境下以任务为本的实践。为了使读者对当前绩效责任体系的标准、测验、制裁及复杂性有更为深刻的理解，我们将对这些元素逐一分析。

标准(standards) 作为目标表述的具体形式，标准对期望实现什么目标作了详细说明。结果标准将学生应该知道什么、能够做什么一一具体化，同时，它还用来测量学生的学业成绩。换言之，标准描述了学校应该教给学生的知识、技能和其他学识，并界定了学生必须达到的能力水平。支持者认为，标准为学校提供了一系列的目标，为学生、教师和校长提供了协调一致的指导，以帮助他们选择教学内容、开发教与学的策略、评价目标是否达成。当这些标准一旦被界定和采纳，就备受欢迎。2002 年，除艾奥瓦州（Iowa）外，其他州都制定了核心学科的内容标准，尤其是英语/语言艺术和数学方面的标准（Doherty and Skinner，2003）。

为了形成某一特定情境下的内容标准，开发人员详细列举了一个学科领域可能出现的所有因素，并筛选了他们认为具有代表性的最重要的子因素。各州采用的标准来自各专业协会提供的框架。开发这些标准的第一个也是最具影响力的专业组织是全国数学教师理事会（National Council of Teachers of Mathematics，NCTM），该协会在 1989 年公布了所制定的《学校数学课的原则与标准》（*Principles and Standards for School Mathematics*），2000 年又发表了修订版。同样，在国家研究理事会（National Research Council）资助下，一些协会制定了科学教育标准。希瑟·C. 希尔（Hill，2001）指出，一旦各州制定了新的标准，将会促使学区适当调整这些标准，以适应当地的教育环境，最终在学校及课堂层面落实这些标准。

288 制定标准并非易事（Hanushek and Raymond，2002）。特里·莫（Moe，2003）认为，很难客观地制定这些标准，甚至像数学和科学这样的容易界定的科目也是如此。在阅读和社会研究科目中，人们对什么内容重要、有什么意义、如何教等问题争论不休。例如，在有关阅读的论争中，语音法与整体语言教学法之间就冲突不断。

制定州层面的标准是件棘手的事情，而将这些标准在学区和学校层面付诸实施则更为困难。罗德尼·T. 奥加瓦及其同事（Ogawa et al.，2003）在研究制定学区层面的标准时发现，地方教育工作者缺乏清晰的教学思想与愿景来指导自己的工作。因此，他们依据各种标准和相关标准参照测验得出一套符合当地情况的标准。不过，总的结果不够理想。新的标准低于州和国家的标准，限制了课程的发展和教学策略的提高，不能为教师专业发展和教学管理活动提供什么指导。希尔（Hill，2001）的结论也是如此，他发现，要协调州与地方两个层面的标准面临许多挑战。希尔解释说，州层面的标准历来是由一些改革家提出的，这些改革家希望通过变革教学内容、进行教学技术创新和稳定教学秩序来改进学校。而地方课程委员会成员和一线教师则不懂改革家的语言，他们用传统的思想来理解改革家们意欲描述的非传统的实践。因此，地方的标准变得切合地方利益而不符合整个系统的改革。尽管在标准的制定、执行和协调方面存在着诸多困难，但是，采用标准和评估的绩效责任制仍然有着强大的动力。

评估(assessments)　在实施绩效责任制过程中，50个州都采用了某种类型的测验计划，其中有18个州使用了诸如辍学率之类的附加信息（Doherty and Skinner，2003）。大多数州对阅读和数学格外关注，小学、初中、高中都要对学生进行1－3次测验（Goertz and Duffy，2000）。不过，测验的内容范围和频率经常发生剧烈变化，因为《不让一个孩子掉队法》要求每年都要对三至八年级的学生进行3门学科的测验，高中学生至少每年测验一次。

从传统上来看，教育工作者主要通过测验将学生分成不同的学业等级，对学生学习中遇到的问题进行诊断并对学校成功作出大致判断（Carnoy and Loeb，2002）。当仅仅为了上述目的进行测验时，绩效责任制与测验之间的联系就相当松散。而在新的绩效责任制中，测验的主要目的是对学校改进的趋势进行监督，并试图验证诸如新标准、新课程和新教师等干预因素是否对学生成绩产生积极影 289
响（Barton，2001）。绩效责任制规定学生的学习结果就是考试内容，明显强化了标准和评估之间的联系。

人们对在绩效责任制中采用测验来判定是否达到各项标准、学校是否着手改进颇有争议。测验计划之所以引起人们的争议，是由于其程序性和充分性存在问题。当利益相关者开始回答下列问题时，激烈的争吵便开始了：

- 谁应该被测验（如，所有的学生、随机样本还是有特殊需要的学生）？
- 评估的内容是什么？
- 应该使用何种测量方式（如，常模参照、标准参照还是档案袋评价）？
- 应多长时间进行一次测验？
- 评估是否有效？
- 什么样的水平或分数表明达到了标准？

人们对测验究竟有多么重要也十分关注。保罗·E. 巴顿（Barton，2001）声称，基于标准的改革变成了一场简单的测验运动，这是十分危险的。同样，埃尔莫尔（Elmore，2002b）对《不让一个孩子掉队法》过于强调测验也提出了强烈批评，并将它称之为“无理由的干扰”。而且，奥德丽·L. 阿姆赖因-比尔兹利和戴维·C. 伯利纳（Amrein-Beardsley and Berliner，2002，2003）的结论是，高风险的测验政策没有发挥什么作用。他们声称，这些测验过程没有提高多少学业成绩，所产生的变化就是教学生学会了考试，训练了学生应付测验之类的项目的能力，排除了学生在测验过程中取得进步的可能，增加了学生的辍学率。对于这些结论和推理，其他研究者进行了激烈的争论。例如，雷蒙德和哈努谢克（Raymond and Hanushek，2003）不相信阿姆赖因-比尔兹利和伯利纳的研究，说其中的数据分析错误百出。同样，杰伊·P. 格林、马库斯·A. 温特斯、格雷格·福斯特（Greene，Winters and Forster，2003）认为，将绩效责任制设计成能产生可信结果的高风险测验，并没有歪曲教学或左右测验过程，并且，它为奖惩学校提供了依据。

奖励、惩罚与干预（rewards，sanctions，and interventions） 绩效责任制的第三部分与绩效结果相关的一系列后果。支撑这一成分的假设是，奖励成功的学校、教育工作者和学生，可以强化优良绩效，激发动机；相反，惩罚没有达到预期目标的上述人员，可以改变他们的行为，并随之改善其较差的绩效。

奖励与惩罚大多用于学校组织，有的也直接用于个人。当学校达到特别水平的绩效或大幅度提升绩效时，教育工作者和学生将会得到金钱奖励（如，现金、
290 奖学金）和象征性奖励（如小饰物、特别表扬）。个人也会受到惩罚。例如，教师和管理者可能会被调动或辞退，学生升入高年级或高中毕业可能会依其通过考试情况而定。很多教育工作者赞成使用积极激励（Ladd and Zelli，2002）。不过，各州都发现，让学生留级、不发文凭或调离教师和校长等惩罚措施都难以付诸实施（Finn，2003）。

将对教育工作者的激励和惩罚与学生绩效捆绑在一起，提高了公平性，因

为，总体而言，绩效责任制不是为激励学生而设计的（Fuhrman，1999；Goertz and Duffy，2001）。由于学业成绩是教师和学生共同努力的结果，教师的成功依赖于学生在校期间的学习与测验中的努力。忽视学生方面的结果是对教师的不公平，因为，如果学生没有发挥应有的作用，教师将会受到惩罚；然而，几乎没有对学生在测验中取得好成绩的激励。在大部分州，政策制定者意识到了这一点，他们制定了规则，防止学生在未达到州或学区的绩效标准之前就升入高年级或从中学毕业。

各州采取了一系列令人印象深刻的鼓励措施使学校为学生的绩效负责，而针对个人的备择方案却十分有限，这两者形成了鲜明的对比（Goertz and Duffy，2001）。罗纳德·C. 布雷迪（Brady，2003）在调查了绩效责任制的各种模式以后，确认有 20 种不同类型的惩罚与干预方式，可划分为轻度、中度、重度三种水平。

就轻度惩罚与干预而言，是要求现在的教师和管理者承认学校的绩效低，并在现有的学校框架内实施新的计划。轻度干预包括对低绩效学校的鉴别、与其他学校或学区相比较的等级排名报告卡的公示、为学校要求技术援助、对教师专业发展的指令。轻度惩罚是绩效责任制普遍具有的特征。例如，所有的州都要求有公开的报告（Goertz and Duffy，2001）；其中，有 47 个州的问题报告卡详细记载了学生的成绩和其他信息；有 29 个州对学校进行了评估，或至少鉴别出了低绩效学校（Doherty and Skinner，2003）。

中度干预的风险有所加大，而且常常会涉及到物质的与非物质的成本。中度干预通常由同一批教育工作者持续执行下去，但要求他们在基本的学校结构与运作中进行实质性变革（Brady，2003）。目前，教育工作者开始主动地进行自我修正。如果回到我们前面讨论过的社会系统模式（参见图 8.1），就会发现，变革集中体现在学校的治理与组织、氛围、动机、决策、人员安排、教学实践和领导等方面的改善上。例如，中度干预常常包括决策分权化，允许其他校长、教师和家长参与决策；改变人员配置方式，从而在校内组建许多非中立的组织，在这里，教师每天花大量时间与学生在一起，教他们多门学科；或让教师教授同一批
学生两年以上。简而言之，教育工作者采用大量的中度干预措施来提高学生成 291
绩，其中包括事先设计好的学校整体改革模式（参见下文）。

重度惩罚和干预是实实在在的高风险措施，因为在学校结构与过程发生转型的过程中，会带来重要的人员调整和广泛的变革。布雷迪（Brady，2003）指出，人们并不常用重度干预，因为它颇具争议，难以实施，并且要付出巨大的政治成本。重度干预包括重建学校，接管或关闭学校或学区，给学校多种备择方案和停止投资。虽然有关重度干预的研究并不很多，但贝蒂·马伦、罗伯特·克罗宁格、唐娜·芒西、唐纳·雷德蒙-琼斯（Malen，Croninger，Muncey，and Redmond-Jones，2002）却得出结论，即在一个大的都市区进行重构式的干预将不会产生乐观的结果。他们发现，新来的教师和管理者比替换掉的那些人能力更低、贡献更少；重新配置的人员不能回到以前人们所熟悉的日常工作状态，学校里一团糟；重建的学校并没有经过重新设计，学生成绩也没有明显提高。马伦及其同事的发现对极少进行强度干预的原因作了补充说明。

通过运用行为主义的观点（参见第2章），人们已将个人与学校的一系列积极结果与消极结果融入到以标准为本的绩效责任制体系中。与标准和评估相结合，奖励、制裁和干预正影响着学生、教师和管理者的行为与态度，尤其在绩效结果方面。

绩效责任制与制度理论

虽然制度理论（参见第7章）目前似乎正如日中天，但这一理论知识会使人们在阐述标准本位的绩效责任制可能对教育实践产生的长期影响时比较谨慎。学校在越来越强调技术绩效的高度制度化的环境中运行，这种环境容易导致高度的冲突与过分盘剥。政策制定者试图强化学校的技术环境而不降低对一致性的制度要求，强调标准本位的绩效责任制就是一个明显例证。尽管如此，教育工作者在抵制根本性变革的外部压力时，会故意显得老谋深算。在形成时期，制度理论就预测到会产生许多与绩效责任制的宗旨相一致的创新性变革，尽管这实际上并不会改进或影响技术核心的工作（Coggshall，2004；Coggshall et al.，2003）。另一方面，通过系统地将这些标准付诸实施并进行评估，通过长期实施绩效责任制，学校将强化其制度的合法性，维持甚至赢得来自环境的额外支持（Elmore，2002a）。也就是说，对于学校而言，在这个实施标准本位的绩效责任制的年代
292 里，要赢得合法性和支持，就不得不进行根本性变革。教育工作者和学校如何在环境的制度要求和任务要求之间取得平衡，并把绩效责任制的措施付诸实践，这些问题迫切需要解决，并有待于进一步研究。

理论联系实际

在你的学校或你熟悉的学校所采用的是哪一种教育绩效责任体系？该绩效责任体系的主要特征是什么（如标准、测验、奖励、制裁和干预）？对这些主要成分进行描述并指出它们在学校中是如何表现出来的？绩效责任体系是如何影响学校的教育工作者和学生的态度和行为的？推行绩效责任制以后，绩效指标是否有所改变？

提高学校效能与绩效责任制

新产生的绩效责任制体系要求人们在学校的组织、教学与管理上进行大幅度的、同步的和系统的变革。埃尔莫尔（Elmore，2002a）认为，在其学校转化过程中，教育工作者既没有准备进行系统的、持续的改进，也不是被雇用来做这些事情的，也不会根据狭隘的绩效结果来衡量学校成功。对所有的教育工作者而言，进行这样的变革并依据州测验来判定是否成功实非易事。而且，对那些为来自不安全社区、家庭贫困且不稳固的儿童服务的学校而言，要进行变革并取得绩效结果，更成问题。为了应对这些挑战，人们已经采取许多创造性的做法，其中特别看好的是专业发展和学校整体改革。

专业发展(professional development)　为了使标准为本位的改革在提高学生学业成绩方面获得成功，早期的改革者认识到，教育工作者需要各种不同的专业发展机会（Fuhrman，1994）。例如，教师和管理者必须理解绩效责任制的要求，丰富其专业修养和教育学知识，并学会如何进行教学实践创新。要实现这些目标，通过标准的一次性在职研讨会等将预先打包好的信息加以传递，显然是不够的。

不过，人们已就有效的专业发展计划应具备的主要特征达成共识。国家教师发展理事会（National Staff Development Council，2001）已经建构了 12 个用以指导实践的情境标准、过程标准和内容标准。这些标准要求专业发展计划立足于实践，以研究为本，具有合作性与长期性，以教学改革为目的，并将标准与评估相 293
结合。与埃尔莫尔（Elmore，2002a）的构想类似的是，这种类型的专业发展是一系列正在进行的活动，这些活动提高了教师和管理者的能力、知识与技能，以改善他们的实践与绩效。这里有一个基本假设，即教育工作者知识与技能水平的提高有利于提高学生的学业成绩。

劳拉·M. 德西蒙及其同事（Desimone et al.，2002）从研究和实践中总结出专业发展计划的六个关键特征。其中，有三个结构性要素，即改革的类型、持久性以及群体参与，以及三个实质性要素，即主动学习、一致性和以内容为核心。他们得出两个重要结论。首先，当同一个学校、学科或年级的教师集体参与时，教师的专业发展对改变教师的课堂实践更有效。其次，诸如检查学生作业和获得教学反馈之类的主动学习机会也可以推动学校变革。

总之，专业发展计划的精心设计和顺利执行为学校变革提供了广阔前景。然而，获得资源以进行长期而艰巨的努力，将教师之所知与学生想学什么和想做什么联系在一起，是一件非常困难的任务。正如富尔曼、埃尔莫尔和马塞尔（Fuhrman，Elmore，and Massell，1993）所解释的那样，许多政策制定者和公民把专业发展视为教师和管理者所享受的昂贵福利，而不是改进学校的有力措施。然而，新的绩效责任制模式要求教育工作者形成新的知识、技能与信念，他们认为，提升课堂教学质量和改进学生学习的最直接方式是实施系统的专业发展计划。此外，综合学校改革模式的开发者也认识到专业发展的重要性，并常常将其纳入该模式之中。

综合学校改革(comprehensive school reform)　综合学校改革的发起者通常向人们提供了有着可以采纳和使用的目标与标准的一揽子前后一致且不失独立性的改革方案。由于抓住了学校变革中的主要矛盾，向人们展示了充满希望的实质性改进，综合学校改革模式已赢得了众多人气。全美成千上万所学校正在推行100多个不同的综合学校改革模式，并且，参与其中的学校数量正在以空前的速度增长（Datnow，et al.，2003）。在众多的备选方案中，得到广泛认可的模式包括：加速学校（Accelerated Schools）、重点学校联盟（Coalition of Essential Schools）、核心知识（Core Knowledge）、直接教学（Direct Instruction）、学校发展计划(School Development Program)、人人成功（Success for All）等。此外，一个具有商业取向的私立非营利集团“新型美国学校”（New American Schools）正努力建立“打破常规”的学校，设计了七种模式，包括奥德丽·科恩学院（Audrey Cohen College）①、作战网络通信技术（CoNECT）②、超越外部限制的远程学习(Expeditionary Learning Outward Bound)、现代红房子学校（Modern Red School House）、根与翼（Roots & Wings）等。

294 在全国综合学校改革情报交换所（National Clearinghouse on Comprehensive School Reform）以及墨菲和戴特诺（Murphy and Datnow，2003）所提出的各种观点的基础上，这些改革继续要求落实如下行动：

- 以系统的方式变革学校的每一个层面，如教育、教学、专业发展、学校组织与管理、文化。
- 使全体学生能够学习所要求的学术性学科内容并达到绩效标准。
- 明确关注学业成绩，提出统一的变革计划。
- 教育工作者与家长要努力促进长期合作。
- 密切学校内部各方（输入、转化和产出）的联系。

在思考这些观点时，有必要认识到，综合学校改革模式由许多人设计，不同

① 位于纽约曼哈顿。——译者注

② 全称为“Combat Network Communications Technology”。——译者注

的模式所强调的基本行动之间存在着显著的差异。例如，“人人成功”和“加速学校”或多或少地代表了各自的教学方法。而且，在地方学校层面，实施这些模式要求人们根据各种不同的环境作相应调整。因此，人们在实践中将看到，相同的模式在不同的学校有着不同的表现。

综合学校改革计划的设计者和执行者一般认为，他们的模式能够促进学校的系统变革。不过，根据史密斯和奥戴（Smith and O'Day，1991）的解释，只有在与州绩效责任制体系的标准和评估相一致，致力于提高学生学业成绩并通过促进一致性、减少零散性的情况下，综合学校改革的做法才算是系统的。显然，并非所有的模式都能达到史密斯和奥戴所提出的标准。

由于综合学校改革是新近出现的并持续进行的现象，能够对以下问题作出回答的高质量研究并不多，这些问题是：综合学校改革模式能否实质性地提高学校效能？如果能够提高，那么，哪种模式可能取得的收获最大？等等。杰弗里·D. 博尔曼及其同事（Bolman et al.，2002）已经为此提供了初步的证据。他们的结论是，综合学校改革计划对学生成绩的影响重大且意义深远。而且，这种影响比其他干预计划如传统的《中小学教育法》第一章（Title I）的影响更大。有趣的是，人们没有用综合学校改革计划的支持者所说的那些高绩效现象来解释二者在效能层次上的差异——这些高绩效现象包括：专业发展，可测量的学生学习目标，成员投票决定学校是否应该采用该模式，以及创新性的课程资料与教学实践。干预计划的倡导者所提供的技术援助总量和该计划所耗费的成本表明，该计划的积极效果有限，而家长与社区的积极参与也显示出与效绩成果的负面关系。而综合学校改革计划对学生成绩的影响确实体现出明显的不同。直接教学、学校发展计划和人人成功等模式都是学校效能的最有力证据。在实施了六年或更长时间以后，综合学校改革 295
计划终于产生了巨大影响，长期的努力终究换来了丰厚的回报。

虽然综合学校改革计划在提高学生成绩方面表现出极好的前景，但是，马克·贝伦兹、苏珊·博迪利、希拉·柯比（Berends，Bodilly，Kirby，2002）警告说，变革整个学校是一项复杂而又困难的任务，因为很多人参与其中，很多方面都需要协调。他们通过对新型美国学校布局的研究发现，综合学校改革计划在小学进行得最为成功。在那里，教师对学生的学习寄予高期望并支持变革；学校规模较小，并且有强有力的校长领导；外部的咨询者能与内部成员顺利沟通，并为学校提供有益的帮助；学校可以获得稳定的财政支援和学区领导的大力支持。

综合学校改革模式的选择与实施可能更为复杂，因为改革的促进者与教育工作者关于学校组织的假设不同。丘班（Cuban，1998）指出，促进者假设学校应该是理性而又严密的组织，其行为受干预要求和目标所驱动。相反，教育工作者则假设学校是缺少理性和严密性的组织，其行为由组织内的个体特征所决定。丘班根据这些不同的假设推断，参与改革的促进者和教育工作者选择了不同的标准来对潜在的干预进行评估。系统的和综合的学校改革模式的创立者重视三项标准：实现计划目标的效能、精确度（实施中的计划对最初设计意图的反映）、流行度（有多少学校采用这个计划）。相反，教师重视适应性，或者说反对忠于职守和长期性。丘班用这五个标准检测学校效能，并断定，适应性和长期性比效能和精确度更为重要。这些学校使有效学校的观念发生了变化。随着系统学校改革运动赢得越来越多的人的支持，我们将目睹发生在改革者与教育工作者之间就组织假设与偏好的标准而展开的另一场斗争。

领 导 案 例

一项责任更大的任命

你最近被任命为新中央高中（New Central High School，NCHS）校长，
该校将于下学期开学。学校位于东北部一个大城区的狭长走廊。学校的新建
筑获得了建筑设计奖，并且配备了最新的教学和安全技术。学校计划容纳
296 2500 名学生，这些学生主要来自附近的西部中学和东部中学，这两所学校
将在本学年末关闭。学生生源主要是低收入家庭和少数民族家庭的孩子。这
两所学校都有入学率下降、辍学率上升和在州测验中成绩不佳的经历。中央
学校开学时将会有 150 名专业人员。你能够按照自己的意愿选择行政人员并
且能够影响教师的筛选。然而，与教师工会的合同约定，将有许多有资历的
教师到 NCHS 来工作。州已经制定了统一的标准本位的绩效责任制体系，其
中包括诸多制裁措施。东部中学和西部中学因测验分数低和辍学率高而被归
入州报告卡的低绩效组。考虑到对学校包括精良装备（state-of-the-art equip-
ment）在内的新设施进行了大量投资，家长和其他利益相关者都希望中心
中学能解决它的前任所遇到的绩效问题。很显然，你面临的压力是创建高效
能的、高度负责的学校。

- 你将用什么标准来判断新学校的效能？你的标准是否与州绩效责任制体系相同？
- 谁会参与构筑效能结果的重要性？
- 哪些环境因素可能会对绩效结果产生重要影响？你能控制哪些环境要素？

• 如果你对结果和环境因素作了分析，你认为哪些转化特征应具有优先权？你认为哪些行动能提高转化过程的效能？

概要与推荐阅读材料

在教育理论和实践中，组织效能扮演着重要角色，对其概念进行全面阐释非常必要。从社会-系统观来看，效能并不是单方面的事，而是由众多指标构成的，这些指标包括，来自环境的输入或资源，学校组织转化要素的质量及彼此间的和谐，各种能与其他资源和刺激因素进行交换的可行标准的相对达成度。这种复杂的观点意味着用绩效结果来定义学校效能远远不够，尽管效能极为重要。对于那些使用系统方法理解组织行为的人来说，这一结论并不足为奇。结果仅是系统的一部分。输入和系统的转化过程在决定学校质量与效能方面同样发挥了重要作用。

学校绩效责任制体系包括：用以辨识要学习的学科知识与技能的标准与决定是否达到标准、评价学校改进的能动性的标准相关联的各种测验；一系列鉴别目前的达标状况与激发未来动机的结果。通过协调这些因素和教育过程中的其他因素的 297
关系，学校将展现改善绩效结果数量与质量的一致性与直接的必要性。教育实践中要长期实施标准本位的绩效责任制，必须小心谨慎。教育工作者和学校在推行绩效责任制的实践中，必须找到许多方法，以平衡具体环境下的制度与任务要求。

教育工作者为应对绩效责任制所提出的挑战，正在寻找提升学校绩效结果的办法。一些学校放弃了传统的一次性在职研讨会方式，而推行精致的、长期的专业发展计划。其他学校正在采用和推行雄心勃勃的综合学校改革模式，允诺能改变多种学校要素，让所有学生都能学习，关注学业成绩，促进合作，加强输入、生产和结果的密切联系。初步的证据显示，在执行过程中，虽然这些方法会遇到一些困难，但在提高学生学业成绩方面还是充满希望的。

开放-系统理论也对诸如决策、沟通、激励和领导等管理过程的优化给予了高度评价。所有这些思想都与目前的学校改进模式，如学校系统改革或整体改革是一致的。为了改进质量与效能，学校管理者采取了一系列审慎步骤——决策、沟通和领导。如果教育工作者要提高学校质量，那他们就必须有效利用这些管理过程。关于这些领域的理论、研究与实践，我们将在第 9 章到第 11 章中作深入探讨。

为了对效能、绩效责任及学校整体改革作更进一步的研究，建议大家参考如下资料。卡梅伦和惠滕（Cameron and Whetten，1983）的《组织效能》（*Organi-*

zational Effectiveness）对组织效能的理论基础作了完美的分析。S. C. 普奇与马歇尔·S. 史密斯（Purkey and Smith，1983）对相关文献的评论，是学校效能研究必不可少的读物。谢仑斯和博斯克（Scheerens and Bosker，1997）、莫蒂默（Mortimore，1998）的报告也极有价值。特德利和雷诺兹（Teddlie and Reynolds，2000）通过对学校效能文献进行全面、深入和比较的分析而编写成的手册，值得特别推荐。史密斯和奥戴（Smith and O'Day，1991）为人们理解系统改革的根源提供了必不可少的资料。亚当斯和科斯特（Adams and Kirst，1999）所提出的绩效责任制体系概念颇有见地。关于学校干预的典型研究，我们推荐马伦及其同事（Malen et al.，2002）的著作。埃尔莫尔（Elmore，2002a）对标准本位的改革模式中专业发展计划的作用进行了精辟的描述和分析。如果要对综合学校改革模式进行广泛的讨论，我们推荐墨菲和戴特诺（Murphy and Datnow，2003）的著作及全国综合学校改革情报交换所的网站 www. goodschools. gwu. edu。

---

298 基本假设与原理

1. 关于学校效能的社会-系统观有三个主要维度：从环境中获得资源（输入）、学校内部成分的协调运作（转化/生产）、目标的达成（产出绩效）。
2. 内部因素协调能增强系统从环境中获取所必需资源的能力、集聚转化要素的能力和高效地实现目标的能力。
3. 学校效能是有多种维度、多种利益相关者和多重环境束缚的动态性概念。
4. 学生在家学习极其重要。社会经济背景的差异与学生成绩高度相关，但它与学生每年所获得的成绩的相关性有限。
5. 社会经济地位不是学校领导者能够控制的因素，但是它们能直接影响学校的转化过程。
6. 校长的领导能力对学生成绩的影响是间接的而不是直接的。
7. 校长对学生成绩的基本影响是通过促进效能转化过程（教与学、结构、个体动机、文化和政治）实现的。
8. 教育绩效责任制体系协调教育过程中的标准、评估、奖励和制裁，为提高学校产出的质量和数量提供了必需的一致性和方向性。
9. 绩效责任制体系正在改变学生、教师和管理者的行为和态度，尤其是绩效结果方面的行为和态度。
10. 当综合学校改革模式促进一致性、减少零散性，与绩效责任系统和谐一致，并聚焦于学业成绩的提高时，它是系统性的。

第 9 章 299

学校中的决策

“决策”任务贯穿于整个管理组织……如同必须包括确保有效行动的实施原则一样，管理的一般理论必须包括确保正确决策的组织原则。

——**赫伯特·A. 西蒙**（**Herbert A. Simon**）

《管理行为》（***Administrative Behavior***）

概　览

1. 管理决策是一个解决某些组织问题的动态过程，在这一过程中，经常会产生其他问题。
2. 决策是对所有组织功能与任务进行理性管理的一般行动模式。
3. 价值观是决策的有机组成部分。
4. 古典决策模式采用最优化策略以实现最大化的目标，但是该模式只是一种理想，而不是一种实用的实践策略。
5. 满意策略是一些管理者用以解决实践问题的实用的决策策略。
6. 大多数管理者可能会采用渐进决策模式，不过，他们也能胡乱应付过去。
7. 适应性强的决策策略将理性主义、满意模式的综合性以及渐进模式的弹性与实用性等融合起来。
8. 然而，如同大多数复杂过程一样，没有唯一的最好的决策，最好的决策就是最适应环境的决策。因此，人们提出了权变理论。
9. 并非所有的组织决策都是理性的，垃圾箱模式有助于解释非理性决策。
10. 决策中的非理性通常是由压力造成的，贾尼斯-曼的冲突模式描述了有缺陷的决策所存在的陷阱。

11. 参与决策有时可以提高决策质量，有时却不能。霍伊-塔特模式就何时让下属参与决策、怎样参与提出了建议。
12. 群体迷思是群体决策的风险之一，即认为群体准确无误与无懈可击的共同错觉。
13. 要避免群体迷思，就要了解其产生的根源，并对群体决策加以适当组织。

300 决策是所有管理者的主要职责，但在决策转化为行动之前，它们仅仅是良好的意图而已。决策是教育管理的必要条件（sine qua non），因为，像所有正式组织一样，学校基本上是一个决策型组织。我们的分析将从古典决策模式开始。

古典模式：一种最优化策略

古典决策理论假定，决策应该是完全理性的，它采用一种**最优化**（optimizing）策略，通过寻找最可行的方案以期最大化地达成目的和目标。根据古典模式，决策过程由如下系列步骤构成：

1. 明确问题。
2. 确立目的和目标。
3. 列举**所有**可能的备择方案。
4. 思考每一种备择方案的结果。
5. 根据目的和目标对所有备择方案进行评估。
6. 挑选出**最优的**备择方案——即最大化地达成目的和目标的那一个方案。
7. 最后，执行决策并进行评估。

古典模式（classical model）是一种理想（一种规范性模式），而不是一种关于多数决策者如何运作的描述（一种描述性模式）。实际上，大多数学者认为，古典模式即使不是一种幼稚的想法，也是一种不切实际的理想。决策者几乎无法获取所有的相关信息。况且，列举所有可能的备择方案以及这些方案所可能产生的结果也是不可能的。更为糟糕的是，该模式所假设的信息处理能力、推理能力和知识面，决策者根本就不具备；其结果是，该模式对实践中的管理者帮助不大。

管理模式：一种满意策略

由于古典模式存在着严重的局限性，组织中衍生出更加切合实际的决策理论也就不足为奇。由于大多数组织问题的复杂性和人脑思维力的局限性，实际上，人们不可能运用最优化策略解决所有问题，除非是最简单的问题。赫伯特·西蒙（Simon，1947）第一次提出了决策的**管理模式**（administrative model），就管理者实际的与应然的组织决策方式进行了较为准确的描述。① 这个基本方法就是**令人满意**（satisfying）——也就是说，寻找一个令人满意的而不是最好的对策。在详细分析满意策略之前，我们要对该模式所依据的基本假设作一番检验。

301

一些基本假设

假设1： 管理决策是一个解决某些组织问题的动态过程，并且，在这一过程中也会产生其他问题。

促进组织目标达成的具体决策常对其他重要条件产生影响。彼得·M. 布劳和W. 理查德·斯科特（Blau and Scott，2003：250–51）解释道，决策过程是辩证的："出现的问题需要解决，而解决问题的过程又引发新的问题；学习伴随着如何应对新挑战的种种影响而产生。"因此，在最有利的情况下，主管及其员工深思熟虑且深谙技巧，其决策便比较富于理性，但是，组织活动的复杂性往往使最终的决策化为泡影。

假设2： 不可能存在完全理性化的决策；因此，管理者要寻求令人满意的决策，因为他们既没有使决策过程最优化的实践能力，也没有相应的认知能力。

有效管理需要理性决策。当决策适于达成具体目标时，它就是理性的；人们总是试图作出理性决策（Tversky，1969；Payne，Bettman，and Johnson，1988）。管理决策通常极其复杂，由于诸多原因，其合理性受到制约：

① 研究表明，许多管理者忽视了学者们所提出的各种有效的规范化决策方法，而坚持运用有问题的决策策略。参见纳特（Nutt，1984）。

- 不可能考虑到所有备择方案，因为方案太多无法都汇总到大脑里来。
- 不可能预测到每一种备择方案可能产生的所有结果，因为未来的事情是极难预测和评估的。
- 最后，理性不仅受到管理者的信息处理能力的限制，还要受到诸如无意识的技能、习惯、反应以及可能背离组织目标的价值观和思想等其他因素的限制（Simon，1947，1991）。

由于个体不可能对复杂事情作出完全理性的决策，他们所关心的是选择和执行令人满意的而非最佳的方案。用西蒙的话说，管理者看重的是“满意度”而非“最佳度”。管理者寻求的是“足够好”的解决方式。他们认为，他们对世界的感知将构成真实世界的各种复杂的互动力大大简化了。他们满足于这种过于简化的方式，因为他们认为，对于他们所面对的特定问题而言，现实世界的真相并不重要，并且，大多数重要的因果关系链条让人一目了然。因此，他们忽略许多现实情境，采用简约化的现实图景解释少数几种他们认为最直接相关的、最重要的因素，并随之作出选择（Simon，1947）。也就是说，他们通过限制决策的范
302 围，在一个**有限理性**（bounded rationality）的领域内进行决策，以实现决策的合理化（Gigerenzer，2004；Simon，1947，1955，1956）。

假设3：决策是对所有重要的组织任务与功能进行理性管理的一般行动模式。

一般而言，那些负责任的决策包括如下几个步骤：

- 确认并界定问题；
- 分析当前情境中的困难；
- 确立令人满意的对策标准；
- 制定行动方案；
- 启动行动方案；
- 评估实施结果。

鉴于每一步骤都是下一步骤的逻辑基础，上述过程被视为一种序列模式，同时，这一过程也构成一个循环。这样一来，在任一阶段人们都可以进入决策过程。况且，在组织管理过程中，这些步骤可以反复进行。这种循环性演变是一种理性的、深思熟虑的、有目的的行动——从决策的制定开始，经过落实执行，到结果评价——各种类型的组织都是如此（Litchfield，1956）。

不论是什么类型的组织（如军队、学校或工厂），也不论即将实施的任务是不是制定政策、配置资源、开发课程或财务决算，决策过程的结构都一样。理性决策普遍要求关注事实，不论面临什么样的具体环境和任务，这些事实的本质是相同的。教育组织在许多重要方面都与工业组织不同，但决策过程却没什么两样。

假设4：价值观是决策的有机组成部分。

没有价值中立的决策。在系统化的、经深思熟虑的决策中，价值观与道德选择极为重要。当管理者从事那些他们认为能够获得某种有价值的结果的行动时，他们便在善与恶之间作出了价值判断。① 但是，行动不仅仅需要良好的意图。如，教育管理者常常必须在对学生的同情与对教师的评判之间进行权衡。教师也许因为受到学生的威胁而以更强烈的方式回应，以重塑自己的权威。在这一过程中，学生也许因挑战教师权威而违纪并受到惩罚。大多数管理者重视师生双方的利益，但是，管理者在决策时常常偏向某一方。价值判断与事实判断紧密结合在一起。决策者运用相同类型的审核与评估方法考量自己的选择，这些方法都要诉诸道德选择（Willower，1991；Willower and Licata，1997）。

人们不应当将科学与理性、道德与实践截然分开（Dewey，1938；Evers and 303
Lakomski，1991；Willower，1993，1999）。无论是作出道德判断，还是进行理性决策，都要经过相同的过程；也就是说，必须对各种备择方案及其结果进行周密思考。管理决策实践是推理与评价的连续过程；它既是一种理性活动，又是一种道德活动。将这一过程分割成独立的部分，既十分鲁莽，也不可能。价值与理性是共生的，而不是相互对立的。

决策过程：行为圈

人们已概括出决策过程的具体步骤。图9.1说明了这一过程的行动周期。许多决策行动周期是同时发生的。详尽完整的周期，涉及到基本的目的和目标（战略规划），可能在教育委员会层面进行；而小型的、相关的序列周期，涉及到课程与教学、学生个体服务、财政与事务管理、设备规划等，可能在学区层面进行。

下面，我们将对行动周期中的每一步骤作更为详细的分析②。

---

① 有一个极好的对教育管理实践中的价值与评价的讨论和应用，参见维洛沃和利卡塔的著作（Willower and Licata，1997）。

② 这种循环往复的周期性在组织中经常出现。例如，参见格里菲思（Griffiths，1959）和达夫特（Daft，1989）的著作。

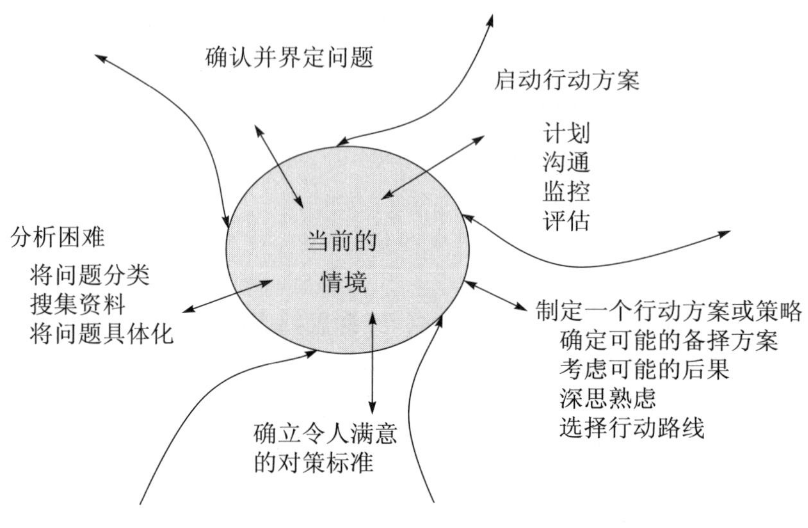

图 9.1　决策行为圈

304 **第一步：确认并界定问题**

认识系统中存在的困难和不和谐是决策过程的第一步。有效的管理者对不符合预定标准的组织行为和态度十分敏感。一般的反驳，如“我们没问题”、“我们会解决”这类话，是即将陷入麻烦的迟钝型管理者的征兆。尽管他们能使组织在短期运行中保持平衡，但是，从长远来看，使组织陷入混乱的可能性很大。

识别和界定问题是决策的关键，但通常没有引起人们的足够重视。问题的概念化方式对随后进行的问题分析与解决十分重要。这不仅需要管理者具备敏锐的洞察力，而且，在界定问题过程中，还需要有丰富的理论背景，对正式组织与非正式组织都要有全面的了解。通常，管理者草率而狭隘地界定问题，这样做会限制他们的选择。他们解决的是问题的表面症状，而不是问题的实质。例如，一群教师要求在选择课程资源方面拥有更大的自主权，这一行为可能被校长视为削弱其行政权威的企图。这种看法会产生一系列过于狭隘、局限的选择。然而，对于课程的长远发展而言，教师们的这一要求具有积极的和创新的意义。巧合的是，这一案例强调了安全与自信的重要性，有安全感、充满自信的管理者不太可能将教师的这种要求视为对他（她）的权威的威胁。

在该过程的第一步，正确地认识问题很重要。如果问题很复杂，对它的界定可能同样也是复杂的，或是多层面的。这就需要将问题分解成许多子问题，这些子问题将在决策过程中循环下去。此外，每一问题都可能会有多种不同的对策。例如，学校系统中学区划分的问题。许多家长都希望自己的孩子进入 X 校，而不是 Y 校，短期的解决办法是公布一项政策，以地理位置为基础，指定儿童进入某一所学校读书；然而，长效的解决方法最好是在一所或更多的学校提供均等的教育机会，改进教育计划。① 界定问题的指导性原则主要有两条：

- 首先，界定即时问题。
- 然后，界定长远问题。

第二步：分析当前情境中的困难

决策过程的这一步与第一步直接相关。事实上，一些研究者更愿意将界定问
题与分析问题统合在一起。不过，分析问题需要将问题进行分类。比如，问题是 305
独一无二的？还是某种类型的行为发展而带来的新的典型困难？

彼得 · F. 德鲁克（Drucker，1966）提出了两种基本的决策类型——普通决策与特殊决策。**普通决策**（generic decisions）源于既定的原则、政策和规则。事实上，反复出现的问题通常会按公式化的规章制度来解决。校长面对的大量决策属于普通决策。也就是说，组织已建立了处理这类问题的机制与流程。不过，这并不意味着这些问题无关紧要；而是说，它们是些一般性的经常发生的组织问题，是组织随时随地准备解决的问题。当校长执行教育委员会的命令、监督教师的缺席现象、调解师生冲突以及解释纪律程序时，就需要这样的决策。所有这些普通决策都是调解型决策（intermediary decisions）或上诉型决策（appellate decisions）（源于等级制度中校长的上级或下属）。在大多数情况下，校长应能把握形势，针对具体情境采用适当的规则、原则或政策。

特殊决策（unique decisions）或许就是创造性决策，该决策寻求超越已有程序的对策。事实上，这种决策可能要求人们对组织结构进行调整。决策者要处理的是特殊问题，这些问题不是一般的原则与规则所能够解决的。创造性决策通常会改变组织的基本进程或方向。为了进行创造性决策，决策者需要研究与问题相关的所有意见。

当校长和教职工致力于解决课程问题但却没有既定的指导方针可依时，就面临着特殊决策。督学可能会特别要求制定一个创造性方案。尽管完全特殊的事件并不常发生，但是，对决策而言，厘清常规问题与特殊问题之间的差异不容忽视。管理者必须警惕两类常犯的错误。

- 将某一常规情境视为一系列独特事件。
- 将新事件视为另一个老问题并用老办法去解决。

① 然而，如果问题还涉及到少数民族学生进入隔离学校，将更复杂。

一旦问题分为一般问题和特殊问题，管理者将提出其他疑问。问题有多重要？问题能够更加具体吗？将问题具体化需要哪些信息？问题的最初界定往往是概括的、一般性的。决策者在对问题的重要性进行分类和判定以后，开始对该问题及其涉及到的方方面面进行更为精确的界定。这伴随着对信息的需求。需要搜集什么样的信息取决于诸多因素，包括问题的重要性、时间限制、已有的资料搜集过程与结构。问题越重要，决策者搜集的信息量越大。当然，时间总是要受到限制的。需要
306 指出的是，已有的资料搜集过程与结构可能会促进或妨碍相关信息的搜索。

简而言之，决策者需要掌握相关资料。包括哪些资料？为什么包括这些材料？到什么地方找这些资料？何时掌握？掌握到何种程度？对这些疑问的解答可以为描绘问题参数提供信息。搜集这些信息的方式可以是正式的、复杂的，即通过实地调研或计算机工具来搜集；也可以是非正式的，即通过私人联系、电话、访谈来搜集。

第三步：确立令人满意的对策标准

在对问题进行分析和明确界定以后，决策者必须决定构成一个可接受的方案的要素有哪些？要实现的最低目标是什么？与所缺之物相比，必不可少的东西有哪些？从结果上来看，通常不太可能制定完善的对策。什么样的方案才算得上足够好？对上述问题的回答有助于决策者确立他或（她）的愿望水平。也就是说，一个令人满意的决策标准是什么？基于这一点，决策者有时会将可能的结果按满意度大小排列；经过妥协折中、调整、让步以后，通常已不存在一个完全令人满意的结果。这种方式也被用于从短期和长期的角度考量满意的标准是什么。

需要及早地具体说明恰当性标准，以便使决策者知道所作的决策不单是可接受的，而且是“正确”的。一般而言，人们用以判断决策的标准应与组织使命相一致。我们所说的适当标准，也就是科学家们通常所说的**边界条件**（boundary conditions），是决策者判断决策是否令人满意时必须面对的限制。

第四步：制定一个行动方案或策略

这是整个过程的中心环节。在认识问题、搜集资料、具体说明问题及其限制条件后，决策者将制定一个系统的、经深思熟虑的实施方案。该过程至少包括如下几个步骤：

- 将备择方案具体化。
- 预测每个备择方案的结果。
- 深思熟虑。

- 选择行动路线。

在我们分析每个步骤之前，仍需重申一些限制。管理者将行动方案建立在简约化的现实图景基础上；筛选出他们认为最相关、最重要的因素；因而能得出一些普遍结论并付诸行动，且没有被那些“可能”与即时问题间接相关的事实所麻痹。巴纳德（Barnard，1938）在描述管理决策的艺术时警告说： 307

- 不要对不相关的问题做决策。
- 不要过早决策。
- 不要作无效决策。
- 不要替他人决策。

人们对解决特定组织问题的备择方案所进行的搜索，叫做**问题搜索**（problemistic search）。它不同于随意的好奇式搜索，也不同于刻意的求解式搜索（Cyert and March，1963；Bass，1985b）。问题搜索是直截了当的，通常反映的是简化了的因果关系，并以两个简单规则为依据：

- 在出现问题征兆的范围内搜索。
- 在当前备择方案的范围内搜索。

当依据这两个规则无法找到足够合理的备择方案时，要进一步扩大搜索范围。问题搜索或许是管理者的一贯做法；因此，大多数决策是针对问题而作出的反应。

但是，决策并不必然是对问题的反应。詹姆斯·D. 汤普森（Thompson，1967）建议，可以建立一种行为-监督程序，以从环境中找到尚未被问题激活的机会。他称这一程序为**机会监督**（opportunistic surveillance）；在组织中，它与个体的好奇心相当。显然，一个鼓励机会监督的决策结构要比仅考虑问题搜索的决策结构更加符合人们的要求。

备择方案具体化(specifying alternatives)　制定行动方案的第一步就是列举所有可能的备择方案。实际上，只有部分备择方案是具体的，因为，我们早已注意到，人们在有限的信息处理能力范围内不可能考虑所有备择方案。一般而言，扩大选择机会，有利于增加发现令人满意、适应具体环境的备择方案的可能性。不过，经验丰富的决策专家除外（Klein，1997；Sales and Klein，2001）。例如，象棋专家（Klein et al.，1995）根据他的第一选择作出高质量的决策，有经验的战斗机飞行员也会这么做（Klein，1997）。因此，专家经常限制自己的选择范围而不会影响决策质量。

创造性决策者能够制定一个独特的、可行的备择方案，但这通常是一件耗时的事。遗憾的是，太多的管理者不去花费时间制定一套完整的可行方案；他们将对策一分为二——非此即彼。不要过于看重决策速度，因为那通常是草率的表现。决策方案的影响力比决策技巧更为重要。教育组织需要的是有效的决策，而非高明的技巧。

308 制定一整套备择方案需要时间，但时间是有限的。想一想，你最初的备择方案不奏效，但经过了很长一段时间之后，该方案最终还是解决了问题（问题自行解决了）。遗憾的是，许多问题不能自行解决，但是，在决策之前应该反复斟酌。尽管"无所事事"并没有解决问题，但它为进一步思考和搜集信息争取了时间，也就是说，它成了一种短期策略。事实上，考虑其他一些临时性的备择方案非常有益。也许它不能真正解决问题，但它可以为我们赢得更多的思考时间。一旦经过提炼和充分思考，临时性备择方案往往可以成为更为深思熟虑的建议的基础。制定初步的、临时性的备择方案的关键在于，如果成功，他们争取了时间，还不会造成敌意。这样的危险总是存在的，即争取时间的备择方案可能会被认为是贻误时机，因此，应该节约地、巧妙地使用所争取的这些时间。

常规决策能够快速、有效地作出，而创造性决策却需要深思熟虑和创新。创造性决策形成了诸多备择方案，具有独到价值。要创造性地思考，在思考过程中必须排除外部条件的约束，必须能够作出相对的、没有条条框框限制的判断，必须愿意考虑和表达非理性的冲动，必须进行安全的、有人积极响应的头脑风暴。当然，组织文化与氛围（参见第5章）对创造性思维也有抑制或促进作用。

简而言之，制定有效的解决问题方案要求做到如下几点：

- 主观上少作非此即彼的判断；
- 运用开放的、创造性的思维模式；
- 有时间制定合理的备择方案。

预测结果（predicting consequence） 应当考虑到每一备择方案所可能产生的结果。尽管出于分析目的，我们单独处理多个备择方案及其可预测的结果，但它们往往会同时出现。考虑备择方案及其可能产生的结果是发挥集体力量的好机会——可以共享智力和经验，以便尽可能作出准确预测。总体而言，对所提出的备择方案进行结果预测具有一定风险。例如，对有关财务成本的预测，可能会比较准确；但要对个人和群体的反应进行预测，其结果往往会存在问题。

预测结果需要一个良好的信息管理系统，那些具备搜集、编码、贮存、提取信息能力的学校结构，在决策过程中有着明显的优势。此外，还要与大量的想提高自我预测能力的人进行协商。就每一种备择的决策方案而言，人们只能根据可能性而不是确定的后果来预测结果。

行动方案的周密计划与选择(Deliberating on and Selecting the Course of Ac- 309
tion)　制定行动策略的最后一个阶段是深入分析和思考备择方案及其相应结果。有时，将所有备择方案及其可能产生的结果列举出来会大有帮助。在采用适当的备择方案之前，决策者依照满意方案的标准，认真权衡每一种备择方案可能产生的结果。经过周密考虑以后，决策者筛选出“最佳”方案或一系列经过排序的方案，最终形成了行动策略与方案。所要解决的问题越困难，行动路线越复杂。

为了说明策略的制定过程，让我们简化一下步骤。如同一位好的棋手那样，我们可以提前几步建立一套策略。假定备择方案 A 可以产生积极的、可接受的结果，那将是最佳选择。如果备择方案 A 失败，决策者选择备择方案 B。如果必要的话，还可以选择备择方案 C。依此类推，并假设可以找到能产生满意结果的备择方案。当然，如果没有找到能产生预期结果的备择方案，就要重新考虑其他可行的备择方案。有时候，决策者也可能找不到一种可以接受的备择方案。这时，就很有必要降低期望值。也就是说，应重新考虑“满意对策”的判断标准(返回到第三步)。这样一来，就需要重新制定一组新的目标、新的备择方案、新的数据和新的并且更可行的策略。

决策者在寻求满意的备择方案过程中，可以运用简单化的决策规则而使决策活动方便易行，这种规则就是**启发法**（heuristics)[1] ——简单的拇指法则（rule of thumb)[2]，用以指导决策并使决策快速有效[3]。例如，关于在 21 点[4]游戏中什

① “heuristic” 源自希腊语 “heuriskein”，中文意为 “启发式的”，表示探索性的方法或过程。——译者注

② rule of thumb：单靠经验或实践的方法；粗略而简便的方法。该短语的字面意思是 “大拇指的法则”，实际意义为根据实际经验和实践的对事物粗略但实用的估计方法。其出处有两种说法：一说源自旧时用拇指大略计算长度的做法；另一种说法源自昔日酿酒工人将拇指浸在所酿酒中估计温度的做法。——译者注

③ 一群被称为期望学派（prospect school）的认知心理学家对启发法进行了批判性的、有趣的分析。他们的主要论题是，个体通过应用启发式方法解决复杂问题而应用其有限的认知能力。虽然有启发法的帮助，但他们自身的系统偏见有时会对决策产生危害。参见：Nisbett and Ross，1980；Kahneman，Solvic，and Tversky，1982；Kahneman and Tversky，1996；Gigerenzer，2004。

④ 21 点（blackjack)：一种纸牌游戏，目的是积攒纸牌点数使之多于发牌者的计数，接近 21 点者为赢，但不得超过 21 点。——译者注

么时候“发牌”（“发16，压17”）或者如何下国际象棋（控制局势中心），这些都是启发式的。一些启发法是有用的，但也有一些会造成误导（Gigerenzer，2000；Gigerenzer，Todd，and ABC Research Group，1999）。

再认型启发（recognition heuristic）是倾向于将更高的价值（如更强、更快、更高）赋予所熟悉的事物。针对那种两体问题（two-object problem）[①]，可以将再认型启发简要表述为：

> 如果我们已对两个物体中的一个有所认识，那么，我们就推断已认识的物体具有较高的价值（Gigerenzer，Todd，and ABC Research Group，1999）。

例如，“哪个城市的人口更多——慕尼黑，还是多特蒙德?”一个没有听说过多特蒙德的人将推断慕尼黑的人口更多。再认型启发仅仅适用于其中一个事物尚不为人所知的情况，但是，这类案例的研究表明，拇指认知法则非常有用（Gigerenzer，Todd，and ABC Research Group，1999）。

可得性启发（availability heuristic）就是决策者倾向于以自己已有的信息为依据作出判断（Abelson and Levi，1985）。尽管这一策略快捷有效，但它往往会受人们头脑中的已有信息和第一反应的制约，而且，可得性启发也会使人犯错误
310 （Tversky and Kahneman，1974），会使人高估事件的发生频率。简而言之，决策者头脑中的已有信息往往是不充分的，而且，有时会使人误入歧途。

代表性启发（representative heuristic）就是决策者倾向于把他人视为他们所代表的典型的刻板印象，例如，人们通常会认为会计代表着机智、温和和精确（Tversky and Kahneman，1974；Greenberg and Baron，1997）。代表型启发不仅适用于人，而且适用于事与物。越是接近于所代表的最典型事物，被判定为该事物的可能性越大。尽管这种快速的判断不够完善，而且很容易导致错误，但人们常常用这种方法进行决策（Tversky and Kahneman，1974，1981）。

锚定与调整性启发（anchoring-and-adjustment heuristic）是一种心理上的拇指规则（mental rule of thumb），指决策者将已知信息作为决策的参照点；但也根据新信息进行调整（Baron，1998）。例如，校长可能通过观察将某位教师的绩效评价为满意，但是，当他从教师那里获得了新的信息以后，就会调整对教师的评价。如果校长缺乏良好的品质判断基础，这种方法则更具可行性。

---

① “两体问题”，物理学术语，指两个相互作用的自由质点在惯性系中不受外力作用的运动问题。——译者注

启发法对决策的影响很大，而且经常是在无意识的状态下产生的。新近的证据表明，任意信息都会影响人们的判断，即便是这些信息与决策无关（Wilson, et al., 1996）。对此，有好坏两种不同的解释。坏的解释是：一些启发法的潜在错误根深蒂固；好的解释是：这样的错误会随着决策者经验与专业知识的增长而减少（Frederick and Libby, 1986；Northcraft and Neale, 1987；Smith and Kida, 1991）。

显然，有诸多因素会影响你对一个或几个自己所偏爱的备择方案的选择。这些因素包括管理者的价值观、决策制定与实施的文化背景、对相关信息的理解力、环境的重要性、决策者面临的压力以及目标的重要性等。所有这些因素以及其他一些因素，都会对行动方案的最终选择产生影响。尽管如此，在历经这一系列步骤之后，经过深思熟虑、理性的、反思性的决策遂之产生。

第五步　*启动行动方案*

决策、行动方案一旦制定好，接下来就要付诸实施了。这是决策过程中最后一个环节。行动方案的启动至少包括四个步骤：计划、沟通、监控和评估。

计划（programming）　决策必须转化为具体计划——也就是说，实施方案的机制与细节必须具体化。例如，改变小学生分年级制度的计划包括一系列具体 311
的、详细的操作过程，这一过程需要对诸多问题作出回答。谁拥有该计划的相关信息？需要采取什么样的行动？由谁付诸实施？那些必须参与行动的人需要作些什么准备？计划采取的行动必须是参与者力所能及的。简而言之，计划的实施必须具有现实性和可行性。

沟通（communicating）　计划一旦作出，每一位参与者都必须意识到自己的责任。他们必须充分关注个体之间的沟通渠道和全方位的沟通机会。要成功实施一项计划，他们不仅要知道自己所扮演的角色，还要知道参与整个计划的其他人所扮演的角色。否则，就会事倍功半，收效低下。沟通系统在很大程度上促进了方案的实施，因而它能够是而且应该是发起行动、协调计划的关键机制。我们将在第 10 章详细讨论沟通问题。

监控（monitoring）　监控是对行动方案实施的监督过程。在实施行动方案过程中，需要进行评估与报告，以参照预期绩效对实际绩效进行持续评估。监控是一种借助于系统反馈的控制过程。绩效准则一旦确定，就必须付诸执行。执行并不意味着高压控制。控制的技巧有很多，如奖励、激励、劝诱、组织目标认同等。不同模式的控制和执行效果或多或少地取决于具体的实施环境和参与的个

体。行动方案实施过程的评估离不开持续反馈。

评估(appraising) 在历经计划、沟通与监控之后，仍需对决策结果进行评估，以判断其成功与否。决策令人满意吗？出现了什么样的新问题？人们通常是在对可能性而非确定性加以权衡的情况下作出决策的。甚至那些周密的计划、认真实施的决策也可能会失败或半途而废。组织决策产生于变革的环境之中——现实状况、价值观及环境都会发生变化。因此，一项结构严密的决策——在制定、计划、沟通、监控等各个环节上都经过深思熟虑的决策，它本身也会发生很大变化，需要进行更为深入的重新评价与评估（Litchfield，1956）。因此，在决策行为圈中，评价阶段既是上一个周期的结束，又是下一个周期的开始。显然，没有最终的解决办法——只有在某个时刻令人满意的决策和方案。

---

312 渐进模式：持续的有限比较策略

尽管我们刚才详细描述的满意策略非常适合处理教育管理中的诸多问题，但是，在有些情况下，仍需要渐进模式。当相关备择方案难以分辨，或者各个备择方案的结果过于复杂而难以预测，甚至令人满意的备择方案无法奏效时，就需要渐进模式（Grandori，1984）。例如，学校管理者应把更多的资源分配给什么样的新活动？如果仅考虑与现存条件略有不同的备择方案，对这个问题的回答或许更圆满。该策略的假设是：小的渐进式变革不会对组织产生大量无法预期的消极结果。

查尔斯·林德布卢姆（Lindblom，1959，1965，1968，1980；Braybrook and Lindblom，1963；Lindblom and Cohen，1979）首次介绍了渐进策略（incremental strategy）并加以系统阐述。他将这种决策方法说成是**应付**的科学（science of muddling through）。[①] 他认为，当面临的问题复杂多变、难以确定以及纷争四起的时候，这种决策方法是唯一可行的系统决策方法。这一过程最好被描述成持续的有限的比较方法。这种决策不需要目标，不需要对备择方案及其相应结果作筋疲力尽的分析，也不需要对最佳结果或满意结果作先验的判定。相反，在决策者对行动方案达成一致意见以前，所考虑的只是对那些与现实环境相近的少数的、有限的备择方案进行持续不断的结果比较。

---

① 林德布卢姆提出的“渐进主义”概念及模式不同时期有不同的名称：它最初被称为“渐进主义”（Incrementalism），后来叫做“应付的科学”（Science of Muddling Through），后又变成“断续的渐进主义”（Disjointed Incrementalism）。虽然名称不同，但是其内涵却基本上保持一致。——译者注

渐进模式有许多重要特征。首先，确定目标与形成备择方案不是彼此孤立的行为。目标与目的并不是在决策分析之前产生的。更确切地说，当探讨备择方案及其可能产生的结果时，可行的行动计划同时产生。问题越复杂，目标越有可能随决策的演进而改变。这样一来，备择的行动计划的而不是任何预先目标的价值观之间的边际差异（marginal difference）构成了决策基础。

渐进模式大大减少了备择方案的数量。这一策略只考虑那些与现实环境相近的备择方案，只分析现实状态与预期结果之间的差异，而忽略决策者的狭隘兴趣以外的所有结果。通过这种方式，大大降低了决策复杂性，从而使决策变得易于掌握。林德布卢姆（Lindblom，1959）认为，这种简化的分析问题方式并非反复无常，它通过关注那些略有差异的备择方案，将人们的注意力限制在与现实情境的细微差异上，从而使人们获得大量的实用知识。管理者依据自己的经验选择一
套合理的备择方案，能够准确而自信地预测出结果。况且，仅强调不同备择方案 313
之间的差别，可以节省时间和精力。仅关注结果可以避免由试图预测和分析某一具体行动方案的所有可能结果而带来的麻痹大意。

最后，持续比较通常是理论的替代物。在古典模式和管理模式中，理论被看做是为解决实际问题提供相关知识的有效途径。当问题越来越复杂时，理论指导决策的不足之处就越发明显。持续、有限的比较策略表明，在如此复杂的情况下，决策者情愿去比较那些实用的备择方案，而不必看重那些抽象的理论分析，这样做的收效更大。

简而言之，渐进模式具有以下独特的特征：

- 因为设置目标与形成备择方案同时进行，所以手段–目的式分析并不适用。
- 好的解决方案是那些决策者不考虑目标如何而达成了共识的方案。
- 因为只考虑那些接近于现实情况的意见，备择方案与结果的数量锐减。
- 只分析现实情境与备择方案的差异。
- 渐进模式回避理论问题，而宁愿对各种具体实用的备择方案持续不断地进行比较。

理论联系实际

描述你们学校近来在管理方面的问题。管理者是如何对此作出反应的？使用了什么样的决策策略？管理者选择了满意模式还是渐进模式？决策过程的开放程度如何？其结果如何？就决策成功与否进行评价。

混合扫描模式：适应性策略

虽然应付的科学被广泛运用，但它也有自身的局限性：即保守与漫无目的（Hoy and Tarter，2003）。大多数管理者是在占有的信息不全面和时间较为紧迫的情况下进行决策的。埃米塔伊·埃兹奥尼（Etzioni，1967，1986，1989）提出了一种针对复杂性与不确定性的实用的决策模式。他所提出的这种适用性模式，又叫**混合扫描模式**（mixed-scanning model）[①]，对我们刚才所讨论的管理模式与渐进模式进行了综合（Thomas，1984；Wiseman，1979a，1979b）。

混合扫描模式涉及到两个问题：

314 • 组织的使命与政策是什么？
• 什么样的决策将推动组织实现其使命与政策？

混合扫描模式试图利用部分信息制定出令人满意的策略，而不必因检验所有信息而使工作繁重，也不会因缺乏信息而盲目决策[②]。这种**适应性策略**“将对各种资料的浅表分析与深度考察相结合——先对大量的事实与选择进行一般性考量，随后针对重要的事实与选择进行周密的考察”（Etzioni，1989：124）。高层次的重要决策（使命或政策制定）与低层次的渐进决策相结合，低层次渐进决策是形成高层次重要决策的基础（Etzioni，1986；Goldberg，1975；Haynes，1974）。混合扫描模式将管理模式的合理性和综合性与渐进模式的灵活性和实用性结合起来。

正如我们所提到的那样，有时候，各种备择方案难以辨别，其结果难以预测。在这种情况下，管理者往往进行边际调适。他们采用的渐进决策是尝试性的或修补性的——即朝着离现实状态不远的方向小步迈进。然而，这样的决策也有局限性，它具有明显的保守性，方向不明确。也就是说，如果决策者不能根据一般的、根本性的政策对渐进决策进行评估，那么，决策就可能偏离原来的方向。

---

① 混合扫描模式是哥伦比亚大学社会学教授埃米塔伊·埃兹奥尼（Amitai Etzioni）提出的。他的模式试图将全面理性决策和渐进模式的优点结合起来，埃兹奥尼宣称混合扫描理论把理性决策和渐进决策两方面都考虑到了。在一些场合，全面理性模式是合适的；而在另一些场合，渐进模式是合适的。这一理论也考虑到决策者能力的差别，一般而言，决策者能用来实施他们的决策的力量越大，进行越多的扫描是现实的；而扫描的范围越广，决策也就越有意义。一言以蔽之，混合扫描理论是渐进主义和理性主义相结合的产物。——译者注

② 埃兹奥尼（Etzioni，1967）称，自他的第一篇文章起，包括他的博士论文在内，他有50篇文章是论述混合扫描模式的。参见Etzioni，1986。

但是，一般性的指导方针不是渐进地形成的，事实上，它们具有优先决策所具有的重要特征，而这正是渐进决策力求避免的（Etzioni，1989）。

混合扫描模式源于医学，是高效率的内科医生的决策方法。与渐进主义者不同，医生们知道自己要治疗什么病和着重要治疗机体的哪一部分。而且，他们也不像那些追求最优化的决策者，并不把所有资料当作初始诊断的基础，也不会等到有了令人信服的病人病史和科学数据以后才开始治疗。医生们观察病人的征兆，分析病情，开始试验性治疗；如果失败了，他们再尝试别的方法（Etzioni，1989）。

混合扫描模式的原则直截了当。事实上，埃兹奥尼（Etzioni，1989）提出了七个混合扫描模式的基本原则，韦恩·霍伊和约翰·塔特（Hoy and Tarter，2003）将其归纳如下：

1. **集中尝试和纠错。**首先，寻找合理的备择方案；然后，对其加以选择、实施和验证；最后，当结果清晰时，进行调整和修正。集中尝试和纠错假定，尽管缺乏重要信息，管理者也必须有所行动。因此，只能依靠部分信息进行决策，然后，再根据新的资料进行仔细的监控和修正。
2. **谨慎尝试。**时刻准备在必要时修改行动方案。管理者要把每项决策看做一项实验，期待着对其进行修改，这一点很重要。 315
3. **如不确定，则尽量拖延。**等待并不总是一件坏事。当情况模糊不清时，尽可能地等待，以便获取更多信息并对其进行分析，然后再采取行动。复杂性和不确定性经常使拖延合乎常理。
4. **分步执行决策。**分阶段执行决策，评估每一阶段的结果，然后进入下一个阶段。
5. **如果没有把握，则把决策分成几个部分。**犹豫不决的决策可以分成几个部分进行试验。不要把你所有的资源都用来执行一个决策，与此相反，充分利用部分资源，直到出现令人满意的结果为止。
6. **两边下注，以避免损失。**如果每一个彼此有竞争的备择方案都有令人满意的结果，就逐一付诸实施，然后再以这些结果为基础进行调整。
7. **时刻准备推翻你的决策。**努力使决策处于一种试验性、实验性状态。推翻决策可以避免决策者在只能获得部分信息的情况下对行动方案的过度投入。

教育管理者要熟练地运用以上各种适应性技巧；展现出灵活性、谨慎性及运用部分知识进行决策的能力。

总之，混合扫描模式具有以下显著特征：

- 一般的组织策略为试验性的渐进决策提供了指导原则。
- 好的决策能带来与组织策略和任务和谐一致的令人满意的结果。
- 只搜索与问题密切相关的备择方案。
- 决策分析的假设基础是，缺乏重要信息但必须进行决策。
- 同时运用理论、经验和持续不断的比较。

表9.1比较了四种决策模式——古典模式、管理模式、渐进模式和混合扫描模式——的主要区别。

316 **表9.1 决策的古典模式、管理模式、渐进模式、混合扫描模式之比较**

古典模式	管理模式	渐进模式	混合扫描模式
形成备择方案之前确立目标。	一般在形成备择方案之前确立目标。	确立目标与形成备择方案交融在一起。	形成备择方案之前确立一般性的政策指导方针。
决策是一种手段-目的分析：首先，确定目的；其次，寻找达到目的的手段、途径。	决策是一种典型的手段-目的分析，然而，目的偶尔会因分析而改变。	由于手段与目的不可分割，因此，手段-目的分析不适用。	决策关注一般性目的和试验性手段。
判定决策的优劣要看它能否被证明是达到目的的最佳手段。	判定决策的优劣要看它能否被证明以令人满意的手段达到目的。它受既定的边界条件的限制。	判定决策的优劣在于，当现有手段被证明有误时，决策者能否认同一个方向"正确"的备择方案。	判定决策的优劣在于，证明其能产生与组织政策和谐一致的、令人满意的决策。
(最优化)	(令人满意)	(持续比较)	(适应性满意)
进行综合分析，所有备择方案及其结果都要考虑到。	进行"问题性搜索"，直到确认一套合理的备择方案为止。	极力对搜索和分析予以限制：关注与现有情境相似的备择方案。许多备择方案和重要结果都被忽略。	对搜索与分析予以限制，使其集中在与问题紧密相关的备择方案上，但是根据一般性政策来评价试验性备择方案。比渐进模式更为综合化。
过度依赖于理论。	依赖于理论和经验。	持续不断的比较分析降低或消除了对理论的依赖。	同时运用理论、经验及持续不断的比较分析。

权变方法：针对情境的正确策略

至此，我们已经讨论了四种决策模式，哪一种决策模式最好呢？其实，正如没有最好的组织模式、教学模式、研究模式和其他数不清的工作模式一样，也没有最好的决策模式。在最复杂的任务中，那些与环境相适应的方法——权变方法——就是最好的方法。

可以根据应对复杂性问题和日益增长的不确定性条件以及矛盾冲突的能力来
对决策战略排序（Grandori，1984）。当所要作出的决策较简单，信息完整、确 317
定，并且组织成员有共同的偏好（无冲突）时，适合用最优化策略。然而，正如我们所讨论的，组织问题从不是那么简单、确定的，并且成员在偏好上从来不会没有冲突；那么，最优化并不是真正的选择。

当不确定性和矛盾冲突盛行，并成为管理决策中的典型情况时，满意策略（satisficing strategy）比较适用。管理模式具有弹性和启发性。决策既建立在比较备择方案结果的基础上，也建立在决策者的期望水平基础上。决策者在发现令人满意的行动方案之前，只能对部分备择方案进行分析。如果没有找到令人满意的对策，就会降低期望水平。当然，时间紧迫将迫使决策者只考虑有限的备择方案，从而缩短了决策过程。

当备择方案难以分辨，或者各个备择方案的结果过于复杂而难以预测，甚至令人满意的备择也有自身局限性时，胡乱应付或渐进模式也许是一种恰当的策略。因为，该策略既可以处理不确定性，也可以应对利益冲突；其假设是，细微的变革不会对组织产生太大的消极影响（Grandori，1984）。这样，当组织陷入混乱或是方向不明确时，这种胡乱应付可能是一种适合的短期（short-run）策略。

不过，一些组织研究者（Starkie，1984；Etzioni，1989）认为，即使决策较复杂且结果难以预测，采用渐进模式也会显得过于保守，并且会弄巧成拙。如果没有理论指导，小规模的渐进决策会偏离方向。相反，混合扫描模式或适应性决策模式可适用于极为复杂的决策。混合扫描模式兼具满意模式和渐进模式的优点；在一般性政策的指导下，满意模式与渐进模式相结合。在渐进决策过程中，决策者对部分（而非全部）令人满意的备择方案进行扫描，强调试验性的、可以推倒重来的决策，同时对组织目标保持谨慎而又清晰的认识。在付诸行动之前，所考虑的备择方案的数量受时间限制。

总之，恰当的决策策略取决于信息、情境的复杂性、时间和决策的重要性等因素。基于如下三个问题，我们提出了一个选择正确决策模式的简单方法：

- 有足够的信息来界定令人满意的结果吗？

- 有足够的时间从事综合性调查吗？
- 决策的重要性如何？

如果有充分的信息用来界定令人满意的结果，就选用满意策略模式。但是，受决策时间及其重要性等因素的影响，人们会对满意策略予以简化或改变。如果
318 信息不充分，适应性满意策略就是首选策略。但是，适应性满意模式也会因决策时间与重要性的影响而被删减或修改，其具体方式就是进行边际调适。下面的权变树形图描绘了八种可能性及相关策略（见图9.2）。

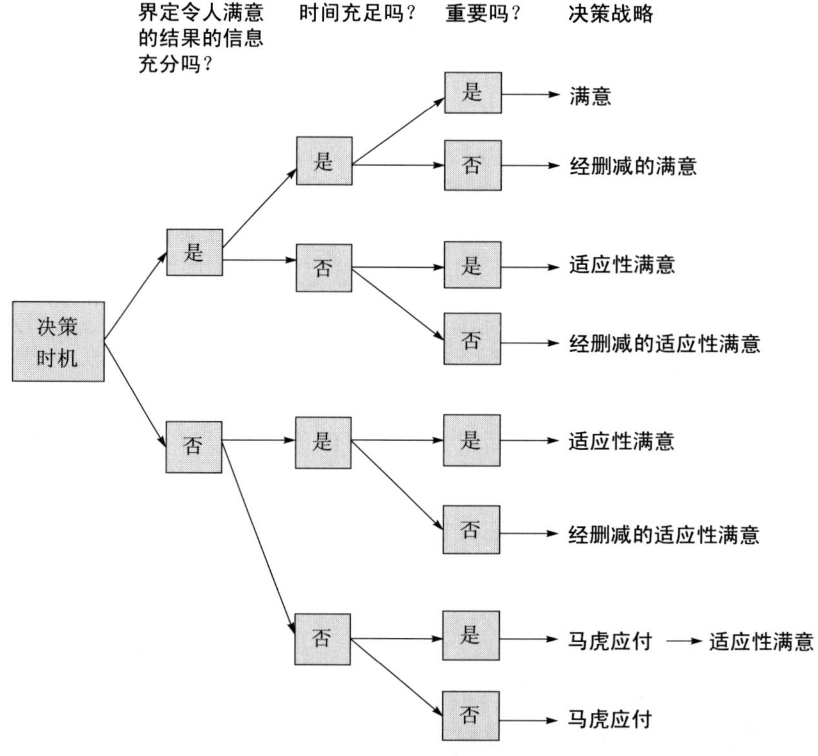

图9.2　权变树形图：协调决策与情境的简单方法

垃圾箱模式：非理性决策

有时，个体和组织需要在没有什么恰当理由的情况下做事。人们虽然不总是

在来不及思考的情况下有所行动，甚至是不经常如此，但也会偶尔为之（March，1982，1994）。所谓的**垃圾箱模式**（garbage can model），就可以描述这种经常在充满高度不确定性因素的组织中出现的现象。该模式的创始人迈克尔·科恩、詹姆斯·马奇和约翰·奥尔森（Cohen，March and Olsen，1972）等，称这类 319
组织处于有组织的无序状态（organized anarchy）。这类组织的特征为：问题层出不穷，技术模糊不清，参与者不够确定。也就是说，决策过程的每一步都不够明朗，组织中的因果关系几乎无法确定，参与者变动很快，用于解决问题和决策的时间十分有限。尽管没有哪个组织在任何时候都是这种极端的有机系统或极端的松散结合系统，但是，对于理解有组织的无序状态下的决策模式而言，该模式十分有用。

垃圾箱模式的基本特征是，决策过程不是从问题开始，也不以问题的解决而告结束；更确切地说，决策是组织中一系列相互独立的要件的产物（Cohen，March，and Olsen，1972；Cohen and March，1974；March，1982；Estler，1988；Daft，1989；Tarter and Hoy，1998；Slater and Boyd，1999）。以下四类要件与有组织的无序状态下的组织决策关系紧密：

- **问题**是指需要注意的不满意之处；然而，问题与方案的选择不同。问题可能引发解决方案，也可能不会；而某一方案被采纳时，问题可能得以解决，也可能不会。
- **方案**是指人们提出的供采纳的思想观点，但这些思想观点又独立于问题之外。事实上，一种思想观点的魅力在于，它能引起人们对问题的探究并验证该观点是否正确。科恩及其同事（Cohen et al.，1972：3）声称："尽管人们声言，你没有清晰地阐述问题，就不能找到问题的答案，但是，你往往直到知道了问题的答案，才知道组织究竟要解决什么问题。"
- **参与者**是指组织中的各类人员。因为人员是流动的，所以问题及其解决方案都在快速地发生变化。
- **选择机会**是指人们期望作出组织决策的时机。例如：签订合约、人员招聘与解聘、经费使用以及资源配置。

由于有这四类要件，整个的组织决策模式呈现出随机性特征。直到所遇到的问题与他们以往的经历相类似时，组织决策者才知道发生了某些必须作出决策的事情（Hall，1987）。当问题与方案碰巧匹配时，决策就可能遂之发生。一个有着好想法的管理者会突然发现要解决的某个问题。当问题、方案与参与者恰巧在某一点上相关联时，就可能作出决策，问题也可能得以解决，但当方案与问题不

符时，问题仍不能得到解决。在垃圾箱模式中，人们将组织视为寻求问题时的一
320 系列选择；视为寻找可以展现自我的决策舞台时的感觉；视为为那些可能会有答案的问题寻求方案；视为寻找工作的决策者（Cohen，March and Olsen，1972）。

垃圾箱模式有助于解释为什么要提出一些对策来解决那些根本不存在的问题；为什么作出的选择不能解决问题；为什么无法解决的问题仍然存在；为什么只有极少数问题可以被解决。对事件的解释不清以及事件本身的复杂性致使问题、方案、参与者以及选择机会作为一个个互不相干的要素而发挥作用。当它们彼此协调时，就可以解决某些问题。但是，在这种混沌的决策过程中，很多问题都没有解决——它们依然存在（Daft，1989）。毫无疑问，垃圾箱模式是一个包含真实成分的隐喻，它似乎恰当地描述了某些情况（而不是其他情况）下的决策方式。该模式得到许多有关不同类型的组织研究的支持（Sproull，Weiner，and Wolf，1978；Bromily，1985；Levitt and Nass，1989）。但是，最近，另外一些研究对其作为一种一般性决策模式的实用性，甚至是用于那些充满复杂性、不确定性、非连续性和权力政治的组织决策时，提出了质疑（Janis and Mann，1977；Padgett，1980；Hickson et al.，1986；Pinfield，1986；Heller et al.，1988）。

总之，垃圾箱模式具有以下特征：

- 组织目标自发形成；它们不是事先设定的。
- 手段与目的各自独立存在，机会或偶然性将其联系在一起。
- 当问题与对策相匹配时，才会形成好的决策。
- 决策更大程度上依赖于机会而不是理性。
- 管理者扫描现有的对策、问题、参与者和机会，以期这些因素能相互匹配。

垃圾箱模式是描述如何决策的隐喻，而不是关于行动的建议。

贾尼斯-曼冲突理论：决策中的压力与非理性

不管采取哪种决策战略，环境压力与决策过程本身经常让人有一种紧迫感。欧文·贾尼斯和利昂·曼（Janis and Mann，1997）开发的颇具见地的冲突模式回答了如下两个问题：

- 在什么样的条件下，压力对决策质量产生不利影响？

- 在什么样的条件下，个体要采取合理的决策程序以避免作出他们很快就会后悔的选择？①

当人们进行重要的决策时，会采用不同的方法来缓解心理压力。心理压力的主要来源是对失败的恐惧，对未知结果的担心，对在公众面前出丑的忧虑以及对决策失败时失去自尊的不安（Janis，1985）。重要的决策常常涉及价值观方面的 321
冲突。决策者往往会面临令人不安的两难境地，所作出的任何一种选择都会牺牲其他重要的目标。因此，决策者的焦虑感、羞愧感和内疚感增加，从而导致压力增大（Janis，1985）。

毫无疑问，造成决策失误的原因很多，包括肤浅的分析、无知、偏见、冲动、时间限制、组织政策等。但是，许多决策的制定与执行之所以十分蹩脚，其中一个重要原因与动机冲突后果有关——尤其是与克服压力的努力有关，这种压力是在为了重要的决策进行极其艰难的选择时形成的。因此，人们采用了一系列防御机制。一些人藐视危险信息而努力向前（没有冲突的执著前进）。其他人仅接受最普遍的行动方案（没有冲突的变革），还有一些人则会拖延和逃避（防卫性逃避）。另一种极端表现则是决策者变得恐慌和高度警觉，他们急切地寻找对策，面对众多备择方案，如热锅上的蚂蚁一样不知所措，然后，冲动地抓住一个仓促间设计的方案聊以自慰。所有这些行为都属功能失调，并且会导致有缺陷的决策。

如果决策者保持警觉，则有可能作出较好的决策，也就是说，他们能认真搜索相关信息、以中立的态度吸收信息、对备择方案进行评估，最后在反思基础上作出选择。保持警觉的决策者的效能较高，能避免落入其他四种模式的圈套（Janis and Mann，1977）。但是，即使决策者保持警觉，他们也会因为走认知上的捷径而犯错误。包括科学家和统计学家在内的各类人员都容易犯认知性错误，比如，过高估计那些很容易想象到的事件的可能性、过分看重有代表性的信息、依赖于小样本、相信有倾向性的信息（biased information），等等（Tversky and Kahneman，1973；Nisbet and Ross，1980；Janis，1985）。而且，当决策者处于心理压力之下的时候，犯这些错误的概率也可能会增加。其结果是，压力经常对决策产生负面影响。

哪些条件可以促进和阻滞决策者保持警觉呢？决策者面临决策时，总是有意无意地考虑以下四个问题（Janis and Mann，1977）：

问题一：如果不进行变革，危险会严重吗？如果答案是否定的，就不可

① 这一节主要选自贾尼斯（Janis，1985）、贾尼斯和曼（Janis and Mann，1977）的著作。

能进行变革。如果答案是肯定的，可以问第二个问题。

问题二：如果进行变革，危险会更严重吗？ 如果变革的预期损失很小，则
322 危险不严重，决策者会毫不犹豫地采用最合理的备择方案。如果该问题的答案是肯定的，那么就会产生压力，因为，变革和不变革都会有严重的危险。对压力的焦虑总会产生另外一个问题。

问题三：希望找到一个更好的对策现实吗？ 如果决策者相信没有希望找到一个更好的对策，那么，结果将处于一种防卫性逃避状态。为了逃避冲突、缓解压力，个体会通过推卸责任或使现实状况合理化等方式来避免制定决策。但是，如果还有找到更好的解决方案的希望，就会出现下一个问题。

问题四：有足够的时间去寻求和深思熟虑吗？ 如果没有，就会进入高度警觉的状态。决策者会产生恐慌，会采用仓促间设计的方案聊以自慰。如果时间充裕，决策者会更有可能进行谨慎的信息加工，通过认真寻求、评估和制定权变计划来提高决策效能。警觉性的形成路径如图 9.3 所示。

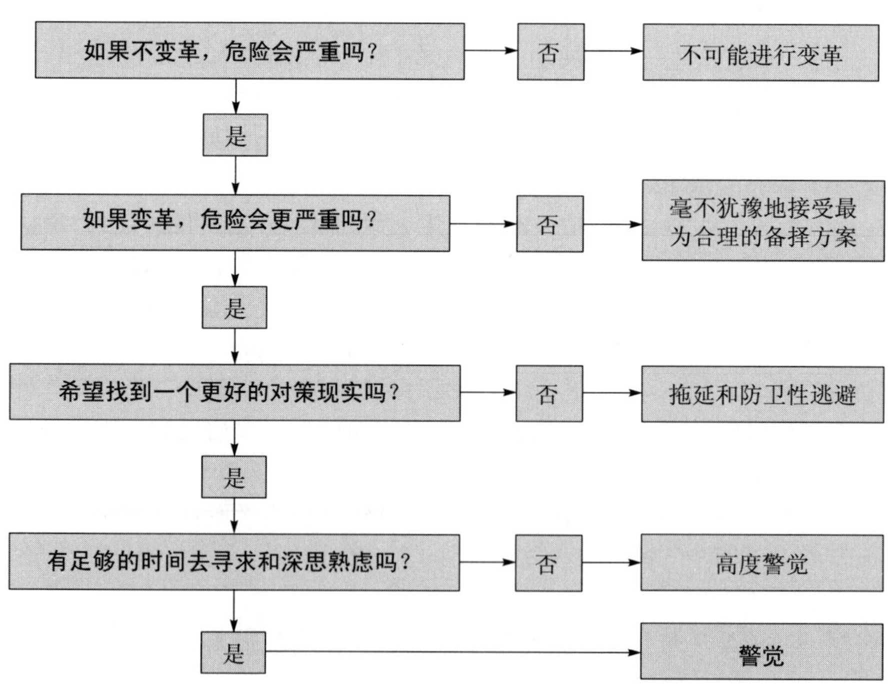

图 9.3 决策中的警觉路径 323

显然，在决策过程中，管理者应保持警觉；然而，劳动力、时间和压力等因素往往会削弱管理者的警觉性。不过，如果知道是什么样的危险以及危险最有可能发生的时间，他们就极有可能采取有助于规避风险的措施。警觉性决策通常要求冒险，决断，以及找些时间来反思与制定权变计划。

共同决策

1948 年，莱斯特·科什（Lester Coch）和约翰·R. P. 弗伦奇（John R. P. French）在哈伍德制造公司（Harwood Manufacturing Corporation）展开了一系列的现场实验，对参与决策（participation in decision making）的效果进行研究，这一研究堪称经典。实验结果一目了然，而且无可置疑：员工参与决策可以提高生产力。其他一些研究也对无论是商业领域还是教育组织的参与决策的可取之处和影响力给予支持。① 下面是对教师参与决策的研究和理论性文献的归纳总结：

- 参与政策制定的机会是影响教师士气和他们对学校的热情一个重要因素。
- 参与决策与教师个体对教学专业的满意度呈正相关。
- 教师更喜欢让他们参与决策的校长。
- 决策失败是因为其质量低劣或不能为下属接受。
- 教师们既不希望也不想参与每一项决策，事实上，过多的参与和不参与一样不利。
- 教师和管理者在决策中的角色和作用要随问题性质的改变而变化。

教师应参与决策和政策的制定吗？这是一个伪问题！有时他们应该参与，有时则不应该参与。参与决策可能产生好的结果，也可能产生坏的结果。问题应该这样问：在什么情况下，下属可以参与决策？参与到什么程度？怎样参与？

---

① 支持参与决策的可取之处的研究，可以参见 Sharma，1955；Guest，1960；Vroom，1960，1976；Belasco and Allutto，1972；Allutto and Belasco，1973；Conway，1976；Hoy，Newland，and Blazovsky，1977；Driscoll，1978；Mohrman，Cooke，and Mohrman，1978；Moon，1983。对参与决策的综合性的或带有某些批判性的评论，参见 Locke and Schweiger，1979。同样，有关教育中的参与决策的评论，参见 Conway，1984。下属参与决策的效果既不简单也不明确，参见：Imber，1983；Conway，1984；Imber and Duke，1984；Vroom and Jago，1988；Conley，Bower and Bacharach，1989；Bacharach，Bamberger，Conley，and Bauer，1990；Conley，1990。

共同决策（shared decision making）的诸多模型有助于回答这些问题。最著名的模型是维克多·弗罗姆和菲利普·耶顿（Vroom and Yetton，1973）最初提出的，后经弗罗姆和贾戈（Vroom and Jago，1988）加以改进，这就是弗罗姆-杰
324 戈决策模型（Vroom-Jago model of decision making），该模型强调决策参与要与问题的性质和情境相匹配。从现有的研究看，人们已制定了八个规则来提高决策的质量与可接受性。另外，还提出了两个附加规则，即时间与发展方面的限制。简言之，这十个规则提供了一个复杂的参与模型，该模型要求使用复杂的决策树形图或计算机（Vroom and Jago，1988）进行决策。该模型在实践上有一定局限性，如初学时很难，在应用过程中又会面临许多挑战；尽管如此，我们特别建议管理专业的学生对该模型进行深入研究（Vroom and Jago，1988；Hoy and Tarter，2003）。下面，我们将集中讨论由霍伊和塔特（Hoy and Tarter，1992，1993a，1993b，2003）提出的经简化的共同决策的模型。

霍伊-塔特共同决策模型

下属之所以毫无异议地接受一些决策，是因为他们对这些决策漠不关心。如巴纳德（Barnard，1938：167）所言，每个人都有一个**冷漠区**（zone of indifference），“在这个区域里，每一个个体都会接受命令，而没有意识质疑权威。”西蒙喜欢**接受区**（zone of acceptance）这一更积极的术语，但是，在一些文献中，这两个术语被交替使用。下属的接受区至关重要，它决定了下属在什么样的情况下参与决策，在什么样的情况下不参与决策。

接受区：意义与界定

根据巴纳德（Barnard，1938）、西蒙（Simon，1947）、蔡斯（Chase，1951）等人的研究，布里奇斯（Bridges，1967）提出了两条关于参与决策的建议：

1. 下属参与在他们接受区之内的决策，参与效果较差。
2. 下属参与在他们接受区之外的决策，参与效果较好。

对管理者而言，问题在于要判定哪一个决策在接受区以内、哪一个决策在接受区以外。布里奇斯建议采用两个试验来回答这个问题：

- **相关性测验**(test of relevance)：决策结果涉及下属的个人利益吗？
- **专门技能测验**(test of expertise)：下属拥有有助于决策的专门技能吗？

对这两个问题的回答解释了图 9.4 中的四种情形。当下属既具有专门技能又与决策结果有利益关系时，决策就明显地在他们的接受区之外。但当下属既不具备专门技能又与决策结果没有利益关系时，决策在接受区之内。然而，也会存在两种临界情况，每一种情况都有不同的决策限制。当下属具有专门技能但与决策结果无个人利益关系或与决策结果有个人利益关系但不具备专门技能时，情况就很难确定。为此，霍伊和塔特（Hoy and Tarter，1995）提出了另外两个理论假设：

3. 当下属多少会用一些专门技能参与决策时，其参与具有边际效能。 325
4. 当下属参与体现他们相关利益的决策时，其参与具有边际效能。

		与下属有个人利益关系吗？	
		是	否
下属拥有专门技能吗？	是	在接受区之外（可能包含）	边际技能（偶尔包含）
	否	边际相关（偶尔包含）	在接受区之内（绝对排斥）

图 9.4　接受区和参与区

信任与情境

如果我们要成功地将该模式用于解决实际问题，那么，有必要再考虑一个问题，这就是下属的信任有时会调节他们的参与度①。当下属的个人目标与组织目标相抵触时，让下属作决策是错误的，因为，这样一来，决策极有可能以个人的利益为基础而牺牲整个学校的利益②。因此，下属的信任很重要，为了测验信任度，我们提议作这样一个试验：

- **信任试验：** 下属有完成组织使命的责任心吗？能否信任他们会作出最

① 在这一模型的较早版本中，第三个测验叫“忠诚”（commitment）；我们相信，“信任”（trust）是表达该测验意义的更好的词汇。

② 共同决策与决策授权（delegation of decision making）之间有很大不同，参见霍伊和苏译（Hoy and Sousa，1984）；对校内参与所进行的批判性分析，参见基思（Keith，1996）。

符合组织利益的决策吗？

如果决策在接受区之外，并且相信下属能作出最符合组织利益的决策，那么，参与应该是广泛性的。我们将这种情况称之为民主情境(democratic situation)。因为唯一的问题是决策能否被一致通过或多数通过。但是，如果决策在接受区之外并且对下属缺乏信任，我们便处于冲突情境(conflictual situation)之中，并且应对参与有所限制，否则，将与组织的整体利益不相符。

如果决策问题和下属无关，并且他们不具备专门技能，决策便属于他们的接受
326 区之内，就应避免让其参与；这是一种非合作性情境(noncollaborative situation)。事实上，因为在这种情况下下属普遍不感兴趣，让他们参与可能会导致他们的不满。

当下属与决策结果有利益关系但缺乏专门技能时，我们处于利益相关者情境(stakeholder situation)之中，应限制下属参与或只是偶尔让他们参与，否则会遇到麻烦。如果下属没有实质性贡献，最终将是那些具有专门技能的人（不是下属）来进行决策，下属就可能会产生敌对或挫折情绪。事实上，下属可能已经觉察到自己不过白忙活了一阵子，因为决策“已经做好”。丹尼尔·L. 杜克、贝弗利·K. 肖沃斯和迈克尔·英伯（Duke，Showers，and Imber，1980）从他们的研究中得出结论：教师常常将参与决策看成一种制造教师拥有影响力的错觉的形式或尝试。另一方面，让教师以某种有限制的方式参与决策有时也是有益的。在这些情况下让教师参与，一定要运作巧妙。参与决策的主要目的是开展与下属之间的交流，教育他们，并且赢得他们对决策的支持。

最后一种情境是专家情境(expert situation)，此时，下属与决策结果并无利益关系但拥有能作出有意义的贡献的知识。下属应参与吗？只是偶尔！不分青红皂白地让他们参与决策只会增加疏远的可能。在这种情况下，虽然参与使管理者作出高质量决策的机会有可能增加，但是，下属可能最想问的是“管理者从中得到了什么”。图9.5对这些决策情境与适当的反应进行了总结。

决策结构

一旦管理者决定让下属参与决策，下一个问题就变成决策过程如何展开。霍伊和塔特（Hoy and Tarter，2003）提出了五种决策结构：

1. **群体共识**(group consensus)：管理者让参与者介入决策，由群体来作出决策。在形成和评价决策时，所有成员平等参与，但只有在达成共识以后才能作出决策。
2. **群体优势**(group majority)：管理者让参与者介入决策，群体决策要

遵从少数服从多数原则。

3. **群体咨询**(group advisory)：管理者向整个群体征求意见，讨论群体建议的意义，然后决定是否考虑下属的要求。
4. **个体咨询**(individual advisory)：管理者和具有专门技能的下属商量决策，然后作出是否考虑他们的观点的决策。
5. **单边决策**(unilateral decision)：管理者在作出决策时既不与下属商 327
量，也不让他们参与。

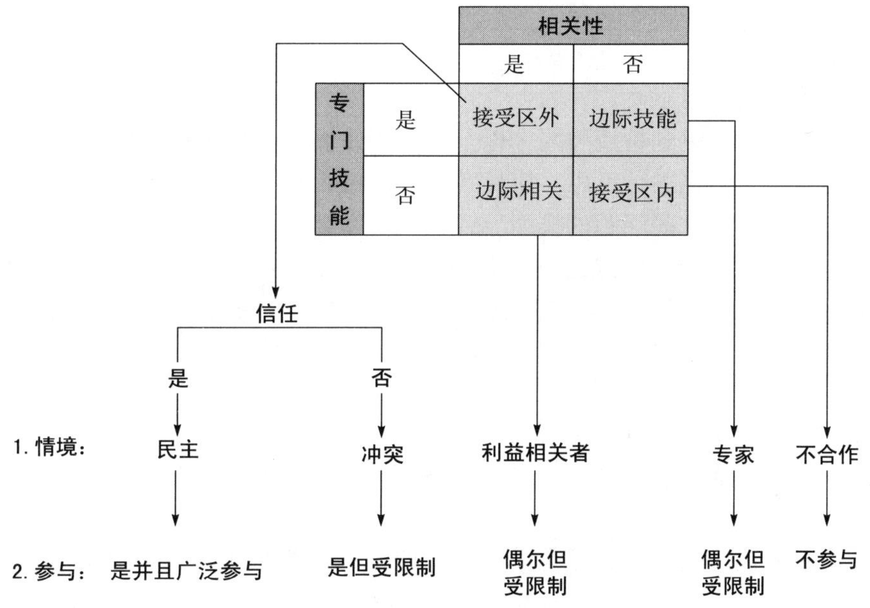

图9.5　决策情境与下属参与

领导角色

到目前为止，我们集中讨论了下属参与决策。现在我们转向管理者并对五种领导角色进行界定：整合者、议员、教育者、征询者和指挥者。整合者(integrator)，为了达成共识性决策而将下属集结在一起，其任务是使有分歧的观点和立场和解。议员(parliamentarian)，为了维护少数人的意见而促进公开沟通，引导 328
参与者通过民主程序实现群体决策。教育者(educator)，通过向群体成员解释并与之讨论决策问题的时机与限制，以减少对于变革的抵制。征询者(solicitor)，向下属中的专家征询意见。当在管理者的引领下形成了相关信息时，决策质量就会有所提高。指挥者(director)，在下属具备专门技能或没有利益关系的情况下实施单边决策。其目标是追求效率。表 9.2 对每一角色的功能和目标进行了总结。

表 9.2　参与决策中管理者的角色

角　色	功　能	目　标
整合者	整合分歧观点	达成共识
议员	促进公开讨论	支持群体的反思性深思熟虑
教育者	解释和讨论问题	寻求对决策的接受
征询者	征询意见	提高决策质量
指挥者	单边决策	获致效率

整合：共同决策模型

管理者常常会感到精疲力竭，以至于不能让教师参与所有决策。较为恰当的做法就是对这一问题进行反思：应让其他人何时参与决策？如何参与？我们已经提出一个可以回答这些问题的模型。

该模型的核心概念是接受区，它源自于巴纳德（Barnard，1938）和西蒙（Simon，1947）的理论。有很多决策下属可以简单地接受，因而不需要他们的参与。在辨别这类情况时，管理者要回答如下两个问题：

1. **相关性问题**：决策结果是否涉及下属的个人利益？
2. **专门技能问题**：下属能否为问题的解决方案贡献专门技能？

如果对上述问题的回答都是肯定的，即不仅决策结果涉及下属的个人利益，而且下属具备解决问题的专门技能，那么，这种情况就超越了接受区。下属将愿意参与决策，而且他们的参与也能改进决策。接下来的步骤是通过回答下面的问题来评估他们对组织的忠诚：

329 3. **信任问题**：能否信任下属会作出最符合组织利益的决策？

如果下属忠诚，应使其广泛参与，因为组织试图制定“最佳”决策。在决策过程中，管理者既要扮演整合者（如果必须达成共识）又要扮演议员（如果群体多数充裕）的角色。如果下属不忠诚（冲突情境），就要限制他们的参与。在这种情境下，管理者就充当教育者的角色，而群体成员则劝告和辨识各种抵制力量。

如果下属在决策中仅有个人利益关系而不具备专门技能（利益相关者情境），他们的参与就具有偶然性和限制性。下属对决策结果感兴趣，但对如何达成决策却一无所知。在这种情况下，偶然参与是为了减少阻力并使参与者受到教育。如果参与不止于偶然，将产生疏远的危险，因为教师们感到被人操纵了，因为他们的愿望没有得到满足。一开始，所有参与者都应知道，群体显然是管理者的咨询顾问。管理者的角色是决策与教育。

如果下属具备专门技能而没有个人利益关系（专家情境），他们的参与也具有偶然性和限制性，因为，作为管理者总是试图通过利用那些没有正式参与决策的重要人物的专门技能来提高自己的决策质量。乍一看，人们或许认为在决策中应该总会用到下属的专门技术，但是，如果决策结果中没有员工的个人利益，他们的热情就会很快消退，而且还会嘟嘟囔囔："这不是我的工作。"

在不合作的情境下，教师对决策既没有兴趣也不具备专门技能。然而，学校里有着让教师参与各种决策的强势规范，学校的管理者经常感到在让既没有兴趣也不具备专门技能的教师参与决策时，这一规范存在着局限性，这种惯常做法会使组织功能紊乱、不合逻辑。为什么要让一个对决策不感兴趣或无助于决策的人参与决策呢？该模式表明，当问题被限制在下属的接受区内时，管理者可以直接作出单边决策。图 9.6 对整个模型作了概括。

330

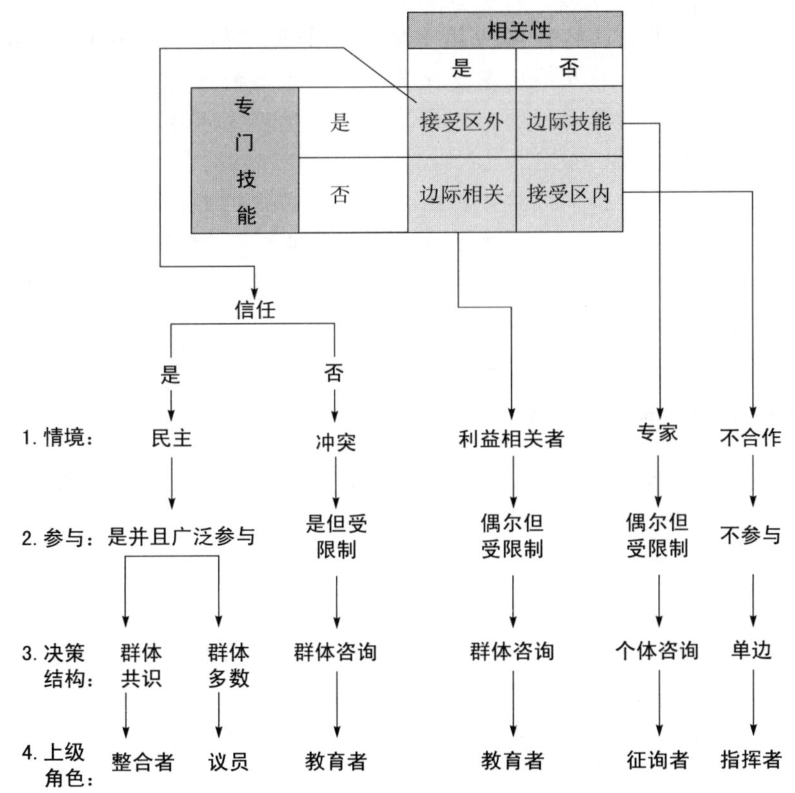

图 9.6　参与决策的规范模型

这种参与决策模型并非灵丹妙药。它并不能替代管理者的敏锐思想与成熟行动；它仅仅为教师和校长何时参与决策和怎样参与提供了指导性原则。决策的效果取决于决策质量和下属对决策的接受以及对决策执行的贡献。

理论联系实际

你是一所中学的校长，你的学校刚刚获得州足球锦标赛的冠军。虽然篮球教练也承诺本赛季能够获得佳绩，但不敢断言能够夺冠。社区和学生都很看重这次比赛的成功，教师也为运动员的成就感到自豪。不过，不要搞错，学生和教师像重视体育成就一样重视学业成就。学校有相当多的学生考入好的大学和学院。课内外的活动保持着良好的平衡，但学校和社区重视学业成绩是再清楚不过的了。

331 几位科学教师向你抱怨他们很厌烦运动员过早离开课堂。显然，在比赛日，教练偶尔要求教师允许运动员在每天最后一节课提前五分钟离开课堂，这引起了学校员工之间的冲突。大多数教师对偶尔的学生早退没有意见，但一些科学教师和数学教师不同意这一要求，教师与教练间的紧张和冲突不断升级。两位科学教师要求你取消比赛日运动员早退的规定；他们不愿意被人称为“坏家伙”。

显然你有权力制定一项规定以禁止运动员学生过早离开教室。但你已因让教师参与重要决策而获得尊重，教师们做得也很好。用参与决策模型分析此案例并制定行动策略。这是一个共同决策的问题吗？进行迅速的单边决策合适吗？为什么？

审慎对待群体决策：群体迷思

毫无疑问，群体决策可能是一个有效的过程，但即使是环境条件需要群体决策的时候，它也可能会存在某些危险。参与群体决策的时候，时间总是一个潜在的限制性因素，群体决策明显要比个体决策花费更多的时间。群体决策会产生讨论、争辩甚至经常性冲突。事实上，随着决策过程中成员的增加，合作变得越发重要，但也越来越困难。速度与效率都不是群体决策的基本优势。

尽管群体决策可能在组织中引发难以控制的冲突，但是，成功地解决问题也能够增强组织的凝聚力，特别是在组织中的少数成员之间。不过，凝聚力太强可能会与冲突一样危险。冲突妨碍了组织运作，而强大的凝聚力会提升组织的趋同性。问题是，趋同性会产生不具批判力的趋同意识。贾尼斯（Janis，1985）强调，高凝聚力的组织中会出现这种寻求趋同性的趋势。当这种趋势成为主流时，成员们运用群体的认知资源，形成种种与认为组织是无懈可击的这一共同错觉相一致的合理性。也就是说，他们患上了**群体迷思**（groupthink）综合征[①]。

贾尼斯（Janis，1985）对支持群体迷思的条件进行了综合分析。对群体迷思最有影响力的条件之一是，决策者与同一组织中的某些其他成员断绝联系，因为这些成员不是决策圈内的人。缺少公正无私的领导也会导致对一致性的追求，特别是当领导者具有领导魅力时，下属乐于投领导者之所好。而且，了解领导者 332
的最初偏好使他们的思维形成定式。另外，因为缺乏系统分析的标准，以及组织成员间相似的社会背景和思想意识，也促成了趋同意识。

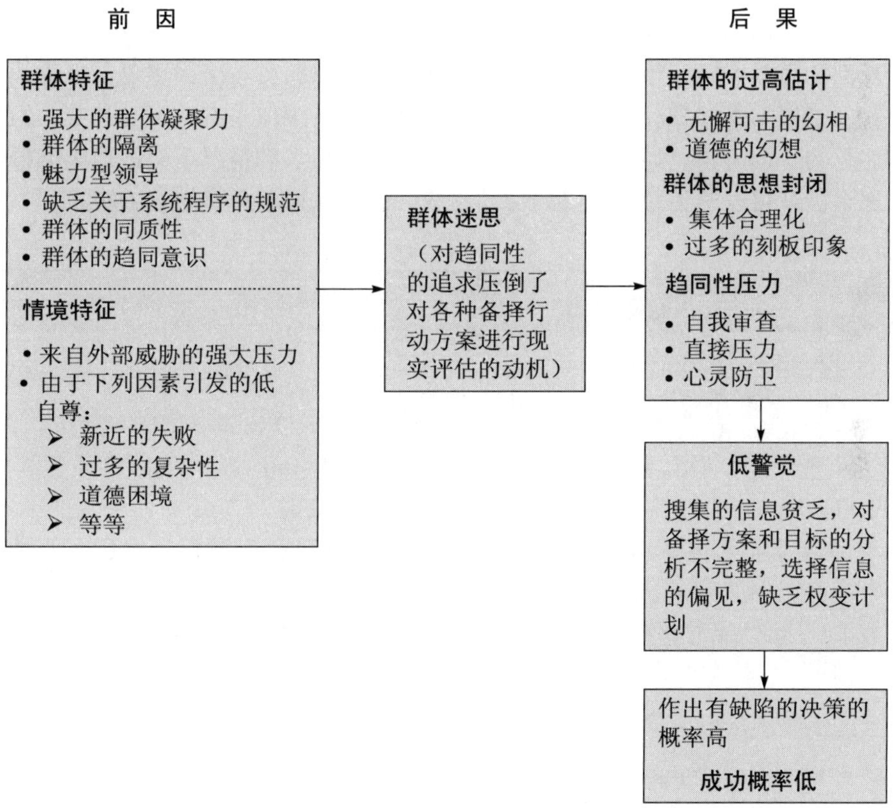

前　因

群体特征

- 强大的群体凝聚力
- 群体的隔离
- 魅力型领导
- 缺乏关于系统程序的规范
- 群体的同质性
- 群体的趋同意识

情境特征

- 来自外部威胁的强大压力
- 由于下列因素引发的低自尊：
  - ➢ 新近的失败
  - ➢ 过多的复杂性
  - ➢ 道德困境
  - ➢ 等等

→

群体迷思
（对趋同性的追求压倒了对各种备择行动方案进行现实评估的动机）

→

后　果

群体的过高估计

- 无懈可击的幻相
- 道德的幻想

群体的思想封闭

- 集体合理化
- 过多的刻板印象

趋同性压力

- 自我审查
- 直接压力
- 心灵防卫

↓

低警觉

搜集的信息贫乏，对备择方案和目标的分析不完整，选择信息的偏见，缺乏权变计划

↓

作出有缺陷的决策的概率高

成功概率低

图 9.7　贾尼斯群体迷思模式

① 又译为“团体迷思”、“团体盲思”、“群体思维”，指群体决策过程中，群体成员过于追求共识，而缺乏对问题和解决策略的真正了解，从而导致决策不合理，甚至决策错误。——译者注

同样，情境背景也可能产生群体迷思。来自外部威胁的强大压力，与领导者能够制定更好决策的渺茫希望相结合，促使组织不加批判地达成共识。此外，组织中由新近的失败、额外的困难和道德困境引发的低自尊，也助长了群体迷思。前面提到的所有这些情况都促进了组织的群体迷思倾向，这一倾向又会引发群体迷思的后果——过高估计、思想封闭和趋同压力。以上行为使得决策者的警觉性下降，并最终导致有缺陷的决策和组织的失败。图9.7对群体迷思过程作了概括。

坦率地讲，一群聪明人按统一方式思考问题时，也可能产生糟糕的决策。群体迷思是当代社会中的一个长期存在的问题。考虑一下入侵猪湾（Bay of Pigs）①、扩大越战及美国宇航局（NASA）挑战者号灾难等一系列决策吧。处于压力之下的凝聚力强的组织很容易选择与自身动机相一致的因素来评估各种现实的备
333 择行动方案。例如，当一特别组织成员讲话时，你将听到普遍的叹息声，因为成员和校长都知道有人要开始抱怨了。对学校而言，这样的员工极为重要，因为他们充当着管理错误的陪衬和潜在的检查者。培育抱怨的员工似乎有些不对劲儿，但它是群体迷思的一剂解药。如果反对声能在时间紧和危险多的情况下巧妙地影响群体决策，那么，就可以避免使不成熟的冲动达成一致，从而避免有缺陷的决策。

领 导 案 例

教师理事会②

几乎没人怀疑贝弗莉·爱迪生（Beverly Edison）督学建立教师理事会（Teachers Council）是出于良好的意图。理事会由这个工业城市中每个公立学校的教师代表选举产生。大家一致认为，爱迪生博士是代表最高专业声望的教育家，她是一个没有缺点的完美女士。她经常向教师们保证，她希望他们视自己为“带有特殊责任的同伴”。她的办公室对遇到各种问题的教师开

① 猪湾事件（Bay of Pigs），即1961年4月，1400多名在古巴革命后逃到美国的古巴流亡分子，在美国中央情报局的支持下，从猪湾登陆，试图在古巴制造内乱，推翻卡斯特罗政府。但是，这次战斗仅仅持续了72个小时，入侵的流亡分子有114人被击毙，另有1189人被俘。当时美国政府否认支持推翻卡斯特罗的行动。《纽约时报》曾发表一则“猪湾事件”报道。时任美国总统的肯尼迪预先获悉此消息，亲自打电话给《纽约时报》负责人，过问此事。报社慎重地考虑了国家安全的问题，将该报道从预定放在头版头条的位置，改放到不大明显处，并用了较小的标题，以示妥协。——译者注

② 选自霍伊（Wayne K. Hoy）和塔特（C. J. Tarter）的著作《解决实践问题的管理人员》（*Administrators Solving the Problems of Practice*）（Boston，MA：Allyn & Bacon，1995）。经出版商允许重印。

放。她按照惯例向教师们咨询所提议的政策和规章变革，然后再呈递给教育委员会批准。虽然教师们的建议不总是能被采纳，但这足以使每位教师和教师群体都感觉到他们的督学在建立学校民主体系方面是说话算数的。

1992年，也就是爱迪生督学在默特罗市（Metro City）服务六年之后，她宣布了建立教师理事会的计划，目的是搭建一个使督学能够与基层教师自由沟通的平台。她想与教师建立直接的联系，以评价教师对她和对学校的政策与情况的反应。教师工会（teachers' union）（也称美国教师联合会，American Federation of Teachers，AFT，下文简称工会），是代表教师利益的专门组织，约有8000名成员。该组织写信给爱迪生督学，说是在经工会执行委员会的深思熟虑和投票后，构想中的理事会只不过是重复了工会及其他现存组织的运作职能。爱迪生博士回答说，她没有计划让教师理事会在有关教师利益或福利问题上投票或为她提供建议。她向工会保证说，她无意让理事会夺取工会的权力。她写道："我所想做的一切就是有机会和教师交流，能向教师解释政策并征求教师对本校教育问题的意见，该理事会本身不关心教师的福利和利益等问题。"尽管有某些来自工会的反对声，爱迪生博士仍在继续筹建理事会。

因为差不多有80%的教师都是工会成员，工会采取慎重的策略应对理事会带来的威胁。工会成员希望被选进理事会，以控制协商程序。通过工会成员的默默运作以及爱迪生博士所确立的程序，首届理事会90%的席位都被工会成员占据。

麻烦不久就出现了。督学每月参加的理事会例会在书面记录上揭示了讨论的细节。工会因为理事会提出并讨论教师的福利问题而向理事会发出警告。理事会已经开始篡夺工会的权力了吗？

文森特·赖利（Vincent Riley）担任工会的领导人已经很长时间了，他对此事很气愤。334 他觉得自己被爱迪生博士欺骗并削权了。在和工会执行委员会商议后，他正式通知爱迪生督学，并声称，工会认为教师理事会有失恰当、缺乏效能，而且不合法；赖利想解散理事会。他提醒督学，工会是代表教师利益的专门组织，讨论教师的福利问题违反合约。

爱迪生博士对局势的变化感到吃惊。她答复说，理事会的会议是非正式的，也没有投票和采取正式行动。理事会仅仅是沟通与建议的非正式渠道。理事会能帮助她把握该地区教师的动向。尽管如此，她还是向工会让步了。鉴于工会的反对，她将向理事会提交工会要求取消理事会的建议。理事会通过投票，一致同意理事会继续存在。工会领导对成员的这种独立表现很吃惊。

工会仅代表80%的教师。它一度十分显赫，当时默特罗市的教师待遇不高，州和地方的教师协会不积极并受到行政干预。直到文森特·赖利时期，教师的工资状况和工作条件还在不断恶化，工会的少数教师向前任督学和教育委员会发起了一场“战争”，才打破他们对学校系统和学校员工的专制管理。工会开始拥有了权力，因为它第一次赢得了成为代表教师利益专门组织的权力，并且十多年来一直在为教师争取“最好的合同”而与相关部门谈判。社区的许多人士包括大部分教师认为，工会让学校从专制管理中获得解放。现在，工会以自身价值为基础进行决策，而不受政治影响，因而被视为负责任的变革代理机构。不幸的是，先前管理方式的欺骗与压制遗留下来的创伤尚未愈合。可能是不信任和被操纵的历史使教师工会对爱迪生博士建立教师理事会的建议反应异常。尽管在爱迪生博士六年的任期里，她展示了民主和公平的领导风格，但工会对任何领导都不完全信任。

默特罗市是一个蓝领居多的城市，一个工会的麻烦就是这个城市所有工会的麻烦。教师和非专业工人的罢工可能会使整个学校系统陷入瘫痪。全城的工会成员将观察学校的举动，联合起来的卡车司机也将停止运输。

然而，许多教师认为，做工会成员比做专业人员有特权，爱迪生博士感到，有必要超越这种简单的认识。她经常与文森特·赖利讨论工会应代表每个人的主张。实际上，工会不代表两千名非工会成员的教师。这其中有许多教师与国家教育协会（NEA）所属的州教育协会关系密切。爱迪生博士通过教师理事会进行斗争，她要会见所有教师代表。

工会尽管对爱迪生博士怀有好意，但却担心未来的管理可能采用“老方法”，用理事会毁掉工会。因为工会代表大多数教师，它不关心它不代表的少数人；并把这些人视为“不速之客”。爱迪生博士担心重视多数可能导致完全漠视少数。

督学面对着许多相互冲突的压力，这是不断来自各方的推力与张力的汇合。如果不取消工会，毫无疑问，爱迪生博士会面临着削减力量的压力。庞大的工商机构代表和纳税团体代表不想让劳工群体控制学校。然而，由于过
335 去六年里已经进步和所建立的良性关系，工会的领导不相信爱迪生博士会通过取消工会能来安抚这些群体。爱迪生博士不会屈从于这些压力。实际上，她在一份报告中说，默特罗市教师工会（Metro Teachers's Union）是她遇到的最专业、最有责任感的组织之一。她也因此受到高度尊重。她欢迎工会对自助学校同盟（Self-Help School Alliance）的慷慨财政支持，因为这是一个为学校中处境不利学生提供机会的自发性社区联合体。她赞成工会游说立法

机构，以增加州对城市学校的支持。尽管她极力支持工会，但她不愿在取消教师理事会的要求上让步。她认为，她有权力（更确切地说是义务）征询所有教师（不仅仅是工会成员）的意见。

在和文森特·赖利的最后一次会谈中，赖利说，“最近的财政审计中显示一万名教师中有 7953 名是付费的工会成员。”

爱迪生博士回答说：“你们不代表所有教师，我想知道所有教师对我们的计划和政策感觉如何？我需要的信息与教育问题有关，而不是与工会有关。课程和教学是教师理事会的重要主题。如果学区要繁荣和发展，我需要所有教师的专业性意见。”

稍停片刻，赖利说：“也许你应该在办公室里少花点时间。我知道女士很难走进粗陋的学校。但是，我每天都在学校，我能告诉你专业人员就是工会的教师。而且，如果你把应否取消教师理事会这一问题提交给所有教师投票，我绝对相信大多数教师会投票取消它。”

爱迪生博士感觉到她的脸正变红，她尽力克制住自己的冲动，最后说道：“理事会不能以这种方式投票，许多理事会成员都是你的人。”

文森特·赖利向工会执行委员会报告了这次会谈的结果，他们一致认为，在正式申诉之前，应该给爱迪生博士一个机会向申诉委员会解释她的行为。执行委员会希望申诉委员会能让爱迪生博士相信，教师理事会对良好的劳工关系管理产生威胁。

执行委员会承认爱迪生博士的良好意图，因为他们认识到她让学校系统民主化的愿望。尽管有好的意图，工会还是担心事情会发生变化。工会把自己视为教师利益和学校正直的守护者。必须采取决定性的行动。

爱迪生博士收到工会执行委员会主席唐纳德·斯特里克兰（斯特里克兰是工会的全职雇员；不是教师）签署的关于默特罗市教师工会问题的信函，他要求由执行委员会和文森特·赖利讨论继续保留教师理事会的可行性。

- 如果你是爱迪生博士，下一步怎么办？
- 长期的问题是什么？短期的问题又是什么？
- 理事会将加重危机吗？理事会有多么重要？
- 如果你向工会让步，后果会怎样？
- 如果你反对工会的要求，后果会怎样？
- 选择正确的决策模式并形成行动方案。

336 概要与推荐阅读材料

对决策过程的理解是成功管理的关键。本章界定和描述了管理决策的四种基本策略。古典模式中的最优化原则被证明对于管理者没有益处，因为，在现实的管理世界中，人们无法找到它所假设的完整的信息、推理能力和人际能力。

尽管不可能有完全理性的决策，但是，管理者需要系统的决策过程，以增加选择满意方案的机会。这样，满意策略是管理模式的关键。在满意策略中，决策过程是一个行动周期，包括确认并界定问题，分析困难，确立令人满意的对策标准，制定一个行动方案或策略。由于它自身是一种循环过程，人们可从任意阶段进入决策过程，每一阶段都可以重复。

满意决策很适合处理教育管理中的诸多问题。然而，当无法确定备择方案或难以预测每一种备择方案的结果时，渐进策略似乎更适合。这一过程是一个持续的有限的比较策略，即只考虑与现实情境相一致的有限的备择方案，其方式是通过对这些方案的结果进行持续不断的比较，直到达成一致的行动方案。其前提假设是，细微的变革不会给组织带来巨大的消极影响。

然而，渐进主义过于保守，会弄巧成拙。由于缺乏基本的准则，渐进决策易导致盲目行动。混合扫描模式可用于复杂性决策。混合扫描模式集合了管理模式和渐进模式的优点。满意策略被用于一般性政策指导下的渐进决策。部分扫描取代全面扫描，试验性决策在清晰的目标意识引导下渐进展开。

不过，在大多数复杂任务中基本上没有最佳的决策模式。最好的方式就是与环境相匹配的决策模式。我们已经提出了一系列使策略与环境相匹配的准则。

组织决策的垃圾箱模式（garbage can model）有助于理解非理性决策。在这一模式中，决策不是以问题的出现为开始，也不以问题的解决为结束；更确切地说，人们将组织看成是寻找各种问题时的选择，寻找机会时的感觉，搜索问题的各种方案，以及寻觅工作的管理者。问题、方案、参与者和选择机会构成了独立要件。当这些独立的事件融合在一起时，解决了一些问题，也有一些问题在这种模糊决策过程中没有得到解决，一直存在着。这个模式解释了为什么会对一些不存在的问题提出对策，为什么会作出不相关的选择。

不管这种策略好坏，决策过程都经常会招致压力，引发非理性行为。我们已经讨论过压力对决策质量会产生不利影响的情境。我们又分析了处于压力下的决策者可能经常使用的五种应对机制。

对管理者而言，让下属参与决策未必总是有益的。我们提出了一个参与决策 337
的简化模式，用来帮助管理者判定在什么情况应当让下属参与决策以及在什么情况下不应当让下属参与决策。这个框架将对相关性、专门技能和忠诚水平的测验作为参与准则。管理者依赖于环境并具有整合者、议员、教育者、征询者和指挥者的角色。最后，我们分析了引发群体迷思的环境条件，并提出了避免群体迷思的建议。

决策是一个复杂过程，其观点和理论来自多门学科，如认知科学、经济学、政治学、心理学和社会学。有几本补充读物对刚起步的研究者非常有帮助，马奇（March，1994）写了一本关于决策的初级读本，该书关注的是决策实际上是如何作出的，而不是应该怎样作决策。由爱德华多·萨拉斯和加里·克莱因（Salas and Klein，2001）选编的书也作了相关论述。埃米塔伊·埃兹奥尼（Etzioni，1988）提醒我们关注决策的道德维度和经济学思想中道德问题的关键性。有两套选集很值得一读：玛丽·泽伊（Mary Zey，1992）的选集探讨了理性-选择模式的各种备择方案，马奇（March，1988）的选集探讨了混沌状态下的决策问题。维克多·弗罗姆和阿瑟·贾戈（Vroom and Jago，1988）为想深入研究参与决策的研究者提供了一个综合而又完善的模式。霍伊和塔特（Hoy and Tarter，2003）通过案例研究将决策理论与实践问题结合起来。他们论证了这些有效的理论在解决学校实际管理问题中的实用性。最后，维洛沃和利卡塔（Willower and Licata，1997）论证了教育决策中的价值观和评价问题，并论证了用“结果分析法”去解决实践中遇到的问题。

基本假设与原理

1. 管理者使用满意决策模式，因为他们没有能力使决策过程最优化。
2. 决策是对组织任务和功能进行理性管理的一般范式。
3. 对于组织决策而言，渐进决策模式是一个受欢迎但又有所局限的框架。
4. 混合扫描决策的观点综合了渐进模式和满意模式的优点。
5. 合适的决策策略依赖于信息、环境的复杂性、充分的时间和决策的重 338
要性。
6. 心理压力会对决策的制定与实施产生负面影响。
7. 如果决策者能保持警醒而不过度紧张，就能作出较好的决策。

8. 教师和管理者进行重要决策时的角色和功能随问题性质的不同而变化。
9. 如果下属与决策结果利益相关，并具备参与决策的专门技能；如果人们相信他们能作出符合组织利益的决策，那么，应最大限度地使其参与决策过程。
10. 群体迷思妨害组织的有效决策，因为，急于达成共识的冲动降低了对选择的系统评价。

第 10 章 340

学校中的沟通

人类依赖沟通而生存。诸多实践表明，人是各种沟通方式的直接产物：我们的言语、我们的推理、我们的道德以及我们的社会组织。

——**尼古拉斯·C. 巴布勒斯**（**Nicholas C. Burbules**）

《**教学中的对话**》（***Dialogue in Teaching***）

概　览

1. 实际上，沟通遍及学校生活的各个方面。然而，它并不能为教育管理者遇到的所有的问题提供答案。
2. 作为一个关系过程，沟通使用符号、象征和情境暗示来表达意义，从而产生相似的理解。
3. 单向沟通是单方面的，总是始于发言者、终于听者。
4. 双向沟通是相互的，它是一个相互作用过程，沟通的参与者在发出信息的同时也接受信息，开始或结束不再重要。
5. 交谈、探究、辩论和教学是双向沟通的四种类型。
6. 个体通过提高传输、倾听和反馈技能，促进自身沟通能力的提高。
7. 人类用两种主要的符号系统来沟通：言语系统和非言语系统。
8. 每种新的沟通技术对信息的构成方式都有特定要求。技术决定了传递信息的便利性和速度，同时也影响着接受者重构意义的方式。
9. 正式途径是经组织认可并直接通往组织目标的沟通网络。
10. 个体通过使用非正式沟通网络或“小道消息”而绕开正式的沟通途径。

341 沟通复杂多变，微妙细致，无所不在，不可或缺；它渗透在学校生活的方方面面。教师运用口头的、书面的以及诸如录像带、计算机和艺术形式等其他媒介来组织教学；学生们通过类似的媒介进行学习。督学和校长们把大部分时间花在沟通上。鉴于沟通的重要性，教育管理者必须理解它，因为沟通决定或贯穿着学校的人际交往、组织、管理等过程与结构。因此，对有效的管理者而言，沟通技能是必不可少的工具。然而，在断定沟通能否为教育管理者遇到的所有问题提供答案之前，必须关注下面四方面的忠告。

- 沟通难以与决策、激励和领导等其他管理过程相分离。
- 并非所有学校问题都是由沟通失败造成的。通常，沟通不畅所产生的问题反映了学校生活的其他组成部分发生了故障。
- 沟通或揭示问题，或隐藏问题，或消除问题（Katz and Kahn，1978）。它能将教师、学生和管理者之间被忽视的价值观冲突表面化，也能够通过空洞的修辞或混淆真相来掩饰问题，从而遮蔽现存问题。
- 沟通是唤起行动的过程，但它与善治（good administration）的实质还相去甚远。沟通无法替代错误的观念和被误导的教育计划。

尽管这些忠告揭示了沟通的局限性，但是，在学校中，沟通仍具有普遍的整合功能。例如，沟通至少应该通过适宜的口气向所有需要信息的参与者提供准确的信息（Hall，2002）。如果认为沟通要么是普遍性问题，要么是解决问题的措施，那就过于简单化了，并且限制了对教育问题的分析与解决。本章将讨论一系列的理论方法，并从适当的视角分析其重要功能和警示性指导原则。

个体沟通的方法

人们习惯性地认为，沟通是人们交换重要信息并与他人分享自己观点和感受的过程（Porter and Roberts，1976；Manning，1992）。换句话说，**沟通**（communication）通过两人或多人之间分享信息、观点或态度而达成某种程度的理解（Lewis，1975）。在沟通过程中，人们通过面对面或利用技术性媒介进行相互作
342 用和影响（Craig，1999）。实际上，所有的沟通都包含显性的或隐性的观念，这些观念在至少两人之间进行有意义的互动。例如，教育工作者在真空状态下就不可能进行沟通，只有与其他的教育工作者、公民、学生在一起时方可沟通。当双

方对信息作出共同的解释时，才可能产生成功的信息沟通。

凯瑟琳·克朗、弗雷德雷克·雅布兰和琳达·帕特南（Krone，Jablin，and Putnam，1987）发现，差不多所有关于沟通过程的观点都承认并采用了相同的概念。虽然每一术语都在某种程度上因理论观点的不同而有所差异，但我们还是对克朗及其同事所归纳的定义表示赞同：

- **信息**(message) 是每个沟通者传递的言语的或非言语的暗示或符号，是个体期望交流的意见或信息。
- **渠道**(channel) 是信息传播的载体、媒介或形式。其形态可从非言语暗示的光波到面对面谈话的声波，甚至可到电话和电子邮件上的电子信号。
- **发送者**(sender) 是发送信息的人或泛化的信息源（如：督学的办公室），**接收者**(receiver) 是信息传送的目的地或解译信息的人。
- **传输**(transmissing) 是一种通过指定的渠道或媒介传递并接收信息的活动。
- **编码**(encoding) 和**解码**(decoding) 是建立、转换和解译信息的认知结构与过程。编码是发送者将蕴涵意义的信息转换成符号形式的活动；解码是接收者重新翻译信息的活动。在编码与解码过程中，个体通过解释和理解信息来建构**意义**。
- **反馈**(feedback) 是一种对初始信息的回应信息，或如第 1 章中所界定的，是一种促使修正的信息。反馈有助于信息的解释。
- **沟通效果**(communication effects) 是信息交换过程的结果，如：新知识，不同的态度、文化和满意度。

因此，更为详尽的沟通定义是：沟通是一个信息提供者通过表达意义的符号、象征和情境暗示来发出信息，并用某些方式将之传输出去以便信息接收者获得相似的理解的关系过程（DeFleur，Kearney and Plax，1993）。这一定义将前面的概念融入其中，并生成了图 10.1 所示的通用模式。

信息发送者依据特定目的将信息编码，并通过某种渠道将其传送给接收者，而接收者将信息解码并将解码后的信息反馈给最初的发送者（参见图 10.1）。信息提供者与接收者便是这一过程中的沟通者。注意，这一过程是一个相互影响的交流过程（Adler and Rodman，1991）；它反复进行，经常是双向同时发生，因为两人都在说话或一人说话一人听，听者边听边用非言语的暗示将相关信息反馈

343

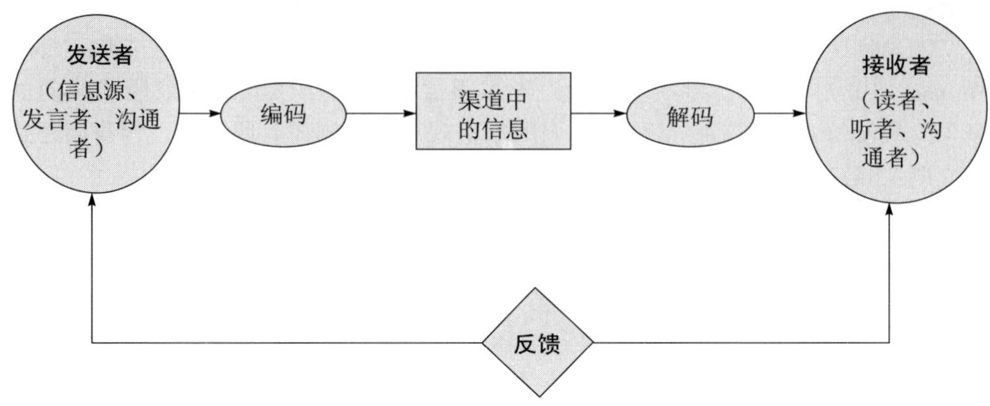

图 10.1　沟通过程的一般模式

给发言者。因此，托马斯·哈里斯（Harris，1993）认为，这一过程是复杂的、动态的，没有必要有始有终。事实上，对发送者和接收者等参与者的认定是主观的，但有时却是有用的。

沟通过程的一般模式之构成

米歇尔·托丽亚·迈尔斯和盖尔·E. 迈尔斯（Myers and Myers，1982）曾指出：可以将沟通视为一个人们通过交换符号来对身边所发生的事建构意义并寄予期望的交流过程。在建构意义过程中，人们使用**符号**（symbols）（如代表思想、情感、意图的物体或单词以及其他物体）来描述他们的经验并建构一种通用的符号系统或言语，以便与他人共享经验。人们在互相影响和观察他人使用符号的行为中，学会了符号或言语，并且把上述经验与所学的符号联系起来。作为这种观察和互相影响的结果，个体不仅学会了建构与周围人颇为相似的意义，并且形成了对人们要做什么、想要什么的预测。学校里的个体每天都通过一些不同的言语或非言语形式进行符号交换（如演讲、规劝、解释、访问、争论、协商、讨论、打扮、炫耀）。这种获得共享意义的交流可以被定义为从单向沟通到双向沟通的连续统一体。

单向沟通

344　如图 10.2 所示，当某人告诉另一人某事时，**单向沟通**（one-way communication）就发生了。这种沟通是单向的，它始于发言者，终于听者（Schmuck and Runkel，1985）。课堂上关于教学内容的讲座，校长办公室里关于适当行为的规劝，都是学校广泛应用的单向沟通。其他例子包括学校中公共广播系统（public address system）的公告或会议通知。图10.2中单向沟通的隐喻是：像皮下注射一样将信息传递给另一个人（Broms and Gahmberg，1983）。像护士一样，发言者尽力把信息注射给接受者（Clampitt，2001）。

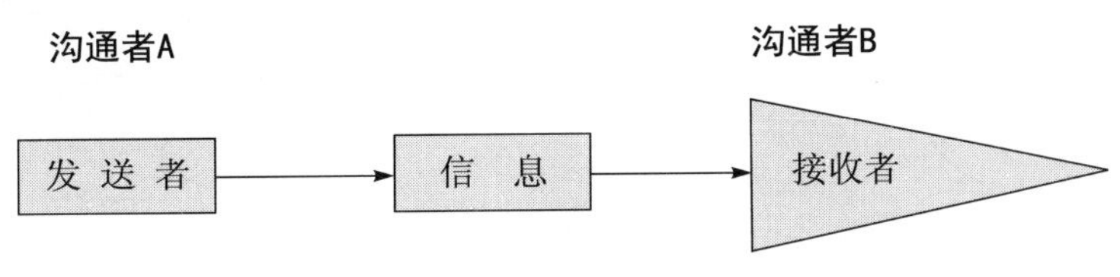

图10.2　单向沟通模式

单向沟通的优点有二（Clampitt，2001）。第一，它强调了信息发送者的技能，鼓励管理者和教师对其观点进行认真思考，并准确地将其表达出来，而且，通过他们的教学、解释和描述，使其具体化。第二，单向策略向来暗示着沟通行为与实际行动之间的紧密联系。实施单向沟通的教师和管理者阻止了无聊的闲谈、个人问题的讨论以及无用信息的共享等现象的发生。换言之，它表明了对效率和目标达成的高度重视。

倘若学校里需要达成共同的理解，大多数情况下，单向沟通有失妥当。例如，菲利普·克兰皮特（Clampitt，2001）指出，单向沟通的基本缺陷在于它的理念，即有效表达等于有效沟通。即使信息的发送者有效而清晰地表述了一种观点，但未必能保证这一观点能为接收者所理解。克兰皮特相信，有两个错误假设能解释人们仍持续地依赖于单向沟通的原因。第一，将接收者视为被动的信息处理者。然而，人并非被动接收信息的机器，人能主动地重构信息，并创造出他们自己的意义。第二,将词语视为意义的容器。但实际上词语却推翻了这一假设。比如，意义取决于词语的使用方式、说话的情境以及参与者的情况。与其说词语是意义的容器，不如说词语是意义的刺激物。因此，学校中的共同理解的需要表明，为了达成绩效目标、促进变革以及实现社会目标，还需要额外的或其他形式的沟通。 345

双向沟通

我们认为，**双向沟通**（two-way communication）是一种互惠的、互动的过程；在这一过程中，参与者发送信息并接收信息。与单向沟通相比而言，双向沟通需要持续不断的相互交流和相互影响。如图10.3所示，这意味着每个参与者都发送信息，并且每一个信息都会影响下一个信息的产生。如此互动的交流能改善沟通过程，降低所接收的与希望得到的信息或思想之间产生不对称的机会。

双向沟通有多种形式。例如，尼古拉斯·巴布勒斯（Burbules，1993）描述了个体对话的四种形式——交谈、探究、辩论和教学。对这些对话形式作适当改

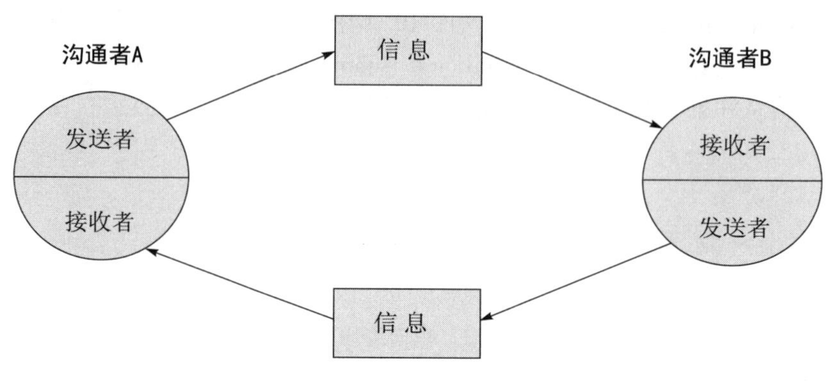

图 10.3　双向沟通模式

变，它们都可以被视为学校组织中双向沟通的方式。

交谈（coversation）具有两个醒目的特征：其一是合作宽容的精神，其二是指向相互理解。当双方想理解彼此的经验和观点时，可以采用这种形式。例如，两个学生正在谈论他们是如何度过暑假的以及暑假里学到了些什么东西。

探究（inquiry）涉及两个或两个以上的人，他们共同合作，去解决一个问题、
346 化解一个争端，形成一种令各方都愉快的折中。这种性质的对话总是在一个鼓励对问题提出看法和建议的框架，对各种备择方案进行探究，对各种可能的回答进行验证。例如，一些科学教师在一起探究，在采用新的项目本位课程（project-based curriculum）的课堂上，为什么一些学生情绪高昂，而另一些学生却萎靡不振。

辩论（debate）包括尖锐的质疑、怀疑的精神，并且无须在参与者之间达成一致。辩论的潜在好处是参与者看到他们选择的观点和立场受到最为强烈的挑战。辩论的目的是澄清和强化所选择的观点。例如，一群保守的政策制定者与开放的政策制定者就向私立学校提供教育券的优点问题展开辩论。

教学（instruction）是双向沟通的过程，通过这一有计划的过程，教师把学生引导到某种确定的答案或理解上来。教学中通过批判性提问和其他陈述方式来促使讨论得到明确的结论。苏格拉底方法（Socratic Method）是这类双向沟通的典型范例。交互式教学（reciprocal teaching）是对话式教学的一个很好例证。在交互式教学中，教师和学生处于参与者轮流扮演教师的角色的高度互动过程之中（Palincsar，1986）。

反　馈

在各种类型的沟通环境中，我们所说的话很可能会模棱两可，被人误解。例如“我马上去那儿”、“待一会儿叫我，我们一起讨论一下”。这些话所提到的时间不够清晰，对不同的人和不同的文化而言，“马上”或“待一会儿”有着不同

的含义。然而，通过反馈（参见图 10.1），即使不清晰的陈述也会逐渐成为有效沟通的一部分（Alessandra and Hunsaker，1993）。

反馈是信息接收者的回应，它为接收者提供对信息的理解和信息所产生的影响，并且为发送者提供校正问题的机会。因此，如果一段对话要继续下去并且有价值，反馈是重要的。反馈的好处至少包括两个方面：其一，它提供了沟通是否成功的暗示，并提高了信息的准确度和清晰度。其二，对结果的了解为校正和修正未来的沟通奠定了基础（Ashford，1986）。现在，要点清楚了，即反馈提高了沟通的准确性和清晰度。

在工作环境中，我们通常将反馈看成是有关任务绩效和他人如何观察与评价个体行为的信息（Ashford，1986；Cusella，1987）。可能有两种类型的反馈。当反馈强调为个人或学校发展指明方向时，它是肯定的；当反馈意在校正偏差时，它是否定性的（Harris，1993）。反馈沟通可以是言语的，也可以是非言语 347
的，可以是有意识的，也可以是无意识的。例如，学生在课堂上睡觉与学生对考试中的问题的回答，同样为教师提供了反馈信息。

通过运用一系列沟通策略，学校管理者能促进员工、学生以及其他社区成员之间的相互了解、意义共享和新的认知。当个体有效地运用不同类型的单、双向沟通的能力有所变化时，他们就有可能提高自己的沟通能力。

提高个体的沟通能力

沟通能力（communication competence）是沟通者能够使用的一系列能力或资源。个体资源包括诸如沟通规则和规范之类的策略知识，以及诸如编码与解码技能之类的沟通能力（Jablin and Sias，2001）。因此，个体可以从沟通理论和研究中获取知识，可以通过开发和强化传输、倾听、反馈技能来建立沟通资源。

传输技能（sending skills）是个体使自己被他人理解的能力。作为有效沟通的关键，教育工作者的传输技能可通过下面五种方法获得提升。第一，教育工作者应该使用适当的、直接的、简单的语言，避免使用教育领域里的行话和复杂概念。然而，为了建立别人对自己的信任，信息发送者所用的语言必须显示其具有教育方面的渊博知识。第二，他们应该为听众提供清晰、完整的信息，这对听众建立和重组认知图式是必要的。第三，教育工作者应使来自物理环境和心理环境的干扰最小化。例如，在家长会上，他们必须采取措施消除电话干扰，或减少自己或家长习惯的陈规陋俗。第四，他们应该使用多重的和适当的媒介渠道。例如，单向性的演讲可以通过双向沟通的视听展示和系统化机会而使其功能放大。巧妙地将媒介的丰富性与环境需求和沟通需要相匹配，可能是提高管理者的绩效的关键因素（Alexander，Penley，and Jernigan，1991）。第五，当沟通复杂或信息模棱两可时，教育工作者应采用面对面的沟通方式，而且不怕啰唆。语言丰富、反复强调和信息反馈更有可能取得达成共同理解信息的预期效果。

倾听技能（listening skills）是个体理解他人的能力。倾听是个体试图通过语言、行动和事件理解他人的一种行为方式（Defleur，Kearney，and Plax，1993）。听众积极地倾听时，回顾所听到的内容、感受和意义，从发言者的角度来理解
348 （Elmes and Costello，1992）。相对准确的双向沟通要求听者具有倾听技能。对他人的倾听显示出对同伴的尊重、兴趣与关注。当听者积极倾听时，发言者能展开和表达自己的观点（Burbules，1993）。

可是，开发重要的倾听技能往往为人所忽视。当别人问你问题时，提问者只想获得非言语性的暗示，就是说，提问者并非对所提的问题真正感兴趣，甚至更糟糕的是，提问者对你的回答也不真正感兴趣，这样的情况有多少次呢？你的回答经常不被真正听取，或者被人误解，这样的事是否经常发生？艾伦·艾维和玛丽·艾维（Ivey and Ivey，1999）认为，有效倾听技能包括一些重要元素：参与、质疑、鼓励、释义、回应性情感和总结。

参与（attending）是对谈话予以关注的过程。其中包括适当的眼神接触、善于接受的体态语言以及对任务的重视。如同目光游离表明听者对话题不感兴趣一样，眼神交汇和凝视发言者则表明听者对话题感兴趣。表明感兴趣的各种非言语暗示包括身体前倾、保持开放的姿态、微笑和看上去开心。最后，有效的听者要与他人共同分享信息，也就是说，听者要关注他人而不是目中无人。有效的倾听要求注意力集中。

质疑（questioning）对理解信息极为重要。信息并非像沟通者所想象的那样清晰；有些信息是模糊的，它们需要通过质疑予以澄清。一些质疑是直接的、清晰的、简单的，可以用“是”和“不是”来回答。还有一些质疑更加开放，需要思考和进一步展开，例如，“为什么你认为会发生冲突？”高明的质疑清晰而又构思巧妙，是认真倾听的自然组成部分。

鼓励（encouraging）也是有技巧的倾听的一部分。微小的“鼓励”也能促进沟通（Morse and Ivey，1996）。沉默是有力的非言语信息。什么都不说但保持兴趣是向沟通者显示你想听更多的信息。富有情感地确认有助于促进沟通。诸如“是”、“嗯”、“我明白”等言语性暗示具有鼓励性，尤其是与非言语性暗示（点头、微笑）等结合使用时，效果更好。大量的鼓励性短句也能促进沟通，如“多说点”、“举个例子”、“再多说些”，等等。

释义（paraphrasing）是表明你正在关注和理解别人言语的另一种方式。它有助于听者有效地回应，可向发言者反馈你已经理解了信息的本质。释义也可以提供反馈并充当一种校正机制。高明的听者会进行释义并确信他们已经获得了正确信息。

回应性情感（reflecting feeling）是欣然接受发言者的积极方式。听者应关注
沟通者的情绪与情感。认同感是情绪反应的良好开始，因为它考虑了他人的情绪 349
状态，却没有使听者过于卷入其中（Morse and Ivey，1996）。认同感注意对情感进行分类，并将信息反馈给发言者，而且经常能缓和与控制情绪。“你感到这样，是因为……”、“我能体会到你的失望”等，都反应了情感倾向并表达了同情。此外，自始至终叫着对方的名字也有帮助。高明的听者能从情绪变化中提炼出事实，并予以确认，作出情绪反应。

总结（summarizing）与释义很相似，但总结涉及的时间跨度较长，经常在谈话快结束时进行。总结的目标是将各种事实、情感加以组织，形成一个连贯的、准确的、言简意赅的纲要。

反馈技能（feedback skills）是指传递和接收有关先前沟通与行为的结果和效果的知识的技能。言语反馈的形式包括提出疑问、描述行为以及对发言者的话语进行释义。反馈包括言语信息和非言语信息，有时，人们下意识地发出这些信息。例如，人们有时会一边大声说话一边逃离（例如，他们为避免接触而离开）。要作出反馈，信息应该有助于接收，即信息应该具体而非普遍、新颖而非陈旧，直接指向改变人们的行为，并且迅速及时，越及时越好（Anderson，1976；Harris，1993）。

尽管有这些指导性原则，中立的反馈或积极反馈比消极反馈更容易作出；人们不愿收发消极反馈。我们大多数人习惯于发送不真正代表我们的真实反应的信息。有些人将这些行为视为机智、人际关系和生存技能，并使其合理化。因此，对于传递和接收有益反馈而言，个人的技能和准备至关重要（Rockey，1984）。无论是积极反馈还是消极反馈，要让它们更容易被人接受，须通过阐述有益的目标、运用描述性信息而非评价性信息、安排适当的时间（Anderson，1976）以及依靠频繁的沟通增进团队的内部信任等来达到（Becerra and Gupta，2003）。

同样，寻求反馈（feedback-seeking）的行为涉及到有意识地对沟通与行为的正确性和适当性加以判定。个体应该培育寻求反馈的技能，因为这将有助于个体适应环境，走向成功（Ashford，1986）。有两种寻求反馈的策略可资借鉴。第一是通过观察自然而然出现的信息线索、观察他人以及他人的反应来监测环境。也就是说，监测包括通过观察人们如何回应与强化他人信息而间接地接收反馈。第二是直接探询他人对你的行为的感知与评价。必须尽力探询反馈，因为人们并不情愿进行反馈。然而，要当心的是，反馈行为可能有损自尊，因为听到不愿意听
到或面对的信息的潜在机会有所增加。实际上，个体会因怀疑自己表现不佳而倾 350
向于采用将所接受的消极信息最小化的反馈策略（Larson，1989）。在许多情况下，人们宁愿冒做错事的风险而不愿澄清事实。

当从个体角度考虑沟通时（参见图 10.1、10.2 和 10.3），那么，单向沟通与双向沟通都可以采取多种形式，并运用一系列的技能、渠道和媒介。作为一种互动过程，有效沟通包括听和说两部分。除去外部干扰、关注言语和非言语暗示、探询和鼓励、区分信息的智力与情感内容、总结和推断讲话者的所指和所感，对于有效沟通而言，这些都极为重要（Woolfolk，2000）。一位擅长沟通的管理者拥有自己的一整套沟通策略，能够创造性地、灵活地随着人、环境和内容的改变而有所创新（Burbules and Bruce，2000）。

理论联系实际

找一个同事，一起进行如下沟通活动。两人应准备两至三分钟的陈述，介绍学校管理者所面临的问题，例如，课程标准、测验、私有化、教育工作者的工作满意度、学生行为、教学改革以及类似的问题。一人先陈述，主要是单向沟通，至少使用两种媒介。另一人在倾听陈述的过程中应专心致志，并给予鼓励。当陈述结束时，听者应对所听到的内容进行总结。

于是，原来的听者现在变成了发言者，所进行的主要是双向沟通。新的听者不仅专心致志，给予鼓励，而且应该对部分内容进行释义、提出问题并最终就原来陈述的内容进行总结。

陈述结束以后，双方应该对陈述中的内容、效率与效果进行情感层面的交流。彼此向对方提供反馈，描述对方在陈述中的行为。双方应就如何改进陈述提出正面的和负面的信息。

你需要进一步发展哪一方面的个人沟通技能？

沟通的渠道：符号交换的方式

在沟通中，人们使用了两种主要的符号系统，即言语系统和非言语系统（Dahnke and Clatterbuck，1990）。言语符号包括：

351 • 人类言语——直接的、面对面的会话，或通过电话、广播、电视、网络会议和即时消息之类的电子交流。
• 书面媒介——备忘录、信件、传真、电子邮件、公告版和报纸。

非言语符号包括：

- 体态语言或手势：面部表情、姿势、手臂动作。
- 具有象征性价值的物品或工艺品：办公室里的装饰品、服装和珠宝。
- 空间：领地和个人空间。
- 接触：拥抱。
- 时间。
- 其他非言语符号：语调、重音、音高、声音的强度和语速。

所以，信息可通过多种渠道、多种方式、多种形式和多种媒介进行沟通。

言语渠道（verbal channels）　理查德·达夫特和罗伯特·伦格尔（Daft and Lengel，1984，1986）假设，媒介决定沟通是否具有丰富性，而**丰富性**潜在地促进了媒介对信息的传递和对模棱两可信息的澄清。界定媒介丰富性的标准有四：反馈的速度、沟通渠道的多样化、资源的个人化以及语言的丰富性。丰富性媒介将多重暗示、快速或及时的反馈、针对个人环境而裁剪的信息以及不同的语言组合在一起（Huber and Daft，1987）。丰富性媒介的特征是频繁的接触和高质量的资料；它们有助于减少模棱两可的信息。高效的媒介适于大宗的技术性资料的交换，并且有助于向听众传递精确的高质量资料（Daft，bettenhausen，and Tyler，1993）。在应用这四条标准时，达夫特及其同事将沟通媒介及丰富性放在并列地位（参见图 10.4）。 352

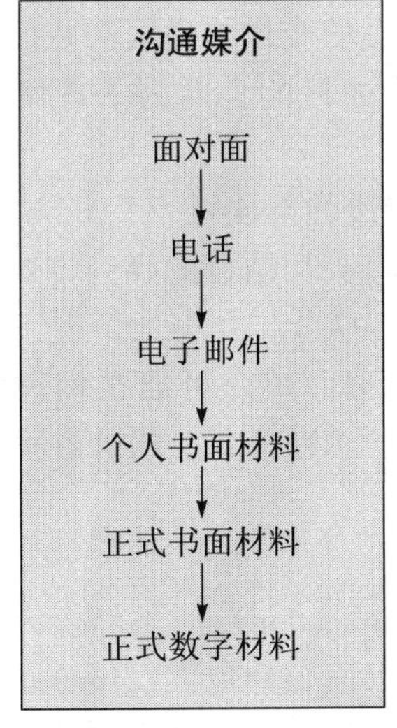

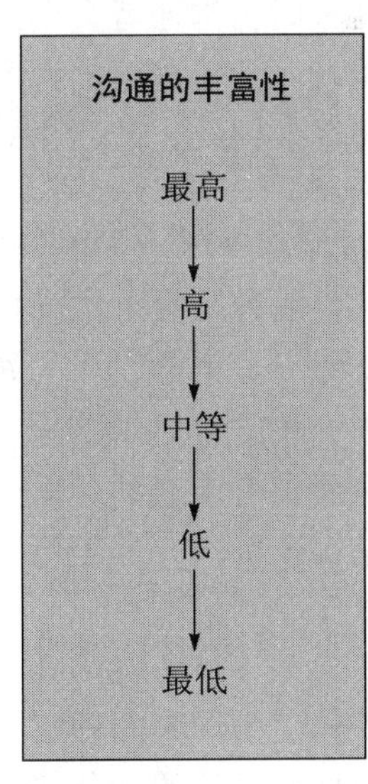

图 10.4　沟通媒介与沟通丰富性的相关度

面对面沟通（face-to-face communication）具有最强的信息携带能力和最佳的信息传递潜能（Barry and Crant，2000）。面对面的媒介最为丰富，它通过言语和视觉暗示提供即时反馈。虽然电话媒介的言语反馈迅速，但它不如面对面的媒介丰富，因为缺乏视觉暗示。书面沟通在获取资料的丰富程度方面属中等或中等偏下，因为反馈较慢，且只传递书面信息。有地址的通信具有人格化特征，并且在某种程度上比那种匿名的和非人格化的一般备忘录和公报要丰富。正式的数字化公文——如计算机打印文件，包含诸如考试分数之类的许多数据，传递的信息最不丰富，因为数字缺乏自然语言的信息携带能力。从信息的丰富程度上看，发送电子信息处于电话和个人书面媒介之间（Steinfield and Fulk，1986）。

关于言语渠道的基本假设是，如果沟通内容变得越来越含糊或越来越不确定，可采用丰富性更佳的媒介来改善沟通效果。大量研究已对此假设作了验证，结果是，支持该假设的研究与不支持该假设的研究数量大致持平（Schmitz and Fulk，1991）。总的来说，达夫特及其同事（Trevino，Lengel，and Daft，1987；Russ，Daft，and Lengel，1990）所作的研究对丰富性假设给予支持态度。其他研究（Steinfield and Fulk，1986；Rice，1992）对此给予微弱的或模糊的支持。总体而言，研究的结果是，当应用于传统媒介（如面对面）时，丰富性假设得到的支持较多；而当应用于新媒介（如计算机和其他电子设备）时，丰富性假设得到的支持较少（Fulk and Boyd，1991）。

正如有关媒介丰富性的讨论所预料的那样，当人们将书面媒介和口头媒介的效果加以比较时，沟通者会遇到一个问题（Porter and Roberts，1976）。当信息以书面形式呈现时，可理解的程度较高。不过，观点的变化或说服则在面对面互动中成功率更高。因此，适当的媒介形式取决于沟通目的，即为了理解还是为了说服。

媒介的丰富性提高了信息的丰富性和消息传递的准确性（Redding，1972）。一般而言，最有效且最准确的沟通是使用书面与口头相结合的媒介方式；其次是
353 单独的口头媒介；书面媒介的效果最差（Level，1972）。在多数情况下，书面媒介与口头媒介相结合是最为合适的形式。单独的书面媒介可能在两种情况下奏效，即信息要求有未来的行动或信息具有普遍性。单独的口头媒介在两种要求立即反馈的情况下奏效，即进行申诉或平息论争时。

非言语沟通渠道（nonverbal channels of communication）　虽然媒介的丰富性常使人们获得更为深刻的理解力，但口头媒介和书面媒介也仅仅传递了管理者与他人互动时所要表达的部分信息。至少人们对与言语符号一样重要的非言语符号缺乏足够的了解。**非言语沟通**（nonverbal communication）是他人不使用言语而

表现出的具有信息交流价值的所有沟通行为。扬扬眉毛，紧紧握手和用手指烦躁地敲击都是人们所熟知的可以传递某些意义的非言语暗示沟通方式。甚至沉默和刻板、不活跃可以暗示生气、烦恼、沮丧或恐惧。虽然上述非言语暗示的定义间接表明了它是个无所不包的领域，但是在言语与非言语形式之间还存在着一个灰色区域。辅助语言（paralanguage）是有声的但不是严格意义上的口头媒介。它包括言语的重音、语调的变化和语速，以及非言语的咕哝、笑声、叹息和咳嗽等声音（Knapp，1972；Wietz，1974）。

有关非言语沟通的研究常对准语言、肢体动作和空间暗示的意义进行探讨。例如，微笑、抚摸、肯定地点头、即时行为（如身体前倾）和眼神等五类非言语行为的组合，在个体努力建立与他人的和谐关系方面一直有着最为有力的积极的影响。这些行为在表达一种温暖、热情和兴趣的感觉方面必不可少（Heintzman，Leathers，Parrot，and Cairns，1993）。

面部是最明显的非言语情感传递者（McCaskey，1979）。大部分情感通过面部表情来交流。不用正规的训练，面部表情的观察者就能区分人类的多种情感，如：激动、屈辱和害怕（Harris，1993）。目光接触（eye-to-eye contact）是人类最直接和最有力的非言语沟通方式之一。在美国的主流文化中，社会习惯表明，在大部分场合下，短暂的目光接触是适宜的。直接的目光接触是诚实与信任的象征。人们要么将长时间的目光接触视为一种威胁，要么另一种情境下将其视为一种浪漫有好感的信号。演讲者知道，要让陈述的内容吸引听众，方法之一便是直视每一位听众，并与之进行目光接触。

关于工作空间，迈克尔·B. 麦卡斯基（McCaskey，1979）注意到，一间办公室代表个人领地，将个人属地与他人属地区分开来。一次会议的举办地可以暗示该会议的目的。为了引导观点相左的意见一起讨论，为了强调层级和权威，或是为了指明方向，麦卡斯基建议，督学应在他（她）自己的办公室里开会。办公室的布置本身可以传达预期的互动性质。例如，很多管理者把他们的办公室设为 354
两个不同的区域。在一个区域里，管理者隔着办公桌与坐在对面的人交谈。这种布局强调管理者的权威和地位。在第二个区域里，椅子围在一个圆桌旁。因为这种布置暗示了一种降低等级差异、鼓励自由交流的愿望。所以，一间设有非正式谈话中心的办公室、个人纪念物或装饰品的陈设与装饰，以及桌椅之间相对较近的距离，都是透露出欢迎来访者的强烈信息的非言语符号。詹姆斯·利普汉姆和唐纳德·弗兰克（Lipham and Francke，1966）的研究在学校中证实了这些假设。

言语信息与非言语信息的一致　为了促进有效的理解，言语信息与非言语信息必须一致。当新任管理者遇到员工时，通常会出现这样的情况。典型的言语表述是："如果你有什么问题或困难，请到我办公室来，我们一起讨论这些情况。我的门总是敞开的。"当一位员工直接根据领导的话前来造访时，非言语信息将可能决定言语信息的含义。如果这个人在门口被领导遇见，被引入座，并且会谈有结果，言语信息就会被强化，意义也就得以理解。不过，如果管理者坐在桌子后边的椅子上，让员工站着，或让他（她）在房间里远离领导的地方坐着，管理者继续自己的书写，言语信息就被否定了。当言语信息与非言语信息产生冲突的时候，就会产生意义问题。

理论联系实际

假设你是一位小学校长，中心办公室的官员鼓励你推行新的数学课程。你将通过什么渠道就这一可能的举措与教师进行沟通？你会通过不同的渠道就这些潜在的变革与你学校中的学生家长进行沟通吗？写出你准备用以与教师和家长就这些计划中的变革进行沟通的备忘录和介绍材料的大纲。你如何通过非语言途径获得反馈？

沟通过程中的信息源：发送者与接收者

信息源未必是一个人，它可以是组织、监督者、合作者或任务本身（North-
355 craft and Earley，1989；Bantz，1993）。考虑信息源时，不能忽视可靠性和认知能力等重要因素。

可靠性（credibility）　信息发送者的可靠性或可信性（Adler and Rodman，1991）影响着信息的有效性。专业与可信是影响可靠性的两大特征（Shelby，1986；Becker and Klimoski，1989）。可靠性由接收者对发送者的言辞和行为所体现出的信赖和信任构成。可靠性水平反过来影响接收者对发送者言行的反应（Gibson，Ivancevish，and Donnelly，1976）。在某些情况下，发送者的身份和声誉与信息的权威性相去甚远，反而导致接收者歪曲信息或完全忽略信息（Bowers，1976）。例如，那些认为校长能力低下或不诚实或两者兼备的员工，可能会错误地领会校长传来的信息。

有准备的讲话是一项专门技能。把观点组织成诸如文字或画面等一系列能传达预定意义的符号就是讲话的开始。这些符号按照合理性、条理性与传播方法的兼容性等进行排列。例如，一封电子邮件的表达方式不同于一封正式的申斥信，也不同于面对面的交谈。也就是说，一份精心调查、合理组织、认真书写和表达的信息，将极大地增强接收者对发送者的能力与可靠性的认可度。

认知能力（cognitive capacities）　心理特征限制了个人的沟通能力。信息处理能力（如沟通技能和与主题相关的知识）与个性和动机因素（如态度、价值观、兴趣和期望）相结合，限制和过滤了信息的内容和质量（Berlo，1970）。例如，助理教学督导与校长沟通时，会删掉一些他（她）认为与建立管理权威不相关的信息；而校长们与教学督导助理沟通时，则会过滤掉一些可能对他们的绩效产生负面影响的信息。

认知结构与认知过程也影响着接收者的理解和译解信息的能力。如果接收者工作效率高、善于合作、知识渊博，他有能力正确译解发送者表达的信息。然而，正如发送者一样，接收者的沟通能力、与主题相关的知识、兴趣、价值观和动机等因素，也限制了解码的质量。因此，接收者所掌握的未必就是发送者所表达的意义。当然，意义可以相对一致，但绝不可能完全相同。基于认知结构与认知过程所代表的经验，接收者选择如何对这些信息作出回应，而回应就是对发送者的反馈（参见图 10.1 和图 10.3）。

情境中的沟通 356

人与人之间的沟通也取决于情境、文化与环境因素的融合。沟通过程会被情境因素所干扰，这类典型的情境因素通常被称为*噪音（noise）*或*障碍（barriers）*。**噪音**使人精力分散，从而干扰沟通过程。噪音过于强烈，会掩盖信息内容本身的重要性（Reilly and DiAngelo，1990）。

学校里的噪音源于社会因素和个人因素，所带来的麻烦比物理干扰更多。例如，封闭的组织氛围、以惩罚为中心的科层结构、文化与性别差异以及独裁型领导等因素都会造成沟通过程中的信息失真。在这种情况下，群体间的关系变得尤为重要。激进的员工无法容忍独断的管理者，反之亦然。科层结构中的教育工作者对家长的需求重视不足。

在沟通过程中，对年龄、性别、种族、社会阶层和少数民族差异的偏见构成了会歪曲信息的障碍。在多元文化社会中，诸如人种、职业、性别等人口统计指标为影响语言发展与沟通能力的共同经验与背景特征提供了替代性指标（Zenger and Lawrence，1989）。例如，某一男性倾向于认为，他的专业工作只有男性才能做好，这就偏向于否定那些暗示女性同样能做好或做得更好的事实与信息。每条信息都要经过障碍、预先的倾向或认识图式的过滤（Reilly and DiAngelo，1990）。

因此，各种类型的情境噪音——物理噪音、社会噪音和个人噪音——都可能产生语言差异，从而进一步限制学校里的沟通。如果考虑到学校环境的日益多元化和其他变化（如，经济财富、民族划分、管理者的性别和处于危机中的儿童），毫无疑问，沟通所面临的挑战将明显地增加。正如图10.1所示，沟通过程创设共享的意义，这取决于个人的技能和动机（MacGeorge and colleagues，2003）、信息内容、运用的方法以及情境。下面的公式简洁地表明了这种关系。

意义 = 信息 + 沟通者 + 媒介 + 情境

可以通过思考下列问题来理解该公式和方法的本质：

- 谁在对谁说？他们在扮演什么角色？管理者？管理者和教师？教师？男性和女性？教师和学生？管理者和家长？
- 语言或符号所传递的信息能被发送者和接收者双方理解吗？
357 - 沟通的内容和结果是什么？是积极的还是消极的？相关的还是无关的？
- 可以运用哪些方法或媒介？
- 在哪一类情境中能产生沟通？
- 哪些因素会产生阻止或歪曲信息的噪音？

总之，在教育组织中，缺少双向沟通、运用相互冲突的媒介和信息、情境噪音的存在等，构成了对教育组织理解上的严重问题。

沟通的组织观点

组织是信息处理系统（Hall，2002）。信息通过组织传递，影响所有的结构与过程。此外，组织处理的信息量激增，首选的媒介就是面对面的讨论和群体参与（Daft，Bettenhausen，and Tyler，1993）。因此，在学校中，信息量的激增与媒介的日益丰富使得理解学校中的组织沟通比先前所设想的更为重要。总之，沟通提供了另外一种界定、描述和解释诸如学校这样的组织的方式（Deetz，2001）。

组织沟通

早期的通用定义将**组织沟通**（organizational communication）界定为通过正式的和非正式的网络发送信息，从而建构意义，并对个体与群体产生影响（DeFleur，Kearney，and Plax，1993）。换言之，组织沟通是一个创造和解释信息的群体的、互动的过程。组织内部与外部的参与者之间彼此协调的活动与关系构成了理解的网络（Stohl，1995）。例如，员工发展活动就是为跨学区的教师和管理者交流有关新课程标准的信息而举行的。

学校组织中的沟通目的

在诸如学校这样的组织中，沟通有着一系列重要目的，如，生产和调节、创新、个体社会化及其维持（Myers and Myers，1982）。生产和调节的目的包括旨在完成组织的基础性工作的活动，如学校里的教与学。其中包括设置目标与标准、传 358
递事实与信息、决策、领导和影响他人，以及结果评价。创新的目的是提出新观点和变革学校的规划、结构和过程。沟通的社会化目的与维持目的是影响参与者的自尊、人际关系以及整合个人目标与学校目标的动机。学校维持这些复杂的、高度相互依存的活动范式的能力，受其为实现目标而进行沟通的能力的限制。

为了实现学校的生产、调节、创新、社会化和维持等多重目的，沟通必须提升共同理解水平。实现学校目标需要人的行为，而沟通可以使行为趋向目标。因此，对信息的理解越清晰，管理者、教师和学生实现目标的可能性越大。例如，在一个高效运转的学校里，管理者、教师和学生都愿意理解和接收彼此的想法并按此行动。学校的目标和指导性原则通过广泛的对话得以建立。其中一项创新的目标可能是推行专题教学法（project-based approach）。用以实现该目标的指导原则包括新课程开发、新的互动教学策略、教师的社会化与培训、档案袋评价程序以及项目维持计划。作为团队的领导者，校长、教师、家长和学生强调目标的有效性，突出新程序的实用性，促进共同理解，鼓励实施计划的集体行为，协助计划的执行与拓展。行动的范围与成功在很大程度上取决于能否就目标及其相应程序为学校组织中的网络所启动与维持而进行有效的沟通。

沟通网络

沟通网络（communication networks）是指沟通者之间已建立起来的正式的与非正式的联系模式，这种沟通因跨越时空传输和交换信息而形成（Monge and Contractor，2001）。**正式渠道**（formal channels）是组织认可的方式，它与诸如规则和创新等组织目标有关。当个体通过**非正式渠道**（informal channels）和网络沟通时，则是在传播**小道消息**（Harris，1993）。这种沟通形式是学校组织结构的一部分，尽管它们没有出现在科层结构中（Lewis，1975）。正式的和非正式的沟通渠道可能是垂直（上下）的或水平的、单向的或双向的。因此，网络和渠道是学校这样的组织中信息传播的简单形式、方法或载体，它们是沟通路线。

我们对物质形态的网络和渠道比较熟悉，因为它们就在我们的身边，如河 359
流、街道、高速公路、电话线、污水管（Monge，1987）。相对而言，组织中的沟通网络却比较难于识别，因为它们是由抽象的跨越时间的人类行为而非由诸如公路、溪流和管道等物质形态的材料所组成。尽管如此，沟通网络是人与人之间进行联络的常规方式，当人们在学校中进行信息交流时可对其加以识别。有时通过观察沟通行为，我们可以推测哪些人在与他们进行信息交流。

正如图 10.5 所示，沟通网络的成员扮演各种各样的角色。人们在沟通网络中充当的沟通角色非常重要，因为这能够影响人的态度和行为。**明星角色**（star role）出现于许多人与一个人沟通的场合。明星是网络中的核心。由于处于中心地位，他（她）能够接触甚至有可能控制群体资源，能力很强（McElroy and Shrader，1986；Yamagishi，Gillmore，and Cook，1988）。因此，明星被认为是沟通网络中的领导。

360 相对而言，**孤立者角色**（isolate role）是指不大与别人沟通的人（参见图

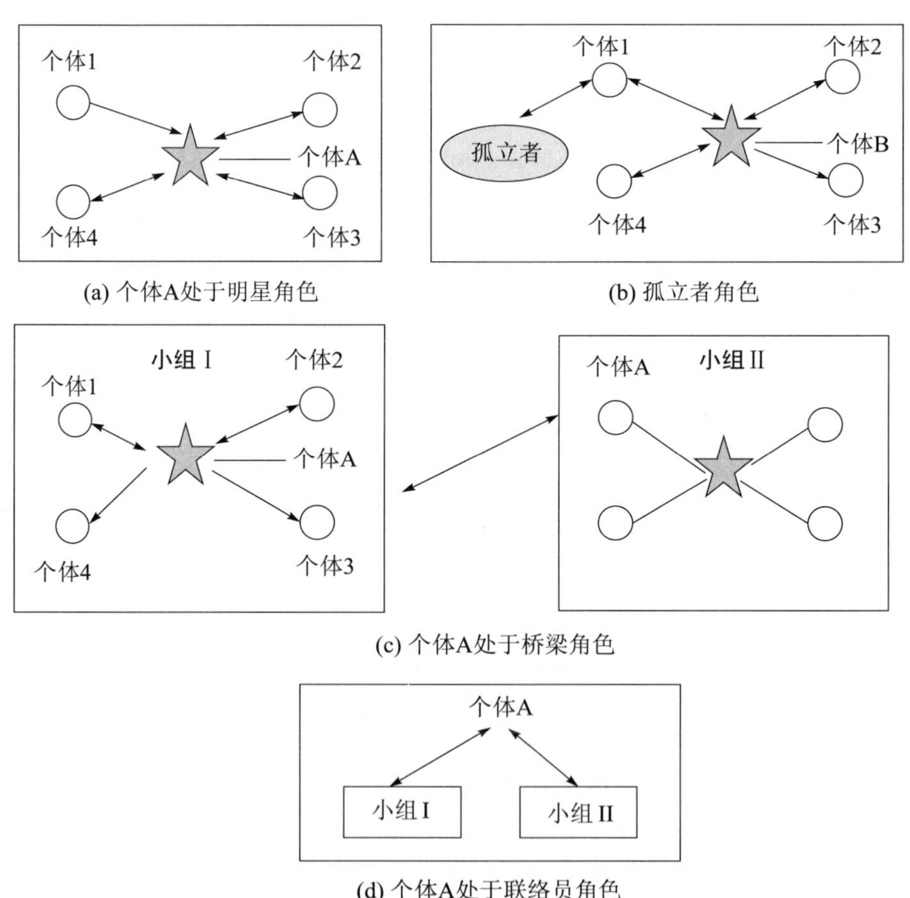

图 10.5　网络沟通中的明星、孤立者、桥梁和联络员示例

10.5)。孤立者与沟通网络联系松散或失去联系，也就是说，远离常规的沟通渠道，与沟通网络中的其他成员不发生联系。孤立者值得关注，因为他们缺乏沟通活动，常常伴随着疏离感、低工作满意度、较差的工作责任感和低绩效。积极参与沟通网络似乎能产生积极结果，而孤立似乎会导致叛离的结果（Harris，1993)。然而，学校里一些意在减少教育工作者孤立感的计划可能会产生另外一种情形，即本应受益最多的这些孤立者将对此予以抵制，从而受益最小(Bakkenes，de Brabander，and Imants，1999)。

帕特里克·福赛思和韦恩·霍伊（Forsyth and Hoy，1978）发现，在一个场合中被孤立的人，换到另一个场合，也同样会被孤立。一项后续的研究结果非常类似，只有一点不同，即被朋友孤立与被正式权威孤立并不相干（Zielinski and Hoy，1983)。换句话说，学校中的孤立倾向于远离可感知的控制、受人尊重的同事、学校的控制结构，有时甚至包括一些朋友。这种孤立的潜在破坏性是疏远。为了阻止这种负面作用，管理者必须使沟通过程多样化，因为现有的沟通渠道无法让人接近孤立者。

个体通过充当某些特殊角色，如桥梁和联络员，可实现网络中的沟通。例如，属于多个群体的人被称为**桥梁**（bridges)。一个英语教师既从事学区课程委员会的工作又从事学校某个部门的工作，他就是这两个部门之间的桥梁，他能在两个部门之间传递信息（参见图 10.5)。**联络员**（liaisons）角色将所属群体与外界联系起来。联络员是学校里各种群体的联系中介。换句话说，他们发挥着让不同群体彼此知道对方活动的重要作用。联络员与群体成员之间并不经常进行正式的沟通，一旦定期沟通，不同群体的成员就都会知道对方在做什么。正如第 3 章所述，这些重要的联系是微弱的松散的联系。联络员经常被组织正式指派去联系不同的部门或委员会，以确保它们之间准确的信息沟通。例如，通过监督两个学校的英语课程委员会，负责学区课程的督学助理成为两个学校的联络员。联络员有正式的和非正式的。辛西娅·斯托尔（Stohl，1995）认为，与低效群体相比，高效群体与组织内外的其他群体联系更多。然而，凝聚力高和满意度高的群体不经常与外部群体联系。

361

学校中的正式沟通网络

斯科特（Scott，2003）认为，组织发展的原因之一是组织具有超强的信息处理能力。学校等级结构（参见第 3 章）的特征包括不同职位之间的地位和权力差异等，但其中最重要的是集权化沟通系统。沟通存在于所有学校结构之中。理查德·霍尔（Hall，2002）强调说，“正是组织结构的建立，才是沟通应沿着特定的路径展开的标志”(p. 164)。

正式的沟通渠道或网络将组织的科层结构与权威联系起来。巴纳德（Barnard，1938）将这些正式网络称为“沟通系统”。巴纳德认为，在建立和使用正式沟通系统时必须考虑如下几个因素。

- 必须了解沟通渠道。
- 沟通渠道必须通往组织中每一位成员。
- 沟通路径必须尽可能短而直接。
- 应当有侧重地利用完整的沟通网络。
- 必须证明每一次沟通都是从占据某一职位且拥有相应权威的合适的人那里发出信息。

图 10.6 运用巴纳德的描述解释了学区的正式沟通网络。该图描述了正式沟通渠道和每个人汇报的对象。主任向助理教学督导汇报，负责教学的督学助理和负责财务的督学助理向督学汇报。从督学到教师的沟通分为五个层次。对一个较大的学区而言，这是简短而直接的。根据巴纳德的提议，还须赋予这一系统以专门名称并对工作加以界定的科层规章制度。

362

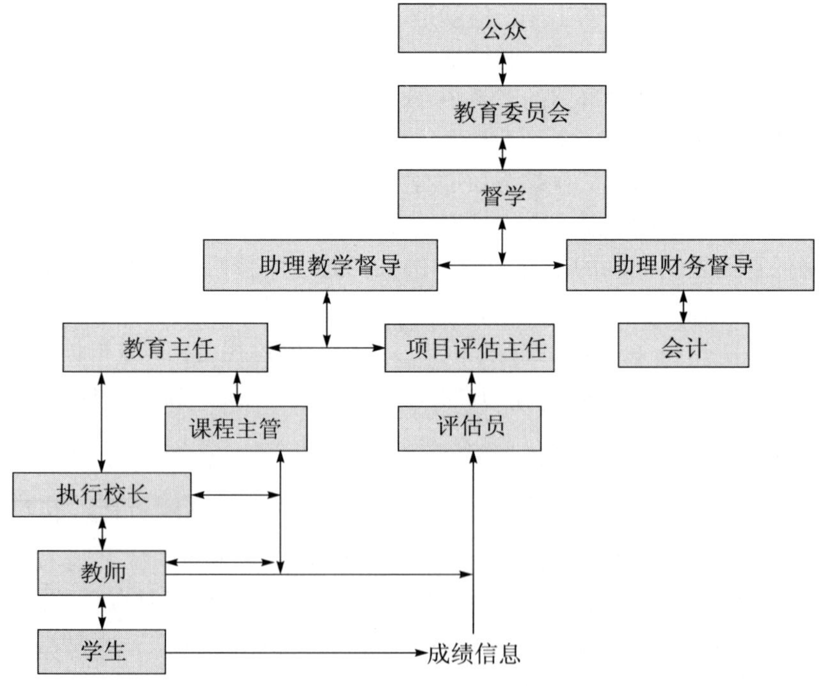

图 10.6　学区中项目执行的正式沟通渠道

在所有组织中，都有明显的对沟通过程的正规限制。“确定通过适当的渠道”和“按指挥链办事”是两个常见的指令，反应了组织沟通的结构和对其加以控制的要求（Harris，1993）。对于正式沟通系统来说，学校科层结构的三大特征似乎都非常重要。这三大特征是，等级制度的集权化，组织形态或结构，以及信息技术水平。

集权化（centralization）——组织权威集中而不是分散于某一源头的程度，对于沟通系统的有效性而言，这一点十分重要（Porter and Roberts，1976）。在集权制学校，组织结构中的一些岗位具有大部分获取信息的能力。例如，在图 10.6 中，督学和两个督学助理可通过正式沟通系统收集大量信息。不过，如果学区是分权的或松散型的（参见第 3 章），各个职位都或多或少拥有获取信息的 363
可能性。人们对不同的信息获取能力的研究，支持了这样一个结论，即当问题与任务相对简单并且直截了当时，集权化结构对沟通似乎更有效。不过，当问题与任务变得更加错综复杂时，分权制等级结构似乎更有效率（Argote，Turner，and Fichman，1989）。同样，集权制学校比分权制学校更倾向于依赖备忘录和员工手册之类并不丰富的媒介（Jablin and Sias，2001）。

形态（shape）——学校组织的等级层次数或高度及学校组织的宽度——也对组织沟通过程产生影响。等级层次和大小等结构特征通常与组织形态相联系。如图 10.6 所示，一个学区有五个层次，在从上到下以及不同层次之间的沟通能力方面，不同于有着更多或更少层次的系统。可以将组织层次数看成是信息跨越的距离。距离越远，信息失真的几率越大，对沟通数量和质量的满意度越低（Clampitt，1991；Zahn，1991）。与来自校长的信息相比，教师通常对来自督学的信息表现出更多的不满。此外，组织的规模与沟通质量呈负相关；随着学区的扩大，沟通变得更加非人格化或更加正规化，沟通质量随之下降。

技术（technology）似乎也对组织沟通有着重要影响，尽管究竟是哪些确切的影响还有待考量。正如第 3 章所提到的，研究者赞同这种观点：即学校是松散耦合的系统，技术水平相对较低。然而，学校中的沟通技术变得更加复杂，这些沟通技术的应用可能会戏剧性地改变正式的和非正式的网络中的沟通（Jablin and Sias，2001）。

我们生活在一个创新和变动的时代，到处都在发生变化，这可以从诸如计算机网络、互联网、万维网、电子邮件、网络会议、通讯卫星和数据处理设备等新兴事物中体现出来。直到最近，电子信息交流作为独特而又独立的沟通方式被广泛用于传输声音、视频、文本和图表。向很多地方同时和即时传输音频、视频、文本和图表越来越司空见惯。即使设想巨大的变革即将来到，但对于即将来临的电子技术的力量和参与者的地理分布的一般描述，仍不足以说明这些媒介与传统媒介的差异之处。因此，这些技术对学校中各方面（管理、教学和社会）的沟通的潜在影响很可能被低估了。

364 

理论联系实际

评估和改进正式组织中的沟通

改善学校沟通要有计划地评估现有条件并设计新的机制。对一个学区、一所学校进行深入思考，并完成下列任务：

- 根据本章所提到的巴纳德的标准，评估沟通系统中的组织设计。
- 如果要付诸实施，什么样的机制能促进正式系统的改进过程？要考虑下列可能性：修正组织结构、为正式的和非正式的互动设立方便的沟通地点、使用新技术、构建完成任务和作出决策的委员会系统、建立信息库和恢复系统、挑选有良好沟通技能的人员、制定促进沟通技能的专业发展计划。

学校中的非正式沟通网络

不管正式沟通网络多么周密，组织中仍然会存在非正式沟通网络或小道消息网络。组织研究者和参与者经多次观察发现一个规律，即群体、小集团或团伙中的人能够对所出现的事情和问题快速达成一致。他们在群体内部容易沟通，并且沟通得很好。事实、观点、态度、怀疑、流言飞语、谣传和指令都能自由和快捷地通过小道传播。非正式网络产生于学校员工之间的社会关系，该网络形成的原因可能很简单，如同一个办公区域、相似的职位、休息时一起喝过咖啡、合伙用过汽车、朋友关系。社会关系和沟通网络存在于学校各级组织中。回到图 10.6 中，非正式的沟通方式存在于中心办公室。一个中心办公群体可能包括几名主任、一名督学助理、几名主管、一名评估员和一名会计。非正式沟通网络在校长之间、教师之间和学生之间都有着强大的生命力。

小学校长与中学校长的沟通方式有所不同（Licata and Hack，1980）。中学校长建立类似于协会的非正式群体。也就是说，这种沟通方式建立在共同的专业兴趣之上，需要彼此间的帮助和保护。相对而言，小学校长建立类似于帮派的群
365 体，他们的沟通围绕着教师、朋友、邻居和亲属之间的社会关系进行。简而言之，中学校长以专业生存和发展为基础建立非正式沟通网络，而小学校长则以社会关系为基础构建非正式沟通网络。

虽然小道消息的主要缺点是传播谣言，但在正式的学校组织中，非正式沟通

网络可以实现多重目的。第一，它反映学校中各种活动的质量。非正式沟通网络向校长和其他学校管理者提供极其重要的反馈信息。而且，活跃的非正式沟通网络是学校文化的晴雨表，管理者能通过它了解许多信息。第二，非正式沟通网络能满足正式沟通网络所无法满足的社会或其他需要。第三，非正式沟通网络信息量大，可填补信息空缺。不管正式沟通网络多么周密，它也不能传播当代学校需要的所有信息。当正式沟通网络堵塞时，非正式沟通网络就发挥作用了。在变革的年代，非正式沟通网络尤其有用，因为，在这样的年代，新的信息层出不穷，面对面沟通或电子沟通变得比较容易。第四，非正式沟通网络赋予学校活动新的意义。当信息通过非正式网络传播时，它能极为准确地转换成参与者能够理解的术语并传输给他们。如果信息的准确性达到 75% 到 90%，就不会引起争议。如果出现信息失真现象，这通常是以不完整的信息为基础又加以错误地强调的结果。问题是，即便是小的信息失真和错误，也可能会产生出人意料的后果（Clampitt，1991；Harris，1993）。

理论联系实际

非正式沟通群体

想一想你所参观过或工作过的学校。把目光聚焦于教师和学生，并回答下列问题：

- 迅速识别出你观察到的学生和教师的非正式组织或网络。它们有特殊的名称吗？
- 就你所识别的非正式组织而言，指导他们行为的价值观和准则是什么？
- 学校中哪些正式方面能促进团队发展？
- 非正式群体中有等级结构吗？各个群体之间有等级结构吗？如果有，请加以描述。
- 有不属于任何群体的孤立者吗？
- 校长属于某一个群体吗？如果校长不属于任何群体，他与这些群体之间是什么样的关系？
- 提供其他的观察资料。

366 互补的网络：正式沟通与非正式沟通

如前所述，所有教育组织中都有正式沟通网络与非正式沟通网络。多种情境下的沟通网络研究表明，组织沟通方式极其复杂。在学校里，不仅有单向的沟通网络，而且有一系列相互重叠和相互关联的网络（Jablin，1980）。大量的参与者不断地与其他个体进行沟通，人数远远超过上图所示的正式组织的参与人数。虽然任务型网络比社会网络更加庞大而且发展更快，但两者彼此关系密切，并对组织产生举足轻重的作用（O'Reilly and Pondy，1979）。通常，沟通群体能形成众多的任务链。工作群体的任务结构可以提高或降低所传递的信息的准确性与开放度。在信息沟通中，有着专门技能和居于高位的群体比其他群体更具开放性（O'Reilly and Roberts，1977）。进一步来说，虽然准确性和开放度对绩效有积极影响，但教育工作者之间的沟通频率并不高（Miskel，McDonald，and Bloom，1983）。总之，沟通的实质与方向将使这两大系统相互补充。

实　质

就内容而言，可将沟通划分为工具性沟通（instrumental communication）与表达性沟通（expressive communication）（Etzioni，1960）。工具性沟通传播影响认识结构与过程的信息和知识。管理性指令、政策、课程目标与材料以及入学人数等都是典型的例子。工具性沟通的目的是促成方法与过程的统一。另一方面，表达性沟通尝试改变或强化态度、标准和价值观。对学生、好战性、纪律和组织奖赏等给予适当的情感定位是表达性沟通的典型例证。

正式沟通渠道传递着工具性沟通与表达性沟通的内容。非正式网络对两者都有所丰富。例如，小道消息充当着各种意见与情绪的晴雨表，学校管理者可以经常通过这种非正式渠道了解学生、教师、其他管理者的士气。他们也可以事先放出风来，以检验公众对新计划的接受程度。例如，管理者想要在教师教育方面引入新的专业发展项目。在作最后决定之前，所假设的各种可能性都已在一些员工中间私下里议论过。当信息通过小道消息传播时，员工的情绪是可以监控的。
367 管理者根据员工的反应，通过正式沟通系统宣布新的项目计划，允许项目维持预设状态，或者正式消除谣言。巴纳德（Barnard，1938）认为，在非正式网络中，这种类型的沟通畅通无阻，但是，可能会造成正式网络沟通不畅或作出不成熟的决策。因此，就其作为可能的行动方案的检验场所而言，非正式网络恰恰是正式的工具性沟通的有益补充。就表达性沟通而言，非正式网络是发表个人意见的积极工具，允许参与者进行沟通与社会互动。对学区而言，非正式沟通网络无需花费多少钱，就能使许多学校成员的社会需要得以满足。

方　向

信息不会待在那里等着被人发现，也不会漫无边际地四处游荡而被某些幸运者发现（Myers and Myers，1982）。组织沟通在正式网络与非正式网络中进行。信息的流动方向也表明正式沟通网络与非正式沟通网络可能具有互补性。在这两大网络中，信息沿着垂直方向和水平方向流动。

垂直方向的信息流动是指学校内部不同等级层次之间沿上下方向沟通。信息以备忘录、指令、政策和行动计划的方式在学校各个科层之间上下传递。关于组织垂直沟通的重要之处在于，对于发送者和接收者来说，正式网络中流动的信息都很重要。个体的工作依赖于他们所接收的诸如指令、评价、要求和指导等信息（DeFleur，Kearney，and Plax，1993）。

正式的下行沟通（downward communication）中，信息通过命令链传递，也就是说，通过层级结构传递。这些信息再次肯定了命令链，并强化了控制（Harris，1993）。自上而下的沟通包括五种类型（Katz and Kahn，1978）：

- 关于具体任务的指示。
- 有关为什么需要完成某项任务以及该任务与其他任务之间是什么关系的基本原理。
- 有关组织程序与实践的信息。
- 对个体绩效水平的反馈。
- 关于组织目标的信息。

相对来说，下行沟通较易传达，但下属可能经常会误解信息。为确保预期的
意图能被理解，管理者必须开辟双向沟通渠道，广泛运用在等级层次中上下之间 368
的反馈程序。

等级制度中下属向上级的沟通称为上行沟通（upward communication）。上行沟通包含四类信息（Katz and Kahn，1978；DeFleur，Kearney，and Plax，1993）：

- 常规操作信息。
- 有关问题的报告。
- 改进的建议。
- 有关下属彼此间的感受与工作态度等的信息。

上行沟通是一种下属对上级负责的形式。这种沟通常被视为一种行政控制手段。因而，下属通常会报喜不报忧，把自己认为“老板爱听”的信息传达给上级。由

于许多决策都由等级制度中的最高层作出，决策质量也就取决于正式系统中的沟通的准确度与及时性。通常，信息越明确越客观，下属就越有可能向上级传送准确信息。频繁的双向沟通也能提高沟通的准确性（Porter and Roberts，1976）。

发展良好的非正式网络有助于管理者获得即时信息，检验正式的上行沟通的准确性。不过，在信息交流的过程中，教师会影响管理者的行为。某些教师具有影响力和权力，是因为他们拥有怎样完成任务或谁能解决特殊问题的信息。同样，部门主席、委员会成员和拥有专门技能的教师拥有有价值的信息。他们在沟通网络所拥有的知识与地位，使他们能对管理者的决策产生相当大的影响（Barnett，1984）。

水平方向的信息流动是指相同等级层次的组织成员之间的沟通。例如，一位校长可将信息传递给另一位校长，这样依此类推，一直传递下去。这样的沟通非常有效，并且易于理解（Lewis，1975）。水平方向的沟通可以是正式的也可以是非正式的。如图 10.6 所示，两位助理督学在筹措资金支持新课程方面所进行的横向沟通是正式沟通。而教师课间休息时的交谈则是非正式沟通。水平沟通的主要目的是为了协调工作、解决问题、与同事分享信息、化解冲突、共营和谐关系（Harris，1993）。比如，通过校长们的沟通，不同学校所强调的活动或课程都很类似，他们可以分享信息内容、避免潜在的冲突、与同伴建立友好的关系。水平
369 方向的信息流动影响着组织沟通的便利性、满意度与准确性。

在研究水平沟通过程中，查特斯（Charters，1967）发现，小学与中学之间有着显著差异。小学表现出更丰富的信息量，大部分教师都能够直接与他人沟通。相比之下，只有 15% 的中学教师能有规律地沟通。这种沟通量的差异部分取决于员工的多少。每位员工沟通的平均次数随全体员工的增长而呈下降趋势。庞大的设施和人员的分散以及不从事课堂教学的专门人员（辅导教师或特殊教师），有助于解释规模对沟通量的影响。不过，查特斯认为，单靠规模不足以解释全部差异。小学员工比中学员工的沟通多得多。最后，查特斯发现，沟通方式的稳定性与劳动分工及工作区域的邻近程度相关。相同专业和邻近工作区域的教师之间能形成持续的沟通网络。这样，有三个因素，即学校的水平和规模、专业化程度和工作区域的邻近程度，影响着学校的水平沟通模式。

总之，沟通在学校中扮演着重要的角色。关键的问题不是管理者、教师、学生是否参与沟通，而是他们能否有效地沟通。在学校里，人们必须交流信息，但是，要建构共享的意义，就要求个体和组织具有沟通能力。

领　导　案　例

普拉西多中学的丑闻：巧合还是同谋？

普拉西多（Placido）是一个小社区，大约有12000人口，该社区的所有公立学校都享有良好的声誉。这里的家长对子女的教育非常关注并且积极参与。上一周，在中学毕业典礼上，教育委员会主席声称自己为该区的学生在全州的考试中取得高分数而感到自豪。

该区的学校督学德布拉·巴斯（Debra Bass）刚刚完成了她在普拉西多的第三年任期。社区成员对她的工作非常满意，教育委员会最近也与她续签了合同。巴斯博士是一位以学生为中心的教育工作者，她试图提高教职工对学生需求的敏感性。她刚刚与她的管理团队开过周一的例会，就接到国家考试公司（National Testing Corporation，NTC）的代表打来的电话。

罗伯特·本德（Robert Bender）是国家考试公司的代表，他告知巴斯督学，他已收到一封来自3名最近毕业于普拉西多中学学生的信。在他们的信中，学生声称他们在5月13日的大学入学考试中得到了与全国其他中学成千上万的学生相比的不公正的好处。他们讲，在考试前几天，他们的教师威尔·约翰逊（Will Johnson）指导他们复习了4—5段阅读理解的释义片段和 370
2—3段的翻译片段。学生的信中还附上了这些可疑段落的复印件。他们解释了为什么直到毕业才揭露这种不适当行为，是因为害怕影响成绩和毕业，即使他们没有做错什么或不诚实。

巴斯博士需要与本德先生碰头，讨论当前形势并决定如何开展联合调查。本德先生有礼貌地通知巴斯博士，国家考试公司将按程序调查此事，但他同时非常愿意与巴斯博士讨论国家考试公司的调查计划。他与督学达成协议，国家考试公司必须保证为这几位毕业生的身份保密，并确保在两人第二天的会议前不与他们进行任何联系。

督学立即电话通知该中学校长哈尔·柯里（Hal Curry）。柯里校长是1月1日任命的，他的前任刚刚退休。他已担任校长助理12年，在担任校长前已经非常了解全体教工、学生和社区。这位督学用30分钟向柯里校长简单介绍了情况并让他拟订一份行动计划。

巴斯博士知道学生服务主任洛娜·伦纳德（Lorna Leonard）负责考试安全与考试管理。国家考试公司是一个独立组织，它与各学区签约其考务工作由学校雇员在正常学校工作时间组织实施。试卷包裹被快递到考试地点，交给指定的考试协调人，他有责任在特殊时期的每时每刻保证试卷的安全。

洛娜是普拉西多学区指定的协调人，他已经在这个地区服务了28年，现在正在度假，要10天后才返回。威尔·约翰逊专门负责大学入学考试，已经与其他非行政的专业教师一起离开学校去度暑假了。巴斯督学向委员会主席打了电话，向他汇报目前的情况，并允诺和国家考试公司代表会谈后再向他汇报。

柯里校长显然对督学的指控非常震惊。他认为，他应当对员工行为负责并经常提醒员工，“我负责”①。无辜的学生会由于某一位教师的不当行为而受负面影响，这种可能性确实令校长和督学不安。

找到的一份记录显示，15名学生，包括9名高中生和6名初中生，参加了5月的考试。巴斯督学提醒校长要进行彻底调查，并保护各方的隐私和权利，这非常重要。他们同意柯里校长打电话给15名参加考试的学生，并要求与他们及其家长私下会面。他也试图立即联系教师约尔·约翰逊和学生服务主任洛娜·伦纳德。

到了下午，校长已与6位学生作了沟通。他将自己家中的电话号码给了他们，并要求每位家长晚上与他联系。他为度假中的洛娜·伦纳德作了电话留言。他打电话给约翰逊却没有回音。他查了教师的暑期地址联络卡，发现一个旅游胜地的地址，开车要几个钟头才能到达；但没有查到电话号码。校长计划晚上在家中能与约翰逊和相关的学生联系。

在第二天早晨的会面中，罗伯特·本德给督学一份已删除姓名的来信复
371 印件和他收到的段落复印件。尽管学生在考前从没有看到过试卷的复印件，他们宣称在复习过程中，约翰逊先生特别强调复习了4篇阅读段落和2篇翻译段落，其中包括了大量的考试内容。本德先生阐述了国家考试公司接下来的调查程序。他解释说，所有普拉西多学生的考试成绩都要分析，成绩暂时不公布。一旦有双方都方便的时间，将会安排学生重新免费考试。巴斯督学对这个仓促的决定感到惊讶，但还是给予全力配合，也表达了学区希望知道真相的愿望。

她建议国家考试公司到学校与他们希望访谈的学生和教师会面。本德先生感谢督学并告知她，他的员工会尽快与学生取得联系。他请督学安排他与

① 第33届美国总统杜鲁门（Harry S. Truman，1884—1972）担任总统期间（1945—1953）曾在办公桌上写了一块牌子：“The Buck Stopped Here”（我负责）。——译者注

校长、咨询员、伦纳德、约翰逊进行会谈。巴斯解释说，有些人正在度假，她将尽快联系到他们并安排会谈。

督学非常沮丧，她知道报纸披露这一“丑闻”只是时间问题。无辜的学生家长得知要重新考试将会非常愤怒。更糟的是现在中学校长与教师联系不上。伦纳德已经回复了校长的电话，同意下周返回普拉西多。柯里校长已约定 11 个学生晚上见面，另有两个学生正在度假，他还给剩下的另外两名学生留了信息。

给委员会主席打电话只会产生问题。考试材料安全吗？谁有进入存储室的钥匙？那些指控可能会不真实吗？怎样做才能解决学校目前面临的公共关系危机？所有的问题都在督学的脑海中浮现。委员会主席同意向其他委员简要传达这一事件，并要求督学于下周一晚上召开委员会特别会议。

巴斯督学准备召集当地报纸的编辑召开新闻发布会。她给约翰逊发了一封信，并快递到他的家和他度假的地方。自从普拉西多中学参与国家考试公司的这项考试以来，他每年都是大学入学考试的指导者。他参加一年一度的暑期培训活动并夸耀他的学生的成绩一直很好。实际上，他所教的其他班的学生成绩不是很稳定。督学必须与他谈话。

在接下来的会议中，校长让每位学生和家长都确信他希望他们讲真话。无论他们向他说什么或与国家考试公司面谈，都不会被报复。校长使他们确信所有人都想知道发生了什么事情以及他将处理做了不诚实或不恰当事情的学生或教员。

周三早上出现了预想的新闻标题——“诚实学生揭露不公平的优势”，许多相关家长和社区成员也发出呼声。在与两位学生会面时，校长得到了一些令人震惊的干扰信息。

其中一位初中学生，宣称收到的试卷包已经被撕开。当时他大声说出了这一事实，以至全教室的同学都能听到。但是，这个学生注意到，伦纳德女士没有对此作出反应，只是继续发出考试指令，并提醒学生抓紧时间。另外 372
一位学生报告说，在考试这一天，她和其他五位同学去见他们“信得过的”教师安妮·毕晓普（Anne Bishop）夫人时，表达了他们的顾虑，说他们参加考试时“知道了不该知道的事情”。

电话响了，教育委员会主席要求得到关于调查结果的报告。他也表达了他和几位委员会成员的集体意见，即这位教师应被解雇。丑闻在社区中被议论开了。诚实的学生因为约翰逊老师的行为而遭受惩罚，不得不参加另外的考试。约翰逊走得太远，而且这可能不是他一人做的。督学“不要匆匆下结论”的要求没有被人理睬。她极力要求委员会主席耐心地再给她机会去调查事件真相。

巴斯博士挂上电话后，她的秘书告诉她当地报纸编辑要她尽快回电。她回了电话，令她非常气愤的是，她被要求为考试中监考教师发给一位学生已经拆封的考卷这一事件作证。

事情已经无法控制，必须主动出击，必须作出决策。假设你是督学：

- 环境能产生阴谋吗？校长和督学如何才能找出真相？关键的沟通渠道是什么？
- 在假期学校关闭、师生去度假时，如何进行组织沟通？怎样战胜一些对有效沟通的阻碍？
- 督学应该与委员会沟通什么？怎样沟通？何时沟通？
- 讨论督学的公共关系战略，公共关系等同于沟通吗？
- 还有哪些群体将卷入沟通过程？何时卷入？怎样卷入？
- 这一事件的政治结果是什么？如何预料和控制消极结果？
- 设计两种情境，一个是对教师的指控是无辜的，另一个是对教师的指控成立。如果上述情况属实，这些指证会成为辞退一名终身教师的依据吗？
- 如果督学发现，所有证据都是间接的，而教师和主任又否认任何过失，那她应该怎么做？
- 什么样的立场是面对媒体的合适立场？
- 将来如何避免此类情况的发生？需要新的学区考试政策和程序吗？

本案例作者是教育学博士迈克尔·F. 迪保拉（Michael F. DiPaola），曾任中学校长和学区督学。他现在是弗吉尼亚威廉-玛丽学院教育学院（School of Education at the College of William and Mary）教育政策、计划与领导项目的助理教授。本案例选自迪保拉（DiPaola，1999）的“普拉西多中学的丑闻：巧合还是同谋?”，《教育领导案例杂志》（*Journal of Case in Educational Leadership*）［在线版］，2（3）。

概要与推荐阅读材料

沟通在学校中普遍存在，是教育管理中的一个重要的、综合的过程。沟通意味着分享信息、思想、态度，以促成人与人之间的理解或共同意义。有四点结论值得肯定。第一，要成为一位好的沟通者，就应该了解各种沟通方式，了解各种沟通方式的独特特征，了解怎样选择沟通方式，以及怎样熟练地应用。 373
第二，个体在社会情境中互动时，彼此交流符号，在特定情境中解读符号的人建构了这些符号的意义。这表明，意欲表达的意义的直接传递不总是那么直截了当。第三，信息依靠多种言语与非言语的媒介在正式或非正式的渠道中传播。尽管比起那些非正式网络，正式网络通常更为庞大、更为完善，但二者联系紧密，互相补充，对于组织而言都至关重要。第四，为了保证高水平的共同理解，反馈必不可少。虽然一些技术不够完善，但仍可用来测量和提高个体与组织的沟通水平。

切斯特·巴纳德（Barnard，1938）很早就针对个人和组织沟通提出了一系列至今依然重要的观点。这是有关沟通与其他思想的重要参考资料。有两本极好的论述沟通的著作，它们的作者分别是德弗勒尔、卡尼和普拉克斯（DeFleur，Kearney，and Plax，1993），以及哈里斯（Harris，1993）。他们提供了各种比较广泛的、有深度的沟通理论与实践。克兰皮特（Clampitt，2001）的书很有价值，因为他提出的沟通模式，综合考虑了管理实践、管理理论和管理策略等因素。如果想广泛阅读文献并进行深入研究，我们建议你阅读雅布兰和帕特南（Jablin and Putnam，2001）的著作。

基本假设与原理

1. 运用多种沟通策略能够提高达成共同理解和获得新知的可能性。
2. 有沟通能力的管理者比缺乏沟通能力的管理者拥有更多的沟通策略。
3. 当沟通信息模棱两可时，要利用丰富的媒介并且不怕啰唆，以提高沟通绩效。
4. 为了有效理解，言语和非言语信息必须传递相同的意义。
5. 信息的意义取决于被传递的信息、沟通者的技能与特征、所使用的媒介的类型和沟通情境中的干扰程度。

6. 沟通系统高度集权化并且层级很多的学校组织，使用的媒介较少；而分权的、结构扁平的学校组织使用的媒介则较多。
7. 通常，正式的沟通网络比非正式的沟通网络更加庞大、完善，但正式的与非正式的网络联系密切、相互补充，对学校组织而言二者都至关重要。

374

第 11 章

学校领导

在目睹了罗纳德·里根的杰出表演以后①，谁还会说政府缺乏魅力型领导呢？取得共识固然重要，但首要的是，领导要敢作敢为，并且方向明确。

——杰西·杰克逊（Jesse Jackson），1990

人们假设，从各个地方的家庭教师协会到整个美国，社会系统的有效运行取决于领导者的素质。

——维克多·H. 弗罗姆（Victor H. Vroom）
“领导”（*Leadership*）

概　览

1. 领导者和领导之所以重要，是因为他们是组织的精神支柱，在变革时期为组织指引方向，并对组织效能负责。
2. 领导是一个包括理性和情感因素的社会影响过程。
3. “领导者”和“管理者”是指那些身居要职、并有望行使领导权的人。
4. 在不同的国家和组织环境中，领导者的工作方式是相似的。
5. 个性、动机和技能因素似乎与学

① 此处为双关语。罗纳德·里根，早年系电影演员，并于 1947 年和 1959 年先后两次担任美国电影演员协会主席；1980 年任美国总统，1984 年连任。这里的表演指在电影与政治舞台上的双重表演。——译者注

校中的领导呈系统相关。

6. 教育领导的关键情境因素包括环境、领导角色、下属素质和组织特征。
7. 任务取向、关系取向和变革取向的行为是领导行为的基本类型。
8. 可以从三个维度来界定领导效能——个人维度、组织维度、个体维度。
9. 权变模型试图解释特质、环境、行为和效能之间的关系。
10. 20 世纪八九十年代，愿景式领导与变革取向的领导观点的出现，推动了“新领导”理论的发展，为这一领域的发展注入了新的活力。
11. 变革型领导运用理想化影响、精神激励、智能激发和个别化关怀来变革学校。
12. 分布式领导正成为重要的学校领导架构。

375 领导（leadership）这个词，使我们很多人想起极富有浪漫色彩、感情丰富和大智大勇的人物形象。当我们想起卓越的领导者，甘地、丘吉尔、肯尼迪、金、曼德拉、毛泽东、梅厄、拿破仑、里根、罗斯福和撒切尔等名字就会浮现在脑海中。根据加里·尤克尔（Yukl，2002）的观点，领导这个词本身就展现出权力强大、精力充沛的个体形象，他们指挥胜利的军队，建立富裕强大的王国，或改变国家的命运。简而言之，人们通常相信领导者发挥着重要作用，并想弄清楚为什么。的确，人们常把领导视为组织成功或失败的唯一重要因素（Bass，1990）。

上述观点同样适用于教育组织。实际上，越来越多来自各个阶层的利益相关者们认为，领导者要对学校绩效负相当大的责任（Ogawa and Scribner，2002）。大多数利益相关者，无论是教育系统内还是教育系统外的，都将对学校日益增长和不断变化的要求视为对教育领导重要性的评价。其结果是，学校领导者备受关注，并招致诸多批评，蒙受各种骂名。当有人宣称学校领导者应因学生学业成绩不良而受到责备时，所关注的焦点就是现在的领导者没有尽全力进行所需要的变革。例如，批评者认为，学校领导者在以下几个方面表现欠佳：标准本位的绩效责任制、教学改进的指导、革命性新信息技术在学校中的应用、过时的管理结构的现代化以及为所有儿童提供必需的服务等（相关例证，可参见 Elmore，2000；Finn，2003；Hess，2003）。这些批评和挑战使对学校领导的理解变得更为重要。我们将通过确立领导者对教育组织至关重要的假设，通过从广泛的、正在发展的领导基础知识中提炼一些有用的理论观点，来阐述这些问题。

领导定义

作为我们日常用语中的一个单词，**领导**（leadership）一词未经精确界定便被列入组织研究的技术词汇之中（Yukl，2002）。因此，对这一概念的界定，有多少研究者就有多少种定义，这已不足为奇。例如，本尼斯（Bennis，1989）认为，领导就像“美丽”一词，很难界定，但当你看到它时，你就会理解。马丁·M. 切莫斯（Martin M. Chemers，1997：1）作出了如下典型的定义：“领导是一个社会影响过程，在这个过程中，个人在完成常规任务过程中能够获得他人的帮助与支持。”这一定义和大多数定义共有的唯一假设是领导包含社会影响过程，在这一过程中，个人对他人施加有意识的影响，以便在群体或组织中安排活动和建构关系。然而，有关定义的论争仍持续不休，具体包括领导是一个专业角色还是一个社会影响过 376
程；是影响的类型、基础还是影响的目的；是领导还是管理（Yukl，2002）。

一种观点认为，所有群体都有一个专业化的领导角色，在不破坏群体效能的前提下，该角色承担着一些不可被分担的责任与功能（Yukl，2002）。最具影响力并有望履行领导角色的人是领导者；其他人都是追随者。还有一种观点认为，领导是社会系统中自然发生的社会过程，并为其社会成员所共有。那么，领导就是组织的而非个人的过程或属性。罗德尼·T. 奥加瓦和史蒂文·T. 博塞特（Ogawa and Bossert，1995）主张，领导是学校组织的属性，这种属性广泛地存在于社会关系和社会角色中。马克·A. 斯迈利和安·W. 哈特（Smylie and Hart）注意到，对领导的经验支持是学校的组织属性。同样，詹姆斯·P. 斯皮兰、理查德·霍尔沃森和约翰·B. 戴蒙德（Spillane，Halverson，and Diamond，2003）认为，领导涉及到领导者、追随者和他们所处的情境。卡茨和卡恩（Katz and Kahn，1978）从领导的三个主要组成要素来澄清这场争论：（1）职务或职位的性质；（2）人格特征；（3）实际行为的范畴。因此，上述两种观点都有价值——可以将领导视为个体属性或社会系统的角色与过程来加以考察。

第二场争论涉及怎样界定影响力的类型、基础和目的。尤克尔（Yukl，2002）一分为二地对这些问题作出了判断。关于领导者影响过程的类型和结果，一些理论家只提出了一些激发追随者乐于敬业的策略，而没有考虑导致追随者中立或不愿服从的策略。也有一些理论家认为这一观点过于狭隘，因为，在不同的情境下，相同的影响力会产生不同的结果。同样，一些理论家将领导的影响过程限制于那些与任务目标和群体维系相关的层面，也就是说，将领导的影响过程限于符合组织及其成员的道德和利益的层面。还有一些理论家对该定义未作诸多限定，只是认为领导就是设法影响追随者，不论这些追随者预期的目的是什么或实际的受惠者是谁，因为领导的行为往往有多种动机。最后，对领导的传统定义倾向于强调理性过程，在这些过程中，领导者对追随者施加影响并使他们相信合作并达成共同目标对他们最有利。最近，有关魅力型领导与变革型领导的表述所采用的定义认为，情感的重要性是影响力的基础。换句话说，就是领导者激励追随者为了更加宏伟的事业而牺牲自身利益。

另外的争论涉及领导者与管理者之间的区别，以及他们试图影响什么和怎么影响（Yukl，1994）。显然，个体可以成为领导者而不是管理者（例如，非正
377 式领导者）；反过来，个体也可以成为管理者而不是领导者。有人认为，领导和管理是两个根本不同的概念。争论的基础似乎在于**管理者**（administrators）强调稳定和效率，而**领导者**（leaders）强调适应性变革、强调在所要完成的任务上达成共识。例如，管理者制定规划、编制预算、进行组织、配备人员、实施控制和解决问题；而领导者则确定方向，使人们达成一致并激励和鼓舞他们（Kotter，1990）。肯尼思·利思伍德和丹尼尔·杜克（Leithwood and Duke，1999）得出的结论是，要在学校系统中区分领导与管理概念是十分困难的。虽然没有人认为管理学校与领导学校相同，但是，其重叠程度仍有争议。我们要做的不是去争论重叠的精确数量，而是要借用这两个术语来指称那些居于一定职位的个体（如，管理者、教师、学校委员会成员、家长和学生），人们希望他们对下属或追随者施行领导职能，而不用假设他们确实这样做了。

因而，我们赞同尤克尔（Yukl，2002）的观点。领导应被广泛地定义为一个社会过程，在此过程中，群体或组织成员影响着对内部和外部事件的解释，影响着预期目标或结果的选择，影响着各种工作活动的组织，影响着个人动机与能力，影响着权力关系，也影响着共同的取向。而且，作为专业角色与社会影响过程，领导由不对影响力的目的或结果作任何假设的理性要素与感性要素共同构成。如此宽泛的定义，为从事学校管理和领导的实践者和研究者打开了无数有用的概念与经验宝库。

管理工作的性质

既然人们对领导者和领导具有浓厚而又持久的兴趣，那么，领导做些什么才会让人如此感兴趣呢？描述领导工作的性质会对我们进一步理解领导有帮助吗？当然，我们可以在领导者管理和领导其组织时，通过对他们的观察获得部分答案。许多研究运用结构性观察法来描述经营者、管理者、领导者每天做了些什么

工作[①]。这些研究对商业经理和学校管理者的工作内容、工作对象以及工作地点作了生动描述。郑钟爱[②]和塞西尔·米斯克尔（Kyung Ae Chung and Miskel，1989）在其研究中总结出以下规律性结论。

- 管理学校令人兴奋却耗费精力；学校管理者拖着坚韧而精疲力竭的步伐长时间地工作。
- 学校领导者依赖于语言媒介，他们用大量的时间在学校大楼里来来去去，同个人和群体谈话。
- 管理者的活动差异很大；因此，管理者经常改变节奏和任务。 378
- 管理工作是零碎的；对学校管理者而言，工作节奏快而忙乱，普遍存在着非连续性，集中注意力的时间短。

总体而言，对不同国家与组织系统中的管理工作的描述都很类似。管理者主要是在办公室或学校大楼里工作。他们的工作特点是，经常就广泛的问题与不同的个体和群体进行简短的谈话。结构性观察研究很有用，因为它对该问题——学校管理者和领导者在他们的工作中做了些什么——进行了清晰的描述性回答。尽管如此，人们对那些吃吃喝喝、起反作用、沉溺于琐碎事务的个体究竟是如何担当组织领导的，仍不清楚。而且，技术进步、对提高学业成绩和标准本位的绩效责任制的要求以及新型学校的环境竞争，都正在改变着学校管理者的工作性质。尽管这些研究结果很重要，也很有趣，但它们都不能回答这一关键性问题：我们如何从领导学校的角度来理解学校工作的性质？为了回答这一问题，我们将对理解领导的主要理论方法进行总结。

特质、技能与领导

很多人依然相信，就像亚里士多德在两千多年前所认为的那样，自出生的那

---

① 结构性观察法用于观察正在工作的管理者，并对他们进行深度提问。明茨伯格（Mintzberg，1973）和科特（Kotter，1982）开展了两项最著名的商业组织调查。在许多国家，大量的应用结构性观察程序的研究也被引入到学校情境中，用于对督学（O'Dempsey，1976；Friesen and Duignan，1980；Duignan，1980；Pitner and Ogawa，1981）、校长（Peterson，1977-78；Willis，1980；Martin and Willower，1981；Morris and his associates，1981；Kmetz and Willower，1982；Phillips and Thomas，1982；Chung，1987；Chung and Miskel，1989）和教育改革者（Sproull，1981）的研究。他们的工作颇具吸引力，其发现十分重要，因为，它系统地描述了学校管理者的行为，揭示了不同组织类型（商业和学校）、不同组织角色（督学、学监和校长）以及不同国家（澳大利亚、加拿大和美国）之间的一致性。

② Kyung Ae Chung，郑钟爱（音译），韩国西原大学（Seowon University）教育学系副教授，曾获美国犹他大学（University of Utah）教育管理学博士学位，加州大学河滨分校（University of California，Riverside）访问学者。——译者注

一刻起，一些人就被打上了被统治者的印记，而另一些人则被打上了统治者的印记。亚里士多德认为，一些人天生具有成为领导者的特质。人一生下来就具备了决定其能否成为领导者的关键因素，这一观点促成了所谓的**领导特质理论**（trait approach of leadership）。巴斯（Bass，1990）注意到，在20世纪早期，人们普遍认为领导者是高人一等的人，因为幸运的遗传或社会环境因素使他们拥有了与普通人不同的品质与能力。直至50年代，探寻决定个体成为领导者的特质的研究在各种领导研究中仍占支配地位。研究者试图发现领导者不同于其追随者的独有的领导特质或特性。通常所研究的特质包括身体特征（身高，体重）、一系列人格因素、需求、价值观、精力与活动水平、任务与人际关系能力、智力因素与人格魅力等。随着时间的流逝，越来越多的人认识到，领导特质通常受遗传、学习及环境因素的影响。

早期的特质研究

纯粹的特质研究——也就是认为只有特质才能决定领导能力的观点，几乎
379 都集中保存在20世纪40至50年代间所发表的各种文献评论中。特别是拉尔夫·斯托格蒂尔（Stogdill，1948）对1904年至1947年间发表的124项领导特质研究所作的评论。他把与领导有关的个人因素归纳为以下五种基本类型：

- 能力——智力、机敏、口才、创新能力、判断力；
- 成就——学问、知识、运动才能；
- 责任——可靠性、主动性、坚韧性、进取心、自信、超越的欲望；
- 参与——活动性、社会性、合作性、适应性、幽默感；
- 地位——社会经济地位、声望。

尽管斯托格蒂尔发现了领导者有别于非领导者的许多特质（例如，高于平均水平的智力，可靠性，参与度和地位），但他的结论是，特质理论本身会产生微不足道、令人困惑的结果。他认为，人们无法凭借拥有一些特质的组合而成为领导，因为这些特质随着情境的转换而有所变化。因此，斯托格蒂尔补充了与领导相关的第六个因素——情境要素（例如，追随者的特征和拟达到的目标）。R. D. 曼（Mann，1959）后来的研究也得出了类似的结论。

关于领导特质与技能的新近观点

虽然关于一般领导特质的研究鲜有成功的案例，但这类研究仍在继续。不过，最新的特质研究采用了多种改良的测量方法，包括投射测验（projective test）与评估中心（assessment center）；并且，研究集中在经理人和行政管理者身上，而不是其他类型的领导者。尤克尔（Yukl，1981，2002）解释道，虽然斯托格蒂尔 1948 年的研究极大地阻碍了许多研究者从事领导特质研究，但是，对改进选拔管理人员的方法感兴趣的工业心理学家仍在继续进行特质研究。他们强调，选拔管理人员使特质研究集中在领导特质与领导效能之间的关系上，而不是集中在领导者与非领导者之间的比较上。这一区分具有重大意义。预言谁将成为领导者和预言谁将更有效是两个截然不同的任务。因此，所谓的特质研究仍在继续，但它们现在倾向于探讨特殊类型的组织和情境中的管理者特质与领导效能之间的关系。

第二代研究形成了较为一致的结论。事实上，1970 年，斯托格蒂尔（Stogdill，1981）在对另外 163 种新的特质研究进行评论后认为，领导者具有以下特质：强烈的责任感和完成任务的动力、追求目标的魄力与执著精神、解决问题的
胆识与创意、在社会环境中促进积极创新的动力、自信与个人身份意识、接受决 380
策结果与行为结果的意愿、承受人际压力的准备、容忍挫折和拖延的意愿、影响他人行为的能力、构建符合近期目标的互动系统的能力。同样，格伦·L. 伊梅加特（Immegart，1988）认为，通常，智力、控制力、自信力以及充沛的精力或活动能力等特质与领导者相关。尽管如此，这些证据仍不足以支持拥有某些特质将会提高领导者有效工作的可能性的结论（Yukl，2002），但是，这并不代表着又重新回到了原来“领导者是天生的，而不是培养的”的特质假设上来。相反，人们认识到特质与情境的共同影响，这更加趋于合理与平衡。

由于概念众多以及出于讨论的便利，我们将当前与有效领导相关的特质与技能变量分为三组：人格、动机和技能（参见表 11.1）。我们将对每一组已筛选出的特质进行讨论①。

表 11.1　与有领导相关的特质与技能

人格	**动机**	**技能**
自信	任务与人际需要	技术的
压力承受	成就取向	人际的
情感成熟	权力需要	理论的
正直	期望	

① 对特质的细节和有效领导感兴趣的读者，可以在巴斯（Bass，1990）的著作中发现综合性的处理方法。尤克尔（Yukl，2002）对特质和有效领导的讨论虽不够广泛，但很有见地。

人格特质　在尤克尔（Yukl，2002）看来，**人格特质**（personality traits）是以某种特殊行为方式表现出来的相对稳定的倾向。我们可以列出一长串与有效领导有关的人格因素，但其中极为重要的因素有四个。

- 自信的领导者（self-confident leaders）更可能为自己和追随者确立高目标，更可能尝试艰难的任务，更可能在遇到问题和失败时坚忍不拔。
- 承受压力的领导者（stress-tolerant leaders）可能作出好的决策，保持冷静，并为处于困境中的追随者指引坚定的方向。正如结构性观察研究中所显示的那样，工作节奏、长时间工作、琐碎事务和决策要求都会将领导者置于高压之下，而承受压力的领导者都能够承受这些压力。
- 情感成熟的领导者（emotionally mature leaders）往往能准确地认识自己
381 的长处和短处，倾向于自我提升；他们从不否认自己的缺点或幻想成功。因此，情感成熟的管理者能够与下属、同僚和上级保持合作关系。
- 诚实的领导者（integrity）意味着领导者的行为与其所宣称的价值观相一致，意味着他们诚实、有道德、负责任并值得信赖。尤克尔认为，正直是培养忠诚、保持忠诚以及获得他人合作与支持的根本要素。

因此，自信、承受压力、情感成熟和诚实是与领导效能有关的人格特质。

动机特质　动机是一组源自于个体内外、激发个体与工作相关的行为，并且决定其行为方式、方向、强度和持续时间的积极力量。一个基本的假设是，动机因素在解释行为选择与其成功程度方面发挥重要作用。一般而言，动机强度高的领导者似乎比那些期望小、目标低以及自我效能有限的领导者更有效率。从一些学者的著作中我们可以得出这样的结论（如，Fiedler，1967；McClelland，1985；Yukl，2002）：对领导者而言，有四种**动机特质**（motivational traits）尤为重要。

- 任务与人际需要是激励有效领导者的两个重要因素。有效领导者的特征是完成任务的动力和对人的关怀。
- 权力需要是指个人寻求权威性职位和对他人施加影响的动机。
- 成就取向包括实现目标的需要、超越的渴望、成功的驱动、担当责任的意愿和对任务目标的关注。
- 学校管理者对成功的高期望是指他们相信自己能胜任工作并且通过自己的努力将获得有价值的结果。

除了这些动机特质外，精力与活动水平等身体特质使个体在积极参与与他人的共同活动中展现出自己的能力。

总之，领导特质研究已持续多年，留下了许多资料。研究表明，许多特质与领导效能之间保持着清晰一致的关系。特质研究的基本原理是，某些人格特质和动机特质增加了个体能够影响他人以及将会努力影响他人的可能性，这些影响涉及对学校产出的恰当界定、教与学的活动的组织以及合作文化的营造等因素。诺思豪斯（Northouse，2004）从实践的角度说明了个体和组织是如何运用特质理论的。个体对自己的长处和短处进行评估，然后采取行动发展自己的领导能力。学校组织力求 382
鉴别那些具备某种特质和技能、适于组织并有助于领导组织的个体。

技能　对教育领导而言，胜任工作的技能十分重要，却往往被人忽视。如果有人将领导所需的解决问题与促进组织发展的技能进行汇编，那将会是一个很长的清单。然而，人们对这么多技能加以分类，就形成了少数组群。新近的研究模式假设，解决问题技能、社会判断技能和知识，可能会使领导更有效（Mumford et al.，2000）。同样，尤克尔（Yukl，2002）和诺思豪斯（Northouse，2004）探讨了与领导效能有关的三类尤为重要的技能，即技术技能、人际技能和理论技能。

- 技术技能（technical skills）意味着拥有专门知识，精通特定类型的工作、活动、程序或完成任务的技能。对教育领导者而言，技术技能的例子包括：熟悉学校实际情况（如规则、规章、入学人数和员工水平、教学计划和人口统计信息），管理预算，懂得如何推行标准本位的绩效责任制，解释测验结果，监督和协调教与学的改进，人员评价和维持学生纪律。
- 人际技能（interpersonal skills）包括对他人情感和态度的理解，懂得如何与他人个别交往和集体合作。为了有效地工作，教育领导者自然而然地、不知不觉地、持续不断地展现社交或人际技能。人际技能的例子包括：通过书面和口头媒介清晰地沟通，建立与维持合作关系，保持友善，并表现出敏感、同情、关怀和机智。
- 理论技能或认知技能（conceptual or cognitive skills）包括形成理论的能力和用理论开展工作的能力，以及逻辑思维的能力，包括分析推理、演绎推理和归纳推理的能力。换言之，理论技能有助于领导者形成思想观念，运用这些观念来分析、组织和解决复杂问题，形成创造性的解决问题方案，辨识紧急事件和突发问题。具体的理论技能包括：理解学校组织相互影响的结构与过程，理解变革是如何通过学校的各个组成部分慢慢展开的；监控外部环境，预测社会发展趋势对学校的影响；形成教育组织的愿景（vision）并就此进行沟通。

383 技能理论的根本原则就是，实施领导需要掌握与任务相关的知识与能力，以用来制定和执行解决复杂社会问题与技术问题的方案，并以有效的方式实现目标（Mumford et al.，2000）。

高效能领导者须具备上述三种技能，但不同的管理层次对每种技能可能会有不同的侧重（Yukl，2002）。对于层次较低的领导者（如负责教学的校长助理或课程协调人）而言，技术技能尤为重要，因为他们与技术熟练的教师在一起工作。当领导者升到诸如校长这样的中等职位时，就需要高层次的技能。对于督学办公室里的最高层管理者而言，理论技能尤其有利于他们发挥领导效能。与较低层级的领导者相比，较高层级的管理者处理更为不同寻常的问题，参与更大范围内的复杂而又模棱两可的活动，并与更多的利益方互动。因此，在领导者专业成长过程中，他们必须获得越来越多的技能，以解决将要面临的新问题。

如表11.1所示，我们已经确认了三组特征——人格、动机与技能，这些都与领导效能有关。虽然特质比技能相对稳定，但这两个方面都可以通过不同的方法予以评估、学习与提升。例如，管理者通常认为，经验是最好的老师。通过在高风险的情境中学习如何工作并应用技能，经验就有了强有力的效能。其他低风险的甚至痛苦难忘的备择方案，为人们提供了正确判断成为管理者和学习必备技能的愿望的方法。好的选择包括：教育领导与管理中的评估中心、人格与技能列表、实习、轮换工作、研讨会、研究生课程等。然而，很多与有效领导相关的特质和技能也很复杂，培养这些特质需要很长时间，也许是十年或者更久（Mumford et al.，2000）。尽管如此，不管你是未来的管理者还是实践中的管理者，了解你的长处和短处、学习新技能、继续发展原有的技能、改进不足和弥补缺点，都十分重要（Yukl，2002）。

384 

理论联系实际

评估你的领导潜能

像学校这样的组织试图挑选具备有效领导特质和技能的个体，并紧接着为他们进一步的成长设计必要的专业发展活动。个体也应该积极地、有意识地评估自己担任领导职务的优势与不足。要开始这一过程，我们建议利用表 11. 1 中所列举的特质与技能来进行下列活动。

- 尽可能客观地思考你想要影响他人和事件的程度如何，尤其是当这样做需要展示表 11. 1 中所列举的特质与技能的时候。
- 发现并完善诸多评估工具。例如，诺思豪斯（Northouse，2004）提供了相对简单的特质与技能自评指南。诺思豪斯的书也提供了其他测量工具，包括一系列人格、技能和行为量表，如最不受欢迎同事量表（Least Preferred Co-Worker Scale，LPC）和多因素领导问卷（Multifactor Leadership Questionnaire，MLQ）。通过互联网搜索可以查到许多其他的领导评估工具。
- 与 5 位了解你的人谈话。问他们一些有关评价你所依据的变量的具体问题，这些变量包括自信、承受压力、人际技能和成就取向等。你也应要求他们使用一种或多种领导评估工具来描述你。
- 用你在如上步骤中获得的信息，罗列出你的长处和短处。
- 设计一个获得领导职位的计划，这个职位能发挥你的长处，改变或弥补你欠缺的特质，改进现有的技能并发展新的技能。

情境与领导

20 世纪 40 年代后期至 50 年代，人们对特质研究反应十分强烈（更恰当地说是过度反应），以至于在一个时期内，学者们似乎用严密的情境分析理论替代了当时人们所质疑的特质研究理论。“领导者是天生的”这一观点已被摒弃（Bass，1990）。研究者力求发现使领导者走向成功的与众不同的情境特性；他们试图分离出与领导者行为和绩效相关的独特的**领导情境**（leadership situation）的属性（Campbell et al.，1970；Lawler，1985；Vecchio，1993）。正如我们在全书所阐述的以及表 11. 2 所概括的那样，我们假设有许多变量影响学校行为，因而，可以将这些变量视为领导情境的决定性因素。以下是一些常见的例子：

- 组织的结构特点——规模、层级结构、组织形式、技术。
- 角色特征——任务的类型与难度、程序规则、满意度和绩效期望、权力。

- 下属特征——教育程度、年龄、知识与经验、对模棱两可的容忍度、责任感、权力。
- 385 内部环境——氛围、文化、开放度、参与水平、群体氛围、价值观和规范。
- 外部环境——复杂性、稳定性、不确定性、资源的依赖性、制度化。

表 11.2　教育领导的情境因素

下属	组织	内部环境	外部环境
人格	规模	氛围	社会环境
动机	层级结构	文化	经济环境
能力	组织形式		
	领导者角色		

在领导者继任期间，情境因素尤其重要。更换领导人自然会造成组织的不稳定，也为个体提供了富有挑战性的机会。更换校长或督学将引起混乱，因为它改变了沟通线路，重新排列了权力关系，影响决策，并且，通常还会破坏正常活动之间的平衡。行政继任实质上也提高了组织参与者对学校领导者重要性的认识（Hart，1993）。那些被委任为新领导者的人，与新领导者共事的人，以及那些可能受新领导者行为影响的人，都希望看到变革的信号。换言之，新的领导者面临的是维持或提高现有组织效能水平的高绩效期望（Miskel and Cosgrove，1985）。对于候任领导和学校组织而言，在新的管理者到来之前和之后不久，都会面临危机情境。因此，管理岗位的候任者，如果了解关键性情境因素（如遴选过程、继任的原因、行动命令、继任期间的不稳定性等），可利用这些知识成功地获得和保持领导者岗位。

约翰·P. 坎贝尔及其同事（Campbell et al.，1970）得出了关于领导情境阶段研究的有趣结论。每个人都相信研究需求很大，但实际的实证性活动却很匮乏。因此，从“领导者是天生的，而不是培养的”到“情境造就领导，领导不是天生的”的理论跨越是短暂的，没过多久，这种观点便受到了质疑。巴斯
386 （Bass，1990）认为，情境理论过于强调领导的情境因素，而对领导者个人特质却重视不足。个人因素与情境因素之间有着很强的互补关系。领导者通过情境施加影响；情境又对领导者的影响给予支持和限制。因此，把领导研究限于特质或情境，显得过于狭隘，甚至起反作用。

行为与领导

早期的领导理论研究主要依托两类截然不同的**领导行为**（leader behavior），一类关注个人、人际关系和群体维持；另一类则关注结果、任务和目标达成（Cartwright and Zander，1953）。其他早期的领导研究也得出类似的结论。现在我们来描述一下有关领导行为的早期研究成果和新近理论。

俄亥俄州及相关的领导研究

对从事教育管理的研究者而言，或许最著名的领导研究调查是由俄亥俄州立大学（Ohio State University）于 20 世纪 40 年代开展的“领导行为描述问卷”（Leader Behavior Description Questionnaire，LBDQ）研究。该问卷开始是由约翰·亨普希尔和阿尔文·孔斯（Hemphill and Coons，1950）设计，后经安德鲁·哈尔平和瓦恩（Halpin and Winer，1952）修改。该问卷测量了领导行为的两个基本维度——结构维度与关怀维度[①]。

主动结构（initiating structure）是所有勾画领导与下属关系、建立界限分明的组织模式、沟通渠道和程序方法的领导行为。**关怀维度**（consideration）包括表明领导与员工之间的友谊、信任、温暖、关心和尊重的领导行为（Halpin，1966）。使用领导行为描述问卷（LBDQ），下属、上级或者个体自身能够描述自己与对方的领导行为。

俄亥俄州立大学的领导行为描述问卷（LBDQ）研究有四点重要结论（Halpin，1966）：

- 结构维度与关怀维度是领导行为的两个基本维度。
- 有效的领导行为通常倾向于兼顾这两个维度的常见行为。
- 在评价领导效能时，上级和下属往往从相反的维度来评价领导行为。上级倾向于强调结构维度；下属则更重视关怀维度。
- 领导者对自身应然行为的描述和下属对领导者实然行为的描述相关度较小。

孔兹和霍伊（Kunz and Hoy，1976）以及莱弗里特（Leverette，1984）的研 387
究成果支持了其他学者的结论（Vroom，1976；House and Baetz，1979；Mitchell，

---

① “结构维度”，又译为“主动结构”、“倡导结构”、“定规维度”、“结构因素”、“创制结构”等；“关怀维度”，又译为“体恤”、“关怀体恤”、“体恤因素”等。——译者注

1979）。关怀维度总是与下属对工作和领导者的满意度相关。尽管各种证据鱼龙混杂，但人们仍认定结构维度是下属绩效的源泉。不过，情境变量不仅影响着组织效能的标准，也明显地影响着关怀维度与结构维度之间的关系。对于在结构化情境下工作，或从事充满压力、挫折或不满意任务的下属而言，关怀维度对下属的满意度有着最为积极的影响；相反，在没有很好界定下属任务的情况下，结构维度对群体绩效的影响最大。

这些研究结论的意义已经相当清楚。忽视结构维度会限制领导者对学校的影响；忽视关怀维度则会降低下属的满意度。当然，理想的领导行为是将结构维度与关怀维度的优势整合为一种相容的和谐模式。尽管如此，相反的情形也可能存在；某些情境特别有利于体谅型的领导风格，其特征是高关怀和有限结构。使领导风格与适当的情境相匹配以求效能最大化，是我们将在这一章中回答的棘手问题。

新近的领导行为理论

尤克尔（Yukl，2002）告诫人们，勿将早期研究的结果解释为有关有效领导行为的通用性理论。换句话说，断定同一领导行为风格适合于任何情境是缺乏根据的。布莱克和穆顿（Blake and Mouton，1985）的管理方格（managerial grids）理论是著名的通用理论。该理论的基本假设是，最有效的领导者对生产和人都高度关心。对生产和人的关心与早期模式中使用的“任务”或“结构”以及“关系”或“关怀”等术语相似。尤克尔指出，布莱克和穆顿提出了情境因素的观点，此观点认为，行为必须适合于情境才会有效。不过，他们实际上从未对与不同情境相适应的行为进行明确阐述。正如我们讨论早期的研究时所揭示的那样，即便是在当个体对个人和任务两方面都高度关心的情况下，情境因素也确实影响着领导行为效能。

尽管我们的讨论仅限于结构性观察和俄亥俄州的研究，但在许多研究文献中都可以找到领导行为清单。为了对诸多类型和分类进行整合，尤克尔（Yukl，2002）提出了三种类型的领导行为框架。这一分类及其简要描述如下。

- 任务取向型行为（task-oriented behaviors），包括角色分类、规划与组
388 织运行过程以及监控组织功能。这些行为强调完成任务、有效地利用人员和资源、维持稳定而又可靠的过程、促进渐进性改进。
- 关系取向型行为（relations-oriented behaviors），包括支持、发展、认可、协商以及解决冲突。这些活动集中于改进关系和帮助他人，增进合作和团队工作，以及培养对组织的责任感。

- 变革取向型行为(change-oriented behaviors)，包括：审视和解释外部事件，清晰地表达诱人的愿景，提出革新计划，呼吁变革，创设支持和实施变革的联盟。这些行为都关注对环境变化的适应，在目标、政策、程序和计划上进行重大变革，并且落实对变革的承诺。

任务取向型行为与关系取向型行为分别与结构维度和关怀维度相似，但它们的定义更为广泛。

通常，领导者的行为主要表现为这三种类型。不过，尤克尔（Yukl，2002）认为，为了赢得领导效能，外部环境在适度调和这三种行为方面发挥着非常重要的作用。在稳定环境中，任务取向型行为应当比变革取向型行为更常用。例如，当学校的规划与其所处的稳定社区环境相适应时，应侧重于任务取向型行为，如提高效率、保持稳定运作。某些变革取向型行为在监控环境和传播新知识时十分需要。同样，关系取向型行为在简单稳定环境中比在复杂动态环境中更可行。在不确定的环境中，变革取向型行为或许最为有效。总体而言，根据不同环境恰当地运用或权衡不同类型的领导行为是提高领导绩效的基础。

领导效能

权变模型（contingency model）的最后一组概念是判断领导效能的标准。对实践中的管理者和学者而言，效能是一个复杂的、多面的、微妙的话题。表 11.3 中展示了三种类型的有效结果。

- 个人的——其他人对声望与自我评估的感知。
- 个体成员的满意度。
- 组织目标的达成度。

对绩效的感知评价（perceived evaluation）十分重要：学校内部的领导者本
身、下属、同事和上级以及学校外部的公众对领导者的主观判断是测量效能的手 389
段。在学校中，学生、教师、管理者和资助人的态度如尊重、钦佩与忠诚等，非常重要。但是，这些群体对绩效水平的看法差异很大。第二个领导效能指标是组织参与者的满意度。最后，学校目标达成的相对层次也反映了教育领导者的效能(参见第 8 章)。这样，**领导效能**（leadership effectiveness）的定义就包含了一个比较客观的维度（组织目标的达成度）和两个主观的维度（重要参照群体的感知评价和下属的总体工作满意度）。

表 11.3　教育领导的效能指标

个　人	组　织	个　体
可感知的声望	目标达成度	满意度
自我评估		绩效表现

权变领导模型

权变研究在 20 世纪 70 年代达到顶峰。图 11.1 中显示的一般模式是 80 年代最具影响力的领导模式。在鼎盛时期，**权变方法**（contingency approaches）包括了前面考虑的四项内容——领导者特质、情境特征、领导者行为以及领导效能。在图 11.1 中说明了两个基本假设。第一，领导者的特质与技能以及情境特征共同决定
390 了领导行为与效能。第二，情境因素直接影响效能。例如，教师和学生的动机及能力水平与学校的目标达成度密切相关，而且，学生个人的社会经济地位与其标准化测验成绩有很大关系。从较小的范围来看，在领导效能方面，学校的情境特征至少比领导者自身的行为起更大的影响作用。权变模型力图将调节领导者特质、行为和绩效标准之间关系的情境变量具体化（Bryman，1996）。有证据表明，在一种环境中，某种类型的领导者有效；在另一种环境中，则是另一种类型的领导者有效。

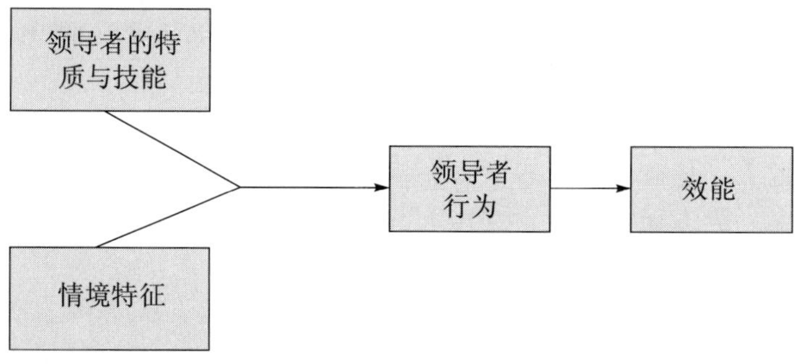

图 11.1　权变领导模型图解

博塞特、戴维·C. 德怀尔、罗恩和金尼·V. 李等人（Bossert，Dwyer，Rowan，and Lee，1982）设计了一个专门的权变模型来描述和解释校长的教学领导行为。这一模型假设，个人的、学区的和外部环境的特征会对校长的管理行为产生影响，而校长的管理行为又依次影响学校氛围和教学组织。然后，学校氛围和教学组织会形成促进学生学习的教师行为与学生学习经验。罗纳德·赫克、特里·拉森和乔治·马尔库里德斯（Heck，Larsen and Marcoulides，1990）对这一模型进行了实证检验，为这一模型的基本假设提供了有力的支持。校长在学校中

通过参与性活动创设教学组织，通过营造以清晰沟通目标和高期望的学业成绩与社会行为特征的学校氛围与文化，而间接地影响学生成绩。

下面，我们将简单回顾三种权变领导模型——最不受欢迎同事理论、领导替代模型、目标-路径理论。每种理论都在各种类型的组织中受到相当多的关注。

最不受欢迎同事理论

在领导研究过程中，菲德勒（Fiedler，1967）构建了第一个具体权变关系的重要理论。在缺少行为要素的情况下，最不受欢迎同事理论把领导风格作为三个特质指标之一，此外，还有情境控制和效能。

领导风格（leadership style）取决于领导激励系统，即激励各种人际环境中的行为的基本需要结构。过去，人们常用最不受欢迎同事量表来测量这种特质。在使用最不受欢迎同事量表的时候，每一位被试首先选择一位与他（她）最难以进行良好合作的人（最不受欢迎同事），然后，在量表上对此人进行评价。在最不受欢迎同事量表中得高分的人，通常将最不受欢迎的同事积极地描述为愉快、忠诚、热情、友好、高效，等等；反之，得低分的人通常将最不受欢迎的同事消极地描述为令人不愉快、背后中伤他人、冷淡、不友好、低效，等等。[①] 最不受欢迎同事量表的分值表明个人对完成任务（任务型动机）和维持良好人际 391
关系（关系型动机）的重视程度（Fiedler and Garcia，1987）。

情境控制（situational control）是领导者在实施计划、决策和行动策略过程中的权威等级和影响程度（Fiedler and Garcia，1987）。情境控制取决于三个因素：第一，职位权力（position power），是组织为了完成工作目标而授予领导者的权力。例如，领导者奖惩组织成员的权限，以及群体是否能够罢免领导。第二，任务结构（task structure），是根据任务将目标、方法和绩效标准具体化的程度。任务的结构化越强，领导者对群体的控制越强。第三，领导者-成员关系（leader-member relations），是领导者受群体成员的接纳与尊重的程度。关于领导者与下属之间的人际关系，有两个重要因素：一是领导者与下属之间的人际关系质量，二是领导者被授予的非正式权力等级。在领导者对成员的影响力方面，领导者与下属的人际关系质量最为重要，其次才是任务结构与职位权力。菲德勒通过对三种要素——领导者与成员关系的好坏、任务的结构化或非结构化、职位权力的高低——的分解，概括了八种从高度控制到低度控制依次排列的情境。其基

① 这实际上代表了两种不同的领导风格。得分高的人为“关系型”领导，以维持良好同事关系为主要需求，辅之以完成工作任务；得分低的人为“任务型”领导，以完成工作为主要需求，辅之以维持良好同事关系。——译者注

本观点是，当群体是支持性的，领导者确实清楚做什么和如何做，组织授予领导者奖惩组织成员的方式方法的时候，领导者就会拥有更多的控制力和影响力。

菲德勒、切莫斯和马哈尔（Fiedler，Chemers，and Mahar，1976）建议，可以对校长等管理者进行培训，以改善情境要素。他们制定了一项提升群体绩效的计划，培训领导者如何根据领导与下属的关系、任务结构和职位权力来分析自己所处的情境，并在分析情境基础上改善条件，提高组织绩效。

在最不受欢迎同事理论中，**效能**（effectiveness）一词简洁明了，它是指群体完成主要任务的程度。菲德勒在其很多研究中，都使用了衡量群体效能的客观性工具，如净利润、单位成本、利润率、解决问题的数量，等等。如果没有可靠而又客观的工具用来测量群体绩效，可以由负责对领导或群体进行监督的人员来衡定所取得的绩效。但是，在任何情况下，领导效能取决于人们对任务完成程度的判断。

在搜集1962年以前的资料基础上，菲德勒为他的权变理论提出了三个假设：

- 在高度控制的情境中，任务取向型领导者比关系取向型领导者更有效。
- 在适度控制的情境中，关系取向型领导者比任务取向型领导者更有效。
- 在低度控制的情境中，任务取向型领导者比关系取向型领导者更有效。

392 有两项研究对最不受欢迎同事理论提供了精确的、完整的检验，即根据菲德勒制定的标准对八种情境中的领导者进行研究。其中，有一项研究支持菲德勒的观点（Chemers and Skrzypek，1972），另一项则不然（Vecchio，1977）。而且，对检验权变模型的研究进行的三种元分析（Strube and Garcia，1981；Peters，Hartke，and Pohlman，1985；Crehan，1985）对此给予了某些支持，但并非对这八种情境都予以支持，同时，对现场研究的支持没有对实验研究的支持力度大。在学校环境中进行的一系列研究，其结论也部分地验证和支持了菲德勒的理论（McNamara and Enns，1966；Williams and Hoy，1973；Martin，Isherwood，and Lavery，1976）。

最不受欢迎同事量表遭到了一些批判，其中最为旷日持久的反对声是，在过去的几年间，该理论对所测量的对象的界定发生了变化。最初，它仅仅测量那些领导者觉得难以共事的人的情绪反应；接着，它被用以区分任务导向与关系导向的个体；之后，将最不受欢迎同事量表的分值解释为领导动机层级的指标。总之，菲德勒的理论表现了他在构建一个强大的权变领导理论上的雄心和值得赞赏的努力。尽管人们对它的兴趣已经逐渐减弱，但权变模型表明，将情境与个体特质结合起来能够局部地解释领导现象。正如大多数先驱者的努力一样，要么存在实质性问题，要么存在细节上的问题。但是，菲德勒的权变模型是迄今为止第一个持续努力地试图回答“在具体情境下应该采取什么样的领导风格?”这一问题的理论。

领导替代模型

除此之外，权变模型的另一假设是，在诸如学校这样的组织中，某些正式的领导行为不但是必要的而且是重要的（Howell，1997）。史蒂文·克尔和约翰·M. 杰迈尔（Kerr and Jermier，1978）对此假设提出了质疑，并且创建了**领导替代模型**（substitutes for leadership model）。这种权变模型的主要概念是，支持性和工具性的领导行为和情境变量是领导和产出变量的替代物和中立物。替代物（substitutes）就是使人际导向或任务导向的行为变得不再需要和多余累赘的人或事。换句话说，替代物就是一些情境因素，它们能取代或减小领导者影响下属的态度、洞察力或行为的能力。相对而言，中立物（neutralizers）不会替代领导者的行为，但它们却是情境因素，它能防止领导采取某种特别的行为或使领导行为无效。例如，校长缺乏奖励教师高效能绩效的权威，就成了限制领导行为的情境因素，而教师对校长给予的激励缺乏兴趣，则会使这种激励毫无意义（Yukl，1998）。

克尔和基米尔（Kerr and Jermier，1978）认为，有三类情境变量有可能成 393
为潜在的领导者替代物。第一，下属特征，包括下属的能力、培训、经验与知识、职业导向、对奖励的漠然。第二，任务特征，包括结构化的日常事务、内在满意的任务、由任务提供的反馈。第三，组织特征，包括角色与程序的形式化、规则与政策的灵活性、组织成员的凝聚力、行政领导与下属之间的空间距离。领导替代模型认为，组织的绩效与其说依靠领导者，不如说依靠下属、任务和组织的特征。例如，如果下属有很强的能力、经验和知识，或者任务是明确的、日常性的，那么，就不需要任务导向型的领导。同样，如果任务本身令人愉悦，或者群体成员凝聚力很强，那么，关系型或支持型领导的作用就会受到限制。

菲利普·M. 波多萨考夫及其同事（Podsakoff et al.，1993）认为，领导替代理论激起了研究者的极大兴趣，因为它可以解释为什么领导者行为在一些情境中有效，而在另一些情境中却无效。尽管新近的一些对领导替代理论的检验并不是特别支持这一理论，但波多萨考夫及其同事仍然认为，同时考虑领导者的行为和替代物是有必要的，因为这有助于理解员工的态度、行为、角色洞察力究竟是由什么决定的。总而言之，他们认为，领导替代模型将会引起更广泛的关注。

修订的路径-目标理论

豪斯（House，1971，1973）首先创立了路径-目标领导理论（path-goal theory of leadership），后来，豪斯和米切尔（House and Mitchell，1974）对它进行了修改。在40—50项研究成果的支持下，豪斯（House，1996）对这一理论进行了重大修正。例如，他扩充了领导行为和结果变量的数量，赋予情境概念以现代的内涵，简要阐述了26个具体假设或前提。表11.4总结了修订的路径-目标理论的主要概念：领导行为、情境因素和效能。

表11.4　修订的路径-目标领导理论中的概念

领导者行为		情境	结果
澄清路径-目标	群体决策过程	下属动机	下属满意度
成就取向	表征		下属授权
促进工作	工作网络	下属能力	下属效能
支持	以价值观为基础		
促进互动	参与	任务要求	工作单位效能

394 以期望激励理论为基础，路径-目标理论的核心假设是：如果成员相信他们有能力完成这项工作，他们的努力将产生理想的结果，他们从工作中可以得到的回报是有价值的，那么，他们就会受到激励（Northouse，2004）。该模型的全部假设是：随着领导者着手改善任务环境、提高下属能力、弥补缺陷，下属的满意度和个人以及工作单位的效能将得到提高。为了说明这一复杂理论的具体假设，我们将对五种领导行为进行界定，然后通过五种具体的假设将这些领导行为与具体的情境和结果变量联系起来。

第一，在一定条件下，领导者的**路径-目标澄清行为**（path-goal clarifying behaviors）能使下属的需要和偏好依高效能绩效而变。澄清的对象包括绩效目标、执行任务的方法、绩效标准、他人的期望、对下属的奖惩。由此形成一个假设：当任务合乎下属的意愿但不够清晰时，上级的路径-目标澄清行为能够帮下属澄清任务，同时激发下属的满意度。

第二，**成就取向型领导行为**（achievement-oriented leader behavior）激励下属取得高绩效，设置挑战性目标，寻求改进，对下属能够达到高绩效标准充满信心。它不仅强调绩效或目标，而且强调下属的动机取向。因此，豪斯（House，1996）假设，当下属对其工作各自负责和控制时，成就导向的领导行为才有效。

第三，**支持型领导行为**（supportive leader behavior）关心下属的福利，创造友好、心理上相互支持的工作环境，重视下属的需求和爱好。当环境危险、单调、紧张或令人沮丧时，这种行为非常必要。相反，豪斯（House，1996）认为，当任务本身令人愉悦或环境压力不大时，支持型领导行为对下属的满意度、动机和绩效的影响有限。

第四，**以价值观为基础的领导行为**（value-based leader behavior）重视员工的价值观、提升员工的自我效能与和谐感、使他们的自我价值与领导的使命相符合。这种行为包括：为员工的美好未来描绘一个清晰的愿景或理想的目标，激发实现愿景或目标的激情，运用象征性的行动强调集体愿景中的价值观。因为理想中的愿景经常对现状构成挑战，其实现往往又会受到压抑。当以价值观为基础的领导者所固有的价值观与组织的主流文化相冲突时，以价值观为基础的领导将引发群体间的实质性冲突。

最后，**共同领导**（shared leadership），当正式任命的领导与组织成员共享领 395
导行为时，便产生共同领导。调查发现，同侪领导（peer leadership）通常比正规的管理者（formal administrators）实施的领导更有效力。基于这一点，豪斯（House，1996）认为：当工作单元内的各种工作相互依存时，领导者在领导行为过程中鼓励协作、共同负责，将会提高工作单元的凝聚力和绩效。

任何指定的领导者未必都有能力从事所有上述 10 种行为或其中的大多数。根据他们的个性和各种能力，豪斯（House，1996）声称，有效的领导者总会选择他们最满意的行为。另外，某些行为很可能彼此替代，例如，一种愿景的清晰表达总伴随着适当的行为建构，这可以替代路径-目标理论的澄清行为；某些一般的变量可以相互替代；与任务相关的知识可代替任务结构。

尽管修订的路径-目标领导理论还没有被检验过，豪斯（House，1996）坚决地认为，它与从当前的领导理论和经验归纳作出的预测是一致的，并进行了有机的整合。但它仍有局限性，有一些问题它仍然无法处理，例如，突然出现的非正式领导、领导者的政治行为、对组织中多个层级的管理者或下属有所影响的领导以及期待变革的领导，等等。

领导观的变革

介绍特质理论、行为理论、情境理论和权变理论时，我们倾向于遵循领导知识发展的历史顺序。这些传统模式的大多数理论研究和理论发展出现于 1980 年以前。这些理论所积累的丰富知识，让研究者对领导有着更为深刻的理解。然而，詹姆斯·亨特（Hunt，1999）把20世纪70年代的领导研究描述为“前景无望”。许多学者对领导理论的实用性表示怀疑（如，Lieberson and O'Connor，1972；Salancik and Pfeffer，1977；McCall and Lombardo，1978；Kerr and Jermier，1978）。学者们几乎看不出提出了什么新概念，并指出，大量的领导研究形成了一个刻板、枯燥及静态的领域。更为重要的是，这些研究在一些无关紧要的问题上一次次地实践、检验，却很少生成新知识。

面对上述种种“劫难”的哀叹声，出现了扭转局面的“亮点”——变革型领导（transformational leadship）理论（Hunt，1999）。随着愿景式领导与变革取向的领导等新观念的出现，原来的领导研究前景无望的阴霾在20世纪80年代一扫而光，取而代之的是“新领导”研究热情的迸发。

---

396 变革型领导模式

詹姆斯·麦格雷戈·伯恩斯（Burns，1978）以提出交易型领导（transactional leader）和变革型领导（transformational leader）理论并将其应用到政治领域而闻名。在伯恩斯思想的基础上，巴斯（Bass，1985a）建构了具有相当影响广度与深度的社会组织领导模式。变革型领导的基本框架可以根据一个连续统一体来界定，巴斯（Bass，1998）称之为“全方位领导模式（full range leadership model）”。如表11.5所示，巴斯认为，有三种主要类型的领导，即放任型领导、交易型领导和变革型领导。这三种领导类型仍在持续发展，而且它们的构成因素也在不断变化（Avolio，Bass and Jung，1999）。表11.5使用了9个因素——其中放任型领导有1个、交易型领导有3个、变革型领导有5个（Antonakis，Avolio，and Sivasubramaniam，2003）。

三种领导类型

放任型领导

巴斯（Bass，1998）认为，这种领导的特征是领导者与追随者之间没有什么交易。例如，放任型领导（Laissez-faire leadership）对重大问题不表达自己的观点或采取行动，不做决策或拖延决策，漠视责任，不进行反馈，使权威处于休眠状态。从本质上看，放任型领导避免或缺乏领导，是消极的和低效的。例如，校长待在办公室里，不为教师和学生做什么事，对学生的学习、发展和教师的需要都极少关心，使学校的结构和过程一直保持原样。

交易型领导

交易型领导（transactional leadership）通过用报酬交换服务来激励员工——例如，校长向教师提供新的教学资料或延长教师的准备时间，以便于他们制定新的课程方案。当下属做这些工作时，交易型领导者认识到下属想从工作中得到什么，并尽力为他们提供其想要的东西。他们用报酬和奖励承诺换取下属的努力，并满足员工即时的自身利益。交易型领导追求成本收益，利用经济交换以满足成员现实的物质和心理需要，从而换取下属的合同式服务。

如表 11.5 所示，交易型领导有三种类型（Antonakis，Avolio，and Sivasu-
bramaniam，2003）。**权变奖励型领导**（contingent reward leadership）的领导行为 397
集中在澄清角色和任务要求，并根据下属绩效提供报酬。换言之，这种类型的领导行为是用下属想要的来交换领导者想要的（Kuhnert and Lewis，1987）。**积极的例外管理**（active management-by-exception），指的是领导者保持高度警觉以确保达到标准。也就是说，领导者对下属的绩效进行积极监控，当出现问题时，立即采取正确的行动。**消极的例外管理**（passive management-by-exception），指的是领导者直到问题很严重时才开始处理。当错误或其他绩效问题已经发生，要求领导者参与时，领导者才采取行动。

表 11.5　全方位领导连续统一体

全方位领导连续统一体		
放任型领导	**交易型领导**	**变革型领导**
1. 无交易	2. 权变奖励型领导	5. 理想化的归因影响
	3. 积极的例外管理	6. 理想化的行为影响
	4. 消极的例外管理	7. 精神激励
		8. 智能激发
		9. 个别化关怀

变革型领导

巴斯认为，变革型领导（transformational leadership）是交易型领导的扩展，它超越了简单的交换和协议。变革型领导主动提升下属对集体利益的意识，帮助下属获得高绩效成果。该理论假定变革型领导由四个“I”组成：理想化影响（idealized influence）、精神激励（inspirational motivation）、智能激发（intellectual stimulation）和个别化关怀（individualized consideration）（Antonakis，Avolio，and Sivasubramaniam，2003）。

理想化影响（idealized influence）表现为上级在下属中营造信任与尊敬，以作为对个体和组织的工作方式进行激进的和根本性的变革的基础。这些领导者表现出对重要问题的信念，显示高水平的伦理和道德行为，在设定和实现目标的过程中与下属共担风险，优先考虑他人的需求，用权力促进个体或群体完成自己的任务、愿
398 景和事业，但永远不是为了个人利益。因此领导者们受到崇拜、尊敬和信任。下属认同他们的领导并想效仿他们。对于领导者而言，如果没有下属的信任与忠诚，想尝试变革和改变组织的任务很可能遇到极大的阻力（Avolio，1994）。理想化影响的前提是变革型领导者成为下属效仿的榜样。

在新近的模式中，理想化影响分成了两种类型：**理想化的归因影响**（attributed idealized influence）是下属对领导者的*感知*，如领导者是否魅力非凡、自信、强势以及关注高层次的理想和伦理。相反，**理想化的行为影响**（idealized influence as behavior）是领导者的魅力性行为，他们强调价值观、信仰和使命感（Antonakis，Avolio，and Sivasubramaniam，2003）。

精神激励（inspirational motivation）改变群体成员的期望并使他们相信组织的问题能够解决（Atwater and Bass，1994）。在编制引导组织目标与运作程序的诱人愿景的规划过程中，精神激励也发挥了核心作用（Avolio，1994）。精神激励最初是某些领导者使下属的工作充满意义与挑战的行为。变革型领导激励下属的方式在于设计诱人的、乐观的未来，强调有抱负的目标，创建理想的组织愿景，并且明确告诉下属，这一愿景是可以实现的。这样，就可以在工作群体或组织中产生并聚合团队精神、激情、乐观、目标责任和共享愿景（Bass and Avolio，1994）。

智能激发（intellectual stimulation）提出了创造性问题（Atwater and Bass，1994）。变革型领导通过各种方式激励下属去变革和创新，如质疑旧有的假设、传统和信念，重构问题，以及用新方法应对旧情境。变革型领导激励下属进行创造性思维，设计新的程序与计划，解决难题；更新知识，剔除陈腐观念；避免在公开场合批评犯错误的下属（Bass and Avolio，1994）。领导者一直坚持公开检查每一件事情，然后观察下属对变化的接受程度（Avolio，1994）。反过来，下属也会刺激领导者反思他们的观点与假设。任何事情都不会过于完美、过于一成不变、过于政治化或科层化，以至于不能被争辩、改变或澄清（Avolio，1999）。

个别化关怀（individualized consideration）意味着变革型领导特别关注每个人的成功与成长需要。个别化关怀的目的是了解他人的需求和长处（Atwater and Bass，1994）。带着这个目的，变革型领导充当下属的导师，帮助下属和同僚发
399 展更高层次的潜能，并使他们对自己的发展负责（Avolio，1994）。在这种支持性氛围中创造新的学习机会、认识并接受各自不同的需求和价值观、进行双向交流、用人性化的方式相互影响，这些都是完成个别化关怀所必需的行为。实施个

别化关怀的领导者善于积极地、有效地倾听。

大多数研究使用了多因素领导问卷（multifactor leadership questionnaire，MLQ）来测量主要因素，检验变革型领导理论。早期的多因素领导问卷（MLQ）受到了严厉的批判（Sashkin and Burke，1990）。自这一理论引入以来，问卷的内容已经发生变化，且增加了对可观察的领导者行为的描述。表11.5说明了近年来为多因素领导问卷（MLQ）的评价所支持的9个因素（Antonakis，Avolio，and Sivasubramaniam，2003）。

变革型领导的理论与研究

巴斯（Bass，1998）和阿沃利奥（Avolio，1999）认为，交易型领导是形成可持续的领导体系的基础。例如，如果领导者靠与下属交易而获得了支持，过了一段时间，下属会逐渐信任他们的领导。正是这种高度的信任与认同，成了变革型领导者用以获取重要绩效的基础。变革型领导不能代替交易型领导，但它能增加对下属动机、满意度和绩效的影响力。因此，这种类型的领导代表着表11.5所示的领导连续统一体的部分特征。

然而，变革型领导已远远超越了为达到期望成就而交换刺激物的层次（Bennis and Nanus，1985；Tichy and Devanna，1986；Howell and Frost，1989；Howell and Avolio，1993）。变革型领导致力于完成组织目标并推动下属实现目标（Yukl，2002）。正如上述关于变革型领导的四个"I"的描述，人们期望变革型领导能解释变革需要，创建新的愿景，并号召大家实现愿景，关注长期目标，鼓励成员超越自身利益追求更高目标，变革组织以适应愿景而非固守旧制，指导下属为个人和他人的发展担负更多责任。下属成为领导者，领导者成为变革代理人，最终对组织进行变革。

变革型领导的源泉存在于个人的价值观和领导者的信仰之中。领导者通过明确其个人标准，能够团结下属并改变他们的目标与信仰，从而获得比预想的更高的绩效（Kuhnert and Lewis，1987）。其实，托马斯·J. 塞尔乔瓦尼（Sergiovanni，1994）认为，领导的核心是观念、价值和思想。变革型领导者通过使用隐喻和其他想象来表达对变革与结果的社会性期望，进而有效地表达了自己对权力的
诉求，据此，豪斯（House，1988）进一步维护了变革型领导。 400

同样，巴斯（Bass，1985a，1998）认为，变革型领导表现在以下几个方面：领导者激励下属从新的视角观察工作，让下属产生对组织的使命感或愿景意识，开发同事与下属高层次的能力和潜能，并鼓励他们为了组织利益而超越自我利益。变革型领导确立了更多的挑战性目标，显然会比交易型领导赢得更多绩效。

关于这一理论的综合性评价，尤克尔（Yukl，1999）断言，变革型领导理

论为解释领导过程与结果作出了重要贡献。特别需要指出的是，变革型领导理论不仅仅依赖于有效管理的技术层面和人际关系层面，它还依赖于有效管理的重要的象征方面。变革型领导理论强调意义与行动，其中，领导者创设意义。然而，尤克尔认为，需要特别强调那些既限制又促进变革型领导的情境变量，尽管这一模式已被广泛应用。

情境因素

变革型领导理论的支持者倾向于弱化情境因素的重要性。例如，巴斯（Bass，1997）认为，在不同的文化和情境中，变革型领导模式都有效。巴斯（Bass，1998）确实承认危机情境的极端重要性。他宣称，处于危机情境中的领导者要取得效能，必须进行变革，并解决追随者的即时需要和适度反应。只有变革型领导才能唤醒追随者看到威胁和准备上的不足，并为追随者提供超越自我利益的目标和提供自信的前进方向。巴斯（Bass，1998）进一步认为，在大量的情境条件，如环境、组织、任务和目标、领导者和下属之间的权力分配等，将可能对交易型领导与变革型领导的形成与成功都产生影响。另外，人们发现，追随者的性别、环境危机的水平和领导者的等级这三个情境因素，也十分重要（Antonakis，Avolio，and Sivasubramaniam，2003）。

研　究

自20世纪80年代中期引进变革型领导理论以来，产生了大量的相关研究文献。根据阿沃利奥（Avolio，1999）的观点，这些研究发现对有关变革型领导构成因素的诸多结论予以支持。例如，理想化影响与精神激励最有效、最令人满意；智能激发与个别化关怀次之。所有这些，都比交易型领导更为有效。总之，
401 变革型领导更接近人们理想中的领导形象。实际上，这意味着，领导者引导下属形成对高绩效的期望，而不是仅仅在交易性活动上花费时间。换言之，领导者必须是人力资源开发者与团队建设者（Bass，1990）。

就整个理论而言，运用多因素领导问卷的研究结果表明，与交易型领导相比，变革型领导得到的支持率更高，他们被视为更为有效的组织领导，他们的下属工作更加努力（Yukl，1999）。同样，巴斯（Bass，1998）认为，研究证据清楚地表明，变革型领导能推动员工超越预期绩效。他相信，与交易型领导相比，变革型领导能使下属更加努力、敬业和满意。其他学者也对这一模型持肯定态度。

在教育环境中，最著名的研究是基思·利思伍德（Keith Leithwood）进行的。长达四年的研究使学校结构发生了一系列变革，利思伍德（Leithwood，1994）还评价了变革型领导的七个方面的作用。他的理论框架建立在两大观点基础上。首

先，学校的变革型领导直接影响诸如教师对学生预期成绩与学生分数的感知等结果；其次，变革型领导通过影响员工的三个重要心理特征——对学校特征的理解、对变革的责任以及组织学习，对学校结果产生间接的影响，而员工的这些特征又反过来对绩效结果产生影响。利思伍德从他的这些研究中作出如下概括：

- 变革型领导重视领导的各个方面——例如，按照巴斯的术语，包括理想化影响、精神激励、智能激发和个别化关怀。
- 学校组织或许需要形式独特的、以个别化关怀为基础的变革型领导。
- 除了专家型思维外，变革型领导还代表了一种权变方法。
- 不可能根据可观察的行为对管理与领导加以区别。

利思伍德推断说，有充足的理由使人相信，变革型领导对学校重构有重要价值。同样，西林斯（H. C. Silins，1992）发现，与交易型领导相比，变革型领导对学校产生的影响更大、更积极。近来，海伦 · M. 马克斯和苏珊 · M. 普林蒂（Marks and Printy，2003）对两种领导形式——变革型与指导型——对教学质量与学生成绩的影响进行了考察。她们发现，当两种领导类型同时在学校中出现时，高质量的教学与高水平的学生绩效也就显现出来了。

总体而言，变革型领导理论被广泛应用，并且受到各种研究的普遍支持。因 402
此，变革型领导理论可以为面临学校组织现代化挑战的教育领导者提供智力资本（intellectual capital）。正如本书所阐释的那样，对学校的任何主要组成部分进行根本性变革都会遭遇不确定性和重重阻力。变革型领导为克服这些困难做出了某种承诺。但是，领导变革性创新活动，需要一系列能力、技能、行为，根据巴斯（Bass，1998）的观点，这些都可以被培养、教授和学习。已有证据支持了可以通过正式培训提高变革型领导能力的假设（Dvir，Eden，Avolio，and，Shamir，2002）。因此，目前有远见的领导者应该考虑，培训计划是否能提高他们变革学校的能力。

理论联系实际

分析变革型领导

研究表 11.5 中所呈示的 9 个变革型领导要素以及本章的论述部分，如果可能，再研究一下多因素领导问卷（MLQ）。可以从诺思豪斯（Northouse，2004，pp. 194–197）和智力花园有限公司（Mind Garden，Inc.，www. mindgarden. com）处获得这一问卷。

- 作为个人或小群体成员，思考一下与你共事的校长或其他领导者。用表 11.5 中的 9 个因素描述这些人的个体特征。要尽可能清晰地描述，其中要包括个体行为方面的例子和下属的反应。
- 在实际的或设想的领导情境中进行自我反思，并且重复如上分析。

分布式领导

教育学者近来热衷于建构和运用组织领导（organizational leadership）或分布式领导（distributed leadership）① 的框架。分布式领导不同于那些诸如认为校长是学校效能的关键因素等强调或神化个体作用的领导理论，分布式领导理论包括了团队、群体和组织特征。实际上，这些理论对常见的假设——变革由一个人负责——提出了挑战（Heller and Firestone，1995）。

403 分布式领导的基本思想简单明了（Elmore，2000）——依靠组织内的多重领导资源指导和完成不同规模、不同复杂程度和不同范围的任务。这些任务包括反复出现的任务与常规性任务，如预算听证会、员工会议、年度评估、诸如紧急事件和突发事件等不可预知的任务（Gronn，2002），以及诸如维持变革愿景、鼓励他人、修补现行程序、监控进度和应对干扰因素等变革功能（Heller and Firestone，1995）。支持者认为，分布式领导非常必要，因为学校组织复杂而且任务繁多，单个人没有能力发挥所有的领导功能。因此，要将领导这些任务的责任分配给众多个体，例如中心办公室的管理人员、校长、校长助理、教师、其他学校成员、学校外部的咨询者、家长和学生。

显然，分布式领导或组织领导并非新现象。学校和其他组织总是为完成领导职责而进行分工（Gronn，2002）。但是，个人观念、英雄主义或单一领导思想在理论与实践层面都十分盛行。埃里克·坎布恩、布雷恩·罗恩和詹姆斯·泰勒

① 又译“分散式领导”，“分担式领导”。——译者注

(Camburn, Rowan, and Taylor, 2003) 认为，教育改革者和政策制定者在 20 世纪 80 年代拓宽了视野，开始认识到个体领导与分布式领导的重要性。例如，情景管理（site-based management）与教师分级制（career ladders for teachers）代表着一种政策创新，即试图在学校中增加其他领导角色。90 年代，教育学者积极努力地构建分布式领导理论的框架，并认真研究该理论，尽管彼得·格伦（Gronn，2002：424）最近认为"对这一概念缺乏全面的、分析的讨论"。请记住格伦的警告，我们将对两项早期研究加以考察。

奥加瓦和博塞特（Ogawa and Bossert，1995）将领导视为组织质量。他们认为，所有组织成员都能够领导，领导的职能远远超越组织中每一个个体所分担的功能。领导遍及整个组织成员网络，影响着个体、结构和文化以及如何进行生产和协调。而且，领导的职数随学校和时间的不同而变化。黛安娜·G. 庞德尔、奥加瓦和 E. 安·亚当斯（Pounder, Ogawa, and Adams, 1995）扩展了这一思想，他们假定，学校领导依赖于多个群体，并且，领导的职数与学校绩效呈正相关。他们发现，这一假设已得到普遍支持，并且推测，实现共同决策的努力（参见第 9 章）以及其他形式的分布式领导，都具有提高学校效能的潜力。

詹姆斯·斯皮兰及其同事（Spillane, Halverson, and Diamond, 2001, 2003; Spillane, Hallett, and Diamond, 2003）提供了一个分布式领导模型，该模型只是狭隘地关注领导学校的技术核心，尤其是阅读、数学和科学等实践层面的教与 404
学的改进。学校领导被定义为"辨别、获取、分配、协调和应用必需的社会的、物质的和文化的资源，从而为可能的教与学创造条件"（Spillane, Halverson, and Diamond, 2001：24）。由于校长和督学不可能单独取得成功，大量正式的和非正式的领导者及其下属被动员起来，以指导和完成那些对学校重大变革来说十分必要的任务。斯皮兰及其同事进一步假设，领导行为涉及两个或两个以上的领导者、下属以及情境中物质的和符号性的人造物。根据他们的观点，情境是一种规定性要素（defining element），因为，随着任务付诸实施，领导行为将产生于领导者、下属与情境的交互作用过程，并贯穿其中。例如，领导的分布与数量随主题领域的变化而变化。数学教学比语言艺术教学需要的领导少，相比之下科学教学就更少。总之，分布式学校领导比单个领导者懂得多，做得多；在完成某些领导任务中，分布式领导由众多领导者、下属和环境之间充满活力的互动构成（Spillane, Halverson, and Diamond, 2001）。

许多综合学校改革源于对参与式领导或分布式领导的呼唤，并为研究这一现象提供了最佳平台。例如，坎布恩、罗恩和泰勒（Camburn, Rowan and Taylor, 2003）发现，推行"加速学校"、"美国的选择"（America's Choice）和"人人成功”（Success for All）等计划的学校，比作为对照组的其他学校平均多出 1.5 个领导职位，而且员工发展的结果大大提高了新领导人实际投入教学领导的可能性。同样，阿曼达·戴特诺和马里萨·艾琳·卡斯特利亚诺（Datnow and Castellano，2001）考察了实施“人人成功”计划的学校的校长的参与式领导角色与教师的促进者角色。他们发现，对计划的成功实施而言，这两个角色都很重要。在开始选择实施“人人成功”计划时，校长的领导角色尤其重要。然而，当促进者开始界定他们的角色和与校长、教师的关系时，他们经历了一个含混不清和高度紧张的阶段，不得不花大力气界定自己在改革中的位置。正如人们所期望的那样，当将新的领导模型引入到传统的学校结构与文化时，参与者（例如，校长、教师和促进者）必须使各种不同的领导观点和谐一致，并提高他们的合作能力与领导改革的能力。

关于分布式领导理论的一项早期评论表明，正是分布式领导理论使我们极有可能丰富我们的教育领导知识。而要实现这种可能性，就要求进行广泛的理论建构与经验检验。如果没有这些前提性工作，会很容易将分布式领导理想化、简单化和浪漫化。如同许多曾十分流行的思想［如 20 世纪中期的民主管理和 90 年代
405 的全面质量管理（TQM）］一样，“分布式领导理论”可能会变得长于辞令而拙于研究与实践（Campbell，1971）。而且，人们普遍认为，好的管理实践理论要求一个或多个个体对组织的全面领导和绩效负责。不过，在学校管理中，分布式领导还是一个普遍的、重要的和有待认识的现象。因此，我们的结论是，个体领导理论与分布式领导理论不会相互否定或削弱对方的重要性，而是提供了有关学校领导的相互补充的观点。

理论联系实际

分析分布式领导

根据分布式领导模型，学校依靠多个个体和角色来完成领导任务。思考你工作过或了解的学校，列举领导者的名字及其组织角色。他们履行了哪些领导职责？你的领导团队是怎样做到和谐高效的？为什么？如何将分布式领导模型应用于实践？

最后，学校领导是复杂的、模糊的过程，包括一些平衡技术与象征性要求（Deal and Peterson，1994）。它不仅仅包括掌握某些技能、发现恰当时机、展现某

种风格的行为、用权变方法将这些因素加以综合，甚至是决定要成为一名变革型领导。使特定的领导特质和行为与某一具体情境和谐一致非常重要，同样，这种情况同样适用于领导者的人文特征、象征特征和文化特征。问题不是在将领导看成是具有工具性和行为性的活动还是看成是具有象征性和文化性的活动之间作出选择，显然，是要将这两个层面包含其中，甚至包含更多方面。因此，我们坚信，有关领导的简捷表述，如人们所提出的 5 种行为和 10 个使命（Kouzes and Posner，2002）①，或者是五级领导（Collins，2001）②，等等，都可以使备受侵扰的管理者有所缓解，但是，对绩效产出却几乎没有什么实质性作用。相反，我们相信，要建构有效的领导教育组织的能力，需要从既存的模型中汲取最优的思想，需要建构新的理论并加以实证检验，需要借鉴许多知识，以便使现任的和未来的学校领导者制定周密的专业发展计划。

---

① 美国管理学者詹姆斯·M. 库泽斯（Kouzes，J. M.）和巴里·Z. 波斯纳（Posner，B. Z.）在其《领导力》一书中提出了卓越领导者的 5 种行为和 10 个使命。卓越领导者的 5 种行为包括：（1）以身作则（modeling the way）；（2）描绘共同愿景（inspiring a shared vision）；（3）挑战现状（challenging the process）；（4）让其他人行动起来（enabling others to act）；（5）激励人心（encouraging the heart）。卓越领导者的 10 个使命分别是：（1）明确自己的理念，找到自己的声音；（2）使行动与共同的理念保持一致，为他人树立榜样；（3）展望未来，想象令人激动的各种可能；（4）诉之于共同愿景，感召其他人为共同的愿景奋斗；（5）通过追求变化、成长和发展的革新的道路来猎寻机会；（6）进行试验和冒险，不断取得小小的成功，从错误中学习；（7）通过强调共同目标和建立信任来促进合作；（8）通过分享权力与自主权来增强他人的实力；（9）通过表彰个人的卓越表现来认可他们的贡献；（10）通过创造一种共同体的精神来庆祝价值实现和胜利。参见：James M. Kouzes and Barry Z. Posner，***The Leadership Challenge***，third edition，San Francisco：Jossey-Bass，2002. 中文版参见，［美］詹姆斯·库泽斯、巴里·波斯纳著，李丽林、杨振东译：《领导力》，北京：电子工业出版社 2004 年版。——译者注

② 美国管理学者詹姆斯·C. 柯林斯（James C. Collins）在大量实证研究基础上，将领导者分为五级，五级领导者的特征分别是：第一级，能力极强的个人：利用个人天赋、知识、技能和良好的工作习惯，为组织创造价值；第二级，有奉献精神和团队精神的人：投身于组织，为实现集体目标而努力，并与团队其他成员有效合作；第三级，称职的经理人：组织公司的人力和物力，有效实现预定的组织目标；第四级，有效的领导者和公司动力的促进人：积极追求并献身于清晰、远大的远景，激励整个集体追求更高的绩效标准；第五级，高级管理者：通过将个人谦逊品质与职业意志矛盾地结合起来的领导禀赋，建立企业长期持续的发展。柯林斯尤为倡导第五级领导者，在他看来，一个品行无私的、尊重下属、且具有顽强意志的领导者，必能带领同仁勇往直前，实现最佳的组织绩效。第五级领导者是谦逊的个性（personal humility）与强烈的专业意志（professional will）看似矛盾的混合，他们是顽固的、无情的，然而，他们又是谦逊的。他们对自己的公司充满热情，雄心勃勃，但是又绝不允许丝毫个人的自负成为组织发展的桎梏。对于组织来说他们功勋卓著，但是，他们自己却将所有的贡献归功于同仁、属下以及外部帮助，或者用他们的话说，“纯粹是运气”。第五级领导者率领的是一支训练有素的队伍，在这支队伍中，员工们思想统一，行动一致，积极配合他的决策和领导。参见：Collins，J. *Good to great*：*why some companies make the leap*，*and others don't*，New York：Harper Business，2001. 另参见，［美］吉姆·柯林斯著，段晓燕、李健译：“第五级领导者”，载《IT 经理世界》，2001 年第 16 期。——译者注

406

领 导 案 例

学区领导与体制改革

作为督学，你已在位于西南部的卡马戈联合学区（Camargo Unified School District）工作了5年，那儿有在读生5000人左右。因为是联合学区，学生有来自周边农村的，也有来自城郊的，生均年教育支出约为7000美元。除了典型的家庭的收入差异和生源的城乡背景差异外，这个区域的学生情况还是相当整齐的。大约15%是西班牙裔学生，2%左右是土著人。在你的任期内，你兢兢业业的工作赢得了包括教育委员会、其他管理者、教师、商业领袖和城乡家长在内的所有委托者的信任，你确实在当地很受尊敬。身为督学，你对学校的改进和绩效期待颇高，师生也对此反应积极，卡马戈已被视为成就卓越、管理完善的学区。最近，当地报纸又在头版宣称正是由于你的领导，这个学区才发生了现今的变化。

这是你在卡马戈工作的第5个年头。这年秋天，一家国内猎头公司的总经理找到你，请你考虑出任柳树学区（Willow Tree School District）的督学。这个相对富裕的学区位于中西部偏北的一个大都市里，有大约15000名学生。出于雄心壮志以及对新挑战的跃跃欲试，你登录了柳树学区的网站，以及其他一些相关的商业、政府、媒体网站，调查这一区域的状况。你发现，这里有20所小学、6所中学、3所综合性高中及3所其他的特殊学校和备择学校。这个学区师资力量十分强大；约75%的教师拥有硕士及以上学历。此外，每位学生的年平均教育支出达到9000美元。尽管这个学区看上去经济富裕、同质性强，你却注意到少数民族学生，主要是非洲裔和西班牙裔学生，他们占入学人数的15%左右。在政府网站查阅了该区的学校报告后，你了解到该区在州成绩测试中得分较高，大约处于第65个百分位上，而且，近5年来成绩稳定。

在猎头公司的鼓动下，在诱人的职业机遇的召唤下，你决定和另外4个应聘者竞争柳树学区的职位。面试是旋风式的。在正式面试阶段和随后的会议讨论中，你单独或与别人一起会见了学校委员会的7位成员和几位行政管理人员、教师、教师工会代表、家长以及公众代表。看来，这些人最关心的是学生的成绩。首先，这个富裕地区的家长们对孩子的成绩寄予厚望。而商业界的领袖认为，学生拿高分是这个地区经济持续发展的基础。学校委员会则明确表示，希望学生的州成绩测验分数迅速提高。此外，他们正致力于一项将学区课程与州标准和测验项目挂钩的体制改革。其次，非少数民族学生和少数民族学生之间存在着成绩差距。少数民族学生家长及 5 位学校委员会成员（其中两位是非洲裔、一位西班牙裔）在不同的面试场合反复问道：你将采取什么措施来缩小这一差距？

回到卡马戈后，你仔细考虑了一下新工作的前景，你开始自问：柳树学 407
区的工作适合我吗？

- 作为一位领导人，我有何优势和劣势呢？自信？令人喜欢的行为？沟通能力？价值观和信念？
- 柳树学区的情况有何利弊？对于一位新督学来说，这些情况是否清晰翔实？
- 我的优劣势能使我适应这一环境吗？对于我的劣势，能否找到弥补的方法？
- 能否改变这里的环境或者使其适合我发挥长处？
- 委员会可能会下令进行体制改革并缩小学生差距，这会影响我改造这个学区的能力吗？
- 我能在柳树学区取得成功吗？

概要与推荐阅读材料

领导是教育管理专业研究生的重要课题。由于领导是一个极端复杂而又难懂的概念，既可能有某些概念混淆，又缺乏实际经验，这已在预料之中。然而，在构建一个稳固的领导知识体系方面，我们已取得了实质性的进展。人们普遍认为，领导是一个个体有意识地影响他人从而建构群体和组织的活动与关系的社会影响过程。为了解释这一影响过程，人们已经提出并检验了多种领导模型。20 世纪 70 年代，权变领导理论最受欢迎。该理论是由菲德勒提出的，他假设，领导风格和环境是否相匹配会影响领导效能。到 80 年代，人们对这一理论的兴趣日趋淡化，转而研究其他一些新理论。变革型领导理论受到了研究者和实践者的广泛关注。该理论将下属的情感反应和理想化的、变革取向的行为整合在一起。

比如说，变革型领导包含理想化影响、精神激励、智能激发和个别化关怀四个关键因素。正当该理论需要大规模的开发和经验检验时，分布式领导已引起教育界的广泛关注，并为基于个体的领导模型提供了一个很好的补充。上述理论的发展证明，我们对领导的认识正在逐步深入。

有关领导的文献研究十分丰富，已经发表了5000多项研究，并且每年不断有大批的相关文献问世（Yukl，1994）。在这一广泛的知识体系中，我们可以在

尤克尔的《组织中的领导》（*Leadership in Organizations*）中发现丰富的理论、经验研究和实践应用。诺思豪斯（Northouse，2004）的近期著作《领导：理论与实践》（*Leadership：Theory and Practice*）提供了完美的概括与分析，并提供了评估工具和其他实用方法。最为完整的领导研究文献评论可以在《巴斯与斯托格蒂尔领导手册》（*Bass and Stogdill's Handbook of Leadership*）（Bass，1990）一书中找到。《领导季刊》（*Leadership Quarterly*）杂志只发表有关领导的文章。如果你对变革型领导感兴趣，可参考巴斯和阿沃利奥（Bass and Avolio，1994）、利思伍德（Leithwood，1994）、阿沃利奥（Avolio，1999）及巴斯（Bass，1998）等作者的著作。当然，还有许多其他著作和刊物可供参考，不过建议你再看一遍本章的内容，阅读一下已提供的参考书目，那就可以进行更为深入的文献研究了。

基本假设与原理

1. 许多人格和动机特质提高了个体进行有效领导以影响他人的可能性。
2. 领导技能帮助个体为解决复杂的社会和技术问题而制定和实施解决方案，并以有效的方式达成目标。
3. 领导和情境因素有着很强的互惠关系。领导者通过情境变量而产生影响，情境变量也支持或限制领导的影响。
4. 忽视任务行为将限制领导者对绩效结果的影响，而忽视人际关系将降低追随者的满意度。
5. 权变领导模型的常见假设是，领导者的特质和技能与情境特征相结合，决定了领导者的行为，而它们又依次影响绩效产出。
6. 变革型领导者在交易型关系的基础上拓展了管理意义，强调下属情感回应的重要性，因此获得非同一般的高绩效结果。
7. 分布式领导理论假定，学校依赖多种领导资源去完成多项任务，尤其是在变革时期和进行综合学校改革阶段。
8. 领导不仅是具有工具性和行为性的活动，也是具有象征性和文化性的活动。

第 12 章 410

结束语：作为社会系统的学校之评论

系统思考是第五项修炼。这条修炼整合了所有的修炼，并将其融入理论与实践的统一体之中……它不断地提醒我们，整体大于部分之和。

——彼得·M. 圣吉（Peter M. Senge）

《第五项修炼》（*The Fifth Discipline*）

前面章节所呈现的重要知识体系颇具说服力地论证了开放的社会-系统模式之于教育管理的价值。本章中，我们将回顾社会-系统模式，将其作为我们在工作中形成的各种思想的理论指导。该模式所固有的各种两难困境也将有所涉及。

整合模式

开放系统理论是有机的，而不是机械的。作为一种概念性的语言，它描述了教育组织中反复出现的结构与动态发展过程，从而使整个模式更加清晰，也有助于我们进行成功的变革。根据学校的社会-系统模式，组织绩效至少取决于四个关键要素：结构、个体、文化与氛围、权力与政治。它们与教学过程相互影响。这些要素从环境中输入资源并加以转化。这些要素本身以及它们之间的相互作用构成了转化系统，并受到来自环境的机遇与要求的限制。另外，内部的与外部的反馈机制也能使系统评价其自身的所有要素及输入要素的质量。由于期望中的绩效与实际绩效之间存在着差异，反馈机制能使系统进行自我调节。

简而言之，图 12.1 的模式（第 1 章中曾首次提出）概括了作为开放社会系统的组织所具有的主要的外部特征与内部特征。当然，这个图还不能把握系统的某些动态发展情况，例如它通过内部运作对环境作出反应，在运行过程中它产生了诸如学生学习与员工满意这样的结果。尽管我们考察了系统的各个部分，但我们不能忽视系统是作为整体进行工作的这一事实。

411

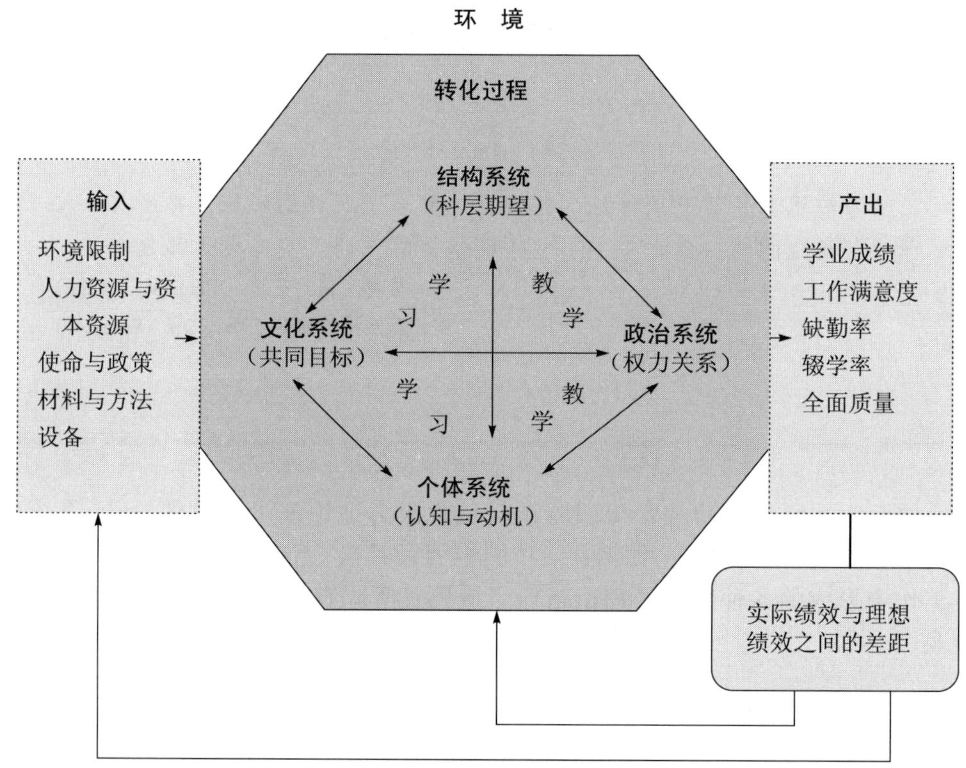

图 12.1 学校的社会系统模式

学校结构

科层结构（参见第 3 章）是为了实现明确目标和完成行政任务而特别建立的正式组织。不论组织目标是什么，为了实现它们，要有意识地设计诸如规则、规章、层级、劳动分工等组织属性。在韦伯对理想模式的分析中，科层制通过这
412 些方式实现理性决策，并使效能最大化，从而施行权威。劳动分工和专门化造就

了非人格化的专家，他们以事实为依据作出技术上正确而且合乎理性的决策。一旦作出决策，权威阶层就会通过规则和规章使这些协调有序的指令生效。职业取向的员工愿意忠于组织并提高工作效率。

众所周知，韦伯不是创立组织结构理论的唯一学者。亨利·明茨伯格提供了另一种考察科层结构的框架。他将结构简单地描绘成组织进行劳动分工并予以协调的方式。相互调整、直接监督和标准化是基本的协调机制——这是将组织整合在一起的黏合剂。他的分析形成了五种理想的模式。明茨伯格把组织描绘成一个受环境影响的结构，即开放系统。

目前有关学校结构的研究结果表明，不是结构的数量而是结构的类型决定着学校的效能与效率会产生积极的影响还是消极的影响。

学校中的个体

正式建立了组织这一事实并不意味着所有组织活动及其相互作用都会服从结构要求。个体也是整个社会系统中的一个关键要素。学生、教师和管理者带着他们个人的（参见第4章）需要、目标和信念，确立自己的个人发展取向，理性地理解自己的角色。组织结构不仅有助于塑造学校的行为，而且也有助于形成个体的需要、目标和信念。

马斯洛对从生理需要到自我实现需要等激励行为的基本需要层级进行了描述，赫茨伯格则分析了导致工人满意与不满意的需要之间的差别。成就需要与自主需要是个体的另外两个强有力的动机力量，它能调适教师与管理者的行为。

工作动机是源于个体生命存在而又超越这一存在的一系列积极力量。个体的目标及其设置是个人动机的主要因素，尤其是当目标为个体所接受，是具体的、富有挑战性的和可以实现的时候。这些力量激发了与工作相关的行为，并决定着行为的方式、方向、强度和动机的持续性。同样，信念也是重要的激励力量。管理者、教师和学生能否努力工作取决于以下信念：认为成功主要取决于其能力和努力，认为导致最终结果的原因处于自己的控制之中，认为额外的努力可以提高绩效，认为良好的绩效会被人关注和奖励，认为奖励是有价值的，认为他们会得到上司的尊重和公平对待。而且，高绩效与自我效能相关，这种信念认为，实现 413
所期望的绩效水平要求个体有能力组织和实施行为过程。最后，对活动本身的兴趣和挑战是内在动机，而奖励和惩罚属于外在动机。两者都有激励作用，但内部动机更为有效。

学校中的文化与氛围

对于学校内部环境的分析，主要集中在两个相关的概念上——文化和氛围

（参见第5章）。每一种观念都超越了组织生活的正式方面与个体方面。对于组织而言，每一种观念都彰显着组织的自然的、自发的和人文的宗旨；每一种观念都反映了整体大于部分之和的规律；每一种观念都涉及指导组织行为的共同意义和不成文的规则。

组织文化确定了组织成员的共同方向，它使组织产生凝聚力，并赋予组织与众不同的身份。尽管组织氛围倾向于强调共同的理解，但可以根据共同的假设、价值观和规范来界定组织文化。人们将文化的三个层次——假设、价值观和规范——作为描述和分析学校的备择方法加以探究。对商业组织的研究表明，高效能的系统具有强势的合作文化：这一文化的特征是亲密、信任、合作、平均主义、偏重于行动以及强调质量、创新与人本化等取向。然而，在许多方面，文化与结构一样，既能促进学校在使命与环境条件基础上有效运行，也能阻止学校的有效运行。

组织氛围是学校环境相对持久的品质特征，为广大教师所体验，进而影响他们的行为，其基础是广大教师对学校行为的集体知觉。组织氛围是在成员间的互动与情感交流中产生的。学校氛围有着自己的"个性"。这里，我们描述和分析两种不同的氛围概念。

我们发现，当学校处于一种开放的氛围时，校长和员工会真正行动起来；而当学校处于一种封闭的氛围时，每一个人都只是简单地应付各种任务，毫无奉献与敬业精神。正如人们所料，研究结果业已表明，诸如学生和员工的积极态度之类的情感特征都与开放的氛围有关。

也可以从组织健康的角度来考察学校氛围。一所健康的学校既能满足其自身的工具性需要（instrumental needs），也能满足表意性需要（expressive needs），同时能成功地应对外部的干扰力量，从而调动一切力量达成使命。学校组织越健康，员工之间的信任与开放度越强，学生所能获得的成就越大。变革学校的氛围或文化是一个长期目标，没有任何简单的、快捷的方式。

414 学校中的权力与政治

个体在加入组织以前，若自愿服从组织的合法要求，就等于同意了该系统运用正式权威。然而，一旦组织形成，组织中的权力关系就会扩展；事实上，权力成为系统中各种关系的核心要素。

权力是个宽泛的概念，包括确保下级服从的合法的与不合法的、正式的与非正式的方式（参见第6章）。因此，组织权力有四种基本类型：两种是合法的（正式的与非正式的权威），两种是不合法的（强制性权力与政治性权力）。

合法的权威系统能促进协调与服从，有助于正式目标的实现。合法的权力来自于具有职位威望的正式组织、来自于非正式的规范与文化价值观、来自于系统中的一个个专家。这三个控制系统有利于满足组织需要，也就是说，它们是合法的。但是，那些拥有权力的人也有个人的需要。个体在力图完成更多组织目标的过程中，发现自己拥有决断权（discretion），这种决断权打开了通向政治权力之路。这样，就产生了政治权力系统，但它并不为正式权威、文化或经认证的专家系统所认可；实际上，它具有分裂性、狭隘性和非法性等典型特征。政治具有非法性是因为它以整个组织为代价以换取个体目标的实现。但这并不意味着政治永远不能产生积极结果。相反，政治能够促进为正式组织所阻碍的变革，能够确保有能力的成员获得领导地位，能够鼓励不同职位的成员进行辩论，有助于决策的实施。

政治是组织生活的真相。尽管有着强大的个体，但是，组织的政治竞技场是由个体和群体的联盟组成的。他们相互讨价还价，以决定资源的配置。外部和内部的联盟影响着组织政治。政治策略是政治游戏系统的基础，被用来抵制权威，克服阻力，建立权力基础，击败对手，以及变革组织。通常，政治系统与众多富有影响的合法系统共存而无须主宰它们，但是，政治与权力会产生冲突。因此，冲突管理是一种有效的管理手段。

学校中的教与学

教-学过程是学校的技术核心（参见第 2 章）。相对于教与学的基本任务，学校内的其他活动是次要的；事实上，这一过程构成了学校内必须作出的许多管理决策。实际上，教与学提供了决定性的内部机会与限制。

教与学都是需要密切关注的复杂过程。当个体的知识或行为发生稳定变化 415
时，学习便产生了。尽管大多数研究学习的专家同意这一关于学习的一般性定义，但也有一些专家强调行为和其他方面的知识。学习是一个较复杂的认知过程，没有最好的关于学习的解释。不同的学习理论依据要解释的内容提供了或多或少的有用解释。我们考察了三种具有普遍性的学习理论——行为理论、认知理论和建构主义理论，每一种理论都有自身不同的聚焦点。

学习的行为理论强调行为、技能和习惯中可观察的变化。这一观点的聚焦点显然在行为上。学习被定义为由经验所引起的行为变化，实质上，这一理论根本没有考虑思维的心智过程或内在过程。行为只是一个人在特定情境下所做的事。这种观点的理论基础是斯金纳的操作性条件反射（operant conditioning）理论（Skinner，1950）。学习目标（learning objectives）、掌握学习（mastery learning）、直接教学（direct instruction）和基本技能（basic skills）是在这种观点基础之上发展起来的教学策略。当需要学习具体技能和行为时，与行为理论一致的教学方法就十分有效。

学习的认知理论关注思维、记忆、创造和解决问题。在这一理论中，信息如何被记住和加工，个体如何利用自己的知识来监控和调节认知过程等，都至关重要。认知理论的一些非常重要的教学应用是教学生学会如何通过运用诸如记笔记、记忆术和使用视觉资料等学习策略来学习和识记。以学习的认知观点，尤其是信息加工理论为基础的教学策略，凸显了注意力、组织、练习和详细阐述在学习中的重要性，它通过发展和改进学生自我调节的学习策略，给学生以更多的控制学习的方法。认知理论的重点是关注学习者的“头脑中”发生了什么。

建构主义理论关心个体如何理解事件与活动的意义；因此，学习被视为知识的建构。总体而言，建构主义理论假设人们是在创造和构建知识，而不是将知识从外界环境中内化，但是，建构主义理论有许多不同的流派。某些建构主义者强调对知识的共享与知识的社会建构，而另外一些建构主义者则认为社会力量没那么重要。如今，以皮亚杰、布鲁纳、杜威和维果茨基的研究为基础的关于学与教的建构主义观点，影响越来越大。探究性学习和基于问题的学习（inquiry and problem-based learning）、合作学习（cooperative learning）以及认知学徒制（cognitive apprenticeships）都是典型的以建构主义观点为基础的教学策略。建构主义理论的实质是将学生的自我努力置于教育过程的中心。

416 学校外部环境

学校是必须适应不断变化的环境条件以提高学校效能从而长期生存下去的开放系统。学校环境（参见第7章）影响着学校的内部结构及运作过程。社会、经济、政治和技术的发展趋势在影响诸如工会、纳税人协会和国家立法机构等具体部门的同时，也影响着学校的内部运行。

虽然环境复杂，难以分析，但有两种普遍的观点是有用的：任务理论与制度理论。任务理论包括信息论和资源依赖论，这种观点将任务环境界定为与目标设定、目标实现、效能和生存等具有潜在相关性的所有外部环境因素。

信息论认为，外部环境是决策者的信息源。人们所觉察到的组织不确定性影响着组织的灵活性与科层结构。与所有组织一样，学校追求稳定是因为它们处于证明合理性的压力之下。

资源依赖论假设，组织所需资源不可能在内部生成，而必须从环境中获取。因此，学校必须参与同环境的交流和竞争，以获得必需的产品和服务。资源匮乏导致学校与其他组织的资源竞争。

环境的不确定性和资源匮乏威胁到组织的自治与效能，管理者经常努力开发一些策略，以获取对环境的更多控制。内部应对策略包括通过缓冲保护技术核心、规划与预测、以权变理论为基础调整组织内部运作、跨越组织边界等。组织间的应对策略包括与重要的外部支持者建立有利的联系，通过政治活动塑造外部环境要素。从资源论与信息论的观点来看，管理者面临的重要问题是，“在不增加依赖性的前提下，如何降低环境的不确定性?”

与任务观相比，制度理论假设，环境促使学校遵守和服从一系列由法律、社会、专业机构与政治机构所强加的严格规则与要求。这一理论认为，学校结构与过程反映了社会中已经制度化了的规范、价值观和意识形态。这一理论的实质是，环境对学校的压力往往是形式重于实质。

然而，技术环境与制度环境共生共存。学校在制度环境方面的作用比较强，
在技术环境方面的作用则比较弱。当前推动系统改革与市场竞争的动力表明，忧 417
心忡忡的商人和决策者可能会寻求一个着重强调任务环境的地方。从最初的制度
环境向技术环境的转型可能会摧毁合理性典故，并使学校发生翻天覆地的变化，
但是，这种转型将受到现行制度力量的猛烈反击。

学校效能、绩效责任制与改进

学校的产出是由受环境力量所制约的结构、个体、文化与政治因素相互作用的函数。组织效能问题彰显了对学校管理的根本性挑战（参见第 8 章）。在我们的开放-系统模式中，学校的产出就是学生、教师和管理者的绩效。所有这些都可用作组织效能指标，可以对他们的质量进行评估。学校的产出是学校内部受环境力量影响和限制的五个内部转化要素互相作用的函数，这是对开放-系统理论的全面概括。我们会进一步用一个和谐假设将这一结论具体化：在其他要素不变的前提下，各种转化因素之间越和谐，系统的效能越高。

我们已经提出了一个关于学校绩效的社会-系统模式。这一观点强调了社会系统各个方面的重要性，尤其是输入、转化过程与产出的质量。在系统运行的每一阶段都要进行短期的和长期的评估，都需要学生、教师和管理者等支持者的参与。教师的质量、内部和谐性、努力程度、学生成就、工作满意度和整体绩效等都是组织效能的指标。

在诸如史密斯和奥戴（Simth and O’Day，1991）等人的思想基础上，决策者与教育工作者开发并广泛应用了系统方法或标准本位的方法，以推进教育绩效责任制和教育变革。绩效责任制主要关注根据学校收集与报告的资料和数据来确定绩效结果（Fuhrman，1999）。绩效责任制通常包括三个组成部分：鉴别要学习的学科知识与技能的标准、与标准相一致的测验以及标识不同目标达成水平的结果。倡导者们假设，这些因素与教育过程中的其他因素相互联系，为提高学校产出的质量和数量提供了相关的和直接的必要条件。

日益兴起的绩效责任制要求学校在组织、教学和管理上进行大量的、同时的和系统的变革。但是，正如埃尔莫尔（Elmore，2002a）所言，教育者并不准备在学校转型过程中进行系统的、持续的改进，也不想根据狭隘的绩效结果来验证自己的成功。对所有教育工作者而言，要在全州范围的考试中进行变革和检验是
418 否成功并非易事；而要在那些为来自不安全社区、家庭贫困且不稳定的儿童服务的学校里进行这样的变革，尤为困难。为了应对这些挑战，已启动许多项目。其中两个最有前景的项目是专业发展与综合学校改革。

反馈环

有关结果的知识让我们进入到两种不同类型的反馈环。就内部反馈环而言，目标达成的相对水平是调节转化过程的一个或多个要素的需求指标。就外部反馈环而言，社区里的不同支持者都在评估学校的产品。这种评估所提供的信息对结构、文化、个体和政治等子系统有所影响。

坦率地说，管理者要对学校效能和学生的学习质量与教师的教学质量负责。一方面，他们必须对反馈过程中的期望与信息作出反应；另一方面，他们必须保持或促进教师、学生和其他员工的趋向于目标的行为。管理的主要问题之一是绩效控制，这不仅需要进行资源配置，也需要对组织的基本要素（结构、文化、个体和政治）进行整合。管理功能的实现需要决策、激励、沟通和领导等作用的发挥。

学校决策

决策意味着在一系列备择的行为中作出选择并付诸实施（参见第9章）。这种行为影响着整个组织，包括系统的输入阶段、转化阶段和产出阶段。

尽管不可能作出完全理性的决策，但是，管理者需要运用系统方法来提高所选择的方案的满意度；因此，满意策略是管理决策的核心。决策过程由几个明显不同的循环阶段构成：确认并界定问题、分析存在的困难、确立成功的标准、编制行动计划、实施和评估计划。由于决策是一个循环过程，管理者会重复这些阶段。

对于解决大多数问题而言，这一管理策略非常适合。然而，有时候，难以在某种特定的期望水平上对一些备择方案作出阐释或预测每一备择方案的结果，因此，渐进策略就比较适用了。这一过程是一种持续的有限比较方法，不过，人们只考虑那些与既存环境相似的有限的备择方案，人们反复比较这些方案的结果，直到在行动方案上达成共识为止。然而，渐进主义可能过于保守，并因此而自毁前程。缺乏根本性指导方针的渐进式决策可能会使行动迷失方向。因此，对于复
419 杂性决策而言，建议采用混合扫描的决策模式。混合扫描模式集中了行政模式和

渐进模式的优点，它在宽泛的政策指引下将满意策略与渐进决策统一起来。

研究表明，可以根据行动方案实施前的准备工作以及决策制定过程中所做的工作来判断管理行为的质量。有效的决策制定者忙于实质性的准备工作。他们搜集大量的信息，对事实与观点加以区分，经常鼓励下属参与决策过程。有时，下属的参与能提高决策质量，有时则适得其反。我们已经提出了一个模式，该模式就何时让下属参与决策以及怎样参与提出了建议。在复杂的组织中，激励、沟通与领导在将决策转化为具体行动方面发挥了必不可少的作用。

学校沟通

实际上，言语的与非言语的互动遍及学校生活的各个方面。然而，良好的沟通并不能解决教育管理者面临的所有问题。当前几乎所有的信息交流观点都基于这一看法：沟通涉及至少两人之间的有意义的符号交流（参见第 10 章）。沟通过程是动态的，因为它持续地影响着社会系统的变革及其环境因素。

单向沟通是单方面的，始于言者，终于听者。相反，双向沟通是相互的，所有参与者彼此沟通、收发信息，不存在必然的开始和结束。信息通过学校中正式的或非正式的渠道传播。尽管正式网络通常比非正式网络又大又好，但二者紧密相关、相互补充，对于组织而言，两者都至关重要。

学校领导

领导者很重要，这是因为他们充任组织的精神支柱，在变革时期为组织指明方向，并对组织效能负责（参见第 11 章）。一般的观点认为，领导是一个社会影响过程。在一个群体或组织中，领导者通过有意识地对他人施加影响来安排活动和建构关系。许多人格、动机和技能方面的特征使个体能够和愿意从事有效领导并影响他人的可能性大大增加。然而，进入 20 世纪 80 年代以后，最具影响力的领导理论却是权变模型，它对领导者特质、领导情境、领导者行为及领导效能之间的相互关系作出了解释。我们设计了一个图表，对这四套概念进行分类并将其有机地联系起来。权变理论提出了两个基本假设。首先，领导者的特质与情境 420
特征共同决定了领导行为与效能。其次，情境因素直接影响效能。我们简单回顾一下四种权变的领导模型：教学领导理论、最不受欢迎同事理论、领导替代理论和路径–目标理论。

目前有两种相对较新的领导理论正日益引起人们的极大关注。首先，变革型领导正受到学者和实践者的广泛关注。它包含四个关键因素：理想化影响、精神激励、智能激发及个别化关怀。变革型领导不断扩大互动关系，进行意义管理，强调追随者情感回应的重要性，经常取得高绩效的结果。其次，在教育领域，学者们热心于构建和应用组织领导或分布式领导的框架。分布式领导理论假设，学校依靠多重领导资源来完成无穷无尽的任务，尤其在变革时期和进行综合学校改革的时期。

学校领导是一个复杂过程，它所涉及的不仅仅是掌握一系列领导技巧，或使适当的领导行为与具体情境相适应。改进学校领导的有效方式是选拔和培养领导者，设立新的领导职位，营造情境，变革学校。领导不仅是具有工具性和行为性的活动，也是具有象征性和文化性的活动。

管理行为

我们一直在讨论，应该结合学校社会系统中的主要因素来分析教与学背景下的管理行为。结构、个体、文化和政治代表了影响组织成员绩效的“平衡点”。大量的观察是重要的，并可重复进行。首先，决策、沟通和领导是修正学校绩效的关键过程。如果领导者有意识地处理好系统的每一个部分，就会形成“涟漪效应”（ripple effect），进而影响到其他部分，形成期望与行为结果的崭新结合。其次，实现预期目标的方法很多，而对于组织、领导、决策、激励或教学而言，不存在最好的方法。况且采取什么样的方法实现目标依赖于多种因素，包括一致性、复杂性、文化以及环境的机会与制约。管理是个复杂的过程，需要对不断变化的条件进行认真反思，不断地保持警惕。最后，学校的复杂性与关联性需要“系统思考”，就是说要认识到整体而非局部的重要性。学校是一个社会系统，在这个系统中，整体总是大于部分之和。鉴于此，我们断定，对作为社会系统的学校的考察，要应对教师和管理者必须面对的某些持续不断的两难困境。

---

421 组织的困境

变革和困境（dilemmas）总与我们相伴，但是，与变革不同的是，困境不需要促进。彼得·M. 布劳和W. 理查德·斯科特（Blau and Scott，1962）认为，困境的概念有助于我们理解变革的内部压力。当决策者面临不同选择，但任何一种为了某些目标的利益而作出的选择都会牺牲其他有价值的目标时，就会出现困境。丹尼尔·卡茨和罗伯特·L.卡恩（Katz and Kahn，1978）详细阐述了问题（problems）与困境之间的区别。问题是可以通过参照以往的先例或应用现有的理论或政策来解决的困难；而困境则是在现存框架内无法解决的。对困境而言，不可能有解决办法和完美的协调方案。因为困境是组织所特有的，它是组织变革的永恒动力。

正式组织所面临的根本困境是秩序与自由的矛盾。对于高效能的组织而言，秩序与自由都是人们所希望的、必不可少的条件，但是，强化一方必定会弱化另一方。秩序与自由的紧张关系至少在四种实际的学校困境中表现出来：协调与沟通，科层纪律与专业技能，行政计划与个体主动性，以及行为学习与认知学习。

协调与沟通

根据布劳和斯科特（Blau and Scott，1962）的观点，通过双向沟通，进行不受限制的思想、批评和建议等方面的交流，至少可以以三种方式有效地解决问题：为个体参与者提供社会支持，提供一种校正错误机制，形成健康的相互尊重的竞争。

问题解决情境常常使个体参与者产生压力和焦虑，从而导致对有效的思维发展产生干扰的智力障碍。然而，当个体之间的沟通畅通无阻时，好的主意可能会得到他人的认可（因此减少了焦虑），并促进了更多的参与、发展以及思想的凝练。因此，源于不受限制的思想交流的社会支持，有助于问题的解决。

对个体而言，要察觉自己思想中的错误并非易事。个体常常带着一种思维定式去解决问题，这就很难从不同角度来审视问题。开放而自由的沟通会带来大量的有关共同任务的观点、经验和信息，因此，也增加了辨识思维错误的机会。其他组织成员更容易找出问题的矛盾和盲点，因此，双向沟通促进了对错误的校正。最后，开放、双向的沟通激励组织成员为了赢得参与伙伴的尊敬而提出内行的建议。

尽管信息的自由流动促进了问题的解决，但它同时也阻碍了协调。无限制的 422
沟通可能把有效的行动淹没在思想冲突的海洋里。的确，信息帮助我们选择优秀的思想观点，但思想观点太多也阻碍了一致意见的达成，而协调则要求在一项总体规划（master plan）上达成共识。

组织中的协调主要是通过等级差异化（hierarchical differentiation）来完成的，但是，这种结构妨碍了决策，因为它干扰了信息的自由流动（参见第 3 章）。事实上，对有效协调而言，等级差异化、集权导向、限制性沟通似乎是必不可少的。简言之，正是这些因素促进了协调进程，同时也阻碍了自由沟通。组织既需要有效的协调，也需要有效的问题解决。但是，组织的等级结构既促进了有效的协调，也阻碍了沟通及问题的解决。这种困境似乎表明，协调与问题解决存在着与生俱来的冲突，因为，我们同时需要限制性沟通与非限制性沟通。尽管冲突带来了适应与变革，但不能轻易解决，需要我们长期的关注。

科层纪律与专业技能

专业倾向与科层倾向的相同点与不同点方面的特征导致了第二个困境（参见第3章）。尽管两种倾向都强调技术能力、客观性、非人格化和服务，但专业的独特结构是冲突的基本来源。专业人员试图通过自定的标准和群体监督来实现自我管理。相反，人们却期望科层制度下的员工遵守规章制度、服从于科层制度。专业行为的决定性基础是专业人员的知识，而科层行为的最终辩解理由是，遵守组织纪律并得到上司的认可。在专业技能与专业自主、科层纪律与科层控制这两者之间存在着冲突。当我们考察受制于这两种社会控制模式的员工时，就会集中发现严重的不和谐：专业人员在科层制度下工作。

可以用不同的方式解决因两种制度控制方法的融合而产生的张力。在一些组织里，人们通过发展两条相互独立的权威路线进行主要的结构变革，其中一条是专业线，一条是行政线。虽然如此，当专业考量与科层考量发生冲突时，权威的分解似乎是局部地解决问题的最好方法。如果不发生组织变革，一些个体会尝试通过调适自己来适应冲突，调适的方式是使自己的角色定位要么与科层制或专业制相一致，要么与这两者都达成一致。尽管作了调适，冲突依然会存在，这是一个持续的困境，也是一个根本性的问题。

423 专业技能与科层纪律是应对不确定性的备择模式。应对不确定性事件时，纪律使不确定性的范围有所限制，而专业技能则提供了知识与社会支持。布劳和斯科特认为，只要专业人员受雇于科层组织，斗争终将存在下去。专业-科层困境似乎会成为学校内部非常重要的困境，因为教师和管理者变得更加专业化，而又在本质上属于科层机构的学校里持续地发挥作用。

管理计划与个体主动性

秩序与自由之间的第三种紧张关系表现为管理计划与个体主动性之间的矛盾。在管理过程中，两者之间的不协调带来很大困难，这不仅表现在制定解决问题的计划上，也表现在随后的计划实施与评价上。组织决策产生于作为一个集体的组织情境之中。所作的任何独立判断都要与正式组织的期望相一致。正式组织通过完备的科层机器持续地施加压力，使得个体主动性服从于组织指令。当然，组织也会鼓励创新与个体努力，但其前提是这些创新与个体努力不能与正式计划相冲突。

组织如何在不干扰管理计划的前提下鼓励个体主动性呢？我们已就组织反映出的问题提出了许多建议。前文已介绍过的共同决策模式，对个体应在何种条件下参与决策过程进行了描述（参见第9章）。这种模式要求以一种对组织和个人都有益的建设性方式向教师授权并利用个体的积极主动的创造性。我们已概括了专业组织结构的特征，它强调共同决策而非独裁的科层制（参见第 3 章）。我们进一步描述了组织氛围：开放与健康，它们有助于缓解服从与主动性之间的冲突（参见第 5 章）。

简言之，组织可以构建，组织氛围与文化也可以发展，从而将管理计划与个体的主动性之间的冲突减少到最低水平。这并不意味着能够解决冲突。我们希望能够得到的最好状态是：在服从与主动性之间求得一种良性的平衡，一种被秩序需求与自由需求之间的冲突不断打破的平衡。

行为学习与认知学习

最后，教与学的行为理论与认知理论之间的紧张关系贯穿于学校管理决策的
整个过程。一方面，许多研究强有力地支持了强化理论在教学与课堂管理中的应 424
用。学习目标、掌握学习和直接教学都是强化理论在某些教学情境中有效应用的范例。另一方面，认知理论，尤其是建构主义理论，将学生置于教与学的中心，而教师成为助手与教练等间接角色。在这一理论中，探究性学习和问题本位学习成为教学的关键所在。建构主义者和大多数认知理论回避行为主义者的研究和实践。事实上，当前教学上的许多冲突都表现在行为与认知的两难困境上，例如，“语音教学”（phonics）与“整体阅读”（whole reading），“基本技能”（basic skills）与“批判性思维”（critical thinking），“直接教学”（direct instruction）与“发现学习”（dicsovery），“核心知识”（core knowledge）与“真实知识”（authentic knowledge）。

在不诋毁和不排斥行为理论的前提下，学校管理者如何应用认知理论与建构主义理论呢？我们认为，首先，管理者和教师必须理解支撑每一种理论的基本的理论与研究（参见第 2 章）。在当前的大多数教育论争中，如果我们想要避免所选择的立场的消极后果，理解是必需的。例如，当目标是学习新的行为或显性知识的时候，或者当学习是连续的或学习事实性知识的时候，对于教与学而言，行为的方法通常很有效。然而，如果目标是解决问题或批判性思维，认知理论就是更为有效的教-学策略。例如，人们运用的支架式（scaffolding）教学和教练法（coaching），它们强调意义而非记忆。重要的是，结果的类型要与最有效的教学方式相关。不存在最好的教学方法，因为教与学取决于教学目标。有效的教师和管理者需要在实践中将行为理论与认知理论好的方面结合起来。

平衡与知识是成功处理这一困境的关键。我们认为，行为理论与认知理论的两难困境不可能最终得以解决，但是，成功取决于我们在什么时候运用和如何运

用每一种理论。在教-学实践中运用“非此即彼”的方法反而达不到预期目标。鼓励自由同时又辅之以秩序的学习环境可能是学校里最成功的。当然，自由与秩序之间的平衡是动态变化的。持续的评估与变革是必需的。

结　论

本书包含两个相关的观点：即彼得·德鲁克（Peter F. Drucker，1968）的“现实”（reality）观①和彼得·圣吉（Peter M. Senge，1990）的“系统思考”（systems thinking）观②。知识已经成为核心资源。作为提高创造能力与改进绩效
425 的基础，系统地获取知识——也就是组织正规教育（formal education）——定会弥补经验的不足。但是，仅有知识和经验是不够的。必须将各种事件视为一个完整的变革范式，而非彼此隔离的简单印象。成功的绩效日益依赖于运用各种观念与理论的能力，以及从经验中所获得的使整个范式清晰化并有助于我们应对整个范式的技能。

我们所探讨的一系列困境要求管理者进行基本的变革。这些困境要求深深地根植于实践的新的培训、知识、政策和准备。管理实践要么变成一种使处境更加艰难的实践，要么变成一种可以提高业绩的实践。我们认为，通往未来的捷径是正确的教育组织理论与研究中的反思型领导（reflective leadership）。我们建议学生通过分析“教育领导案例集”中的实际案例，深刻领悟本书所提出的各种管理原理。

---

① 参见：［美］德鲁克著，张星岩等译：《新现实》，上海：上海三联书店，1991 年版；［美］德鲁克著，刘靖华等译：《新现实：走向 21 世纪》，北京：中国经济出版社，1993 年版。——译者注

② 参见：［美］彼得·圣吉著，郭进隆译：《第五项修炼：学习型组织的艺术与实务》，上海：上海三联书店，1998 年版。——译者注

教育领导案例集

案 例 1

一封匿名信

杰克·加纳（Jack Garner）是杜威小学（Dewey Elementary School）的校长。杜威小学是快乐镇（Pleasantville）的 5 所小学之一。快乐镇是一个位于东海岸中部拥有 30000 人口的社区。

快乐镇是美国非常有趣且富有代表性的社区。该镇原是一个工人阶级社区，后来演变成以不同类型的劳动人员为主的社区。原来的农场、工厂和矿山上的工作已经变成一家小型飞机场和新成立的州立学院等机构的新职业（位于快乐镇的州立学院最近被重新命名为州立大学）。镇上的居民以前主要是造纸厂、地毯厂、化工厂、小型钢厂和煤矿的雇员，但是，最近，令在快乐镇工作的人们极度沮丧的是，大部分工厂日渐衰退，失业率已达 13%，而且不见任何好转。人们抱怨政府。过去，美国环保署（EPA）和环境专家都不会来这里，也无需州及联邦官员的干预。而且，在那些日子里，人们努力工作，过着体面的生活。

随着各种环境保护法规的出台和市场的变化，钢铁厂雇用的人员只有 15 年前的一半了。造纸厂和煤矿也是如此。在过去的 3 年里，从国外进口的新燃料和各种昂贵的化学清除计划困扰着化工厂，使之濒临破产。事实上，在快乐镇，唯一兴旺发达的大企业似乎只有一家了，那就是州立大学。它从 10 年前的 2000 名学生增长到现在的将近 10000 名学生。尽管在过去的 5 年中扩大校园的建设产生了许多工作，但是，这并不能补偿老工业的衰落。更为重要的是，州立大学所产生的岗位大多是专业职位，需要雇用外来人员，而不是镇上的居民。

一些人抱怨外来人员的入侵，渴望再回到从前的平静生活。社区中的另外一些人，尤其是商人，却欢迎学校的扩建，并为快乐镇变得日益发达而自豪。

在快乐镇，人们对杰克·加纳并不陌生。杰克·加纳今年 35 岁，他的全部生活都是在快乐镇及其周围度过的。他在镇上读完小学、初中和高中。毕业后，
427 他又到当地的州立学院读书，主修教育专业。他的第一份工作是在快乐镇高中当科学教师。从教第一年，杰克·加纳就希望在教育上能够发挥更大的作用。他开始利用暑假期间到离快乐镇 65 公里远的州立大学主校区学习。

在主校区学习是杰克·加纳第一次真正感受到快乐镇之外的生活的影响。他的膝盖有慢性病，这使他免服兵役，但于生活无妨。每每回忆起来，加纳都会感到，在主校区学习的经验为一个乡村孩子打开了眼界，他也时常这样提醒自己。10 年后，他完成了教育博士学位课程，成为学区小学科学课程协调员。基于他与别人的成功合作以及他本人的善良品质，他被提拔任命为新的杜威小学校长。也许有人会认为杜威小学是进步主义学校，但是，这所杜威小学是以纽约前任州长托马斯（Thomas）的名字命名的——托马斯并非教育工作者。这两者之间有着天壤之别①。杜威小学并不是个喜欢变革的地方。学生们就是在这样的环境中长大的，之后又将他们的孩子再送进杜威小学。他们希望自己的孩子能够接受同样好的教育——无需矫饰，无需生活调适，无需多元文化，更无需为生活的权利与家庭的本质而辩论，仅仅是进行阅读、数学、科学、写作和历史等方面的基本的学习。

毫无疑问，杜威小学周边的居民是保守的，但是，当越来越多的学院教授在杜威高地（Dewey Heights）买房时，这个地区开始逐渐发生变化。事实上，杜威小学附近正成为社区中年轻的教授选择居住的地区。

作为一名课程协调员和富有经验的管理者，加纳一直在创设有效的小学课程。他将许多合作学习和掌握教育的内容结合起来，吸引学生个体和群体学习数学、科学和阅读。他教英语和写作等语言课程的模式经常被当地学院的学生观摩

---

① 指杜威小学以美国著名政治人物纽约前任州长托马斯·杜威的名字命名一事，与美国教育家约翰·杜威的进步主义教育思想之间没有任何联系。——译者注

（加纳很难将他所毕业的学校看成是州立大学，他仍然认为它是学院）。5 年的课程协调员和 5 年的校长经历，使他创建了一所让他感到自豪的学校。学生们一如既往地表现良好，同时家长们通常也支持他的各种创新活动，尽管有些家长批评说他正在削弱学生的知识基础。

星期一早晨，当杰克看第三封信的时候，他感到很吃惊。

---

5 月 11 日

亲爱的加纳博士：

你应该知道你的科学课程组长是一位同性恋。他和另一个男人住在一起，我看到他们在格林维尔（Greenville）的酒店里互相亲热。我并不关心人们的私人生活，但是，教师就不一样了。我不希望我的儿子受到这个家伙的伤害。当然，总是会有艾滋病的问题，我不希望他虐待我的孩子。有谣言说詹金斯（Jenkins）一直都不好。坦率地说，我们都在担心我们孩子的安全。

我们知道，你会帮助我们处理这个问题。毕竟，你是我们的一员。为什么你不就此采取一些措施呢？大家都在谈论这件事。如果你不处理这件事，我就不能担保一些性急的人会做出什么事来，詹金斯会有危险。

我没有在这封信上签名，是因为我不想牵涉其中。但是我认为你应该了解这件事。有人会受到伤害。你应该在没有出现治安事件之前来处理这件事。

真诚的

一位担忧的家长

过去 3 年里，马特·詹金斯（Matt Jenkins）一直是加纳的新小学的科学课程组长。尽管加纳没有直接雇用詹金斯，但是，前任督学一直给予詹金斯很高的评价，并雇用了他。加纳给他从前的州立大学任课教授打电话，教授说： 428
“他是有一点儿奇特，但是，毫无疑问，他是我所知道的最聪明和最有创造力的学生之一，对于你的计划来说，他是个人才。”尽管詹金斯是外来人员，而社区里也有人反对雇用外来人员，但是，几乎没有遇到什么麻烦，詹金斯便被聘用了。

毫无疑问，在加纳的心目中，在杜威小学，詹金斯已经表现出很强的改进科学课程的领导才能。其他教师都很喜欢他，因为他比较低调、热心工作、敏感而且有教养。虽然他有一点儿怪僻，但是这些特殊习惯似乎并没有干扰别人。他自己住在快乐镇郊区的一个叫格林维尔的小社区，离城有 10 里。看起来几乎没有人了解詹金斯或者说了解他的个人生活。传言说詹金斯把许多时间消磨在州立大学主校区的大学车站上。镇上的许多人对在大学车站接连发生的事颇有微词，但那儿离我们有些远。加纳只记得有一次人们对詹金斯有一些不好的评论。有位家长抱怨说他总是摸他的儿子。加纳对此进行了详细调查，发现其中并没有什么严重问题。相反，他发现詹金斯多次抓住了一个问题学生，纠正了他对其他同学的攻击性行为。这个问题学生有点儿野性。

加纳发现，詹金斯和一位新来的叫布拉德·科布斯（Brad Korbus）的高中英语教师住在一起，这一发现使加纳有些吃惊。加纳在科布斯的招聘与选拔问题上曾帮助过他。现在，他们在格林维尔是室友。加纳感到，无论人们私下里做了什么事，都是他们自己的事。他处理这封匿名信的策略是将它扔进废纸篓。但是，这封信的潜在威胁让他很烦恼。

他觉得自己不得不做些什么事情了，但是做什么呢？他想把这件事情交给当地警察处理。但他是否应该向督学汇报？这是不是一个离群索居的人写的狂躁之言呢？他是否有权力去作调查——即使是谨慎地调查？他是不是该找詹金斯谈谈？如果真要谈话，他又该说些什么呢？假如詹金斯真是一个同性恋者，和另一个男人住在一起，事情又会怎样呢？有没有问题呢？还是潜在的问题呢？是否到了该采取预防性行动的时候了？所采取的任何行动会不会使目前的状况恶化呢？现在是不是该让学区制定一项有关个人行为与选择不同生活方式的政策的时候了呢？

请假设你是校长：

- 这个案例中近期的与长期的问题是什么？
- 这是一个令人满意策略的案例，还是应付策略或是适应性扫描策略的案例？
- 你的近期的与长期的计划是什么？
- 谁应该参与决策？如何参与？
- 无论你最终采用什么样的策略，都要确保制定一个计划，来处理你的行动有可能造成的不良后果。

案　例　2

故意怠慢创造性人才？

你是坎特伯雷（Canterbury）高中的校长，坎特伯雷是东南部郊区的一所高中。作为本州最好的高中之一，该校声誉极佳。学校的格言——“卓越之旅”（An Odyssey of Excellence）——醒目地装饰在大厅的墙壁上。人们慕名而来，搬迁到该社区，而绝大部分人也未曾感到失望过。学区只有这一所高中，有1500名学生，学生被分成10、11和12年级。每年大约有75%的学生继续接受高等教育，大部分学生都申请到了国家最好的学院和大学。进入常春藤联盟院校是大多数学生的目标。因为这些学生的父母都是些成功的专业人士，他们中的大多数人本身都是从名校毕业的。

你的学校里的教师都是技艺高超的专业人员。他们受过良好的教育，努力工作，并且关心他们的学生。有四位教师拥有博士学位，每一位教师至少有硕士学
位。你为学校、学生、教师和社区而自豪。在许多方面，校长的工作是愉快的， 429
但也有富有挑战性的地方。家长要求很高，他们期望他们的孩子受到尽可能是最好的教育。他们向社区缴纳重税，而这往往意味着他们可以畅所欲言地对有可能妨碍他们的孩子成功的学校政策或事件提出质疑。

眼下，你正面临处理一位生物教师与一些家长的矛盾。亨利·华盛顿（Henry Washington）博士是一位有着15年教龄的资深生物教师，他在坎特伯雷高中教AP生物班[①]。亨利是一位受欢迎的教师，学生们竞相想进入AP班，只有那些最聪明和最好的学生才能够进入这个班。两天前，你接到了一位代表自由法律协会——一个基督教律师团体——的律师的电话。这名律师经常关注华盛顿博士的网页，他在网页上张贴了下面的声明：

进化论是生物学的核心的统领性的原理（unifying principle）。希望这个班的学生能够掌握这一理论，并能够与那些反对物种起源理论的人作斗争。

但是，让这名律师感到烦恼的特殊问题是华盛顿博士的强硬立场，即他不会为

① AP，Advanced Placement courses的简称，可译为“（进阶）先修课程”。AP课程是允许美国高中学生在中学阶段选修的大学水平课程，学生通过AP考试可以获得大学的学分或跳级，或者两项兼得。——译者注

AP班的学生迈克尔·海斯（Michael Hayes）写上大学的推荐信，因为迈克尔·海斯说自己是一位虔诚的基督徒，他不相信进化论；事实上，这名学生非常相信宇宙创造说，并相信上帝在科学中扮演的角色。

这是华盛顿第一次遇到这样的学生。尽管他容忍其他的观点和解释，但是他觉得自己无法问心无愧地为不认同进化论是物种起源有力解释的学生写推荐信。毕竟，华盛顿大声说道，“我是教生物学的生物学家。进化论是了解我们人类产生的一种工具。否认进化论就如同否认万有引力定律一样。在科学上，理论可以使你更为真切地了解事实。”他补充道：“我的观点是我不歧视其他任何人的信仰，但是，我要确信我写推荐信推荐的人都在为成为未来的一流科学家而努力。科学和宗教强调的是不同的问题，它们是不能交叉的。”

你一直让你的督学及时了解进展情况，她是支持你的，并且也相信你的领导能力和处理问题的能力。学区没有制定关于推荐信的政策，因为学区委员会倾向于将这样的事情留给教师本人自己处理。你希望在问题刚产生时就予以处理。你不想让学校卷入拖延的诉讼案件，但是当他们描述了该学生的情况后，法院催得比较紧。该学生，迈克尔·海斯，想让他的教师华盛顿博士给他写两封推荐信，一封写给斯坦福，一封写给普林斯顿，他希望在斯坦福或者普林斯顿读生物学，然后为他最终进入医学院作准备。华盛顿博士坚持不写（推荐信），并且他也不会给这个学生或与他有相似信仰的学生写。他认为，这是学术自由和个人自由。学生、学生家长和他的律师却将这件事看成是宗教自由。他们声称，学生正在为他的宗教信仰而受惩罚。此外，他们坚持，AP班生物教师写的推荐信尤为重要，因为，学生想要成为医学博士。

今天放学后，你需要与华盛顿博士谈一次话，明天早晨再与代表学生的律师见面沟通。你觉得自己已经卷入其中，你需要拿出一份计划。有可能妥协吗？还是说诉诸法律已不可避免？

- 什么样的决策模式合适？是满意模式、混合扫描模式还是其他模式？
- 谁应参与决策？是督学、委员会还是教师？
- 界定长期的与近期的各种问题。
- 学校能否强迫教师写推荐信？如果可以这样做的话，学校能够规定教师应该写什么内容吗？
- 教师有义务为自己十分了解的、课程学分为A并且表现出愿意拥有进化论知识的学生写推荐信吗？
- 作为校长，制定一项策略用以处理这一问题，而无须通过法律途径来寻求解决问题的方法。

案 例 3 430

越界还是压服?[1]

督学亨利·查默斯（Henry Chalmers）看着电话机上一直在闪烁的指示灯，沉重地坐在椅子上，尔后又从桌边站起来走到了窗边，眺望着窗外宽阔的足球场。通常，他的工作是令人满意的。在这座中西部大城市里担任富饶的市郊地区的一所规模较大、声名显赫的公立高中的督学，查默斯总会引起公众的注意——他的学校似乎是地方媒体的避雷针。当中城高地（Midtown Heights）[2]（高中）的狂热追随者在州际篮球赛中表现出恶劣行为时，记者就会出现。当在政府和娱乐业工作的一些知名校友返校演讲时，记者也在。当每年的州统一考试分数显示中城高地高中（MHHS）再次位居榜首的时候，学校的成绩便会及时地在当地的两份主要都市报纸上报道。最近几年，由于两份新闻周刊将学校特别报道成一种卓越的公立教育模式，中城高地高中甚至得到了一些国家级媒体的关注。与媒体接触是查默斯相对专业的方面，甚至当媒体并不是很友好的时候也是如此，并且，他还偷偷为此得意。电话上的指示灯不祥地闪烁着，这表明这一切都在变化着。他几乎可以肯定，来电是要谈有关他的一位教师的事；事实上，唯一的问题就是电话是谁打来的——媒体、家长、教师、工会还是律师。

9月，一位名叫伊丽莎白·桑德斯（Elizabeth Sanders）的初中女生的家长，对他们女儿与她原来的教师哈尔·富兰克林（Hal Franklin）的关系日益密切深感忧虑。像哈尔所教世界历史课的班级中许多优秀新生一样，伊丽莎白特别崇拜这位具有超凡魅力的老师，虔诚地谈论这位知识分子的诚实、内涵与诚挚。她和她的同学非常欣赏他不拘小节的风格——他允许同学们叫他的名字，他很随意地坐在课桌上，放开地畅谈社会、人性与生存。在哈尔的课堂上，学生们很喜欢发言，他们谈论各种有意义的问题，而不必担心自己的表现。在某种程度上，哈尔是个提倡破除陈规陋习的人，他打破了常规评估、教学计划和考试的限制，在部门会议上热情激昂地声称，这类琐事对一个“有机的”学习过程是一种妨碍。在与部门主任交换意见之后，哈尔承认了季度考试与学期考试分数的必要性，然

① 本案例由艾琳·麦克马洪（Eileen McMahon）为本书撰写。

② “中城高地”是本案例中所描述的中学的名称。下文提到的“MHHS”，即为“中城高地高中”（Midtown Heights High School）的缩写。——译者注

而，他却向他的年轻的崇拜者宣讲知识分子的自由，这些崇拜者很感激他们曾经被哈尔当做成人来看待。

确实，正是将他们的女儿看做成人这一点使伊丽莎白的父母对哈尔产生了警觉。他们的女儿有着良好的学习经历，这让他们很开心，同时他们回忆起他们的大儿子也同样崇拜这位老师，即使他们对哈尔的课堂缺乏结构产生过几许担忧。在伊丽莎白读初二的一年里，她一直和她所喜欢的老师保持联系，而且热心地参与由哈尔发起的国际特赦（Amnesty International）活动①。春天过去了，伊丽莎白没有再说起过别的事情。桑德斯夫妇盼望暑假能够使伊丽莎白和哈尔之间的距离疏远。他们认为，伊丽莎白已经形成了典型的少不更事般的迷恋，同时，他们认为，在伊丽莎白将担任顾问的夏令营中，参与活动和结识朋友会很快取代她心里最关心的老师。在了解了哈尔说自己已经幸福地结婚，而且有 3 个和他们的孩子同龄的孩子的时候，桑德斯夫妇几乎难以相信他们的女儿对自己老师的感情会有所回报，也无法相信他们两个整个夏天都在通过电子邮件联系。

当他们越来越感觉到女儿迷恋她原来的老师并非无关大碍的时候，他们坚信自己的判断，并决定让哈尔知道他们的担忧。一天下午，伊丽莎白的母亲给社会研究办公室打电话，礼貌地与哈尔进行了交谈，稍微有点敏感地解释说，他们担心伊丽莎白会投入太多的精力在国际特赦活动上，同时，他们希望他能够指导她找到一个更为平衡的方法。他安慰说，看起来，伊丽莎白能够很好地处理她自己的事情，他会一直替他们照顾她。看来他似乎理解了他们为什么想让伊丽莎白多
431 做些事情，因此，桑德斯夫人就没有直接提出少不更事般的迷恋这一话题。桑德斯夫人认为，作为一位有经验的教师，富兰克林先生一定会像从前一样处理好这种情形，并且也知道如何妥善地处理这件事。

但是，除了哈尔·富兰克林以外，伊丽莎白似乎从没有将注意力转移到其他事情上，如果说有所转移的话，似乎就是用更多的时间来与他会面，有时在校外附近街区的咖啡店，而且，总是以参加国际特赦活动为借口。当家长会即将在 11 月召开的时候，桑德斯夫妇认为，他们或许可以再与富兰克林先生谈一次，这一次要更直接地说出他们的真正忧虑。在开会过程中，他们约见了他，而这时实际上伊丽莎白已在他的班级有两年时间了。

这次会面没有让他们感到有丝毫满意。尽管哈尔非常礼貌地回忆了他与桑德斯夫人最初的谈话。但是，很明显，他们不是在谈论同一问题。他已经远远超出了当初安慰他们时说他会与伊丽莎白保持距离的承诺。他表示，他与伊丽莎白接触是把她看做“朋友和他生活中的一个非常重要的人”。而且，没有迹象表明他

① Amnesty International，国际特赦组织，简称 AI，一个国际性人权组织。——译者注

会减少与她的见面或与她保持距离。很显然，他和伊丽莎白互相喜欢。为了让他死心，桑德斯先生决定直言相告。“看，”他警告说，“很明显，她现在迷恋你，我们所担心的正是这一结果。我们知道你不会去鼓励她，如果说这让你很尴尬的话，我们也感到很抱歉。但是，可以肯定的是，你此前做过类似的事情。我们认为，如果她继续沉溺其中，对她来说，将会是更加难以克服的事。”

令他们沮丧的是，哈尔仍然拒绝中断与伊丽莎白见面或以任何方式减少彼此的接触。他诚恳地告诉他们，他很重视他们的忧虑。但是，他觉得他们的女儿已经长大了，完全可以自己作出这些决定。如果她正在从事一些建设性的活动，而他们却要告诉她可以和谁在一起，他认为这几乎是不恰当的。哈尔觉得他们应该给她“一些空间”，并让她自己作出选择。当然，作为父母，他们可以选择限制，但是，如果他们选择“将她禁闭或采取其他措施”，她一定不会合作。由于还要与另一位家长会面，哈尔就让他们先回去了，并感谢了他们的光临，祝福他们晚上愉快。

这让他们感到稍微有些吃惊，站在走廊上，努力思考着下一步该做些什么。由于愤怒会使事情变得更糟，他们努力让自己平静下来，并继续思考。沿着走廊，他们找到了社会研究部的办公室。因此，他们一路向前，找到了部主任并向她求助。部主任恰恰不是哈尔·富兰克林的崇拜者。她听了他们的故事，越听越生气。很显然，她认为，这个家伙自己也会认为完全违背了规则。部主任与哈尔曾就他的班级课程、分数和出勤率的必要性以及部里的课程研究总方向等问题有过争论，他在部里造成了一些分歧。她感到，她有理由相信在他知识分子的诚实背后实际上隐藏的是一个非常懒惰的家伙。他指责他的同事是“行走在因循守旧的路上”，因为他们规划课程并进行考试，但是她注意到，他每天设法在下午三点半钟离开办公室，然后到健身房和学生打篮球，或者去校外和他的国际特赦的各个团队见面。由于桑德斯夫妇找到她，她向他们保证会对此事进行调查，并会及时向他们反馈，而后，她迅速向校长作了汇报。

在接下来的几个星期里，校长主持了几次会议，参加会议的有桑德斯夫妇、部主任、工会主席和哈尔·富兰克林本人。督学查默斯一直关注此事，但还不需要他直接插手，尽管情形困难，但目前尚好。哈尔立即被告知停止与学生在校外见面，有关国际特赦活动所需要的所有与学生的会面，都要根据俱乐部章程，在学校内进行。此外，他还被告知，他必须尊重家长的请求，在正式的俱乐部活动中限制与他们的女儿见面。他也必须开始每周向部主任递交教学计划，解释评估计划和评分标准。为了让部主任和桑德斯一家满意，哈尔很不情愿地服从了这些命令。出于家庭和睦的考虑，桑德斯夫妇决定让伊丽莎白继续从事她在国际特赦的工作，只要他们是在规定的情况下见面。

432 在答应了这些条件之后的一天，哈尔走进早间课堂，宣布说他正受到管理人员的迫害，他的声誉受到了威胁。“他们不喜欢我挑战这儿做事的方式，”他说，“因此，我不得不做好自己的事情，谨慎行事。”他将这周的教学计划下发给学生，并宣布马上要举行考试。学生们直言不讳地提出抗议。但是，他却让他们安静了下来。“看，他们想借此机会解雇我，因此，我不能给他们任何机会，”他说，“我非常憎恨说这个，我们将达成妥协，我将执行他们的规定。我的手被捆住了。我认为，在这儿，自由与理性主义都是危险的。”当学生们大声谴责校长的时候，哈尔低声说：“我知道，我知道……有权势的人，你们准备做些什么？”学生整整一个星期都在抱怨。与哈尔一起工作的几个朋友也加入其中。

但是，哈尔并没有遵守规定，至少在与伊丽莎白的事情上没有遵守学校的规定。他安排了另一个同事，一位英语教师，他们曾搭班教过伊丽莎白的班级，请他传递信息给伊丽莎白。在收到学校有关控制他们的关系的保证两周半以后，桑德斯夫妇在电脑的垃圾箱中发现了明显是伊丽莎白试图销毁的电子信函。除了在学校的所有约会内容之外，还包括咒骂或者说是对学校管理人员和桑德斯夫妇本人的诽谤等方面的信息。在对可恶的富兰克林如此无视学校规定而令人十分气恼的情况下，桑德斯夫妇给督学查默斯打了电话，此时，查默斯的儿子一直和他们的儿子在家里玩足球。

第二天早晨，学校含含糊糊地要求哈尔离开，同时，一位代课教师接替他进入了他的班级。由于提前知道他们的老师所说的学校当局准备对他做些什么，学生们都以他们的方式支持富兰克林，并无情地诅咒他们的代课教师，而代课教师刚刚完成教学实习，并努力在本学期这样一个既没有课本也没有教学计划的课程中确立自己的位置。学生们在餐厅张贴告示，散发请愿书，要求给他们的老师复职。哈尔的社会学课的一些高年级学生要求与校长见面。校长和他们见了面，但是却拒绝提供任何有关富兰克林的特殊情况的信息。与此同时，督学在与富兰克林和工会主席开过两次以上的会议以后，给哈尔下了最后通牒，要求哈尔要么完全停止与伊丽莎白接触，要么丢掉工作。离开学校10天后，哈尔又回到了学校。学生们对他报以热烈的欢迎，一些同事也恭喜他幸免于迫害。种种迹象表明，哈尔除了与行政部门在思想方面的差异以外，其他的相关事情都已得到了解决。

在桑德斯夫妇再一次给督学查默斯打电话之前，哈尔在学校里待了两天。这一次传来的消息是，他们聘请了律师。他们怀疑伊丽莎白在房间里接到过两个电话，这两个电话的号码都是学校的。当他们问她时，伊丽莎白承认，这些电话是富兰克林打来的。他在教师衣帽间里给她打了两次电话，她同时也承认，他们在学校体操房的一个小设备室见过面。她既感到困惑又觉得烦恼。她告诉父母，她与富兰克林计划在她中学毕业后，他便离开他的妻子，并和自己结婚。她否认他们之间有过任何身体接触，但她坚持会持续他们浪漫的恋爱，并且她也相信，他们总有一天会走到一起。那一晚，桑德斯夫妇打了三个电话：一个给律师，一个给督学，另一个则是为他们的女儿请了一位治疗专家。

第二天早上，学生们又发现教室里出现了代课教师。学生们被激怒了。一些学生拒绝上课，或者根本不与新教师合作。一些学生走出教室。他们又开始了请愿和有组织地咒骂这位复印了阅读材料并为后半学期制定好计划的代课教师。由于留级的威胁，高一年级的学生安静下来，但是毕业班的学生继续进行一些重大的破坏活动，直到学生处长本人亲自坐在教室后面为止。学生的报纸铺天盖地地抗议对富兰克林的严肃处理。校长秘书也被愤怒的家长打来的要求给他们孩子喜欢的教师复职的电话所淹没。哈尔的一些同事也指责工会主席与部主任对哈尔的“草率处理”。同时，那位与哈尔一起搭班教学的英语教师给当地报纸写了一封激情洋溢的信，以阐明他作为一位教育工作者的价值观。只有校长、部主任与工会主席、伊丽莎白的指导老师——他是桑德斯夫妇请来帮助他们安慰女儿脆弱的 433
感情的——清楚了问题的关键并非是教学风格问题。

幸运的是，寒假平息了激烈的愤怒。督学查默斯认为，新学期开始后，紧张的气氛很快就会烟消云散。在他刚刚接到的桑德斯夫妇打来的电话之前，他的预测似乎是正确的。桑德斯夫妇声称，那位教师仍在与他们的女儿接触。桑德斯先生几乎失去了控制，挂断了带有威胁性的电话：“要么是你除掉这个狗娘养的，要么是我。”

- 你是如何认识督学在富兰克林事件刚刚发生的时候，就让学校管理人员去处理这一决定的呢？
- 在这种情况下，督学应该处在什么样的恰当层面来处理这件事？
- 假定你自己是督学，对该案例做一结论——下一步你将做些什么？
- 如果说有责任的话，督学对家长负有哪些责任？对教师负有哪些责任？
- 家长的威胁是出于担忧吗？
- 这一案例告诉你中城高地高中的学校文化是一种什么样的文化？
- 这一案例使你洞察到学校领导应强调文化规范了吗？

案 例 4

引领变革，还是变革领导方式[①]

当你已经准备和你的职员召开另一会议的时候，你回想起了几个月前所有的事情开始付诸实施的那一天。督学打电话通知管理人员和教师工会的领导人开会，去看看学区的成绩报表。因为颁布了《不让一个孩子掉队法》，第一次进行成绩报表分析。看过之后，你觉得很吃惊，一页一页的资料表明，你所在学区和你所在学校的学生的学业成绩正不断下滑，面临崩溃。高加索裔、非洲裔、西班牙裔以及来自非英语国家的学生之间存在巨大的学业差距；社会经济差异也造成了同样的学业差距，低收入家庭的学生在州举行的考试中不能取得良好成绩；近四分之一的九年级学生在一年内不能够取得足够高的分数以升入高年级；同时，你的学校所重视的毕业率与实际相比似乎更为虚幻——尽管过去的极少数毕业班的毕业率上升了，但是，更多学生很早就退学了。你们还一直以你们学区的高分比率而自豪，但是，现在看来，学业成绩比较好似乎仅仅是对那些上流社会——高收入的白人孩子而言的。督学、管理人员、教师工会领导都认为这一资料似乎是呼吁教育改革的号角，毕竟，面对这样一个明显的事实，谁会反对变革呢?

这次会议以后，人们为此进行了几个月的讨论。委员会组织了一次关于变革教学进度、教授方法与课程的讨论。其他团体也讨论了一些更好的满足学生情感需求的方法。所有的教师都参与其中，并及时提出建议。当许多事情都变得很糟糕的时候，你们学校应该采取“区段排课制”（block scheduling）[②]，培育一些小型的学习社区。

你们学校的一些有怨言的教师发动了一场教师之间的运动，以逃避那些建议。他们当中的一些人是出于对教育背景的考虑而反对那些建议的，正如人们无

① 该案例由南希·内斯特-贝克（Nancy Nestor-Baker）为本书撰写。

② 又译为“时段排课方式”、“时段编课方式”、“区段编课方式”、“区段行事历”等。20 世纪 90 年代，美国为提高教育质量而推广的一种排课方式，1994 年，全国教育委员会发表的《时间的囚徒》（*Prisoners of Time*）报告，积极鼓励高中实验区段制，而达到高峰。区段排课，每节课 90 分钟，而不是传统的 45 分钟。其排课方式有两种，一种为 4-4 式，即一学期中，每天安排 4 门科目，每节上课 90 分钟；到下学期，则换上 4 门完全不同的科目。另一种为 A-B-A-B 式，或交替式，即学生一天修 4 门 90 分钟的课，第二天则换成 4 门不同的课，两者交替，平均分配一学期。支持者认为，延长上课时间的区段制迫使教师跳脱单向授课的模式，加入更多互动及讨论，不但有充分的时间更深入教材、重复加强，学生不会浪费时间走动更换教室，还有助于维持教室秩序，减少留级。近年来，这种排课方式已遭质疑。——译者注

意间听到的一位数学教师对英语部的同事的评论那样：“你必须思考数学教学法。
上数学课的学生需要连贯的、持续一年的课程。”当这一运动推进到数学课的时
候，区段排课就失败了。其他人，尤其是教音乐、艺术和高级外语课程的教师，
他们担心的是，“这些建议会破坏我们的选修课程。教师将会失去工作，学业成 434
绩好的学生将会失去机会。”令人吃惊的是，你看到经过委员会数月的工作才得
以形成的支持网络开始土崩瓦解。

没过多久，一些家长开始联合起来，抱怨这些改革建议影响了他们的孩子的教育。尽管这一家长群体人数不多，但他们都是交际广泛、收入较高的白人居民。他们不想对传统教育计划进行任何变革，并且，他们知道如何利用压力、获取支持来阐述他们的看法。正如一位父亲所说的，“这所学校过去曾为我服务，而且现在为我儿子服务得也很好。为什么要对一所运行良好的学校修修补补呢?”另外一些人强烈声明，任何变革都是“纳税人的事”，这不需要任何“需要或成功机会的证明”。大多数想从中获取最大利益的支持改革的家长都保持沉默。只有几位站出来支持，却受到奚落，受到“不会有效养育”的指责。尽管没有明显的种族方面的评论，但是，你能感觉到一些家长群体的评论的弦外之意。

资料一直没有变化；表现不佳的证据依旧很明显。但是，在人们坚持的假设与价值面前，资料变得无足轻重。在收到来自家长的电子信函、电话留言以及与教师们谈话之后，你感到十分沮丧。你翻阅了最近的一些消极评论：

- “为什么所有这一切都指向那些表现好的孩子？也许你们应该对他们的各种机会采取更现实的态度。有的人不得不做三明治和打扫浴室。”
- “一些学生注定失败。钟形曲线①的基本知识已经告诉了你们这一点。”
- “我们为这所学校缴纳很高的税。家长有发言权，但是你们却不听听他们的想法。”
- “我看没有任何理由对我们已支持了二十多年的做法进行变革。”
- “学生成绩不是我的责任，是学生的责任。如果学生选择失败，这是学生的问题，学生需要从中吸取教训。”
- “总之，我们的传统学校怎么啦?”

---

① 正态分布曲线。——译者注

你现在知道了人们关于教育和谁应受教育的观点是不同的。你也知道，传统比成功更重要。在你愤世嫉俗的时候，你已经开始感到班级组织比学生个体更重要。拿起这叠资料，你走向媒体中心，和你的教师见面。当你的脚步声在大厅里回响时，你不知道从这里会通向何处工作。如何才能在你的学校里推进教育实践呢？还要做哪些事才能有助于教师和家长看到改革的必要呢？那些反对改革的人的工作议程是什么？你试图重组的做法是不是真的错了？在如何进行教育的问题上，不同的群体各有多大的发言权呢？当你面对教师时，你的思想开始停滞，你开始说……

假设你是这所学校的校长。

- 你对这一（些）问题的诊断结果是什么？
- 你的短期行动计划是什么？长期计划呢？
- 当你在教师会议上面对教师时，你准备对他们说些什么？
- 努力预想一下你对教师的发言和你的行动计划可能产生的消极后果与积极结果。
- 你认为这位校长能够有效地领导变革吗？为什么？

案 例 5

动机的挑战：督学在观察

你已经是马丁·路德·金小学（Martin Luther King Elementary School）的新任校长了。这是你首次担任校长。你先是在附近的小学做了五年教师，接着做了一年的校长助理，然后，机会来了，你做了自己学校的校长。马丁·路德·金小学（K-4）是一所规模相对较小的学校，只有 15 名教师。这是一所有着不同种族学生的城市小学——大约有 30% 的学生是非洲裔，30% 是西班牙裔，30% 是 435
白人，其他是亚裔。学校在州水平测验中的得分略低于平均水平，已跌至第 42 个百分点了。

在学校的头两个月，每个人都觉得过得非常快——尤其对你而言，因为你的大部分时间都花在认识学生和教师以及确保学校的平稳运转上。你对迄今为止的所有事情都感觉良好。虽然有学生的纪律、家长的抱怨、教师的紧张、家长教师协会的活动以及科层化的指令等常规性问题，但是，你对眼前的各种事务感觉良好。大多数人都认为你把学校管理得井然有序。

但是，你对课堂上教些什么和学生在阅读、写作和数学等基本技能领域取得了多少进步充满困惑。脑海里突然闪现出你在受聘之夜与督学罗莎·扬（Rosa Young）博士的最后谈话。她说得很直接。一方面，她声称，相信你能提高马丁·路德·金小学学生的成绩；另一方面，她明确地说，你只有两年时间来提高水平测验成绩，否则，她将批准她认为能够改变现状的、新的阅读与数学计划。你被那晚的挑战所笼罩，你说过的话又重新浮现在眼前。“没问题!”当你与扬博士握手时这样说道。一个月以后，当她送给你一个私人备忘录以鼓励你“做出点儿成绩来”时，你感到很吃惊。而且，她正在为你学校的教师专业发展提供资金援助。你一直在想：“没问题，做出点儿成绩来。”

现在，你的脑海中不断地闪现着各种充满挑战的事情。“没问题，做出点成绩来。”现在是从维持组织现状到发起对你学校的教师和学生产生积极影响的行动的时候了。你认为学校的教师有三部分人。第一部分是 5 位有两到三年教龄的教师和 2 位你所挑选的新教师。这 7 位教师都很热心、充满热情且容易共事。另外 5 位教师也是好教师，但他们对新思想和革新计划很冷漠；他们只做他们自己的工作。最后，像大多数学校一样，你有 3 位被称为“保守派”的教师。这 3 人的教学经历总计有 73 年，这些岁月可以追溯到学校还是仅以白人学生为主的福斯·沃德小学（Fourth Ward Elementary）时期。“保守派”是消极的一部分。无论发生什么事，他们都说“这有什么用呢？我们常年在这里并且一直是这样做的。”冷漠型群体通常只会耸耸肩，而新的群体会尽力用不同的方法做事。

在最近的教职工会上，你建议每一年级制定提高阅读成绩的目标。你的建议遭到了抵制。“我们8年前已经试过了，没什么用的。”“保守派”的头儿萨姆·霍顿（Sam Horton）首先应答。接下来的30分钟里，都是些关于学生的低能与冷漠、家长和学生缺乏动机、没有足够的时间、没有足够的课外资料以及没有足够的教学帮助，如此等等的废话。这次会议以惨败告终。“保守派”主张什么也不做；冷漠者效仿他们；而新教师群体什么也没说，似乎是勉强同意。这是你始料不及的，你看到的是他们对即将出现的变革的冷淡、冷漠甚至是反对。虽然新7人组愿意冲在最前面，但你害怕他们受经验世故的教师的影响，不再乐观地思考，而是陷入悲观情绪之中。

你需要一个计划来鼓励教师们尽最大努力工作。看来，仅有阅读和数学教学计划是不够的。每位教师至少要有一名兼职的教学助理。班级规模要合理。教学材料要充足，教师要得到他们必需的东西。总之，材料和课程都要是好的。依你的推断，问题在于一部分教师缺乏强烈的工作动机。你决定必须鼓励和保护新教师，激励冷漠者投身到新目标和新进程中来，把“保守派”孤立起来，一对一地做他们的工作，以提高其学生的成绩。你有足够的用于教师专业发展的资源，
436 也就是说，你有用于专业发展的时间和资金。那么，应该如何做呢？你应该为每一群体——新教师群体、冷漠型群体和“保守派”制定不同的动机激励策略吗？请你考虑用下列观点激励马丁·路德·金小学的学生与教师。

- 制定提高新教师和冷漠型教师的集体效能的策略。掌握什么样的经验是必要的，你怎样才能帮助教师们获得这些经验？你的教师应拥有什么样的教育模式或其他的替代性经验？从哪里获得这些经验？对说服教师确信他们能提高学生水平而言，什么样的活动是有用的？为了在学校中形成你所需要的集体效能，需要营造什么样的情感氛围？你怎样营造这种氛围？
- 制定使教师为学生树立现实的绩效目标的策略。确保目标是具体的、具有挑战性的和可达成的。也要找到使教师致力于实现目标的方法。
- 设计一个在所挑选的教师中提高教师效能的策略。你怎样能帮助教师形成他们有能力组织和推行的能够成功提高学生阅读成绩的行动方案的信念？你怎样使他们的任务成为可完成的？他们需要什么样的技能和知识？

- 制定鼓励“保守派”的策略。什么样的激励最有用——内在的还是外在的？在内在激励与外在激励两个领域内，你分别选择了什么？你应该为这些教师投入多少时间？你应该忘掉这些教师而将所有精力用于关注其他教师吗？他们的学生怎么办？

突如其来的电话铃声打断了你的思绪。秘书通知你，是杨督学的电话。你感到很吃惊。实际上，打电话的不是杨博士，而是她的助手，她想让你知道督学办公室正准备尽可能地帮助你提高明年的阅读分数。谈话是友好且充满支持性的，但也是有限度的。未言明的意思是，如果分数提不上去的话，督学办公室将下令进行变革。毫无疑问，你必须制定计划激励你的教师和学生进步。你已经开始考虑使用什么样的激励策略了。你应该向谁求教？何种激励观点是最有效的？你第一步该做些什么？你的工作任务是清晰的：制定计划并采取策略，以激励教师提高其学生的阅读成绩。开始做吧。

案 例 6

家长的诉求[1]

朱迪·克拉克斯顿（Judy Claxton）是橡树街小学（Oak Street Elementary）的执行校长，这所小学是位于城市以北20英里蓬勃发展的富裕社区里的3所学校之一。橡树街小学拥有学区内最古老的建筑，有400名K-3学生[2]，22位持证教师和12位支持人员。实际上，大约10年以前，这所学校就作为该学区唯一的小学为K-6学生服务了20多年。当家住城郊富裕家庭的学生到两所新的州立艺术小学上学的时候，橡树街小学是3所小学中最为多样化的一所。它招收的学生大部分都是世代居住在这一社区的人家的子弟。社区内的人对流入的“新钱”越来越感到不安。许多“橡树街”家庭没有职业，也不富裕，学校中有一部分学生来自中低等社会经济条件的家庭。

437 这是朱迪第一次做校长。她干这一行最先是从做六年级的科学教师开始的，最近是在本州另一所乡村学区担任小学课程主管。她十分渴望每天与学生直接交往，她知道自己想做校长，并且在全州范围内寻找这一职位。教育委员会在八月的第二个星期一签署正式文件聘用了她，她只有不到两周的时间来搬运自己的各种物品、造访学校、向她的教学和服务人员介绍自己，并为月底即将上学的400名学生做准备。

如果说她很吃惊自己得到了这份工作，那是低估了。毕竟，她从一位教高中的老朋友那里得知，丹尼尔·贝恩斯（Daniel Baines）也申请了这一职位。贝恩斯作为三年级教师已经在这所学校里工作了24年。他受人尊重，其他教师也喜欢他，大量的来自同事的支持信件使他在遴选开始的时候显得颇受欢迎。至于遴选委员会为什么没有选择他则是个秘密，但他却没有被淘汰的思想准备。他很悲伤，永远也不会宽恕那些该对此负责的人。

八月的一天早晨，正当教师们在难以忍受的酷热中备课时，朱迪·克拉克斯顿发现贝恩斯先生正在清点教科书。她说道：“早晨好，丹。”当意识到有人和他说话时，他才抬起头。她礼貌地问道：“有什么我能帮忙的吗？你找到你需要的东西了吗？”

---

① 本案例由托马斯·里德（Thomas Reed）专为本书撰写。

② 从幼儿园到小学三年级的学生。——译者注

贝恩斯继续工作，数着教科书，仔细查看每一本书的情况。朱迪尽力没话找话地说："如果有我能帮忙的地方，请不要犹豫，给我打电话。我想让你知道，我的门永远为你敞开。"

贝恩斯呵斥道："看，这就是**我的**工作！我不知道谁在为你幕后搞鬼，也不知道你是怎么当上校长的。但是，我很确信，你除了让我安静地待着以外，没什么可为我做的。"

朱迪·克拉克斯顿呆住了，转身返回自己的办公室。这不是她所希望的与贝恩斯先生的首次会面。她知道，中心办公室里没有人会为她幕后操纵些什么。她也不**认识**中心办公室的任何人。没有人帮她任何忙。她确信，她被选择是建立在她作为一名教师和管理者所取得的业绩，以及她对学校领导的愿景、对这份职业的献身精神等基础上。眼下，她会和丹·贝恩斯保持他所要求的距离，但是，她知道，她迟早需要再一次面对他。

尽管忙忙碌碌，有时甚至忙得不可开交，对克拉克斯顿校长来说，学校的开学还是顺利的，这种情况一直持续到分班两周以后的一个晚上。那天晚上，她在家里接到一位家长马西·戴维斯（Marcy Davis）博士的电话，他很关心发生在学校里将他儿子亨特及其老师卷入其中的事件。戴维斯博士对校长说，她和她的丈夫约翰——一位出身于城内名门之家的律师，将在第二天早晨八点到校长办公室来表达他们正式的抱怨之词。克拉克斯顿还未来得及回答，电话就被挂断了。她一脸困惑地呆坐在那里。

第二天早晨当然要早点儿到学校。克拉克斯顿校长七点十五分就到了，并直接去找学生档案。她翻检着档案，发现了一叠标有"亨特·斯科特·戴维斯"的薄薄的档案。她把它打开，没有发现有任何麻烦的迹象。唯一感到有点儿难的是亨特所在的三年级的这个班是贝恩斯先生的班级。自从几周之前他简短地指责了校长以后，校长就没有同贝恩斯先生直接谈过话。但是，凭直觉，她知道这一次家长将很可能使她面对他。

像26年来的每一个早晨一样，贝恩斯先生七点半打开教室的门。这一次，站在他身后的是校长。

"丹，我昨晚在家里接到了亨特·戴维斯妈妈的电话。"贝恩斯看起来被激怒了。"她对昨天学校里发生的一件事很担心，但她没有告诉我详细情况。她和她丈夫要在八点钟来见我。有我应该知道的事吗?"

贝恩斯先生冷冷地说："我不知道她在说些什么，什么事都没发生。但是我确信，如果戴维斯的父母想知道什么，他们就会知道什么。他们总是这样。"他走进教室，声音也渐渐变小，剩下克拉克斯顿校长独自一人站在走廊里。

刚巧八点以前，校长秘书南希·德拉蒙德（Nancy Drummond）到了。克拉克斯顿校长立即把她叫进自己的办公室。“我在八点要和马西·戴维斯和约翰·戴维斯夫妇会面，讨论他们的儿子亨特的事。你了解这些人的情况吗？”

438 南希的眼睛一亮，“噢，”她气吁吁地说，“他们很好，他们对学校和老师们总是很支持。志愿者……捐赠大户……校友，他们15年前从这里毕业。你不会有什么麻烦。”

“他们的儿子亨特怎么样？”朱迪试探性地问道。

“你知道男孩子有时会怎么样，”南希用轻蔑的语气回答说，“好像麻烦总是在找他。但没什么严重的，他只是有点爱吵——很像他爸爸。”她嗤嗤一笑，叹了口气，走开了。

不一会儿，校长就听到她的秘书在办公室外热情地欢迎戴维斯夫妇。克拉克斯顿校长走出来，面带自信的笑容欢迎家长，并和他们握手。然后，她邀请他们进了她的办公室，关上门，谈话开始了：“把你们所担心的事告诉我吧。”

戴维斯博士解释说，贝恩斯先生错误地指责亨特欺负其他几位三年级学生，并命令他待在墙角。亨特尽力解释了那个事件，说他是清白的。但是这时，教师却抓住他，打倒了他，然后，抓起亨特的一只胳膊把他拽到围墙的最远处，让他在耀眼的没有水和树荫的太阳下站了20分钟。“当我在门口接他的时候，他显得极度不安。因此，我与他朋友的父母联系，他们能证明他说的事。他的朋友们看到了整个过程。”

朱迪礼貌地插话说，“你和贝恩斯先生谈过这件事吗？”

“不！”两位家长异口同声地说，“我们担心的是，如果我们说这些事，他会将此怨气发泄到亨特身上，这是他的方式。关于他的事，其他家长已经警告过我们了。”

“我想，如果我叫贝恩斯先生来这里，我们可以听听他的解释，这可能是最好的办法。”朱迪提议说。家长拒绝了，他们继续要求把亨特调到三年级的其他班。

“你应该知道，克拉克斯顿小姐，”孩子的母亲站起来说，“委员会主席和督学是我们的好朋友和邻居。他们向我担保过，丹尼斯先生很快将受到严厉的处罚。我们今天把亨特留在家里，希望你明天早晨给他安排一个新班级。”她转过身，目中无人地离开了。她的丈夫也随之而去，只是停下来作了点儿补充：“我想，我们确实不能继续供养像贝恩斯这样的教师，让他留在课堂里。”

朱迪·克拉克斯顿摘掉眼镜，靠在椅子上让背部放松放松，揉揉眼睛，做了个深呼吸。她强烈地预感到，事情会很快升级，并失去控制。

- 朱迪·克拉克斯顿眼下面对的问题是什么？

- 她的长期问题是什么？
- 她应该立即行动以帮助孩子还是谨慎地保护教师的权利？
- 她应该见一见声称目击这一事件的学生吗？
- 在不危及学生安全或不忽视家长要求的情况下，如何才能争取更多的时间？
- 满足家长的要求给孩子换个班级的积极后果与消极后果分别是什么？
- 应该向督学咨询吗？
- 把你自己放在校长角色上，开发一些处理这一困难的策略。

案 例 7

城市高中的两难困境[①]

城市高中（Urban High）是一个大都市中心区的100余所中学之一。从外观看，城市高中颇具威严。它是一幢五层楼的砖砌建筑，由目前在读学生的祖父母和曾祖父母建造。不远处的大街上有跟它一样古老而庄严的天主教堂，是由那时的移民建造的。周边都是安静的区域，当地商店的建筑风格是人们所喜好的意大利风格。事实上，这里通用意大利语，这里的一些面包房和餐馆在整个地区都享有盛誉。

安静区域的另一边则与世隔绝。这里的居民，不管是年轻人还是老年人，都
439 思想保守、目光狭隘。这一社区的居民没有融入包括邻近地区在内的较大的城市生活。该社区在许多方面退到了早年种族隔离时代的状态。令人惊讶的是，学校里也出现了类似的情况。

学校里的大部分学生并不准备说正式的英语。学生们都来自母语是意大利语的家庭。他们通过当地的分年级学校项目（local grade school program）已学习了足够的英语，但是，面对中等教育的挑战，他们发现自己在阅读上仍存在很多困难，而且常常遭受失败。请不要误解，这些学生都很有才干，但是，不幸的是，这些能力没能转化为对标准英语的基本掌握与应用。

丹特·拉韦利（Dante Lavelli）校长已经在这一地区扎根了。通过不懈地努力学习和妈妈的启蒙，他在公立中学和城市大学的学习都取得了成功。他在城市大学获得了教育领导博士学位，为了实现自己的梦想，他回到了曾做过学生、当过教师的母校。在起初的岁月里，他一边继续学习，一边以校长助理的身份工作，最后，他成了另一所大型的城市高中的校长。但是，由于一些特殊原因，他又回到了索伦托高地（Sorrento Heights）这一古老社区。

拉韦利博士理解这些年轻人所处的困境，他们在英语上的困难不是他们自身的错误造成的。为了解决这一问题，他成功地设立了一项基金，以帮助没有语言技巧的学生跟上正规的英语课程。虽然这一项目不是专门针对来自索伦托高地的说意大利语的学生的，但他们却占了全部参与项目的学生的一半多。其余的英语熟练水平不怎么好的学生，都是由城市其他地区或新近的移民转到城市高中

① 本案例由约翰·塔特（John Tarter）撰写。

来的。

拉韦利的项目是成功的。根据相关的研究，参与阅读项目的班级人数不应超过 20 人；实际上，平均只有 15 人。教师为学生提供个别指导，每个学生都在原有基础上进步了。这一项目是个性化的、集中训练的。一般来说，经过一年学习的学生能和同学们一起学习正常科目并表现出色。这简直好得令人难以置信。

但是，两年以后，这座城市和城市高中都面临困境。没有可利用的资金继续支持这一成功的项目。拨款机构没有资源，城市的资源必须用到优先发展的项目上。每一个人都真的不愿看到资源的枯竭，项目的搁浅，但这就是大城市的生活。

拉韦利继续为孩子们和这一项目而奔波，但他在每一次申请资金时都会受挫。他的上级告诉他，“我们很理解和同情你的两难处境，但我们的手也被束缚住了。”他决定继续向前走，继续努力满足学生们的需要。他能做些什么呢？

- 拉韦利能向谁求助？
- 眼前的问题是什么？长远的问题是什么？
- 为了使情况好转，需要付出时间和努力，这样做值不值？
- 这是一个政治问题吗？有没有政治上的解决办法？
- 他能动员社区共同来解决这一问题吗？
- 设计短期的和长期的行动策略。

案　例　8

诉讼、宗教与政治①

华盛顿学区（Washington School District）是一个拥有4500名学生的K-12教育系统，是根据冗长的废除种族隔离法案而建立的。教育委员强制命令招收白人学生的华盛顿镇区学校系统（Washington Township school system）与主要招收少数民族学生的华盛顿市区学校（Washington City school）合并。这一事件是由拥有K-8教育系统的华盛顿镇区试图从华盛顿中学（Washington High School）中撤出他们的高中学龄人口、另行创建他们自己的中学而引起的。其后果将是华
440 盛顿中学的少数民族学生数从原来的20%增加到70%。教育委员们不但拒绝了华盛顿镇区撤回学生的要求，而且认为，通过把两个学校合并成一个取消种族隔离的K-12学校系统，将对儿童大有益处。这一决定也得到州高等法院的支持。

华盛顿镇区的许多家长和教育委员会的第一反应是愤怒和抵制新的学校系统。实际上，超过20%的家长已把孩子领回并在私立学校或教会学校注册了。因为，华盛顿镇区学校的学生几乎都是白人，在推行国家取消种族隔离计划的进程中，建立了4个小学学区，每一学区都有4所公立小学和4所天主教小学。

新督学

劳伦斯·爱泼斯坦（Lawrence Epstein）博士已被任命为合并后的学区的督学，继续已经退休的、对建立新学区有贡献的前任督学的工作。虽然爱泼斯坦博士是第一次当督学，但他是带着雄厚的背景来到华盛顿的，他做过教师、教导主任、校长和督学助理；实际上，他做过21年的公立学校教师和管理人员，既有城市学校经验，又有郊区学校经验。

教育委员会

因为这是一个合并的学区，委员会成员的比例是根据华盛顿镇区和华盛顿市区的学生比例来确定的。爱泼斯坦督学接管的委员会中有5位成员来自镇区，其他4位来自华盛顿市。现在，合并已经有10年了，许多让家长把孩子从新学区转走的可怕事件都未成真，学区的声誉正大幅度地提高。华盛顿中学以其种族多

---

① 本案例由新泽西州帕拉默斯的哈里·加林斯基（Harry Galinski）博士专为本书撰写。

样性而自豪，被普遍认为是全国最好的中学之一。委员会成员也为他们的学校而骄傲，并对他们选择的新督学很满意。委员会成员的投票不再代表所在地的利益，他们认识到了他们对整个学区的责任。虽然他们来自不同的社群，但他们都受过大学教育、事业有成、有或曾经有孩子就读于合并后的学区。他们合作得很好，在公众和工作人员面前表现为一个团结的集体。

问题

爱泼斯坦博士继任督学 3 个月后，他接到一位教会学校的十分气愤的家长打来的电话，家长反对学区交通调度员通知他的孩子不能再坐“礼貌校车”(courtesy busing) 的决定。州对乘坐校车的学生的要求是，家到所指定的小学之间至少要有两英里远。许多小学生的家离学校没有两英里远，但是在教育委员会所谓“礼貌校车”的教育政策支持下，他们也可以乘坐。教育委员会的这一为离校不到两英里远的学生提供交通工具的政策作出后，学区没有收到州给予这些学生的任何财政补贴。而且，“礼貌校车”被教育委员们的一系列决定弄得更复杂了，他们命令公共教育委员会在为公立学校学生提供校车的基础上，也要为私立学校和教会学校的学生提供校车。

督学耐心地听完家长的抱怨后，承诺将调查此事并给家长以反馈。督学把交通调度员玛丽莲·里科（Marilyn Ricco）叫到办公室，要她提供支持把这位家长的孩子从符合提供交通服务条件的名单中排除出去的政策与理由。玛丽莲·里科解释说，这位家长吉姆·瑞安（Jim Ryan）先生反对这一决定，但他的孩子的确不符合乘坐“礼貌校车”的条件。瑞安先生已经把他的孩子从一所教会学校转到另一所教会学校，因为他和教会学校校长发生了争执。家长把孩子从按反对种族隔离计划所建的小学学区的教会学校转到另一所教会学校，其结果是使他失去
了乘坐“礼貌校车”的权利。对督学来说，这一解释似乎是合理的，尤其是玛 441
丽莲说，所有相似事件都是这样处理的，在这个学区，这样做有很多先例。

根据这些信息，爱泼斯坦督学打电话给瑞安先生，告诉他自己为什么支持交通调度员的决定。瑞安气爆了，愤怒地威胁说要起诉，因为他有大量教会学校学生在相似情况下乘车的证据。爱泼斯坦博士想尽力稳住局面，他建议说，如果能提供其他此类学生的名字和地址，他将考虑修改他的决定。但是，家长拒绝通知他的朋友。他说，“记住我的话就行了。”这次谈话以一致同意开阔思路解决问题而结束。

爱泼斯坦博士立即谨慎地对事实展开调查，并发现了他不愿看到的事实。第一，真的有许多此类事例，家长是对的。第二，这位家长在社区里颇有影响力，他正在动员组织一个家长行动小组。第三，他的交通调度员玛丽莲·里科在管理

校车政策上确有不公平之处。当面对许多教会学校的学生违反委员会的乘车政策时，她承认这种差别，但她仍试图为自己的决定辩护。然而，这件事仅是冰山一角，130 多名学生被证明没有乘车资格；但他们花了学区大量的钱，享受了这一待遇。

面对这些信息，督学请求委员会主席召开一个只有少数人参加的特别委员会会议。由于有诉讼的可能，会议是封闭的。各位委员表达了他们对这类已经存在多年的事件的惊恐，他们一致同意这 100 多名没有乘车资格的教会学校学生不应该再乘车。委员会命令督学做两件事：对玛丽莲·里科进行纪律处罚；通知教会学校的学生家长，他们的孩子不能再乘用“礼貌校车”。

督学感到面临巨大的挑战，如果他不能有效地处理此事，这将威胁他的领导地位。他召开了教会学校的校长会议，向他们传达了委员会的通知，并认真听取了他们的反应和建议。虽然会议是诚恳的，但他知道，诉讼不可避免。他告诉委员会的律师和各位成员要警惕会议的结果。律师说，从历史上看，在处理这类事件上，委员会将不会被支持；但他承诺去研究州高等法院对类似事件的判决，并在下次委员会会议上提交报告。与此同时，督学以书信形式直接通知相关家长，下一学年将不再为他们的孩子提供校车了。

这些信发出仅仅一周以后，教育委员会就接到通知，受到影响的学生的家长已经请了律师，试图推翻委员会决定的诉讼已经被立案了。大家对诉讼并不奇怪，但委员会律师的报告却令人鼓舞。他对委员会说，不但可以在即将到来的诉讼中获胜，而且，可以不再为任何私立学校和教会学校的学生提供“礼貌校车”服务。他指出，可以不为所有私立学校和教会学校的学生提供任何交通服务，除非这些学生的家离学校有超过两英里远的路程。

他的发现令人吃惊，因为委员会认为，只有来自州教育厅长和州教育委员会的一系列决定才能解决这一问题。律师对委员会说，私立学校和教会学校学生的“礼貌校车”问题从来没有被诉讼到州高等法院，他确信，只要委员会坚持到底，他们就会成功。委员会成员很高兴，因为，如果律师的判断正确，他们每年可以节省 60 万美元。委员会的一些成员还对财政收益以外的理由充满热情。他们认为，教育委员会将获得其他委员会的广泛支持，现在，他们有机会在不对自己的政绩产生消极影响的情况下节约大量资金。华盛顿学区及其教育委员会将再次赢得全国的注目，就像当年成为第一个也是唯一一个解决取消种族隔离困境的学区一样。

442 爱波斯坦督学思考着用一年或两年时间应对诉讼的前景，他还要应对每天来自学区教会学校、教堂以及家长和教师的消极影响的冲击。他知道，他和他的委员会成员将成为丑陋的花言巧语和恶意攻击的目标。委员会支持他的建议，因为他们认为督学的建议是安全的。由于他和四位委员不是天主教徒，在接下来的几个月里，他们将成为特殊的攻击目标。他也关心那些天主教徒委员，他们正承受着来自教堂和许多朋友的压力。在即将到来的攻击中，他们会屈服吗？他知道，他和委员会必须迅速作出决定。是的，还有交通调度员玛丽莲·里科，他还面临解雇她的压力。他需要一个行动计划和时间表。假定你是督学——

- 有没有防止这一事件使社区分裂的方法？
- 诉讼是不可避免的吗？如果不是，应该如何避免？
- 可能有些什么样的外部联盟？其后果是什么？
- 这件事可能会对学校、学生和教师产生影响吗？会是什么样的影响？
- 可能会出现什么样的政治博弈和政治策略？
- 需要什么类型的冲突管理？为什么？
- 你将怎样处理玛丽莲·里科？
- 针对此事，设计一个深思熟虑的行动计划。你的短期目标是什么？长期目标是什么？

参考文献

AASA. (1991). *An Introduction to Total Quality Management: A Collection of Articles on the Concepts of Total Quality Management and W. Edwards Deming*. Arlington, VA: American Association of School Administrators.

Abbott, M. (1965a). Hierarchical Impediments to Innovation in Educational Organizations. In M. Abbott and J. Lovell (Eds.), *Change Perspectives in Educational Administration* (pp. 40–53). Auburn, AL: Auburn University.

Abbott, M. (1965b). Intervening Variables in Organizational Behavior. *Educational Administration Quarterly*, *1*, 1–14.

Abbott, M., and Caracheo, F. (1988). Power, Authority, and Bureaucracy. In N. J. Boyan (Ed.), *Handbook of Research on Educational Administration* (pp. 239–57). New York: Longman.

Abelson, R. P., and Levi, A. (1985). Decision-Making and Decision Theory. In G. Lindzey and E. Aronson (Eds.), *Handbook of Social Psychology* (3rd ed., Vol. 1, pp. 231–309). Reading, MA: Addison-Wesley.

Abell, P. (1995). The New Institutionalism and Rational Choice Theory. In W. R. Scott and T. Christiansen (Eds.), *The Institutional Construction of Organizations: International and Longitudinal Studies* (pp. 3–14). Thousand Oaks, CA: Sage.

Abramowitz, S., and Tenenbaum, E. (1978). *High School'77*. Washington, DC: National Institute for Education.

Adams, J. E., and Kirst, M. W. (1999). New Demands and Concepts for Educational Accountability: Striving for Results in an Era of Excellence. In J. Murphy and K. S. Louis (Eds.), *Handbook of Research on Educational Administration* (2nd ed., pp. 463–89). San Francisco: Jossey-Bass.

Adler, P. S., and Borys, B. (1996). Two Types of Bureaucracy: Enabling and Coercive. *Administrative Science Quarterly*, *41*, 61–89.

Adler, R. B., and Rodman, G. (1991). *Understanding Human Communication*. Fort Worth, TX: Holt, Rinehart and Winston.

Adler, S., Skov, R. B., and Salvemini, N. J. (1985). Job Characteristics and Job Satisfaction: When Cause Becomes Consequence. *Organizational Behavior and Human Decision Processes*, *35*, 266–78.

Agho, A. O., Mueller, C. W., and Price, J. L. (1993). Determinants of Employee Job Satisfaction: An Empirical Test of a Causal Model. *Human Relations*, *46*(8), 1007–27.

Aiken, M., and Hage, J. (1968). Organizational Interdependence and Intra-Organizational Structure. *American Sociological Review*, *33*, 912–30.

Albanese, M. A., and Mitchell, S. A. (1993). Problem-Based Learning: A Review of Literature on Its Outcomes and Implementation Issues. *Academic Medicine*, *68*, 52–81.

Aldrich, H. E. (1972). An Organization-Environment Perspective on Cooperation and Conflict between Organizations in the Manpower Training System. In A. R. Negandi (Ed.), *Conflict and Power in Complex Organizations* (pp. 11–37). Kent, OH: Center for Business and Economic Research, Kent State University.

Aldrich, H. E. (1979). *Organizations and Environment.* Englewood Cliffs, NJ: Prentice Hall.

Aldrich, H. E., and Herker, D. (1977). Boundary-Spanning Roles and Organization Structure. *Academy of Management Review*, *2*,217–30.

Aldrich, H. E., and Mindlin, S. (1978). Uncertainty and Dependence: Two Perspectives on Environment. In L. Karpik (Ed.), *Organization and Environment: Theory, Issues and Renlity* (pp. 149–70). Beverly Hills, CA: Sage.

Aldrich, H. E., and Pfeffer, J. (1976). Environments of Organizations. *Annual Review of Sociology*, *2*,79–105.

Alessandra, T., and Hunsaker, P. (1993). *Communicating at Work.* New York: Simon & Schuster.

Alexander, E. R., Penley, L. E., and Jernigan, I. E. (1991). The Effect of Individual Differences on Managerial Media Choice. *Management Communication Quarterly*, *5*(2), 155–73.

Alexander, P. A. (1996). The Past, Present, and Future of Knowledge Research: A Reexamination of the Role of Knowledge in Learning and Instruction. *Educational Psychologist*, *31*, 89–92.

Alinsky, S. (1971). *Rules for Radicals.* New York: Random House.

Allen, R. F., and Kraft, C. (1982). *The Organizational Unconscious: How to Create the Corporate Culture You Want and Need.* Englewood Cliffs, NJ: Prentice Hall.

Allinder, R. M. (1994). The Relationship between Efficacy and the Instructional Practices of Special Education Teachers and Consultants. *Teacher Education and Special Education*, *17*, 86–95.

Allison, G. T. (1971). *Essence of Decision: Explaining the Cuban Missile Crisis.* Boston: Little, Brown.

Allutto, J. A., and Belasco, J. A. (1973). Patterns of Teacher Participation in School System Decision Making. *Educational Administration Quarterly*, *9*, 27–41.

Amrein, A. L., and Berliner, D. C. (2002). High-Stakes Testing, Uncertainty, and Student Learning. *Education Policy Analysis Archives*, *10*(18), Retrieved April 10, 2003 from http://epaa. asu. edu/epaa/v10n18/.

Amrein-Beardsley, A. L., and Berliner, D. C. (2003). Re-analysis of NAEP Math and Reading Scores in States with and without High-stakes Tests: Response to Rosenshine. *Education Policy Analysis Archives*, *11*(25). Retrieved August 10, 2003 from http://epaa. asu. edu/epaa/v11n25/.

Anderman, E. M., and Maehr, M. L. (1994). Motivation and Schooling in the Middle Grades. *Review of Educational Re-*

search, *64*,287–310.

Anderson, B. (1971). Socioeconomic Status of Students and Schools Bureaucratization. *Educational Administration Quarterly*, *7*, 12–24.

Anderson, C. S. (1982). The Search for School Climate: A Review of the Research. *Review of Educational Research*, *52*, 368–420.

Anderson, D. P. (1964). *Organizational Climate of Elementary Schools.* Minneapolis: Educational Research and Development Council.

Anderson, J. (1976). Giving and Receiving Feedback. In P. R. Lawrence, L. B. Barnes, and J. W. Lorsch (Eds.), *Organizational Behavior and Administration* (pp. 103–11). Homewood, IL: Irwin.

Anderson, J. C., Rungtusanatham, M., and Schroeder, R. G. (1994). A Theory of Quality Management Underlying the Deming Management. *Academy of Management Review*, *19(3)*,472–509.

Anderson, J. R. (1990). *Cognitive Psychology and Its Implications* (3rd ed.). New York: Freeman.

Anderson, J. R. (1993). Problem Solving and Learning. *American Psychologist*, *48*, 35–44.

Anderson, J. R. (1995). *Cognitive Psychology and Its Implications* (4th ed.). New York: Freeman.

Anderson, J. R., Reder, L. M., and Simon, H. A. (1996). Applications and misapplication of cognitive psychology to mathematics education. Unpublished manuscript (accessible at http://www. psy. cmu. edu/~mm4b/misapplied. html).

Anderson, L. M. (1989a). Learners and Learning. In M. Reynolds (Ed.), *Knowledge Base for Beginning Teachers* (pp. 85–100). New York: Pergamon.

Anderson, M. B. G., and Iwanicki, E. F. (1984). Teacher Motivation and Its Relationship to Burnout. *Educational Administration Quarterly*, *20*, 109–32.

Andrews, J. H. M. (1965). School Organizational Climate: Some Validity Studies. *Canadian Education and Research Digest*, *5*,317–34.

Antonakis, J., Avolio, B. J., and Sivasubramaniam, N. (2003). Context and Leadership: An Examination of the Nine-Factor Full-Range Leadership Theory Using the Multifactor Leadership Questionnaire. *Leadership Quarterly*, *14*,261–95.

Appleberry, J. B., and Hoy, W. K. (1969). The Pupil Control Ideology of Professional Personnel in "Open" and "Closed" Elementary Schools. *Educational Administration Quarterly*, *5*, 74–85.

Arches, J. (1991). Social Structure, Burnout, and Job Satisfaction. *Social Work*, *36* (3), 202–6.

Arends, R. I. (2000). *Learning to Teach* (5th ed.). New York: McGraw-Hill.

Argote, L., Turner, M. E., and Fichman, M. (1989). To Centralize or Not to Centralize: The Effects of Uncertainty and Threat on Group Structure and Performance. *Organizational Behavior and Human Performance*,*43*, 58–74.

Aristotle (1883). *Politics.* Book I, Chapter 5. London: Macmillan.

Armbruster, B. B., and Anderson, T. H. (1981). Research Synthesis on Study Skills. *Educational Leadership*, *39*, 154–56.

Armor, D., Conry-Oseguera, P., Cox, M., King, N., McDonnell, L., Pascal, A., Pauly, E., and Zellman, G. (1976).

Analysis of the School Preferred Reading Program in Selected Los Angeles Minority Schools (No. R-2007-LAUSD). Santa Monica, CA: Rand.

Arnold, H. J., and House, R. J. (1980). Methodological and Substantive Extensions to the Job Characteristics Model of Motivation. *Organizational Behavior and Human Performances*, *25*, 161-83.

Ashcraft, M. H. (2002). *Cognition* (3rd ed.). Upper Saddle River, NJ: Prentice Hall.

Ashford, S. J. (1986). Feedback-Seeking in Individual Adaptation: A Resource Perspective. *Academy of Management Journal*, *29*, 465-87.

Ashforth, B. E. (1985). Climate Formations: Issues and Extensions. *Academy of Management Review*, *10*, 837-47.

Ashton, P. T., Olejnik, S., Crocker, L., and McAuliffe, M. (1982, April). *Measurement Problems in the Study of Teachers' Sense of Efficacy.* Paper presented at the annual meeting of the American Educational Research Association, New York.

Ashton, P. T., and Webb, R. B. (1986). *Making a Difference: Teachers' Sense of Efficacy.* New York: Longman.

Astuto, T. A., and Clark, D. L. (1985a). *Merit Pay for Teachers.* Bloomington: School of Education, University of Indiana.

Astuto, T. A., and Clark, D. L. (1985b). Strength of Organizational Coupling in the Instructionally Effective School. *Urban Education*, *19*, 331-56.

At-Twaijri, M. I. A., and Montanari, J. R. (1987). The Impact of Context and Choice on the Boundary-Spanning Process: An Empirical Study. *Human Relations*, *40*, 783-98.

Atwater, D. C., and Bass, B. M. (1994). Transformational Leadership in Teams. In B. M. Bass and B. J. Avolio (Eds.), *Improving Organizational Effectiveness through Transformational Leadership* (pp. 48-83). Thousand Oaks, CA: Sage.

Audia, G., Kristof-Brown, A., Brown, K. C., and Locke, E. A. (1996). Relationship of Goals and Microlevel Work Processes to Performance on a Multipath Task. *Journal of Applied Psychology*, *81*, 483-97.

Aupperle, K. E., Acar, W., and Booth, D. E. (1986). An Empirical Critique of *In Search of Excellence*: How Excellent Are the Excellent Companies? *Journal of Management*, *12*, 499-512.

Ausubel, D. P. (1963). *The Psychology of Meaningful Verbal Learning.* New York: Grune and Stratton.

Averich, H. A., Carroll, S. J., Donaldson, T. S., Kiesling, H. J., and Pincus, J. (1972). *How Effective Is Schooling: A Critical Review and Synthesis of Research Findings.* Santa Monica, CA: Rand.

Avolio, B. J. (1994). The Alliance of Total Quality and the Full Range of Leadership. In B. M. Bass and B. J. Avolio (Eds.), *Improving Organizational Effectiveness through Transformational Leadership* (pp. 121-45). Thousand Oaks, CA: Sage.

Avolio, B. J. (1999). *Full Leadership Development.* Thousand Oaks, CA: Sage.

Avolio, B. J., Bass, B. M., and Jung, D. I. (1999). Reexamining the Components of Transformational and Transactional Leadership Using the Multifactor Leadership Questionnaire. *Journal of Occupational and Organizational Psychology*, *72*, 441-62.

Babbie, E. R. (1990). *Survey Research Meth-*

ods (2nd ed.). Belmont, CA: Wadsworth.

Bacharach, S. B. (1988). Four Themes of Reform: An Editorial Essay. *Educational Administration Quarterly*, *24*, 484–96.

Bacharach, S. B. (1989). Organizational Theories: Some Criteria for Evaluation. *Academy of Management Review*; *14*, 496–515.

Bacharach, S. B., Bamberger, P., Conley, S. C., and Bauer, S. (1990). The Dimensionality of Decision Participation in Educational Organizations: The Value of Multi-Domain Educative Approach. *Educational Administration Quarterly*, *26*, 126–67.

Bacharach, S. B., Conley, S., and Shedd, J. (1986). Beyond Career Ladders: Structuring Teacher Career Development Systems. *Teachers College Record*, *87*, 565–74.

Bacharach, S. B., and Mundell, B. L. (1993). Organizational Politics in Schools: Micro, Macro, and Logics of Action. *Educational Administration Quarterly*, *29*(4), 423–52.

Bacon, F. (1597). *Meditationes Sacrae.*

Baddeley, A. D. (1986). *Working Memory.* Oxford, UK: Claredon Books.

Baker, M. A. (1991). Gender and Verbal Communication in Professional Settings: A Review of Research. *Management Communication Quarterly*, *5*(1), 36–63.

Bailyn, L. (1985). Autonomy in the R & D Lab. *Human Resource Management*, *24*(2), 129–46.

Bakkenes, I., de Brabander, C., and Imants, J. (1999). Teacher Isolation and Communication Network Analysis. *Educational Administration Quarterly*, *35*(2), 166–202.

Baltzell, D. C., and Dentler, R. A. (1983). *Selecting American School Principals: A Sourcebook for Educators.* Cambridge, MA: Abt Associates.

Bandura, A. (1977). Self-Efficacy: Toward a Unifying Theory of Behavioral Change. *Psychological Review*, *84*, 191–215.

Bandura, A. (1986). *Social Foundations of Thought and Action.* Englewood Cliffs, NJ: Prentice Hall.

Bandura, A. (1991). Social Cognitive Theory of Self-Regulation. *Organizational Behavior and Human Decision Processes*, *50*, 248–87.

Bandura, A. (1993). Perceived Self-Efficacy in Cognitive Development and Functioning. *Educational Psychologist*, *28*, 117–48.

Bandura, A. (1997). *Self-Efficacy: The Exercise of Control.* New York: Freeman.

Bandura, A. (2000). Cultivate Self-Efficacy for Personal and Organizational Effectiveness. In E. A. Locke (Ed.) *Handbook of Principles of Organizational Behavior* (pp. 120–36). Malden, MA: Blackwell.

Bantz, C. R. (1993). *Understanding Organizations: Interpreting Organizational Communication Cultures.* Columbia: University of South Carolina Press.

Barnabe, C., and Burns, M. L. (1994). Teachers' Job Characteristics and Motivation. *Educational Research*, *36*(2), 171–85.

Barnard, C. I. (1938). *Functions of an Executive.* Cambridge, MA: Harvard University Press.

Barnard, C. I. (1940). Comments on the Job of the Executive. *Harvard Business Review*, *18*, 295–308.

Barnes, R. M. (1949). *Motion and Time Study.* New York: Wiley.

Barnes, K. M. (1994). The Organizational Health of Middle Schools, Trust and Decision Participation. Doctoral diss., Rutgers University, New Brunswick.

Barnett, B. G. (1984). Subordinate Teacher Power in School Organizations. *Sociology of Education*, *57*, 43-55.

Baron, R. A. (1998). *Psychology* (4th ed.). Boston: Allyn and Bacon.

Barry, B., and Crant, J. M. (2000). Dyadic Communication Relationships in Organizations: An Attribution/ Expectancy Approach. *Organization Science. 11*(6), 648-64.

Barton, P. E. (2001). *Facing the Hard Facts in Educational Reform.* Princeton, NJ: Educational Testing Service.

Bass, B. M. (1985a). *Leadership and Performance Beyond Expectation.* New York: Free Press.

Bass, B. M. (1985b). *Organizational Decision Making.* Homewood, IL: Irwin.

Bass, B. M. (1990). *Bass and Stogdill's Handbook of Leadership* (3rd ed.). New York: Free Press.

Bass, B. M. (1997). Does the Transactional-Transformational Paradigm Transcend Organizational and National Boundaries? *American Psychologist*, *52*, 130-39.

Bass, B. M. (1998). *Transformational Leadership: Industrial, Military, and Educational Impact.* Mahwah, NJ: Erlbaum.

Bass, B. M., and Avolio, B. J. (1994). Introduction. In B. M. Bass and B. J. Avolio (Eds.), *Improving Organizational Effectiveness through Transformational Leadership* (pp. 1-10). Thousand Oaks, CA: Sage.

Bates, R. (1987). Conceptions of School Culture: An Overview. *Educational Administration Quarterly*, *23*, 79-116.

Baumgartner, F. R., and Leech, B. L. (1998). *Basic Interests: The Importance of Groups in Politics and in Political Science.* Princeton, NJ: Princeton University Press.

Baumgartner, F. R., and Walker, J. L. (1989).

Educational Policymaking and the Interest Group Structure in France and the United States. *Comparative Politics*, *21*, 273-88.

Becerra, M., and Gupta, A. K. (2003). Perceived Trustworthiness Within the Organization: The Moderating Impact of Communication Frequency on Trustor and Trustee Effects. *Organization Science*, *14*(1), 32-44.

Becker, T. E., and Klimoski, R. J. (1989). A Field Study of the Relationship Between the Organizational Feedback Environment and Performance. *Personnel Psychology*, *42*, 343-58.

Becker, W. C., Engelmann, S., and Thomas, D. R. (1975). *Teaching 1: Classroom Management.* Chicago: Science Research Associates.

Belasco, J. A., and Allutto, J. A. (1972). Decisional Participation and Teacher Satisfaction. *Educational Administration Quarterly*, *8*, 44-58.

Ben-Peretz, M., and Schonmann, S. (1998). Informal Learning Communities and Their Effects. In K. Leithwood and K. S. Louis (Eds.), *Organizational Learning in Schools* (pp. 47 - 66). Lisse: Swets and Zeitlinger.

Bennis, W. G. (1959). Leadership Theory and Administrative Behavior. *Administrative Science Quarterly*, *4*, 259-301.

Bennis, W. G. (1966). *Changing Organizations.* New York: McGraw-Hill.

Bennis, W. G. (1989). *On Becoming a Leader.* Reading, MA: Addison-Wesley.

Bennis, W., and Nanus, B. (1985). *Leaders: The Strategies for Taking Charge.* New York: Harper & Row.

Benson, J. K. (1975). The Interorganizational Network as a Political Economy. *Administration Science Quarterly*, 20, 229–49.

Berends, M., Bodilly, S., Kirby, S. N. (2002). *Facing the Challenges of Whole-School Reform: New American Schools After a Decade.* Santa Monica, CA: RAND. www.rand.org/publications/MR/MR1498/

Berg, C. A., and Clough, M. (1991). Hunter Lesson Design: The Wrong One for Science Teaching. *Educational Leadership*, *48*, (4), 73–78.

Berieter, C. (1997). Situated Cognition and How I Overcome It. In D. Kirshner and J. A. Whitson (Eds.), *Situated Cognition: Social, Semiotic, and Psychological Perspectives* (pp. 281–300). Mahwah, NJ: Erlbaum.

Berlo, D. K. (1970). *The Process of Communication.* New York: Holt, Rinehart & Winston.

Berman, P., McLaughlin, M., Bass, G., Pauly, E., and Zellerman, G. (1977). *Federal Programs Supporting Educational Change: Factors Affecting Implementation and Continuation* (Vol. 7, No. R-1589/7-HEW). Santa Monica, CA: Rand.

Betz, E. L. (1984). Two Tests of Maslow's Theory of Need Fulfillment. *Journal of Vocational Behavior*, *24*, 204–20.

Beyer, J. M., and Trice, H. M. (1987). How an Organization's Rites Reveal Its Culture. *Organizational Dynamics*, *15*, 4–24.

Bhagat. R. S., and Chassie, M. B. (1980). Effects of Changes in Job Characteristics on Some Theory-Specific Attitudinal Outcomes: Results from a Naturally Occurring Quasi-Experiment. *Human Relations*, *33*, 297–313.

Bidwell, C. E. (1965). The School as a Formal Organization. In J. G. March (Ed.), *Handbook of Organization* (pp. 972–1022). Chicago: Rand McNally.

Bimber, B. (1993). *School Decentralization: Lessons from the Study of Bureaucracy.* Santa Monica, CA: Rand.

Birnbaum, R. (1971). Presidential Succession: An Interinstitutional Analysis. *Educational Record*, *52*, 133–45.

Blackburn, R., and Rosen, B. (1993). Total Quality and Human Resources Management: Lessons Learned from Baldrige Award-Winning Companies. *Academy of Management Executive*, *2*(3), 49–66.

Blake, R. R., and Mouton, J. S. (1985). *The Managerial Grid III.* Houston, TX: Gulf.

Blau, P. M. (1955). *The Dynamics of Bureaucracy.* Chicago: University of Chicago Press.

Blau, P. M. (1956). *Bureaucracy in Modern Society.* New York: Random House.

Blau, P. M., and Scott, W. R. (1962). *Formal Organizations: A Comparative Approach.* San Francisco: Chandler.

Blau, P. M., and Scott, W. R. (2003). *Formal Organizations: A Comparative Approach.* Stanford, CA: Stanford Business Books.

Bloom, B. S. (1968). Learning for Mastery. *Evaluation Comment*, *1* (2), Los Angeles: University of California, Center for the Study of Evaluation of Instructional Programs.

Bluedorn, A. C. and Denhardt, R. B. (1988). Time and Organizations. *Journal of Management*, *4*, 299–320.

Blumberg, A. (1984). The Craft of School Administration and Some Other Rambling Thoughts. *Educational Administration Quarterly*, *20*, 24–40.

Blumberg, A. (1989). *School Administration as a Craft: Foundations of Practice.* Needham Heights, MA: Allyn and Bacon.

Bobbit, F. (1913). Some General Principles of Management Applied to the Problems of City School Systems. *The Supervision of City Schools, Twelfth Yearbook of the National Society for the Study of Education, Part I* (pp. 137–96). Chicago: University of Chicago Press.

Boje, D. M., and Whetten, D. A. (1981). Effects of Organizational Strategies and Contextual Constraints on Centrality and Attributions of Influence in Interorganizational Networks. *Administrative Science Quarterly, 26*, 378–95.

Bok, D. (1993). *The Cost of Talent.* New York: Free Press.

Bolman, L. G., and Deal, T. E. (1997). *Reframing Organizations: Artistry, Choice, and Leadership* (2nd ed.). San Francisco, CA: Jossey-Bass.

Bolman, L. G., and Deal, T. E. (2003). *Reframing Organizations: Artistry, Choice, and Leadership* (3rd ed.). San Francisco: Jossey-Bass.

Bonstingl, J. J. (1992). The Quality Revolution in Education. *Educational Leadership, 50*, 4–9.

Borman, G. D., Hewes, G. M., Overman, L. T., and Brown, S. (2002). Comprehensive School Reform and Student Achievement Report N. 59. Baltimore, MD: CRESPAR. Available at www. csos. jhu. edu/crespar.

Bose, C., Feldberg, R., and Sokoloff, N. (1987). *Hidden Aspects of Women's Work.* New York: Praeger.

Bossert, S. T. (1988). School Effects. In N. J. Boyan (Ed.), *Handbook of Research on Educational Administration* (pp. 341–52). New York: Longman.

Bossert, S. T., Dwyer, D. C., Rowan, B., and Lee, G. V. (1982). The Instructional Management Role of the Principal. *Educational Administration Quarterly, 18*, 34–64.

Bowditch. J. L., and Buono, A. F. (1985). *A Primer on Organizational Behavior.* New York: Wiley.

Bowers, D. G. (1976). *Systems of Organizations: Management of the Human Resource.* Ann Arbor: University of Michigan Press.

Boyan, N. J. (1951). A study of the formal and informal organization of a school faculty: the identification of the systems of interactions and relationships among the staff members of a school and an analysis of the interplay between these systems. Doctoral diss. Harvard University, Cambridge.

Boyd, W. L. (1976). The Public, the Professional, and Educational Policy Making: Who Governs? *Teachers College Record, 77*, 539–77.

Boyd, W. L., and Walberg. H. J. (1990). Introduction and Overview. In W. L. Boyd and H. J. Walberg (Eds.), *Choice in Education: Potential and Problems* (pp. ix-xiii). Berkeley, CA: McCutchan.

Brady, L. (1985). The "Australian" OCDQ: A Decade Later. *Journal of Educational Administration, 23*, 53–58.

Brady, R. C. (2003). *Can Failing Schools Be Fixed?* Washington, DC: Fordham Foundation. Braybrook, D., and Lindblom, C. E. (1963). *The Strategy of Decision.* New York: Free Press.

Bredderman, T. (1983). Effects of Activity-Based Elementary Science on Student Outcomes: A Qualitative Synthesis. *Review of*

Educational Research, 53, 499–518.

Bredekamp, S., and Copple, C. (1997). *Developmentally Appropriate Practice in Early Childhood Programs.* Washington, DC: National Association for the Education of Young Children.

Bridges, E. M. (1967). A Model for Shared Decision Making in the School Principalship. *Educational Administration Quarterly*, *3*, 49–61.

Bromily, P. (1985). Planning Systems in Large Organizations: Garbage Can Approach with Applications to Defense PPBS. In J. G. March and R. Weissinger-Baylon (Eds.), *Ambiguity and Command: Organization Perspectives on Military Decision Making* (pp. 120–39). Marshfield. MA: Pitman.

Broms, H., and Gahmberg, H. (1983).

Communication to Self in Organizational Cultures. *Administrative Science Quarterly*, *28* (3), 482–95.

Brookover, W. B., Schweitzer. J. H., Schneider, J. M., Beady, C. H., Flood, P. K., and Wisenbaker, J. M. (1978). Elementary School Social Climate and School Achievement. *American Educational Research Journal*, *15*, 301–18.

Brooks, J. G., and Brooks, M. G. (1993). Becoming a Constructivist Teacher. *In Search of Understanding: The Case for Constructivist Classrooms.* Alexandria, VA: The Association for Supervision and Curriculum Development.

Brophy, J. E., and Good, T. L. (1986). Teacher Behavior and Student Achievement. In M. C. Wittrock (Ed.), *Handbook of Research on Teaching* (3rd ed., pp. 328–75). New York: Macmillan.

Brown, A. (1987). Metacognition, Executive Control, Self-Regulation, and Other More Mysterious Mechanisms. In F. Weinert and R. Kluwe (Eds.), *Metacognition, Motivation, and Understanding* (pp. 65 – 116). Hillside, NJ: Erlbaum.

Brown, A. F. (1965). Two Strategies for Changing Climate. *CAS Bulletin*, *4*, 64–80.

Brown, A. L., Bransford, J., Ferrara, R., and Campione, J. (1983). Learning, Remembering, and Understanding. In P. Mussen (Ed.), Handbook of Child Psychology (Vol. 3). New York: Wiley.

Brown, D. (1990). *Decentralization and School-Based Management.* New York: Falmer Press.

Brown, J. S. (1990). Toward a New Epistemology for Learning. In C. Frasson and G. Gauthier (Eds). *Intelligent Tutoring Systems: At the Crossroads of Artificial Intelligence and Education* (pp. 266 – 82). Norwood, NJ: Ablex.

Bruner, J. S. (1966). *Toward a Theory of Instruction.* New York: Norton.

Bruner, J. S., Goodnow, J. J., and Austin, G. A. (1956). *A Study of Thinking.* New York: Wiley.

Bruning, R. H., Schraw, G. J., and Ronning, R. R. (1999). *Cognitive Psychology and Instruction* (3rd ed.). Englewood Cliffs, NJ: Merrill.

Bryk, A. S. (1993). Educational Indicator Systems: Observations on Their Structure Interpretation, and Use. *Review of Research in Education*, *19*, 451–84.

Bryk, A. S., Lee, V. E., and Holland, P. (1993). *Catholic Schools and the Common Good.* Cambridge, MA: Harvard University Press.

Bryk, A. S., and Schneider, B. (2002).

Trust in Schools: A Core Resource for Improvement. New York: Russell Sage Foundation.

Bryman, A. (1996). Leadership in Organizations. In S. R. Clegg, C. Hardy, and W. R. Nord (Eds.), *Handbook of Organizational Studies.* Thousand Oaks, CA: Sage.

Burbules, N. C. (1993). *Dialogue in Teaching. Theory and Practice.* New York: Teachers College Press.

Burbules, N. C., and Bruce, B. C. (2000). Theory and Research on Teaching as Dialogue. In V. Richardson (Ed.), *Handbook of Research on Teaching* (4th ed.). Washington, DC: American Educational Research Association.

Burlingame, M. (1979). Some Neglected Dimensions in the Study of Educational Administration. *Educational Administration Quarterly, 15*, 1-18.

Burns, J. M. (1978). *Leadership.* New York: Harper & Row.

Burns, T., and Stalker, G. M. (1961). *The Management of Innovation.* London: Travistock.

Burrell, G., and Morgan, G. (1980). *Sociological Paradigms and Organizational Analysis.* London: Heinemann.

Calas, M. B., and Smircich, L. (1997). *Postmodern Management Theory.* Brookfield, VE: Ashgate Publishing.

Callahan, R. E. (1962). *Education and the Cult of Efficiency.* Chicago: University of Chicago Press.

Camburn, E., Rowan, B., and Taylor, J. (2003, Winter). Distributed Leadership in Schools: The Case of Elementary Schools Adopting Comprehensive School Reform Models. *Educational Evaluation and Policy Analysis, 25*, 347-373.

Cameron, K. S. (1978). Measuring Organizational Effectiveness in Institutions of Higher Education. *Administrative Science Quarterly, 23*, 604-32.

Cameron, K. S. (1984). The Effectiveness of Ineffectiveness. *Research in Organizational Behavior, 6*, 235-85.

Cameron, K. S., and Quinn, R. E. (1999). *Diagnosing and Changing Organizational Climate.* New York: Addison-Wesley.

Cameron, K. S., and Whetten, D. A. (1983). *Organizational Effectiveness: A Comparison of Multiple Models.* New York: Academic.

Cameron, K. S., and Whetten, D. A. (1996). Organizational Effectiveness and Quality: The Second Generation. *Higher Education Handbook of Theory and Research, 11*, 265-306.

Campbell, J. P. (1977). On the Nature of Organizational Effectiveness. In P. S. Goodman and J. M. Pennings (Eds.), *New Perspectives on Organizational Effectiveness* (pp. 13-55). San Francisco: Jossey-Bass.

Campbell, J. P., Dunnette, M. D., Lawler, E. E. III, and Karl E. Weick, J. (1970). *Managerial Behavior, Performance, and Effectiveness.* New York: McGraw-Hill.

Campbell, J. P., and Pritchard, R. D. (1976). Motivation Theory in Industrial and Organizational Psychology. In M. D. Dunnette (Ed.), *Handbook of Industrial and Organizational Psychology* (pp. 63-130). Chicago: Rand McNally.

Campbell. R. (1971). *NCPEA — Then and Now.* National Conference of Professors of Educational Administration Meeting, University of Utah, Salt Lake City.

Campbell, R., Fleming, T., Newell, L. J., and Bennion, J. W. (1987). *A History of Thought and Practice in Educational Administration.* New York: Teachers College Press.

Capper, C. A., and Jamison, M. T. (1993). Let the Buyer Beware: Total Quality Management and Educational Research and Practice. *Educational Researcher*, *22* (8), 25–30.

Carey, M. R. (1992). Transformational Leadership and the Fundamental Option for Self-Transcendence. *Leadership Quarterly*, *3* (3), 217–36.

Carlson, R. O. (1962). *Executive Succession and Organizational Change.* Chicago: University of Chicago, Midwest Administration Center.

Carlson, R. O. (1964). Environmental Constraints and Organizational Consequences: The Public School and Its Clients. In D. E. Griffiths (Ed.), *Behavioral Science and Educational Administration* (pp. 262 – 76). Chicago: University of Chicago Press.

Carnegie Task Force on Teaching as a Profession (1986). *A Nation Prepared: Teachers for the 21st Century.* New York: Carnegie Corporation, Carnegie Forum on Education and the Economy.

Carnoy, M., and Loeb, S. (2002). Does External Accountability Affect Student Outcomes? A Cross State Analysis. *Educational Evaluation and Policy Analysis*, *24*(4), 305–31.

Carpenter, H. H. (1971). Formal Organizational Structural Factors and Perceived Job Satisfaction of Classroom Teachers. *Administrative Science Quarterly*, *16*, 460–65.

Carroll, S. J. (1986). Management by Objectives: Three Decades of Research and Experience. In S. L. Rynes and G. T. Milkovich (Eds.), *Current Issues in Human Resource Management.* Plano, TX: Business Publications.

Cartwright, D., and Zander, A. (1953). *Group Dynamics: Research and Theory.* Evanston, IL: Row, Peterson.

Casner-Lotto, J. (1988). Expanding the Teacher's Role: Hammond's School Improvement Process. *Phi Delta Kappan*, *69*, 349–53.

Castrogiovanni, G. J. (1991). Environmental Munificence: A Theoretical Assessment. *Academy of Management Review*, *16*(3), 542–65.

Chandler M. (1997). Stumping for Progress in a Post-Modern World. In E. Amsel and K. A. Renninger (Eds.). *Change and Development: Issues of Theory, Method, and Application* (pp. 1 – 26). Mahwah, NJ: Erlbaum.

Chapman, D. W., and Hutcheson, S. M. (1982). Attrition from Teaching Careers: A Discriminant Analysis. *American Educational Research Journal*, *19*, 93–105.

Charters, W. W., Jr. (1967). Stability and Change in the Communication Structure of School Faculties. *Educational Administration Quarterly*, *3*, 15–38.

Chase, F. S. (1951). Factors for Satisfaction in Teaching. *Phi Delta Kappan*, *33*, 127–32.

Chatman, J. A., and Jehn, K. A. (1994). Assessing the Relationship between Industry Characteristics and Organizational Culture: How Different Can You Be? *Academy of Management Journal*, *37*(3), 522–53.

Chemers, M. M. (1997). *An Integrative Theory of Leadership.* Mahwah, NJ: Erlbaum.

Chemers, M. M., and Skrzypek, G. J. (1972). Experimental Test of Contingency

Model of Leadership Effectiveness. *Journal of Personality and Social Psychology*, *24*, 172–77.

Cherrington, D. J. (1991). Need Theories of Motivation. In R. M. Steers and L. W. Porter (Eds.), *Motivation and Work Behavior* (pp. 31–44). New York: McGraw-Hill.

Chisolm, G. B., Washington, R., and Thibodeaux, M. (1980). Job Motivation and the Need Fulfillment Deficiencies of Educators. Annual Meeting of the American Educational Research Association, Boston.

Choo, C. W. (1998). *The Knowing Organization.* New York: Oxford.

Chubb, J. E., and Moe, T. M. (1990). *Politics, Markets, and America's Schools.* Washington, DC: Brookings Institution.

Chung, K. A. (1987). A Comparative Study of Principals' Work Behavior. Doctoral diss., University of Utah, Salt Lake City.

Chung, K. A., and Miskel, C. (1998). A Comparative Study of Principals' Administrative Behavior. *Journal of Educational Administration*, *27*, 45–57.

Clampitt, P. G. (2001). *Communicating for Managerial Effectiveness* (2nd Ed.). Newbury Park, CA: Sage.

Clark, D. L., Astuto, T. A., Foster, W. P., Gaynor, A. K., and Hart, A. W. (1994). Organizational Studies: Taxonomy and Overview. In W. K. Hoy, T. A. Astuto, and P. B. Forsyth (Eds.), *Educational Administration: The UCEA Document Base.* New York: McGraw-Hill Primus.

Clark, D. L., Lotto, L. S., and Astuto, T. A. (1984). Effective Schools and School Improvement: A Comparative Analysis of Two Lines of Inquiry. *Educational Administration Quarterly*, *20*, 41–68.

Clark, K. E., and Clark, M. B. (Eds.). (1990). *Measures of Leadership.* West Orange, NJ: Leadership Library of America.

Clune, W. H. and White, J. F. (Eds.). (1990). *Choice and Control in American Education. Volume 2: The Practice of Choice, Decentralization and School Restructuring.* New York: Falmer Press.

Cobb, P., and Bowers, J. (1999). Cognitive and Situated Learning: Perspectives in Theory and Practice. *Educational Researcher*, *28* (2), 4–15.

Coch, L., and French, J. R. P., Jr. (1948). Overcoming Resistance to Change. *Human Relations*, *1*, 512–32.

Coggshall, J. G. (2004). "Reform Refractions: Organizational Perspectives on Standards-Based Reform." In W. K. Hoy and C. G. Miskel (Eds.), *Educational Administration, Policy, and Reform: Research and Measurement.* Greenwich, CT: Information Age.

Coggshall, J. G. Athan, R. G. DeYoung, D. A., and Miskel, C. G. (2003). *Constructing Legitimacy: Policy Actors' Perspections of Statewide Standards and Assessments.* Paper presented at the Annual Meeting of the American Educational Research Association, Chicago, IL.

Cognition and Technology Group at Vanderbilt. (1990). Some Thoughts about Constructivism and Instructional Design. *Educational Technology*, *31*(5), 16–18.

Cognition and Technology Group at Vanderbilt. (1993). Anchored Instruction and Situated Learning Revisited. *Educational Technology*, *33*(3), 52–70.

Cohen, D. K. (1987). Schooling More and Liking It Less: Puzzles of Educational Improvement. *Harvard Educational Review*, 57,174-77 .

Cohen, D. K. (1996). Standards-Based Reform: Policy, Practice, and Performance. In H. F. Ladd (Ed.), *Holding Schools Accountable: Performance-Based Reform in Education* (pp. 99 - 127). Washington, DC: Brookings Institutions.

Cohen, D. K., Raudenbush, S. W., and Ball, D. L. (2003). Resources, Instruction, and Research. *Educational Evaluation and Policy Analysis*, *25*(2), 119-42.

Cohen, D. K., and Spillane, J. P. (1992). Policy and Practice: The Relations between Governance and Instruction. *Review of Research in Education*, *18*, 3-49.

Cohen, M. D., and March, J. G. (1974). *Leadership and Ambiguity.* New York: McGraw-Hill.

Cohen, M. D., March, J. G., and Olsen, J. P. (1972). A Garbage Can Model of Organizational Choice. *Administrative Science Quarterly*, *17*, 1-25.

Cohen, M. D., and Sproull, L. S. (Eds.). (1996). *Organizational Learning.* Thousand Oaks, CA: Sage.

Coleman, J. S. (1990). *Foundations of Social Theory.* Cambridge, MA: Belknap.

Coleman, J. S. (1961). *The Adolescent Society.* New York: Free Press.

Coleman, J. S. (1974). *Power and Structure of Society.* New York: Norton.

Coleman, J. S., Campbell, E. Q., Hobson, C. J., McPartland, J., Mood, A. M., Weinfeld, F. D., and York, R. L. (1966). *Equality of Educational Opportunity.* Washington, DC: U. S. Government Printing Office.

Collins, A., Brown, J. S., and Holum, A. (1991). Cognitive Apprenticeship: Making Thinking Visible. *American Educator*, *15* (3), 38-39.

Collins, A., Brown, J. S., and Newman, S. E. (1989). *Cognitive Apprenticeship: Teaching the Crafts of Reading, Writing, and Mathematics.* In L. B. Resnick (Ed.), Knowing, Learning, and Instruction: Essays in Honor of Robert Galser. Hillsdale, NJ: Erlbaum.

Collins, J. (2001). *Good to Great.* New York: Harper Business.

Commons, J. R. (1924). *Legal Foundations of Capitalism.* New York: Macmillan.

Conant, J. B. (1951). *Science and Common Sense.* New Haven: Yale University Press.

Conger, J. A. (1991). Inspiring Others: The Language of Leadership. *Academy of Management Executive*, *5*(1), 31-45.

Conger, J. A. (1999). Charismatic and Transformational Leadership in Organizations: An Insider's Perspective on These Developing Streams of Research. *Leadership Quarterly*, *10*(2), 145-79.

Conger, J. A., and Kanungo, R. N. (1988). The Empowerment Process: Integrating Theory and Practice. *Academy of Management Journal*, *13*, 471-82.

Conley, S. C. (1990). A Metaphor for Teaching: Beyond the Bureaucratic-Professional Dichotomy. In S. B. Bacharach (Ed.), *Educational Reform: Making Sense of It All* (pp. 313-24). Boston: Allyn and Bacon.

Conley, S. C., and Bacharach, S. B. (1990). From School Site-Management to Participatory Site-Management. *Phi Delta Kappan*, *72*, 539-44.

Conley, S. C., Bower, S., and Bacharach, S. B. (1989). The School Work Environment and Teacher Career Satisfaction. *Educational Administration Quarterly*, *25*, 58–81.

Conley, S., and Levinson, R. (1993). Teacher Work Redesign and Job Satisfaction. *Educational Administration Quarterly*, *29*(4), 453–78.

Connolly, T., Conlon, E. J., and Deutsch, S. J. (1980). Organizational Effectiveness: A Multiple-Constituency Approach. *Academy of Management Review*, *5*, 211–17.

Constas, H. (1958). Max Weber's Two Conceptions of Bureaucracy. *American Journal of Sociology*, *63*, 400–9.

Conway, J. A. (1976). Test of Linearity between Teachers' Participation in Decision Making and Their Perceptions of Schools as Organizations. *Administrative Science Quarterly*, *21*, 130–39.

Conway, J. A. (1984). The Myth, Mystery, and Mastery of Participative Decision Making in Education. *Educational Administration Quarterly*, *3*, 11–40.

Cook, S. D., and Yanon, D. (1996). Culture and Organizational Learning. In M. D. Cohen and L. S. Sproull (Eds.). *Organizational Learning* (pp. 430–59). Thousand Oaks, CA: Sage.

Cordery, J. L., and Sevastos, P. P. (1993). Responses to the Original and Revised Job Diagnostic Survey: Is Education a Factor in Responses to Negatively Worded Items? *Journal of Applied Psychology*, *78*(1), 141–43.

Corno, L., and Snow, R. E. (1996). Adapting Teaching to Individual Differences in Learners. In M. Wittrock (Ed.), *Handbook of Research on Teaching* (3rd ed.). (pp. 605–29). New York: Macmillan.

Corwin, R. G. (1965). Professional Persons in Public Organizations. *Educational Administration Quarterly*, *1*, 1–22.

Corwin, R. G., and Borman, K. M. (1988). School as Workplace: Structural Constraints on Administration. In N. J. Boyan (Ed.), *Handbook of Research on Educational Administration* (pp. 209–37). New York: Longman.

Corwin, R. G., and Herriott, R. E. (1988). Occupational Disputes in Mechanical and Organic Social Systems: An Empirical Study of Elementary and Secondary Schools. *American Sociological Review*, *53*, 528–43.

Cosgrove, D. (1985). The Effects of Principal Succession on Elementary Schools. Doctoral diss., University of Utah, Salt Lake City.

Cox, A. (1982). *The Cox Report on the American Corporation.* New York: Delacorte.

Craig, R. T. (1999). Communication Theory as a Field. *Communication Theory*, *9*(2), 119–61.

Craig, T. (1995). Achieving Innovation through Bureaucracy. *California Management Review*, *38*(10), 8–36.

Craik, F. I. M., and Lockhart, R. S. (1972). Levels of Processing: A Framework for Memory Research. *Journal of Verbal Learning and Verbal Behavior*, *11*, 671–84.

Cranny, C. J., Smith, P. C., and Stone, E. F. (1992). *Job Satisfaction.* New York: Lexington.

Crehan, E. P. (1985). A Meta-Analysis of Fiedler's Contingency Model of Leadership Effectiveness. Doctoral diss., University of British Columbia, Vancouver.

CTGV (*see* Cognition and Technology Group at Vanderbilt)

Cuban, L. (1983). Effective Schools: A Friendly but Cautionary Note. *Phi Delta*

Kappan, *64*, 695-96.

Cuban, L. (1984). Transforming the Frog into a Prince: Effective Schools Research, Policy, and Practice at the District Level. *Harvard Educational Review*, *54*, 129-51.

Cuban, L. (1990). Cycles of History: Equity versus Excellence. In S. B. Bacharach (Ed.), *Education Reform: Making Sense of It All* (pp. 135-40). Needham Heights, MA: Allyn and Bacon.

Cuban, L. (1998). How Schools Change Reforms: Redefining Reform Success and Failure. *Teachers College Record*, *99*(3), 453-77.

Cunningham, W. G., and Gresso, D. W. (1993). *Cultural Leadership.* Boston: Allyn and Bacon.

Cusella, L. P. (1987). Feedback, Motivation, and Performance. In F. M. Jablin, L. L. Putnam, K. Roberts, and L. W. Porter (Eds.), *Handbook of Organizational Communication: An Interdisciplinary Perspective* (pp. 624-78). Newbury Park, CA: Sage.

Cusick, P. A. (1981). A Study of Networks among Professional Staffs in Secondary Schools. *Educational Administration Quarterly*, *17*, 114-38.

Cusick, P. A. (1987). Organizational Culture and Schools. *Educational Administration Quarterly*, *23*, 3-117.

Cyert, R. M., and March, J. G. (1963). *A Behavioral Theory of the Firm.* Englewood Cliffs, NJ: Prentice Hall.

D'Aunno, T., Sutton, R. L., and Price, R. H. (1991). Isomorphism and External Support in Conflicting Institutional Environments: A Study of Drug Abuse Treatment Units. *Academy of Management Journal*, 34 (3), 636-61.

Daft, R. L. (1989). *Organization Theory and Design* (3rd ed.). St. Paul, MN: West.

Daft, R. L. (1994). *Organizational Theory and Design.* St. Paul, MN: West.

Daft, R. L., Bettenhausen, K. R., and Tyler, B. B. (1993). Implications of Top Managers' Communication Choices for Strategic Decisions. In G. P. Huber and W. H. Glick (Eds.), *Organizational Change and Redesign.* New York: Oxford University Press.

Daft, R. L., and Lengel, R. H. (1984). Information Richness: A New Approach to Managerial Behavior and Organizational Design. *Research in Organizational Behavior*, *6*, 191-233.

Daft, R. L., and Lengel, R. H. (1986). Organizational Information Requirements, Media Richness, and Structural Design. *Management Science*, *32*, 554-71.

Dahnke, G. L., and Clatterbuck, G. W. (Eds.). (1990). *Human Communication: Theory and Research.* Belmont, CA: Wadsworth.

Dalton, M. (1959). *Men Who Manage.* New York: Wiley.

Damanpour, F. (1991). Organizational Innovation. *Academy of Management Journal*, *34*, 555-91.

Dansereau, D. F. (1985). Learning Strategy Research. In J. Segal, S. Chipman, and R. Glaser (Eds.), *Thinking and Learning Skills. Volume I: Relating Instruction to Research.* Hillsdale, NJ: Erlbaum.

Darling-Hammond, L. (1984). *Beyond the Commission Reports: The Coming Crisis in Teaching.* Santa Monica, CA: Rand.

Darling-Hammond, L. (1985). Valuing Teachers: The Making of a Profession. *Teachers College Record*, *87*, 205-18.

Darling-Hammond, L., and Wise, A. (1985). Beyond Standardization: State Standards and School Improvement. *Elementary School Journal*, 85, 315-36.

Datnow, A., Borman, G. D., Stringfield, S., Overman, L. T., and Castellano, M. (2003). Comprehensive School Reform in Culturally and Linguistically Diverse Contexts: Implementation and Outcomes from a Four-Year Study. *Educational Evaluation and Policy Analysis*, *25*(2), 143-70.

Datnow, A., and Castellano, M. E. (2001). Managing and Guiding School Reform: Leadership in Success for All Schools. *Educational Administration Quarterly*, *37* (2), 219-49.

David, J. L., Purkey, S., and White, P. (1989). *Restructuring in Progress: Lessons from Pioneering Districts.* Washington, DC: Center for Policy Research, National Governor's Association.

Deal, T. E. (1985). The Symbolism of Effective Schools. *Elementary School Journal*, *85*, 601-20.

Deal, T. E., and Celotti, L. D. (1980). How Much Influence Do (and Can) Educational Administrators Have on Classrooms? *Phi Delta Kappan*, *61*, 471-73.

Deal, T. E., and Kennedy, A. A. (1982). *Corporate Cultures: The Rites and Rituals of Corporate Life.* Reading, MA: Addison-Wesley.

Deal, T. E., and Peterson, K. D. (1990). *The Principal's Role in Shaping School Culture.* Washington DC: U. S. Government Printing Office.

Deal, T. E., and Peterson, K. D. (1994). *The Leadership Paradox.* San Francisco, CA: Jossey-Bass.

Deal, T., and Wise, M. (1983). Planning, Plotting, and Playing in Education's Era of Decline. In V. Baldridge and T. Deal (Eds.), *The Dynamics of Educational Change.* San Francisco: McCutchan.

Dean, J. W., and Bowen, D. E. (1994). Management Theory and Total Quality. *Academy of Management Review*, *19*(3), 392-418.

deCharms, R. (1976). *Enhancing Motivation.* New York: Irvington.

deCharms, R. (1983). Intrinsic Motivation, Peer Tutoring, and Cooperative Learning: Practical Maxims. In J. Levine and M. Wang (Eds.), *Teacher and Student Perceptions: Implications for Learning* (pp. 391-98). Hillsdale, NJ: Erlbaum.

Deci, E. and Ryan, R. M. (1985). *Intrinsic Motivation and Self-Determination in Human Behavior.* New York: Plenum.

Deci, E., Vallerand, R. J., Pelletier, L. G., and Ryan, R. M. (1991). Motivation and Education: The Self-Determination Perspective. *Educational Psychologist*, *26*, 325-46.

De Corte, E., Greer, B., and Verschaffel, L. (1996). Mathematics Learning and Teaching. In D. Berliner and R. Calfee (Eds.), *Handbook of Educational Psychology* (pp. 491-549). New York: Macmillan.

DeDreu, C. (1997). Productive Conflict: The Importance of Conflict Management and Conflict Issues. In C. DeDreu and E. Van De Vliert (Eds.), *Using Conflict in Organizations* (pp. 9-22). London: Sage.

Dee, J. R., Henkin, A. B., Deumer, L. (2003). Structural Antecedents, and Psychological Correlates of Teacher Empowerment. *Journal of Educational Administration*, *41*, 257-77.

Deetz, S. (2001). Conceptual Foundations.

In Jablin, F. M., and Putnam, L. L. (Eds.), *The New Handbook of Organizational Communication* (pp. 3–46). Thousand Oaks, CA: Sage.

DeFleur, M. L., Kearney, P., and Plax, T. G. (1993). *Mastering Communication in Contemporary America.* Mountain View, CA: Mayfield.

Deming, W. E. (1983). *Quality, Productivity, and Competitive Advantage.* Cambridge: Massachusetts Institute of Technology, Center for Advanced Engineering.

Deming, W. E. (1986). *Out of Crisis.* Cambridge: Massachusetts Institute of Technology, Center for Advanced Engineering.

Deming, W. E. (1993). *The New Economics for Economics, Government, Education.* Cambridge: Massachusetts Institute of Technology, Center for Advanced Engineering.

Denhardt, R. B., and Perkins, J. (1976). The Coming Death of Administrative Man. *Women in Public Administration*, 36, 379–84.

Denison, D. R. (1990). *Corporate Culture and Organizational Effectiveness.* New York: Wiley.

Denison, D. R. (1996). What Is the Difference between Organizational Culture and Organizational Climate? A Native's Point of View on a Decade of Paradigm Wars. *The Academy of Management Review*, 3,619–54.

Derry, S. J. (1989). Putting Learning Strategies to Work. *Educational Leadership*, *47* (5) 4–10.

Derry, S. J. (1992). Beyond Symbolic Processing: Expanding Horizons for Educational Psychology. *Journal of Educational Psychology*, *84*, 413–19.

Desimone, L. M., Porter, A. C., Garet, M. S., Yoon, K. S., and Briman, B. F. (2002). *Educational Evaluation and Policy Analysis* 24(2), 81–112.

Dewey, J. (1933). *How We Think.* Boston: Heath.

Dewey, J. (1938). *Experience and Education.* New York: Collier Books.

Dickson, P. H., and Weaver, K. M. (1997). Environmental Determinants and Individual-Level Moderators of Alliance Use. *Academy of Management Journal*, *40*(2), 404–25.

Diebert, J. P., and Hoy, W. K. (1977). Custodial High Schools and Self-Actualization of Students. *Educational Research Quarterly*, 2, 24–31.

Dill, R. W. (1958). Environment as an Influence on Managerial Autonomy. *Administrative Science Quarterly*, 2, 409–43.

DiMaggio, P. J. (1988). Interest and Agency in Institutional Theory. In L. G. Zucker (Ed.), *Institutional Patterns in Organizations: Culture and Environments* (pp. 3–21). Cambridge, MA: Ballinger.

DiMaggio, P. J. (1995). Comments on "What Theory is Not." *Administrative Science Quarterly*, *40*, 391–97.

DiMaggio, P. J., and Powell, W. W. (1983). The Iron Cage Revisited: Institutional Isomorphism and Collective Rationality in Organizational Fields. *American Sociological Review*, 48, 147–60.

DiMaggio, P. J., and Powell, W. W. (1991). The Iron Cage Revisited: Institutional Isomorphism and Collective Rationality. In W. W. Powell and P. J. DiMaggio (Eds.), *The New Institutionalism in Organizational Analysis* (pp. 41–62). Chicago: University of Chicago Press.

DiPaola, M. F. (1999). Scandal at Placido High: Coincidence or Conspiracy? *Journal of*

Cases in Educational Leadership [www. ucea. org]. 2(3).

DiPaola, M. F., and Hoy, W. K. (1994). Teacher Militancy: A Professional Check on Bureaucracy. *The Journal of Research and Development in Education*, *27*, 79-82.

DiPaola, M. F., and Hoy W. K. (2001). Formalization, Conflict, and Change: Constructive and Destructive Consequences in Schools. *The International Journal of Educational Management*, *15*, 238-44.

Doherty, K. M., and Skinner, R. A. (2003). Quality Counts 2003. Introduction: State of the States. *Education Week*. /www. edweek. org/sreports/qc03/templates/article. cfm? slug =17s os. h22

Donmoyer, R. B. (1999). The Continuing Quest for a Knowledge Base: 1976-1998. In J. Murphy and K. S. Louis (Eds.), *Handbook of Research on Educational Administration* (2nd ed., pp. 25-44). San Francisco: Jossey-Bass.

Donmoyer. R. B., Scheurich, J., and Imber, M. L. (Eds.). (1994). *The Knowledge Base in Educational Administration: Multiple Perspectives*. Albany: SUNY Press.

Downs, C. W. (1977). *Organizational Communicator*. New York: Harper & Row.

Driscoll, J. W. (1978). Trust and Participation in Decision Making as Predictors of Satisfaction. *Academy of Management Journal*, *1*, 44-56.

Driscoll, M. P. (1999). *Psychology of Learning for Instruction*. Boston: Allyn and Bacon.

Drucker, P. F. (1954). *The Practice of Management*. New York: Harper & Row.

Drucker, P. F. (1966). *The Effective Executive*. New York: Harper & Row.

Drucker, P. F. (1968). *The Age of Discontinuity*. New York: Harper & Row.

Dubin, R. (1969). *Theory Building*. New York: Free Press.

Duchastel, P. (1979). Learning Objectives and the Organization of Prose. *Journal of Educational Psychology*, *71*, 100-6.

Duignan, P. (1980). Administrative Behavior of School Superintendents: A Descriptive Study. *Journal of Educational Administration*, *18*, 5-26.

Duke, D. L., Showers, B. K., and Imber, M. (1980). Teachers and Shared Decision Making: The Costs and Benefits of Involvement. *Educational Administration Quarterly*, *16*, 93-106.

Duncan, R. B. (1972). Characteristics of Organizational Environments and Perceived Environmental Uncertainty. *Administrative Science Quarterly*, *17*, 313-27.

Duncan, R. B. (1979). What Is the Right Organizational Structure? Decision Free Analysis Provides the Answer. *Organizational Dynamics*, *7*, 59-80.

Dvir, T., Eden, D., Avolio, B. J., and Shamir, B. (2002). Impact of Transformational Leadership on Follower Development and Performance: A Field Experiment. *Academy of Management Journal*, *45* (40), 735-44.

Dweck, C. S. (1999). Self theories: Their role in motivation, personality, and development. Philadelphia: Psychology Press.

Dweck, C. S., and Bempechat, J. (1983). Children's Theories on Intelligence: Consequences for Learning. In S. Paris, G. Olson, and W. Stevenson (Eds.), *Learning and Motivation in the Classroom* (pp. 239-56). Hillsdale, NJ: Erlbaum.

Dyer, W. G. (1985). The Cycle of Cultural Evolution in Organization. R. H. Kilmann, M. J. Saxton, and R. Serpa (Eds.) *Gaining Control of the Corporate Culture.* (pp. 200–30). San Francisco: Jossey-Bass.

Ebmeier, H., and Hart, A. W. (1992). The Effects of a Career-Ladder Program on School Organizational Process. *Educational Evaluation and Policy Analysis*, *14(3)*, 261–81.

Edmonds, R. (1979). Some Schools Work and More Can. *Social Policy*, *9*, 28–32.

Einstein, A., and Infeld, L. (1938). *The Evolution of Physics.* New York: Simon & Schuster.

Elmes, M. B., and Costello, M. (1992). Mystification and Social Drama: The Hidden Side of Communication Skills Training. *Human Relations*, *45(5)*, 427–45.

Elmore, R. F. (1988). *Early Experiences in Restructuring Schools: Voices from the Field.* Washington, DC: Center for Policy Research, National Governor's Association.

Elmore, R. F. (2000). *Building a New Structure for School Leadership.* Washington, DC: Albert Shanker Institute. Available at www. shankerinstitute. org/

Elmore, R. F. (2002a). *Bridging the Gap Between Standards and Achievement.* Washington, DC: Albert Shanker Institute.

Elmore, R. F. (2002b). "Unwarranted Intrusion." *Education Next*, 2(1), 31–35.

Elsbach, K. D., and Sutton, R. I. (1992). Acquiring Organizational Legitimacy through Illegitimate Actions: A Marriage of Institutional and Impression Management Theories. *Academy of Management Journal*, 35(4), 699–738.

Emery, F. E., and Trist, E. L. (1965). The Causal Texture of Organization Environments. *Human Relations*, 18, 21–32.

English, F. W. (1994). *Theory in Educational Administration.* New York: HarperCollins.

English, F. W. (1998). The Cupboard Is Bare: The Postmodern Critique of Educational Administration. *Journal of School Leadership*, *7*, 4–26.

English, F. W. (2003). *The Postmodern Challenge to the Theory and Practice of Educational Administration.* Springfield, IL: Charles C. Thomas.

Enoch, Y. (1989). Change of Values during Socialization for a Profession: An Application of the Marginal Man Theory. *Human Relations*, *42*, 219–39.

Erez, M., and Zidon, I. (1984). Effects of Goal Acceptance on the Relationship of Goal Difficulty to Performance. *Journal of Applied Psychology*, *69*, 69–78.

Estler, S. E. (1988). Decision Making. In N. J. Boyan (Ed.), *Handbook of Research on Educational Administration* (pp. 304–20). New York: Longman.

Etzioni, A. (1960). Two Approaches to Organizational Analysis: A Critique and Suggestion. *Administrative Science Quarterly*, *5*, 257–78.

Etzioni, A. (1964). *Modern Organizations.* Englewood Cliffs, NJ: Prentice Hall.

Etzioni, A. (1967). Mixed Scanning: A Third Approach to Decision Making. *Public Administration Review*, *27*, 385–92.

Etzioni, A. (1975). *A Comparative Analysis of Complex Organizations.* New York: Free Press.

Etzioni, A. (1986). Mixed Scanning Revisited. *Public Administration Review*, *46*, 8–14.

Etzioni, A. (1988). *The Moral Dimension:*

Toward a New Economics. New York: Free Press.

Etzioni, A. (1989). Humble Decision Making. *Harvard Business Review*, *67*, 122–26.

Evans, M. G., Kiggundu, M. N., and House, R. J. (1979). A Partial Test and Extension of the Job Characteristics Model of Motivation. *Organizational Behavior and Human Performance*, *24*, 354–81.

Evensen, D. H., Salisbury-Glennon, J. D., and Glenn, J. (2001). A Qualitative Study of Six Medical Students in a Problem-Based Curriculum: Toward a Situated Model of Self-Regulation. *Journal of Educational Psychology*, *93*, 659–76.

Evers, C. W., and Lakomski, G. (1991). *Knowing Educational Administration.* Oxford, England: Pergamon Press.

Farnaham-Diggory, S. (1994). Paradigms of Knowledge and Instruction. *Review of Educational Research*, *64*, 463–77.

Fauske, J. R., and Johnson, B. L., Jr. (2002). Principals Respond to the School Environment with Fluidity, Alignment, Vigilance, and Fear. In W. K. Hoy and C. G. Miskel (Eds.), *Theory and Research in Educational Administration* (pp. 91–119). Greenwich, CT: Information Age.

Fennell, M. L., and Alexander, J. A. (1987). Organizational Boundary Spanning in Institutionalized Environments. *Academy of Management Journal*, *30*(*3*) 456–76.

Ferguson, K. E. (1984). *The Feminist Case against Bureaucracy.* Philadelphia: Temple University Press.

Feynman, R. P. (1985). *Surely You're Joking, Mr. Feynman.* New York: Norton.

Fiedler, F. E. (1967). *A Theory of Leadership Effectiveness.* New York: McGraw-Hill.

Fiedler, F. E. (1971). Validation and Extension of the Contingency Model of Leadership Effectiveness: A Review of Empirical Findings. *Psychological Bulletin*, *76*, 128–48.

Fiedler, F. E. (1973). The Contingency Model and the Dynamics of the Leadership Process. *Advances in Experimental Social Psychology*, *11*, 60–112.

Fiedler, F. E. (1984). *The Contribution of Cognitive Resources and Leader Behavior to Organizational Performance.* Organization Research Technical Report No. 84–4. Seattle: University of Washington.

Fiedler, F. E., and Chemers, M. M. (1974). *Leadership and Effective Management.* Glenview, IL: Scott, Foresman.

Fiedler, F. E., Chemers, M. M., and Mahar, L. (1976). *Improving Leadership Effectiveness: The Leader Match Concept.* New York: Wiley.

Fiedler, F. E., and Garcia, J. E. (1987). *New Approaches to Effective Leadership: Cognitive Resources and Organizational Performance.* New York: Wiley.

Finkelstein, R. (1998). The Effects of Organizational Health and Pupil Control Ideology on the Achievement and Alienation of High School Students. Doctoral diss., St. John's University.

Finn, C. E., Jr. (2003a). Foreword. *Better Leaders for America's Schools: A Manifesto.* Washington, DC: Thomas B. Fordham Institute. Available at www. edexcellence. net/institute/publication/

Finn, C. E. Jr. (2003b, January 9). Reforming Education: The Hard Part Lies Ahead. *Education Gadfly*, *3*(1). Available at www. edexcellence. net/foundation/gadfly/index. cfm

Finn, J. D., and Achilles, C. M. (1999).

Tennessee's Class Size Study: Findings, Implications, and Misconceptions. *Educational Evaluation and Policy Analysis*, 21(2), 97-109.

Firestone, W. A. (1991). Merit Pay and Job Enlargement as Reforms: Incentives, Implementation, and Teacher Response. *Educational Evaluation and Policy Analysis*, 13(3), 269-88.

Firestone, W. A., and Bader, B. D. (1992). *Redesigning Teaching: Professionalism or Bureaucracy*. Albany, NY: State University of New York Press.

Firestone, W. A., and Herriott, R. E. (1981). Images of Organization and the Promotion of Change. *Research in the Sociology of Education and Socialization*, 2, 221-60.

Firestone, W. A., and Herriott, R. E. (1982). Two Images of Schools as Organizations: An Explication and Illustrative Empirical Test. *Educational Administration Quarterly*, *18*, 39-60.

Firestone, W. A., and Louis, K. L. (1999). Schools as Cultures. In Murphy, J. and Louis, K. S. (Eds.), *Handbook on Research of Educational Administration* (pp. 297-322). San Francisco: Jossey-Bass.

Firestone, W. A., and Pennell, J. (1993). Teacher Commitment, Working Conditions, and Differential Incentives. *Review of Educational Research*, *63*(4), 489-526.

Firestone, W. A., Rosenblum, S., Bader, B. D., and Massell, D. (1991). *Education Reform from 1983-1990: State Action and District Response*. New Brunswick, NJ: Consortium for Policy Research in Education.

Firestone, W. A., and Wilson, B. L. (1985). Using Bureaucratic and Cultural Linkages to Improve Instruction: The Principal's Contribution. *Educational Administration Quarterly*, *21*, 7-31.

Flavell, J. H. (1985). *Cognitive Development* (2nd ed.). Englewood Cliffs, NJ: Prentice Hall.

Flavell, J. H., Friedrichs, A. G., and Hoyt, J. D. (1970). Developmental Changes in Memorization Processes. *Cognitive Psychology*, 1, 324-40.

Flavell, J. H., Green, F. L., and Flavell, E. R. (1995). *Young Children's Knowledge about Thinking*. Monographs of the Society for Research in Child Development, 60(1) (Serial No. 243).

Flyvbjerg, B. (1998). *Personality and Power: Democracy in Practice*. Chicago: University of Chicago Press.

Follett, M. P. (1924). *Creative Experience*. London: Longman and Green.

Ford, M. E. (1992). *Motivating Humans: Goals Emotions, and Social Agency Beliefs*. Newbury Park, CA: Sage.

Forsyth, P. B., and Hoy, W. K. (1978). Isolation and Alienation in Educational Organizations. *Educational Administration Quarterly*, *14*, 80-96.

Foster, W. (1986). *Paradigms and Promises*. Buffalo, NY: Prometheus.

Foucault, M. (1984). Nietzsche, Genealogy, History. In P. Rabinow (Ed.), *The Foucault Reader*. New York: Pantheon.

Fox, S., and Feldman, G. (1988). Attention State and Critical Psychological States as Mediators Between Job Dimensions and Job Outcomes. *Human Relations*, *41*, 229-45.

Frase, L. E., and Heck, G. (1992). Restructuring in the Fort McMurray Catholic Schools: A Research-Based Approach. *The*

Canadian School Executive, *11*(8), 3–9.

Frase, L. E., and Matheson, R. R. (1992). Restructuring: Fine-Tuning the System in Fort McMurray Catholic Schools. *Challenge*, *29*(1), 16–22.

Frase, L. E., and Sorenson, L. (1992). Teacher Motivation and Satisfaction: Impact on Participatory Management. *NASSP Bulletin*, *76*, 37–43.

Frederick, D., and Libby, R. (1986). Expertise and Auditors' Judgment of Conjunctive Events. *Journal of Accounting Research*, *24*, 270–90.

Freeman, J. H. (1979). Going to the Well: School District Administrative Intensity and Environmental Constraint. *Administrative Science Quarterly*, *24*, 119–133.

French, J. R. P., and Raven, B. H. (1968). Bases of Social Power. In D. Cartwright and A. Zander (Eds.), *Group Dynamics: Research and Theory* (pp. 259–70). New York: Harper & Row.

Friedman, R. A., and Podolny, J. (1992). Differentiation of Boundary-Spanning Roles: Labor Negotiations and Implications for Role Conflict. *Administrative Science Quarterly*, *37*, 28–47.

Friesen, D., and Duignan, P. (1980). How Superintendents Spend Their Working Time. *Canadian Administrator*, *19*, 1–5.

Fromm, E. (1948). *Man for Himself.* New York: Farrar & Rinehart.

Froosman, J. (1999). Stakeholder Influence Strategies. *Academy of Management Review*, 24(2), 191–205.

Frost, P. J., Moore, L. F., Louis, M. R., Lundberg, C. C., and Martin, J. (Eds.). (1991). *Reframing Organizational Culture.* Newbury Park, CA: Sage.

Fuhrman, S. H. (1999). *The New Accountability.* CPRE Policy Brief No. RB – 27. Philadelphia, PA: University of Pennsylvania, Consortium for Policy Research in Education.

Fuhrman, S. H. (1994). *Challenges in Systemic Education Reform.* CPRE Policy Brief No. RB–14. Philadelphia, PA: University of Pennsylvania, Consortiumn for Policy Research in Education.

Fuhrman, S. H., Elmore, R. F., and Massell, D. (1994). School Reform in the United States: Putting It into Context. In S. L. Jacobson and R. Berne (Eds.), *Reforming Education: The Emerging Systemic Approach* (pp. 3–27). Thousand Oaks, CA: Corwin.

Fulk, J., and Boyd, B. (1991). Emerging Theories of Communication in Organizations. *Journal of Management*, 17(2), 407–46.

Gagné, E. D., Yekovich, C. W., and Yekovich, F. R. (1993). *The Cognitive Psychology of School Learning* (2nd ed.). New York: HarperCollins.

Gagné, R. M. (1985). The Conditions of Learning and Theory of Instruction (4th ed.). New York: Holt, Rinehart & Winston.

Galbraith, J., and Cummings, L. L. (1967). An Empirical Investigation of the Motivational Determinants of Task Performance: Interactive Effects Between Instrumentality-Valence and Motivation-Ability. *Organization Behavior and Human Performance*, *2*, 237–57.

Ganz, H. J., and Hoy, W. K. (1977). Patterns of Succession of Elementary Principals and Organizational Change. *Planning and Changing*, *8*, 185–96.

Gardner, D. G., and Cummings, L. L. (1988). Activation Theory and Job Design:

Review and Reconceptualization. *Research in Organizational Behavior*, *10*, 81–122.

Gardner, W. L., and Avolio, B. J. (1998). The Charismatic Relationship: A Dramaturgical Perspective. *Academy of Management Review*, *23*(1), 32–58.

Garner, R. (1990). When Children and Adults Do Not Use Learning Strategies: Toward a Theory of Settings. *Review of Educational Psychology*, *60*, 517–30.

Garrison, J. (1995). Deweyan Pragmatism and the Epistemology of Contemporary Social Constructivism. *American Educational Research Journal*, *32*, 716–41.

Gartner, W. B., and Naughton, M. J. (1988). The Deming Theory of Management. *Academy of Management Review*, *17*, 138–42.

Gaziel, H. (2002). Teacher Empowerment Reform and Teacher Perceived Effectiveness: Contradictory or Complimentary? A Theoretical Framework and Some Empirical Evidence. *Education and Society 20*, 79–90.

Geertz, C. (1973). *The Interpretation of Cultures.* New York: Basic.

Geist, J. R., and Hoy, W. K. (2003). Culitivating a Culture of Trust: Enabling School Structure, Teacher Professionalism, and Academic Press. Working Paper, Educational Policy and Leadership, The Ohio State University.

Gergen, K. J. (1997). Constructing Constructivism: Pedagogical Potentials. *Issues in Education: Contributions from Educational Psychology*, *3*, 195–202.

Gerhardt, E. (1971). Staff Conflict, Organizational Bureaucracy, and Individual Satisfaction in Selected Kansas School Districts. Doctoral diss., University of Kansas, Lawrence.

Gerth, H. H., and Mills, C. W. (Eds.). (1946). *From Max Weber: Essays in Sociology.* New York: Oxford University Press.

Getzels, J. W., and Guba, E. G. (1957). Social Behavior and the Administrative Process. *School Review*, *65*, 423–41.

Getzels, J. W., Lipham, J. M., and Campbell, R. F. (1968). *Educational Administration as a Social Process: Theory, Research, and Practice.* New York: Harper & Row.

Gibson, J. L., Ivancevich, J. M., and Donnelly, J. H. (1976). *Organizations: Behavior, Structure, and Processes* (Rev. ed.). Dallas, TX: Business Publications.

Gibson, S., and Dembo, M. (1984). Teacher Efficacy: A Construct Validation. *Journal of Educational Psychology*, *76*(4), 569–82.

Gigerenzer, G. (2000). *Adaptive Thinking: Rationality in the Real World.* New York: Oxford University Press.

Gigerenzer, G. (1996) On Narrow Norms and Vague Heuristics: A Reply to Kahneman and Tversky. *Psychological Review*, *103*, 559–69.

Gigerenzer, G. (2004). Striking a Blow for Sanity in Theories of Rationality. In B. Augier and J. G. March (Eds.), *Essays in Honor of Herbert Simon.* Cambridge, MA: MIT Press.

Gigerenzer, G., Todd, P. M., and ABC Research Group. (1999). *Simple Heuristics That Make Us Smart.* New York: Oxford University Press.

Gill, B. P., Timpane, M., Rose, K. E., and Brewer, D. J. (2001). Rhetoric versus Reality: What We Know and We Need to Know about Vouchers and Charter Schools (MR-1118-EDU). Santa Monica, CA: RAND.

Gilligan, C. (1982). *In a Different Voice: Psychological Theory and Women's Development.* Cambridge, MA: Harvard University Press.

Gilmer, B. H. (1966). *Industrial Psychology* (2nd ed.). New York: McGraw-Hill.

Gilovich, T. (1991). *How We Know What Isn't So: The Fallibility of Human Reason in Everyday Life.* New York: Free Press.

Gist, M. E. (1987). Self-Efficacy: Implications for Organizational Behavior and Human Resource Management. *Academy of Management Review*, *12*(3), 472–85.

Gist, M. E., and Mitchell, T. R. (1992). Self-Efficacy: A Theoretical Analysis of Its Determinants and Malleability. *Academy of Management Review*, 17(2), 183–211.

Glaub, J. (1990). Made in Japan. *Illinois School Board Journal*, *58*, 5–7.

Glisson, C., and Durick, M. (1988). Predictors of Job Satisfaction and Organizational Commitment in Human Service Organizations. *Administrative Science Quarterly*, *33*, 61–81.

Goddard, R. D. (2001). Collective Efficacy: A Neglected Construct in the Study of Schools and Students Achievement. *Journal of Educational Psychology*, 93(3), 467–76.

Goddard, R. D. (2002a). A Theoretical and Empirical Analysis of the Measurement of Collective Efficacy: The Development of a Short Form. *Educational and Psychological Measurement*, *62*(1), 97–110.

Goddard, R. D. (2002b). Collective Efficacy and School Organization: A Multilevel Analysis of Teacher Influence in Schools. In W. K. Hoy and C. Miskel (eds.) *Theory and Research in Educational Administration* (vol. 1, pp. 169–84). Greenwich, CT: Information Age Publishing.

Goddard, R. D., and Goddard, Y. L. (2001). A Multilevel Analysis of Teacher and Collective Efficacy. *Teaching and Teacher Education*, *17*, 807–18.

Goddard, R. D., Hoy, W. K., and LoGerfo, L. (2003, April). *Collective Efficacy and Student Achievement in Public High School: A Path Analysis.* Paper presented at the annual meeting of the American Educational Research Association, Chicage, IL.

Goddard, R. D., Hoy, W. K., and Woolfolk Hoy, A. (2000). Collective Teacher Efficacy: Its Meaning, Measure, and Impact on Student Achievement. *American Educational Research Journal*, *37*, 479–508.

Goddard, R. D., Sweetland, S. R., and Hoy, W. K. (2000a). Academic Emphasis and Student Achievement in Urban Elementary Schools. Annual Meeting of the American Educational Association, New Orleans.

Goddard, R. D., Sweetland S. R., and Hoy, W. K. (2000b). Academic Emphasis of Urban Elementary Schools and Student Achievement: A Multi-Level Analysis. *Educational Administration Quarterly*, *5*, 683–702.

Goddard, R. D., Tschannen-Moran, M., and Hoy, W. K. (2001). Teacher Trust in Students and Parents: A Multilevel Examination of the Distribution and Effects of Teacher Trust in Urban Elementary Schools. Elementary School Journal, *102*, 3–17.

Goertz, M. E., and Duffy, M. C. (2001). *Assessment and Accountability across the 50 States.* CPRE Policy Brief No. RB-33. Philadelphia, PA: University of Pennsylvania, Consortium for Policy Research in Education.

Goes, J. B., and Park, S. O. (1997). Interorganizational Links and Innovation: The Case of Hospital Services. *Academy of Management Journal*, *40*(3), 673-96.

Goffman, E. (1957). The Characteristics of Total Institutions. *Symposium on Prevention and Social Psychiatry* (pp. 43-84). Washington, DC: Walter Reed Army Institute of Research.

Goldberg, M. A. (1975). On the Efficiency of Being Efficient. *Environment and Planning*, *7*, 921-39.

Goldring, E. B., and Chen, M. (1992). Preparing Empowered Teachers for Leadership. *Planning and Changing*, *23*, 3-15.

Good, T. L. (1996). Teaching Effects and Teacher Evaluation. In J. Sikula (Ed.), *Handbook of Research on Teacher Education* (pp. 617-65). New York: Macmillan.

Good, T. L. (1983). Classroom Research: A Decade of Progress. *Educational Psychologist*, *18*, 127-44.

Good, T. L., and Brophy, J. E. (1986). School Effects. In M. C. Wittrock (Ed.), *Handbook of Research on Teaching* (pp. 570-602). New York: Macmillan.

Good, T. L., Grouws, D., and Ebmeier, H. (1983). *Active Mathematics Teaching.* New York: Longman.

Goodman, P. S., and Pennings, J. M. (1977). Toward a Workable Framework. In P. S. Goodman and J. M. Pennings (Eds.), *New Perspectives on Organizational Effectiveness* (pp. 147-84). San Francisco: Jossey-Bass.

Goodstein, J. D. (1994). Institutional Pressures and Strategic Responsiveness: Employer Involvement in Work-Family Issues. *Academy of Management Journal*, 37 (2), 350-82.

Gordon, C. W. (1957). *The Social System of the High School.* New York: Free Press.

Gordon, G. E., and Rosen, N. (1981). Critical Factors in Leadership Succession. *Organizational Behavior and Human Performance*, *27*, 227-54.

Gorsuch, R. A. (1977). An Investigation of the Relationships between Core Job Dimensions, Psychological States, and Personal Work Outcomes among Public School Teachers (Doctoral diss., University of Maryland, 1976). *Dissertation Abstracts International*, *38*, 1779A.

Gouldner, A. (1950). *Studies in Leadership.* New York: Harper.

Gouldner, A. (1954). *Patterns of Industrial Bureaucracy.* New York: Free Press.

Gouldner, A. (1958). Cosmopolitans and Locals: Toward an Analysis of Latent Social Roles — II. *Administrative Science Quarterly*, *3*, 444-79.

Gouldner, A. (1959). Organizational Analysis. In R. K. Merton, L. Broom, J. Leonard, and S. Cottrell (Eds.), *Sociology Today* (pp. 400-28). New York: Basic Books.

Govindarajan, V. (1988). A Contingency Approach to Strategy Implementation at the Business-Unit Level: Integrating Administrative Mechanisms with Strategy. *Academy of Management Journal*, *31*, 828-53.

Grabe, M., and Latta, R. M. (1981). Cumulative Achievement in a Mastery Instructional System: The Impact of Differences in Resultant Achievement Motivation and Persistence. *American Educational Research Journal*, 18, 7-14.

Graen, G. (1963). Instrumentality Theory of Work Motivation: Some Experimental Results and Suggested Modifications. *Journal of Applied Psychology Monograph*, *53*, 1-25.

Graham, L. L. (1980). Expectancy Theory as a Predictor of College Student Grade Point Average, Satisfaction, and Participation. Doctoral diss., University of Kansas, Lawrence.

Graham, S. (1991). A Review of Attribution Theory in Achievement Contexts. *Educational Psychology Review*, *3*(1), 5-39.

Graham, S., and Weiner, B. (1996). Theories and Principles of Motivation. In D. Berliner and R. Calfee (Eds.), *Handbook of Educational Psychology* (pp. 63-84). New York: Macmillan.

Grandori, A. (1984). A Prescriptive Contingency View of Organizational Decision Making. *Administrative Science Quarterly*, *29*, 192-208.

Grassie, M. C., and Carss, B. W. (1973). School Structure, Leadership Quality, Teacher Satisfaction. *Educational Administration Quarterly*, *9*, 15-26.

Gray, J. (1992). *Men Are from Mars, Women Are from Venus.* New York: HarperCollins.

Greenberg, J. (1993a). The Social Side of Fairness: Interpersonal and Informational Classes of Organizational Justice. In. R. Cropanzano (Ed.), *Justice in the Workplace* (pp. 79-103). Hillsdale, NJ: Erlbaum.

Greenberg, J. (1993b). Stealing in the Name of Justice: Informational and Interpersonal Moderators of Theft Reactions to Underpayment Inequity. *Organizational Behavior and Human Decision Processes*, *54*, 81-103.

Greenberg, J. (1997). A Taxonomy of Organizational Justice Theories. *Academy of Management Review*, *21*, 9-22.

Greenberg, J. (2000). Promote Procedural Justice to Enhance Acceptance of Work Outcomes. In E. A. Locke (Ed.), *Handbook of Principles of Organizational Behavior* (pp. 181-95). Malden, MA: Blackwell.

Greenberg, J., and Baron, R. A. (1997). *Behavior in Organizations* (6th ed.). Englewood Cliffs, NJ: Prentice Hall.

Greenberg, J., and Scott, K. S. (1995). Why Do Workers Bite the Hands That Feed Them? Employee Theft as a Social Exchange Process. In B. M. Staw and L. L. Cummings (Eds.), *Research in Organizational Behavior* (Vol. 18). Greenwich, CT: JAI Press.

Greene, C. N., and Podsakoff, P. M. (1981). Effects of Withdrawal of a Performance Contingent Reward of Supervisory Influence and Power. *Academy of Management Journal*, *24*, 527-42.

Greene, J. P., Winters, M. A., and Forster, G. (2003). *Testing High Stakes Tests: Can We Believe the Results of Accountability Tests?* New York: Manhattan Institute.

Greenfield, T. B., and Ribbins, P. (Eds.). (1993). *Greenfield on Educational Administration: Towards a Human Science.* London: Routledge.

Greeno, J. G., Collins, A. M., and Resnick, L. B. (1996). Cognition and Learning. In D. Berliner and R. Calfee (Eds.), *Handbook of Educational Psychology* (pp. 15-46). New York: Macmillan.

Greenwald, R, Hedges, L. V., and Laine, R. D. (1996). The Effect of School Resources on Student Achievement. *Review of Educational Research*, *66*(3), 361-96.

Griffeth, R. W. (1985). Moderation of the Effects of Job Enrichment by Participation: A Longitudinal Field Experiment. *Organiza-*

tional Behavior and Human Decision Processes, *35*, 73-93.

Griffin, R. W. (1987). Toward an Integrated Theory of Task Design. *Research in Organizational Behavior*, *9*, 79-120.

Griffin, R. W. (1991). Effects of Work Redesign on Employee Perceptions, Attitudes, and Behaviors: A Long-Term Investigation. *Academy of Management Journal*, 34 (2), 425-35.

Griffiths, D. E. (1959). *Administrative Theory.* New York: Appleton-Century-Crofts.

Griffiths, D. E. (1988). Administrative Theory. In N. Boyan (Ed.), *Handbook of Research on Educational Administration* (pp. 27-51). New York: Longman.

Griffiths, D. E., Goldman, S., and McFarland, W. J. (1965). Teacher Mobility in New York City. *Educational Administration Quarterly*, *1*, 15-31.

Griffiths, D. E., Stout, R. T., and Forsyth, P. B. (1988). The Preparation of Educational Administrators. In D. E. Griffiths, R. T. Stout, and P. B. Forsyth (Eds.), *Leaders for America's Schools* (pp. 284-304). Berkeley, CA: McCutchan.

Gronn, P. (2002). Distributed Leadership as a Unit of Analysis. *Leadership Quarterly*, *13*, 423-51.

Gross, E., and Etzioni, A. (1985). *Organizations in Society.* Englewood Cliffs, NJ: Prentice Hall.

Grusky, O. (1960). Administrative Succession in Formal Organizations. *Social Forces*, *39*, 105-15.

Grusky, O. (1961). Corporate Size, Bureaucratization, and Managerial Succession. *American Journal of Sociology*, *67*, 261-69.

Guest, R. H. (1960). *Organizational Change: The Effect of Successful Leadership.* Homewood, IL: Dorsey.

Guidette, M. R. M. (1982). The Relationship between Bureaucracy and Staff Sense of Powerlessness in Secondary Schools. Doctoral diss., Rutgers University, New Brunswick.

Gulick, L. (1937). Notes on the Theory of Organization. In L. Gulick and L. F. Urwick (Eds.), *Papers on the Science of Administration* (pp. 3-45). New York: Institute of Public Administration, Columbia University.

Guskey, T. R. (1987). Context Variables That Affect Measures of Teacher Efficacy. *Journal of Educational Research*, *81* (1), 41-47.

Guskey, T. R., and Gates, S. L. (1986). Synthesis of Research on Mastery Learning. *Education Leadership*, *43*, 73-81.

Guskey, T. R., and Passaro, P. (1994). Teacher Efficacy: A Study of Construct Dimensions. *American Educational Research Journal*, *31*, 627-43.

Hackman, J. R., and Oldham, G. R. (1975). Development of the Job Diagnostic Survey. *Journal of Applied Psychology*, *60*, 159-70.

Hackman, J. R., and Oldham, G. R. (1976). Motivation through the Design of Work: A Test of a Theory. *Organizational Behavior and Human Performance*, *16*, 250-79.

Hackman, J. R., and Oldham, G. R. (1980). *Work Redesign.* Reading, MA: Addison-Wesley.

Hackman, J. R., and Suttle, J. L. (1977). *Improving Life at Work.* Santa Monica, CA: Goodyear.

Hackman, J. R., and Wageman, R. (1995). Total Quality Management: Empirical, Conceptual, and Practical Issues. *Administrative Science Quarterly*, *40*, (2) 309-42.

Hage, J. (1980). *Theories of Organizations.* New York: Wiley.

Hajnal, V. J., and Dibski, D. J. (1993). Compensation Management: Coherence Between Organization Directions and Teacher Needs. *Journal of Educational Administration*, *31*(1), 53-69.

Hall, R. H. (1962). The Concept of Bureaucracy: An Empirical Assessment. *American Sociological Review*, *27*, 295-308.

Hall, R. H. (1980). Effectiveness Theory and Organizational Effectiveness. *Journal of Applied Behavioral Science*, *16*, 536-45.

Hall, R. H. (2002). *Organizations: Structures, Processes, and Outcomes* (8th ed.). Upper Saddle River, NJ: Prentice Hall.

Hallahan, D. P., and Kauffman, J. M. (1997). *Exceptional Learners: Introduction to Special Education* (7th ed.). Boston: Allyn and Bacon.

Haller, E. J., and Monk, D. H. (1988). New Reforms, Old Reforms, and the Consolidation of Small Rural Schools. *Educational Administration Quarterly*, *24*, 470-83.

Hallinger, P., and Heck, R. H. (1996). Reassessing the Principal's Role in Effectiveness: A Review of Empirical Research, 1980 - 1995. *Educational Administration Quarterly*, *32*(1), 5-44.

Hallinger, P., and Heck, R. H. (1998). Exploring the Principal's Contribution to School Effectiveness, 1980-1995. *School Effectiveness and School Improvement*, 9(2), 157-91.

Halpin, A. W. (1966). *Theory and Research in Administration.* New York: Macmillan.

Halpin, A. W., and Croft, D. B. (1962). *The Organization Climate of Schools.* Contract # SAE 543-8639. U. S. Office of Education, Research Project.

Halpin, A. W., and Croft, D. B. (1963). *The Organizational Climate of Schools.* Chicago: Midwest Administration Center of the University of Chicago.

Halpin, A. W., and Winer, B. J. (1952). *The Leadership Behavior of the Airplane Commander.* Washington, DC: Human Resources Research Laboratories, Department of the Air Force.

Hamilton, R. J. (1985). A Framework for the Evaluation of the Effectiveness of Adjunct Questions and Objectives. *Review of Educational Research*, *55*, 47-86.

Hamman, D., Berthelot, J., Saia, J., and Crowley, E. (2000). Teachers' Coaching of Learning and Its Relation to Students' Strategic Learning. *Journal of Educational Psychology*, *92*, 342-48.

Hannum, J. (1994). The Organizational Climate of Middle Schools, Teacher Efficacy, and Student Achievement. Doctoral diss., Rutgers University, New Brunswick.

Hanson, M. (2001). Institutional Theory and Educational Change. *Educational Administration Quarterly*, *37*(5), 637-61.

Hanson, E. M. (2003). *Educational Administration and Organizational Behavior.* Boston: Allyn and Bacon.

Hanushek, E. A. (1981). Throwing Money at Schools. *Journal of Policy Analysis and Management*, *1*(1), 19-41.

Hanushek, E. A. (1989). The Impact of Differential Expenditures on School Performance. *Educational Researcher*, *18*, 45 - 51, 62.

Hanushek, E. A. (1997). Assessing the Effects of School Resources on Student Performance: An Update. *Educational Evaluation and Policy Analysis*, *19*(2), 141-64.

Hanushek, E. A. (2003). The Failure of Input-Based Schooling Policies. *Economic Journal*, *113* (February), F64–F98.

Hanushek, E. A., and Raymond, M. E. (2002). Sorting Out Accountability Systems. In W. M. Evers and H. J. Walberg (Eds.), *School Accountability* (pp. 75–104). Palo Alto, CA: Hoover Press.

Harder, J. W. (1992). Play for Pay: Effects of Inequity in Pay-for-Performance Contest. *Administrative Science Quarterly*, *37*, 321–35.

Hardy, C., and Leiba-O'Sullivan, S. (1998). The Power Behind Empowerment: Implications for Research and Practice. *Human Relations*, *51*, 451–83.

Harris, T. E. (1993). *Applied Organizational Communication.* Hillsdale, NJ: Erlbaum.

Hart, A. W. (1987). A Career Ladder's Effect on Teacher Career and Work Attitudes. *American Educational Research Journal*, *24* (4), 479–503.

Hart, A. W. (1990a). Impacts of the School Social Unit on Teacher Authority During Work Redesign. *American Education Research Journal*, *27*(3), 503–32.

Hart, A. W. (1990b). Work Redesign: A Review of Literature for Education Reform. *Advances in Research and Theories of School Management*, *1*, 31–69.

Hart, A. W. (1993). *Principal Succession: Establishing Leadership in Schools.* Albany, NY: State University of New York Press.

Hart, A. W. (1995). Reconceiving School Leadership: Emergent Views. *The Elementary School Journal*, *96*, 9–28.

Hart, A. W., and Murphy, M. J. (1990). New Teachers React to Redesigned Teacher Work. *American Journal of Education*, *93* (3), 224–50.

Hart, D. K., and Scott, W. G. (1975). The Organizational Imperative. *Administration and Society*, *7*, 259–85.

Hartley, M., and Hoy, W. K. (1972). Openness of School Climate and Alienation of High School Students. *California Journal of Educational Research*, *23*, 17–24.

Hatry, H. P., and Greiner, J. M. (1985). *Issues and Case Studies in Teacher Incentive Plans.* Washington, DC: Urban Institute Press.

Hayes, A. E. (1973). A Reappraisal of the Halpin-Croft Model of the Organizational Climate of Schools. Annual Meeting of the American Educational Research Association, New Orleans.

Haymond, J. E. (1982). Bureaucracy, Climate, and Loyalty: an Aston Study in Education. Doctoral diss., Rutgers University, New Brunswick.

Haynes, P. A. (1974). Towards a Concept of Monitoring. *Town Planning Review*, *45*, 6–29.

Heck, R. H. (2000). Examining the Impact of School Quality on School Outcomes and Improvement: A Value-Added Approach. *Educational Administration Quarterly*, *36* (4), 513–52.

Heck, R. H., Larsen, T. J., and Marcoulides, G. A. (1990). Instructional Leadership and School Achievement: Validation of a Causal Model. *Educational Administration Quarterly*, *26*(2), 94–125.

Heclo, H. (1978). Issue Networks and the Executive Establishment. In A. King (Ed.), *The New American Political System* (pp. 87–124). Washington, DC: AEI Press.

Hedges, L. V., Laine, R. D., and Greenwald, R. (1994). Does Money Matter? A

Meta-Analysis of Studies of the Effects of Differential School Inputs on Student Outcomes. *Educational Researcher*, *23*(3), 5–14.

Heinz, J. P., Laumann, E. O., Nelson, R. L., and Salisbury, R. H. (1993). *The Hollow Core: Private Interests in National Policymaking*. Cambridge, MA: Harvard University Press.

Heintzman, M., Leathers, D. G., Parrot, R. L., and Cairns, I. (1993). Nonverbal Rapport-Building Behaviors' Effects on Perceptions of a Supervisor. *Management Communication Quarterly*, 7(2), 181–208.

Heller, F., Drenth, P., Koopman, P., and Rus, V. (1988). *Decisions in Organizations*. Beverly Hills, CA: Sage.

Heller, M. F., and Firestone, W. A. (1995). Who's in Charge Here? Sources of Leadership for Change in Eight Schools. *Elementary School Journal*, *96*(1), 65–86.

Hellriegel, D., Slocum, J. W., and Woodman, R. W. (1992). *Organizational Behavior* (6th ed.). St. Paul, MN: West.

Hemphill, J. K., and Coons, A. E. (1950). *Leader Behavior Description Questionnaire*. Columbus: Personnel Research Board, Ohio State University.

Henderson, J. E., and Hoy, W. K. (1983). Leader Authenticity: The Development and Test of an Operational Measure. *Educational and Psychological Research*, 2, 123–30.

Heneman, H. G. I., and Schwab, D. P. (1972). An Evaluation of Research on Expectancy Theory Predictions of Employee Performance. *Psychological Bulletin*, *78*, 1–9.

Hernshaw, L. S. (1987). *The Shaping of Modern Psychology: A Historical Introduction from Dawn to Present Day*. London: Routledge and Kegan Paul.

Herrick, H. S. (1973). *The Relationship of Organizational Structure to Teacher Motivation in Multiunit and Non-multiunit Elementary Schools No. 322*. Madison: Wisconsin Research and Development Center for Cognitive Learning, University of Wisconsin.

Herriott, R. F., and Firestone, W. A. (1984). Two Images of Schools as Organizations: A Refinement and Elaboration. *Educational Administration Quarterly*, *20*, 41–58.

Hersey, P. W. (1982). *The NASSP Assessment Center: Validation and New Development*. Reston, VA: National Association of Secondary School Principals.

Hershey, P., and Blanchard, K. H. (1977). *The Management of Organizational Behavior* (3rd ed.). Englewood Cliffs, NJ: Prentice Hall.

Herzberg, F. (1982). *The Managerial Choice: To Be Efficient and to Be Human* (Rev. ed.). Salt Lake City, UT: Olympus.

Herzberg, F., Mausner, B., and Snyderman, B. (1959). *The Motivation to Work*. New York: Wiley.

Hess, F. M. (2003). A License to Lead? A New Leadership Agenda for America's Schools. Washington, DC: Progressive Policy Institute. Available at www. ppionline. org/

Hickson, D., Butler, R., Gray, D., Mallory, G., and Wilson, D. (1986). *Top Decisions: Strategic Decision Making in Organizations*. Oxford: Basil Blackwell.

Hill, H. C. (2001). Policy Is Not Enough: Language and the Interpretation of State Standards. *American Educational Research Journal*, *38*(2), 289–318.

Hill, P. T., and Bonan, J. (1991). *Decentralization and Accountability in Public Education*. Santa Monica, CA: Rand.

Hill, W. F. (2002). *Learning: A Survey of Psychological Interpretations* (7th ed.). Boston: Allyn & Bacon.

Hirschhorn, L. (1997). *Reworking Authority: Leading and Following in a Post-Modern Organization.* Cambridge, MA: MIT Press.

Hirschman, A. O. (1970). *Exit, Voice, and Loyalty: Responses to the Decline in Firms, Organizations, and States.* Cambridge, MA: Harvard University Press.

Hitt, M. A., and Ireland, R. D. (1987). Peters and Waterman Revisited: The Unended Quest for Excellence. *Academy of Management Executive*, *1*, 91–98.

Hodgkinson, C. (1991). *Educational Leadership: The Moral Art.* Albany, NY: State University of New York Press.

Hofer, B. K., and Pintrich, P. R. (1997). The Development of Epistemological Theories: Beliefs about Knowledge and Knowing and Their Relation to Learning. *Review of Educational Research*, *67*, 88–140.

Hoffman, A. J. (1999). Institutional Evolution and Change: Environmentalism and the U. S. Chemical Industry. *Academy of Management Journal*, *42*(4), 351–71.

Hoffman, J. D. (1993). The Organizational Climate of Middle Schools and Dimensions of Authenticity and Trust. Doctoral diss., Rutgers University, New Brunswick.

Hoffman, J. D., Sabo, D., Bliss, J., and Hoy, W. K. (1994). Building a Culture of Trust. *Journal of School Leadership*, *3*, 484–99.

Holdaway, E. A. (1978a). Facet and Overall Satisfaction of Teachers. *Educational Administration Quarterly*, *14*, 30–47.

Holdaway, E. A. (1978b). *Job Satisfaction: An Alberta Report.* Edmonton: University of Alberta.

Holdaway, E. A., Newberry, J. F., Hickson, D. J., and Heron, R. P. (1975). Dimensions of Organizations in Complex Societies: The Educational Sector. *Administrative Science Quarterly*, *20*, 37–58.

Holmes Group. (1986). *Tomorrow's Teachers.* East Lansing, MI: Holmes Group.

Homans, G. C. (1950). *The Human Group.* New York: Harcourt, Brace and World.

Hoppock, R. (1935). *Job Satisfaction.* New York: Harper.

House, R. J. (1971). A Path-Goal Theory of Leadership Effectiveness. *Administrative Science Quarterly*, *16*, 321–38.

House, R. J. (1973). A Path-Goal Theory of Leader Effectiveness. In E. A. Fleishman and J. G. Hunt (Eds.), *Current Developments in the Study of Leadership* (pp. 141–77). Carbondale, IL: Southern Illinois University Press.

House, R. J. (1977). A 1976 Theory of Charismatic Leadership. In. J. G. Hunt and L. L. Larson (Eds.), *Leadership: The Cutting Edge* (pp. 189–207). Carbondale, IL: Southern Illinois University Press.

House, R. J. (1988). Leadership Research: Some Forgotten, Ignored, or Overlooked Findings. In J. G. Hunt, B. R. Baliga, H. P. Dachler, and C. A. Schriesheim (Eds.), *Emerging Leadership Vistas* (pp. 245–60). Lexington, MA: Lexington.

House, R. J. (1996). Path-Goal Theory of Leadership: Lessons, Legacy, and a Reformulated Theory. *Leadership Quarterly*, *3* (2), 323–52.

House, R. J., and Baetz, M. L. (1979). Leadership: Some Empirical Generalizations and New Research Directions. *Research in Organizational Behavior*, *1*, 341–423.

House, R. J., and Howell, J. M. (1992). Personality and Charismatic Leadership. *Leadership Quarterly*, 3(2), 81-108.

House, R. J., and Mitchell, T. R. (1974). Path-Goal Theory and Leadership. *Journal of Contemporary Business*, *3*, 81-97.

House, R. J., Spangler, W. D., and Woycke, J. (1991). Personality and Charisma in the U. S.

Presidency: A Psychological Theory of Leader Effectiveness. *Administrative Science Quarterly*, *36*, 364-96.

Howell, J. M., and Avolio, B. J. (1993). Transformational Leadership, Transactional Leadership, Locus of Control, and Support of Innovation: Key Predictors of Consolidated Business-Unit Performance. *Journal of Applied Psychology*, *78*(6), 891-902.

Howell, J. M., and Frost, P. J. (1989). A Laboratory Study of Charismatic Leadership. *Organizational Behavior and Human Decision Processes*, *43*, 243-69.

Howell, J. P. (1997). Substitutes for Leadership: Their Meaning and Measurement — An Historical Assessment. *Leadership Quarterly*, *8*(2), 113-16.

Hoy, W. K. (1967). Organizational Socialization: The Student Teacher and Pupil Control Ideology. *Journal of Educational Research*, *61*, 153-55.

Hoy, W. K. (1968). Pupil Control and Organizational Socialization: The Influence of Experience on the Beginning Teacher. *School Review*, *76*, 312-23.

Hoy, W. K. (1969). Pupil Control Ideology and Organizational Socialization: A Further Examination of the Influence of Experience on the Beginning Teacher. *School Review*, *77*, 257-65.

Hoy, W. K. (1972). Dimensions of Student Alienation and Characteristics of Public High Schools. *Interchange*, *3*, 38-51.

Hoy, W. K. (1978). Scientific Research in Educational Administration. *Educational Administration Quarterly*, *14*, 1-12.

Hoy, W. K. (1990). Organizational Climate and Culture: A Conceptual Analysis of the School Workplace. *Journal of Educational and Psychological Consultation*, *1*, 149-68.

Hoy, W. K (1996). Science and Theory in the Practice of Educational Administration: A Pragmatic Perspective. *Educational Administration Quarterly*, *32*, 366-78.

Hoy, W. K. (1997). A Few Quibbles with Denison, *The Academy of Management Review*, *22*(1), 13-14.

Hoy, W. K. (2001). The Pupil Control Studies: A Historical, Theoretical, and Empirical Analysis. *Journal of Educational Administration*, *39*, 424-41.

Hoy, W. K. (2002). Faculty Trust: A Key to Student Achievement. *Journal of School Public Relations*, *23*(2), 88-103.

Hoy, W. K. (2003). An Analysis of Enabling and Mindful School Structures: Some Theoretical, Research, and Practical Considerations. *Journal of Educational Administration*, *41*, 87-108.

Hoy, W. K., and Aho, F. (1973). Patterns of Succession of High School Principals and Organizational Change. *Planning and Changing*, *2*, 82-88.

Hoy, W. K., and Appleberry, J. B. (1970). Teacher Principal Relationships in "Humanistic" and "Custodial" Elementary Schools. *Journal of Experimental Education*, *39*, 27-31.

Hoy, W. K., Astuto, T. A., and Forsyth,

P. B. (Eds.). (1994). *Educational Administration: The UCEA Document Base.* New York: McGraw-Hill Primus.

Hoy, W. K., Blazovsky, R., and Newland, W. (1980). Organizational Structure and Alienation from Work. Annual Meeting of the American Educational Research Association, Boston.

Hoy, W. K., Blazovsky, R., and Newland, W. (1983). Bureaucracy and Alienation: A Comparative Analysis. *The Journal of Educational Administration*, *21*, 109–21.

Hoy, W. K., and Brown, B. L. (1988). Leadership Behavior of Principals and the Zone of Acceptance of Elementary Teachers. *Journal of Educational Administration*, *26*, 23–39.

Hoy, W. K., and Clover, S. I. R. (1986). Elementary School Climate: A Revision of the OCDQ. *Educational Administration Quarterly*, *22*, 93–110.

Hoy, W. K., and Feldman, J. (1987). Organizational Health. The Concept and Its Measure. *Journal of Research and Development in Education*, *20*, 30–38.

Hoy, W. K., and Feldman, J. (1999). Organizational Health Profiles for Hight Schools. In J. Freiberg (Ed.)., *School Climate: Measuring, Sustaining, and Improving.* Philadelphia: Falmer Press.

Hoy, W. K., and Ferguson, J. (1985). A Theoretical Framework and Exploration of Organizational Effectiveness in Schools. *Educational Administration Quarterly*, *21*, 117–34.

Hoy, W. K., and Forsyth, P. B. (1986). *Effective Supervision: Theory into Practice.* New York: Random House.

Hoy, W. K., and Forsyth, P. B. (1987). Beyond Clinical Supervision: A Classroom Performance Model. *Planning and Changing*, *18*, 210–23.

Hoy, W. K., and Hannum, J. (1997). Middle School Climate: An Empirical Assessment of Organizational Health and Student Achievement. *Educational Administration Quarterly*, *33*, 290–311.

Hoy, W. K., Hannum, J., and Tschannen-Moran, M. (1998). Organizational Climate and Student Achievement: A Parsimonious and Longitudinal View. *Journal of School Leadership*, *8*, 1–22.

Hoy, W. K., and Henderson, J. E. (1983). Principal Authenticity, School Climate, and Pupil-Control Orientation. *Alberta Journal of Educational Research*, *2*, 123–30.

Hoy, W. K., Hoffman, J., Sabo, D., and Bliss, J. (1994). The Organizational Climate of Middle Schools: The Development and Test of the OCDQ-RM. *Journal of Educational Administration*, *34*, 41–59.

Hoy, W. K., and Miskel, C. G. (1991). *Educational Administration: Theory, Research, and Practice* (4th ed.). New York: McGraw-Hill.

Hoy, W. K., Newland, W., and Blazovsky, R. (1977). Subordinate Loyalty to Superior, Esprit, and Aspects of Bureaucratic Structure. *Educational Administration Quarterly*, *13*, 71–85.

Hoy, W. K., and Rees, R. (1974). Subordinate Loyalty to Immediate Superior: A Neglected Concept in the Study of Educational Administration. *Sociology of Education*, *47*, 268–86.

Hoy, W. K., and Rees, R. (1977). The Bureaucratic Socialization of Student Teachers. *Journal of Teacher Education*, *28*, 23–26.

Hoy, W. K., and Sabo, D. (1998). *Quality*

Middle Schools: Open and Healthy. Thousand Oaks, CA: Corwin Press.

Hoy, W. K., Smith, P. A., and Sweetland, S. R. (2002a). A Test of a Model of School Achievement in Rural Schools: The Significance of Collective Efficacy. In W. K. Hoy and C. Miskel (Eds.). *Theory and Research in Educational Administration*, (pp. 185 – 202).

Hoy, W. K., Smith, P. A., and Sweetland, S. R. (2002b). The Development of the Organizational Climate Index for High Schools: Its Measure and Relationship to Faculty Trust. *The High School Journal*, *86*, 38–49.

Hoy, W. K., and Sousa, D. (1984). Delegation: The Neglected Aspect of Participation in Decision Making. *Alberta Journal of Educational Research*, *30*, 320–31.

Hoy, W. K., and Sweetland, S. R. (2000). Bureaucracies that Work: Enabling, Not Coercive. *Journal of School Leadership*, *10*, 525–41.

Hoy, W. K., and Sweetland, S. R. (2001). Designing Better Schools: The Meaning and Nature of Enabling School Structure. *Educational Administration Quarterly*, *37*, 296–321.

Hoy, W. K., Sweetland, S. R. and Smith, P. A. (2002). Toward an Organizational Model of Achievement in High Schools: The Significance of Collective Efficacy. *Educational Administration Quarterly*, *38*, 77–93.

Hoy, W. K., and Tarter, C. J. (1990). Organizational climate school health and student achievement: a comparative analysis. Unpublished paper.

Hoy, W. K., and Tarter, C. J. (1992). Collaborative Decision Making: Empowering Teachers. *Canadian Administration*, *32*,1–9.

Hoy, W. K., and Tarter, C. J. (1993a). A Normative Model of Shared Decision Making. *Journal of Educational Administration*, *31*, 4–19.

Hoy, W. K., and Tarter, C. J. (1993b). Crafting Strategies, Not Contriving Solutions: A Response to Downey and Knight's Observations on Shared Decision Making. *Canadian Administration*, *32*, 1–6.

Hoy, W. K., and Tarter, C. J. (1997a). *The Road to Open and Healthy Schools: A Handbook for Change, Secondary Edition*. Thousand Oaks, CA: Corwin Press.

Hoy, W. K., and Tarter, C. J. (1997b). *The Road to Open and Healthy Schools: A Handbook for Change, Elementary Edition*. Thousand Oaks, CA: Corwin Press.

Hoy, W. K., and Tarter, C. J. (2003). *Administrators Solving the Problems of Practice: Decision-Making Concepts, Cases, and Consequences*. Boston: Allyn and Bacon.

Hoy, W. K., Tarter, C. J., and Kottkamp, R. (1991). *Open Schools/Healthy Schools: Measuring Organizational Climate*. Beverly Hills, CA: Sage.

Hoy, W. K., Tarter, C. J., and Wiskowskie, L. (1992). Faculty Trust in Colleagues: Linking the Principal with School Effectiveness. *Journal of Research and Development in Education*, *26*(1), 38–58.

Hoy, W. K., and Tschannen-Moran, M. (1999). Five Faces of Trust: An Empirical Confirmation in Urban Elementary Schools. *Journal of School. Leadership*, *9*, 184–208.

Hoy, W. K., and Tschannen-Moran, M. (2003). The Conceptualization and Measurement of Faculty Trust in Schools. In W. K. Hoy and C. Miskel (Eds.). *Studies in Leading and Organizing Schools* (pp. 181–207).

Hoy, W. K., and Williams, L. B. (1971). Loyalty to Immediate Superior at Alternate Levels in Public Schools. *Educational Administration Quarterly*, *7*, 1–11.

Hoy, W. K., and Woolfolk, A. E. (1989). Socialization of Student Teachers. Annual Meeting of the Amerian Educational Research Association, San Francisco.

Hoy, W. K., and Woolfolk, A. E. (1990). Socialization of Student Teachers. *American Educational Research Journal*, 27(2), 279–300.

Hoy, W. K., and Woolfolk, A. E. (1993). Teachers' Sense of Efficacy and the Organizational Health of Schools. *Elementary School Journal*, 93(4), 355–72.

Huber, G. P. (1996). Organizational Learning: The Contributing Processes and Literatures. In Cohen, M. D., and Sproull, L. S. (Eds.). *Organizational Learning* (pp. 124–62). Thousand Oaks, CA: Sage.

Huber, G. P., and Daft, R. L. (1987). The Information Environments of Organizations. In F. M. Jablin, L. L. Putnam, K. Roberts, and L. W. Porter (Eds.), *Handbook of Organizational Communication: An Interdisciplinary Perspective* (pp. 130–64). Newbury Park, CA: Sage.

Huber, V. L. (1981). The Sources, Uses, and Conservation of Managerial Power. *Personnel*, *51*, 66–67.

Hunt, J. G. (1991). *Leadership: A New Synthesis.* Newbury Park, CA: Sage.

Hunt, J. G. (1999). Transformational/Charismatic Leadership's Transformation of the Field: An Historical Essay. *Leadership Quarterly*, 10(2), 129–44.

Hunter, M. (1982). *Mastery Teaching.* El Segundo, CA: TIP Publications.

Huseman, R. C., and Miles, E. W. (1988). Organizational Communication in the Information Age: Implications of Computer-Based Systems. *Journal of Management*, *14*, 181–204.

Iannaccone, L. (1962). Informal Organization of School Systems. In D. Griffiths, D. L. Clark, R. Wynn, and L. lannaccone (Eds.), *Organizing Schools for Effective Education* (pp. 227–93). Danville, IL: Interstate.

Imber, M. (1983). Increased Decision Making Involvement for Teachers: Ethical and Practical Considerations. *Journal of Educational Thought*, *17*, 36–42.

Imber, M., and Duke, D. L. (1984). Teacher Participation in School Decision Making: A Framework for Research. *Journal of Educational Administration*, *22*, 24–34.

Immegart, G. L. (1988). Leadership and Leader Behavior. In N. J. Boyan (Ed.), *Handbook of Research on Educational Administration* (pp. 259–77). New York: Longman.

Ingersoll, R. M. (1993). Loosely Coupled Organizations Revisited. *Research in the Sociology of Organizations*, *11*, 81–112.

Irwin, J. W. (1991). *Teaching Reading Comprehension* (2nd ed.). Boston: Allyn and Bacon.

Isaacson, G. (1983). Leadership Behavior and Loyalty. Doctoral diss., Rutgers University, New Brunswick.

Isherwood, G., and Hoy, W. K. (1973). Bureaucracy, Powerlessness, and Teacher Work Values. *Journal of Educational Administration*, 9, 124–38.

Ishikawa, K. (1985). *What is Total Quality Control? The Japanese Way.* Englewood Cliffs, NJ: Prentice Hall.

Ivey, A. E., and Ivey, M. B. (1999). *Inten-*

tional Interviewing and Counseling: Facilitating Client Development in a Multicultural Society. Pacific Grove, CA: Brooks/Cole Publishing.

Jablin, F. M. (1980). Organizational Communication Theory and Research: An Overview of Communication Climate and Network Research. *Communication Yearbook*, *4*, 327–47.

Jabin, F. M. (1987). Formal Organization Structure. In F. M. Jablin, L. L. Putman, K. Roberts, and L. W. Porter (Eds.), *Handbook of Organizational Communication: An Interdisciplinary Perspective* (pp. 389–419). Newbury Park, CA: Sage.

Jablin, F. M., and Putnam, L. L. (Eds.). (2001). *The New Handbook of Organizational Communication.* Thousand Oaks, CA: Sage.

Jablin, F. M., Putnam, L. L., Roberts, K., and Porter, L. W. (Eds.). (1987). *Handbook of Organizational Communication: An Interdisciplinary Perspective.* Newbury Park, CA: Sage.

Jablin, F. M., and Sias, P. M. (2001). Communication Competence. In Jablin, F. M., and Putnam, L. L. (Eds.), *The New Handbook of Organizational Communication* (pp. 819–64). Thousand Oaks, CA: Sage.

Jackson, J. (1990, January 28). Interview with Jesse Jackson. *Parade*, 5.

Jackson, S., and Schuler, R. S. (1985). A Meta-Analysis and Conceptual Critique of Research on Role Ambiguity and Role Conflict in Work Settings. *Organizational Behavior and Human Decision Processes*, 36, 17–78.

James, W. (1983). *Talks to Teachers on Psychology and to Students on Some of Life's Ideals.* Cambridge, MA: Harvard University Press.

Jamison, D., Suppes, P., and Wells, S. (1974). The Effectiveness of Alternative Instructional Media: A Survey. *Review of Educational Research*, *44*, 1–67.

Janis, I. L. (1982). *Groupthink: Psychological Studies of Policy Decisions and Fiascoes.* Boston: Houghton Mifflin.

Janis, I. L. (1985). Sources of Error in Strategic Decision Making. In J. M. Pennings (Ed.), *Organizational Strategy and Change* (pp. 157–97). San Francisco: Jossey-Bass.

Janis, I. L., and Mann, L. (1977). *Decision Making: A Psychological Analysis of Conflict, Choice, and Commitment.* New York: Free Press.

Jepperson, R. L. (1991). Institutions, Institutional Effects, and Institutionalism. In W. W. Powell and P. J. DiMaggio (Eds.), *The New Institutionalism in Organizational Analysis* (pp. 164–82). Chicago: University of Chicago Press.

Johns, G., Xie, J. L., and Fang, Y. (1992). Mediating and Moderating Effects in Job Design. *Journal of Management*, *18* (4), 657–76.

Johnson, S. M. (1986). Incentives for Teachers: What Motivates, What Matters. *Educational Administration Quarterly*, *22*, 54–79.

Jones, M. S., Levin, M. E., Levin, J. R., and Beitzel, B. D. (2000). Can Vocabulary-Learning Strategies and Pair-Learning Formats Be Profitably Combined? *Journal of Educational Psychology*, *92*, 256–62.

Juran, J. A. M. (1989). *Juran on Leadership and Quality.* New York: Free Press.

Jurden, F. H. (1995). Individual Differences in Working Memory and Complex Cognition. *Journal of Educational Psychology*, *87*, *93*–102.

Jurkovich, R. (1974). A Core Typology of Organizational Environments. *Administrative Science Quarterly*, *19*, 380–94.

Kagan, S. (1994). *Cooperative Learning*. San Juan Capistrano, CA: Kagan Cooperative Learning.

Kahneman, D., Solvic, P., and Tversky, A. (1982). *Judgment under Uncertainty: Heuristics and Biases.* Cambridge, England: Cambridge University Press.

Kahneman, D., and Tversky, A. (1973). On the Psychology of Prediction. *Psychological Review*, *80*, 251–73.

Kahneman, D. K. and Tversky, A. (1996). On the Reality of Cognitive Illusions. *Psychological Review*, *103*, 582–91.

Kakabadse, A. (1986). Organizational Alienation and Job Climate. *Small Group Behaviour*, *17*, 458–71.

Kanfer, R. (1990). Motivation Theory and Industrial Organizational Psychology. In M. D. Dunnette and L. M. Hough (Eds.), *Handbook of Industrial and Organizational Psychology* (pp. 75–170). Palo Alto, CA: Consulting Psychologists Press.

Kanigel, R. (1997). *The One Best Way.* New York: Viking.

Kanner, L. (1974). Machiavellianism and the Secondary Schools: Teacher-Principal Relations. Doctoral diss., Rutgers University, New Brunswick.

Kant, I. (1794). *Kritik der Reinen Vernunft* [Critique of Pure Peason] (4th ed.). Riga, Latvia: J. R. Hartknoch.

Kanter, R. (1977). *Men and Women of the Corporation.* New York: Basic Books.

Kanter, R., and Brinkerhoff, D. (1981). Organizational Performance: Recent Developments in Measurement. *Annual Review of Sociology*, *7*, 321–49.

Karper, J. H., and Boyd, W. L. (1988). Interest Groups and the Changing Environment of State Educational Policymaking: Developments in Pennsylvania. *Educational Administration Quarterly*, *24*, 21–54.

Karpov, Y. V., and Haywood, H. C. (1998). Two Ways to Elaborate Vygotsky's Concept of Mediation Implications for Instruction. *American Psychologist*, *53*, 27–36.

Katz, D., and Kahn, R. L. (1966). *The Social Psychology of Organizations.* New York: Wiley.

Katz, D., and Kahn, R. L. (1978). *The Social Psychology of Organizations* (2nd ed.). New York: Wiley.

Katzell, R. A., and Thompson, D. E. (1990). Work Motivation: Theory and Practice. *American Psychologist*, *45* (2), 144–53.

Keeley, M. (1984). Impartiality and Participant-Interest Theories of Organizational Effectiveness. *Administrative Science Quarterly*, *29*, 1–25.

Keith, N. V. (1996). A Critical Perspective on Teacher Participation in Urban Schools. *Educational Administration Quarterly*, *32*, 45–79.

Kelly, J. (1992). Does Job Re-Design Theory Explain Job Re-Design Outcomes? *Human Relations*, *45* (8), 753–74.

Kelsey, J. G. T. (1973). Conceptualization and Instrumentation for the Comparative Study of Secondary School Structure and Operation. Doctoral. diss., University of Alberta, Edmonton.

Kerlinger, F. N. (1986). *Foundations of Behavioral Research* (3rd ed.). New York: Holt, Rinehart & Winston.

Kerr, S., and Jermier, J. M. (1978). Substitutes for Leadership: Their Meaning and Measurement. *Organizational Behavior and Human Performance*, 22, 375-403.

Kets de Vries, M. F. R., and Miller, D. (1986). Personality, Culture, and Organization. *Academy Management Review*, *11*, 266-79.

Kiewra, K. A. (1985). Investigating Notetaking and Review: A Depth of Processing Alternatives. *Educational Psychologist*, *20*, 23-32.

Kiewra, K. A. (1988). Cognitive Aspects of Autonomous Note Taking: Control Processes, Learning Strategies, and Prior Knowledge. *Educational Psychologist*, *23*, 39-56.

Kiewra, K. A. (1989). A Review of Note-Taking: The Encoding Storage Paradigm and Beyond. *Educational Psychology Review*, *1*, 147-72.

Kiggundu, M. N. (1980). An Empirical Test of the Theory of Job Design Using Multiple Job Ratings. *Human Relations*, *33*, 339-51.

Kilmann, R. H. (1984). *Beyond the Quick Fix.* San Francisco: Jossey-Bass.

Kilmann, R. H., and Saxton, M. J. (1983). *The Kilmann-Saxton Culture Gap Survey.* Pittsburgh, PA: Organizational Design Consultant.

Kilmann, R. H., Saxton, M. J., and Serpa, R. (1985). *Gaining Control of the Corporate Culture.* San Francisco: Jossey-Bass.

Kirchhoff, B. A. (1977). Organization Effectiveness Measurement and Policy Research. *Academy of Management Review*, 2, 347-55.

Klein, G. (1997). An Overview of Naturalistic Decision Making Applications. In C. D. Zsambok and G. Klein (Eds.). *Naturalistic Decision Making* (pp. 49-59). Mahwah, NJ: Erlbaum.

Klein G., Wolf, S., Militello, L., and Zsambok, C. (1995). Characteristics of Skilled Option Generation in Chess. *Organizational Behavior and Human Decision Processes.* San Diego, CA: Academic Press.

Kmetz, J. T., and Willower, D. J. (1982). Elementary School Principals' Work Behavior. *Educational Administration Quarterly*, 18, 62-78.

Knapp, M. L. (1972). *Nonverbal Communication in Human Interaction.* New York: Holt, Rinehart, & Winston.

Koberg. C. S., and Ungson, G. R. (1987). The Effects of Environmental Uncertainty and Dependence on Organizational Structure and Performance: A Comparative Study. *Journal of Management*, 13, 725-37.

Kofman, F., and Senge, P. M. (1993). Communities of Commitment: The Heart of learning Organizations. *Organizational Dynamics*, *22*, 5-23.

Kolesar, H. (1967). An Empirical Study of Client Alienation in the Bureaucratic Organization. Doctoral diss., University of Alberta, Edmonton.

Kollman, K. (1998). *Outside Lobbying: Public Opinion and Interest Group Strategies.* Princeton, NJ: Princeton University Press.

Kondrasuk, J. N. (1981). Studies in MBO Effectiveness. *Academy of Management Review*, 6, 419-30.

Kotter, J. P. (1978). Power, Success, and Organizational Effectiveness. *Organizational Dynamics*, 6, 27-40.

Kotter, J. P. (1982). *The General Managers.* New York: Free Press.

Kotter, J. P. (1985). *Power and Influences: Beyond Formal Authority.* New York: Free Press.

Kotter, J. P. (1990). *A Force for Change:*

How Leadership Differs from Management. New York：Free Press.

Kottkamp, R. B., and Mulhern, J. A. (1987). Teacher Expectance Motivation, Open to Closed Climate and Pupil Control Ideology in High Schools. *Journal of Research and Development in Education*, *20*, 9–18.

Kottkamp, R. B., Mulhern, J., and Hoy, W. K. (1987). Secondary School Climate：A Revision of the OCDQ. *Educational Administration Quarterly*, *23*, 31–48.

Kouzes, J. M., and Posner, B. Z. (2002). *The Leadership Challenge.* San Francisco, CA：Jossey-Bass.

Kozulin, A., and Presseisen, B. Z. (1995). Meditated Learning Experience and Psychological Tools：Vygotsky's and Feuerstein's Perspectives in a Study of Student Learning. *Educational Psychologist*, *30*, 67–75.

Kraatz, M. S. (1998). Learning by Association? Interorganizational Networks and Adaptation to Environmental Change. *Academy of Management Journal*, *41*(6), 621–43.

Krone, K. J., Jablin, F. M., and Putnam, L. L. (1987). Communication Theory and Organizational Communication：Multiple Perspectives. In F. M. Jablin, L. L. Putnam, K. Roberts, and L. W. Porter (Eds.), *Handbook of Organizational Communication：An Interdisciplinary Perspective* (pp. 18–40). Newbury Park, CA：Sage.

Krueger, A. B. (2003). Economic Considerations and Class Size. *Economic Journal*, *113* (February). F34–F63.

Kuhlman, E., and Hoy, W. K. (1974). The Socialization of Professionals into Bureaucracies：The Beginning Teacher in the School. *Journal of Educational Administration*, *8*, 18–27.

Kuhnert, K. W., and Lewis, P. (1987). Transactional and Transformational Leadership：A Constructive/Developmental Analysis. *Academy of Management Review*, *12* (4), 648–57.

Kulik, C. T., and Ambrose, M. L. (1992). Personal and Situational Determinants of Referent Choice. *Academy Management Review*, *17*, 212–37.

Kulik, C. L., Kulik, J. A., and Bangert-Drowns, R. L. (1990). Effectiveness of Mastery Learning Programs：A Meta-analysis. *Review of Educational Research*, *60*, 265–99.

Kunz, D., and Hoy, W. K. (1976). Leader Behavior of Principals and the Professional Zone of Acceptance of Teachers. *Educational Administration Quarterly*, *12*, 49–64.

Ladd, H. F., and Zelli, A. (2002). School-Based Accountability in North Carolina：The Responses of School Principals. *Educational Administration Quarterly*, *38*(4), 494–529.

Lally, V., and Scaife, J. (1995) Towards a Collaborative Approach to Teacher Empowerment. *Bristish Educational Research Journal*, *21*, 323–39.

Landy, F. J., and Becker, W. S. (1987). Motivation Theory Reconsidered. *Research in Organizational Behavior*, *9*, 1–38.

Larson, J. R. J. (1989). The Dynamic Interplay between Employee's Feedback-Seeking Strategies and Supervisors' Delivery of Performance Feedback. *Academy of Management Review*, *14*, 408–22.

Latham, G. P. (2000). Motivate Employee Performance through Goal-Setting. In E. A. Locke(Ed.), *Handbook of Principles of Organizational Behavior* (pp. 107–19). Malden, MA：Blackwell.

Latham, G., and Baldes, J. (1975). The

Practical Significance of Locke's Theory of Goal Setting. *Journal of Applied Psychology*, *60*, 122-24.

Latham, G. P., and Locke, E. A. (1991). Self-Regulation through Goal Setting. *Organizational Behavior and Human Decision Processes*, *50*, 212-47.

Latham, G. P., Winters, D. C., and Locke, E. G. (1994). Cognitive and Motivational Effects of Participation: A Mediator Study. *Journal of Organizational Behavior*, *15*, 49-63.

Latham, G. P., and Yukl, G. A. (1975). A Review of Research on the Application of Goal Setting in Organizations. *Academy of Management Journal*, *18*, 824-45.

Lau, L. J. (1978). Education Production Functions. Conference on School Organization and Effects, National Institute of Education, Washington, DC.

Lave, J. (1988). *Cognition in Practice: Mind, Mathematics, and Culture in Everyday Life.* New York: Cambridge University Press.

Lave, J., and Wenger, E. (1991). *Situated Learning: Legitimate Peripheral Participation.* Cambridge, MA: Cambridge University Press.

Lawler, E. E., Ⅲ. (1973). *Motivation in Work Organizations.* Monterey, CA: Brooks/Cole.

Lawler, E. E., Ⅲ. (1985). Education, Management Style, and Organizational Effectiveness. *Personnel Psychology*, *38*, 1-26.

Lawler, E. E., Ⅲ. (1992). *The Ultimate Advantage.* San Francisco, CA: Jossey-Bass.

Lawler, E. E., Ⅲ. (1994). Total Quality Management and Employee Involvement: Are They Compatible? *Academy of Management Executive*, *8*(1), 68-76.

Lawrence, P. R., and Lorsch, J. W. (1967). *Organization and Environment: Managing Differentiation and Integration.* Boston: Graduate School of Business Administration, Harvard University.

Leach, D. J., Wall, T. D., and Jackson, P. R. (2003). The Effect of Empowerment on Job Knowledge: An Empirical Test Involving Operators of Complex Technology. *Journal of Occupational and Organizational Psychology*, *76*, 27-52.

Leavitt, H. J., Dill, W. R., and Eyring, H. B. (1973). *The Organizational World.* New York: Harcourt Brace Jovanovich.

Lee, V. E., Bryk, A. S., and Smith, J. B. (1993). The Organization of Effective Secondary Schools. *Review of Research in Education*, *19*, 171-267.

Lefkowitz, J., Somers, M. J., and Weinberg, K. (1984). The Role of Need Level and/or Need Salience as Moderators of the Relationship between Need Satisfaction and Work Alienation-Involvement. *Journal of Vocational Behavior*, *24*, 142-58.

Leithwood, K. (1994). Leadership for School Restructuring. *Educational Administration Quarterly*, *30*(4), 498-518.

Leithwood, K., and Duke, D. L. (1999). A Century's Quest to Understand School Leadership. In J. Murphy and K. S. Louis (Eds.), *Handbook of Research on Educational Administration* (pp. 45 - 72). San Francisco, CA: Jossey-Bass.

Leithwood, K., Jantzi, D., and Steinbach, R. (1998). Leadership and Other Conditions Which Foster Organizational Learning in Schools. In K. Leithwood and K. S. Louis (Eds.), *Organizational Learning in Schools* (pp. 67-90). Lisse: Swets and Zeitlinger.

Leithwood, K. , and Louis, K. S. (1998). *Organizational Learning in Schools.* Lisse: Swets and Zeitlinger.

Leonard, J. F. (1991). Applying Deming's Principles to Our Schools. *South Carolina Business*, *11*, 82-87.

Lepper, M. R. , and Greene, D. (1978). *The Hidden Costs of Rewards: New Perspectives on the Psychology of Human Motivation.* Hillsdale, NJ: Erlbaum.

Level, D. A. , Jr. (1972). Communication Effectiveness: Method and Situation. *Journal of Business Communication*, *9*, 19-25.

Leverette, B. B. (1984). Professional Zone of Acceptance: Its Relation to the Leader Behavior of Principals and Socio-Psychological Characteristics of teaching. Doctoral diss. , Rutgers University, New Brunswick.

Levin, J. R. (1985). Educational Applications of Mnemonic Pictures: Possibilities Beyond Your Wildest Imagination. In A. A. Sheikh (Ed.), *Imagery in the Educational Process.* Farmingdale, NY: Baywood.

Levitt, B. L. , and March, J. G. (1996). In Cohen, M. D. , and Sproull, L. S. (Eds.), *Organizational Learning* (pp. 516-40). Thousand Oaks, CA: Sage.

Levitt, B. L. , and Nass, C. (1989). The Lid on the Garbage Can: Institutional Constraints on Decision Making in the Technical Core of College-Text Publishers. *Administrative Science Quarterly*, *34*, 190-207.

Lewis, P. V. (1975). *Organizational Communications: The Essence of Effective Management.* Columbus, OH: Grid.

Liao, Y. M. (1994). School Climate and Effectiveness in Taiwan's Secondary Schools. Doctoral diss. , St. John's University, Queens.

Licata, J. W. , and Hack, W. G. (1980). School Administrator Grapevine Structure. *Educational Administration Quarterly*, *16*, 82-99.

Lieberson, S. , and O'Connor, J. F. (1972). Leadership and Organizational Performance: A Study of Large Corporations. *American Sociological Review*, *37*, 117-30.

Lindblom, C. E. (1959). The Science of Muddling Through. *Public Administrative Review*, *19*, 79-99.

Lindblom, C. E. (1965). *The Intelligence of Democracy: Decision Making through Mutual Adjustment.* New York: Free Press.

Lindblom, C. E. (1968). *The Policy-Making Process.* Englewood Cliffs, NJ: Prentice Hall.

Lindblom, C. E. (1980). *The Policy-Making Process* (2nd ed.). Englewood Cliffs: Prentice Hall.

Lindblom, C. E. , and Cohen, D. K. (1979). *Usable Knowledge: Social Science and Social Problem Solving.* New Haven, CT: Yale University Press.

Lipham, J. A. (1988). Getzel's Model in Educational Administration. In N. J. Boyan (Ed.), *Handbook of Research on Educational Administration* (pp. 171-84). New York: Longman.

Lipham, J. A. , and Francke, D. C. (1966). Nonverbal Behavior of Administrators. *Educational Administration Quarterly*, *2*, 101-9.

Litchfield, E. H. (1956). Notes on a General Theory of Administration. *Administrative Science Quarterly*, *1*, 3-29.

Litwin, G. H. , and Stringer, R. A. , Jr. (1968). *Motivation and Organizational Climate.* Boston: Harvard University Press.

Locke, E. A. (1968). Toward a Theory of Task Motivation and Incentives. *Organizational Behavior and Human Performance*, *3*,

157-89.

Locke, E. A. (1976). The Nature and Causes of Job Satisfaction. In M. D. Dunnette (Ed.), *Handbook of Industrial and Organizational Psychology* (pp. 1297-349). Chicago: Rand McNally.

Locke, E. A. (1991). The Motivation Sequence, the Motivation Hub, and the Motivation Core. *Organizational Behavior and Human Decision Processes*, 50, 288-99.

Locke, E. A., and Latham, G. P. (1984). *Goal Setting: A Motivational Technique That Works.* Englewood Cliffs, NJ: Prentice Hall.

Locke, E. A., and Latham, G. P. (1990). *A Theory of Goal Setting and Task Performance.* Englewood Cliffs, NJ: Prentice Hall.

Locke, E. A., and Latham, G. P. (2002). Building a Practically Oriented Theory of Goal Setting and Task Motivation: A 35-Year Odyssey. *American Psychologist*, *57*, 705-17.

Locke, E. A., Latham, G. P., and Erez, M. (1988). The Determinants of Goal Commitment. *Academy of Management Review*, *13*, 23-39.

Locke, E. A, and Schweiger, D. M. (1979). Participation in Decision Making: One More Look. *Research in Organizational Behavior*, *1*, 265-339.

Logan, C. S., Ellet, C. D., and Licata, J. W. (1993). Structural Coupling, Robustness, and Effectiveness of Schools. *Journal of Educational Administration*, *31*(1), 19-32.

Lorsch, J. W. (1985). Strategic Myopia: Culture as an Invisible Barrier to Change. In R. H. Kilmann, M. J. Saxton, and R. Serpa (Eds.), *Gaining Control of the Corporate Culture.* (pp. 84-102). San Francisco: Jossey-Bass.

Lortie, D. C. (1969). The Balance of Control and Autonomy in Elementary School Teaching. In A. Etzioni (Ed.), *The Semiprofessions and Their Organization* (pp. 1-53). New York: Free Press.

Lortie, D. C. (1975). *Schoolteacher: A Sociological Study.* Chicago: University of Chicago Press.

Louis, K. S., and Kruse, S. D. (1998). Creating Community in Reform: Images of Organizational Learning in Inner-City Schools. In K. Leithwood and K. S. Louis (Eds.), *Organizational Learning in Schools* (pp. 17-45). Lisse: Swets and Zeitlinger.

Lubienski, C. (2003). Innovation in Education Markets: Theory and Evidence on the Impact of Competition and Choice in Charter Schools. *American Educational Research Association*, *40*(2), 395-443.

Lugg, C. A., and Boyd, W. L. (1993). Leadership for Collaboration: Reducing Risk and Fostering Resilience. *Phi Delta Kappan*, *75*, 252-58.

Lunenburg, F. C. (1983). Pupil Control Ideology and Self-Concept as a Learner. *Educational Research Quarterly*, *8*, 33-39.

Lunenburg. F. C., and Schmidt, L. J. (1989). Pupil Control Ideology, Pupil Control Behavior, and Quality of School Life. *Journal of Research and Development in Education*, *22*, 35-44.

MacGeorge, E. L., Gillihan, S. J., Samter, W., and Clark, R. A. (2003). Skill Deficit or Differential Motivation? *Communication Research*, *30*(3), 272-303.

Machiavelli, N. (1984). *The Prince.* Harmondsworth: Penguin.

MacKay, D. (1964). An Empirical Study of Bureaucratic Dimensions and Their Relations to Other Characteristics of School Organization. Doctoral diss. , University of Alberta, Edmonton.

MacKensie, D. E. (1983). Research for School Improvement: An Appraisal and Some Recent Trends. *Educational Research*, *12*, 5–17.

MacKinnon, J. D. , and Brown, M. E. (1994). Inclusion in Secondary Schools: An Analysis of School Structure Based on Teachers' Images of Change. *Educational Administration Quarterly*, *30*, 126–52.

Madaus, G. F. , Airasian, P. W. , and Kellaghan, T. (1980). *School Effectiveness: A Reassessment of the Evidence.* New York: McGraw-Hill.

Maeroff, G. I. (1988). *The Empowerment of Teachers: Overcoming the Crisis of Confidence.* New York: Teachers College Press.

Mager, R. (1975). *Preparing Instructional Objectives* (2nd ed.). Palo Alto, CA: Fearon.

Malen, B. (1993). Enacting Site Based Management: A Political Utilities Analysis. Unpublished paper, College of Education, University of Washington.

Malen, B. ,Croninger, R. , Muncey, D. , and Redmond-Jones, D. (2002). Reconstituting Schools: "Testing" the "Theory of Action." *Educational Evaluation and Policy Analysis*, *24*(2), 113–32.

Malen, B. , Murphy, M. J. , and Hart, A. W. (1988). Restructuring Teacher Compensation Systems: An Analysis of Three Incentive Strategies. In K. Alexander and D. H. Monk (Eds.), *Eighth Annual Yearbook of the American Educational Finance Association* (pp. 91 – 142). Cambridge, MA: Ballinger.

Malen, B. , and Ogawa, R. T. (1992). Site-Based Management: Disconcerting Policy Issues, Critical Policy, and Choices. In J. J. Lane and E. G. Epps (Eds.), *Restructuring the Schools: Problems and Prospects* (pp. 185–206). Berkeley, CA: McCutchan.

Malen, B. , Ogawa, R. T. , and Kranz, J. (1990). What Do We Know about School-Based Management? A Case Study of the Literature—A Call for Research. In W. H. Clune and J. F. White (Eds.), *Choice and Control in American Education. Volume 2: The Practice of Choice, Decentralization and School Restructuring* (pp. 289 – 342). New York: Falmer Press.

Mann, R. D. (1959). A Review of the Relationships between Personality and Performance. *Psychological Bulletin*, *56*, 241–70.

Manning, P. K. (1992). *Organizational Communication.* New York: Aldine De Gruyer.

March, J. G. (1981). Footnotes to Organizational Change. *Administrative Science Quarterly*, *26*, 563–77.

March, J. G. (1982). Emerging Developments in the Study of Higher Education. *Review of Higher Education*, *6*, 1–18.

March, J. G. (1988). *Decisions and Organizations.* Oxford: Blackwell.

March, J. G. (1994). *A Primer of Decision Making.* New York: Free Press.

March, J. G. , and Olsen, J. P. (1976). *Ambiguity and Choice in Organization.* Bergen, Norway: Universitetsforlaget.

March, J. G. , and Simon, H. (1958). *Organizations.* New York: Wiley.

March, J. G. , and Simon, H. (1993). *Organizations* (2nd ed.). Cambridge, MA: Blackwell.

Marion, R. (2002). Leadership in Education: Organizational Theory for the Practitioner.

Upper Saddle, NJ: Merrill Prentice Hall.

Marjoribanks, K. (1977). Bureaucratic Orientation, Autonomy and Professional Attitudes of Teachers. *Journal of Educational Administration*, 15, 104-13.

Mark, J. H., and Anderson, B. D. (1985). Teacher Survival Rates in St. Louis, 1969-1982. *American Educational Research Journal*, *22*, 413-21.

Markman, E. M. (1977). Realizing That You Don't Understand: A Preliminary Investigation. *Child Development*, *48*, 986-92.

Markman, E. M. (1979). Realizing That You Don't Understand: Elementary School Children's Awareness of Inconsistencies. *Child Development*, *50*, 643-55.

Marks, H. M., and Louis, K. S. (1997). Does Teacher Empowerment Affect the Classroom? The Implications of Teacher Empowerment for Instructional Practice and Student Academic Performance. *Educational Evaluation and Policy Analysis*, *19*, 245-75.

Marks, H. M., and Louis, K. S. (1999). Teacher Empowerment and the Capacity for Organizational Learning. *Educational Administration Quarterly*, *35*, 707-50.

Marks, H. M., and Printy, S. M. (2003). Principal Leadership and School Performance: An Integration of Transformational and Instructional Leadership. *Educational Administration Quarterly*, *39*(3), 370-97.

Marshall, H. (1996). Implications of Differentiating and Understanding Constructivist Approaches. *Journal of Educational Psychology*, *31*, 235-40.

Martin, J. (1985). Can Organizational Culture Be Managed? In P. J. Frost, L. F. Moore, M. R. Lousi, C. C. Lundberg, and J. Martin (Eds.), *Organizational Culture* (pp. 95-98). Beverly Hills, CA: Sage.

Martin, J. (1990a). Deconstructing Organizational Taboos: Suppression of Gender Conflict in Organizations. *Organizational Science*, *1*, 339-59.

Martin, J. (1990b). Rereading Weber: Searching for Feminist Alternatives to Bureaucracy. Annual Meeting of the Academy of Management, San Francisco.

Martin, J. (1992). *Cultures in Organizations.* New York: Oxford University Press.

Martin, J., and Knopoff, K. (1999). The Gendered Implications of Apparently Gender-Neutral Theory: Rereading Weber, in *Ruffin Lectures Series.* Volume 3: *Business Ethics and Women's Studies*, Eds. E. Freeman and A. Larson. Oxford: Oxford University Press.

Martin, W. J., and Willower, D. J. (1981). The Managerial Behavior of High School Principals. *Educational Administration Quarterly*, *17*, 69-90.

Martin, Y. M., Isherwood, G. B., and Lavery, R. G. (1976). Leadership Effectiveness in Teacher Probation Committees. *Educational Administration Quarterly*, *12*, 87-99.

Marx, K. (1963). *Karl Marx: Early Writings.* T. Bottomore (Trans. and Ed.). London: Watts.

Maslow, A. H. (1965). *Eupsychian Management.* Homewood, IL: Irwin.

Maslow, A. H. (1970). *Motivation and Personality* (2nd ed.). New York : Harper & Row.

Maxey, S. J. (1995). *Democracy, Chaos, and New School Order.* Thousand Oaks, CA: Corwin Press.

Mayo, E. (1945). *The Social Problems of an Industrial Civilization.* Boston: Graduate School of Business Administration, Harvard

University.

Mazzoni, T. L., and Malen, B. (1985). Mobilizing Constituency Pressure to Influence State Education Policy Making. *Educational Administration Quarterly*, *21*, 91–116.

McCabe, D. L., and Dutton, J. E. (1993). Making Sense of the Environment: The Role of Perceived Effectiveness. *Human Relations*, *46*(5), 623–43.

McCall, M. W., Jr., and Lombardo, M. M. (Eds.). (1978). *Leadership: Where Else Can We Go?* Durham, NC: Duke University Press.

McCaskey, M. B. (1979). The Hidden Messages Managers Send. *Harvard Business Review*, *57*, 135–48.

McCaslin, M., and Hickey, D. T. (2001). Self-Regulated Learning and Academic Achievement: A Vygotskian View. In B. Zimmerman and D. Schunk (Eds.). *Self-Regulated Learning and Academic Achievement: Theoretical Perspectives* (2nd ed., pp. 227–52). Mahwah, NJ: Erlbaum.

McClelland, D. C. (1961). *The Achieving Society.* Princeton, NJ: Van Nostrand.

McClelland, D. C. (1965). Toward a Theory of Motive Acquisition. *American Psychologist*, *20*(5), 321–33.

McClelland, D. C. (1985). *Human Motivation.* Glenview, IL: Scott, Foresman.

McConkie, M. L. (1979). A Clarification of the Goal Setting and Appraisal Process in MBO. *Academy of Management Review*, *4*, 29–40.

McCormick, C. B., and Levin, J. R. (1987). Mnemonic Prose-Learning Strategies. In M. Pressley and M. McDaniel (Eds.), *Imaginary and Related Mnemonic Processes.* New York: Springer-Verlag.

McElroy, J. C., and Schrader, C. B. (1986). Attribution Theories of Leadership and Network Analysis. *Journal of Management*, *12*, 351–62.

McFarland, A. S. (1992). Interest Groups and the Policymaking Process: Sources of Countervailing Power in America. In M. P. Petracca (Ed.), *The Politics of Interests* (pp. 58–79). Boulder, CO: Westview.

McNall, S. G., and McNall, S. A. (1992). *Sociology.* Englewood Cliffs, NJ: Prentice Hall.

McNamara, V., and Enns, F. (1966). Directive Leadership and Staff Acceptance of the Principal. *Canadian Administrator*, *6*, 5–8.

McNeil, L. M. (1986). *Contradictions of Control: School Structure and School Knowledge.* New York: Routledge & Kegan Paul.

McNeil, L. M. (1988a). Contradictions of Control, Part 1: Administrators and Teachers. *Phi Delta Kappan*, *69*, 333–39.

McNeil, L. M. (1988b). Contradictions of Control, Part 2: Administrators and Teachers. *Phi Delta Kappan*, *69*, 432–38.

Meany, D. P. (1991). Quest for Quality. *California Technology Project Quarterly*, *2*, 8–15.

Mechanic, D. (1962). Sources of Power of Lower Participants in Complex Organizations. *Administrative Science Quarterly*, *6*, 349–64.

Meichenbaum, D., Burland, S., Gruson, L., and Cameron, R. (1985). Metacognitive Assessment. In S. Yussen (Ed.), *The Growth of Reflection in Children.* Orlando, FL: Academic Press.

Mendell, P. R. (1971). Retrieval and Representation in Long-Term Memory. *Psychonomic Science*, *23*, 295–96.

Mennuti, N., and Kottkamp, R. B. (1986). Motivation through the Design of Work: A

Synthesis of the Job Characteristics Model and Expectancy Motivation Tested in Middle and Junior High Schools. Annual Meeting of the American Educational Research Association, San Francisco.

Mento, A. J., Locke, E. A., and Klein, H. J. (1992). Relationship of Goal Level to Valence and Instrumentality. *Journal of Applied Psychology*, *77*, 395-405.

Merton, R. (1957). *Social Theory and Social Structure.* New York: Free Press.

Metz, M. H. (1986). *Different by Design: The Context and Character of Three Magnet Schools.* New York: Routledge and Kegan Paul.

Meyer, H. D. (2002a). From "Loose Coupling" to "Tight Management"? Making Sense of the Changing Landscape in Management and Organizational Theory. *Journal of Educational Administration*, *40*, 515-20.

Meyer, H. D. (2002b) The New Managerialism in (Higher) Education: Between Corporatization and Organization Learning. *Journal of Educational Administration*, *40*, 534-51.

Meyer, J. W. (1992). Centralization of Funding and Control in Educational Governance. In J. W. Meyer and W. R. Scott (Eds.), *Organization Environments: Ritual and Rationality* (pp. 179-97). Newbury Park, CA: Sage.

Meyer, J. W., and Rowan, B. (1977). Institutionalized Organizations: Formal Structure as Myth and Ceremony. *American Journal of Sociology*, *83*, 440-63.

Meyer, J. W., and Rowan, B. (1978). The Structure of Educational Organizations. In M. W. Meyer (Ed.), *Environments and Organizations* (pp. 78-109). San Francisco: Jossey-Bass.

Meyer, J. W., and Scott, W. R. (1983). *Organizational Environments: Ritual and Rationality.* Beverly Hills, CA: Sage.

Meyer, J. W., Scott, W. R., and Deal, T. E. (1992). Institutional and Technical Sources of Organizational Structure: Explaining the Structure of Educational Organizations. In J. W. Meyer and W. R. Scott (Eds.), *Organization Environments: Ritual and Rationality* (pp. 45-67). Newbury Park, CA: Sage.

Meyer, J. W., Scott, W. R., and Strang, D. (1987). Centralization, Fragmentation, and School District Complexity. *Administrative Science Quarterly*, *32*, 186-201.

Meyer, M. W. (1978). Introduction: Recent Developments in Organizational Research and Theory. In M. W. Meyer (Ed.), *Environments and Organizations* (pp. 1-19). San Francisco: Jossey-Bass.

Michaels, R. E., Cron, W. L., Dubinsky, A. J., and Joachimsthaler, E. A. (1988). Influence of Formalization on the Organizational Commitment and Work Alienation of Salespeople and Industrial Buyers. *Journal of Marketing Research*, *25*, 376-83.

Michels, R. (1949). *Political Parties.* E. and C. Paul (Trans.). Glencoe, IL: Free Press (first published in 1915).

Midgley, C., Feldlaufer, H., and Eccles, J. S. (1989). Change in Teacher Efficacy and Student Self-and Task-Related Beliefs in Mathematics during the Transition to Junior High School. *Journal of Educational Psychology*, *81*(2), 247-58.

Midgley, C., and Wood, S. (1993). Beyond Site-Based Management: Empowering Teachers to Reform Schools. *Phi Delta Kappan*, *75*, 245-52.

Miles, M. B. (1965). Education and Innovation: The Organization in Context. In M. Abbott and J. Lovell (Eds.), *Changing Perspectives in Educational Administration* (pp. 54-72). Auburn, AL: Auburn University Press.

Miles, M. B. (1969). Planned Change and Organizational Health: Figure and Ground. In F. D. Carver and T. J. Sergiovanni (Eds.), *Organizations and Human Behavior* (pp. 375-91). New York: McGraw-Hill.

Milgram, S. (1963). Behavioral Study of Obedience. *Journal of Abnormal and Social Psychology*, *17*, 371-78.

Milgram, S. (1973). The Perils of Obedience. *Harper's* (December), *62-66*, *75-77*.

Milgram, S. (1974). *Obedience to Authority*. New York: Harper & Row.

Miller, D. (1992). Environmental Fit versus Internal Fit. *Organization Science*, *3* (2), 159-78.

Miller, G. A. (1956). The Magical Number Seven, Plus or Minus Two: Some Limits on Our Capacity for Processing Information. *Psychological Review*, *63*, 81-97.

Miller, G. A., Galanter, E., and Pribram, K. H. (1960). *Plans and the Structure of Behavior*. New York: Holt, Rinehart & Winston.

Miller, L. E., and Grush, J. E. (1988). Improving Predictions in Expectancy Theory Research: Effects of Personality, Expectancies, and Norms. *Academy of Management Journal*, *31*, 107-22.

Miller, P. (1993). *Theories of Developmental Psychology*. New York: Freeman.

Miller, P. H. (2002). *Theories of Developmental Psychology* (4th ed.). New York: Worth.

Milliken, F. J. (1987). Three Types of Perceived Uncertainty about the Environment: State, Effect, and Response Uncertainty. *Academy of Management Review*, *12*, 133-43.

Mindlin, S. E., and Aldrich, H. (1975). Interorganizational Dependence: A Review of the Concept and a Reexamination of the Findings of the Aston Group. *Administrative Science Quarterly*, *20*, 382-92.

Miner, J. B. (1980). *Theories of Organizational Behavior*. Hinsdale, IL: Dryden.

Miner, J. B. (1988). *Organizational Behavior*. New York: Random House.

Miner, J. B. (2002). *Organizational Behavior: Foundations, Theories, and Analyses*. New York; Oxford University Press.

Miner, A. S., Amburgey, T. L., and Stearns, T. M. (1990). Interorganizational Linkages and Population Dynamics: Buffering and Transformational Shields. *Administrative Science Quarterly*, 35, 689-713.

Mintzberg, H. (1973). *The Nature of Managerial Work*. New York: Harper & Row.

Mintzberg, H. (1978). Patterns in Strategy Formulation. *Management Science*, *24*, 934-48.

Mintzberg, H. (1979). *The Structuring of Organizations*. Englewood Cliffs, NJ: Prentice Hall.

Mintzberg, H. (1980). Organizational Structure and Alienation from Work. Annual Meeting of the American Educational Research Association, Boston.

Mintzberg, H. (1981). The Manager's Job: Folklore and Fact. *Harvard Business Review*, *53*(4), 49-61.

Mintzberg, H. (1983a). *Power in and around Organizations*. Englewood Cliffs, NJ: Prentice Hall.

Mintzberg, H. (1983b). *Structure in Fives*. Englewood Cliffs, NJ: Prentice Hall.

Mintzberg, H. (1989). *Mintzberg on Management.* New York: Free Press.

Mintzberg, H., Raisinghani, D., and Theoret, A. (1976). The Structure of "Unstructured" Decision Processes. *Administrative Science Quarterly*, *23*, 246–75.

Miskel, C., and Cosgrove, D. (1985). Leader Succession in School Settings. *Review of Educational Research*, 55, 87–105.

Miskel, C., DeFrain, J., and Wilcox, K. (1980). A Test of Expectancy Work Motivation Theory in Educational Organizations. *Educational Administration Quarterly*, *16*, 70–92.

Miskel, C., Fevurly, R., and Stewart, J. (1979). Organizational Structures and Processes, Perceived School Effectiveness, Loyalty, and Job Satisfaction. *Educational Administration Quarterly*, *15*, 97–118.

Miskel, C., McDonald, D., and Bloom, S. (1983). Structural and Expectancy Linkages within Schools and Organizational Effectiveness. *Educational Administration Quarterly*, *19*, 49–82.

Miskel, C., and Ogawa, R. (1988). Work Motivation, Job Satisfaction, and Climate. In N. J. Boyan (Ed.), *Handbook of Research on Educational Administration* (pp. 279–304). New York: Longman.

Mitchell, T. R. (1974). Expectancy Models of Job Satisfaction, Occupational Preference, and Effort: A Theoretical, Methodological and Empirical Appraisal. *Psychological Bulletin*, *81*, 1053–77.

Mitchell, T. R. (1979). Organization Behavior. *Annual Review of Psychology*, *30*, 243–81.

Mitroff, I. I., and Kilmann, R. H. (1978). *Methodological Approaches to Social Science: Integrating Divergent Concepts and Theories.* San Francisco: Jossey-Bass.

Mizruchi, M. S., and Fein, L. C. (1999). The Social Construction of Organizational Knowledge: A Study of the Uses of Coercive, Mimetic, and Normative Isomorphism. *Administrative Science Quarterly*, *44* (4), 653–83.

Moe, T. M. (2003). "Politics, Control, and the Future of School Accountability." In P. E. Peterson and M. West (Eds.), *Leave No Child Behind? The Politics and Practices of School Accountability* (pp. 80–106) Washington, DC: Brookings Institution.

Moeller, G. H., and Charters, W. W., Jr. (1966). Relation of Bureaucratization to Sense of Power among Teachers. *Administrative Science Quarterly*, *10*, 444–65.

Mohan, M. L. (1993). *Organizational Communication and Cultural Vision.* Albany, NY: State University of New York Press.

Mohrman, A. M., Jr., Cooke, R. A., and Mohrman, S. A. (1978). Participation in Decision Making: A Multidimensional Perspective. *Educational Administration Quarterly*, *14*, 13–29.

Monge, P. R. (1987). The Network Level of Analysis. In C. R. Berger and S. H. Chaffee (Eds.), *Handbook of Communication Science* (pp. 239–70). Newbury Park, CA: Sage.

Monge, P. R., and Contractor, N. S. (2001). Emergence of Communication Networks. In Jabin, F. M., and Putnam, L. L. (Eds.), *The New Handbook of Organizational Communication* (pp. 440–502). Thousand Oaks, CA: Sage.

Monk, D. H. (1992). Education Productivity Research: An Update and Assessment of Its

Role in Education Finance Reform. *Educational Evaluation and Policy Analysis*, *14* (4), 307–32.

Monk, D. H., and Plecki, M. L. (1999). Generating and Managing Resources for School Improvement. In J. Murphy and K. S. Louis (Eds.), *Handbook of Research on Educational Administration* (2nd ed., pp. 491–509). San Francisco: Jossey-Bass.

Moon, N. J. (1983). The Construction of a Conceptual Framework for Teacher Participation in School Decision Making. Doctoral diss., University of Kentucky, Lexington.

Moran, E. T., and Volkwein, J. F. (1992). The Cultural Approach to the Formation of Organizational Climate. *Human Relations*, *45*(1), 19–47.

Morgan, G. (1997). *Images of Organizations* (New Ed.). Thousand Oaks, CA: Sage.

Morris, P. F. (1990). Metacognition. In M. W. Eysenck, (Ed.), *The Blackwell Dictionary of Cognitive Psychology* (pp. 225–29). Oxford, UK: Basil Blackwell.

Morris, V. C., Crowson, R. L., Hurwitz, E. Jr., and Porter-Gehrie, C. (1981). *The Urban Principal.* Chicago: College of Education, University of Illinois at Chicago.

Morse, P. S., and Ivey, A. E. (1996). *Face to Face: Communication and Conflict Resolution in Schools.* Thousand Oaks, CA: Sage.

Mortimore, P. (1993). School Effectiveness and the Management of Effective Learning and Teaching. *School Effectiveness and School Improvement*, *4*(4), 290–310.

Mortimore, P. (1998). *The Road to Improvement: Reflections on School Effectiveness.* Lisse: Swets and Zeitlinger.

Moshman, D. (1982). Exogenous, Endogenous, and Dialectical Constructivism. *Developmental Review*, *2*, 371–84.

Moshman, D. (1997). Pluralist Rational Constructivism. *Issues in Education*(3), 235–44.

Mott, P. E. (1972). *The Characteristics of Effective Organizations.* New York: Harper & Row.

Mowday, R. T. (1978). The Exercise of Upward Influence in Organizations. *Administrative Science Quarterly*, *23*, 137–56.

Mowday, R. T., Porter, L. W., and Steers, R. M. (1982). *Employee-Organizational Linkages: The Psychology of Commitment, Absenteeism, and Turnover.* New York: Academic Press.

Mullins, T. (1983). Relationships among Teachers' Perception of the Principal's Style, Teachers' Loyalty to the Principal, and Teachers' Zone of Acceptance. Doctoral diss., Rutgers University, New Brunswick.

Mumford, M. D., Zaccaro, S. J., Harding, F. D., Jacobs, T. O., and Fleishman, E. A. (2000). Leadership Skills for a Changing World: Solving Complex Social Problems. *Leadership Quarterly*, *11*(1), 11–35.

Murnane, R. J. (1981). Interpreting the Evidence on School Effectiveness. *Teachers College Record*, *83*, 19–35.

Murnane, R. J. (1987). Understanding Teacher Attrition. *Harvard Educational Review*, 57, 177–82.

Murphy, J., and Datnow, A. (Eds.). (2003). *Leadership Lessons from Comprehensive School Reforms.* Thousand Oaks, CA: Corwin.

Murphy, M. J. (1985). Testimony before the California Commission on the Teaching Profession. Sacramento.

Myers, I. B., and Briggs, K. C. (1962). *The*

Myers-Briggs Type Indicator. Princeton: NJ: Educational Testing Service.

Myers, M. T., and Myers, G. E. (1982). *Managing by Communication: An Organizational Approach*. New York: McGraw-Hill.

Nadler, D. A., and Lawler, E. E., Ⅲ. (1977). Motivation: A Diagnostic Approach. In J. R. Hackman, E. E. Lawler Ⅲ, and L. W. Porter (Eds.), *Perspectives on Behavior in Organizations* (pp. 26-38). New York: McGraw-Hill.

Nadler, D. A., and Tushman, M. L. (1983). A General Diagnostic Model for Organizational Behavior Applying a Congruence Perspective. In J. R. Hackman, E. E. Lawler Ⅲ, and L. W. Porter (Eds.), *Perspectives on Behavior in Organizations* (pp. 112-24). New York: McGraw-Hill.

Nadler, D. A., and Tushman, M. L. (1989). Organizational Frame Bending: Principles for Managing Reorientation. *Academy of Management Executive*, *3*, 194-203.

National Commission on Excellence in Education. (1983). *A Nation at Risk*. Washington, DC: U.S. Government Printing Office.

National Commission on Excellence in Educational Administration. (1987). *Leaders for America's Schools*. Tempe, AZ: University Council for Educational Administration.

National Council of Teachers of Mathematics (NCTM). (1989). *Curriculum and Evaluation Standards for School Mathematics*. Reston, VA: Author.

National Council of Teachers of Mathematics (NCTM). (2000). *Principles and Standards for School Mathematics*. Reston, VA: Author.

National Staff Development Council. (2001). *Standards for Staff Development* (Rev. Ed.). Oxford, OH: Author. Available at www.nsdc.org/educatorindex.htm.

Needles, M., and Knapp, M. (1994). Teaching Writing to Children Who Are Undeserved. *Journal of Educational Psychology*, *86*, 339-49.

Nelson, T. O. (1996). Consciousness and Metacognition. *American Psychologist*, *51*, 102-16.

Nespor, J. (1987). The Role of Beliefs in the Practice of Teaching. *Journal of Curriculum Studies*, *19*, 317-28.

Newberry, J. F. (1971). A Comparative Analysis of the Organizational Structures of Selected Post-Secondary Educational Institutions. Doctoral diss., University of Alberta, Edmonton.

Nicholls, J. G., and Miller, A. (1984). Conceptions of Ability and Achievement Motivation. In R. Ames & C. Ames (Eds.), *Research on Motivation in Education. Volume 1: Student Motivation* (pp. 39-73). New York: Academic Press.

Nicholson, J. H. (1980). Analysis of Communication Satisfaction in an Urban School System. Doctoral diss., George Peabody College for Teachers of Vanderbilt University, Nashville, TN.

Nietzsche, F. (1968). *The Will to Power*. New York: Vintage Books.

Nietzsche, F. (1968). *Twilight of the Idols*. Harmondsworth: Penguin.

Nietzsche, F. (1969). *Ecce Homo*. New York: Vintage Books.

Nisbett, R. E., and Ross, L. (1980). *Human Interferences: Strategies and Shortcomings in Social Judgments*. Englewood Cliffs, NJ: Prentice Hall.

Northcraft, G. B., and Earley, P. C. (1989).

Technology, Credibility, and Feedback Use. *Organizational Behavior and Human Performance*, *44*, 83–96.

Northcraft, G. B., and Neale, M. A. (1987). Experts, Amateurs, and Real Estate: An Anchoring-and-Adjustment Perspective on Property Pricing in Decision. *Organizational Behavior and Human Decision Processes*, *39*, 84–97.

Northouse, P. G. (2004). *Leadership: Theory and Practice* (3rd ed.). Thousand Oaks, CA: Sage.

Nutt, P. C. (1984). Types of Organizational Decision Processes. *Administrative Science Quarterly*, *29*, 414–50.

O'Dempsey, K. (1976). Time Analysis of Activities, Work Patterns and Roles of High School Principals. *Administrator's Bulletin*, *7*, 1–4.

Odiorne, G. S. (1979). *MBO II: A System of Managerial Leadership for the* 80*s*. Belmont, CA: Pitman.

O'Donnell, A. M., and O'Kelly, J. (1994). Learning from Peers: Beyond the Rhetoric of Positive Results. *Educational Psychology Review*, *6*, 321–50.

Ogawa, R. T. (1991). Enchantment, Disenchantment, and Accommodation: How a Faculty Made Sense of the Succession of a Principal. *Educational Administration Quarterly*, *27*(1), 30–60.

Ogawa, R. T. (1992). Institutional Theory and Examining Leadership in School. *International Journal of Educational Management*, *6* (3), 14–21.

Ogawa, R. T. (1994). The Institutional Sources of Educational Reform: The Case of School-Based Management. *American Educational Research Journal*, *31*(3), 519–48.

Ogawa, R. T., and Bossert, S. T. (1995). Leadership as an Organizational Property. *Educational Administration Quarterly*, *31*, 224–43.

Ogawa, R. T., Sandholtx, H. J., Martinez-Flores, M., and Scribner, S. P. (2003). The Substantive and Symbolic Consequences of a District's Standards-Based Curriculum. *American Educational Research Journal*, *40* (1), 147–76.

Ogawa, R. T., and Scribner, S. P. (2002). Leadership: Spanning the Technical and Insitutional Dimensions of Organizations. *Journal of Educational Administration*, *40*(6), 576–88.

Okeafor, K. R., and Teddlie, C. (1989). Organizational Factors Related to Administrator's Confidence in Teachers. *Journal of Research and Development in Education*, *22*, 28–36.

Oldham, G. R., and Kulik, C. T. (1984). Motivation Enhancement through Work Redesign. In J. L. Bess (Ed.), *College and University Organization* (pp. 85–104). New York: New York University Press.

Oldham, G. R., and Miller, H. E. (1979). The Effect of Significant Other's Job Complexity and Employee Reactions to Work. *Human Relations*, *32*, 247–60.

Olsen, M. E. (1965). *The Logic of Collective Action: Public Goods and the Theory of Groups*. Cambridge, MA: Harvard University Press.

Olsen, M. E. (1968). A Theory of Groups and Organizations. In B. M. Russett (Ed.), *Economic Theory of International Politics*. Chicago: Markham.

O'Reilly, C. A. I., Chatman, J. A., and Caldwell, D. (1991). People and Organizational Culture: A Qsort Approach to Assessing Person-Organization Fit. *Academy of Management Journal*, *34*(3), 487–516.

O'Reilly, C. A. I., and Pondy, L. R. (1979). Organizational Communication. In S. Kerr (Ed.), *Organizational Behavior* (pp. 119–50). Columbus, OH: Grid.

O'Reilly, C. A. I., and Roberts, K. H. (1977). Task Group Structure, Communication, and Effectiveness in Three Organizations. *Journal of Applied Psychology*, *62*, 674–81.

Orpen, C. (1979). The Effects of Job Enrichment on Employee Satisfaction, Motivation, Involvement, and Performance: A Field Experiment. *Human Relations*, *32*, 189–217.

Orton, J. D., and Weick, K. E. (1990) Loosely Coupled Systems: A Reconceptualization. *Academy of Management Review*, *15*, 203–23.

Ostroff, C., and Schmitt, N. (1993). Configurations of Organizational Effectiveness and Efficiency. *Academy of Management Journal*, *36*(6), 1345–61.

Ouchi, W. (1981). *Theory* Z. Reading, MA: Addison-Wesley.

Ouchi, W. G. (2003). *Making Schools Work.* New York: Simon and Schuster.

Ouchi, W., and Wilkins, A. L. (1985). Organizational Culture. *Annual Review of Sociology*, *11*, 457–83.

Pace, C. R., and Stern, G. C. (1958). An Approach to the Measure of Psychological Characteristics of College Environments. *Journal of Educational Psychology*, *49*, 269–77.

Packard, J. S. (1988). The Pupil Control Studies. In N. J. Boyan (Ed.), *Handbook of Research on Educational Administration* (pp. 185–207). New York: Longman.

Packard, J. S., and Willower, D. J. (1972). Pluralistic Ignorance and Pupil Control Ideology. *Journal of Educational Administration*, *10*, 78–87.

Padgett, J. F. (1980). Managing Garbage Can Hierarchies. *Administrative Science Quarterly*, *25*, 583–604.

Page, C. H. (1946). Bureaucracy's Other Face. *Social Forces*, *25*, 88–94.

Pajares, F. (1996). Current Directions in Self Research: Self-Efficacy. Paper presented at the annual meeting of the American Educational Research Association, New York.

Pajares, F. (1997). Current Directions in Self-Efficacy Research. In M. L. Maehr and P. R. Pintrich (Eds.), *Advances in Motivation and Achievement* (pp. 1–49). Greenwich, CT: JAI Press.

Palincsar, A. S. (1986). The Role of Dialogue in Providing Scaffolding Instruction. *Educational Psychologist*, *21*, 73–98.

Palincsar, A. M. (1998). Social Constructivist Perspectives on Teaching and Learning. In. J. T. Spence, J. M. Darley, D. J. Foss (Eds.), *Annual Review of Psychology* (pp. 345–76). Palo Alto, CA: Annual Reviews.

Pallas, A. M., Natriello, G., and McDill, E. L. (1989). The Changing Nature of the Disadvantaged Population: Current Dimension and Future Trends. *Educational Researcher*, *18*, 16–22.

Pallas, A. M., and Neumann, A. (1993). Blinded by the Light: The Applicability of Total Management to Educational Organizations. Annual Meeting of the American Educational Research Association, Atlanta, GA.

Paris, S. G., Byrnes, J. P., and Paris, A. H. (2001). Constructing Theories, Identities, and Actions of Self-Regulated Learners. In B. J. Zimmerman and D. H. Schunk (Eds.), *Self-Regulated Learning and Academic A-*

chievement: *Theoretical Perspectives* (2nd ed., pp. 253-87). Mahwah, NJ: Erlbaum.

Paris, S. G., and Cunningham, A. E. (1996). Children Becoming Students. In D. Berliner and R. Calfee, (Eds.), *Handbook of Educational Psychology* (pp. 117-46). New York: Macmillan.

Paris, S. G., Lipson, M. Y., and Wixson, K. K. (1983). Becoming a Strategic Reader. *Contemporary Educational Psychology*, *8*, 293-316.

Parsons, T. (1947). Introduction. In Max Weber, *The Theory of Social and Economic Organization* (pp. 3-86). A. M. Henderson and T. Parsons (Trans.). New York: Free Press.

Parsons, T. (1960). *Structure and Process in Modern Societies.* Glencoe, IL: Free Press.

Parsons, T. (1967). *Sociological Theory and Modern Society.* New York: Free Press.

Parsons, T., Bales, R. F., and Shils, E. A. (1953). *Working Papers in the Theory of Action.* New York: Free Press.

Parsons, T., and Shils, E. A. (Eds.). (1951). *Toward a General Theory of Action.* Cambridge, MA: Harvard University Press.

Pasch, M., Sparks-Langer, G., Gardner, T. G., Starko, A. J., and Moody, C. D. (1991). *Teaching as Decision Making*: *Instructional Practices for the Successful Teacher.* New York: Longman.

Pastor, M. C., and Erlandson, D. A. (1982). A Study of Higher Order Need Strength and Job Satisfaction in Secondary Public School Teachers. *Journal of Educational Administration*, *20*, 172-83.

Pawar, B. S., and Eastman, K. K. (1997). The Nature and Implications of Contextual Influences on Transformational Leadership: A Conceptual Examination. *Academy of Management Review*, *22*(1), 80-109.

Payne, J. W., Bettman, J. R., and Johnson, E. J. (1988). Adaptive Strategy Selection in Decision Making. *Journal of Experimental Psychology*: *Learning*, *Memory*, *and Cognition*, *14*, 534-52.

Peabody, R. L. (1962). Perceptions of Organizational Authority: A Comparative Analysis. *Administrative Science Quarterly*, *6*, 463-82.

Penley, L. E., Alexander, E. R., Jernigan, I. E., and Henwood, C. I. (1991). Communication Abilities of Managers: The Relationship to Performance. *Journal of Management*, *17*(1), 57-76.

Pennings, J. M. (1985). *Organizational Strategy and Change.* San Francisco: Jossey-Bass.

Pennings, J. M. (1992). Structural Contingency Theory: A Reappraisal. *Research in Organizational Behavior*, *14*, 267-309.

Perkins, D. N. (1991, May). Technology Meets Constructivism: Do They Make a Marriage? *Educational Technology*, *31*, 18-23.

Perrow, C. (1978). Demystifying Organization. In R. Saari and Y. Hasenfeld (Eds.), *The Management of Human Services* (pp. 105-20). New York: Columbia University Press.

Perrow, C. (1986). *Complex Organizations*: *A Critical Essay*(3rd ed). Glencoe, IL: Scott, Foresman.

Peters, L. H., Hartke, D. D., and Pohlmann, J. T. (1985). Fiedler's Contingency Theory of Effectiveness: An Application of the Meta-Analysis Procedures of Schmidt and Hunter. *Psychological Bulletin*, *97*, 274-85.

Peters, T. J., and Waterman, R. H., Jr.

(1982). *In Search of Excellence.* New York: Harper & Row.

Peterson, K. D. (1977–78). The Principal's Tasks. *Administrator's Notebook*, *26*, 1–4.

Peterson, P. E. (1989). The Public Schools: Monopoly or Choice? Conference on Choice and Control in American Education. Robert M. LaFollette Institute of Public Affairs, University of Wisconsin, Madison.

Pfeffer, J. (1972). Size and Composition of Corporate Boards of Directors: The Organization and Its Environment. *Administrative Science Quarterly*, *17*, 218–28.

Pfeffer, J. (1976). Beyond Management and the Worker: The Institutional Function of Management. *Academy of Management Review*, *1*, 36–46.

Pfeffer, J. (1981). *Power in Organizations.* Boston: Pitman.

Pfeffer, J. (1982). *Organizations and Organization Theory.* Boston: Pitman.

Pfeffer, J. (1992). *Managing with Power: Politics and Influence in Organizations.* Boston: Harvard Business School.

Pfeffer, J. (1997). *New Directions for Organization Theory.* New York: Oxford University Press.

Pfeffer, J., and Leblebici, H. (1973). The Effect of Competition on Some Dimensions of Organizational Structure. *Social Forces*, *52*, 268–79.

Pfeffer, J., and Salancik, G. (1978). *The External Control of Organizations: A Resource Dependence Perspective.* New York: Harper & Row.

Phillips, D. C. (1997). How, Why, What, When, and Where: Perspectives on Constructivism and Education. *Issues in Education: Contributions from Educational Psychology*, *3*, 151–94.

Phillips, D. C., and Thomas, A. R. (1982). Principals' Decision Making: Some Observations. In W. S. Simpkins, A. R. Thomas, and E. B. Thomas (Eds.), *Principal and Task: An Australian Perspective* (pp. 74–83). Armidale, NSW, Australia: University of New England.

Piaget, J. (1969). *Science of Education and the Psychology of the Child.* New York: Viking.

Pinder, C. C. (1984). *Work Motivation: Theory, Issues, and Applications.* Dallas: Scott, Foresman.

Pinder, C. C. (1998). *Work Motivation in Organizational Behavior.* Toronto, ON: Prentice Hall.

Pinfield, L. T. (1986). A Field Evaluation of Perspectives on Organizational Decision Making. *Administrative Science Quarterly*, *31*, 365–88.

Pintrich, P. R. (1988). A Process-Oriented View of Student Motivation and Cognition. In J. S. Stark and L. A. Mets (Eds.), *Improving Teaching and Learning throngh Research* (pp. 65–79). San Francisco: Jossey-Bass.

Pintrich, P. R., and Garcia, T. (1991). Student Goal Orientation and Self-Regulation in the College Classroom. In M. Maehr and P. R. Pintrich (Eds.), *Advances in Motivation and Achievement* (pp. 371–402). Greenwich, CT: JAI.

Pintrich, P. R., Marx, R. W., and Boyle, R. A. (1993). Beyond Cold Conceptual Change: The Role of Motivational Beliefs and Classroom Contextual Factors in the Process of Conceptual Change. *Review of Educational Research*, *63*(2), 167–99.

Pitner, N., and Ogawa, R. T. (1981). Organizational Leadership: The Case of the

Superintendent. *Educational Administration Quarterly*, *17*, 45–65.

Podgurski, T. P. (1990). School Effectiveness as it Relates to Group Consensus and Organizational Health of Middle Schools. Doctoral diss., Rutgers University, New Brunswick.

Podsakoff, P. M., Niehoff, B. P., Mackenzie, S. B., and Williams, M. L. (1993). Do Substitutes for Leadership Really Substitute for Leadership? An Empirical Examination of Kerr and Jermier's Situational Leadership Model. *Organizational Behavior and Human Decision Processes*, *54*, 1–44.

Poole, M. S. (1985). Communication and Organizational Climates: Review, Critique, and a New Perspective. In R. D. McPhee and P. K. Tompkins (Eds.), *Organizational Communications: Traditional Themes and New Directions* (pp. 79–108). Beverly Hills, CA: Sage.

Popham, W. J. (2002). *Classroom Assessment: What Teachers Need to Know*. Boston, MA: Allyn & Bacon.

Porter, L. W. (1961). A Study of Perceived Need Satisfactions in Bottom and Middle Management Jobs. *Journal of Applied Psychology*, *45*, 1–10.

Porter, L. W., and Lawler, E. E., Ⅲ. (1968). *Managerial Attitudes and Performance*. Homewood, IL: Dorsey.

Porter, L. W., and Roberts, K. H. (1976). Communication in Organizations. In M. D. Dunnette (Ed.), *Handbook of Industrial and Organizational Psychology* (pp. 1533–89). Chicago: Rand McNally.

Pounder, D. G., Ogawa, R. T., and Adams, E. A. (1995). Leadership as an Organization-Wide Phenomena: Its Impact on School Performance. *Educational Administration Quarterly*, *31*(4), 564–88.

Powell, T. C. (1995). Total Quality Management as Competitive Advantage: A Review and Empirical Study. *Strategic Management Journal*, *16*, 15–37.

Powell, W. W. (1991). Expanding the Scope of Institutional Analysis. In W. W. Powell and P. J. DiMaggio (Eds.), *The New Institutionalism in Organizational Analysis* (pp. 183–203). Chicago: University of Chicago Press.

Powell, W. W., and DiMaggio, P. J. (1991). Introduction. In W. W. Powell and P. J. DiMaggio (Eds.), *The New Institutionalism in Organizational Analysis* (pp. 1–38). Chicago: University of Chicago Press.

Prawat, R. S. (1992). Teachers Beliefs about Teaching and Learning: A Constructivist Perspective. *American Journal of Education*, *100*, 354–95.

Pressley, M., Levin, J., and Delaney, H. D. (1982). The Mnemonic Keyword Method. *Review of Research in Education*, *52*, 61–91.

Prestine, N. A. (1991). Shared Decision Making in Restructuring Essential Schools: The Role of the Principal. *Planning and Changing*, *22*, 160–78.

Pugh, D. S., and Hickson, D. J. (1976). *Organizational Structure in Its Context*. Westmead, Farnborough, Hants., England: Saxon House, D. C. Heath.

Pugh, D. S., Hickson, D. J., and Hinings, C. R. (1968). Dimensions of Organizational Structure. *Administrative Science Quarterly*, *13*, 56–105.

Pugh, D. S., Hickson, D. J., Hinings, C. R., and Turner, C. (1969). The Context of Organizational Structure. *Administration Science Quarterly*, *14*, 91–114.

Pugh, K., and Zhao, Y. (2003). Stories of Teacher Alienation: A Look at the Unintended Consequences of Efforts to Empower Teachers. *Teaching and Teacher Education*, *19*, 187–202.

Purkey, S. C., and Smith, M. S. (1983). Effective Schools: A Review. *Elementary School Journal*, *83*, 427–52.

Putman, L. (1997). Productive Conflict: Negotiation as Implicit Coordination. In C. De-Dreu and E. Van De Vliert (Eds.), *Using Conflict in Organizations* (pp. 147–60). London: Sage.

Quarstein, V. A., McAfee, R. B., and Glassman, M. (1992). The Situational Occurrences Theory of Job Satisfaction. *Human Relations*, *45*(8), 859–72.

Rachlin, H. (1991). *Introduction to Modern Behaviorism* (3rd ed.). New York: Freeman.

Raffini, J. P. (1996). 150 *Ways to Increase Intrinsic Motivation in the Classroom.* Boston: Allyn and Bacon.

Ratsoy, E. W. (1973). Participative and Hierarchical Management of Schools: Some Emerging Generalizations. *Journal of Educational Administration*, *11*, 161–70.

Raudenbush, S., Rowen, B., and Cheong, Y. (1992). Contextual Effects on the Self-Perceived Efficacy of High School Teachers. *Sociology of Education*, *65*, 150–67.

Rauschenberger, J., Schmitt, N., and Hunter, J. E. (1980). A Test of the Need Hierarchy Concept by a Markov Model of Change in Need Strength. *Administrative Science Quarterly*, *25*, 654–70.

Raymond, M. E., and Hanushek, E. A. (2003). High-Stakes Research. *Education Next*, *3* (Summer), 48–55.

Recht, D. R., and Leslie, L. (1988). Effect of Prior Knowledge on Good and Poor Readers' Memory of Text. *Journal of Educational Psychology*, *80*, 16–20.

Redding, W. C. (1972). *Communication within the Organization.* West Lafayette, IN: Purdue Research Council.

Reder, L. M., and Anderson, J. R. (1980). A Comparison of Texts and Their Summaries: Memorial Consequences. *Journal of Verbal Learning and Verbal Behavior*, *19* (2), 121–34.

Reeve, J. (1996). *Motivating Others: Nurturing Inner Motivational Resources.* Boston: Allyn and Bacon.

Reeves, C. A., and Bednar, D. A. (1994). Defining Quality: Alternatives and Implications. *Academy of Management Review*, *19* (3), 419–45.

Reilly, B. J., and DiAngelo, J. A. (1990). Communication: A Cultural System of Meaning and Value. *Human Relations*, *43* (2), 129–40.

Reiss, F. (1994). Faculty Loyalty in and around the Urban Elementary School. Doctoral diss., Rutgers University, New Brunswick.

Reiss, F., and Hoy, W. K. (1998). Faculty Loyalty: An Important but Neglected Concept in the Study of Schools. *Journal of School Leadership*, *8*, 4–21.

Resnick, L. B. (1981). Instructional Psychology. *Annual Review of Psychology*, *32*, 659–704.

Reynolds, D., and Teddlie, C. (with Creemers, B., Scheerens, J., and Townsend, T.). (2000). An Introduction to School Effectiveness Research. In C. Teddlie, and D. Reynolds, (Eds.), *The International Hand-*

book on School Effectiveness Research (pp. 3-25). New York: Falmer.

Reynolds, P. D. (1971). *A Primer in Theory Construction.* Indianapolis, IN: Bobbs-Merrill.

Rhodes, L. A. (1990). Why Quality Is within Our Grasp . . . If We Reach. *The School Administrator*, *47*(10), 31-34.

Rice, A. W. (1978). Individual and work variables associated with principal job satisfaction. Doctoral diss., University of Alberta, Edmonton.

Rice, J. K. (2002). Making the Evidence Matter: Implications of the Class Size Research Debate for Policy Makers. In L. Mishel and R. Rothstein (Eds.), *The Class Size Policy Debate* (pp. 89-94). Washington, DC: Economic Policy Institute.

Rice, J. K. (2003). *Teacher Quality: Understanding the Effects of Teacher Attributes.* Washington, DC: Economic Policy Institute.

Rice, M. E., and Schneidner, G. T. (1994). A Decade of Teacher Empowerment: An Empirical Analysis of Teacher Involvement in Decision Making, 1980-1991. *Journal of Educational Administration*, *32*, 43-58.

Rice, R. E. (1992). Task Analyzability, Use of New Media, and Effectiveness: A Multi-Site Exploration of Media Richness. *Organization Science*, *3*(4), 475-500.

Rinehart, J. S., Short, P. M, and Johnson, P. E. (1997). Empowerment and Conflict at School-Based and Non-School-Based Sites in the United States. *Journal of International Studies in Educational Administration*, *25*, 77-87.

Rinehart, J. S., Short, P. M., Short, R. J., and Eckley, M. (1998). Teacher Empowerment and Principal Leadership: Understanding the Influence Process. *Educational Administration Quarterly*, *24*, 608-30.

Robbins, S. P. (1983). *The Structure and Design of Organizations.* Englewood Cliffs, NJ: Prentice Hall.

Robbins, S. P. (1998). *Organizational Behavior: Concepts, Controversies, Applications.* Upper Saddle, NJ: Allyn and Bacon.

Roberts, K. H., Hulin, C. L., and Rousseau, D. M. (1978). *Developing an Interdisciplinary Science of Organizations.* San Francisco: Jossey-Bass.

Roberts, N. C., and Bradley, R. T. (1988). Limits of Charisma. In J. A. Conger and R. N. Kanungo (Eds.), *Charismatic Leadership: The Elusive Factor in Organizational Effectiveness* (pp. 253-75). San Francisco, CA: Jossey-Bass.

Robinson, D. H., and Kiewra, K. A. (1995). Visual Argument: Graphic Outlines Are Superior to Outlines in Improving Learning from Text. *Journal of Educational Psychology*, *87*, 455-67.

Rockey, E. H. (1984). *Communication in Organizations.* Lanham, MD: University Press of America.

Roethlisberger, F. J., and Dickson, W. J. (1939). *Management and the Worker.* Cambridge: Harvard University Press.

Rogers, R. C., and Hunter, J. E. (1989). The Impact of Management by Objectives on Organizational Productivity. Unpublished paper, School of Public Administration, University of Kentucky, Lexington.

Rogoff, B. (1998). Cognition as a Collaborative Process. In W. Damon (series ed.) and D. Kuhn and R. S. Siegler (volume eds.), *Handbook of Child Psychology: vol. 2* (5th ed., pp. 679-744). New York: Wiley.

Rosenau, P. M. (1992). *Post-Modernism and*

the Social Sciences: Insights, Inroads, and Intrusions. Princeton, NJ: Princeton University Press.

Rosenshine, B. (1979). Content, Time, and Direct Instruction. In P. Peterson and H. Walberg (Eds.), *Research on Teaching: Concepts, Findings, and Implications* (pp. 28–56). Berkeley, CA: McCutchan.

Rosenshine, B. (1988). Explicit Teaching. In D. Berliner and B. Rosenshine (Eds.), *Talks to Teachers* (pp. 75–92). New York: Random House.

Rosenshine, B., and Stevens, R. (1986). Teaching Functions. In M. Wittrock (Ed.) *Teaching Research on Teaching* (3rd ed., pp. 376–91). New York: Macmillan.

Ross, J. A., Cousins, J. B., and Gadalla, T. (1996). Within-Teacher Predictors of Teacher Efficacy. *Teaching and Teacher Education*, *12*, 385–400.

Rossman, G. B., Corbett, H. D., and Firestone, W. A. (1988). *Change and Effectiveness in Schools: A Cultural Perspective.* Albany, NY: State University of New York Press.

Rotter, J. B. (1954). *Social Learning and Clinical Psychology.* Englewood Cliffs, NJ: Prentice Hall.

Rotter, J. B. (1966). Generalized Expectancies for Internal versus External Control of Reinforcement. *Psychological Monographs*, *80*(1, Whole No. 609).

Rousseau, D. M. (1978). Characteristics of Departments, Positions, and Individuals: Contexts for Attitudes and Behavior. *Administrative Science Quarterly*, *23*, 521–40.

Rowan, B. (1981). The Effects of Institutionalized Rules on Administrators. In S. B. Bacharach (Ed.), *Organizational Behavior in Schools and School Districts* (pp. 47–75). New York: Praeger.

Rowan, B. (1982). Organizational Structure and the Institutional Environment: The Case of Public Schools. *Administrative Science Quarterly*, *27*, 259–79.

Rowan, B. (1990). Commitment and Control: Alternative Strategies for the Organizational Design of School. *Review of Research in Education*, *16*, 353–89.

Rowan, B. (1993). Institutional Studies of Organization: Lines of Analysis and Data Requirements. Annual Meeting of the American Educational Research Association, Atlanta, GA.

Rowan, B. (1998). The Task Characteristics of Teaching: Implications for the Organizational Design of Schools. In R. Bernhardt, C. Hedley, G. Cattari, and V. Svolopoulos (Eds.), *Curriculum Leadership: Rethinking Schools for the 21st Century* (pp. 37–54). Creskill, NJ: Hampton Press.

Rowan, B. (2002). Rationality and Reality in Organizational Management: Using the Coupling Metaphor to Understand Educational (and Other) Organizations — a Concluding Comment. *Journal of Educational Administration*, *40*, 604–11.

Rowan, B., Bossert, S. T., and Dwyer, D. C. (1983). Research on Effective Schools: A Cautionary Note. *Educational Researcher*, *12*, 24–31.

Rowan, B., Correnti, R., and Miller, R. J. (2002). What Large-Scale, Survey Research Tells Us About Teacher Effects on Student Achievement: Insights from the *Prospects* Study of Elementary Schools. *Teachers College Record*, *104*(8), 1525–67.

Rowan, B., and Miskel, C. (1999). Institutional Theory and the Study of Educational Organizations. In. J. Murphy and K. S. Louis (Eds.), *Handbook of Research on Educational Administration* (2nd ed., pp. 359-83). San Francisco: Jossey-Bass.

Rowan, B., Raudenbush, S. W., and Cheong, Y. F. (1993). Teaching as a Nonroutine Task: Implications for the Management of Schools. *Educational Administration Quarterly*, *29*, 479-99.

Rumelhart, D., and Ortony, A. (1977). *The Representation of Knowledge in Memory.* In R. Anderson, R. Spiro, and W. Montague (Eds.), Schooling and The Acquisition of Knowledge. Hillsdale, NJ: Erlbaum.

Russ, G. S., Daft, R. L., and Lengel, R. H. (1990). Media Selection and Managerial Characteristics in Organizational Communication. *Management Communication Quarterly*, *4*, 151-75.

Russell, R. D., and Russell, C. J. (1992). An Examination of the Effects of Organizational Norms, Organizational Structure, and Environmental Uncertainty on Entrepreneurial Strategy. *Journal of Management*, *18*(4), 639-56.

Rutter, M., Maugham, B., Mortimore, P., Ousten, J., and Smith, A. (1979). *Fifteen Thousand Hours: Secondary Schools and Their Effects on Children.* London: Open Books.

Ryan, R. M., and Deci, E. L. (2000). Intrinsic and Extrinsic Motivation: Classroom Definitions and New Directions. *Contemporary Educational Psychology*, *25*, 54-67.

Ryan, R. M., and Grolnick, W. S. (1986). Origins and Pawns in the Classroom: Self-Report and Projective Assessments of Individual Differences in the Children's Perceptions. *Journal of Personality and Social Psychology*, *50*, 550-58.

Sackney, L. E. (1976). The Relationship between Organizational Structure and Behavior in Secondary Schools. Doctoral diss., University of Alberta, Edmonton.

Salancik, G. R., and Pfeffer, J. (1977). Constraints on Administrative Discretion: The Limited Influence of Mayors on City Budgets. *Urban Affairs Quarterly*, *12*, 475-98.

Salas, E., and Klein, G. (2001). *Linking Expertise and Naturalistic Decision Making.* Mahwah, NJ: Erlbaum.

Sanchez, P. (1999). How to Craft Successful Employee Communication in the Information Age. *Communication World*, *16*(7), 9-15.

Sanders, W. L. (1998). Value-Added Assessment. *The School Administrator*, *55*(11), 24-32.

Sashkin, M., and Burke, W. W. (1990). Understanding and Assessing Organizational Leadership. In K. E. Clark and M. B. Clark (Eds.), *Measures of Leadership* (pp. 297-325). West Orange, NJ: Leadership Library of America.

Sayles, L. R., and Strauss, G. (1966). *Human Behavior in Organizations.* Englewood Cliffs, NJ: Prentice Hall.

Scheerens, J., and Bosker, R. (1997). *The Foundations of Educational Effectiveness.* Oxford: Permagon.

Schein, E. H. (1985). *Organizational Culture and Leadership.* San Francisco: Jossey-Bass.

Schein, E. H. (1990). Organizational Culture. *American Psychologist*, *45*(2), 109-19.

Schein, E. H. (1992). *Organizational Culture and Leadership* (2nd ed.). San Francisco: Jossey-Bass.

Schein, E. H. (1999). *The Corporate Culture*. San Francisco: Jossey-Bass.

Scherkenbach, W. (1991). *Deming's Road to Continual Improvement*. Knoxville, TN: SPC Press.

Scherkenbach, W. (1992). *The Deming Route to Quality and Production*. Washington, DC: CEEPress.

Schermerhorn, J. R., Hunt, J. G., and Osborn, R. N. (1994). *Managing Organizational Behavior*. New York: Wiley.

Schmidt, F. L., and Hunter, J. E. (1992). Development of a Causal Model of Processes Determining Job Performance. *Current Directions in Psychological Science*, *1* (3), 89–92.

Schmitz, J., and Fulk, J. (1991). Organizational Colleagues, Media Richness, and Electronic Mail. *Communication Research*, *18* (4), 487–523.

Schmuck, R. A., and Runkel, P. J. (1985). *The Handbook of Organization Development in Schools* (3rd ed.). Prospect Heights, IL: Waveland Press.

Schraw, G., and Moshman, D. (1995). Metacognitive Theories. *Educational Psychology Review*, *7*, 351–71.

Schunk, D. (1991). Self-Efficacy and Academic Motivation. *Educational Psychologist*, *26*, 207–31.

Schunk, D. H. (2000). *Learning Theories: An Educational Perspective* (3rd ed.). Columbus, OH: Merrill/Prentice. Hall.

Schunk, D. H. (1996). Goal and Self-Evaluative Influences During Children's Cognitive Skill Learning. *American Educational Research Journal*, *33*, 359–82.

Schwartz, B., and Reisberg, D. (1991). *Learning and Memory*. New York: Norton.

Scott, W. R. (1977). Effectiveness of Organizational Effectiveness Studies. In P. S. Goodman and J. M. Pennings (Eds.), *New Perspectives on Organizational Effectiveness* (pp. 63–95). San Francisco: Jossey-Bass.

Scott, W. R. (1981). *Organizations: Rational, Natural, and Open System*. Englewood Cliffs, NJ: Prentice Hall.

Scott, W. R. (1983). Introduction: From Technology to Environment. In J. W. Meyer and W. R. Scott (Eds.), *Organizational Environments: Ritual and Rationality* (pp. 13–17). Beverly Hills, CA: Sage.

Scott, W. R. (1987a). The Adolescence of Institutional Theory. *Administrative Science Quarterly*, *32*, 493–511.

Scott, W. R. (1987b). *Organizations: Rational, Natural, and Open System* (2nd ed.). Englewood Cliffs, NJ: Prentice Hall.

Scoff, W. R. (1991). Unpacking Institutional Arguments. In W. W. Powell and P. J. DiMaggio (Eds.), *The New Institutionalism in Organizational Analysis* (pp. 164 – 82). Chicago: University of Chicago Press.

Scott, W. R. (1992). *Organizations: Rational, Natural, and Open Systems* (3rd. ed.). Englewood Cliffs, NJ: Prentice Hall.

Scott, W. R. (1995). *Institutions and Organizations*. Thousand Oaks, CA: Sage.

Scott, W. R. (1998). *Organizations: Rational, Natural, and Open Systems* (4th ed.). Englewood Cliffs, NJ: Prentice Hall.

Scott, W. R. (2001). *Institutions and Organizations* (2nd ed.). Upper Saddle River, NJ: Prentice Hall.

Scott, W. R. (2003). *Organizations: Rational, Natural, and Open Systems* (5th ed.). Upper Saddle River, NJ: Prentice Hall.

Scott, W. R., and Meyer, J. W. (1991). The

Organization of Societal Sectors: Propositions and Early Evidence. In W. W. Powell and P. J. DiMaggio (Eds.), *The New Institutionalism in Organizational Analysis* (pp. 108–40). Chicago: University of Chicago Press.

Selznick, P. (1949). *TVA and the Grass Roots.* Berkeley: University of California Press.

Selznick, P. (1957). *Leadership in Administration.* New York: Harper & Row.

Selznick, P. (1992). *The Moral Commonwealth.* Berkeley: University of California Press.

Semb, G. B., and Ellis, J. A. (1994). Knowledge Taught in School: What Is Remembered? *Review of Educational Research*, *64*, 253–86.

Senatra, P. T. (1980). Role Conflict, Role Ambiguity, and Organizational Climate in a Public Accounting Firm. *Accounting Review*, *55*, 594–603.

Senge, P. M. (1990). *The Fifth Discipline: The Art and Practice of the Learning Organization.* New York: Doubleday.

Sergiovanni, T. J. (1992). *Moral Leadership: Getting to the Heart of School Improvement.* San Francisco: Jossey-Bass.

Sergiovanni, T. J. (1994). *Building Community in Schools.* San Francisco: Jossey-Bass.

Shakeshaft, C. (1986). *Women in Educational Administration.* Newbury Park, CA: Sage.

Shamir, B., and Howell, J. M. (1999). Organizational and Contextual Influences on the Emergence and Effectiveness of Charismatic Leadership. *Leadership Quarterly*, *10* (2), 257–83.

Shamir, B., House, R. J., and Arthur, M. B. (1993). The Motivational Effects of Charismatic Leadership: A Self-Concept Based Theory. *Organization Science*, *4* (4), 577–94.

Shamir, B., Zokay, E., Breinin, E., and Popper, M. (1998). Correlates of Charismatic Leader Behavior in Military Units. *Academy of Management Journal*, *41* (4), 387–409.

Shanker, A. (1989, May 14). Does Money Make a Difference? A Difference over Answers. *New York Times.*

Sharma, C. L. (1955). Who Should Make What Decisions? *Administrator's Notebook*, *3*, 1–4.

Shelby, A. N. (1986). The Theoretical Bases of Persuasion: A Critical Introduction. *Journal of Business Communication*, *23*, 5–29.

Shuell, T. (1996). Teaching and Learning in a Classroom Context. In D. Berliner and R. Calfee (eds.), *Handbook of Educational Psychology* (pp. 726–64). New York: Macmillan.

Shuell, T. J. (1986). Cognitive Conceptions of Learning. *Review of Educational Research*, *56*, 411–36.

Sickler, J. L. (1988). Teachers in Charge: Empowering the Professionals. *Phi Delta Kappan*, *69*, 354–56.

Silins, H. C. (1992). Effective Leadership for School Reform. *Alberta Journal of Educational Research*, *38*, 317–34.

Silver, P. (1983). *Educational Administration: Theoretical Perspectives in Practice and Research.* New York: Harper & Row.

Simon., H. A. (1955). A Behavioral Model of Rational Choice. *Quarterly Journal of Economics*, *69*, 99–118.

Simon, H. A. (1956). Rational Choice and the Structure of the Environment. *Psychological Review*, *63*, 129–38.

Simon, H. A. (1957a). *Administrative Behavior* (2nd ed.). New York: Macmillan.

Simon, H. A. (1957b). *Models of Man.* New York: Wiley.

Simon, H. A. (1968). Administrative Behavior. In D. Suls (Ed.), *International Encyclopedia of the Social Sciences* (pp. 74-79). New York: Macmillan.

Simon, H. A. (1987). Making Management Decisions: The Role of Intuition and Emotion. *Academy of Management Executive*, *1*, 57-64.

Simon, H. A. (1991). Keynote Address. UCEA Conference, Baltimore, MD.

Simon, H. A. (1993). Decision-Making: Rational, Nonrational, and Irrational. *Educational Administration Quarterly*, *29*(3), 392-411.

Sinden, J. E., Hoy, W. K., and Sweetland, S. R. (in press). Enabling School Structures: Principal Leadership and Organizational Commitment of Teachers. *Journal of School Leadership.*

Sinden, J. E., Hoy, W. K., and Sweetland, S. R. (2003). A Qualitative Analysis of Enabling School Structure: Theoretical, Empirical, and Research Considerations. Working Paper. The Ohio State University.

Sirotnik, K. A., and Clark, R. (1988). School-Centered Decision Making and Renewal. *Phi Delta Kappan*, *69*, 660-64.

Skinner, B. F. (1950). Are Theories of Learning Necessary? *Psychological Review*, *57*, 193-216.

Skinner, B. F. (1953). *Science and Human Behavior.* New York: Macmillan.

Skinner, B. F. (1989). The Origins of Cognitive Thought. *American Psychologist*, *44*, 13-18.

Slater, R. O., and Boyd, W. B. (1999). *Schools as Polities.* In J. Murphy and K. S. Louis, (Eds.), *Handbook on Research of Educational Administration* (pp. 297-322). San Francisco: Jossey-Bass.

Slavin, R. E. (1995). *Cooperative Learning* (2nd ed.). Boston: Allyn and Bacon.

Slavin, R. E., Karweit, N. L., and Madden, N. A. (1989). *Effective Programs for Students at Risk.* Boston: Allyn & Bacon.

Smith, F. (1975). *Comprehension and Learning: A Conceptual Framework for Teachers.* New York: Holt, Rinehart & Winston.

Smith, J. F., and Kida, T. (1991). Heuristics and Biases: Expertise and Task Realism in Auditing. *Psychological Bulletin*, *109*, 472-89.

Smith, L. (1993). *Necessary Knowledge: Piagetian Perspectives on Constructivism.* Hillsdale, NJ: Erlbaum.

Smith, M. S., and O'Day, J. A. (1991). Systemic School Reform. In S. H. Fuhrman and B. Malen (Eds.), *The Politics of Curriculum and Testing* (pp. 233-67). London: Falmer.

Smith, P. A., Hoy, W. K., and Sweetland, S. R. (2001). Organizational Health of High Schools and Dimensions of Faculty Trust, *Journal of School Leadership*, *11*, 135-51.

Smylie, M. A. (1988). The Enhancement Function of Staff Development: Organization and Psychological Antecedents to Individual Teacher Change. *American Educational Research Journal*, *25*, 1-30.

Smylie, M. A. (1994). Redesigning Teachers' Work: Connections to the Classroom. *Review of Research in Education*, *20*, 129-77.

Smylie, M. A., and Brownlee-Conyers, J. (1992). Teacher Leaders and Their Principals: Exploring the Development of New Working Relationships. *Educational Administration Quarterly*, *28*(2), 150–84.

Smylie, M. A., and Hart, A. W. (1999). School Leadership for Teacher Learning and Change: A Human and Social Capital Development Perspective. In J. Murphy and K. S. Louis (Eds.), *Handbook of Research on Educational Administration* (pp. 421–41). San Francisco, CA: Jossey-Bass.

Smylie, M. A., and Smart, J. C. (1990). Teacher Support for Career Enhancement Initiatives: Program Characteristics and Effects on Work. *Educational Evaluation and Policy Analysis*, *12*(2), 139–55.

Snowman, J. (1984). Learning Tactics and Strategies. In G. Phye and T. Andre (Eds.), *Cognitive Instructional Psychology*. Orlando, FL: Academic Press.

Sousa, D. A., and Hoy, W. K. (1981). Bureaucratic Structure in Schools: A Refinement and Synthesis in Measurement. *Educational Administration Quarterly*, *17*, 21–40.

Spector, P. E. (1997). *Job Satisfaction: Application, Assessment, Cause, and Consequence*. Thousand Oaks, CA: Sage.

Spencer, B. A. (1994). Models of Organization and Total Quality Management. *Academy of Management Review*, *19*(3), 446–71.

Spenner, K. I. (1988). Social Stratification, Work, and Personality. *Annual Review of Sociology*, *14*, 69–97.

Spillane, J. P., Hallett, T., and Diamond, J. B. (2003). Forms of Capital and the Construction of Leadership: Instructional Leadership in Urban Elementary Schools. *Sociology of Education*, *76*(1), 1–17.

Spillane, J. P., Halverson, R., and Diamond, J. B. (2001). Investigating School Leadership Practice: A Distributed Perspective. *Educational Researcher*, *30*(3), 23–28.

Spillane, J. P., Halverson, R., and Diamond, J. B. (2004). Distributed Leadership: Toward a Theory of School Leadership Practice. *Journal of Curriculum Studies*, *36*(1), 3–35.

Spillane, J. P., and Jennings, N. E. (1997). Aligned Instructional Policies and Ambitious Pedagogy: Exploring Instructional Reform from the Classroom Perspective. *Teachers College Record*, *98*, 449–81.

Spiro, R. J., Feltovich, P. J., Jacobson, M. L., and Coulson, R. L. (1991). Cognitive Flexibility, Constructivism, and Hypertext: Random Access Instruction for Advanced Knowledge Acquisition in Ill-structured Domains. *Educational Technology*, *31*(5), 24–33.

Sproull, L. (1981). Managing Educational Programs: A Microbehavioral Analysis. *Human Organization*, *40*, 113–122.

Sproull, L., Weiner, S., and Wolf, D. (1978). *Organizing an Anarchy: Beliefs, Bureaucracy, and Politics in the National Institute of Education*. Chicago: University of Illinois.

Starkie, D. (1984). Policy Changes, Configurations, and Catastrophes. *Policy and Politics*, *12*, 71–84.

Staw, B. M. (1984). Organizational Behavior: A Review and Reformulation of the Field's Outcome Variables. *Annual Review of Psychology*, *35*, 627–66.

Stearns, T. M., Hoffman, A. N., and Heide, J. B. (1987). Performance of Commercial Television Stations as an Outcome of Interorganizational Linkages and Environmental Conditions. *Academy of Management Journal*, *30*, 71–90.

Stedman, L. C. (1987). It's Time We Changed

the Effective Schools Formula. *Phi Delta Kappan*, *69*, 214–24.

Steers, R. M. (1975). Problems in the Measurement of Organizational Effectiveness. *Administrative Science Quarterly*, *20*, 546–58.

Steers, R. M. (1977). *Organizational Effectiveness: A Behavioral View.* Santa Monica, CA: Goodyear.

Steers, R. M., and Porter, L. W. (Eds.). (1983). *Motivation and Work Behavior* (3rd ed.). New York: McGraw-Hill.

Steers, R. M., and Porter, L. W. (Eds.) (1991). *Motivation and Work Behavior* (5th ed.). New York: McGraw-Hill.

Steinfield, C. W., and Fulk, J. (1986). Task Demands and Managers' Use of Communication Media: An Information Processing View. Meeting of the Academy of Management, Chicago.

Stevenson, H., and Stigler, J. W. (1992). *The Learning Gap.* New York: Summit Books.

Stinchcombe, A. L. (1959). Bureaucratic and Craft Administration of Production. *Administrative Science Quarterly*, *4*, 168–87.

Stipek, D. J. (1993). *Motivation to Learn* (2nd ed.). Boston: Allyn and Bacon.

Stogdill, R. M. (1948). Personal Factors Associated with Leadership: A Survey of the Literature. *Journal of Psychology*, *25*, 35–71.

Stogdill, R. M. (1981). Traits of Leadership: A Follow-Up to 1970. In B. M. Bass (Ed.). *Stogdill's Handbook of Leadership* (pp. 73–97). New York: Free Press.

Stohl, C. (1995). *Organizational Communication.* Thousand Oaks, CA: Sage.

Strang, D. (1987). The Administrative Transformation of American Education: School District Consolidation. *Administrative Science Quarterly*, *32*, 352–66.

Strauss, G. (1964). Workflow Frictions, Interfunctional Rivalry, and Professionalism. *Human Organization*, *23*, 137–49.

Strube, M. J., and Garcia, J. E. (1981). A Meta-Analytic Investigation of Fiedler's Contingency Model of Leadership Effectiveness. *Psychological Bulletin*, *90*, 307–21.

Suchman, M. C. (1995). Managing Legitimacy: Strategic and Institutional Approaches. *Academy of Management Review*, *20*, 571–610.

Sutcliffe, K. M. (1994). What Executives Notice: Accurate Perceptions in Top Management Teams. *Academy of Management Journal*, *37*(5), 1360–78.

Sutton, R. I., and Staw, B. M. (1995). What Theory Is Not. *Administrative Science Quarterly*, *40*, 371–84.

Swanson, H. L. (1990). The Influence of Metacognitive Knowledge and Aptitude on Problem Solving. *Journal of Educational Psychology*, *82*, 306–14.

Sweetland, S. R., and Hoy, W. K. (2000a). School Characteristics: Toward an Organizational Model of Student Achievement. *Educational Administration Quarterly*, *5*, 703–29.

Sweetland, S. R., and Hoy, W. K. (2000b). Varnishing the truth in schools: Principals and teachers spinning reality. Unpublished research paper, The Ohio State University, College of Education.

Tagiuri, R. (1968). The Concept of Organizational Climate. In R. Tagiuri and G. H. Litwin (Eds.), *Organizational Climate* (pp. 11–32). Boston: Harvard Graduate School of Business Administration.

Tannen, D. (1990). *You Just Don't Understand: Women and Men in Conversation.* New York: Ballantine.

Tarter, C. J., and Hoy, W. K. (1988). The Context of Trust: Teachers and the Principal. *High School Journal*, *72*, 17-24.

Tarter, C. J., and Hoy, W. K. (1998). Toward a Contingency Theory of Decision Making. *Journal of Educational Administration*, *36*, 212-28.

Tarter, C. J., Hoy, W. K., and Bliss, J. R. (1989). Principal Leadership and Organizational Commitment: The Principal Must Deliver. *Planning and Changing*, *20*, 139-40.

Tarter, C. J., Hoy, W. K., and Kottkamp, R. (1990). School Health and Organizational Commitment. *Journal of Research and Development in Education*, *23*, 236-43.

Taylor, F. W. (1947). *Scientific Management.* New York: Harper.

Teddlie, C., and Reynolds, D. (Eds.). (2000). *The International Handbook on School Effectiveness Research.* New York: Falmer.

Terreberry, S. (1968). The Evolution of Organizational Environments. *Administrative Science Quarterly*, *12*, 590-613.

Thomas, A. R., and Slater, R. C. (1972). The OCDQ: A Four Factor Solution for Australian Schools? *Journal of Educational Administration*, *12*, 197-208.

Thomas, H. (1984). Mapping Strategic Management Research. *Journal of General Management*, *9*, 55-72.

Thomas, K. (1976). Conflict and Conflict Management. In M. D. Dunnette (Ed.), *Handbook of Industrial and Organizational Psychology* (pp. 889-936). Chicago: Rand McNally.

Thomas, K. (1977). Toward Multi-Dimensional Values in Teaching: The Example of Conflict Behaviors. *Academy of Management Review*, *20*, 486-90.

Thompson, D. P., McNamara, J. F., and Hoyle, J. R. (1997). Job Satisfaction in Educational Organizations: A Synthesis of Research Findings. *Educational Administration Quarterly*, *33*(1). 7-37.

Thompson, J. D. (1967). *Organizations in Action.* New York: McGraw-Hill.

Tichy, N. M., and Devanna, M. A. (1986). *The Transformational Leader.* New York: Wiley.

Tiegs, R. B., Tetrick, L. E., and Fried, Y. (1992). Growth Need Strength and Context Satisfactions as Moderators of the Relations of the Job Characteristics Model. *Journal of Management*, *18*(3), 575-93.

Tjosvold, D. (1997). Conflict within Interdependence: Its Value for Productivity and Individuality. In C. DeDreu and E. Van De Vliert (Eds.), *Using Conflict in Organizations* (pp. 23-37). London: Sage.

Tobias, S., and Duchastel, P. (1974). Behavioral Objectives, Sequence, and Anxiety in CAI. *Instructional Science*, *3*, 232-42.

Toth, E., Klahr, D., and Chen, Z. (2000). Bridging Research and Practice: A Cognitively Based Classroom Intervention for Teaching Experimentation to Elementary School Children. *Cognition and Instruction*, *18*, 423-59.

Trentham, L., Silvern, S., and Brogdon, R. (1985). Teacher Efficacy and Teacher Competency Ratings. *Psychology in Schools*, *22*, 343-52.

Trevino, L. K., Lengel, R. H., and Daft, R. L. (1987). Media Symbolism, Media Richness, and Media Choice in Organizations: A Symbolic Interactionist Perspective. *Communication Research*, *14*, 553-74.

Trice, H. M., and Beyer, J. M. (1993). *The Culture of Work Organizations.* Englewood Cliffs, NJ: Prentice Hall.

Trusty, F. M., and Sergiovanni, T. J. (1966). Perceived Need Deficiencies of Teachers and Administrators: A Proposal for Restructuring Teacher Roles. *Educational Administration Quarterly*, *2*, 168–80.

Tschannen-Moran, M. (2001). Collaboration and the Need for Trust. *Journal of Educational Administration*, *36*, 334–52.

Tschannen-Moran, M., and Hoy, W. K. (2000). A Multidisciplinary Analysis of the Nature, Meaning, and Measurement of Trust. *Review of Educational Research*, *70*, 547–93.

Tschannen-Moran, M., Uline, C., Woolfolk Hoy, A. and Mackely, T. (2000). Creating Smarter Schools through Collaboration. *Journal of Educational Administration*, *38*, 247–71.

Tschannen-Moran, M., Woolfolk Hoy, A., and Hoy, W. K. (1998). Teacher Efficacy: Its Meaning and Measure. *Review of Educational Research*, *68*, 202–48.

Tsui, A. S. (1990). A Multiple-Constituency Model of Effectiveness: An Empirical Examination at the Human Resource Subunit Level. *Administrative Science Quarterly*, *35*, 458–83.

Tubbs, M. E., Boehne, D., and Dahl, J. G. (1993). Expectancy, Balance, and Motivational Force Functions in Goal-Setting Research: An Empirical Test. *Journal of Applied Psychology*, *78*, 361–73.

Turban, D. B., and Keon, T. L. (1993). Organizational Attractiveness. An Interactionist Perspective. *Journal of Applied Psychology*, *78*(2), 184–93.

Tversky, A. (1969). Intransitivity of Preferences. *Psychological Review*, *76*, 31–84.

Tversky, A., and Kahneman, D. (1973). Availability: Heuristic for Judging Frequency and Probability. *Cognitive Psychology*, *5*, 207–32.

Tversky, A., and Kahneman, D. (1974). Judgment under Uncertainty: Heuristics and Biases. *Science*, *185*, 1124–31.

Tversky, A., and Kahneman, D. (1981). The Framing of Decisions and the Psychology of Choice. *Science*, *21*, 453–58.

Tyler, T. R. (1994). Psychological Models of the Justice Motive: Antecedents of Distributive and Procedural Justice. *Journal of Personality and Social Psychology*, *67*, 850–63.

Udy, S. H. (1959). "Bureaucracy" and "Rationality" in Weber's Organization Theory. *American Sociological Review*, *24*, 791–95.

Uline, C. L., Miller, D. M., and Tschannen-Moran, M. (1998). School Effectiveness: The Underlying Dimensions. *Educational Administration Quarterly*, *34*(4), 462–83.

Uline, C., Tschannen-Moran, M., and Perez, L. (2003). Constructive Conflict: How Controversy Can Contribute to School Improvement. *Teachers College Record*, *105*, 782–816.

U. S. Department of Health, Education and Welfare (1973). *Work in America*, *Report of a Special Task Force.* Cambridge: MIT Press.

Urwick, L. F. (1937). Organization as a Technical Problem. In L. Gulick and L. F. Urwick (Eds.), *Papers on the Science of Administration* (pp. 47–88). New York: Institute of Public Administration, Columbia University.

Vance, V. S., and Schlechty, P. C. (1981). Do Academically Able Teachers Leave Education: The North Carolina Case. *Phi Delta*

Kappan, *63*, 106–12.

Vance, V. S., and Schlechty, P. C. (1982). The Distribution of Academic Ability in the Teaching Force: Policy Implications. *Phi Delta Kappan*, *64*, 22–27.

Van de Ven, A. H., and Ferry, D. L. (1980). *Measuring and Assessing Organization.* New York: Wiley.

Van Eerde, W. and Thierry, H. (1996). Vroom's Expectancy Models and Work Related Criteria: A Meta-Analysis. *Journal of Applied Psychology*, *81*, 575–86.

Van Meter, P. (2001). Drawing Construction as a Strategy for Learning from Text. *Journal of Educational Psychology*, *93*, 129–40.

Van Meter, P., Yokoi, L., and Pressley, M. (1994). College Students' Theory of Note-Taking Derived from Their Perceptions of Note-Taking. *Journal of Educational Psychology*, *86*, 323–38.

Vecchio, R. P. (1997). An Empirical Examination of the Validity of Fiedler's Model of Leadership Effectiveness. *Organizational Behavior and Human Performance*, *19*, 180–206.

Vecchio, R. P. (1988). *Organizational Behavior.* Chicago: Dryden Press.

Vecchio, R. P. (1993). The Impact of Differences in Subordinate and Supervisor Age on Attitudes and Performance. *Psychology and Aging*, *8*(1), 112–19.

Vera, A. H., and Simon, H. A. (1993). Situated Action: A Symbolic Interpretation. *Cognitive Science*, *17*, 7–48.

Verdugo, R. R., Greenberg, N. M., Henderson, R. D., Uribe, O. Jr., and Schneider, J. M. (1997). School Governance Regimes and Teachers' Job Satisfaction: Bureaucracy, Legitimacy, and Community. *Educational Administration Quarterly*, *33*(1), 38–66.

Vinovskis, M. A. (1999). *History and Educational Policymaking.* New Haven: Yale University Press.

Vroom, V. H. (1960). *Some Personality Determinants of the Effects of Participation.* Englewood Cliffs, NJ: Prentice Hall.

Vroom, V. H. (1964). *Work and Motivation.* New York: Wiley.

Vroom, V. H. (1976). Leadership. In M. D. Dunnette (Ed.), *Handbook of Industrial and Organizational Psychology* (pp. 1527–51). Chicago: Rand McNally.

Vroom, V. H., and Jago, A. G. (1988). On the Validity of the Vroom-Yetton Model. *Journal of Applied Psychology*, *63*, 151–62.

Vroom, V. H., and Yetton, P. W. (1973). *Leadership and Decision Making.* Pittsburgh: University of Pittsburgh Press.

Waller, W. (1932). *The Sociology of Teaching.* New York: Wiley.

Wang, M. C., and Walberg, H. J. (Eds.). (2001). *School Choice or Best Systems: What Improves Education.* Mahwah, NJ: Erlbaum.

Watkins, K. E., and Marsick, V. J. (1993). *Sculpting the Learning Organization.* San Francisco, Jossey-Bass.

Webb, N., and Palincsar, A. (1996). Group Processes in the Classroom. In D. C. Berliner and R. C. Calfee (Eds.), *Handbook of Educational Psychology* (pp. 841–76). New York: Macmillan.

Weber, M. (1947). *The Theory of Social and Economic Organizations.* In T. Parsons (Ed.), A. M. Henderson and T. Parsons (Trans.). New York: Free Press.

Weick, K. E. (1976). Educational Organizations as Loosely Coupled Systems. *Administrative Science Quarterly*, *21*, 1–19.

Weick, K. (1995). What Theory Is Not, Theorizing Is. *Administrative Science Quarterly*, *40*, 385-90.

Weick, K. (1999). Theory Construction as Disciplined Reflexivity: Tradeoffs in the 90s. *The Academy of Management Review*, *24*, 797-808.

Weick, K., and Westley, F. (1996). Organizational Learning: Affirming the Oxymoron. In S. Clegg, C. Hardy, and W. Nord (Eds.), *Handbook of Organization Studies* (pp. 440-58). Thousand Oaks, CA: Sage.

Weiner, B. (1972). *Theories of Motivation: From Mechanism to Cognition.* Chicago: Academic Press.

Weiner, B. (1985). An Attributional Theory of Achievement Motivation and Emotion. *Psychological Review*, *92*, 548-73.

Weiner, B. (1986). *An Attributional Theory of Motivation and Emotion.* New York: Springer-Verlag.

Weiner, B. (1990). History of Motivational Research in Education. *Journal of Educational Psychology*, *82*, 616-22.

Weiner, B. (1992). *Human Motivation: Metaphors, Theories, and Research.* Newbury Park, CA: Sage.

Weiner, B. (1994a). Ability versus Effort Revisited: The Moral Determinants of Achievement Evaluation an Achievement as a Moral System. *Educational Psychologist*, *29*, 163-72.

Weiner, B. (1994b). Integrating Social and Persons Theories of Achievement Striving. *Review of Educational Research*, *64*, 557-75.

Weiner, B. (2000). Interpersonal and Intrapersonal Theories of Motivation from an Attributional Perspective. *Educational Psychological Review*, *12*, 1-14.

Weinert, F. E., and Helmke, A. (1995). Learning from Wise Mother Nature or Big Brother Instructor: The Wrong Choice as Seen from an Educational Perspective. *Educational Psychologist*, *30*, 135-43.

Wendel, F. C., Kelley, E. A., Kluender, M., and Palmere, M. (1983). *Use of Assessment Center Processes: A Literature Review.* Lincoln, NB: Teachers College, University of Nebraska.

Westphal, J. D., Gulati, R., and Shortell, S. M. (1997). Customization or Conformity? An Institutional Network Perspective on the Content and Consequence of TQM Adoption. *Administrative Science Quarterly*, *42* (2), 366-94.

Whitehead, A. N. (1925). *Science and the Modern World.* New York: Macmillan.

Wietz, S. (1974). *Non-Verbal Communication.* New York: Oxford.

Wilensky, H. (1964). Professionalization of Everyone? *American Journal of Sociology*, *70*, 137-58.

Wilkins, A., and Patterson, K. (1985). You Can't Get There From Here: What Will Make Culture-Change Projects Fail. In R. H. Kilmann, M. J. Saxton, and R. Serpa (Eds.), *Gaining Control of the Corporate Culture* (pp. 262-91). San Francisco: Jossey-Bass.

Wilkins, B. M., and Andersen, P. A. (1991). Gender Differences and Similarities in Management Communication: A Meta-Analysis. *Management Communication Quarterly*, 5 (1), 6-35.

Williams, L. B., and Hoy, W. K. (1973). Principal-Staff Relations: Situational Mediator of Effectiveness. *Journal of Educational Administration*, *9*, 66-73

Willis, Q. (1980). The Work Activity of

School Principals: An Observational Study. *Journal of Educational Administration*, *18*, 27–54.

Willoughby, T. Porter, L., Belsito, L, and Yearsley, T. (1999). Use of Elaboration Strategies by Grades Two, Four, and Six. *Elementary School Journal*, *99*, 221–31.

Willower, D. J. (1963). The Form of Knowledge and the Theory-Practice Relationship. *Educational Theory*, *13*, 47–52.

Willower, D. J. (1975). Theory in Educational Administration. *Journal of Educational Administration*, *13*, 77–91.

Willower, D. J. (1979). Some Issues in Research on School Organization. In G. L. Immegart and W. Boyd (Eds.), *Currents in Administrative Research: Problem Finding in Education* (pp. 63–86). Lexington, MA: Heath.

Willower, D. J. (1987). Inquiry into Educational Administration: The Last Twenty-Five Years and the Next. *Journal of Educational Administration*, *24*, 12–29.

Willower, D. J. (1991). Values, Valuation and Explanation in School Organizations. *Journal of School Leadership*, *4*, 446–83.

Willower, D. J. (1993). Explaining and Improving Educational Administration. *Educational Management and Administration*, *21*, 153–60.

Willower, D.J. (1994). Values, Valuation, and Explanation in School Organizations. *Journal of School Leadership*, *4* (5), 466–83.

Willower, D. J. (1996). Inquiry in Educational Administration and the Spirit of the Times. *Educational Administration Quarterly*, *32*, 341–65.

Willower, D. J. (1998). Fighting the Fog: A Criticism of Postmodernism. *Journal of School Leadership*, *8*, 448–63.

Willower, D. J. (1999). Values and Valuation: A Naturalistic Inquiry. In P. J. Begley (Ed.). *Values in Educational Leadership.* Albany, NT: State University of New York Press.

Willower, D. J., Eidell, T. L., and Hoy, W. K. (1967). *The School and Pupil Control Ideology*, Monograph No. 24. University Park: Pennsylvania State University.

Willower, D. J., and Forsyth, P. B. (1999). A Brief History of Scholarship on Educational Administration. In J. Murphy and K. S. Louis (Eds.), *Handbook of Research on Educational Administration* (2nd ed.). San Francisco: Jossey-Bass.

Willower, D. J., and Jones, R. G. (1967). Control in an Educational Organization. In J. D. Raths, J. R. Pancella, and J. S. V. Ness (Eds.), *Studying Teaching* (pp. 424–28). Englewood Cliffs, NJ: Prentice Hall.

Willower, D. J. and Licata, J. W. (1997). *Values and Valuation in the Practice of Educational Administration.* Thousand Oaks, CA: Corwin Press.

Wilson, T. D., Houston, C. E., Etling, K. M., and Brekke, N. (1996). A New Look at Anchoring Effects: Basic Anchoring and Its Antecedents. *Journal of Experimental Psychology: General*, *125*(4), 382–407.

Wimpelberg, R. K., Teddlie, C., and Stringfield, S. (1989). Sensitivity to Context: The Past and Future of Effective Schools Research. *Educational Administration Quarterly*, *25*, 82–107.

Wise, A. (1988). The Two Conflicting Trends in School Reform: Legislated Learning Revisited. *Phi Delta Kappan*, *69*, 328–32.

Wiseman, C. (1979a). Selection of Major Planning Issues. *Policy Sciences*, *12*, 71-86.

Wiseman, C. (1979b). Strategic Planning in the Scottish Health Service—A Mixed Scanning Approach. *Long Range Planning*, *12*, 103-13.

Wittrock, M. C. (1992). An Empowering Conception of Educational Psychology. *Educational Psychologist*, *27*, 129-42.

Wolin, S. S. (1960). *Politics and Vision: Continuity and Innovation in Western Political Thought.* Boston: Little, Brown.

Wood, D. J., and Gray, B. (1991). Toward a Comprehensive Theory of Collaboration. *Journal of Applied Behavioral Science*, *27* (2), 139-62.

Wood, R., and Bandura, A. (1989). Social Cognitive Theory of Organizational Management. *Academy of Management Review*, *14*, 361-84.

Wood, S. E., and Wood, E. G. (1999). *The World of Psychology.* Boston: Allyn and Bacon.

Woolfolk, A. (2004). *Educational Psychology* (9th ed.). Boston: Allyn & Bacon.

Woolfolk, A. E. (2000). *Educational Psychology* (8th ed.). Boston: Allyn and Bacon.

Woolfolk, A. E., and Hoy, W. K. (1990). Prospective Teachers' Sense of Efficacy and Beliefs about Control. *Journal of Educational Psychology*, *82*, 81-91.

Woolfolk, A. E., Rosoff, B., and Hoy, W. K. (1990). Teachers' Sense of Efficacy and Their Beliefs about Managing Students. *Teaching and Teacher Education*, *6* (2), 137-48.

Woolfolk Hoy, A., and Murphy, P. K. (2001). Teaching Educational Psychology to the Implicit Mind. In R. Sternberg and B. Torff (Eds.), *Understanding and Teaching the Implicit Mind* (pp. 145-85). Mahwah, NJ: Erlbaum.

Worthy, J. C. (1950). Factors Influencing Employee Morale. *Harvard Business Review*, *28*, 61-73.

Wright, P. M., O'Leary-Kelly, A. M., Cortinak, J. M., Klein, H. J., and Hollenbeck, J. R. (1994). On the Meaning and Measurement of Goal Commitment. *Journal of Applied Psychology*, *79*, 795-803.

Wright, R. (1985). Motivating Teacher Involvement in Professional Growth Activities. *Canadian Administrator*, *24*, 1-6.

Yamagishi, T., Gillmore, M. R., and Cook, K. S. (1988). Network Connections and the Distribution of Power in Exchange Networks. *American Journal of Sociology*, *93*, 833-51.

Yekovich, F. R. (1993). A Theoretical View of the Development of Expertise in Credit Administration. In P. Hallinger, K. Leithwood, and J. Murphy (Eds.), *Cognitive Perspectives on Educational Leadership* (pp. 146-66). New York: Teachers College.

Yuchtman, E., and Seashore, S. E. (1967). A System Resource Approach to Organizational Effectiveness. *American Sociological Review*, *32*, 891-903.

Yukl, G. A. (1971). Toward a Behavioral Theory of Leadership. *Organizational Behavior and Human Performance*, *6*, 414-40.

Yukl, G. A. (1989). *Lendership in Organizations* (2nd ed.). Englewood Cliffs, NJ: Prentice Hall.

Yukl, G. A. (1994). *Leadership in Organizations* (3rd ed.). Englewood Cliffs, NJ: Prentice Hall.

Yukl, G. A. (2002). *Leadership in Organizations* (5th ed.). Upper Saddle River, NJ:

Prentice Hall.

Yukl, G. A. (1999). An Evaluation of Conceptual Weaknesses in Transformational and Charismatic Leadership Theories. *Leadership Quarterly*, *10*(2), 285–305.

Yukl, G. (2002). *Leadership in Organization* (5th ed.). Upper Saddle River, NJ: Prentice Hall.

Zahn, C. L. (1991). Face-to-Face Communication in an Office Setting. *Communication Research*, *18*(6), 737–54.

Zald, M. M., and Berger, M. A. (1978). Social Movements in Organizations: Coup d'Etat, Insurgency, and Mass Movements. *American Journal of Sociology*, *42*, 823–61.

Zammuto, R. F. (1982). *Assessing Organizational Effectiveness.* Albany: State University of New York Press.

Zand, D. (1997). The Leadership Triad: Knowledge, Trust, and Power. New York: Oxford University Press.

Zbaracki, M. J. (1998). The Rhetoric and Reality of Total Quality Management. *Administrative Science Quarterly*, *43*(3), 602–36.

Zenger, T. R., and Lawrence, B. S. (1989). Qrganizational Demography: The Differential Effects of Age and Tenure Distributions on Technical Communication. *Academy of Management Journal*, *32*, 353–76.

Zey, M. (1992). *Decision Making: Alternatives to Rational Choice.* Newbury Park, CA: Sage.

Zielinski, A. E., and Hoy, W. K. (1983). Isolation and Alienation in Elementary Schools. *Educational Administration Quarterly*, *19*, 27–45.

Zucker, L. (1987). Institutional Theories of Organization. *Annual Review of Sociology*, *13*, 443–64.

人名译名对照表①

① 页码数字后的 n 表示原书该页面（本书在页边注出该页面页码）上的“注释”（Notes）序号。本书将原书注释改为脚注，故在涉及“注释”的 n 后加注本书页码与注释序号，如“Aho, F. 阿霍 125n9 (117①)”，表示：该条在原书第 125 页第 9 个注释，现为本书第 117 页注释①。此外，本书第 4 章注释 2 (162n2) 为：“提供支持的研究包括奥德姆和米勒（Oldham and Miller, 1979）；奥彭（Orpen, 1979）；巴加特和沙桑（Bhagat and Chassie, 1980）；基贡杜（Kiggundu, 1980）；约翰斯、谢和方（Johns, Xie and Fang, 1992）。提供部分支持的调查包括埃文斯、基贡杜和豪泽（Evans, Kiggundu and House, 1979）和格里菲斯（Griffeth, 1985）。几乎没有提供支持或者缺乏支持的调查包括阿诺德和豪泽（Arnold and House, 1980）；阿德勒、斯科乌和萨尔韦米尼（Adler, Skov, and Salvemini, 1985）；蒂格斯、蒂特里克和弗里德（Tiegs, Tetrick and Fried, 1992）。”本书第 4 章注释 3 (162n3) 为：“例如，见戈萨奇（Gorsuch, 1977）、帕斯特和厄兰森（Paster and Erlandson, 1982）、门纽蒂和科特凯姆（Mennuti and Kottkamp, 1986）、巴纳比和伯恩斯（Barnabe and Burns, 1994）。”由于原书中无法查找到这两条注释所处位置，故“162n2”、“162n3”两注释后不再加注中文版页码与注释序号。——译者注

关键词索引

说明：页码后面的 *f* 表示该页面上的图，*t* 表示该页面上的表①。

① 此处页码为原书页码，即本书页边所注页码。——译者注

译　后　记

经过几年的周折和近一年的艰苦努力，这本译稿终于可以和读者见面了。至此，关于作者、关于读者手中的这本书以及翻译过程中的一些问题，尚须作进一步的交待。

本书所附的作者简介对霍伊教授的学术经历与成就作了详细介绍。读者手中拿到的霍伊与米斯克尔合作撰写的这本《教育管理学：理论·研究·实践》初版于1978年。此后，每隔一段时间，两位作者都要根据教育管理理论研究与实践变革的实际，对书稿进行修订：1982年出版第2版、1987年第3版［前三版都由美国纽约兰登书屋（Random House）出版公司出版，从第4版开始，改由美国纽约麦格劳-希尔（McGraw-Hill）出版公司出版］，1991年第4版，1996年第5版，2001年第6版。2005年初，出版了第7版（国际版）。

本书第7版与第6版差异很大，不仅增删调整了一些章节，而且其中的许多表述也都给人以耳目一新之感，作者还全部更换了新的案例。本书内容十分丰富，相关的观点分析透彻。例如，作者认为，学校是一个社会系统；教与学是学校的技术核心；学校结构存在着科层制与专业化间的矛盾；个体的发展是学校发展的基础，不同的理论流派为探讨学校个体的需要、目标、信念与动机提供了丰富的资源；学校组织文化与氛围在学校变革与发展过程中发挥着重要作用；学校中不可避免地存在权力与政治矛盾；作为一个开放系统，学校发展不仅受外部环境的影响，更需要从外部环境获得资源；尽管人们有关学校效能的观点不一，但追求以学业成绩为核心的绩效责任成为学校改进的焦点；不同的学校决策模式的作用、价值与适应范围不同；沟通是一个交互过程，遍及学校生活的各个角落，学校变革的任务之一便是促进学校的个体沟通与组织沟通；学校领导为学校发展指引方向，并为学校效能负责。这些观点，有助于完善我们的教育管理学知识结构，其中有关当代美国教育管理改革的分析与评断，不仅可以使我们更为深入地了解美国教育变革实际，更能给我们思考我国教育管理变革问题以深刻启迪。

在编写体系上，本书注重理论的结构性、系统性与实践的情境性相结合。就前者而言，本书每章都以“概览”开篇，既可以给读者一个本章内容的全貌，又可以引领读者有选择地阅读相关内容；每章结束时，都有一个“基本假设与原理”，对全章内容进行总结，尤其是其中的一些结论性观点，起到了提纲挈领的作用。为了帮助读者进一步学习和研究相关专题，作者还在每一章为读者提供了“概要与推荐阅读材料”，或为读者提供相关专题研究的宽厚基础，或引领读者至这些专题研究的理论前沿。在实践性方面，作者除在每一章提供给读者思考的问题［“理论联系实际”（Theory Into Practice，TIP）］外，还在每一章的最后提供一个包含多种问题要素与变量、充满矛盾冲突、情节较为完整的“领导案例”。总之，作者提供给我们的是一本试图从理论与实践两个层面双向建构的教育管理学体系。

2002年，在国家留学基金委员会的支持下，我到美国宾夕法尼亚州立大学（Pennsylvania State University）教育学院教育政策与研究系进行访问研究。期间，旁听了包括“教育管理学”在内的部分博士生课程。在暑期课程的研讨班上，来自澳大利亚的托马斯博士（Dr. Ross Thomas），向大家推荐了霍伊教授的这本《教育管理学：理论·研究·实践》（第6版）。或许是因为霍伊教授是宾夕法尼亚州立大学的杰出校友的原因，系里的许多教授在不同场合多次提到他的学术成就。在为期两个月的时间里，我与研讨班的同学们花了许多时间研讨这本具有专著特点的教育管理学教材。当时，我正在撰写《学校管理的理论与实务》一书，对这本著作的研读，使我受益匪浅。于是，便利用课余时间，试译了其中的4章。回国以后，在为华东师范大学首届攻读公共管理硕士（MPA）教育行政管理方向的研究生上“教育管理与案例分析”课程时，我与教育管理学系2001级MPA学员一道研读这本著作。这期间，我已将这本书的第6版全部译出。2005年初，教育科学出版社韦禾女士为我寄来了本书的第7版（国际版），希望我们按照新版重译。新版的重译工作由我和研究生共同承担，其进程可谓一波三折。新版的第1—6章和“教育领导案例集”案例1—4由范国睿、杨琼翻译，第7—12章和“教育领导案例集”的案例5—8由范国睿、张娜翻译。初稿译出后，约请博士研究生赵瑞情（第5、6章）、王加强（第7—10章，案例5—8）、硕士研究生张茜（第1、2章，案例1—4）、刘金贇（第3、4章）、高峰（第11、12章）分别校读。博士研究生李树峰在协助我对全稿进行统一校译过程中，花费了不少心血。可以说，本书的翻译，是集体劳动的结果。当然，错讹之处，由我负责，并恳望读者批评指正。

范国睿

2006年6月6日

于华东师范大学教育学系

华东师范大学基础教育改革与发展研究所

责任编辑　刘明堂
版式设计　贾艳凤
责任校对　徐　虹
责任印制　叶小峰

图书在版编目(CIP)数据

教育管理学：理论·研究·实践(第7版)/(美)霍伊，米斯克尔著；范国睿主译.—北京：教育科学出版社，2007.1(2021.11重印)

书名原文：Educational Administration：Theory，Research，and Practice (Seventh Edition)

ISBN 978-7-5041-3699-2

Ⅰ.①教…　Ⅱ.①霍…②米…③范…　Ⅲ.教育管理学—教材　Ⅳ.G46

中国版本图书馆CIP数据核字(2006)第132207号

北京市版权局著作权合同登记 图字：01-2005-4192号

出版发行	教育科学出版社		
社　址	北京·朝阳区安慧北里安园甲9号	市场部电话	010-64989009
邮　编	100101	编辑部电话	010-64981167
传　真	010-64891796	网　址	http://www.esph.com.cn
经　销	各地新华书店		
制　作	国民灰色图文中心		
印　刷	唐山玺诚印务有限公司	版　次	2007年1月第1版
开　本	720毫米×1020毫米　1/16	印　次	2021年11月第11次印刷
印　张	37.75	印　数	16 501—18 000册
字　数	691千	定　价	88.00元

如有印装质量问题，请到所购图书销售部门联系调换。

Wayne K. Hoy, Cecil G. Miskel

Educational Administration: Theory, Research, and Practice (Seventh Edition)

ISBN: 0-07-287568-2

Simplified Chinese translation edition jointly published by McGraw-Hill Education (Asia) Co. and Educational Science Publishing House.

采用该书做教材的教师可向麦格劳-希尔教育（亚洲）出版公司北京代表处联系索取教学课件资料，传真：（010）62638354，电子邮件：webmaster@mcgraw-hill.com.cn